南アジア史

4

近代・現代

長崎暢子 編

山川出版社

世界歴史大系

はじめに

山川出版社は二〇〇四年に「世界各国史」シリーズの一冊として「南アジア史」の新版を出版した。編者は辛島であったが、古代部分は山崎、中世は小谷、近現代は長崎がそれぞれ執筆し、辛島も南インド部分を担当した。したがって、その四名が四巻それぞれの編者となったこの「世界歴史大系 南アジア史」は、先の各国史の延長線上にあるものということができる。協議の上、「南インド」を独立させた理由については、第三巻の序章で説明する。

各国史が出版された直後からこの企画に取りかかり、各巻の章立て、執筆者の人選など、初期の編集作業は順調に進んだのであるが、その後山崎に事情が生じ、編集作業への集中が困難になった。そこで、かねてから種々の企画をともにしてきた小西が山崎を援けて編集に当たることになり、第一巻は山崎・小西の共編ということになった。第一巻の執筆者各位にはご面倒をおかけした点、お詫びしたい。

かつて「印哲・梵文」とも言われ、仏教を含めたいわゆる古代インド思想とサンスクリット文学については、南条文雄、高楠順次郎以来の伝統が存するが、わが国における南アジア史(インド史)自体の研究は戦後に開始されたものである。その進展には、荒松雄、松井透、山崎利男といった「インド史研究会」を立ち上げた研究者、またそれに助力した南方史研究の開拓者山本達郎の力が大きかったが、そこに参加し、教えを受けた編者らにとってこの大系の出版は、「わが国における南アジア史研究の水準も、ついにここまで来ることができた」という深い感慨をもよおす。

しかし、世界における南アジア史研究の状況は、われわれにそのような感慨に浸っていることを許さないであろう。かつて大きな力を振るったマルクス主義史学は批判され、ポスト・モダンの学問状況のなか、いわゆる「言語論的転回」を受けてのち、歴史学自体の存在理由が問われるようになると同時に、そのなかから「サバルタン・スタディーズ」およびそれを超えようとする力強い研究がインド人自身のみならず、日本人によっても、遂行されるようになってきている。各執筆者にはそのような新しい研究を十分に取り入れた叙述をお願いし、それを果たしていただいた。

以上のようにこの大系は、わが国の読者にはじめて南アジア史の詳細を、新しい研究動向とともに伝えるものであり、大方の活用を期待したい。各巻には、詳しい年表、王朝系図、統治者一覧などのほか、かなり詳細な参考文献を挙げ、それに簡単な解説をつけてある。詳細な「大系」をもってしても扱いきれない問題も多く、それらについては参考文献を活用していただきたい。本大系の出版が新しい刺激となって、わが国での南アジア史研究がさらに進展していくことを切望する。

二〇〇六年十月二日

辛島　昇
小谷汪之
小西正捷
長崎暢子
山崎元一

第四巻の編集について

本巻は「世界歴史大系　南アジア史」シリーズの最終巻にあたる。まず、編者の側の諸事情から、本巻が他の三巻の出版から大幅に遅れて出版される事態となったことについて、心からお詫びを申し上げる。多くの方々にはたいへんなご迷惑をおかけしてしまった。とりわけ柳澤悠氏の場合には、二〇一五年四月にご逝去され、校正刷りをご覧いただくことができなかった。こうした経緯にもかかわらず、執筆者の方々が本大系を刊行することの意義を優先し、最後までご協力くださったことに深い敬意を表するものである。

巻末の付録については、『新版世界各国史7　南アジア史』に掲載されているものを踏襲したうえで、修正・加筆をおこなった。編集作業や付録の改訂にあたっては、上記の遅延の影響を最小限にとどめるために粟屋利江氏、田辺明生氏、井坂理穂氏に全面的に協力していただき、さらに付録の作成にあたっては、石坂貴美氏、太田信宏氏、小槻文洋氏、名和克郎氏、藤音晃明氏、宮本隆史氏、宮本万里氏、村上武則氏、山根聡氏にもご協力をお願いした。また、巻末の地図については、宇根義己氏にご提供いただいた。作業に参加していただいたすべての方々に感謝の意を表したい。

各章の南アジア関連の地名・人名のカタカナ表記については、基本的には『新版世界各国史7　南アジア史』（辛島昇編、山川出版社、二〇〇四年）、および『南アジアを知る事典』（辛島昇他監修、平凡社、二〇一二年）に掲載されているものに準じた。ただし一部の表記は、現地語の表記・発音にあわせたり、執筆者の判断に委ねたものとなっている。カタカナ表記については不統一な部分も残ってしまったのだが、ご了解いただきたい。

最後に、本巻が出版されるまで公私にわたり支えてくださった山川出版社の担当者の方に、心よりの感謝とお詫びの気持ちをお伝えしたい。

二〇一八年六月

長崎暢子

目次

▼補　説▲

付　録

函の図柄は、十九世紀オリッサの「ナヴァグンジャラ」。
九獣を合わせた先史時代以来の複合動物形（ブロンズ製）。

南アジア史 4

近代・現代

序章　南アジア近現代史の課題

変わる南アジア像

南アジアのイメージは大きく変わりつつある。イギリス帝国の植民地としてかつてのインドはたびかさなる飢饉にみまわれ、貧困と停滞のイメージに覆われていた。独立後さえ、そうした見方は大きな変化を見せず、カースト制度の執拗な残存、あるいは「悠久のインド」といった表現とともに、貧困と停滞の南アジアが描かれるのが常であった。

しかし、一九四七年以降の歴史を現段階で振り返ると、インド亜大陸の政治・経済・社会に大きな変化が起こったことは明らかである。第一に、脱植民地化が実現した。ジャワーハルラール・ネルーの指導のもとに国家建設を進めたインドにおいては、土地改革による階層構造の是正や社会主義的な計画経済、さらにはソ連寄りの外交路線などが、必ずしも十分な成果を得ることができず、国民会議派主導の路線には曲折があったが、しかし後進諸階級の社会的地位は徐々に向上し、政治参加にも前進が見られた。膨大な人口をかかえた国にしては、ほとんど奇跡的に、民主主義体制がほぼ定着したといえよう(本書第七章)。ただし、会議派の後退とともにヒンドゥー・ナショナリズムなど、宗教や地域のアイデンティティを重視する政党の力も強まっており、将来に不安を感じる人も少なくない。

南アジアで考えても、一九四七年のインド・パキスタンの分離、七一年のパキスタン・バングラデシュの分離という二つの「分離独立」をへて、またカシュミール紛争をはじめとする諸地域の紛争に苦しめられながらも、政治体制としては「主権国家システム」と呼べるものが誕生した。パキスタンの場合、軍事(あるいは軍人による)政権や腐敗から、民主主義の定着が遅れ、冷戦体制やグローバルな紛争・対立にも影響されて、国家としての存立が脅かされるほどの危機も経験したし、バングラデシュでも軍事政権の時代が長く、民主化後も不安定な状況がつづいたが(本書第十~十二章)、地域全体としては、大規模な戦争が回避され、域内の国際秩序が何とか保たれてきたといえよう。

第二に、南アジアは、東アジア、東南アジアに遅れをとりつつも、第二次世界大戦後の経済的自立、人間開発、包括的成長などのさまざまな潮流にかかわりつつ、漸進的にではあるが、経済発展を遂げてきた(本書第八章)。一九九一年の政策転換以降のインドの成長はめざましく、現在では主要な新興国のなかでもっとも高い成長率を維持するほどの勢いである。世界銀行は、南アジア地域全体も二〇一五年に世界一の急成長地域にのしあがったとし、一七年もインドの成長に索引され、さらに成長を加速させると予測している。パキスタン、バングラデシュでは長いあいだ経済が停滞し、バングラデシュはもっとも貧しい国の一つとされてきたが、詳しく見れば、農業でも工業でも一定のブレークスルーを達成したところもあり、「緑の革命」やマイクロ・クレジットの普及など、開発戦略の進化にも貢献してきた(本書第十~十二章)。

さらに、こうした激動のなかで、多様な言語・文化や民族・宗教を共存させる工夫も深化してきた。インドでは後進カーストや不可触民(現在では「ダリト」と呼ばれる)の政治参加が進むとともに、さまざまなマイノリティの声が公共圏に登場するようになった。女性の社会的地位の向上や環境保護の運動もその重要な一翼を担った。貧困、紛争、差別がなくなったわけでは決してないが、人びとの生存基盤を守るためのこうした多様性社会の追求が、政治運動、社会運動とともに持続することが、インド社会の一つの大きな特徴となっている(本書第九章)。イスラーム教徒(ムスリム)が圧倒的多数を占めるパキスタン、バングラデシュでも、多様な言語、文化、民族、宗教を共存させる必要があることに変わりはない。

第四巻は、このように大きく変化しつつある南アジアの歴史を近代に遡って叙述する。第三巻が一八五八年、ムガル帝国の最終崩壊で終わるのを受けて、本巻は、前半で英領インドの正式な成立に始まり、一九四七年の独立にいたる、いわゆる英領植民地時代を取り上げる。ついで後半では、国民国家時代の南アジアを、インド、パキスタン、バングラデシュを中心に扱う。この二つの時代の歴史を、現在進行形で起こっている変化を踏まえて、できるだけ包括的に概観することが本巻の目的である(なお、南インド近現代史については、本大系の第三巻を参照されたい)。

植民地支配とその遺産をめぐる諸見解

南アジアは、アジア諸地域のなかでも、イギリス帝国主義による植民地支配というかたちで西欧近代の衝撃を正面から受け止めざるをえなかった地域である。それはなぜ起こったのか(本書第一章)という疑問とともに、それとともに起こった政治、経済、社会、文化にわたる大規模な変化を解明し、その性格を分析することが近代南アジア史の大きな課題となってきた。さらに大切なことは、その植民地支配から、分離独立をへて、その後のイギリスとの関係があまり悪化することもなく、なぜ、広大なインド亜大陸に新しい政治体制をつくることができたのか、という問題の解明も大きな課題であろう。無論、それにもかかわらず、そこではどのような問題が生み出されたのか、という矛盾の解明も欠かせない。

本項では、こうした問題を扱ってきた研究潮流、とくに植民地支配とその遺産についての諸見解を簡単に紹介しておこう。

まず、植民地支配期については、そもそも基本的な理解が分かれている。地税制度や法制度の変革を含むイギリスがもたらした大きな変化によって近代化が達成されていくとする近代化論的な見方がこれまで大方の関心を集めてきた。これに対して、むしろ大きな変化が起こらない領域に着目し、その意味を考える傾向が近年生まれている。

民族独立運動については、あえて簡略化していえば、基本的な立場は、イギリスのはたした役割をどこまで肯定的にとらえるかどうかによって、三つに要約できよう。第一の立場、いわゆるナショナリスト史観では、帝国主義に反対し、民族独立を実現した歴史を第一義的なものだと考える［チャンドラ 2001：Chandra 2009］。例えば、インド・ナショナリズムの祖ダーダーバーイー・ナオロージーによれば、イギリスによって工業の衰退と富の流出がもたらされ、インドの発展が妨げられたことこそがイギリス支配の基本であった。これに対して、イギリスのもたらした議会制度や言論の自由など、いわゆる西欧近代の肯定的な役割を重視する見方が第二の立場として存在する。第三は、ナショナリスト史観への「インド側」からの批判といえるものである。ナショナリスト史観では階級的な対立（あるいは民衆の立場）をとらえきれないとするマルクス主義的、あるいは「下からの歴史学」的な立場であり、サバルタン・スタディーズ的な潮流もこのなかに入れることができるであろう。

一九八〇年代に始まった、このサバルタン・スタディーズの動きは、マルクス主義の再生をめざす立場を中心におきながら、インドという国家・国民・指導者批判をおこなうさまざまな新しい試みを生んだ。サバルタンとはグラムシの用語であるが、従属的な諸集団のことを指す。さらに、これらのなかから、環境史、ジェンダー研究、医療史、移民・ディアスポラ研究、世界システム論、あるいはいわゆるオリエンタリズム（知の帝国主義）やポスト・コロニアル、公共圏の歴史など、新しい分野が学際的広がりをもちつつ、続々と開かれていった。

この傾向と並んで、民族独立に必ずしも結びつかない諸地域の農民蜂起やエスニックな紛争、不可触民の運動など、むしろ多元的な動きを重視する傾向も見逃せない流れである。また、一九八〇年代からはいわゆるヒンドゥー・ナショナリズム的な歴史解釈もめだつようになっており、これを「コミュナリズム」と名づけ、自らを「セキュラリズム」としてスミット・サルカールなどは対抗関係をつくっている［サルカール 1993］。

このように、近年の近現代南アジア史研究では、実証研究、とりわけ諸地域史のめざましい進展もさることながら、歴史の転換にともなってさまざまな新しい視点や新解釈、方法や理論が登場しているのが特徴的である(本書第三章、第六章)。

なお、近現代史をインド史だけでなく南アジア史として構想する研究も存在する。例えばイアン・タルボットは、インドという「国家」は十九世紀末に生まれたものであり、ナショナリストも含めて、そこでイメージされた国家やインドの歴史には近代起源のものが多いと論じた。S・カヴィラージの議論を引きつつ、パキスタンの国家建設についても同様の傾向があったとする。そして、イスラームとヒンドゥーの二つの宗教に想を得た世俗的な「想像の共同体」としての二つの(あるいは三つの)大きな国家が主導する秩序が、より小さな政治単位や周縁の人びとの声に耳を傾けられなくなっていくことを危惧する[Kaviraj 1992; Talbot 2000]。

もう一つ、忘れてならないのは、一九九〇年代から二十一世紀にかけてのインド経済の世界的台頭を背景として、従来の説に対する新しい挑戦が見られ始めたことである。すなわち、これまでの理論の多くは、停滞のインド、搾取されたインド、貧困のインドを説明してきた。しかし、では、インド、ひいては南アジアの発展はどうして起こったのか、貧困のなかから発展してくる南アジアを説明する理論はあったのか、新しい理論が求められなければならない、という問題提起もなされている。以来、社会経済史では、英領インド期における経済構造の変化の理解をはじめとして、新しい解釈がつぎつぎと見られるようになった。政治史においても、また文化や知の枠組についても、その理解は大きな変化を見せている。

さらに、こうした動きとも関連して、植民地期の政治・経済・社会を否定的にとらえたうえで民族運動や独立による「断絶」を強調する見方を相対化し、独立後の歴史にも植民地期の遺産が強く反映されていることに焦点を合わせた議論が強まっていることを指摘しておこう。植民地期における下層民の自立化傾向を評価したり、織物業などの労働集約型工業の存続と発展に注目したりする社会経済史の議論(本書第二章、第五章)から、現地の宗教・地域・階層間の対立を利用しようとしたイギリスの統治と、それに対抗しようとした民族運動の交錯のなかで培われた多様性尊重型の政治風土の独立後への継承を強調する政治史の主張（本書第四章）にいたるまで、さまざまなかたちで長期の「経路依存性」が掘り起こされつつある。こうした視点の転換は、グローバル・ヒストリーのなかでの南アジアの位置づけにも変更を迫るであろう（本書第十三章）。本巻でも、執筆者の立場は多様であるが、植民地期と独立後の過程を継続したかたちで取り上げたことにより、連続性の問題を読者により明確に提示できるものと期待している。

非暴力・多様性・民主主義

それでは現代の歴史学はいったいどのような方向性を示そうとしているのであろうか。本巻では、先に引用した一三の章における概説のほかに、一一の補説を設け、重要なテーマを近年の研究に基づいて紹介している。以下では、そのいくつかも念頭におきつつ、近現代インドの政治思想についての編者の理解と展望を示しておこう（最近の研究については［田辺ほか編 2015］および［長崎ほか編 2015］を参照）。

印象深いのは、植民地統治が進むにつれて、従属的な政治状況が進んだのは事実であるが、同時に、その過程で民族運動の指導者たちには、インドという地域、その存在の生み出す文化的・思想的価値への信頼が、揺るぎなく保たれていたことである。インドには、その独自の存在をつづけさせるべき思想や思考を生み出す確固とした文化的基盤が存在する、と彼らは確信していた。その確信は、当時のインドの思想家たちをして、インド思想の独自な源泉を探り追求する努力を怠らせず、最終的には、その努力は、植民地支配からの脱却、すなわち、独立国家の建設につながっていった。

その特徴を要約すれば、まず、独立への道におけるさまざまな構想のせめぎあいのなかで、暴力闘争が顕在化せず、のちに「民主主義」の前提となる非暴力的方法が尊重され、維持されたことが注目される。軍隊は英領期から現在にいたるまで政治史にとって重要な役割を演じてきたけれども、インドの政治思想は、最終的には、「非暴力」という、まったくユニークな手段により、「敵」(イギリス)を打倒・壊滅させることなく、むしろ「敵」を「友」と見なし、その「友」との共存のなかで、自らの存在を主張し、解放を実現する、という展開を可能にした。しかも、その非暴力思想は、インド国内で少数派であったムスリム勢力が、インドから分離・独立してパキスタンとして成立することを容認する結果に終わった。

だが、インドを独立へ導いた思想は決して非暴力主義だけではなかった。重要なことは、暴力による独立から、ヒンドゥー至上主義、社会主義などのさまざまな政治思想が登場するなかで、政治的・宗教的・言語的多様性を許容する、言い換えればさまざまな政治思想の共存を容認する、政治文化が形成されたという点である。インドは、イギリス帝国主義と闘うために、「統一」しなければならなかった。しかし、インドの独立運動が統一を謳うとき、こうした「共存」と「多様性」維持のための努力が焦点でありつづけた。そのことがインドの民主主義思想の根幹をなしていった。

独立運動を闘ったインド人のなかで「多様性」という言葉を使ったのは、モーハンダース・カラムチャンド・ガーンディー(マハートマー・ガーンディー)がはじめてではないか、と思われる。インドの(諸)民族が、イギリス帝国主義の植民地となるのではなく、インドとして、統一した独立を求めたこと、不幸にしてその努力は実らなかったのであったが、国内における文化・言語の多様性については、現在まで注意深く維持されている。

実際、ガーンディーが指導した民族運動のなかには、言語・宗教・文化の多様性を維持しようとする強い志向が見られた。非暴力的不服従運動としての「サティヤーグラハ」には、より広い立場から多様性を積極的に認め、「多様のなかの統一」をめざす契機が含まれていた。

その論理は、インド独立後においても国際関係と国内政治の双方に影響を与えている。第二次世界大戦に対するガーンディーの立場は、インド独立を求める観点から、連合国側に協力しつつも「クイット・インディア(「インドから出て行け」の意)運動」を起こすというものであった。政治的・経済的自立を追求する論理は、独立後の冷戦体制下の国際関係においても「非同盟」というかたちで継承された。また、非暴力は、ヒンドゥーとムスリムの対立など、宗教的対立を緩和する方法としても機能した。

さらに、ビームラーオ・ラームジー・アンベードカルが指導する不可触民の解放運動もまた、ガーンディーの路線との緊張関係を保ちつつ、基本的には非暴力運動を継承した。アメリカ合衆国のコロンビア大学に留学し、ジョン・デューイに学んだアンベードカルもまた、ネルーとは違った経路をへて民主主義思想に近づき、近代に対してガーンディーよりもはるかに肯定的な姿勢を見せた。とりわけ不可触民の教育を通じて、民主主義を支える主体をつくることに注力した。そして、こうしたアンベードカルの方法とヴィジョンも、ガーンディーのそれと共鳴しつつ、不可触民の政治的利益を守り、保証することだけでなく、後進諸階級の台頭やヒンドゥー教徒以外の国民との融和も含めたインド社会における「真の平等」をめざす思想となる可能性をもっていたといえよう。

独立後の国内政治における州の自治は、一九三〇年代のイギリス統治を受け継いだものである。独立インドは、軍事、外交、通貨などを中央集権化するのに対し、それ以外の分野の政策を地方政府に委ねるという立場をとった。独立が、権力奪取によってではなく、権力移譲によって実現したことは、こうした経験の継承を可能にした。暴力と非暴力、議会制と大衆運動、宗派対立、そして中央政府と州政治といったさまざまな対立は、いずれもどちらかを完全に否定することなく、むしろ結果におけるバランスを達成するかのように、処理されてきた。

インド世界が歴史的に有する「共存」と「多様性維持」の論理は、現代においても、思想と運動の重要性を支えているように思われる。

長崎暢子

第一章　英領インドの成立と政治の変動

十九世紀半ば（一八五七年）、イギリス支配に対する不満から、北インドに突如巻き起こり、やがて中央インドにまで広がったインド大反乱は、イギリスによる二年余りにわたる鎮圧のすえに平定された。それとともに、十六世紀初めにインドにその基礎を築いて以来、壮大な国家を築いてきたムガル帝国も滅亡する結果となった。最後の皇帝バハードゥル・シャー二世（在位一八三七～五八）は、一度は反乱の側に立ったのだが、最終的にはイギリス軍に捕らえられ、ビルマ（現ミャンマー）へ流刑となり、やがて配流の地で客死した［長崎 1981］。

イギリスのインド支配は、このときから公式に開始されることになる（「公式帝国《フォーマル・エンパイア》」）［Gallagher and Robinson 1953］。一八五八年八月二日、イギリス議会は、「インド統治改善法」を可決した。この法により、イギリス東インド会社は、すべての権限をイギリス国王に委譲し、英領インドが成立したのである。この頃日本は、まだ明治維新を迎える一〇年前、安政の大獄により、開国派を幕府が処刑した「太平の眠り」の最後の時代であった。

その後、イギリス統治は、インド全域にその影響力を強め、ビルマや北西部のフロンティア地域にも版図を拡大していった。また、鉄道建設によって広大な国土がカルカッタ（現コルカタ）、ボンベイ（現ムンバイー）、マドラス（現チェンナイ）などの大港市と結ばれて「開発」されていった。そして、イギリスの法の支配・行政制度は、それまでの、いわばまとまりのない領域を、中央集権的な一つの国へとつくり変え始めた。膨大な人口をかかえるインド社会を、わずかな人員と軍事力で統治する方式がしだいに形成されていったのである。

本章ではまず、大反乱から第一次世界大戦期にいたる、イギリス統治の全盛期ともいわれる半世紀余りのあいだに形成された統治体制の意義を考える。それはインド社会の統合・近代化を促進する一方で、直接の統治がおよばなかった地域においては、むしろ伝統的な社会構造を温存したり、利用したりする傾向も有した。また、暴力によらない穏健な改良主義を唱えるインド人エリートの形成を促す一方で、地方分権や部分的な自治をさまざまなかたちで許すことによって、在地社会における伝統的な支配 - 従属関係を温存し、それを統治に役立てるという重層的な構造をつくりだしたのであった。

さらに本章では、インドのナショナリズムがそうした構造のなかから姿をあらわす過程を追い、この動きをより国際的な視点から理解するために、三つの政治思想の系譜を対照させる。これらの流れは、対立を含みつつ共存し、結果として決定的な対立を避けるという、インドの政治思想の基盤を形成した。二十世紀初頭になると、イギリスの統治体制と、多様性を特徴とするナショナリズムが絡み合いながら、近代植民地国家が運営されるようになる。(1)

1　公式帝国の成立と間接統治の展開

公式帝国の成立

一八七七年、イギリスのヴィクトリア女王は、インド皇帝に即位した。このとき、イギリスによるインド植民地支配は、名実ともに「公式帝国」として完成する。

公式帝国へと転換するにあたり、イギリスは、その鎮圧に二年余りも費やしたインド大反乱を深刻に受け止め、統治方式に多くの変革をおこなった。東インド会社は解散し、イギリス本国では「インド統治改善法」に基づいて、内閣の一員であるインド担当大臣とインド省がインド支配をおこなうことになった。インド省には、かつての東インド会社の重役会に代わり、一五名からなるインド諮問会議が設置された。そして、インドには、その下部組織として、前述した五年任期のインド総督（副王）と参事会がおかれ、インド政庁を統括するとともに、各州の知事を任命した。さらにその下に、高等文官と一般官僚のヒエラルキーが形成され、中央集権的な体制が固められた。

一八七〇年には英印間に直接の電信も敷かれ、インドに関するすべての政策は、遠いイギリス本国の内閣と議会・インド省が決定することになった。財政、通貨・金融、産業の振興やインフラストラクチャーの整備などを司る経済政策、文教政策、軍事・外交政策など、すべてがこの体制で決められた。しかも、これらインド統治にかかった費用は「本国費」としてインド人の税金から支払われるのであった。

近代国家は、明確な国境線で囲われた領土のなかに権力（主権）をもつ。植民地インドはその意味では「近代的」で、国境は確定され、出入する「国民」や資源・物資が管理された。内陸アジアから進出したムガル帝国の場合とは異なり、海からの交易が支配につながった英領インドは、カルカッタ、ボンベイ、マドラスと港湾都市群を拠点としながら、インド亜大陸内陸部へと征服を進めていき、現インド、パキスタン、バングラデシュを含むインド亜大陸を、一つの政治的領域につくり変えたのである。

インド東部の国境は、二回のビルマ戦争（一八二四〜二六年、一八五二〜五三年）をへたのち、フランスの影響が強まることに懸念をいだいたイギリスが、一八八五年にビルマをインド帝国に併合したことで確定した。他方、インドの北西部では、英・露の角逐「グレート・ゲーム」のなかで、イギリス・アフガニスタン間の関係がつくられた。イギリスは、アフガニスタンの頑強な抵抗にもかかわらず、第二次アフガン戦争（一八七八〜八〇年）によってその外交権を奪い、英・露の緩衝国としたのであった（ただし、一九一九年にアフガニスタンは独立）。二十世紀初頭においても、イギリスはインドにおける自らの位置を不動にするため、ペルシア湾岸からロシア、ドイツ、フランスなど列強の影響を排除することをめざした。こうして現在のインド・パキスタン・バングラデシュの領土が安定的に確保されたことは、現在の「南アジア」を特徴づける要素の一つとなり、ここに暮す人びとが「南アジア」というまとまりをもった地域を想定する下敷となったのである。

官僚制と軍隊

つぎに、インド政庁を直接支えた二つの機構にふれておこう。その第一は官僚制である。大反乱後のイギリス統治は、一元的な法と秩序の維持を強調する方針をとり、司法組織や官僚制の整備に力を入れ、相続法、刑法、契約法などの法律もつぎつぎに定められた。官僚制は、キャリア組の高等文官のもとに、ノン・キャリア組の膨大な一般官僚が働く文官制であった。そのうち、インド総督─州知事─県知事までの職は、ほぼイギリス人が占有した。この機構の主たる目的は、徴税と治安維持であったといってよいであろう。教育、厚生、社会福祉は、地方行政の担当であるのに、予算は、政府支出のわずか四%にすぎなかった。

高等文官制とは、縁故採用を廃止すべく、一八五三年からロンドンでの公開試験によって高級官僚を採用する制度であり(一九二二年からインドでも試験)、オクスフォード、ケンブリッジなどの卒業生を想定してつくられていた。十九世紀中は毎年、ほぼ二〇〜三〇人から六〇人くらいが任官し、この制度こそインドの統一を保障する「鉄枠」だと統治者は誇った。しかし、インド人も合格できるはずの文官試験は、事実上インド人には閉ざされており、一八六四年にサティエンドラナート・タゴール(詩人タゴールの兄)がインド人の初の合格者となったのちもその数は極めて少なかった。高等文官のインド人化を要求に掲げたのが、後述するインド国民会議(派)である。

第二は、イギリス人を司令官とする英印軍である。反乱後、軍は再編され、任務も変化した。まず、イギリスは、反乱が再び起きないよう、従来採用してきた北インドの高カーストや上層ムスリムに代えて、従順で剛勇であるとされる「尚武の民《マーシャル・レイス》」と呼ばれるコミュニティから多くの兵士を採用した。こうしたなかには、十九世紀半ばのシク王国の滅亡以後、イギリスの傭兵となったパンジャーブ地方出身の人びともいる。彼らは兵士としてインドの治安や海外派兵を担った。また、インド人部隊には「分割統治」原則が採用された。部隊は、種々の言語、民族、カースト、宗教の異なる人びとが入り組むかたちで構成され、団結して反英活動をおこないにくい仕組になっていた。

インド軍の数は平時では、ほぼ一三万から一五万といわれており、それほど大規模ではない。英印軍は、二十世紀になるまで将校はイギリス人、兵士はインド人とほぼ決まっており、インド人はかなりあとになるまで、空軍には配属されず、砲兵にさえなれなかった。その代わり、報酬・年金は豊かに支給された。彼らの送金、年金、この地方への種々の経済的配慮が、パンジャーブの農村の豊かさにつながったのかもしれない。また、パンジャーブ化した軍隊が存在したことが、おそらく、のちにパンジャーブを中心とした軍政国家パキスタンを生み出す伏線になっているように思われる。

さらに、海外派兵という任務が加わったことも重要である。本国が要求したのは、イギリス帝国が必要と認めるなら、インド軍は世界中どこへでも出動し、その費用の大半をインド政庁が負担することであった。その最大の任務はまず英・露の角逐に対処することであり、具体的にはロシアの南下への警戒、つまり北西辺境（現アフガニスタン・パキスタン国境地域）の治安の維持であった。インドは第二次アフガン戦争において膨大な人員と財政負担を強いられた。また、スエズ運河を守り、アフリカを通るインド・ルートの確保にも貢献した。エジプト出兵（一八八二年）はその事例である。それ以外にも、中国における義和団の反乱の鎮圧をはじめ、イラン、中東、東アフリカ、南アフリカなどに数多く出兵した。イギリス本国の「安価な政府」と対照的に、インドの財政は膨張して「高価な政府」に悩まされ、インドはつねに対英負債をかかえて、第二次世界大戦のときまでイギリスに負債を払いつづけたのである〔金子 1980〕。

地方分権と代表選挙制度の導入

英領インドにおいて地方分権化が顕著になるのは、早くも一八七〇年のことである。このときはメイヨー総督のもとで、緊迫した財政状況に対応するために、教育、医療、道路などの管轄がわずかな財源とともに州政府に移された。また一八八二年にはリポン総督が地方自治体法を導入し、地方自治政府への道を開いた。

現在のインドにおいては、地方分権をインド民主主義を深化させるものとして語る論者もいる。しかし英領時代の地方自治は、まったく別の理由から導入されていた。それはインド政府の財政問題であった。インド財政は、東インド会社時代からの軍事費、大反乱の鎮圧に要した負担など、拡大する負債をかかえていた。本国費や債権利子送金の負担があるにもかかわらず、自由貿易の原則を振りかざしたイギリスの輸出業者は、インド政府が保護関税をかけてインド工業を育成することを許さなかった。ルピーは安くしておくことを強いられており、一方で重税は再び反乱を誘発する恐れがあった。そのうえ英印軍が海外に出動する際の費用は莫大であった。地方分権は、こうした財政上の隘路を解決するための方策であった側面が大きい。地方分権の名のもとに教育、とりわけ初等教育、道路、警察、刑務所、公衆衛生、住民の健康管理など、金のかかる業務の責任は州政府・市政などに移管された。地方自治体には、わずかな地方税の徴収権が移管され、「選挙」の要素も導入されたが、教育、公衆衛生などの社会資本に関する責任は、地方のインド人政治家が負うことになった。

地方分権と並ぶ代表制政府(選挙)の導入は、一八六一年のインド参事会法に遡る。このときはじめてインド総督の立法参事会にインド人メンバーが任命された。これもインド大反乱に衝撃を受けたイギリスがつくり始めた制度といわれるが、これだけではまだ代表制には程遠いものだった。選挙の原則は、一八九二年参事会法により、部分的な選挙権と、地方立法議会における予算審議権、質問権(議決権はない)が認められたことが始まりであった。しかしここでもインド側に与えられた権利は極めて限られていた。

以上のような流れからうかがえるのは、イギリス統治は西洋的価値の優位は疑わないものの、これを押しつけることに慎重になっていったことである。官僚制と軍隊を確立し、「法と秩序」は厳正に守らせるようにはなったが、実際にはむしろ旧来の大土地所有者などを温存し、在地権力を利用した「間接統治」のかたちもとられている。こうした姿勢は、以下で論じるように、イギリス統治の藩王国に対する政策の変化にさらに明確にあらわれている。

藩王国の再編

イギリスは、十八世紀後半以降、ムガル帝国末期に乱立していた藩王国をつぎつぎと併合していった。しかし、大反乱前のダルハウジー総督の強引な併合政策、とくに、ラクナウーをかかえる、由緒あるムスリム藩王国であったアワドを併合したことは、同地出身の傭兵やムスリム社会に不満をいだかせることになり、大反乱へとつながった。そこで、イギリスは方針を転換し、大反乱後、藩王国の取潰しは中止された。併合による直轄統治ではなく、保護国化によるもう一つの「間接統治」を、支配権拡張の主たる方策とするようになったのである。この統治方針は、一八五八年のヴィクトリア女王の宣言で明らかにされ、いくつかの藩王国が復興した。すなわち、イギリスは一方で、直轄地の英領インドでは現地人エリートを育成し、協力者《コラボレーター》として活用しつつ、もう一方では、藩王国を帝国の忠実な盟友として保護するという二重構造をつくりだした[上田 2014:25–26]。

大小およそ五八四、領土にして四五%、人口にして二五%を構成する藩王国では、イギリスの駐在官を通じた間接統治がおこなわれた[Hurd 1975a:169]。藩王国は、以前から領土の多くがイギリスの直接統治下におかれていたベンガル管区や、十九世紀前半に併合された中央部よりは、ボンベイ管区の周辺に偏っていた。藩王国のなかには、ハイダラーバード、カシュミール、マイソールのように大きな規模をもつものもあった。そして、外交権、防衛権などを除けば、反英に傾かない限り、藩王国の内政にはイギリスは介入しない建前をとった。

直轄領のインド人官吏の上層はイギリス風の教育を受けた人びとであり、イギリスの利害を考えることが期待されていただけでなく、いつ勤務地が移動するかわからない立場にあったので、特定の地域との結びつきはある程度限られていた。これに対し、藩王国の官吏や警察は、結婚、カースト、宗教的連帯によってより地域と密接につながっていることが多かった。

他方、イギリスの宗主権をムガル帝国の後継政府には決して移譲しないことも、藩王国に対するイギリスの政策として確立されていた。藩王にはイギリスへの協力者《コラボレーター》の役割が期待され、英領インド内に反英運動が起こっても、英領インドのあいだにモザイクのように配置された藩王国が、インド統治の継続のための安全弁として機能した。またイギリスは、とくに鉄道建設にともなう国内市場の統合の観点から、通行税の廃止を迫り、道路建設を促すといったように、藩王国の商工業や金融を発展させること自体には決して消極的ではなかったが、藩王国が外部から資金を借りることには詳細な注文をつけた。これは政治的な忠誠を確保するためであるとともに、藩王国が事業に失敗した場合に自らが負債を背負うことを避けようとする狙いもあった。このことは、藩王国が公共事業などのために資金を調達することを極めて難しくし、藩王国の発展を大きく制約した。その結果、イギリス直轄領と比べて、藩王国の経済発展には遅れが生じたとされている[Hurd 1975a:1975b]。

こうして、イギリスは、ごく少数のインド人エリートを中央集権体制の運営の中心に含め、直轄支配地域では地方分権を進めて大土地所有者などの利害を保護し、さらに藩王国ではある程度の自治を認めることによって支配するという、重層的な間接統治体制を確立したといえよう。

2　インド・ナショナリズムの登場

インド国民会議（派）の成立

一八八五年、ボンベイに七一人（七三人）のインド各地からの代表を集めてインド国民会議（派）が結成された。一八五一年にはカルカッタでイギリス・インド人協会が、六六年と六九年にはそれぞれロンドンとボンベイで東インド協会が成立していたものの、本格的な全インド組織は、この国民会議に始まったといってよいだろう。国民会議においては、イギリスとの武力対決姿勢は影を潜め、暴力を排し、支配者への決議や請願のかたちをとってイギリス帝国の枠内での要求を出すという議会主義的な方法が採用された。イギリス側でも、大反乱などに結びつかないよう、ガス抜きとしての役割を国民会議に期待していた。創設者と称えられるアラン・オクタヴィアン・ヒュームの背後にはインド総督ダファリンの承認があったとさえささやかれている。

初期の国民会議の要求は二つに要約される。一つは選挙で選ばれたインド人が立法議会や行政に参加すること、他の一つは高等文官職をインド人にも開放することだった。またときにはインド財政の半分近くの額にのぼる軍費を節約して税負担額を軽減することを求め、当時のビルマへの出兵などにも憂慮を表明した。他方、国民会議は社会改革運動には手を出さないという態度を貫いた。国民会議の担い手は西欧教育を受けたいわゆる中産階級《ミドル・クラス》であった。職業で見ると、弁護士、高級官僚予備軍、ジャーナリスト、教師などの専門職が多い。大都市などにおける英語を教授言語とする大学教育を受けた新しいエリート層であり、なかにはイギリスに留学した者もいた。彼らはしばしばイギリス紳士風に振舞い、国民会議の席上英語を操って議論した。それはベンガル語、ヒンディー語など多様なインド諸言語を超えた共通語《リンガ・フランカ》を誕生させたのだが、同時に彼らが植民地統治に対する協力者《コラボレーター》となる可能性にもつながった。

この時代には印刷技術の発展により、新聞など多くの出版物が刊行された。また、鉄道・郵便のネットワークの発達も背景としながら、種々の団体・結社が地域内、あるいは地域を越えて数多く結成された。全インドの横断組織である国民会議はその最たる事例であり、国民《ナショナル》という言葉を組織名に用いたところが象徴的である。皮肉にもイギリスのもたらした西欧近代化を土台にして、国民のアイデンティティが急速につくられていったのである。

初期国民会議の指導者には、W・C・バナジー、フィローズシャー・M・メヘターらがいたが、とくに重要なのはパールシー（インドのゾロアスター教徒）・コミュニティ出身のダーダーバーイー・ナオロージーである。彼は『インドの貧困と非イギリス的統治』を著し、インドの貧困の原因はインドからイギリスへの「富の流出」にあると主張した。この議論こそ国民会議の思想的根幹をなした言説である。ほかにもR・C・ダットの『インド経済史』など、国民会議指導者の第一世代の人びとは水準の高い研究によってイギリス統治の搾取的性格を明らかにし、次世代に影響を与えた。

ナオロージーに関連して、インド民族運動とイギリス人の一部が相互に交流と影響をもちつづけた事実も運動の方向を考えるうえで重要である。ナオロージーはイギリス下院にインド人初の自由党議員として当選し（一八九二〜九五年）、一八九四年にインド財政支出の増大を批判する議会決議を提出した。他方、歴代国民会議議長のリストには、イギリス人の名前が複数含まれている。ヒュームにしても、会議創設後一〇年程は事実上の書記長であり、彼の国民会議構想として知られる、⑴代表・責任政府の実現、⑵官僚のインド人化、⑶インド人選挙権の獲得などは、そのままインド国民会議の要求に等しかった。ほかにも、二度にわたって議長となったスコットランド人ウィリアム・ウェダバーンや、大川周明にも影響を与えたヘンリー・コットンらの役割も重要である。こうしてインドの民族運動の目標は、国民国家の独立の方向＝代表責任政府の樹立へと早くも向かっていった。イギリス人はたんにインド民族運動に介入しただけではなく、その急進派はイギリスでも一八八九年にインド国民会議イギリス委員会を設立するなどしてインドの運動を支えた。ケア・ハーディやヘンリー・M・ハインドマンなどの政治家もインドの運動を支持した。

さらに興味深いのは、すでにインドの女性たちがこうした政治問題を議論する公共の場に登場していることである。インドにおける「新しい女」の登場である。一八八九年のボンベイの年次大会には、教育者・サンスクリット学者としても有名なパンディター・ラマーバーイー、女医であるカーダムビニー・ガーングリー、雑誌『バーラト』(インドの意)の編者・文筆家であったスヴァルナー・デーヴィーをはじめとして一〇人の女性が参加した。翌年のカルカッタ大会には前記のガーングリー、デーヴィーの二人が正式代表に選ばれた。当時の女性たちは決して組織の中枢にはいなかったが、その活動は多彩であった。一九〇四年のボンベイ大会では、サララー・デーヴィーが民族運動の英雄たちを称える展示会を開いたり、〇五年の国民会議大会では、のちに民族歌のようになる「バンデー・マータラム」(「母を称える」の意)を歌うなど、健在ぶりを示している。ガーングリーは一九〇六年の年次大会では、集まった活動家の妻たちを集めて女性会議を開催している。彼女はまた、一九〇八年には、当時アフリカでおこなわれていたモーハンダース・カラムチャンド・ガーンディーの活動を支援するために女性委員会を組織した。

ただし、女性に関する、教育、幼児婚、一夫多妻制、女性隔離(パルダー)、寡婦の問題など、いわゆる社会改革に関する問題は国民社会会議に任され、国民会議では基本的に扱わなかった。女性を大衆的に動員しようとする方針に国民会議が転換するのも、ガーンディーの登場以降であった。

教育制度の役割

イギリスがインド社会にもたらした最大の変化の一つは、西欧教育であり、それによって育ったインド人集団の形成であった。その規模やその影響力の強さは、地域によって異なっていた。西欧教育とはすなわち英語を教育言語とする高等教育を意味する。たんに教育しただけでなく、英語高等教育内容こそがイギリス統治行政と法の内容であったため、権力への必要条件となり、インド社会を変容させた最大の要因の一つとなった。すなわち十九世紀後半までにおこなわれたイギリスの支配とは、たんなる政治権力の支配ではない。軍事的優位や経済的富によるだけのものでもない。これらは重要なものだが、文化的な支配のテクノロジーによる社会の変容こそが重要であった。

国民会議においても、三管区で英語教育を受けた人びとが数多く代表として参加している。国民会議への参加者の構成は、一八八五年から一九〇九年までに参加した一万九六〇五人の代表のうち、ベンガル管区から三九〇五人、ボンベイ管区から四八五七人、マドラス管区から四〇六二人という状況であった。ムスリムは、一八九二年から一九〇九年のあいだに九一二人しか代表を出しておらず、農村からの代表もほとんどいないなど、宗教・地域間の格差が顕著であった。彼らの要求は、西欧教育を受けたインド人が利益を得られるような内容にほぼ限定されていた。すなわち、インド人を参事会に参入させること、あらゆるレヴェルの行政に参加させること、インド人を差別するあらゆる法に反対することなどであり、西欧教育を受けていないムスリムや低カースト・ヒンドゥーにはほとんど利益をもたらすものではなかった。

国民会議の発展とともに、穏健な地方組織も広がった。十九世紀のインド国民会議は、依然として地方の指導者が一年に一度集まりをもつ脆弱な組織ではあったが、しだいに地方の指導者が中央での発言力を確保するための組織としての重要性を増すようになっていった。十九世紀後半の全インドを統括するナショナリズムは、他方でそれぞれの地域のアイデンティティを掘り起こし、覚醒させた。それは一八七〇年代のオリヤー語復興運動をはじめとする諸地域の言語の復興運動につながり、二十世紀になると、例えば一九〇三年以降のオリヤー語に基づく州設立運動に見られるように、言語州設立への運動が胎動し始める[杉本 2007]。それに従って、会議派にとっての最大の課題でもある、それぞれの地域によって異なる権益のありようをどのように乗り越え、統一をどのように実現していくか、という問題の難しさもまた顕在化してくるのである。

また、一般には反動的とされる藩王国のなかでも、バローダではインドではじめての義務教育制度が実施され、成功をおさめた。一八九三年、一部地域に試験的に導入され、一九〇六年からは藩王国全体に施行されている。これは民族運動に大きな反応を呼び起こし、ゴーパール・K・ゴーカレーを中心として義務教育の要求が澎湃《ほうはい》として巻き起こった。一九一一年、ゴーカレーはボンベイ立法参事会に義務教育法案を提出したが、州政府などの反対に遭い、法案は葬り去られた。こうした状況のなか、民族運動の側からは国民教育運動が登場することになる。

ムスリムの政治運動

大反乱後、イギリスの政治家は、ムスリムを以前とは異なる政治的なコミュニティとして見るようになった。ムスリムの下層の人びとを宗教的復古主義に流れがちであると見る一方で、ヒンドゥーのエリートの主張に対抗するために、イギリスはムスリムの土地所有者層が有望な同盟者になりうると考えた。一八八〇年代にサイイド・アフマド・ハーンは、ムスリム・コミュニティ全体の少数派としての地位、ムスリムのあいだでの英語教育の遅れ、政府への参加の遅れを憂い、ムスリム子弟に英語教育を施し、インド政庁のもとでムスリム中産階層を育てようとした。これはアリーガル大学《カレッジ》建設運動としてあらわれ、一八七五年には、西洋の科学とイスラームとの双方を教えるアリーガル大学が設立された。また、イギリスに対して忠誠心を示し、それと対照的に国民会議とりわけベンガル出身の指導者たちに対し非協調的態度をとることで、インド・ムスリムの危機を解決していこうとした。

この運動の重要な点は、神と最高主権が結びついていたイスラームを、国民国家の主権と妥協させたことである。のちに建国されたパキスタンのエリートにアリーガル出身者の名前が見られるのはこのためであろう。ところが、彼らは「反英」とも見なされる国民会議には批判的であった。インド国民会議が、インドの「国民」(ネイション)を正面に掲げたのに対し、サイイド・アフマド・ハーンは、その「ネイション」は「ヒンドゥー・ネイション」にすぎないとして、国民会議に参加することを控えたのであった。

ハーンは、インドには二つの国民がいると主張した。その結果、前述のリポン改革のなかで地方政府に選挙制度を導入したとき、そこではすでにヒンドゥーとムスリムとのあいだにバランスをとる方針が採用されていた。インドのムスリムが選挙のために全インド的な政治的カテゴリーとなったことが、ヒンドゥーとムスリム、ムスリム間の矛盾などを引き起こす原因となった。しかし、十九世紀後半のムスリム改革主義は、概して穏健なものであった。

アリーガル派をかりに近代主義とすると、復古的改革主義ともいうべきデーオバンド学派は、英語や西欧文化教育を拒否する一方、クルアーンやハディースを教育し、外国支配への抵抗を維持しようとする対照的な学校を運営した。北インドのデーオバンドを拠点とするため、このように呼ばれた彼らは、アリーガル派とは逆に国民会議の結成を歓迎した。彼らの教育は、政庁のもとで官僚をめざす世俗的なものでなく、宗教・道徳の力を再生させようとするものであり、インドのみならず、周辺国からも学生を集めたのである。

ムスリムのあいだではこのほかにも種々の動きが見られるが、全体としていえば、ムスリムが国民会議を中心とする民族運動に積極的に協力していなかったことは明らかである。一八八七年の国民会議のマドラス大会では、(ヒュームに依頼されて議長を務めたといわれる)バドルッディーン・タイヤブジーを除けば、有力なムスリム名士たちは参加していなかったのである。

3　政治思想の三つの系譜

インド大反乱の思想——暴力の容認

インドにおける近代政治思想の多くは、イギリス植民地支配からの脱却をめざす新しい中産層が担った。本節では、彼らがいかなる独立・自治(スワラージ)を、いかなる方法によって実現しようとしたのかを考究していく。

彼らの第一の課題は、前記のインド大反乱をどう位置づけるかであった。イギリスの代表的見解では、この大反乱は「シパーヒー(傭兵の意)の反乱」と呼ばれ、そのように理解された。その含意は、イギリス東インド会社の雇用条件や宗教的慣習などに関するインド兵士の不満が反乱を呼んだにすぎない、という解釈である。したがって反乱の責任はイギリス東インド会社にあるとされ、会社はその責を負うかたちで、統治権をイギリス政府に渡すことになった。

こうしたイギリス側の見解に対し、インド側からこれに挑戦するかたちで出された主張の一例が、「作者不明」とされたヴィナーヤク・D・サーヴァルカルの『インド独立戦争』であった。彼は同書をおそらく一九〇九年に執筆した。その中心をなす主張は、題名通り、これこそ最初の「インド独立戦争」であり、たんなる「傭兵の反乱」ではないとする史観である。同書は出版されるや、たちまち発禁となり、インドが一九四七年に独立するまで日の目を見ることはなかった。その間、さまざまな人の手によって、インドやイギリス、あるいはアメリカ合衆国などで(地下)出版された。

著者のサーヴァルカル自身は、革命家グループとの交際などの嫌疑により一九一〇年に逮捕され、アンダマン島の牢獄に送られた。残された同書は、インドが国家としての独立を闘いとることとの正当性を訴えつづけたのである。さらにこの書物は、インドの民族独立運動の形態の一つとして、種々のレヴェルにおける武力闘争・暴力的運動の採用を容認した点においても重要である[長崎 2015b:110-111]。

議会主義の思想——インド国民会議とナオロージー

前述したように、インド国民会議の最大の特徴は、暴力を排し、支配者への決議や請願のかたちをとってイギリス帝国の枠内での要求を出すという、議会主義的な方法を採用したことであった。

インド国民会議の初代議長は、ナオロージーであった。パールシーという、宗教的には少数派の立場にいたナオロージーは、前述のように「富の流出」理論を唱えたことでもよく知られている。彼は植民地支配とインドの貧困との関係を批判し、一九〇六年に国民会議の議長であったとき、はじめてインドの自治を公に訴えた人物でもあり、初期インド国民会議の思想的支柱の一人であった。

ナオロージーは、一八五五年に渡英し、九二年には、イギリス総選挙にロンドンのフィンズベリから自由党議員として出馬し当選しており、まさにディアスポラ的インド人として重層的文化のなかに生きるモデルともいえる人物である。ナオロージーの組織したロンドン・インド協会の集会には、当時イギリスに留学していたガーンディーも出席しており、彼と面会できたことはガーンディーのその後の路線を考えるうえでも重要である。ナオロージーはその後、主として書簡を通じてガーンディーと親密な関係を保つようになり、その政治活動、とりわけ南アフリカでの活動を大きく援助するようになるのである。

非暴力の思想――ガーンディーのサティヤーグラハ

それでは、ガーンディーの非暴力の思想と方法は、どのように形成されていったのであろうか。ガーンディーによって『インドの自治《ヒンド・スワラージ》』が著されたのは、前記サーヴァルカルによる『インド独立戦争』の公刊とほぼ同じ頃、すなわち一九〇九年である。このガーンディーの著書のテーマの一つは暴力革命批判と非暴力運動の擁護論であった。この書を著した目的について、ガーンディー自身は、イギリス滞在中に会ったインドのアナーキストたちの議論に答え、南アフリカでも同様の意見をもつインド人たちの疑問に答えるために書いたと述べている。

のちにマハートマー・ガーンディー(「マハートマー」は「偉大なる魂」の意)として広く知られるようになる彼は、グジャラート地方のポールバンダルという藩王国の宰相の息子として生まれた。ガーンディーの政治活動の方法は、生まれ育ったインド洋に開かれた海岸地域の開放的でおだやかな風土や歴史と深くかかわっている。イギリスに留学し、弁護士の資格を得て帰国するが、インドでは弁護士として成功せず、南アフリカのナタールにおける訴訟にかかわる仕事のために、一八九三年に同地に渡る。ここに滞在するなかで、南アフリカにおける年期契約労働者をはじめとするインド人への差別反対運動を指導し、その過程でいわゆる非暴力的不服従運動「サティヤーグラハ」の方法を編み出したのである。すでにそこには、ハルタール（一斉罷業）や自己犠牲（投獄など自ら処罰を引き受けること）など重要な戦術のほとんどが含まれていた。

次節で述べるように、一九〇九年当時のインドは、ベンガル分割反対運動が終息期を迎えており、国民会議はガーンディーが「アナーキスト」と呼んだ急進派と穏健派とに分裂していた。この当時は、それまでの国民会議の運動と異なり、テロをも辞さない急進派の暴力的闘争が力をもつようになっていた。彼らの主張は、インドはイギリスの優勢な軍事力によって支配されたとし、早く近代化してイギリスを武力で駆逐することこそインドの課題だとするものだった。暴力的抵抗をよしとする風潮はロンドンにも伝わってきた。その中心には、ヒンドゥー・ナショナリズムの祖ともいうべきサーヴァルカルがいた。ガーンディーはそうした雰囲気を憂い、暴力的運動の不毛なこと、その暴力性とは近代西洋文明に染まっていること、それから脱するインドの自治のあるべき姿などを説得しようとしたのである。

ガーンディーの非暴力論は、(1)不当な支配に対する抵抗の方法としての非暴力的抵抗と、(2)できあがった国家・制度のなかに存在する権力のもつ暴力性への批判、との二つからなっていた。サティヤーグラハというヒンディー語（およびサンスクリット語）の意味は、サティヤ＝真理、アーグラハ＝把（つか）まえること、すなわちこの運動が真理に近づいていく運動であり、暴力を使わず真理の力に基づく運動であることを意味している［Bondurant 1988:15-34］。

対話形式で書かれた『インドの自治』のなかで、若い読者は、急進派の戦略にそって武力闘争の有効性を主張する。これに対してガーンディーは「暴力によって権力を得た者は、その方法が必ずわが身に降りかかってくる」として、よい目的のためには手段を問わない、というやり方に反対し、手段の大切さを説く。またインドには、暴力を使う伝統がないとして、ここでも反論を展開した。彼の見解では、好ましくない法には従わず、罰則をあまんじて受けること、これが「行＝受難」によって正義を実現していく方法であった［長崎 2004a：93-101］。ではそれがなぜサティヤーグラハ、すなわち真理を把持する「魂の力」なのだろうか。

ガーンディーにおいて、真理（サティヤ）は非常に重要な概念である。一般にインドにおいて、人間が実現するべき価値として実利（アルタ）、愛（カーマ）、法・徳（ダルマ）の三つが説かれることが多いが、ガーンディーのサティヤは、ほとんどダルマに等しい。たしかにガーンディーにとっては、徳が文明の基礎であるのだが、真理は「徳の実質」であった［Parekh 1989：18］。そしてまた、徳を愛する彼にとって、真理は目的であり、アヒンサー（非暴力）は手段であった。

ガーンディーの真理観で興味深いのは、ジャイナ教におけるような真理の多面性という考えを真理の理解の基本にしていたことである［長崎 1997：270］。つまりそこでは、人間は絶対的真理に確信をもつべきであるが、それは想像できるだけで、悟ることは不可能であるとされる。したがってそれぞれが真理と思う相対的真理によって行動してよいのだ、と。したがって他の人びとの真理の追求をも抹殺せずに理解しなければならない。ここに行動としての真理の追求が不殺生と結びついてくるのであった。ここからは、彼の態度がつねに多元性の共存をめざすことも理解できる。さらにガーンディーは、真理の位置が傲慢や無制限にならないためにも非暴力が必要だとした。つまり、真理は個人が閉鎖した空間のなかで求められるものでなく、社会のなかで、共同の関係のなかで求められるものであるから、暴力のない寛容な社会でないと、真理の追求は起こりえないのであった。

それでは、手段としてのアヒンサーはどう位置づけられるのだろうか。

たしかにガーンディーにとって、真理が非暴力より上位におかれていたのは疑いない。とはいえ、手段をつねに重んじたのがガーンディーの特徴であった。すなわち、同じ一つの時計を獲得するときにも、それを盗めば盗品であり、もしそれを買えば「私」の財産となり、人からいただけばそれは贈り物となる。つまり、物の性質はすでにそれぞれ異なってしまっている、という喩え話を引いて［Gandhi 1963：44；Parel 1997：82］、手段の大切さを説いた。ガーンディーは『インドの自治』においても、手段であるはずの非暴力をむしろ真理よりしばしば強調した。また、アヒンサーをヒンドゥーイズムの真髄とまで述べたこともある。たしかにヒンドゥーイズムのなかでアヒンサーは解脱〔モークシャー〕の手段としてダルマに匹敵する重要性をもち［Iyer 1973：178］、仏教、ジャイナ教のいずれにとっても重要な概念である。とくにジャイナ教徒は殺生に関しては厳しい。ガーンディー自身は、「私はヴィシュヌ派の生れで、幼いときにアヒンサーを教えられた」［Gandhi 1964：294］としてヴィシュヌ派のヒンドゥーイズムにアヒンサーの由来を帰している。さらにジャイナ教や仏教の影響を述べるときもある。

おそらくアヒンサー思想の根源には、「敵」の捉え方に関する「インドの伝統」があると考えられる［長崎 1997：271］。仏教、ジャイナ教の根源的な罪に「個我を主張すること、あるいは自分と他者を区別すること」がある。ガーンディー思想はそれを踏まえ、殺生〔ヒンサー〕は他者と自分を区別することから起こるとして、敵の存在そのものを否定していくのであった。

人間と自然界との関係でいえば、「人間はたとえ無意識でも、殺生を引き起こさずには一瞬たりといえども生きられない」動物であることは、ガーンディー自ら認識していた。だが、「人間が動物である限り、暴力は教えられる必要がないが、人間の精神は非暴力なのだ」として、その「最小限の暴力」を生きようとしたのである［長崎 2004a：102-104］。

4　インド政治における対立軸の形成

ベンガル分割反対運動――ヒンドゥー・ムスリム間摩擦の始まり

十九世紀の終り頃から、国民会議の若い世代のなかに、いわゆる過激派が登場してくる。彼らの新しさは自治を公然と運動の目標にしたことだった。その中心がバール・ガンガーダル・ティラクであり、オーロビンド・ゴーシュやラーラー・ラージパート・ラーイらであった。『バガヴァッド・ギーター』の解釈者としてもすでに知られていたティラクは、「独立・自治《スワラージ》は私の生得権だ」として、ゴーカレーら従来の穏健な指導層と距離をおき、運動を伝統的・土着的な大衆と結びついたものに組み替えようとした。

一八九三年、彼はバラモンの家庭などで祝われていたガネーシャ（シヴァ神の息子＝繁栄の神）の祭りを公共の場に引き出して地域共同体の祝祭に変えた。三年後にはマラーターの英雄シヴァージー祭を始めて、外国支配者へのインド人の抵抗精神を称えた。マラーティー語の新聞『獅子《ケーサリー》』では「ヒンドゥー・ネイション」を称えている。しかし彼の問題は、それがムスリムを疎外し、閉鎖的な復古主義に終わる可能性をもっていたことであった。とはいえ復古主義的傾向をもったのはティラクだけではない。当時のインドの政治経済のシステムが西欧化していき、しかも西欧化したエリートがキリスト教や功利主義の影響を受けつつ、伝統的ヒンドゥー教を迷信だと批判し、インド社会の「西欧化」「近代化」をはかることへの反動もあった。インドの文化や伝統的な社会秩序・宗教的価値が崩壊していくことに対し、伝統を守ろうとする牝牛保護運動などの動きが姿をあらわし始めていた。

世紀末のインドは、飢饉の頻発、コレラの蔓延がしきりで社会不安はいつでも政治不安に転化しうる状態だった。そのとき一九〇四年に、カーゾン総督によるベンガル分割案が発表された。その案は国民会議から見ると、分割される東ベンガルはムスリム多住地域、西ベンガルはヒンドゥー多住地域と、宗教が行政区分の根拠であり、ベンガルを分断して、カルカッタを中心とする反英的な動きから東ベンガルのムスリムを引き離そうとする処置に見えたのである。反対の声が巻き起こり、請願以外に手段のない穏健派に対し、過激派は行動を提示した。イギリス商品ボイコット、国産品愛用（スワデーシー）などである。のちにジャワーハルラール・ネルーは当時のことをこう振り返った、「例外なくわれわれはティラク主義、つまり過激派であり、宗教的ナショナリストだった」と。おりから日露戦争で日本がロシアに勝利し、アジアの小国でもヨーロッパに勝てるとの自信を人びとに与えた。数千の人びとが寺院に集まり、イギリス商品をボイコットして、国産品を買おうと誓いを立てた。政府の建物や酒店へピケを張ったり、テロもやむなしとする傾向も生まれた。

一九〇六年、カルカッタに招集した国民会議において、議長ナオロージーは、イギリス宰相ヘンリー・キャンベル＝バナマンの言葉を援用して「如何なる良い政府といえども、自治政府には換えられない」と主張した。これは国民会議の歴史に新紀元を画するものだった。それまでの国民会議の目標は、たんなる「良き政府」だったからである［饒平名・鹿子木 1922:186；中村 2011］。同年、ラビーンドラナート・タゴールは、カルカッタの市街を舞台に、イギリス植民地政府による強権的で無謀なベンガル分割に対する有名なデモを指導した。人びとは民族運動の歌を歌い、ヒンドゥー社会や親族のあいだで祭りの際に用いられていたラーキーと呼ばれる華やかな色彩の腕飾りを、ヒンドゥーもムスリムも身につけ、これを民族団結のシンボルとして使用したのである。こうして、タゴールの詩の力とともに、大きなうねりが起こった［Guha, Ranajit 1997:108］。

ベンガル分割反対運動に対するムスリムの反応は複雑であった。一九〇六年十月、アーガー・ハーンらムスリムの代表団がシムラーに総督を訪問している。ちょうど、モーリー・ミントー改革（後述）が準備中のときであった。代表団は、インドのムスリムは人口のうえで少数派である以上、もし選挙制度がムスリムへの「留保」なしに進むなら、彼らの権益はどうなるのか、との懸念を表明した。彼らは人口比でなく、政治的重要性、帝国を守る防衛努力の基盤のうえに、ムスリムへの留保がなされるべきだと主張した。この結果が、インドにおける分離選挙制の成立となった。さらに、このシムラー代表団派遣の結果として、全インド・ムスリム連盟が一九〇六年十二月三十日に成立する。その目的は、インドの少数派としてのムスリムの政治的権利を守ること、彼らの要求を抑制のきいた言葉で政府に伝えることであった。のちに国民会議（派）にとって、最大の対抗勢力となるムスリム連盟がここに姿をあらわしたのであった。

他方、一九〇七年のスーラト大会において国民会議は、ティラクら急進派とゴーカレー、メヘターらの穏健派とに分裂した。前者は西欧志向色の薄いヒンドゥー型のナショナリズムであり、立憲的方法のみに頼らず、イギリスから譲歩をかちとるために、必要とあればときには暴力的方法も辞さないというものであった。それに対し後者は、あくまで西欧志向を拒否せず、穏健的方法の採用のみを主張するものであった。しかし、その分裂は地域的でもあり、一方はティラクとプーナ(現プネー)を中心としたマハーラーシュトラ派にベンガル派が結びついたかたちであり、他方は、ゴーカレーらが、ボンベイを中心とした穏健派と結びついたかたちとなった。

カーゾン総督の施策とモーリー・ミントー改革

十九世紀も終わる頃、インド政庁の歳入額は減少しつつあり、行政制度は見直しが迫られていた。一八九六〜九七年の飢饉につづきコレラなどの疫病が蔓延し、インド人の不満も高じていた。このため、カーゾン総督のように広くアジアを旅行し、インド通で著作も多く、仕事熱心な総督の就任は待ち望まれていたはずであった。期待通り、彼はチベットや北西辺境に積極外交を展開し、国内でも数多くの委員会を設置して、経済改革(飢饉対策、地税改革、灌漑、鉄道路線の拡大)、警察改革、大学改革、インド軍の改革、出版の規制などをつぎつぎと実行しようとした。農業省、商工省の設置、通貨法(一八九九年)など、経済政策をおこなうための制度の整備にも尽力した。鉄鋼業の振興といった具体的な施策だけでなく、産業振興を是とするカーゾンの姿勢は、レッセ・フェールの伝統になじまないとするジョン・モーリーの一九一〇年の声明によっていったん否定されるものの、彼の経済政策は、多くの地方政府の産業政策に影響を与え、第一次世界大戦中の工業化政策につながっていく[Misra 1999: 164–165]。しかし、彼の「改革」は効率を重んずる「上から」のものであり、インド人とくにカルカッタの法曹界やジャーナリストの「世論」を過小評価していた。彼はインド人を国民と認めず、国民会議の力を奪おうとした。選挙を無意味にしようとし、「上からの改革」を、官僚化・中央集権化を通じて実行しつづけた。だが、カーゾンにとって、その改革の一つであったベンガル分割案を提出したとき、前述のベンガル分割反対運動を生み出してしまったのは誤算であった。結局、これは決定の取消しという結果に終わった。こうしてカーゾン総督は皮肉にも民族運動に再生の機会を与えたのだった。

一九〇九年の参事会法は、ミントー総督とインド担当大臣モーリーの名を冠して「モーリー・ミントー改革」と呼ばれている。その結果、選挙で選ばれた議員が参事会に加わることになるのだが、今ではこの改革はムスリムのために分離選挙制を導入したことで知られている。一九〇八年十月、ミントーは、ムスリムは「婚姻、食生活、慣行によって区別され、完全に分離したコミュニティを形成している」として、分離選挙権を与えられるべきだとした。少数派を形成するコミュニティ(宗教、部族、不可触民カーストなどの共同体を指す)に、その利害や要求を承認していくことは、インドにおけるイギリス政府の基本方針の一つになっていった。すなわち、「イギリスがインドの自治と代表制を認めていく過程は、多数派の抑圧と支配から少数派を保護するイギリス本国政府の責務を強調し、そのための措置がとられていく過程」でもあった[孝忠 2005:28]。

ここで述べている分離選挙制とは、宗教別代表制を意味する。つまり、(1)ムスリム議員を選ぶ選挙権はムスリムのみがもつ、(2)少数派保護のため、ムスリム議員定数はその人口比よりやや多いかたちにする、という原則に立って特別の選挙区を設置したものだった。この制度は、宗派紛争の原因ともなるとして批判された。またモーリー・ミントー改革は、藩王国に対しても緊縛をゆるめ、かなりの自治を許した。つまり、ムスリムを、藩王を含む穏健派とともにインド政庁の味方につけ、過激派を孤立させるのが目的であった。

一九一一年十二月十二日、イギリス国王ジョージ五世のインド皇帝即位を祝うデリー・ダルバール(謁見式)のとき、カルカッタからデリーへの遷都が宣言された。ベンガルはボンベイ、マドラスと同様に、州知事がおさめる管区となり、また一九一二年には、ベンガルからはビハール・オリッサ州、アッサム州が分かれて別の州となった。これによっていわゆる「東ベンガル州」創設の可能性は消えたのであった。

第一次世界大戦とラクナウー協定

インド人にとって第一次世界大戦は三つの問題をはらんでいた。一つは、イギリス本国の戦いと植民地インドの戦いの関係である。第二は、イギリスが敵としたオスマン帝国のカリフの問題であり、第三は、戦争や革命などのもつ暴力の問題である。

第一は、植民地インドは宗主国イギリスの戦争にどこまで協力すべきか、という問題である。第一次世界大戦は、民族自決のための戦争といわれながら、その大義名分は、イギリスからの自決を望むインドには適用されなかった。その代わりに、大戦中の民族運動の展開を読み込んで、インド担当大臣モンタギューは、インドに戦争協力を確保するための政策、すなわちモンタギュー宣言を一九一七年八月に打ち出した。これは国際的には、ウィルソン大統領の民族自決宣言が同年一月に発表されたことに対応するものでもあった。モンタギュー宣言は、将来責任政府と自治機構をインドに実現すると述べている。これを見たインド人指導者たちは、戦後には当然自治が約束されたと考えたのだった。

しかしイギリスの意図は、この宣言によってティラクらの過激派を孤立させ、穏健派をイギリス側に糾合しようとするものであった。したがって譲歩と見える宣言は曖昧な部分をもち、戦争終結とともにたちまち後退を始めるのであった。たしかにイギリスのサンドハースト王立士官学校に一〇名のインド人を入学させるなど、軍隊のインド人化にも譲歩する態度を見せたが、これも戦後ははかばかしい進展を見せなくなるのだった。

第二の問題は、オスマン帝国のカリフはイギリスの敵であっても(トルコは一九一四年十一月に参戦)、インドのムスリムの敵になりうるのか、という問題である。オスマン帝国の崩壊過程は、イタリア・トルコ戦争(一九一一年)、バルカン戦争(一九一二〜一三年)とつづき、第一次世界大戦によっていっそう促進された。かつてオスマン帝国領だったエジプトは、一九一四年十二月以降、イギリスの保護領となり、一六年には、英仏間のサイクス・ピコ協定で、オスマン帝国の分裂が決められた。他方、ユダヤ人にはパレスチナを保障するバルフォア宣言が発せられた。こうしてイギリスは、アフリカの背骨を貫き、中東を通り、ペルシア湾にまでいたる、いわゆる「中東におけるイギリス帝国」を事実上成立させたのである。

このとき、インドには「民族自決」は適用されないが、オスマン帝国からの「自決」を求めたアラブ諸国には「民族自決」が適用されるという、戦争の大義の矛盾がインドのムスリムをいっそう不信に陥れた。オスマン帝国のカリフは全世界のムスリム共同体「ウンマ」の教主だったため、彼らの反英感情は緊迫したものとならざるをえなかった。ムスリム連盟結成以来の親英的ムスリムの影響力は、この時期に急速に衰えていった。

新しいムスリム青年層の指導者のなかには、例えばアブル・カラーム・アーザードがいる。彼は機関紙『新月《アル・ヒラール》』(一九一二年発刊)において反英的な論考を打ち出して、ムスリムの政治的指導者として台頭した。北インド出身でアフラール(「自由民」の意)運動の担い手であったシャウカト・アリーとムハンマド・アリーの兄弟も同様だった。彼らは第一次世界大戦後に成立する「中東におけるイギリス帝国」の存在に反対し、ムスリムが広く団結するパン・イスラーム主義をいだいた。しかしこれは事実上、トルコを支援する内容とかさなった。こうしてインド・ムスリムのあいだにヒラーファト運動(オスマン帝国のカリフの地位とイスラームの聖地を含む領土の保全を擁護する運動)という活発な反英運動が始まる。こうした反英的思潮のなかで、ムスリムにもヒンドゥーとの統一の機運が台頭し、一九一五〜一六年には、合同の会議が開かれるようになった。

ヒンドゥーの側にも新たな胎動があり、一九一五年には、イギリス人アニー・ベサントらによる自治連盟が結成され、釈放されたティラクらと戦後の自治を要求するようになった。また、暴力革命派の活動も活発であった。インド人兵士が武装反乱を起こし、イギリス支配の転覆をはかるという、一八五七年の大反乱モデルに倣った反乱党《ガダル》の計画も立てられた。この計画は一九一五年二月、国内では未遂に終わる。だがこの計画にかかわったラース・ビハーリー・ボースは日本に脱出し、のちに第二次世界大戦中に、日本が支援したインド国民軍結成のおりには、その指導者の一人となる。

シンガポールでも一九一五年、この計画につながるインド兵士の反乱が起こり、イギリスは日英同盟を利用して、日本軍の援軍によってようやく鎮圧したほどであった。

これらの運動の高揚を背景に、穏健派のゴーカレーやメヘターの死後、過激派のティラクは、一九一六年のラクナウー大会において穏健派との統一を成功させた。ティラクらは妥協案を呑み、国民会議に復帰した。国民会議の分裂を縫合しようとする動きは、早くも一九一五～一六年に起こっていた。それは第一次世界大戦に突入したイギリスが、これまでにないほどインドに譲歩的に見えたこと、さらにティラクがマンダレーに下獄中、やや妥協的になったことなどが要因として考えられる。この穏健派と急進派の統一を背景に、自治連盟、なかでもティラク派、ベサント派は協力して、その影響を拡大し、運動はたちまち連合州、ビハール州などに広がった。

一九一六年には、もう一つ大事なことが起こっている。それは、当時まだ国民会議のメンバーでもあったムハンマド・アリー・ジンナー(のち会議派を離れ、ムスリム連盟議長となる、パキスタン建国の父)とティラクを中心として、十二月に国民会議とムスリム連盟とのあいだにラクナウー協定が成立し、ヒンドゥーとムスリムの協力のための一つの条件が整ったことである。ただし、ムスリム連盟はその後、この対応をめぐり内部でさまざまに意見が対立していくことになる。

国民会議の中心であったティラクにとっては、この協定は、それまでの宗派対立をはじめて政治的に解決しようとするものであった。ヒンドゥーもムスリムも同等に扱うという基礎のうえに協定を結んだのである。元来ティラクは、さまざまな州にいる人びとのあいだに共通するものはヒンドゥー教であり、このためにあらゆる州の人びとは、言語やカーストの違いにもかかわらず、一つにとどまってきたのだと主張して、ヒンドゥー国家を唱えていた。ラクナウー協定は、国民会議の指導者たちが分離選挙を認めたという点で、彼らから見れば大きな譲歩であった。また、双方が自治政府を要求するという目標のもとに、宗派対立を政治的に解決しようと試みた画期的なものであった。

こうして一九一六年のラクナウー大会においては、穏健派と過激派、そして、ムスリム連盟と国民会議とのあいだの連携が成立した。ラクナウー協定の締結は新たな時代の到来を予想させた。しかしその時代を率いていくことになるのは、目的のためには暴力をも辞さないというティラクではなく、それまで南アフリカで非暴力運動を展開してきたガーンディーであった(ティラクは一九二〇年に病死)。それは、戦後のムスリムによるヒラーファト運動と非暴力大衆運動の協力をもたらすことになる。

長崎暢子

(1) 本章および第四章には、[長崎 2004b]に加筆・修正を加えた部分が含まれている。

第二章　植民地インドの経済　一八五八年〜第一次世界大戦

十九世紀半ばから第一次世界大戦の時期のインドでは、イギリスの植民地支配の体制がほぼ確立し、そのなかに組み込まれたインドの経済や社会は、イギリスをはじめとする世界経済の循環に巻き込まれていった。農業面では、農業生産の外延的拡大と集約的土地利用が拡大し、他方、海外市場を含めた遠隔地市場向けの生産も増大し、人びとの海外出稼ぎや都市への移動も顕著に増えていった。このなかで、商人や高利貸しなど、農業外の経済活動をおこなう人びとの土地所有が増えたが、他方で、海外出稼ぎなどで刺激を受けた農村内の隷属的な労働者がしだいに自立性を増大させるなど、農村内部の変化が始まる時期でもあった。工業の面でも、インドの伝統的な手工業は、イギリスの工場製品との競争で打撃を受けつつも、かなりの部分は生き残り、つぎの時期の発展につなげることができた。大規模工業の面では、イギリスの利害と密着しつつも、インド人のなかから大規模な工業を発展させる資本家が出現した。

1　農業構造の変化

十九世紀半ばの農業構造、土地所有、地税徴収制度

十九世紀半ばのインドでは、イギリスによる農村地域支配の体制がほぼ確立しつつあった。インドの圧倒的多数の人びとは農村に住み農業に従事していたが、彼らの生活は、イギリス植民地支配のもとでどのように変わったのであろうか。

この点では、インド経済史の認識は過去四〇年間に大きく変化した。インドのナショナリスト的な経済史家は、イギリス支配以前のインドの農村は、基本的には小さな土地をもつ小農民からなる社会であったが、植民地支配下の農業の商業化や地税制度による土地売買の発生によって、小農民の多くは保有する土地を失って小作人や土地なしの農業労働者に転落する一方で、少数の富農や商人・高利貸しが土地を集積して大土地所有階層が形成された、という農民層の分解説を主張した。しかし、この分解説は、その後多くの批判を受けることになった。批判者の中心的主張は、十九世紀初めの段階で、インドの農村社会は決して均質な農民から成り立っていたのではなく、土地をもたない農業雇用労働者から大土地所有者までを含む、格差の大きい階層的な社会構成をなしていて、その構造は独立まであまり変わらなかったという点であった。土地なしの農業労働者たちは、決して植民地支配の結果として新たに創出されたわけではない、というのである。

それでは、十九世紀前半のインド農村の社会経済構造は、いかなるものだったのであろうか。南インドの水田地帯の事例で紹介しよう。農村社会のなかで農業生産にかかわった世帯は、おおよそ四つ程に区別できる。第一は、村落の土地の多くを所有する有力な土地所有者層、第二は、零細な耕地を保有する小規模土地所有農民層、第三は、有力土地所有者層の土地を借りて耕作する小作人層、第四に、有力土地所有者層に雇用される農業労働者層、である。

第一の有力土地所有者層は、多くは上位のカーストに所属し、今日のタミル・ナードゥ州に相当するタミル地方ではバラモンが多かったが、レッディやヴェッラーラなど農耕カーストの人びともいた。彼らは村落社会の有力者で、村落の行政や運営、農業生産の進め方などの決定にも中核的な役割をはたしていた。政府への地税の納入者の中核をなす村民で、政府はこの階層を掌握することによって地域社会の統制をおこなおうとした。この階層の世帯は地域住民の一割にも満たないことが多かったが、農地の半分以上を所有することも多かった。彼らは、自ら農業労働に従事することはなく、農業労働者を雇用して所有地での農業生産をおこなうか、所有地を小作人に貸し出した。

第二の小規模土地所有農民も政府に地税を納入する村民で、その数は第一の有力土地所有者よりも多いが、所有耕地の規模は零細で、この階層の所有地を合計しても第一の有力者層の所有地面積の合計を超えないことが普通であった。小作人になったりして、収入を補うことも少なくなかったと推定される。

第三の小作人層には、もともとの村民が小作する場合と、他村の村民であるが一時的に耕地を借りて小作人となる場合とがあった。以下に述べるように、小作人は十九世紀末からしだいに増えていった。

第四の農業労働者の世帯は非常に多く、農業生産の直接的な生産者としてはもっとも重要な役割をはたしていた。これらの世帯は、被差別カースト(「不可触民」)や、そのほかの低位のカースト成員がほとんどであった。この階層は、村落内の土地をほとんど所有せず、農耕に必要な家畜などもなく、土地を借りて農業経営をおこなう小作人にもなれず、有力土地所有者の農業経営者に雇用・使役されて、農業労働に従事した。一時的に雇用される日雇いの労働者もいたが、十九世紀には特定の経営者のもとで長期に働く労働者が中核であった。多くは、一生、しばしばその子どもも含めて数世代にわたって主人のもとで働いた。彼らは、主人からの借金によって自由に移動できないなど束縛されることが普通で、さらに有力所有者は労働者の宅地は自分たちの所有地であると主張して、労働者の自由を制約した。彼らは、主人から与えられる食糧や衣服の現物給付に生活を依存するなど、雇用主によって給養される存在であった。水田地帯などでは、この階層は、農業生産に従事する労働力の中核をなし、農業を支えるもっとも重要な労働力であった。そのため、村落の有力者層は、労働力として彼らを確保するために、のちに述べるように村落内外に耕作されていない土地が広く広がっていたにもかかわらず、こうした労働者階層が未耕作地を自力で耕地として利用したり所有したりすることをさまざまな方法を使って阻止してきた。こうした長期雇用の隷属的労働者のほかに日雇い労働者もいたが、農閑期など労働需要が減少する時期が長かった当時、まったく土地や小作地がない労働者にとって日雇い労働雇用だけの収入で生きることは容易ではなかった。

こうして村落社会は均質な農民からなるのでなく階層性が大きかったことや、そこに分厚い農業労働者の階層が存在した、南インドのタミル地方の事例は、インドのなかでは例外的ではない。地域差はもちろんあるが、インド各地とくに農業の先進地帯では、かなり一般的だった。例えば、西部インドのグジャラート地方ではハーリーと呼ばれる制度があり、バラモンの土地所有者と農業労働者が隷属的な関係を取り結んでいた[Breman 1974]。北インドのパンジャーブ地方では、南インドより農業労働者の層は薄かったが、被差別カーストのチャマールなどが土地所有者層に労働提供をするセピダールという制度が報告されている[Kessinger 1979]。北インドでは、村落の土地所有者が共同で土地を所有するバイヤーチャーラー保有制度が一般的だったが、ここでもバイヤーチャーラー保有者のあいだでは実質的な不平等は大きく、平等な社会とはいえなかった[Kumar ed. 1983:64-65]。

東部のベンガル地方の北部については、十八世紀末から十九世紀初めに、農業労働力全体の半分程度は、雇用される農業労働者や分益小作人であったことが明らかになっている。のちに述べる、ベンガル地方で一般的に施行されるザミーンダーリー制度のもとで、政府に地税を納入する者(土地所有者)として決められたのは、大規模な領地を支配する領主、ザミーンダールであった。ザミーンダールに地代を支払っていた「小作人」のなかには、村落社会のなかでは経済的にも政治的にも影響力の大きかった有力者層のジョトダールがいた。このジョトダールのもとに、これらの分益小作人や農業労働者は従属していた[Ray, Rajat and Ratna Ray 1973:Ray, Ratnalekha 1979]。こうして、雇用農業労働者や分益小作人が植民地支配の初期に多数存在したこと、他方においてザミーンダールのもとで大きな面積の土地を保有する有力農民が存在したことは、ベンガル地方でも認められている[Kumar ed. 1983:Ch.II-2]。

こうして水田地帯や灌漑の整った地域では階層性の高い村落が多かったが、インドに広がる乾燥地帯や非灌漑地帯では、よりゆるやかな階層構造の村落が多かった。南インドの乾燥地帯の畑作農村では、村民の多数をなす小規模の耕作農民が、村落の耕地の多くを所有しているという構造の村も多い。その場合でも、十九世紀半ばの時点では、被差別カーストの世帯は土地をまったくかほとんどもっていないことが普通で、土地所有からは排除されていたといってよい状況だった。したがって被差別カーストの中心は農業労働者層であったが、水田地帯のように隷属性の強い常雇いの労働者ではなく、日雇い労働者の形態が多かった。ベンガル地方でもダカ地方など東部では、小規模の農民による耕作が普通だった。中央ベンガルでは、北ベンガルのようなジョトダール的な富農は少なく、農民層と土地なしの分益小作人・農業労働者の二層が村落の階層としては大きかった。西部インドのデカン地方の村落社会も、階層性はあまり強くなかった。ここでは、住民の半分近くが土地を保有しており、農業労働者や小作人はあまり多くはなかった[Kumar ed. 1983:180]。

インドを支配したイギリスがもっとも力をそそいだのは、農村地域から税金を徴収することであった。実際におこなったことは、土地に対して一定の課税額や課税率を決めて、それを納税する人を確定することであった。その際、地域によって大きく分けて二つの制度が導入された。一つは、ベンガル・オリッサ・ビハールの徴税権を得たイギリスが一七九三年にこの地方に導入し、その後北インドに広がった、ザミーンダーリー制度である。この地方で広範な地域を支配していた在地領主であったザミーンダールを土地所有者として認定し、彼らに地税の納入を義務づけた。政府は、ザミーンダールの納入すべき税を確定し、原則としてそれを改訂しないことにした。そのために、この制度は永久《パーマネント・》査定《セツルメント》制度とも呼ばれる。ザミーンダール領域内の土地のごく一部は、ザミーンダール自身が経営する農地であったが、それ以外のほとんどは領域内の農民によって耕作された。これら農民は、制度的には小作人としてザミーンダールに地代を支払うようになったのである。ただ、ザミーンダールの領域内の住民全員が、平等にザミーンダールに地代を払う小作人になったわけではない。前述のように、この小作地保有民のあいだに大小の規模の差異があり、小作地保有民になることができないで小作地保有民のもとで又小作をする分益小作人や、雇用農業労働者も多数いたわけである。

南・西インドのマドラス管区やボンベイ管区で多く導入された制度は、ライーヤトワーリー制度である。広域を支配するザミーンダールを地税納入者としたザミーンダーリー制度と異なって、ライーヤトワーリー制度のもとでは、前述のような有力農民や占有的な耕作権を保有していた階層を地税の納入責任者（パッタダールという）と認定した。この制度では、数年ごとにあるいは二〇〜三〇年ごとに一度、地税の額を改定するものとされた。前述のように、これらのパッタダールのもとに、小作人や農業労働者がいたのである。

農業生産の変動——外延的拡大と集約的土地利用の発展

十九世紀後半以降、こうした農村・農業構造は変化していくが、変化をもたらした重要な要因は、農業生産のあり方の変化であった。

十九世紀初め以降一八九〇年代までの時期は、旺盛な開墾期であった。十九世紀初めのインドでは、広い未開墾地が存在した。耕地として開墾された土地でさえも、実際に作付けされ、耕作されたのはその一部であったという事態もまれではない。十九世紀初めの時点では、農業生産を主導した有力農民にとってもっとも不足した生産要素は、おそらく労働力であった。土地があまっていたにもかかわらず、被雇用の農業労働者による土地の所有や占拠が事実上禁じられていたことを前述したが、それは、彼らをいつでも使用できる雇用労働力としてプールしておくシステムであったといってよいだろう。

しかし、十九世紀初め以降、これら未耕作地の開墾・耕地化が急速に進展する。例えば南インドのある県の乾燥地帯の例では、かつて村落の土地の四割近くを占めた未開墾地の九割は、十九世紀末の段階では耕地として耕作されるようになった。地域によって程度は異なるが、多くの地方で耕地拡大の余地は小さくなっていった。こうして一八六〇年代から九〇年代初めのあいだには、耕地の外延的拡大の結果として、かなりの農業生産の拡大があった。

一八九〇年代以降から一九一一年前後までの時期にも、農業生産は全体として増大した。米や小麦などの食糧穀物の生産は、人口成長率の〇・四四％を超える速度で増大し、したがって人口一人当りの食糧穀物の生産量も増大した。棉花やジュート（黄麻）などの非食糧作物の増大は食糧作物以上に顕著で、この時期には人口一人当りの農業生産がかなりの程度増大したことがわかる。もっとも大きな成長を記録したのはパンジャーブ地方で、ついでマドラス管区と中央州であった。ベンガル地方は、非食糧作物の増産があったにもかかわらず食糧穀物生産が停滞・減少し、人口一人当りの農業生産は減少した[Blyn 1966]。かくて、一八六〇年から一九二〇年の時期には、人口一人当りの食糧穀物やその他作物の生産がかなり増大したことは、間違いないだろう[Kumar ed. 1983: Ch.IV]。

一八八〇年代から一九一〇年代にかけての農業生産の拡大についても、未耕作地の耕地化が貢献していることは確かである。とくにパンジャーブ地方やマドラス管区では政府による灌漑制度の整備・拡大がおおいにおこなわれた。一八八〇年からの二〇年間で、政府管轄の灌漑面積は六〇％もの拡大を見た[Kumar ed. 1983: 718]。これらの灌漑システムの拡大が、未耕作地の開墾にも貢献したであろう。

しかし、未開墾地の耕地化は、一八八〇年以前の時期に比して、ずっと緩慢になったようである。前述のように、十九世紀末の段階ではかつての未開墾地のほとんどは耕地として耕作される状態にいたった地域が多いようである。非食糧作物の生産では、作付面積と面積当り収量の両方がほぼ等しく増大したが、もっとも重要な食糧穀物である米と小麦については、作付面積の増大率よりも面積当りの収量の増大率のほうが大きかった。作付面積の増大についても、未開墾地の耕地化よりも、むしろ一作地が二作地化されたり三作地化されるという作付回数の増大のほうがより大きく貢献している[Blyn 1966: 130]。つまり、作付面積増大をもたらしたもっとも大きな要因は、既存耕作地のより集約的な利用の増大だったのである。

面積当り収量の増大をもたらした要因は地域によって異なるであろうが、多くの地域で灌漑の改善が見られた。インド全体で、政府が管轄する灌漑施設による灌漑面積は、一八八〇年から九五年のあいだに二倍程度になるなど顕著な増大を見せた。しかし、より重要なのは、農業経営者など民間による灌漑である。一九〇〇年前後の時点でインドの全灌漑面積の六割程度は井戸などの私的灌漑による灌漑で、その半分以上は井戸による灌漑だった。井戸灌漑の面積は、十九世紀末以降急速な増大を見せた。地域の農民たちによる旺盛な井戸の掘削が進められたと推定していいだろう。二十世紀に入ってからは、小麦やサトウキビの栽培では、多くの回数の灌漑を必要とするような品種改良が進み、それが井戸などの小規模灌漑の増大を促進し、両方あいまって収量の増大をもたらした[Kumar ed. 1983 : Ch.VIII]。

集約的土地利用の傾向は、いくつかの地域では農業経営規模に影響をおよぼし始めた。南インドのタミル地方の場合、十九世紀末以降、井戸灌漑面積の増大や肥料投入の増大によって、二作地面積が増大した。作付面積当りの犂《すき》の数も増え、面積当りに投入される農業労働の量が増大した。こうした農業生産における労働集約度の上昇の結果、小規模経営のほうが大規模経営よりも高い生産性をあげているという現象が報告されるようになった。それとともに、農業労働における労働する者の熱意や工夫の重要性が増し、労働意欲の高い家族労働力に依拠する経営が雇用労働に依拠する経営よりも高い生産性をあげるようになった。労働集約的な小規模家族農業が農業生産において支配的な位置を占める体制へと、漸次移行する兆候が見られたといってよいだろう。パンジャーブ地方でも、大規模経営による耕作面積が減少し、小規模の商品作物生産者の強化が報告されており、小農化への動向があったことをうかがわせる[Mukherjee 2005 : 116]。一九五〇年代の農業生産性の調査は、インド全体で農業経営規模と面積当り生産性とは逆相関の関係があることを明らかにしているが、これらの地域の農業生産はいち早くこうした関係を形成する方向に動いていったといえるようである。

農業の港市志向型商業化と鉄道

十九世紀後半以降のインドの農業生産は、急速に市場向け生産の比率を増大させていった。前述のように、非食糧作物が食糧穀物の生産以上に急速に増大したが、これも非自給用の市場向けの農業生産が増大したことを示している。食糧穀物の場合もすべてが自給用でなく、市場向けの小麦や米の生産の比率は低くなかった。

その際重要なことは、市場向け生産の増大は、インド内部の地域間の交易の拡大以上に、海外市場など遠隔地市場の拡大によって主導されたものであったことである。第4節で詳述するように、十九世紀後半以降イギリスの国際収支は、世界のほとんどの主要国・地域に対して赤字であったが、その巨大な赤字を補塡したのはインドから獲得する大幅な国際収支の黒字であった。宗主国イギリスに対するインドの大幅な国際収支の赤字を支えたのは、インドがイギリス以外の地域に輸出した農産物や原料などによって得た貿易収支の黒字であった。その意味では、インドからの農産物や原料の輸出は、イギリスの国際収支を支える柱であった。インドからの輸出農産物・原料としてとくに重要であったのは、日本への棉花、アメリカ合衆国やオーストラリアへのジュート、ヨーロッパへの小麦、フランスなど大陸ヨーロッパへの油種子(アブラナ種子や落花生)、茶などの輸出であった。

鉄道は、輸出向け農産物・原料生産を促進した。十九世紀半ばから敷設が始まったインドの鉄道は急速に拡大し、一八六七年には当時の二〇大都市のうち一九に鉄道が通じ、一九一〇年には世界第四位の規模にまで到達し、四六年にはインドの国土の七八%が鉄道システムによってカヴァーされるにいたっている。鉄道は、それ以前の牛車などの運送手段に比べて、輸送コストを大幅に引き下げた。しかし、鉄道はインド国内の相互の輸送の促進を主たる目的として建設されたのではない。一方でランカシャーの綿製品などイギリスの工業製品をインドの奥地に送り市場を広げながら、他方でインド内で生産した農産物や原料を港市を通って海外に移出することを促進すること、および、辺境地域の防衛やインド亜大陸内の軍隊の移動などを助けることなどが、鉄道敷設の主たる目的であった。鉄道は、カルカッタ(現コルカタ)、ボンベイ(現ムンバイー)、マドラス(現チェンナイ)など、植民地支配の拠点でもあり海外貿易の拠点でもある大港市を中心にした放射状をなして敷設され、インドの内陸地はまずそうした港市と直結された。長距離貨物運賃は割安で、同一鉄道を利用すると割安となるなど、内陸地と港市のあいだの輸送が割安となり、逆に数箇所での積替えを必要とした内陸間の輸送は割高となる、差別的運賃制度が採用された。

鉄道によって海外市場と直結されたインド各地は、海外市場向けの棉花、ジュート、小麦、落花生などの生産を増大させていった。自給用と考えられがちな米の場合も、遠隔地市場向けの生産は増大した。植民地支配下での都市の拡大に対応して、都市向けの米の輸送は増大し、また以下に述べるような海外移民の増大も移民向けの米の輸出をもたらした。ジュートなど海外向けの商品作物の生産を大幅に増やした地域には、別の地域からの米の搬入が増大した。

こうして、インド各地の農業生産は全体として港市志向型の商業化のなかに取り込まれ、生産された農産物の極めて重要な部分の販売は、商人を介して遠隔地の市場に依存するという構造ができあがった。

農村社会からの移動——海外出稼ぎ、非農業雇用と都市への移動

この時期のインドの農業構造は、地域による差異は大きいと思われるが、村民の村落外の職業との結びつきや村外への移動によって影響を受けた。農業社会にもっとも大きな影響を与えたのは、インド内外のプランテーションへの出稼ぎなど、村落下層階層を中心にした村落外の雇用の展開である。十九世紀後半以降、スリランカの茶、マラヤのゴム、ビルマ(現ミャンマー)の米などの生産のために、インド各地から多数の労働者が出稼ぎをした。インドから海外へ移動した人数は、一八七一年から一九三〇年のあいだで年平均では二四万人から六六万人のあいだで、多くは数カ月や数年海外に滞在して、出身村に戻ってきた。インドの総人口に占める比率は小さいが、何十年にもわたる累積の効果は南インドなどいくつかの地域では決して小さくはなかった。海外への移動の何倍も大きかったのは、インド国内の道路建設、鉄道建設、アッサムなどの茶プランテーションや南インドの茶やコーヒー・プランテーションでの雇用であった。

こうした海外や国内のプランテーションなどで主として雇用されたのは、農業労働者など村落内の下層階層であった。

遠隔の地における出稼ぎでは多数の死者がでるなど厳しい条件に耐えなくてはならなかったが、例えば南インドの村落の例では、村落外のこうした雇用に就くことは、農業労働者階層が村落内の従属的な雇用関係から自立する傾向を強める契機となった。パンジャーブ地方では、鉄道建設、水路灌漑工事、のちには軍隊での雇用によって、村落内の従属的な労働者が土地所有階層とのパトロン‐クライアント関係から自立する傾向が強まったし[Mukherjee 2005:181]、ベンガルやビハールに関しても、アッサムの茶プランテーションへの出稼ぎなどが、村落内の地主‐労働者関係を弱めて、長期雇用労働者を減らす結果をもたらした[Kumar ed. 1983:167]。

他方、村落の上層階層からも、官吏、教員、弁護士などホワイトカラー職に就くために、都市に居住を移していく者が少なくなかった。インド全体で、都市人口は総人口の一割を占めたが、そのうち、例えば南インドの場合、保健、教育、公行政、鉄道などに雇用されていた人口の比率は、都市勤労人口の一割程度だった。したがって人口中に占める比率は非常に低いが、これらの職を得た者にはバラモンなど高位のカーストの成員が多かった。村落の土地所有階層のなかからは、こうした職に就くために、またそのために必要な教育を子弟につけるために、農村地帯を離れて都市に移住する者が増えた。こうした都市への移動は、南インドやベンガル地方でとくにめだった[Kumar ed. 1983:141]。のちに述べるように、都市に移住した村落上層民は、村内に所有している農地を小作に貸し出したり、さらには所有地を売却し始めることが少なくなかった。

農業生産構造・階層構造の変化

先に述べたような十九世紀半ばに見られた農業構造は、その後の半世紀間にいかに変化したであろうか。前述のように、今日有力な見解は、「植民地支配下のインドで十九世紀半ば以降に土地保有構造が大きく変化した」という説には批判的である。例えばダルマ・クマールは、南インドの土地所有の規模別分布を分析した結果、大土地所有の増大や零細所有者の増大というような土地所有が両極に分化する傾向は見出されなかった、と主張する[Kumar ed. 1983]。西部インドに関しても、金貸しや商人へ土地所有が大量に移転したとか、小農民の土地喪失の結果農業労働者の大量創出があったという主張を支持する者は少ない。ベンガル地方でも、占有小作権の移転は頻繁であったが、非農業者の土地所有が増大したり、新たな大規模土地所有者層が成長するということはなかったという。

たしかに土地所有の規模別分布などを合計した結果には大きな変化はないが、少なくともいくつかの地域では、それぞれの規模の土地所有者の内訳はこの間にかなりの変化を示した。これまでに述べてきたいくつかの変化、すなわち、農業生産の変化とくに集約的農業への漸進的移行、農業生産の港市志向型商業化、農業労働者階層の出稼ぎや非農業雇用に従事する者の増大、村落上層民の都市への移住傾向などは、農村社会の階層構造に重要な変化をもたらした。

南インドのタミル地方における水田地帯の場合は、十九世紀半ばに高位カースト成員を中心とする有力村民は、村落の土地の多くを独占的に所有するとともに、隷属的な農業労働者を使役して大規模な農業経営を営んでいたが、十九世紀末以降、彼らの一部は、都市に移住し始めると農業経営をやめて、所有地は小作人に貸し出すようになった。当時、農業生産がしだいに集約的となり、小規模な家族経営が大規模経営よりもより高い生産性を実現する傾向が強まったことも、大規模経営を解体して小規模な小作経営に委ねる傾向を強めた。高位カーストの土地所有者、とくに大規模土地所有者は、さらには土地所有さえも減少させ始めた。他方、前述のように農業労働者の階層からインド内外のプランテーションをはじめとして出稼ぎにでる者が増えたが、出稼ぎにでることによって彼らは地主に対する自立性を強めた。大規模農業経営者は従属的労働者をかつてのように自由に使用することが困難となり始めたが、このことも大規模経営の小作地化を促進した。農業労働者のなかからは、小作人に上昇する者や、さらには出稼ぎなどで資金を貯めて農地をわずかであれ購入する者もあらわれたことを、タミル地方の村落土地台帳の分析は明らかにしている。かくて土地所有を独占する有力村民の階層と、その土地を雇用労働者として耕作する多数の農業労働者階層という階層分断的構造は、極めてゆっくりとまた部分的であるが、十九世紀末以降崩れ始めたのである。

しかし、こうした高位カーストからなる大規模土地所有者が所有地を減らす変化が進むと同時に、大規模な土地所有者を新たにつくりだす動きも進行した。農業生産の港市志向型商業化である。すでに述べたように、インドの農業は、それまでの地域内の消費の枠を超えて、海外市場を含めて遠隔地市場向けの生産を拡大していった。その結果、農民はその生産物の販売を商人に依存するようになった。遠隔地市場は農産物価格の変動の激しい不安定市場であるため、生産者たちは商人や金貸しからの借金を増大させていった。この負債の増大の結果、返済できない農民の所有地は商人や金貸しの所有に移転することが少なくなかった。それまでの小規模な所有農地を耕作していた農民は、土地なしの小作人や農業労働者になることも珍しくなかった。他方で、こうして土地を集積した商人や金貸しのなかからは、大規模土地所有者になっていく者もでてきた。都市の発展などインド経済の商業化の進展、鉄道の敷設、道路建設など、植民地支配下でのさまざまな農業外のビジネスチャンスが拡大したことも、非農業的な活動によって大規模土地所有を獲得する機会を増大させた。南インドの村落土地台帳の分析は、こうした新たな大土地所有の拡大を示している。これらの非農業活動の従事者による獲得地は、多くは小作地として貸し出された。この変化は、ナショナリストの経済史が強調した変化といってよい。

こうして方向を異にする二種類の変化が同時に進行したために、土地所有者の社会的・経済的な性格を区分せずに土地所有の統計を集計した場合には土地所有の大きな変化が統計上あらわれないが、内実としては、一方で高位カーストの大土地所有者が土地所有を減少させ、他方で商業・金貸しなど非農業的な事業をとおして利益を蓄積し土地所有を拡大した者による大規模土地所有が形成されるという重要な変化が現実に進行していたのである。農業労働者階層に関しても、同様のことがいえる。農業従事者人口に占める農業労働者比率は大きな変動を示さなかったが、それは、一方で旧来の農業労働者層のなかから小作地を獲得したり零細な土地所有を得て農業労働者の地位から上昇する者がでる過程と、他方でかつての小規模土地所有農民のなかから、農業の港市志向型商業化の過程で土地所有を喪失して農業労働者に転落していく者がでるという、二様の変化が統計上で相殺し合った結果であり、大きな変動が生じていたのである。こうした階層関係の変化と同時に、農業経営のあり方も変化した。前記のように、旧来の大規模経営者のなかでは大規模経営を解体して小規模な小作経営に委ねる傾向を強めたから、大規模経営が減少し小作地が増大した。商業や金貸しなどによって土地所有者となった者も、獲得した農地を小作地として貸し出す傾向が強かったから、全体として小作地が増大した。

タミル地方におけるような詳細な村落レヴェルの土地台帳分析がおこなわれていないインドのほかの地域に関しては、このような村落レヴェルの変化が同様に進行したのか否かは、必ずしも明確でない。しかし、かなりの地域からは、類似した変化が報告されている。まず、経営規模の縮小傾向についていえば、西部インドに関しては、一九一六年から四七年のあいだに一五エーカー以下の規模の土地所有者によって所有される面積が増大し、経営規模の縮小傾向に対応していることが指摘されており、大規模農業経営が減少したタミル地方と同様な変化があったことを示唆している[Raj et al. eds. 1985:238-240:Kumar ed. 1983:202]。パンジャーブ地方からも、土地保有規模と経営規模が縮小する傾向にあったことが報告されている[Kessinger 1979:130]。農業労働者層の変化についても、南グジャラートでは、一九一一年以降の時期に関してであるが、土地なしの農業労働者からの都市への移動の増大が一因となって、農業労働者数が減り、農業労働者の不足が生じた[Kumar ed. 1983:204]。一九二〇年代には、西部インドでも、農業労働者が土地所有を獲得したことが指摘されており、南インドにおける変化と類似した変化が西部インドでも生じていたと推定できる[Charlesworth 1985:224:Pandit 1969]。ベンガル地方でも、隷属的な労働力に依存する経営の縮小と小作地化の傾向や、農業労働者層の構成の変化など、南インドと同様の変化があった。この地方でも、イギリス支配の初期に存在した隷属的な農業労働者が出稼ぎなどを契機にして自立性を強めたため、土地所有者の多くは、監督を必要とする隷属労働者を使った経営をやめて、分益小作人に貸し付ける方向を選ぶようになった。イギリス支配の初期にはもっとも低いカーストの家内サーヴァント層が農業労働者のほとんどを占めていたが、その後、負債によって土地保有を減らした農民層から日雇い農業労働に従事する者が増えるなど、農業労働者層の構成が変化した[Kumar ed. 1983:Ch.II-2]。さらに、パンジャーブ地方でも、チャマールの農業労働者は、水路灌漑開拓地へ流出した結果、土地所有者層からの自立性を強め、一九二〇年代以降は、前述のセピダール制は分解し始めた[Kessinger 1979:Mukherjee 2005]。

他方で、農業の商業化の影響は、時期によって異なるようである。西部インドでは一八八〇年代から九〇年代までの時期には、新たに拡大した市場によって、多くの農民が生活を改善したものの、富農階層がとくに多くの利益を受けた結果、村落内の階層格差は拡大した。一九〇〇年以降は、換金作物栽培の利益が価格上昇によってもたらされたため、農村内のどの階層も利益を享受することができた[Charlesworth 1985:224]。専業の金貸しや商人による土地獲得はなかったが、豊かな農民は自ら金貸しをおこなって、土地所有を拡大した。また、小作制度の拡大もインド各地で確認されている。西部インドでも、一八八〇年代以降小作制度が拡大し[Kumar ed. 1983:202]、東部ベンガルでは、十九世紀後半の小作立法によって占有権を得たライーヤト(農民)層の一部は上昇して占有権を拡大し、占有地を減らしたあるいはなくしたライーヤトを分益小作人とする分益小作制度の拡大がみられた[Nakazato 1994]。このように、その変化は、旧来型の大土地所有の後退など別個の種類の土地所有上の変動が起こったために統計上見えづらくなっていたが、かなりの地域では、ナショナリスト経済史家が主張してきたように、農業の商業化が進展した結果、土地保有農民層が分解したり、商人・金貸し・地主などが大土地保有を拡大するなどの過程が現実に進行したといっていいだろう。

2　手工業の変化

「工業の衰退」論とその批判

イギリスの植民地になる前のインドは、世界でもっとも重要な綿織物生産地であった。インドで生産された綿や絹の織物には、十八世紀のヨーロッパで大きな需要があった。イギリス東インド会社のもっとも重要な活動は、インドの織物をヨーロッパに輸出することだった。いくつかの重要な都市では、宮廷や都市住民向けの精巧な高級織物が生産され、織物の遠距離取引も盛んであった。しかし、こうした高級織物生産は、当時のインド全体の織物生産のごく一部で、圧倒的多数の織工は農村地域にいて、農民をはじめとする地域の住民向けの粗布の生産に従事していた。

インド産の綿織物を輸入していたイギリスでは、十八世紀後半からの産業革命のなかで綿工業を中心に機械製の大規模な工場生産の体制が確立する。イギリスは、インド綿織物の輸入をやめただけでなく、逆にインドに対してランカシャーなどでつくった工場製の大量生産の綿布を輸出し始めた。インドからの綿織物の輸出は一八〇〇年以降急速に減少し、三〇年代には綿織物では輸入が輸出を上回るようになった。インドはイギリス綿製品の最大の輸出市場となり、前述のように、敷設された鉄道に運ばれて、イギリス綿製品はインド内陸地へ深く浸透していった。

インドに流入したイギリスの工場製の綿布は、インドの手織生産者に極めて重要な影響を与えたことは間違いない。インドのナショナリストの経済史研究者たちは、ヨーロッパからの大量生産による工業製品が流入したことによって、インドの手織生産が壊滅的な打撃を受けただけでなく、そのほかの工業生産も衰退をよぎなくされたと主張した。彼らは、世界のほかの国が、工業化(industrialization)を進めているときに、インドでは、こうして工業が衰退・後退して、失業した元手工業者は農業労働者に転落するという逆行的過程をよぎなくされたこと、一八七一年からおこなわれたインドのセンサスからも、「工業従事人口」比率が減少して「農業従事人口」の比率が増大したことを指摘した[Patel 1952]。この工業が破壊される過程を、「工業の衰退」(deindustrialization)と呼んでいる。

しかし、この「工業の衰退」論を疑問視する議論が、一九六〇年代以降あらわれてきた。モリス・D・モリスは、機械製の綿製品の供給によってインドの綿製品の価格下落が生じたことや人口増加の結果、綿製品への総需要は増大したと思われることや、安価な機械製紡績綿糸を原糸として使用することによってインドの手織生産者も競争力を強化したことなどの結果、「インドの手織工の減少やその所得の悪化はなかったはずだ」と主張した[Morris 1963]。また、モリスとは異なった立場であるが、ダニエル・ソーナーは、「工業の衰退」論を支える実証的根拠をなしてきたセンサスの職業区分の定義の検討に基づき、一八八一年から一九三一年の期間については工業従事人口の比率はおおよそ一定で、「工業の衰退」が進行したとすれば一八一五年から八〇年のあいだであろうと論じた[Thorner 1962]。また、J・クリシュナムールティも、一九〇一年から五一年の時期について、工業従事人口の減少はごくわずかで、工業生産量は増大した可能性が高いと指摘した[Krishnamurty 1967]。

これらの「工業の衰退」否定論をもっとも厳しく批判したのは、オミオ・バグチであった。彼は、十九世紀初頭の東部インドについての史料に基づき、村落人口の一四%から三〇%が糸紡ぎなどの工業に従事していたこと、その工業従事人口の比率は十九世紀末に明らかに低下していることを示した[Bagchi 1976]。彼の推計方法に関しては疑問が示されているが、バグチが主張するように、手紡ぎなどの減少によって農村の工業従事者が減ったことは間違いないであろう。しかし、モリスなどが論じたように、実態としては手織物などの手工業は全面的に壊滅せずに、かなり多くが残存したことも確かである。その後の諸研究は、こうした手織業がどの程度残存し、あるいは「復活」したかを検討している。

インド手織生産の変動

モリスの問題提起を受けてインドの繊維品の生産と貿易を検討したマイケル・トゥーミィは、十九世紀を通じてインドの繊維産業に従事する手工業者数は絶対的に減少し、とくに手紡ぎ生産については一八七〇年以降顕著に後退したが、手織生産については十九世紀の初めの五〇年間には、人口増加による綿布需要の増大がインドの綿布輸出減少分を補っており、手織生産の大きな減少はなかったという。その後一八五〇年と八〇年のあいだには手織生産は顕著な減少があったが、一八八〇年以降は手紡ぎは減少したものの、手織生産はおおよそ増大した。さらに、インドの一人当りの綿布消費は、一八八〇年の一一ヤードから、一九三〇年の一七ヤードに漸増したという［Twomey 1983］。十九世紀末以降については、ティルタンカル・ロイの推計によれば、一九〇一年から三九年のあいだに、手織の織機数で見ればわずかな減少を見たが、織機当りの綿布生産量が二倍以上に増大しており、手織による綿布生産は二倍以上に増大した［Roy 2002］。ロイはさらに、十九世紀から二十世紀にかけての手織生産では、細糸の織物や、非綿糸製品や高級品・高価格品の比重が増大し、価額で計算すれば、一九三〇年代には手織など非大規模生産の製品がインド全体の織物市場に占める比率は半分程度で、その比率は三〇年代に上昇傾向にあったことを明らかにした［Roy ed. 1996：274–298；柳澤 1992］。こうして、一八五〇年から八〇年のあいだには手織生産については顕著な減少があって「工業の衰退」が進行したが、その後は、イギリスの製品との競争や、二十世紀初頭から本格的に始まるインド内の大規模織布工場との競争にもかかわらず、インドの手織業は残存し、一九三〇年代には織物需要の半分前後を供給する状態になっていた。こうしたことはいかにして可能となったのか。

十九世紀に入って大量に輸入されたイギリスの綿製品は、当時のインドの手織生産とすべての分野で競合したわけではない。織物の原糸となる紡績糸の太さは番手であらわされる。糸の太いほうから順に、低番手糸（六番手から一六番手。太糸）、中低番手（二〇番手から二六番手）、中番手（三一番手から四〇番手）、高番手（四〇番手以上。細糸）に区分できる。長織維のアメリカ棉やエジプト棉を主として使ったイギリスの綿工業製品は、中番手を中心とした糸を使った織物であったため、その輸入によって、インドのなかでは都市の中・上層住民が日常的に用いる平織の織物の生産者がもっとも打撃を受けたが、農村などの日常品は太糸から織った粗布で、その市場ではイギリス製品による打撃は少なかった。そのため、この競争によって打撃を受けた織物工は、低番手の糸を使った粗布の生産に転換することで生残りをはかった[Roy ed. 1996:175–217]。こうした転換の結果、手織織機の数はあまり減らなかったが、大多数の織物工は、かなりの収入低下をまぬがれえなかった[Harnetty 1991]。他方、女子の結婚式用衣服をはじめとする高級衣服も、輸入綿織物の影響をあまりこうむらなかった。非常に高番手のもの、縁取りのあるもの、錦織のもの、絹織物などでは、機械製品との競合は少なかったのである。

手織生産が、イギリスの工場製の綿織物との競争にもかかわらず生き残ったのに対して、農村地域で広くおこなわれていた手紡ぎ糸生産は、一八七〇年代以降急速に衰退していった。織物生産の場合と異なって、紡績糸生産では、「規模の経済」の効果は大きく、安価で均質な機械製の紡績糸が、手紡ぎ糸に急速に代替した。今までは近隣で生産された手紡ぎ糸を原糸として使用していた手織工は、大都市で生産された機械製紡績糸を市場や商人を通じて購入するようになり、農村の手紡ぎ糸生産は急速に消滅していった。この点では、前述のバグチが主張したように、農村手工業の衰退は間違いない事実である。イギリスの工場製綿糸もインドの手紡ぎ糸の衰退を促進したが、インド内、とくにボンベイやアフマダーバードで十九世紀半ば以降発展するインド人資本による工場制綿工業も、膨大な機械製紡績糸を市場に提供して手紡ぎ糸の衰退を促進した。

以上をまとめれば、第一に、一八五〇年から八〇年までの時期には手織生産の顕著な減少があったこと、さらに、競争を生き残った手織工もその収入を減少させるなど、イギリス綿製品の流入によるインド手織業への打撃は大きく、「工業の衰退」は、従来考えられていた程度よりずっと小さいが、実態として進行したことがまず確認できる。第二に、イギリスからの機械製紡績糸の輸入に加えてインド内の工場制綿工業の発展による影響もあって、手紡ぎ糸生産はほとんど完全に死滅し、バグチが指摘するように、農村における手工業生産が大幅に減少した。第三に、しかし、「工業の衰退」はインドの手工業的綿工業の全面的な崩壊をもたらすことはなかった。イギリスの綿製品が競合した製品は、インドの多様な織物品の一部分で、インドの手織工はイギリス製品と競合しない分野に生産を移して生残りをはかることができた。この背景として、イギリスの綿工業は、多様な製品をインドに輸出してその綿布市場を全面的に掌握することができなかったという側面と、インドの織物市場が多種多様な部分から構成されていたために、そうした競争に生き残ることができたという事実が注目されよう。また、インド手織物業は、イギリスとの競争に対応して製品を転換するなど、高い適応力をもっていたことも示している。第五章で述べるように、技術や生産・流通組織の面でも、新たな競争に対応した変化を遂げていった。

3 大規模工場制工業と近代的部門の成立 植民地的工業化の進展

ジュート工業

自由貿易の体制のもとでのイギリスからの綿製品をはじめとする工業製品のインドへの流入は、次節で述べるようなインド政庁のレッセ・フェール政策ともあいまって、近代的工鉱業の発生と発展を大きく阻害する働きをしたことは間違いない。それにもかかわらず、十九世紀半ば以降、インドのなかでは大規模な工場制工業や近代的鉱業などが発展する。ボンベイ市など西部インドで発展した綿工業とカルカッタを中心に発展したジュート工業がその代表であり、さらに炭坑業や鉄道が一〇万人を超える労働者を擁する近代的部門として重要であった。

十九世紀前半には、イギリスのダンディーのジュート工業は、穀物などの輸送用の袋として使われるジュート布の生産をインドからの原料を使用して生産し、世界市場に対してほとんど独占的な提供者であった。しかし、十九世紀の半ばには、イギリス人企業家のなかから、原料生産地に近くて安価な労働力を入手できるインドのカルカッタにジュート工場を設立する者があらわれた。インド最初のジュート工場は一八五五年に設立されたが、その後インドのジュート工場は、八三年には二三工場が約五万人の労働者を擁し、一九〇三年には三八工場が約一二万人を、そして一三年には六四工場が約二二万人を雇用する大産業となった。製品はアメリカ、オーストラリアはじめ世界各国に輸出され、インドは世界最大のジュート製品輸出国に成長した。

インドのジュート工業の経営は、第二次世界大戦の終了にいたるまで、ほぼ完全にイギリス人、とくにスコットランド人など、ヨーロッパ人によってなされ、インド人経営者はほとんどいなかった。ジュート工場の大多数は、イギリス系やヨーロッパ系の経営代理会社の支配下にあった。綿製品の場合と異なって、ジュートは国内市場のない輸出商品であった。カルカッタやベンガル地方の海外との輸出入はほぼ完全にヨーロッパ人が独占的に掌握し、海運や鉄道、金融機関もほとんどがヨーロッパ人の支配下にあったため、インド人によるジュート工場の設立や経営は極めて困難であった。

工場制綿工業の発展

ヨーロッパ人が支配したジュート工業とは対照的に、西部インドでは主としてインド人資本による大規模な工場制の綿工業が発展した。カルカッタの場合と異なって、ボンベイを中心とする西部インドの海外貿易のうち、東アジアや西アジアとの交易では、ヨーロッパ人とともにインド人商人が重要な位置を占めていた。ボンベイのインド人商人は、中国への原棉やアヘンの輸出や、イギリス製品のアジアへの再輸出の活動を通じて、あるいはイギリス製品を西部インド内で販売する代理人としての活動を通じて、資金を蓄積するとともに、インド内やアジアの市場との関係を強めていった。十九世紀後半にインド綿工業を創業したインド人の多くは、このようにイギリスのインド支配と結びついた国際・国内交易に関与することで、資金や市場情報を蓄積した商人たちであった。

インドで最初に成功した綿工場は一八五四年に設立されたが、その創業者はイギリス企業の代理人として極東貿易に従事してきた、パールシー(ゾロアスター教徒)のボンベイ商人であった。これにつづき一八六〇年までに、一〇の工場がボンベイ市内に組織された。一八六一年には、アフマダーバードでも綿工場が操業していた。一九〇〇年代初頭から工場数の増大は速度を速め、〇三年には一九一工場に一八万五〇〇〇人、一三年には二七一工場に二六万人が雇用される、極めて大きな近代的な工場制綿工業となった。一工場の平均労働者数は、一〇〇〇人弱である。ボンベイ市は、二十世紀初めで同産業の雇用労働者の四割程度を占める最大の綿工場地域で、ついでアフマダーバードが二・五割を擁していた。

インドの工場制綿工業は紡績業が中心だった。生産された紡績糸で工場内で織布される比率は非常に低く、ほとんどの紡績糸は、中国など海外とインド内の手織工に供給された。世紀末の時点で、平均してインドの工場が生産した紡績糸の八割は、手織工向けであった。二十世紀初めのデータによれば、インドで生産された紡績糸の八割以上は、二〇番手以下の太糸であったが、アフマダーバードのみは、紡績糸の三分の二が二一番手以上の中・細糸であった[Bagchi 1972: 233]。

紡績糸の六割程度を生産したインド最大のボンベイ綿工場の主たる市場は、中国と日本であった。イギリスは、インド市場と異なって、中国市場にはランカシャーの工場製織物の市場を拡大することはできなかった。中国における綿織物への需要の中心は、低番手の太糸からなる粗布の織物であったため、イギリスが中国に輸出した中・細糸の織物は中国内で十分な販路を見出すことはできず、中国市場では中国の手織工が織る土布がなお支配的であった。インドの紡績工場が、短繊維のインド棉を原料にして生産した低番手(太糸)の紡績糸は、この中国の手織工の原糸として、中国市場に流入していった。

ボンベイの綿工場生産の紡績糸の一部と、アフマダーバードなど他の地域の綿工場が生産する紡績糸の主たる市場は、インド内の手織工であった。前述のように、インドの手織工は、中・細糸を使ったイギリス機械製綿布との競争にもかかわらず、多くは太糸の粗布の生産の分野で生き残ることができた。インドの綿工場は、それまでの手紡ぎ糸に代わる手織工の原糸の供給者として販路を拡大したのである。

インドの綿工業は、二十世紀初めまでは、イギリスからの輸入綿製品との全面的な競争を避けながら、このような発展を遂げたことが注目される。イギリスからの綿関連製品の大半は織物であった。時期によって差異はあるが、イギリスからの綿糸・より糸の輸入額は、反物(piece goods)の五分の一から一〇分の一程度と少なく、かつ輸入綿糸の大半は番手の高い細糸であった。他方インドの綿工場の製品は、前述のように、その大半が太糸の紡績糸で、かつ織物の比率は低かったから、イギリスからの輸入品とインド市場で競合する部分は小さかった。また、イギリスを中心とする世界的な多角決済の構造で、イギリスの国際収支の維持がイギリス以外の地域へのインドからの輸出の増大に依存していたことは、次節に詳述するが、この点からすれば、インド綿工業が生産した紡績糸の中国への輸出はインドの輸出の増大を支える重要な一部分として、イギリスの国際収支構造を維持する役割をはたしていたともいえよう。十九世紀後半の近代的インド綿工業の発展は、イギリスの植民地支配を補完するような、植民地的な工業発展としての性格をもっていたといえよう。

鉄道と炭坑

前述のように、十九世紀後半には、イギリス工業製品のインドの奥地への販売拡大とインド内の農産物や原料の海外輸出の促進や、辺境地域の防衛や軍隊の移動などを助けることをめざして、政府の支援のもとで旺盛な鉄道敷設がなされた。鉄道の操業に従事する人の数は、一八九五年にはすでに二七万人に達し、一九二〇年代末には八〇万人に近づいた。鉄道は、他の多くの国では工業化を進める重要な役割を担ったが、植民地期のインドでは鉄道が工業化にはたした役割は限定的だった。鉄道を敷設・運営する資本はイギリスから導入されただけでなく、経営者や熟練工もイギリスからきた。さらに、レール、機械、機関車など、主要な設備・機械は、インド外から提供された。政府は、重工業の育成や経営能力の育成に力をそそぐことはなく、むしろ、一九二〇年代になるまでは、鉄道会社によるイギリス製品の購入を促進する政策をとった。実際、インド内部で競争的価格での機関車の製造が可能であったにもかかわらず、一八六五年から一九四一年のあいだに、イギリスからは一万二〇〇〇台も輸入しているのに対して、インドで製造した機関車はわずか七〇〇台だった。インドの鉄道は、イギリスの機関車生産企業にとって、製品の二割程度を吸収する重要な市場であった。

石炭は、インド内部から鉄道に供給される数少ない重要物資であった。インドでは十九世紀前半から石炭の採掘企業が設立されてきたが、成功しなかった。しかし、鉄道の敷設が始まると、鉄道の石炭需要の拡大に対応して、東部インドを中心に採炭量は急増した。とくに、一八九〇年から一九一九年のあいだには、採炭量は一〇倍となり、ベンガルの鉱山労働者の数も二万五〇〇〇人から一七万五〇〇〇人に増大した。一九〇〇年に、鉄道はインドの石炭生産の三割程度を吸収する、もっとも重要な石炭消費者であった。ジュート産業など近代産業やプランテーションや鉱山がそれにつぎ、海運・港湾も一〇〜一五%を消費した。

ジュート産業などカルカッタを中心に設立された他の近代的企業と同様に、炭坑も主としてヨーロッパ系の企業が経営した。ジュート産業の利害と石炭産業の利害とは密接な関係をもっていた。一九一四年の時点で、カルカッタの一〇のヨーロッパ系経営代理会社が、石炭関係の株式会社のほとんどの資本を所有し、ヨーロッパ系の企業が生産の八〇%を占めていた。鉄道、ジュート産業、石炭産業のヨーロッパ系の利害が相互に結びついて、ヨーロッパ系企業の利益を擁護し合ったのである[Ray, Ratna and Rajat Ray 1974]。

このように、十九世紀後半の綿工業、ジュート工業、炭坑および鉄道の発展は、イギリス植民地支配下でつくりだされた経済構造を補完する特徴をもつ、いわば植民地的な工業化といってよいだろう。イギリスがインド以外の地域に対してもつ大幅な国際収支の赤字は、インドへの綿製品の輸出などによって獲得するインドからの黒字によって補塡することによって維持されえたが、その構造はイギリス以外の地域に対するインドからの輸出によって可能になったことは前述した。インドで発展した近代的工場制綿工業は、イギリスからの綿製品の輸入とほとんど競合することなく、むしろ中国への輸出の増大をとおして、インドの貿易収支の黒字の獲得に貢献し、イギリス人経営のジュート工場も完全な輸出工業として植民地体制を支え、炭坑の発展は、インドに要請された貿易体制を支え促進する鉄道の拡大を補完するものであった。

植民地支配下のインド農村社会は、住民の多くが土地をもたず、工業製品の購買力をほとんどもたないような貧困層からなる階層的構造であったことは前述した。こうした狭隘な国内市場を背景に、独立国のような保護関税による保護がまったく欠如した状態のなかでは、十九世紀のインド工業が植民地的な海外市場依存型の発展をおこなったことは、けだし当然のことといってよいかもしれない。しかし、こうした植民地的工業化の体制は、第五章で述べるように、第一次世界大戦以降しだいに変質し、植民地体制と対立する方向を示し始める。

4　インド経済とイギリス

イギリス綿製品のインドへの輸出と本国費

十九世紀半ば以降のイギリスの対インド経済政策に極めて大きな影響を与えたのは、ランカシャーを中心とするイギリス綿工業の利害であった。綿工業は、一八七〇年代にはイギリスの総輸出の三分の一近くを占める、イギリスの最重要産業であったが、アメリカなど海外諸国の工業化の進展にともなって、イギリス綿工業の輸出競争力は弱まっていった。しかし、アメリカやヨーロッパへの輸出が減少するなかで、インド市場に輸出を拡大することによって、綿製品の輸出を増大させることができたのである。ランカシャー綿工業にとって、インド市場を確保し拡大することは、生命線とでもいうべき重要性をもつものだった。ランカシャー綿工業など輸出産業の関係者とともに、イギリスの対インド経済政策の形成に大きな影響を与えたのは、ロンドンを中心に活動する、銀行、マーチャントバンク、保険業者や海運業者であった。後発工業国の発展によってイギリスが工業製品の輸出競争力を弱めるなかで、世界の金融・投資・サーヴィス業の中心地としての活動がイギリス経済を支えるもっとも重要な部門となっていった。インドは、鉄道をはじめ、イギリスにとって重要な投資先でもあった。

イギリスの輸出競争力の低下と、他方における農産物輸入の増大によって、インドを除くほとんどの地域・国に対してイギリスの貿易収支は赤字となり、貿易収支の赤字幅は十九世紀後半に急速に拡大した。この拡大する貿易収支の赤字を補塡した最重要項目は、綿製品などイギリスの工業製品のインドへの輸出によって獲得した対インド貿易収支の黒字であった。

イギリスの拡大する貿易収支の赤字を補塡したもう一つは、貿易収支赤字を補ってあまりある大きさに拡大した、海外投資収益や海運・保険収入などの貿易外収入であった。インドは、貿易外収支の面でもイギリスに大きな黒字を提供していた。インドが、イギリスに対して提供する貿易外収入のおもなものは、(1)本国費《ホーム・チャージ》、(2)鉄道やイギリス系企業など、民間投資の利子や利潤の送金、(3)運賃・保険料・銀行手数料などのサーヴィス支払いであった。

このなかでも、政治的にも重要な意味をもった(1)の本国費は、インド政庁がイギリス本国に支払う義務をもった送金で、そのおもな内容は、①イギリスで募集した公債の利子や、民間鉄道に対するインド政庁の利子保障分と政府所有鉄道への投資の利子など、②軍事支出、とくにインド軍の維持経費で、イギリス人退役軍人の年金も含む、③インド政庁がイギリスで購入した物品費、④インド省の経費を含むイギリスのインド支配にかかわる行政経費(公務員の給料・年金を含む)であった。本国費は、十九世紀末にはインド政庁の財政収入の一六％程度を占めたが、その後その比率は上昇して、一九三三年には二七％に達した。インド政庁は、農民から徴収する地税をおもな財源とするインド財政をもって、巨額の本国費を賄った。

インドのナショナリストは、インド財政からの本国費の支払いを、イギリスによる植民地支配に起因するインドからの「富の流出」であり、インドを貧困化するものだとして厳しく批判した。これら本国費のすべての項目を非生産的な支出として認識することは不適切であることや、それが当時のインドの国民総生産に占める割合は低かったことなどの点から、本国費全体を「富の流出」でありインドの貧困の原因とするナショナリスト的見解には批判もあるが、少なくとも本国費の一部は植民地支配に起因し、宗主国イギリスの利害のみに直接的に貢献する「富の流出」であったことは広く認められている。本国費の重要な部分をインド軍経費が占めるが(一八七〇年に本国費の一五％は防衛関係経費)、インド軍はたんにインドの辺境防衛を担当したのではなく、イギリス帝国の総軍事力の半数を占める軍隊として、インド外のイギリス帝国領域の拡大と防衛に従事したのである。さらに、インド政庁の公債募集は、しばしば戦争遂行のための財政上の必要に基づくものであり、本国費の重要部分を占める公債利子の一部分もイギリス帝国の軍事的目的に貢献する支出であるといってよいだろう。さらに、本国費の極めて大きな部分は鉄道関係の利子の支払いであるが、鉄道敷設が植民地としてのインドをイギリス製品の市場および原料・農産物の輸出国に改変しようとする目的をもっていたことは、前述のとおりである。このように考えると本国費の重要な部分が、植民地支配に起因し、宗主国イギリスの利害により多く貢献するものであったことは確かであろう[Kumar ed. 1983: Ch.XII]。

こうして、イギリスは、対インド工業製品輸出による巨大な貿易収支の黒字および貿易外収支の黒字をインドから得ることによって国際収支を維持することが可能になったが、インドの対イギリス国際収支の赤字は、イギリス以外の地域に対するインドからの農産物・原料などの輸出によって得られた貿易収支の黒字によって補塡された。イギリスの貿易収支や国際収支は、世界的な多角貿易・多角決済の構造をとおして決済されたが、その要となったのは、こうしたイギリスとインドの経済関係であった。ロンドンを中心とするイギリスの金融的利害による海外投資などの世界的な活動は、イギリスのインドから得られる巨大な貿易・貿易外収支の黒字によって支えられていたのである。ランカシャー綿工業によるインドへの巨大な製品輸出はこの体制を支えるもっとも重要な部分であり、ランカシャー綿工業とロンドンの金融的利害とは、対インド経済政策において基本的に利害を共有していたといえよう。

自由貿易体制の確立とインド財政

イギリスの対インド経済政策の中心は、第一に自由貿易体制の確立であった。インド大反乱後の厳しい財政状況のもとで財政収入を確保するために、インド政庁は一八五九年に、綿製品を含む一般輸入品に一〇%の輸入関税を課すことなどを決定したが、イギリス綿工業界の強い反対を受けて、インド政庁もしだいに関税を引き下げざるをえなかった。一八八二年には実質的にすべての輸入・輸出関税を廃止した。一八九四年には再び財政収入の確保のために関税引上げを試みたが、ランカシャーの激しい反対に遭った。イギリス綿製品を含むすべての輸入品に五%の関税を課すが、インド産業への保護効果が発生することを防ぐために、インド国内産の綿織物と綿糸に対して相殺的消費税を課すことで決着をみた。

自由貿易の原則のもとで、相殺的消費税をつくってさえもインド産業保護の効果が生じないような政策を採用したインド政庁であるが、経済への積極的な政策的関与をしないというレッセ・フェールの原則を守ったわけではない。前述のように、イギリスがインドから貿易収支の黒字を獲得する目的に貢献する鉄道事業に対しては、積極的な支援をおこなった。インド政庁自らがロンドンで起債して鉄道を敷設しただけでなく、もし鉄道会社が五％の収益を実現できない場合はインド政庁が差額を保障する、利子保障制度を導入した。鉄道に対する政府公共投資は、灌漑に対する投資の数倍も大きかった。

インド財政をもっとも強く圧迫したのは、軍事費であった。植民地期を通じて、軍事支出はインド財政の経常支出の三分の一を占めた。インド軍は、イギリス帝国の軍隊としてインド外のイギリス帝国領域の拡大と防衛に従事した。これらの支出とは対照的に、教育や衛生などへの支出は極めてわずかであり、その結果極端に低い識字率の状態が維持された[Kumar ed. 1983: Ch.XII]。

関税収入を増大させることができなかったインド財政は、十九世紀後半を通じて、全財政収入の半分から四割を土地保有者から徴収した地税に依存した。より高い所得者により高い税率を課すという累進性をもつ所得税ではなく、農業余剰が生じないような農家にも課税する、逆進性の高い地税を主財源としたのは、イギリスのインド支配が地方の大土地所有者や有力者の地域支配に依拠したために、これら富裕層からの徴税が政治的に困難であったためといえよう。十九世紀末に向けて、財政収入に占める地税の比率は、物価の上昇につれて低下していったが、それに代わって増大したのは、インド政庁が独占した食塩の製造・販売からの収入など、いっそう逆進性の強い財源であった。

こうして、十九世紀後半は、インド農村から得る地税の徴収体制を財政的基礎にして、イギリスの経済構造と国際収支を支える、インドからの巨大な貿易・貿易外収入をイギリスが獲得する体制が構築されていった。インドへの大量のイギリス綿製品の輸入の一方で、インド農村社会は港市指向型に商業化され、そのなかで非農業的利害による土地所有の拡大など植民地的な分化が進んだことは、前述したところである。十九世紀前半のインド内部の鉱工業の発展も、輸出志向の強い紡績業やジュート工業、鉄道や鉄道に牽引された炭坑業の発展など、基本的にはこうした植民地的な経済構造を補完する性格のものであった。

同時に、海外移民や農業生産の上昇などを契機に、農村下層階層の自立化の兆候が見えるなど、この時期には新たな展開の萌芽が見えることも忘れてはならない。また、イギリス綿製品の輸入による打撃にもかかわらず、インドの手織生産は部分的にせよ生き残ることに成功し、他方、植民地的性格をもちながらもインド内部の民族的工業が形成されたことも重要である。第一次世界大戦以降に発展する、インド経済の新たな局面への準備が少しずつ進んだともいえよう。

柳澤　悠

▼補説1▲　生態・環境の変化　森林と村落共同利用地を中心に

植民地期の森林の減少

十九世紀の初めの時期のインドでは、耕地として使用された土地はほんの一部で、大半の土地は耕作されずに、森林地、放牧地やそのほかの目的で使用されていた。村落の農耕民だけでなく、森林に住む人びとや、遠隔地から遊牧にくる牧畜民もこれらの土地を利用することが少なくなかった。

十九世紀のインドは、それまで豊富に存在した森林や放牧地が急速に減少した時期であった。森林の破壊は、決して植民地時代に始まったわけではなく、それ以前のインドにおいても在地の政権によって森林破壊は進められていた。十八世紀後半にはインド各地の政権は軍事的理由から森林の伐採を進め、農民も重税の圧力のもとで、森林を開墾して森林の耕地化を進めた。それらの政権は、十九世紀初めには拡大しつつある木材への商業的需要に対応して、木材を伐採して収入を獲得した[Bayly 1988：138-144]。西部インドに関する歴史的研究も、植民地化以前の時期に森林の開墾が進展したことを明らかにしている[Guha, S. 1999]。

しかし、十九世紀以降のイギリス植民地支配の一世紀半の期間に、以前とは質的に異なる速度で森林の減少が進んだことは間違いないであろう。ラーマチャンドラ・グハによれば[Guha, R. 1989]、イギリスは、はじめは造船・製鉄、のちには鉄道の枕木など急増する木材需要に対応するために、インドの森林経営に乗り出していった。植民地政府はインド森林の多くを「保留林」に指定し、そこでは住民による自主的な森林利用と管理は否定されて、政府管轄による「持続的な木材採取」をめざす「科学的営林」が始まった。しかし、この「科学的営林」の目標は、森林省による収入確保と、帝国の需要や商業目的のために木材を提供することにおかれたため、インド森林は急速に伐採されて、破壊されていった。かつて森林を生活の不可欠の一部として利用していた住民の森林利用は、著しく制限されたり禁止されたりするようになった。かつて使用が認められた場合でも、それは村落共同体の共同の権利としてではなく、個人に対して特別に認められた権利であるにすぎなかった。かつて資源を枯渇しないように利用規制していた共同体は分解したため、住民は森林の保全に関心を失い、自然破壊的に自然を利用するようになったという。このグハの見解は、植民地政府の森林政策を一律に収入確保と帝国の商業目的と見なした点や、政策が地域によっても時期によっても異なっていた事実を十分に把握していないなどの欠点をもつが、政府による保全を唱えた植民地政府の森林政策が、帝国の需要や商業目的のための伐採を促進したり、あるいは森林の減少を阻止できなかったことは事実であろう。

こうした帝国の目的や商業目的による森林の開発・破壊に加えて、おそらくそれ以上に森林に影響を与えたのは、農地の拡大である。ジョン・リチャーズらは、十九世紀の北インドで、森林の疎林化、疎林の草地化の過程が進行する一方で、耕作地が急速に拡大したことを明らかにしている[Richards et al. 1985]。人びとは、雑木林や草地を開墾して耕地化し、かつてその土地から得ていた薪、建築材、飼料などをより密な森林から求めるようになり、その結果、それらの森林は劣化するという過程が進行した。本章で述べたように、十九世紀末にかけて、未開墾地の開墾による耕地化が急速に進展したが、その過程は、村落周辺地域を起点に森林の減少や劣化を広範にもたらしたことは、間違いないであろう。

自由に放牧できる土地も大幅に減った。北インドの場合、植民地政府は村落の境界を区画する境界線を引き、その境界線の外側の土地は政府の所有地として区分したため、十九世紀半ばには北インドの山地では広大な不耕作地や森林が政府の所有地となった。一八七八年のインド森林法以降は、それまでは村落外で外から自由に入ることができた土地や森林地が政府の保留地に転換されたため、それらの土地で放牧をしていた牧畜民に大きな困難をもたらす結果となった。牧畜民の一部には、賃金労働者になったり、農業に部分的に従事するなどによって生計を保つ者もでてきた［Arnold and R. Guha eds. 1995: 49–85］。

村落共同利用地の減少

十九世紀初めには、村落周辺の不耕作地も大量に存在し、人びとは放牧地や採草地として、また、肥料や燃料の採取地として使用していた。北インドでは、これらの不耕作地の使用は、村民のなかの土地所有者のグループによって規制されることが多かった［Chakravarty-Kaul 1996］。南インドでも、有力村落民であるミーラースダールなどが不耕作地の優先的な使用権をもっており、ほかの村民は、これら有力村民の規制のもとで使用していた。

非開墾地の耕地化を促進する植民地政府の政策、農産品価格の上昇や人口増加を背景に、農民は十九世紀後半以降、急速に未開墾地の開墾を進めた。南インドでは、こうした開墾を率先して進めたのは、不耕作地への優先的な権利を主張していた有力農民層であった。マドラス政府も、二十世紀初めまでは彼らの優先的な権利を承認していた。南インドのある県の場合、一八八〇年に四二％を占めた不耕作地は、一九一九年には二六％に減少している。水路灌漑が拡大したパンジャーブ地方では、一八六八年から一九二一年のあいだに耕地は五〇％増大し、この間の不耕作地の減少も大きかったことがわかる。

パンジャーブ地方では、土地所有者集団の団結がゆるみ、共同地に対する統制力が弱まるに従って、共同地を分割して私有化する傾向が強まり、土地所有者とほかの村民とのあいだの共同地をめぐる対立が生じ始めた。南インドでは、上位カーストの土地所有者から都市に移住する者が増え、村落の共同利用地への統制力は弱っていった。他方、十九世紀末以降は、本章で述べたように、土地なしの農業労働者階層のなかから、海外出稼ぎなどを契機にして自立性を強め、村内で零細な土地を購入する者もでてきた。一九二〇年代になると、さらに村落の不耕作の土地を占拠して耕作し始める土地なしの労働者も増えてきた。政府も政策を変えて、彼ら下層階層の村落共同利用地の占拠・耕地化を認めたり、土地なしの下位カースト成員に不耕作地を供与する政策を始めた。

独立以降も、マドラス(タミル・ナードゥ)州政府は、指定カーストや土地なしの村民による不耕作地の開墾・耕地化を奨励したり彼らへの不耕作地の供与をおこなって、農業生産を拡大する政策をつづけた。一九六〇年代の調査では、この地方の不耕作地の多くが土地なしの労働者などによって占拠・耕作されていたことを示している。マハーラーシュトラ州でも、同様の変化が起こっていた。数十年にわたって、指定カースト成員が村落共同利用地を占拠・耕作して私有地化し、政府がそれを法認してきた。彼らの土地占拠の目的は、食糧の確保と社会的地位を引き上げることだった。ほかの多くの州政府も、土地なし層への土地の供与や彼らによる土地占拠の法認をおこなって、土地なし民の社会的・経済的な自立化を促進した。いくつかの村落調査は、村落の貧困層は、村落共同利用地を貧困層のあいだで分割して私有地化することを望んでいることを示している[Bokil 1996]。

しかし、不耕作の土地の供与政策の結果は、地域によって異なるようである。一九八〇年代におこなわれたN・S・ジョダーによる調査では、貧困層は燃料や飼料の八割以上を不耕作の村落共同利用地に頼っていたが、村落共同利用地は急速に私有地化され、いったんは貧困層に供与された土地も、結局は富裕層に移転してしまうことが多かったという[Jodha 1986]。おそらく、指定カースト成員など村落の下層階層が上層民からどの程度社会的・経済的な自立性をかちとっているかによって、土地供与政策の結果が異なるといってよいであろう。下層民が、運動などをとおして高い自立性を得るにいたった地域では、彼らによる不耕作地の占拠・使用は彼らの独立性の表現でもあり、土地供与政策は彼らの上層民に対する交渉力《バーゲニング》を強めるものであったが、そうした条件のない地域では土地供与政策は村落上層民の利益になってしまうということが起きていたのであろう。

インドでは一般に、村落内の階層的な分断が少ない村落では、村民の多くの部分が村落の共同資源の管理に参加し、資源の保全的な利用に成功しているが、他方、社会階層が厳しく両極分解している地域では、土地なし層は共同利用資源を保全的に利用することに関心をもたないことが報告されている[Bardhan 2000]。土地なし層などが零細な土地を入手したり、村落共同利用資源への彼らによる使用や管理への参加が増えることは、長期的には資源の保全的使用の拡大に寄与する可能性がある。西ベンガル地方の一部では、指定カーストや指定部族に属する農業労働者や小農民が、森林保護の委員会の結成を率先して呼びかけて、破壊された森林の回復に成功したという事例があるが、村民の多数が参加した村落共同森林管理の事例が他地域からも報告されている。

こうした地域の管理運営システムの変化以外にも、以下に述べるような、インド森林をめぐる変化が顕著になって、一九八〇年以降は森林面積の減少を停止させるとともに、村落共同利用地の減少傾向を緩和する働きをしている。

独立以降の森林の変化

インドの森林面積の動向については、森林に関する政府統計は非常に不完全で、改良された系統的な衛星データによる推計は、一九八〇年代初めからである。不完全なデータに基づく推定であるが、インド全体の森林面積は、独立以降、一九八〇年までは一年間の森林面積は、一年で一〇〇万ヘクタールを超えるスピードで減少したと推定されている。

一九八〇年までの森林減少の非常に重要な要因は、第一に、森林の農地化である。数少ない実証的研究では、カルナータカ州の多くの県で一九二〇年から九〇年のあいだに森林面積は半分以下に減少したが、一つの県を除いて、森林減少の五六％から九三％が農地拡大の結果であった[Institute for Social and Economic Change 1999]。第二に、森林の工業的・商業的利用による劣化・破壊も重要である。ヒマーチャル・プラデーシュでの調査によれば、森林減少の三分の二は商業的な利用のためである。住民による森林の過剰利用は近年の現象であるという。商業的請負人・役人・政治家たちが無差別に森林を伐採しているのを見て、今のうちに利益を得ておこうと考えて、貧困化した小農民が薪を運んだりして森林劣化を進めたのである。第三に、都市・農村における燃料需要の影響である。森林省は、森林からの政府が認めない薪採取が森林劣化をもたらした、と主張した。この点では、農村の家庭用燃料需要のための薪の採取は、主として女性や子どもが小枝を集めていくのであって、立ち木の伐採をしないから、都市の燃料需要のための丸太伐採の影響のほうがずっと大きい[Ravindranath and Hall 1995]。

しかし、一九八〇年以降は、森林減少の速度は大幅に低下した。一九八〇年代初期に約六億四一〇〇万ヘクタール（インド総面積の一九・五％）あったインドの森林は、九九年でも六億三七〇〇万ヘクタールとなっている。森林総面積の減少スピードが非常に弱まり、稠密森林は少しであるが増大している。

一九八〇年以降の森林減少の緩和の要因は、第一に、政府の政策の変化である。環境運動の拡大や森林保全的な世論の高まりを背景に、一九八〇年の森林保全法は、森林地の皆伐や非森林地への転換を強く規制するようにした結果、非森林地に公式に転換された面積は激減した。また、工業に対しては市場価格より低い価格や名目的な価格で木材を提供してきた森林省も、その政策を転換した。

第二に、一九七〇年代から本格化した、農業における「緑の革命」の拡大も、森林面積の変動に重要な影響を与えた。ハヌマーンタ・ラーオが指摘するように、灌漑化、多毛作化、短期作物化、高収量を特徴とする新農業技術は土地節約的な技術で、耕地の外延的拡大を防ぐ作用をもつ。事実、「緑の革命」の開始以降、農地の外延的な拡大は非常に遅くなった［Rao 1994：160-161］。

第三に、一九八〇年代から顕著となった、農村地域における非農業的雇用や農業外収入の機会の増大も、森林の農地化への圧力を弱める働きをした。零細農民のなかからは、農地の耕作を放棄して都市雇用に就き、農地には労働力の投入をほとんど必要としない、燃料用の樹木の栽培をおこなう者があらわれた。また、農家のなかには、農地の一部に、樹木を栽培して、不足する労働力の節約をはかる者も増大した。一九八〇年代からの農場植林の拡大は、政府による援助もさることながら、こうしたタイト化しつつあった労働市場のあり方が、非常に関連している。一九八〇〜九〇年間に自然林は減少したものの、代わって一三〇〇万〜一四〇〇万ヘクタールが植林された結果、インド全体の森林面積をほぼ維持することができたのである［Ravindranath and Hall 1995：74；CSE 1999：113-115］。

第四に、都市と農村の家庭燃料需要のあり方も変化した。都市の家庭燃料は、薪から液化プロパンガス（ＬＰＧ）や灯油への転換が進んだ。農村地帯でも、インド亜大陸の南半分では前述した燃料樹木の生育地が非常に拡大したり、燃料として使える作物廃棄物が増大したため、農村における家庭燃料の入手は非常に容易になった。これも、森林の伐採を緩和する重要な変化であった。

第五に、地域の共同体と森林省とが合同で劣化した森林地の保護と再生をはかる「合同森林経営」計画が一九八八年から全国的に進められてきた。こうした参加型の自然資源管理システムの拡大も、森林面積の増大につながったことは間違いない。

「緑の革命」は、このように森林減少への圧力を緩和する働きをしたが、同時に、生態環境のうえでは大きな問題をもたらしたことにも留意が必要である。高収量品種は、多様な作物をつくる在来農法やその遺伝的な多様性を排除して均一な品種の単一栽培を広げたこと、その結果、不作年が増えるなど不安定性を増したこと、化学肥料や殺虫剤の投入は土壌に有毒な化学物質の増大を招いて土地を劣化させることなどの点については、多くの研究者が指摘している。著名な農業経済学者の多くは、農業の新技術の環境上の問題点を認識しつつ、それを全面的に排して伝統的農法に戻すのでなく、高収量品種と有機肥料との結合、伝統的作物循環の採用、地域に特徴的な技術の育成など、「先端の科学と過去のエコロジカルな知恵との結合」に将来を見出していくことを主張している。おそらく、もっとも深刻な問題として認識されているのは、「緑の革命」の普及の過程で急速に増大した動力による揚水灌漑の結果、地下水位が急速に低下していることである。

柳澤　悠

第三章　植民地インドの社会と文化

インド大反乱鎮圧後、イギリスの植民地支配体制が固まり、統治のための制度や組織が整備されると、人びとの日常生活にもその影響が広くおよんでいった。また、交通・通信技術の発達や出版文化の拡大にも促されながら、イギリスをはじめとする世界各地とインドのあいだ、あるいはインドの地域間での人やモノ、情報の動きがそれまで以上に活発化した。

こうした変化は、インド内部の地域やコミュニティにより、あるいは階層やジェンダーの違いにより異なるかたちであらわれており、その様子を網羅的に描くことは難しい。そこで本章では、十九世紀半ばから二十世紀初めまでの時代について、(1)植民地支配下で導入された教育とその影響、(2)新しい社会のあり方を求めて展開された各地の社会運動、(3)学問・文化領域で展開された議論や新たな試み、の三点に焦点をあてて紹介する（第一次世界大戦以降については第六章参照）。なお、ここでは十分に論じることのできなかった日常生活における諸変化（とくに農村部）については、第三巻第六章で論じられている南インドの事例を参照されたい。

1　植民地支配下での教育

学校教育と中間層

植民地期以前のインドにおける教育活動には、家庭や寺子屋式の「学校」でおこなわれた読み書き・算術を中心とした初等教育、より限定された社会層を対象として、個人の家や宗教施設などでおこなわれたサンスクリット語、あるいはペルシア・アラビア語を用いた高等教育などがあった[Nurullah and Naik 1951; 弘中 1976]。しかし、これらの教育はいずれも個別におこなわれており、政府の管轄下で、その教育理念を反映させながら、教育内容の統一化や制度の体系化が進められた十九世紀以降の状況とは大きく異なっている[Kumar 2015]。

イギリス東インド会社は、十九世紀に入るまでは、インド人を対象とした教育活動に会社が携わることには、概して消極的であった。しかし、植民地支配のあり方をめぐるイギリス本国での議論を背景に、一八一三年には、インド人教育を会社の責務とする方針が打ち出され、これ以降はより積極的な教育政策が展開されるようになった。こうした流れのなかで、一八三五年には、総督参事会メンバーであったトマス・B・マコーリによって、教育に関する有名な「覚書」が出された。ここでマコーリは、インドのエリート層の知的発展のために用いられるべき言語は、インド各地の在地諸語(マコーリによれば、それらはあまりに「貧弱で粗野」であった)でもなければ、サンスクリット語やアラビア語でもなく、英語であると主張した。彼によれば、東洋をよく知る人びとのあいだでさえ、「ヨーロッパの良質な図書館の本棚一つ分は、インドとアラビアのすべての文献と同じだけの価値をもつ」ことを否定できた者はいなかった。マコーリはさらに、「血や肌の色はインド人だが、嗜好、考え方、道徳、知性においてはイギリス人であるような人びと」を創出することに最善をつくすべきであるとも述べ、イギリスとインドの民衆とのあいだに立つインド人エリートを養成する必要性を説いた。この覚書の方針はインド総督ベンティンクによって受諾され、それ以降の会社の教育政策にも影響をおよぼした。

その後、一八五四年には監督局総裁のチャールズ・ウッドのもとで、教育制度を整備するための諸提案がなされた(「ウッドの教育通達」)。またこの通達は、すでにマコーリ以来、政府が重視していた英語による高等教育と並んで、在地諸語による大衆教育の重要性に注意を促していた[Nurullah and Naik 1951:弘中 1976]。しかし、これ以降も大衆教育の普及は限定的なものにとどまり、その一方でエリート教育は発展しつづけたことから、インド社会は大きな教育格差の問題をかかえることになった。インドの識字率は、例えば一八九一年のセンサスでは男性が一〇・四二%、女性が〇・四八%にすぎなかった。この識字能力をもつ人びとのなかで、さらに英語を理解する者の割合はその五%にも満たなかったから、英語教育を受けることのできた人口がいかに限られていたかがうかがえる。

こうして植民地政府の教育方針が固まりつつあるなかで、各地には初等学校からカレッジまで各層の教育機関が設立されていった。既存の寺子屋式の「学校」も、新たな教育制度のもとに組み込まれた。一八五七年には、カルカッタ(現コルカタ)、ボンベイ(現ムンバイー)、マドラス(現チェンナイ)に大学が設立された(1)。カレッジや大学をはじめとして、この時代に新たにつくられた教育機関は、建物から運営の仕方にいたるまで、イギリスの学校を模していることが多い。高等教育機関が各地の都市につくられ、そこにはその地域の異なる町や農村出身の若者たちが集まった。校舎のなかには、ヨーロッパ風のコロニアル建築の代表作と見なされているものもあり、今日にいたるまでその姿をとどめている。この時代には、英領インドばかりでなく藩王国地域の諸都市においても、コロニアル建築の政府機関・教育機関がつぎつぎに建てられ、道路や鉄道が建設されるなど、その景観が大きく変化している。

この時代の学校教育の発展は、植民地政府による「上から」の働きかけのみに依存したものではなく、在地社会からの教育に対する強い関心や財政支援によっても支えられていた。とくに英語については、植民地インドでは、この言語を習得していることが就職口や社会的地位を得るうえで有利であることから、一定以上の経済的水準にある家庭は、子弟に英語教育を受けさせるのに積極的であった。こうした家の若者たちのなかには、有名カレッジでの教育を受けるために、親許を離れて都会へと旅立っていく者や、なかには数は少ないものの海外へ留学する者もあらわれた。のちに「インド独立の父」となるモーハンダース・カラムチャンド・ガーンディーもその一人であり、彼は一八八八年から九一年までロンドンに留学している。ただしガーンディー自身の経験からもうかがえるように、上位カーストの人びとのあいだでは海を渡ることが「穢れ」をもたらすとする観念が存在しており、渡航に際してカースト追放の宣告を受けたり、帰国後に「浄め」の儀式をおこなうなどの対応を迫られることもあった。

カレッジで学んだ若者たちは、そこで西洋の思想や文学にふれ、読書や討論、ときにはクリケットやテニスなどのイギリスから伝わったスポーツをともに楽しみながら、エリートとしての自負を育てていった。さまざまな社会的背景をもつ学生たちは、出身地、カースト、宗教などに基づく紐帯《ちゅうたい》を保持する一方で、エリートとしての一体感も育んでいった。また、この時代には蒸気船の発達(一八六九年にはスエズ運河も開通)、電信網の広がりなどを背景に、人や出版物を通じてイギリスをはじめとする世界の幅広い情報がインド都市部により迅速に伝わるようになった。英語による読み書きに慣れ親しんだエリートたちは、「外」の世界の動きにも敏感に反応した。

カレッジを卒業した学生たちは、官僚職や専門職(法律家、教師、医師、技師、ジャーナリスト、その他)に就き、あるいは商工業や社会・文化活動で活躍するなど、各方面で指導力を発揮した。支配者と民衆とをつなぐ「中間層」としてのエリート意識をもつ彼らは、仕事上ばかりでなく、日常生活においてもイギリス文化の影響を受けていた。例えば彼らのなかには、洋装を一部取り入れたり、住居にヨーロッパ風の装飾や調度を取り入れる者もいた。あるいは、それまで肉食を忌避していた上位カースト・ヒンドゥーの人びとが、西洋に倣って肉食を試みることもあった。ただしその一方で、こうした風潮に反発し、洋装を批判したり、インドの伝統や精神性と関連づけながら菜食主義の優位性を主張する人びともいた［Tarlo 1996：42-61：Collingham 2005：177-179：Sengupta 2010：95-97：Ray 2015：150-159］。そのほかにも、都市中間層の人びとのあいだでは、劇場に足を運んだり、社交クラブや図書館で会話や読書を楽しんだり、写真スタジオで個人や家族の写真を撮影するなど、西洋の要素を取り入れたさまざまな文化活動がおこなわれている。

「後進」の意識

中間層として活躍した人びとは、例外はあるものの、おもにヒンドゥーの上位カーストの出身者であった。英語教育の必要性を強く認識し、しかも子弟に教育を受けさせるだけの経済的余裕がある人びとは、上位カーストに集中していたためである。例えばマドラス管区では、カレッジの学生の大半がバラモンであり、その結果、上級官僚職もバラモンに独占されていた（第三巻第七章第3節参照）。ベンガル管区でもバラモン、カーヤスタ、バイディヤなどの上位カースト出身者がカレッジで学ぶ学生の大きな割合を占めていた。ボンベイ管区においてもバラモンが高い教育水準を誇っていたが、ここではそのほかにパールシー（インドに八～十世紀に移住したといわれるゾロアスター教徒）も、多くの子弟をカレッジに送り込んでいる［Seal 1968：110-113：Dobbin 1972］。

こうした教育水準の格差は、自分たちが「後進的」状態におかれていると考えるカーストや宗教コミュニティの指導者のあいだから不満や危機感を呼び起こした。また、教育をめぐる状況は、言語集団や地域間においても差異が見られたことから、自分たちの言語や地域がないがしろにされているとの不満が出されることもあった。

こうした不満や危機感をとりわけ強くあらわしたのが、ムスリムの指導者であった。彼らはムスリムがヒンドゥーに比べて「後進的」状態におかれていることや、ムスリムがインドの「マイノリティ」であることを強調しながら、ムスリム内部の教育活動や社会改革の必要性を訴え、ムスリムの権益保護を政府に要求した。この流れのなかで、一九〇六年には全インド・ムスリム連盟が設立された（本巻第一章参照）。

しかし、ここで注意したいのは、こうしたカースト間、宗教コミュニティ間、地域(言語)間での教育状況の比較が、はたして実態をどこまで反映していたのかという点である。なぜなら、同じカースト・宗教・地域(言語)コミュニティの内部には、それぞれ多様な階層や立場の人びとが含まれていたからである。例えばムスリムの場合には、その教育水準は地域や階層によって大きく異なっていた。したがって「ムスリム」全体を、同じく内部に大きな差異をもつ人びとを含む「ヒンドゥー」全体と比較することは、教育格差の実態を示すというよりも、むしろ政治的な意味合いを強くもつこととなった。

このようなコミュニティ間の比較が広くなされるようになった背景には、植民地政府が取り入れた人びとの分類法や、それに基づく各種の統計・報告書などの影響があった。自分たちの集団が「後進的」状態におかれていると主張する人びとは、センサスをはじめとする各種の統計や報告書を、しばしばその根拠として用いた。それらのなかでは、インドの人びとは、カーストや宗教、地域などによって分類され、分類された集団ごとに社会状況があらわされていた。こうした統計や、印刷・出版物を通じたその広まりは、これらの分類の仕方や、その分類にそって比較することが、あたかも「自然」であるかのような印象を人びとのあいだに広め、同時に「自分たち」と「他者」との境界を明確化する意識を促した。ときには、こうした意識が、「他者」への対抗心や反発へと発展していくこともあった。

「新しい」女性

以上で論じてきた「中間層」像は、おもに男性に関するものであり、女性の場合には、英語教育を受けて官僚職や専門職に就く者は極めてまれであった。この時代には、女性が読み書きを習うことをきらう社会風潮もあり、識字能力をもつ女性の割合は、前述のように一八九一年のセンサスでは全体の一%にすら達していない。

ただし、人数は限られていたものの、十九世紀半ば以降、女子教育はかつてないかたちで発展していった。その背景には、ヴィクトリア時代のイギリスの女性観・家族観や、イギリス人官僚やキリスト教宣教師のおこなうインド社会批判(なかでも女性の被抑圧状況に対する批判)が、植民地インドの男性エリートたちに与えた影響がある。彼らはインド人女性のおかれた状況を改善し、「よき妻、よき母」を養成することが社会やコミュニティの向上につながると主張し、女子教育に大きな関心を寄せるようになった。

ただし、男性エリートの描く「よき妻、よき母」の理想像や、そのような女性を育てるための女子教育は、ときには新たなかたちの支配や抑圧を生み出したり、男性ばかりでなく女性内部での女子教育に対する捉え方の差異や対立を際立たせることもあった。例えば、十九世紀後半の著名な社会改革運動家マハーデーヴ・ゴーヴィンド・ラーナデーの妻であるラマーバーイー・ラーナデーの回想録には、彼女に教育を受けさせようとする夫と、それをきらう婚家の女性たちとのあいだで、彼女が板挟みになった様子がありありと描かれている[Ranade 1963]。

さらに留意すべきことは、女子教育に積極的な男性エリートも、それによって彼女たちが過度に「西洋化」したり、男性と同じことを学び、男性と同様に社会進出を試みることには概して批判的であった点である。彼らの認識では、女性はその社会やコミュニティの「精神」や「伝統」「真なる自己」を象徴し、保持する存在であった。したがって、女性の活動の場は「内＝家＝精神的領域」であるとされ、植民地化の影響が浸透した「外＝世界＝物質的領域」は男性の領域であると見なされた[Chatterjee 1993:116-134]。女性にふさわしい教育を模索する動きは、ドーンドー・ケーシャヴ・カルヴェーが日本女子大学校に倣い、一九一六年にプーナ(現プネー)に設立したインド初の女子大学(今日のＳＮＤＴ女子大学)の事例にもあらわれている。

このような当時の女性観に加えて、女性が近親者以外の男性と接触することをきらう風潮もあり、この時代の女子教育はおもに家庭か女学校でおこなわれた。また、結婚を機に教育を受けることをやめ(させられ)る女子も多かったため、男子とともに高等学校やカレッジへ進学する者はまれであった。とはいえ、そうした例外的な女性が登場していたのも事実であり、早くも一八八〇年代に、カルカッタ大学、ボンベイ大学であいついで女性の学位取得者が誕生している。また同じ一八八〇年代には、パンディター・ラマーバーイーやコーネリア・ソーラーブジー、アーナンディバーイー・ジョーシーなど、イギリスやアメリカ合衆国の高等教育機関で学ぶ女性もあらわれた。とりわけ医学の分野では、女性患者の治療にあたる女性医師に対する社会的需要が大きかったことから、比較的早い段階から、困難に直面しつつも医師を志す女性たちの姿が見られた［Forbes 1996:161-167］。医師のほかに、女子教育に携わることのできる女性教師の需要も高く、こうした就職の機会を利用して自らの地位向上を試みる女性たちもいた。例えば夫が他界したのちに、寡婦として社会的・経済的に低い立場におかれていた女性が、教育を受けることで女学校の教師になり、より自立的な生活を営むようになった例もある。

2　新しい社会への模索

結社と出版物

十九世紀後半のインド社会では、中間層の人びとが中心となって設立した結社や、急速に普及し始めた出版物を通じて、多様な人びとを巻き込んだ活発な議論が展開されていた。そこでは、植民地支配の影響を反映しながら、社会慣習や宗教から、文学・芸術、あるいは経済や政治にいたるまで、あらゆる分野のテーマが論じられていた。ただし、実際にはこうした「公」の議論／公共圏に、すべての人びとが平等に参加できたわけではなく、多くの場合、階層、ジェンダー、カースト、宗教、言語などのさまざまな制約があったことはいうまでもない。

この時代にインド各地に登場した結社には、社会・宗教改革運動を推進するための団体、地域の言語・文学の発展をめざす文芸協会、社交クラブ、政府に対する請願活動をおこなう政治組織など、さまざまなものがある（政治組織については本巻第一章参照)。構成員の特徴も組織ごとに異なっており、カーストや宗教、地域を超えたものもあれば、特定のコミュニティの成員のみに限定された団体もあった。後者の典型的な例は、いわゆる「カースト協会」である。これらは、カースト(ジャーティ)集団をもとに設立され、カースト内での社会改革や教育・福祉活動をおこなったり、そのカーストの伝統や歴史を論じたりしながら、カースト成員の団結や社会的・経済的地位の向上をめざす組織であった(カーストについては補説2「カースト」参照)。前述のような「中間層」としてのエリート意識や一体性は、必ずしもカースト、宗教、出身地などへの帰属意識を弱めるものではなく、これらの帰属意識は状況にあわせて再構築され、新たな意味や役割をもつようになっていた。

結社の活動が活発化する現象と並行して、出版物もこの時代に急速に普及している。インドにはすでに十六世紀にヨーロッパから印刷技術が持ち込まれていたが、インド社会で出版物が広く流通するのは十九世紀以降である。それまで写本のかたちで流通したり、口頭で伝えられてきた情報・知識、例えば教典、宗教詩、神話、暦、占星術、医学書などが多数出版される一方で、植民地教育の広まりのなかで、教科書をはじめとする教材がさかんに出版された[Ghosh 2006:117-139; Bayly 1996:242]。また、ジャーナリズムの発達にともない新聞・雑誌の発行が活発化した。さらに結社や個人による啓蒙・宣伝活動や、後述するような文学活動においても、出版物が大きな役割をはたした。この時代における鉄道網の拡大や郵便制度の発達も、出版物が広範囲に迅速に流通するのを助けた(鉄道は、ボンベイ－ターナ間が一八五三年に開通して以来、各地に敷設されている)。こうして出版物は、人びとが地域や階層を超えて知識や情報を共有し、意見をかわすための有効な手段として、インド社会に定着していった。

社会・宗教改革運動

結社や出版物を通じて活発に議論されたテーマのなかには、インドの社会慣習や宗教の改革に関するものが多かった。

そこでは、従来の慣習や教義について、同時代の状況にあわせた新たな解釈が打ち出され、「悪しき」慣習の改革が訴えられた。こうした改革論の背景には、イギリス人官僚やキリスト教宣教師たちによるインド社会批判の影響や、キリスト教の影響力が広まることへの恐れ、学校教育や西洋の思想・文学との触合いによる価値観の変化などがあった。留意したいのは、「悪しき」慣習の「改革」を訴える声が、しばしば「本来」の「伝統」への回帰を訴える復古主義的な主張となってあらわされたことである。すなわち社会・宗教改革における議論においては、「改革」はつねに「伝統」と対置されるものではなく、「改革」の根拠として、「伝統」をめぐる解釈が議論されることが少なくなかったのである。

以下、十九世紀後半の社会・宗教改革のなかから、とくによく知られている運動やその指導者・組織を地域ごとに紹介しよう。ここではヒンドゥーのあいだでの改革運動を取り上げ、ムスリムなどの他の宗教コミュニティに関しては後述する。

インド東部のベンガルでは、一八二八年にラームモーハン・ローイによって設立された宗教改革団体、ブラフマ・サマージ(「サマージ」は協会の意)が、この時代においても活動をつづけている。ローイは、ヴェーダーンタ哲学に基づき、イスラームやキリスト教の影響を受けながら、唯一神への信仰を説き、偶像崇拝を否定し、普遍的宗教の確立を試みた。また、サティー(寡婦殉死)の慣習の廃絶を訴えるなど、社会改革運動にも携わった(第二巻補説17「サティー禁止問題」参照)。彼の死後、組織は分裂を繰り返しかたちを変えつつも存続し、ケーシャブ・チャンドラ・セーンなどの指導者があらわれた。ブラフマ・サマージはベンガルのみならずインド各地の知識人に影響を与え、そこから新たな宗教改革運動も生まれている。

ベンガルではこのほかに、自らの神秘的な体験に基づく独自の宗教観を展開したラーマクリシュナの名が広く知られている。神と一つになることを説き、すべての宗教は真であるとする彼の教えは、教育を受けた若者たちを数多く惹きつけた。その弟子の一人であるナレーンドラナート・ダッタ、のちのヴィヴェーカーナンダは、師の死後の一八九三年にシカゴの世界宗教会議で演説をおこない、その後も欧米各地でヒンドゥー教の普遍性を説き、世界的な名声を獲得した。一八九七年に帰国したのちに、彼はラーマクリシュナ・ミッションを設立した。

一方、インド北西部では、パンジャーブを中心にアーリヤ・サマージの宗教改革運動が影響力を広げた。この組織は、一八七五年にグジャラート出身のダヤーナンダ・サラスヴァティーによってボンベイで設立されたが、その後パンジャーブ方面に進出して支持を拡大した。ダヤーナンダは、サンスクリット文献からの影響とあわせて、キリスト教思想や宣教師の活動、さらにブラフマ・サマージをはじめとする同時代の宗教改革運動からの影響を受けていた。ヴェーダへ立ち返ることを説く彼の復古主義的な主張は、実際には時代の状況にあわせてヴェーダの内容を取捨選択し、それに再解釈を加えたものであった。彼の教えのなかには、偶像崇拝や煩瑣な儀礼への批判、幼児婚への批判などが含まれていた。また、生れではなく行いによってヴァルナが決定するという独特のカースト解釈も示されている[藤井 2003b:164-170]。アーリヤ・サマージはダヤーナンダの死後に分裂するが、その後も活発な社会・教育活動を組織した。十九世紀終り頃からは、海外に渡ったインド出身者を対象とした宗教活動も、世界各地で展開する[Lal 2006]。アーリヤ・サマージが台頭すると、これに対抗するかたちでサナータナ・ダルマ(「不滅の宗教」の意)を唱える「伝統派」勢力の活動も活発化した。

アーリヤ・サマージの活動のなかには、他宗教との摩擦や対立を招きかねない要素が含まれていた。ダヤーナンダはヒンドゥー教の改革を唱える過程で、キリスト教やイスラームに対する批判もおこなっている。また、アーリヤ・サマージは一八七〇年代末から、「浄め《シュッディ》」の儀式を通じて、過去にヒンドゥー教から他宗教に改宗した人びとを再改宗する試みを、散発的におこなった。このほか、アーリヤ・サマージの会員は、ダヤーナンダ自身も含め、牝牛保護運動にかかわっていることも多かったが、この運動もまた、牛の屠畜をおこなうムスリムとの対立を招く要因となった[小谷 1993:83-117]。このように、社会・宗教改革運動には、宗教コミュニティ間、あるいは場合によってはカースト間の溝や対立を深める可能性をもつ要素も含まれていた。

インド西部のマハーラーシュトラでは、マハーデーヴ・ゴーヴィンド・ラーナデーらが、寡婦再婚奨励や幼児婚反対などの社会改革運動を組織した。ラーナデーはこのほか、ブラフマ・サマージの影響のもとに、唯一神を主張し偶像崇拝を否定した宗教改革団体、プラールタナー・サマージ（「プラールタナー」は祈禱の意、一八六七年にボンベイで設立された）でも活躍している。彼はさらに、一八八七年に、インド各地の改革運動家を集めて国民社会会議を創設した。

また、同じくマハーラーシュトラで、シュードラに属するマーリー・カースト出身のジョーティラーオ・フレーも、重要な社会改革運動を展開した。フレーは、キリスト教宣教師の教育活動にふれたことをきっかけに、不可触民を含む低カーストのための学校（そのなかには女学校も含まれる）を複数設立した。また、バラモン支配を批判し、伝統や神話を再解釈しながら、シュードラやアティ・シュードラ（不可触民）は、みなクシャトリヤの子孫であるとの主張を展開した。フレーのここでの目的は、非バラモンの人びとを統合する新しいアイデンティティを構築することにあった。彼はさらに、一八七三年に設立した真理探究協会《サティヤショーダク・サマージ》を通じて、バラモンの祭司に頼らずに儀式をおこなうなどの改革を進めた[O'Hanlon 1985]。

南インドでは、アーンドラで、カンドゥクーリ・ヴィーレーサリンガムが、ブラフマ・サマージなどの影響を受けながら、宗教改革や寡婦再婚運動を指導し、文学を通じて社会改革を説いた（第三巻第七章参照）。ケーララでは、ティーヤルもしくはイーラワルと呼ばれるカースト（不可触民と見なされていたが、その社会的地位は他の不可触民カーストよりも高い）のあいだで、イーラワル出身のナーラーヤナ・グルを中心に、改革運動が進められた。学識があり、聖者として知られていたナーラーヤナ・グルは、ヒンドゥー寺院への立入りを禁じられているティーヤルのために、数多くの寺院を建設した。また、椰子酒の製造や消費に反対するなど、カースト内部での社会改革を促した。一九〇三年には、彼を議長とするシュリー・ナーラーヤナ・ダルマ堅持協会《パリパーラナ・ヨーガム》が設立された。

女性にかかわる諸問題

以上にあげたのはいずれもヒンドゥーのあいだでの運動であるが、彼らの場合でも、あるいはその他の宗教コミュニティの場合でも、当時の社会・宗教改革運動のなかでは、結婚をめぐる諸慣習の問題が頻繁に取り上げられている。これらの慣習は、多くの場合、女性に対する差別的・抑圧的な社会状況を映し出していた。例えば、広範なカーストのあいだでおこなわれていた幼児婚の慣習は、幼い少女が、自分の知らないうちに年齢の大きく離れた男性と結婚させられる事例を数多く生み出したほか、女子教育普及の妨げともなっていた。また、上位カーストのあいだでは、夫が他界したのち、寡婦はたとえどれほど幼くとも再婚することを許されず、彼女たちは不吉で罪深い存在として差別されながら、質素な生活を送ることを強いられていた。当時の改革論議のなかでは、このほかに、一夫多妻婚、ダウリー(花嫁側から花婿側へ渡される持参金)、ダウリーの慣習に起因する女子嬰児殺しの問題が取り上げられることもあった。このように女性の地位や生活にかかわる慣習は、前節で述べたような植民地期における男性エリートの女性観の変化にともない、社会やコミュニティ全体の向上のために改革すべき問題としてとらえられるようになった。ただし、こうした改革論議への女性自身の参加は限られたままであった。

このように結婚をめぐる慣習がインド人エリートのあいだで議論されるなかで、植民地政府は、これらの問題に介入することには概して消極的な態度を示していた。たしかに植民地政府のなかには、人道主義や「文明化の使命」の概念を背景に、「悪しき」慣習を改め、インド人女性を「救済」すべきであるとの考え方も依然として存在していた。しかし同時に、在地の宗教や慣習は尊重されなければならず、介入は慎むべきであるとの政府見解もまた、強く主張されていたのである。その背景には、政府が介入することによって、在地社会から激しい反発が起こることへの警戒心が働いていた。こうした状況のなかで、植民地政府は、インド人の改革推進派・反対派の双方の動向、さらにイギリスの世論も考慮しながら、「悪しき」慣習への対応を模索した。

寡婦をめぐる問題については、イーシュワル・チャンドラ・ヴィッディヤーサーガルらの働きかけを踏まえて、一八五六年に政府はヒンドゥー寡婦再婚法を制定した（第二巻補説19「ヒンドゥー寡婦再婚法」参照）。幼児婚については、パールシーの社会改革運動家ベーフラームジー・マラバーリーらによる根強い幼児婚反対運動、ルクマーバーイーをめぐる裁判事件（幼くして結婚した女性ルクマーバーイーが、成長したのちも夫のもとへいくことを拒んだことで、夫から訴えられた事件）、夫が幼い妻に性交渉を強要して死にいたらしめた事件などをへて、政府はようやく法律による規制強化に乗り出した。その結果、一八九一年に「同意年齢法」が施行されるが、その内容は、性交渉が許される最低年齢を十歳から十二歳に引き上げるというものにとどまっていた。しかしこうした政府の慎重な姿勢にもかかわらず、この規制は発表されるやいなや、ヒンドゥー知識人の一部からの激しい攻撃にさらされた。急進的な政治指導者として活躍していたバール・ガンガーダル・ティラクをはじめ、この法律に反対する人びとの主張は、これはヒンドゥー教に対する「外部」からの介入にほかならない、というものであった。

ところで、結婚をめぐる諸慣習について、女性たちはどのような見解を示していたのであろうか。女性がこうした問題に関して直接発言した例はごくわずかであり、しかもそのなかには、明らかに男性エリートの見方に影響されながら書かれているものもある。しかし、男性優位の社会のあり方を厳しく批判する声もなかったわけではない。

例えば、ターラーバーイー・シンデーは、『女性と男性の比較』（一八八二年、マラーティー語）という著書を発表し、夫の妻に対する振舞いを取り上げながら、女性の道徳性の欠如を非難する男性こそが道徳に反する行いをしているとして激しい批判を展開した［O'Hanlon 1994］。また、パンディター・ラマーバーイー（「パンディター」は学者・識者を意味する「パンディット」の女性形）は、イギリス滞在中にキリスト教に改宗し、その後アメリカに渡った際に『高カーストのヒンドゥー女性』（一八八七年、英語）を出版した。彼女はこの著書を通じて、ヒンドゥー女性、なかでも寡婦が、いかに差別的な扱いを受け、悲惨な状況におかれているかを強調し、その解決のための案を提示しながら、アメリカの人びとに支援を求めた[Pandita Ramabai 2000：パドマンジー／ラマーバーイー 1996]。自らも寡婦であったラマーバーイーは、インド帰国後も、寡婦を教育するための施設を設けるなど、活発な教育・社会活動を展開した。彼女はまた、一八八二年に女性組織アーリヤ・マヒラー・サマージ（「マヒラー」は女性の意）を設立したことでも知られている。

その他の社会・宗教改革運動

十九世紀後半には、ヒンドゥー以外に、ムスリムをはじめとするその他の宗教コミュニティのあいだでも社会・宗教改革運動が展開された。

ムスリムの改革運動としては、北インドのアリーガルとデーオバンドでの教育活動があげられる。前者は、サイイド・アフマド・ハーンが、一八七五年にアリーガルにムハンマダン・アングロ・オリエンタル・カレッジ（のちのアリーガル・ムスリム大学）を設立したことに始まった。ここでは、イスラームの価値観に基づきながらも、西洋の諸学問や英語の知識を身につけたムスリム・エリートの養成がめざされた。こうしたアリーガルでの教育活動の背景には、前節で述べたような、インドのムスリムが「後進的」状態におかれているとのムスリムの危機感があった。サイイド・アフマド・ハーンは、さらに一八八六年には、インド各地からのムスリムの集う場として全インド・ムスリム教育会議を設立した。

一方、北インドの町デーオバンドには、一八六七年に、イスラームの諸学問を中心とした「伝統的」な教育をおこなうための学院がウラマー（イスラームの学者、識者）たちによって設立された。ただし、ここでもイギリス式の学校教育の制度や組織が部分的に取り入れられており、それまでのマドラサ（イスラームの教育機関）とは一線を画している。デーオバンド学院ではスーフィズムは認められていたが、その一方で、聖者廟の参詣などはイスラームの慣習ではないとして退けられた。まもなく、この学院にはインドの広範な地域からムスリムの子弟が集まるようになり、卒業生のなかにはマドラサの教師となる者も多かったことから、デーオバンド学院は大きな影響力をもつことになった[Jones 1989:57-62]。

シク教徒のあいだでも、ブラフマ・サマージなどの他の宗教コミュニティの改革運動からの影響を受けながら、パンジャーブ地方で一八七〇年代から改革運動が活発化した。そこではシク内部の統一を訴え、他宗教の慣習や儀礼をおこなうことを非難するなど、他の宗教コミュニティからの差異化をめざす動きがしだいに台頭した[Oberoi 1997]。仏教に関しても、一部の知識人のあいだで、西洋の仏教研究の影響を受け、仏教の「再発見」が進み、仏教復興の動きが起こった。一八九一年にはセイロン(現スリランカ)のコロンボでアナガーリカ・ダルマパーラによってマハーボーディ協会(大菩提会)が設立された。同協会は翌年には拠点をカルカッタに移し、インドにおける仏教復興をめざした[粟屋 2010]。また南インドにおいても、カースト秩序への批判とかさなりあいながら仏教復興を唱える動きが起こった。

こうした仏教復興の動きには、アメリカ人のヘンリー・S・オルコットとロシア人のヘレナ・P・ブラヴァツキーが一八七五年にニューヨークで設立し、まもなくインドに進出した神智学協会も関連していた。この協会は、ヒンドゥー教や仏教、ゾロアスター教その他の諸概念と西洋の心霊主義の要素を取り入れた神秘思想により、多くのインド知識人の関心を惹きつけ、さまざまな宗教改革運動に影響を与えた。のちにインドの自治を求める運動に大きくかかわることになるアニー・ベサントも、この協会のメンバーであり、一九〇七年からは会長を務めている。

ボンベイではパールシーのあいだで、西洋におけるゾロアスター教研究の影響も取り入れながら、教義や慣習を再解釈する動きや、彼らの祖先の故郷であるペルシア(イラン)に住むゾロアスター教徒たちへの「同胞」意識をあらわす動きが見られた[井坂 2016:238-240;Palsetia 2001:157-175]。なお、こうしたインド以外の地域に住む「同胞」への関心は、ムスリムのあいだでもしばしば表明されている[Dobbin 1972:233-234]。

「下から」の運動

インド大反乱以降も、支配権力に対する農民や部族民などからの不満や反発は、さまざまな運動となってあらわれた。この時代の農民運動の代表的なものとしては、ヨーロッパ人プランターによるインディゴ(藍)生産の強要に反対してベンガルの農民が起こした反乱(一八五九〜六〇年)、地主に対して裁判を起こす資金を得るためにベンガルのパブナ県で結成された農民結社(七三年)とその運動の広がり、マハーラーシュトラで農民が金貸しに対して起こした「デカン反乱」(七五年)、マラバール地方に住むムスリム・コミュニティのマーピラが繰り返し起こした反地主暴動などがあげられる[Bandyopadhyay 2004:192-199]。このほかに、アッサムやマハーラーシュトラその他、インド各地で地税不払い運動が起こった。こうした運動の多くは、経済的苦境に立たされた農民が突発的に始めたものというよりも、彼らが自らの論理に従って、ときには植民地政府やインド人エリートの言説を選択的に利用しながら、一定の目的意識のもとに組織したものであった。

この時代には各地の部族民のあいだでも反乱が起こっており、多くの場合それと連関するかたちで社会・宗教改革運動が組織された。そこでは、しばしばカリスマ的な指導者が登場し、宗教的なスローガンや黄金時代到来の預言によって、人びとを惹きつけた。これらの反乱の重要な背景としては、十九世紀半ば以降、森林資源の「保護」を目的に、植民地政府が森林地帯に対する規制や支配(例えば焼畑農業の禁止)を強めていた点をあげることができる。この結果、これらの地域に住む部族民は、従来の権利や生活手段を奪われることになった。また、政府による森林支配は、平野部から商人、金貸しなどの「よそ者」が入り込む状況を招くことになり、このことが部族民の生活をさらに悪化させた[Sarkar, S. 1983:43-48:Bandyopadhyay 2004:199-204]。

大反乱以降の部族民反乱のなかでもっとも知られているのは、ビハールで起きたムンダの「大暴動」(一八九九〜一九〇〇年)である。これはムンダと呼ばれる部族が、指導者ビルサのもとで、教会や警察などを襲撃した事件である。この事件の背景にあったのも、商人や金貸しとしてやってきた「よそ者」が、この地域の土地を取得するなどの環境の変化であった。ムンダたちは、キリスト教宣教師や政府が彼らを救済しようとしないことにも反発し、やがて「預言者」を名乗るビルサのもとに結集していった。ビルサは、かつてキリスト教宣教師から教育を受けたこともある人物で、神の姿を見たともいわれていた。

一方この頃、工業化の進んだ都市では、労働者による暴動やストライキが徐々に組織され始めた。こうした都市の労働者は、その多くが近郊の農村部の出身で、経済不況、人口圧力、飢饉などを背景に都市へ移動し、工場周辺に集住するようになった人びとであった。[2] 工場における労働条件は概して劣悪であり、それは一八八一年、九一年に工場法が制定されて以降も変わっておらず、労働者たちは、ときには暴動やストライキなど集団での抵抗に訴えることもあった。ただし、こうした集団行動は、彼らのあいだに「労働者」としての明確な階級意識が生まれていたことを必ずしも意味してはいない。労働者たちの生活や行動には、血縁、出身地、カースト、宗教などの紐帯がさまざまなかたちで影響をおよぼしており、そうした紐帯が労働者内部での分裂や対立を引き起こすことも少なくなかった[Sarkar, S. 1983:61–63; Chandavarkar 1994; Joshi 2003]。

ここにあげたような農民、部族民、労働者などの「下から」の動きは、二十世紀以降も各地で起こった。これらの動きに対しては、中間層のなかにも人道主義的立場や愛国意識から、限定的であれ関心を寄せる人びとがいた。こうした中間層の関心や介入は、ナショナリズムの高まりのなかでさらに顕著になり、やがてガーンディー指導下での反英運動とも関わりをもつようになる。彼らは民衆を自らの組織する反英運動に積極的に動員し、その過程で民衆のあいだに自分たちの政治的・社会的影響力を築くことを試みた。一方で民衆の側では、ナショナリズムの言説を独自の文脈のなかで理解し、しばしば中間層の意図とは異なる解釈や方法のもとに反英運動を展開した。

3 文化変容とアイデンティティ

「西洋の衝撃」

植民地期のインドでは、いわゆる「西洋の衝撃」が、言語や文学から、科学、医学、地理学、歴史学、宗教思想、美術、音楽にいたるまで、学問・文化の諸分野で感じられた。ただし、こうした変化をもって、インドの知的世界が「西洋の衝撃」によって一変したと考えるのは適当ではない。そこでは「西洋」の要素は、在地の文脈にあわせて取捨選択され、さらに独自の解釈や改変を加えられたうえで、徐々に浸透していったのである。また、学問・文化に限ったことではないが、植民地期の変化を語る際には、その一方で、植民地期以前から存在する在地の要素が、それ以降もさまざまなかたちで継承されていることにも注意を向ける必要がある。

例えば医学の分野では、カレッジでエリートたちに西洋医学が教えられる一方で、アーユルヴェーダ、ユーナーニー、民間療法などの在地の医学も実践されつづけ、西洋医学とそれらの知識や実践が融合することもあった。十九世紀終りからは、ナショナリズムの影響を受けながら、伝統医学の復興をめざす動きも活発化している[Arnold 2000:176-185]。

さらに、植民地支配はイギリスの文化的影響をインドにもたらしたばかりでなく、逆にインドの影響をイギリスにもたらすことになった点にも留意したい。例えば、インドにやってきたイギリス人官僚、学者、キリスト教宣教師たちは、言語、宗教、法律、考古学、人類学、あるいは自然科学の諸分野で、数多くのテーマについて詳細な調査や研究をおこなった。こうした活動の背景には、インドを統治する側に立つ者として、この社会についての情報を集め、その情報を秩序立てて整理・記録・保存・出版することで、インド理解を深め、支配に役立てるという目的があった。さらに、そこには西洋の知的優位性を誇る意識や、インド社会への好奇心も働いていただろう。これらの調査・研究成果はインドのみならず西洋の諸学問にも大きな影響を与えた。また、こうした調査の過程には多くのインド人協力者がかかわっており、イギリス、インドの異なる思想や知識が交流する場ともなっていた。

本節では、十九世紀後半のインドの学問・文化領域における変化を具体的に検討するために、言語、文学、美術、歴史記述という四分野を例として取り上げる。これらの分野での変化は、当時のインドの社会変化と密接に関連しており、政治の動きと絡み合うこともあった。

言語

前述のように、この時代には、インド人エリートのあいだで英語の影響力が急速に増大した。エリートは家庭内では母語で会話をし、学校や職場では英語を用いるなど、複数言語を使い分けていた。ただしインド社会においては、イギリスの進出以前においても、ムガル朝の宮廷用語であったペルシア語や、ヒンドゥーの宗教・学問伝統と結びついたサンスクリット語のように、エリートたちが母語以外に習得する言語が存在していた。したがって、複数言語に囲まれた生活自体は、彼らにとってとりわけ新しい現象ではなかったともいえる。

英語の重要性が高まる一方で、植民地期のインドでは在地諸語にも変化が生じていた。キリスト教宣教師や、イギリス人官僚・学者のなかには、布教活動や植民地支配の過程で、インドの諸言語を習得し、これらを研究して辞書や文法書を出版した者もいた。こうした動きはインドの知識人にも刺激を与え、彼らのあいだにも言語に対する新たな認識を芽生えさせていった。

これに加えて、十九世紀半ば以降、学校教育の発展や出版物の普及によって、それぞれの言語のなかでの差異に注意が向けられるようになり、標準語化を進める動きが起こった。そこでは、文法、発音、語彙、ときには文字をめぐって、「正しい」言語とはどのようなものであるのかが活発に議論された。「正しい」言語の選定にあたっては、植民地政府や、中間層によって設立された文芸協会などが、しばしば重要な役割を演じている。また、知識人の在地諸語に対する関心は、支配者の言語である英語が影響力を増しつつあるなかで、「われわれの言語」の発展にも努めるべきであるとの考え方によっても高まっていった。こうした「われわれの言語」の発展を訴える主張は、英語ばかりでなく、しばしばインドの他言語への対抗意識をともなっていた。

このような流れのなかで、在地諸語をめぐる議論は、ときにはコミュニティ間の対立と絡み合い、政治問題化することもあった。その一つの例が、北インドにおけるヒンディー語・ウルドゥー語問題である。ヒンディー語とウルドゥー語は文法構造を同じくしており、元来は両者のあいだに明確な境界は存在していなかった。しかし十九世紀以降、植民地支配下での言語認識の変化により、サンスクリット語を表記するのに用いるデーヴァナーガリー文字を用いたヒンディー語と、ペルシア・アラビア文字を用いたウルドゥー語とを異なる言語としてとらえる傾向が強まり、さらに前者はヒンドゥーと、後者はムスリムと結びつけられた。そのうえ一部では、ヒンディー語ではサンスクリット語の語彙を、ウルドゥー語ではペルシア・アラビア語の語彙を、それぞれより多く用いようとする試みもおこなわれ、両者間の境界はさらに強調されることとなった。ヒンディー語対ウルドゥー語の問題は、教育や司法行政の言語をめぐる対立を生み出し(3)、ヒンドゥー対ムスリムというコミュニティ間の対立という様相を帯びていった[King 1994; 藤井 2003a](第二巻補説20「近代インドにおける言語問題」および本巻補説5「言語問題」参照)。

一方、言語をめぐる議論が、ヒンドゥー・ムスリム問題とではなく、カースト問題と結びついたのがタミル地方の事例である。ここでは、キリスト教宣教師ロバート・コールドウェルによる「ドラヴィダ」語族の概念の提唱や、十九世紀後半におけるタミル古代文学(サンガム文学)の「再発見」を背景に、知識人のあいだでタミル語を再評価する動きが起こった。この動きはやがて、バラモンをアーリヤ語族(北インド)やサンスクリット伝統と結びつけ、非バラモンをドラヴィダ語族(南インド)や古代タミル語の伝統と結びつける議論を導き、バラモン支配に対抗する非バラモン・エリートたちの運動（非バラモン運動、ドラヴィダ運動）の思想面での下地をつくることになった（第三巻補説2「タミル古典文学の世界」および第三巻第七章参照）。

文学

十九世紀後半には、各地の知識人のあいだで「新しい」文学を創出する動きが起こり、西洋文学の影響や当時の社会状況を反映したさまざまな文学作品が書かれた。なかでも注目されるのは、在地諸語による散文文学の発展であった。植民地期以前のインドでも、散文体を用いた作品は存在していたが、散文文学が文学全体のなかで大きな位置を占めるようになるのは、十九世紀以降のことである。

十九世紀初頭のインドでは、キリスト教宣教師によって、あるいはフォート・ウィリアム・カレッジ（一八〇〇年に設立された東インド会社社員のための教育機関）の例に見られるようにイギリスとインドの知識人がともにかかわるかたちで、在地諸語の散文体による翻訳や教材づくりがおこなわれた［Das 1991:70–72］。まもなく、これらの活動以外のところでも、インド知識人が散文での創作活動をおこなうようになり、そこに学校教育・出版文化の発展という要素が加わったことで、散文文学は質・量ともに大きく成長した。各地の知識人は、西洋文学の形式や概念を取り入れながら、小説、戯曲、伝記、自伝、歴史書、旅行記、評論、風刺、随筆、日記など、多様なジャンルの作品を書き残している。

なかでも彼らを強く惹きつけたのは、小説という新しいジャンルであった。小説のテーマとして頻繁に取り上げられたのは、当時さかんに議論されていた社会慣習に関する諸問題や、インド各地を舞台にした歴史ロマンであった。一例として、ベンガル語作家のバンキムチャンドラ・チャタジーの代表作『アノンドの僧院』（一八八二年）を見てみよう。この作品は十八世紀のベンガルを舞台に、ムスリム支配者を介してイギリス東インド会社が徴税権を握るこの地域で、ヒンドゥーの出家者たちが、母なる大地の復興を掲げて反乱を繰り広げる様子を描いている［Chatterji 2005］。小説に挿入された「バンデー・マータラム」（母〈ここでは祖国の意〉を称える）の詩は、のちにベンガル分割反対運動などを通じて、愛国歌として各地に広まった。しかし、この小説中に見られる愛国意識の表現は、ムスリムに対する差別的な記述をともなっていたことから、出版当初からムスリムのあいだからは批判の声があがっている［Das 1991：213-214］。このように、歴史を素材とした文学作品のなかで愛国意識があらわされた例は少なくないが、それらのなかには『アノンドの僧院』の場合と同様に、特定のコミュニティを話の中心にすえることで、他のコミュニティを周縁化する印象を与えるものも含まれていた。

戯曲の分野でも在地諸語により数多くの作品が残されている。十九世紀後半に活躍した劇作家のなかには、詩人や雑誌編集者としても活躍し、近代ヒンディー語の父とも称されるバーラテーンドゥ・ハリシュチャンドラもいた。また、この時代にはボンベイで「パールシー・シアター」が発展した。これは、パールシーが中心となって設立・運営された劇場や劇団であり、その独特の演劇文化は一九三〇年代頃まで栄えた。ここで上演されるグジャラーティー語やウルドゥー語の演劇は、形式面では明らかにイギリス演劇の影響を受けていたが、作品の多くは、サンスクリット語やペルシア語の古典をもとにしたもの、同時代の世相を題材にしたもの、あるいはシェイクスピアをはじめ、西洋の戯曲や小説をインドの文脈にあわせて翻案したものなどであった。その華やかな舞台装置や衣装、演劇中に歌われる歌は、多くの観客を惹きつけ、劇団はインド各地や海外でも公演をおこなった［Gupt 2005］。このパールシー・シアターは一九三〇年代頃には衰退するが、その伝統は、ボンベイの映画産業のなかに部分的に引き継がれていく。

詩の領域においても西洋の影響は大きく、新しい詩のあり方が各言語で模索された。ベンガル出身のラビーンドラナート・タゴールは、「偉大なる師《グルデーヴ》」と呼ばれ、生涯にわたり多数の詩を創作した。彼は小説、評論も執筆し、絵画も残し、さらには教育者としても知られている（本巻補説４「第一次世界大戦からインド独立までのインドの教育」参照）。一九一三年には、自ら英訳した詩集『ギーターンジャリ』（「歌の捧げもの」の意）でノーベル文学賞を授与され、世界的な名声を獲得した。

こうした文学活動のほかに、無名の作家たちによる「大衆」向けの作品の創作・出版活動もおこなわれていた。例えば、十九世紀後半の出版物のなかには、小話、寓話、風刺、戯曲、続き物の小説などを印刷した安価な小冊子が多数見られるが、これらの生産や消費には、中間層のなかでも下位に位置する人びと(下級官吏、学校教師、商人、職人など)が深くかかわっており、さらにそれらは音読されたり演じられることで、より広範な人びとにも娯楽を提供していた。こうした作品のなかには、エリートの風潮を揶揄《やゆ》するような物語をはじめ、「高尚」な文学の世界とは異なる表現や価値観があらわれていた[Ghosh 2006 : Sarkar, S. 1997]。

なお、このようにさまざまな地域や階層で展開された文学活動には、女性も参加している。女性の識字率は極めて低かったものの、出版された文学作品を自ら読む者もいれば、家族などによる音読を通じて作品に親しんでいた者たちもいた。なかには書き手として文学活動にかかわっていた女性たちもおり、周囲に隠れて一人ひそかに文字を学んだ地主の妻が、その体験を自伝に記したり、家が貧しかったために舞台女優となった女性が、のちに複数の詩や自伝を発表するようになった例もある[Sarkar, T. 1999 : Dasi 1998 : Tharu and Lalita eds. 1993]。

美術

美術の分野においても、植民地政府のもとでイギリスの文化的ヘゲモニーがさまざまなかたちで強調され、教育を受けたインド人エリートたちのあいだで西洋美術を学ぶ人びとがあらわれる一方で、在地の「伝統」が見直され、再構築されたり、それらと西洋美術の要素とを融合する試みがなされたりした。

十九世紀後半には、マドラス、ボンベイ、カルカッタ、ラーホールに美術・工芸教育のための教育機関が設立された。このうちボンベイの美術学校はパールシーの資本家ジャムシェードジー・ジージーバーイーの寄金によって設立されている。各地の藩王や富裕層は、自らの名誉や社会的地位の上昇につながることを期待しながら、こうした教育機関などの公共施設、あるいは宗教施設の建設や、芸術活動、文学活動などに積極的な財政援助をおこなっていた。教育機関やイギリス人との交流を通じて、インド人エリートたちは、西洋美術における写実主義の様式や油彩画・彫刻の技法を学び、それらを生かした肖像画や神話をテーマにした絵画などを生み出した。また、これらの美術学校においては、在地の美術・工芸伝統の復興をめざし、それらの伝統を教育のなかに取り込む試みもおこなわれた。

この時代の有名画家としては、南西インドのトラヴァンコール藩王国出身のラージャ・ラヴィ・ヴァルマの名をあげることができる。ラヴィ・ヴァルマの家は藩王家とのつながりが深く、彼は美術学校に通うことはなかったが、宮廷の画家たちの仕事から学びつつ、油彩画の技法を身につけ、やがて人気画家としての地位を獲得していった。ヒンドゥーの神話をテーマにした絵画、とりわけ神話に登場する女性や女神を美しい姿で描いた作品で知られる。後述するように、やがてその作品は印刷されて、広く流通することになった(第三巻補説14「ラージャ・ラヴィ・ヴァルマと近代インド絵画の創生」参照)。

こうしたエリート画家たちの動向とは別に、より社会的に地位の低い人びとのあいだでも、西洋の影響を部分的に取り込みながら、さまざまな新しい絵画の試みがなされた。例えばカルカッタで発達したカーリーガート絵画は、在地の民衆絵画の伝統に、水彩や陰影法などの西洋絵画の技法が取り込まれ、同時代の世相の風刺などの新しいテーマが描かれることで、独自の特徴を示していた。このカーリーガート絵画に取って代わるかのように、風刺や神話を題材とした木版・金属版画も台頭し、それらは出版物の挿絵としてもさかんに用いられた。さらに十九世紀終りからは、インド各地で石版印刷による色つきの絵画が頻繁に出回るようになった。とりわけ前述のラヴィ・ヴァルマの描いた神々や神話の油絵風石版画は、鑑賞や礼拝のための絵画として、あるいは商品の広告やラベル、カレンダーのデザインとして、多くの人びとの目にふれるようになった。

さらに十九世紀末からは、西洋絵画の様式に依存した美術のあり方を問い直し、インドの美術伝統を再構築しながら、インド独自の様式をめざす動きがみられた。とりわけベンガルでは、この動きは二十世紀初頭のベンガル分割反対運動に代表されるナショナリズムの台頭と連関しながら発展した。こうした流れを代表する画家の一人がアバニーンドラナート・タゴールである。彼は、カルカッタ美術学校でインド美術の伝統を重視した教育改革に取り組んでいたイギリス人アーネスト・B・ハヴェルにその才能を認められ、ムガルやラージプートの細密画、アジャンター壁画、西洋のラファエル前派やアール・ヌーヴォー、日本や中国の画法の影響を取り入れながら、独自の画風を開拓した。また、こうしたアバニーンドラナートの絵画には、彼や彼の親戚にあたるラビーンドラナート・タゴールらと、岡倉天心、横山大観、菱田春草らとの日印文化交流も影響をおよぼしている［Guha-Thakurta 1992:Mitter 1994］。アバニーンドラナートの数ある絵画のなかでも、「母なるインド《バーラト・マーター》」は、当時のナショナリズムの気運を強く反映した作品として、とりわけ有名である。

歴史記述

この時代には、知識人のあいだで、在地の歴史全般が新たな角度から見直され、インドの歴史、地方の歴史、宗教コミュニティやカーストごとの歴史など、さまざまな歴史書・歴史記述が出版された。そこでは「歴史」は、植民地期以前に書かれた王朝の歴史などとは異なり、「われわれの歴史」として記述され、歴史記述を通じて自分たちのアイデンティティを模索する試みもおこなわれていた。

インド史にせよ、地域史にせよ、宗教・カースト史にせよ、こうした歴史記述には、西洋の歴史概念やイギリス人の書いたインド史の形式・内容がさまざまなかたちで反映されていた。例えば、この頃から、インド史を記述する際にはヒンドゥー時代（古代）、ムスリム時代（中世）、イギリス時代（近代）という時代区分がしばしば用いられるようになる［Chatterjee 1993:95-102］。これはもともとはイギリス人歴史家が導入したものをインドの歴史家が取り入れ、広めたものであった。さらに、この時代区分は、「ヒンドゥー時代」を黄金期として、「ムスリム時代」を暗黒期、すなわちムスリム勢力の侵入により社会が衰退した時代としてとらえる見方をともなうことで、ヒンドゥー・エリートの一部が唱える復古主義的な主張ともかさなりあうことになった。一方、「イギリス時代」については、イギリス人歴史家はもとより、一部のヒンドゥー知識人の歴史記述でも、イギリスがインドの人びとをムスリムの圧政から救い出し、社会的・文化的復興をもたらした時代として、肯定的に描かれた。ただしそれとは対照的に、イギリス支配下でのインドの貧困化を指摘する声も、インド知識人のあいだで早い段階からあがっていた。彼らはそれぞれの歴史観を裏づけるために、在地の史料に加えて、西洋の学者たちの調査・研究成果を積極的に利用した。

こうした歴史の再構築は、学問領域だけではなく、社会・宗教改革運動や政治運動を通じてもおこなわれた。例えばティラクは、マラーター王国の創始者で、ムガル皇帝アウラングゼーブと対立したシヴァージーを、ヒンドゥーの英雄として称え、シヴァージーの生誕祭を組織することで、ヒンドゥー・アイデンティティに基づく愛国意識を民衆のあいだに広めようとした。彼はこのほかに、ヒンドゥーの神ガナパティの祭りを組織したが、そこでもマラーターとしてのアイデンティティ、ヒンドゥーとしてのアイデンティティが強調され、多数の民衆の参加が促される一方で、ヒンドゥー・ムスリム間の衝突を引き起こすことにもなった[小谷 1986:193-201]。

このように、ときには政治・社会運動とも関連し合うかたちで、植民地社会では知識人によってさまざまな「われわれの歴史」が語られた。さらに、こうした歴史の再構築過程では、民衆のあいだで伝えられてきた過去についての語りにも着目する必要がある。こうした民衆の語りは、知識人の歴史記述のなかに部分的に取り込まれ、しばしば新たな解釈を加えられていった。その一方でこうした民衆の語り自体が、知識人の示す歴史像にふれることで、その内容や表現を変化させていくこともあった。

井坂理穂

(二〇〇七年執筆、二〇一七年一部加筆修正)

▼補説2▲　カースト

「カースト」(caste)は、インド在来の概念ではなく、大航海時代の始まりとともにインドに到来したポルトガルが、そこまでの経由地や拠点となるゴア近郊で出会った住民たちが示す慣行に対して与えた概念名称である。その意味するところは、血筋・人種・種であり、その背景には、ラテン語のカストゥス(castus, 純血・血統)という意味が控えていた。その意味で、カーストという概念は、ポルトガルの来航以前には遡ることなく、まさに、ヨーロッパとインドとの出会い、さらには、そのあとにつづいた支配と領有のなかで形成されていったものであるといえる。

今日では、カーストに対応した在来の概念は、ダルマシャーストラなどに見られるヴァルナ(varṇa)四区分(バラモン、クシャトリヤ、ヴァイシャ、シュードラ)と、実際の社会生活において内婚集団として機能し、主として男系をたどる職業の継承体であるジャーティ(jati)の二つであるとされている。しかしながら、前者については、現実のインド社会でバラモンに出会い、また、十八世紀後半よりサンスクリット語文献の研究が推進されていったこともあり、十九世紀初頭にはほぼ共通の認識と理解を獲得していたものの、後者の概念が広く認識されるようになるのには、十九世紀の第四・四半期を待たねばならなかった。

その間、イギリスの植民地支配が確立していくなかで、家系血統・親族組織・職能集団・商家同族集団・婚姻サークル・王統・宗教集団・宗派組織など、密接にかかわってはいるものの、場合によっては相反し、ときに無関係な多様な現象が、カーストの名のもとに取り込まれていったのである。さらに、カーストなるものの存在が、植民地支配制度の軍制・教育制度・官僚制度の構築にあたりなんらかのかたちで反映されていったため、在地社会よりは、カーストという概念を手がかりとする利益獲得運動や、場合によっては自己再編運動が生起することになった。さらにそこでは、十八世紀において在来宗教信仰とその信者を指して用いられていたジェントゥー(gentoo)という概念が、十九世紀の声を聞くとともにヒンドゥー教(Hinduism)に変容していく過程で、カーストが不可分の一体として取り込まれる事態が並行していたのである。

カーストと呼ばれることになるなんらかの現象はそこにすでに存在していたものの、カースト制という概念でくくられるようになるのは、十九世紀後半であったと考えてよい。

その意味で、カーストは、ヨーロッパとインドとの出会い、さらにそのあとにつづいた支配と被支配の関係のなかで構築されたものであることは、間違いない。過去における議論は、強調点を在来固有と見なされる概念と現象とにおくのか、イギリスの意図的行為をどこまで強調するのかによって生じてきたといえる。そこに欠落していた観点があるとすれば、カーストの名のもとにくくられた人びとが、いかにして能動的かつ主体的に自己形成ないしは自己再編をなしてきたのかということである。

カーストにかかわる研究は、植民地期においては、インド古典学者、行政官の研究者、宣教師によって推進され「カースト論」としてくくられる巨大かつ膨大な蓄積を残すことになる。インド古典学者は、しばしば、サンスクリット文献に見られるインド社会像と価値体系を実体と見なし、時空を超越したインド社会の不変性をはからずも強調することになった。行政官の研究者は、インド社会の現場に身をおく者として、具体的な知見に依拠しつつ、インド学者が展開する所説の不備を補おうとして独自の論説を展開したが、植民地支配にカーストを利用できるのか否かという観点より脱することは困難であった。宣教師たちはキリスト教の布教を最大かつ不可侵の前提としており、あくまでもその観点よりカーストをとらえることに終始した。イギリスの覇権成立前に南インドで活動したカトリックの宣教師たちは、カーストに対しては比較的寛容で融和的であったが、そのあとにつづいたプロテスタント諸派の宣教師たちは、カーストをキリスト教の布教にとって最大の障害であると見なし、痛罵をかさねた。しかしながら、改宗者の獲得が停滞するなか、差別を助長するカースト意識(caste spirit)と純然たる社会組織(caste distinction)という二分法を編み出し、前者に対しては攻撃をつづけたものの、後者については容認するようになっていった。

インド独立後、カースト研究は、社会学者や人類学者、さらには歴史学者に受け継がれていくが、いずれの人びとも、カーストとしてくくられた当事者が残した資料に出会うことがないまま論議を展開したことはいなめなかった。それは結果として、メタレヴェルでのカースト論の横溢を招来してしまったのである。

植民地期をとおして、また、独立後も、カースト集団を単位として、支配・行政行為の受益対象が特定されてきたことが、カーストにまつわる現象を大きく規定してきたといえる。その最たるものは、十八世紀末に制定された私法運用通則において、ヒンドゥーにはヒンドゥー法が適用されたことである。それは、わけても再生族(dvija)と一生族(ekaja)の違いを際立たせることになった。また、十九世紀中葉以降の植民地軍制においては、軍事適応種族論(martial race theory)が、クシャトリヤ・ヴァルナに帰属するカースト集団のみを募兵対象としたことにより、クシャトリヤ・ヴァルナ意識を高めるとともに、そこへの参入運動を招来していた。一方、それに呼応するかのように、インド社会では、アーリヤ・サマージが、ヴァルナ帰属の生れ決定論を否定し、行い決定論を唱えることでヴァルナ帰属の変更に道を開き、インド社会にかつて見られなかったような変動を生起させていたのである。

インド社会がカーストにより規定されているとの見方に法的かつ制度上の基盤を与えたのが、一九三五年インド統治法の制定にいたる国制改革である。わけても、植民地期最後の統治法となる一九三五年法のもとでは、不可触民への分離選挙区(最終的には、一般選挙区内の留保)の付与がはかられたこともあり、選挙人名簿の策定作業の一環として、英領全域にわたり不可触性にかかわる調査がおこなわれ、不可触民集団が州ごとに特定されていった。不可触性と不可触民の存在は、インドにヨーロッパの諸勢力が到来した初期より認識されていたが、カースト制度と密接不可分のものとされ、その否定的側面を一身に体現する見方は、ここに確立されることになる。翻ってそれは、すでに不可触民がキリスト教宣教師団の主たる布教対象となっていたことから、教育や医療において特別の恩恵を受けているとの前提のもと、さらに政治面での特別扱いが加わったことにより、非不可触民より怨嗟の的とされ、かえって差別を拡大させる要因となったのだった。近代化の過程で差別は解消されるという見方は、植民地期のインドでは、効を奏することはなかったのである。

一九三五年インド統治法では、このほか、後進階級への特別措置もはかられていたが、そのいずれもが独立後の憲法体制に留保措置として受け継がれていった。留保措置が、歴史的にこうむってきた不利益と差別解消のために然るべき役割をはたしてきたことは認められているが、一方で、その受益対象が、基本的に出生によって獲得される集団への帰属によって定められていることから、そこに生じる不公平感が社会的軋轢《あつれき》の要因となっていることはいなめない事実である。現代インドにおいて、カーストが政治・社会レヴェルで問題となるのは、この留保措置をめぐってであると考えてよい。そのため、現在では、留保措置が総枠の五〇%を超えてはならないという規制とともに(ただし、タミル・ナードゥ州を除く)、その他の後進階級に限って受益対象に経済状況に基づく選別がはかられるようになっている。

政治の世界では、投票者集団をカースト帰属にそって組織しようとする試みが見られるが、結集目標として掲げられるカースト名のほとんどが、クシャトリヤ、ラージプート、マラーター、パテール、ジャートといったような広範かつ曖昧な意味内容をもつ集団範疇であって、内婚関係や儀礼上の浄性を共有しているわけではないことは理解しなければならない。

藤井　毅

▼補説3▲　近現代インドの飢饉

エルニーニョ

一八七六年から七七年にかけて、大規模な旱魃がインド亜大陸の南部を襲った。同時期に、世界各地で異常気象による旱魃が頻発したことが注目される。エジプト、南アフリカ、インド、中国、ブラジルなどで深刻な旱魃による食糧危機が起こり、各地で多数の死者をもたらした。近年の研究では、このとき世界各地で起こった旱魃は、「エルニーニョ」と呼ばれる気象現象に起因するものと考えられている。一八七六年から七七年にかけて、「エルニーニョ」によって世界各地にもたらされた旱魃のなかでも、とくにインドと中国における人的被害は他を圧倒していた。どちらの例でも、一千万人近くの死者がでたと推定されている[Davis 2001:7]。

「エルニーニョ」とは何か。通常の年には、太平洋西部海域では海面水温が高く上昇気流を招いて低気圧をもたらす。他方、太平洋東部海域では海面水温が低いので大気は高気圧の状態となる。したがって、大気の流れは、太平洋の東部海域から西部海域へ向かう西向きに貿易風が吹く。「エルニーニョ」とは、太平洋の東部海域において、例年とは異なって海面水温が高くなる現象を指す。この現象は、太平洋の西部海域における海面水温が例年より低くなる状況をもたらす。大気の流れも、通常と異なって、東向きの風が吹く。このような太平洋の東西の海域で、海洋の海面水温と大気の気圧の両者において、双方がシーソーのように反対に動く現象は「エルニーニョ南方振動」(ＥＮＳＯ)と呼ばれている。

この「エルニーニョ南方振動」が起こると、ときにその波及現象として、インド洋海域において、例年に比べて高い海面水温がもたらされる。その場合、六月から九月にかけてインド亜大陸に雨をもたらす南西モンスーンが不順となる。すなわち、例年は夏季においてインド内陸部における低気圧とインド洋における高気圧の気圧差がもたらす南西モンスーンが、エルニーニョの年にはインド洋の海面水温が高くなり海陸の気圧差が小さくなるために、不順となり旱魃がもたらされる[田家 2011:76-81]。

じつは、十九世紀の後半の英領インドでは、第四・四半期に、数百万人規模の死者を出す大規模な飢饉が三度も起こった。一八七六～七八年の大飢饉のみならず、一八九〇年代には一八九六～九七年と一八九九～一九〇〇年にも続けて二つの大飢饉が起こっているが、これらはすべて「エルニーニョ」がもたらした旱魃による飢饉であることがわかっている。したがって、十九世紀第四・四半期の三大飢饉の直接的な原因は、「エルニーニョ」という異常気象によるものと、とりあえずはいうことができる。

飢饉と疫病の時代

英領インドでは、一八七〇年代の初めにセンサスがおこなわれるようになったが、これにより、飢饉による人的被害の状況をある程度把握することができる。歴史人口学者のＡ・マハーラトナの推計によると、一八七六～七八年の飢饉は約八二〇万人、また一八九六〜九七年の飢饉は約二六〇万〜四一〇万人、さらに一八九九〜一九〇〇年の飢饉は約二一〇万〜三二〇万人の死者をもたらしたという[Maharatna 1996:15]。三つの飢饉のせいもあって、一八七〇年代初頭から一九一〇年代末にかけての約半世紀、英領インドの人口増加率は〇・三七%と極めて低い。一九二〇年代以降、人口増加率は一%を超えるようになる。センサスが始まる一八七〇年代以前について、人口変動の実相を探ることは困難であるが、のちに述べるように、十九世紀の前半から大飢饉が起こる一八七〇年代以前の時期に関しては、先述の一八七〇年代に始まる半世紀よりも、人口増加率が高かった可能性は大きい。

いずれにしても、一八七〇年代に始まる半世紀における低人口成長率は、多分に飢饉によるところが大きいけれども、それだけに帰することはできない。飢饉に加えて、天然痘、コレラ、ペスト、マラリアなどの疫病による人的被害も多大なものであった。人口動態統計が始まった一八七〇年代以降であると、年々の死因データが入手できる。例えば、一八九〇年代初頭から一九三〇年代末にかけて、英領インドにおけるコレラによる死者は、約八〇〇万人である。他方、ペストによる死者は、同じく一八九〇年代初頭から一九三〇年代末にかけて約一二五〇万人にものぼった。こうしてあげるだけでも、このような疫病による死者の数は飢饉による死者に劣らない[脇村 2002:32-35]。

加えて、この時期の感染症による死者を考えるとき、飢饉に併発して起こる疫病による死者を考慮する必要もある。その点で特筆されるべきは疫病的なマラリア(epidemic malaria)である。疫病マラリアは、飢饉に連動して起こり、多大の死者をもたらした。したがって、飢饉による死者と疫病による死者を切り分けることは難しい場合もある。

いずれにしても、一八七〇年代に始まる半世紀は、「飢饉と疫病の時代」と特徴づけることができる。それにしても、なぜこの半世紀に大飢饉や数々の疫病が集中してインド亜大陸を襲ったのであろうか。たんに自然の猛威に説明を求める原因論では説明がつかない。

マルサスの亡霊

大飢饉が起こった十九世紀末や二十世紀初頭において、飢饉がマルサスのいうところの「人口の原理」によるものという見方は存在した。マルサスが『人口に関する一論』の初版(一七九八年)を出して約一世紀がたっていたが、依然として影響をおよぼしていたのである。人口と食糧の量的な関係から、人口の伸び率が食糧のそれを上回るとき、いわゆる「積極的制限」としての飢饉や疫病が発動したとするのである。植民地政府(インド政庁)の側は統治責任をまぬがれるために、このような論理を振り回した[Ambirajan 1976]。十九世紀のインドにおいて生産の拡大があったのにもかかわらず、生活水準が向上しなかったのは、人口増加のせいであると論じた、V・アンスティーのような二十世紀前半のイギリスを代表するインド経済の専門家もいたのである[Anstey 1929:39-41]。

こうした議論に対して、被支配者の側であるインド人による真っ向から対立する批判が提起された。飢饉は、イギリスによる植民地支配がもたらした人災にほかならず、統治責任はまぬがれないと糾弾したのである。世紀転換期頃にあらわれたインドのナショナリストたちは、インドからイギリスへの「富の流出」がインドの貧困を招き、飢饉という帰結を招いたと主張した[Dutt 1900:Naoroji 1901]。たしかに、イギリスによる植民地統治のもとで、かかる大規模な人的被害を招いたのにもかかわらず、マルサスの論理を振りかざすのは統治責任の放棄といえよう。

しかしながら、今日の時点に立って振り返ってみて、統治者側の言説に一分の真実が含まれていたことも確認しうる。というのは、十九世紀第四・四半期の時点で、インドの多くの地域で、劣等地が開墾されるようになり、食糧穀物生産が旱魃の影響を受けやすくなっていたと推定されるからである。なぜ劣等地が開墾されるようになったのか。じつは、十九世紀の前半のインドでは人口が顕著に増加した可能性が高かった。例えば、南インド・マドラス管区の一地域(チングルプット県ポンネリ地域)に関して、水島司が詳細に明らかにしたように、十九世紀の初頭から一八七〇年代にかけて、人口が大幅に増加し、土地利用における耕作地の比率が上昇した[Mizushima 2013]。そのほかの先行研究によっても、こうした傾向は、インドの多くの地域で概ね確認できる[脇村 2015:78-80]。この時期の人口増加は、耕地面積の拡大という「外延的」(extensive)な農業発展によって可能となったものである。こうした過程は、牧畜民や移動民(狩猟・採集を生業とする民や、山岳地域で焼畑耕作を生業とする民など)に定住を強いる過程でもあった[Bayly 1988:142-144]。

このような人口増加は、一八六〇年代くらいまではある程度つづいた可能性が高い。その結果、食糧穀物生産が旱魃の影響を受けやすい土地にまでおよんだため、一八七〇年代後半と一八九〇年代後半に旱魃による大きな被害を受けることに帰結した。一九〇〇～〇一年から一九四七～四八年までの英領インドの食糧生産統計を検討したS・R・センは、一九〇〇年代初頭から二〇年代初頭までの約二〇年間において、若干の生産の伸びが見られるけれども、年々の変動幅が非常に大きかったと指摘している。生産の伸びはまったく見られないが、年々の変動幅は小さくなっている一九二〇年代から四〇年代の半ばにかけての時期と対照的であると指摘した[Sen, S. R. 1971:2-3]。このことが示すのは、前者の時期に劣等地で食糧穀物生産がおこなわれた可能性であり、その意味で、土地に対する人口圧というマルサス的な状況が生まれていたということになる。

世界経済への包摂

しかしながら、たんに人口圧力だけが原因だったわけではない。むしろ、この時期に進行した世界経済への包摂が作用したことも考慮に入れなければならない。一八七〇年代から第一次世界大戦までの時期、棉花、小麦、油用種子、ジュート(黄麻)、茶、米といった農産物の輸出が大幅に増加した。同時期におけるインドの輸出成長率は、二・八%であった[Lidman and Domrese 1970:309]。一八九一年から一九一六年にかけて、農業生産のうち、食糧穀物では〇・六一%、非食糧穀物では一・六六%の成長が見られた[Roy 2011:107]。

この時期、インドにおける鉄道の敷設距離は大きく伸び、運賃の低下がこのような輸出の増加を可能にした。しかしながら、かかる農業の成長は、農村の貧困層(農業労働者、職人層、零細農)に対して「滴り」(trickle down)効果をもたらすことはなかった。農業労働者の実質賃金はほとんど上昇しなかったし、食糧穀物価格の大きな変動のなかで、実質賃金の上下への振幅は大きくなった。飢饉の際に食糧輸出が必ずしも低下しなかったことは、飢饉の際における農村下層の購買力の低下を示している。飢饉の被害は、当該地域の食糧が絶対的に不足して住民全体に被害がおよぶというよりも、農村貧困層に集中した。すなわち、飢饉による死者の数は、農業労働者、職人層、零細農に集中していたのである[脇村 2002:

142-149]。輸出商品作物の耕地面積が拡大するなかで、食糧穀物の作付けが劣等地へ押し出される様相となり、食糧穀物生産の不安定性も高くなっていたのである。したがって、人口圧に加えて、インド農村の世界経済への包摂が、飢饉の被害の甚大化に帰結した。

さらに指摘したいのは、この時期の世界経済への包摂とそれにともなう農業の商業化は、疫病の多発にもつながった可能性が高いという点である。鉄道の発達は、人間の移動を盛んにして感染症の流行の程度と範囲を増幅した。この時期のコレラやペストによる膨大な死者は、こうした原因からも説明できる。また、この時期の疫病のうちもっとも被害が大きかったマラリアに関しては、用水路灌漑の発展が大きく影響している。連合州西部のドアーブでは、用水路の普及が浸水地の拡大に帰結し、アノフェレス(病原体を媒介するマラリア原虫を媒介する蚊)の繁殖を促進して、マラリアの罹患要因を高めた。このような、世界経済への包摂に起因する開発の結果、疾病環境(disease environment)が悪化したことも、この時期の死亡率の高さをもたらした重要な要因である[脇村 2002:151-152]。

飢饉への対応

このように、一八七〇年代からの半世紀が「飢饉と疫病の時代」であることのゆえんは、イギリス植民地政府の統治のもとで進められたインド経済の「一次産品輸出経済化」の過程、そしてそれを進めた開発(鉄道や用水路灌漑などのインフラストラクチャーの建設)の過程と深く関連していた。

イギリスによる植民地支配が飢饉の被害の程度に深く影響した点は、植民地政府の飢饉への対応のなかにも認められる。一八七六~七八年の飢饉ののち、植民地政府は飢饉委員会を設置し、飢饉の実態、被害などを調査し、飢饉対策を提言した。この飢饉委員会の報告書は、当時における植民地政府の深刻な危機感を映し出している。この提言のなかで、短期的な政策と長期的な政策が提起されている。飢饉の際にとられるべき政策(短期的な政策)では、大きくは三つの原則が考えられていた。第一は、食糧流通政策で、十九世紀初頭以降一貫してとられてきた「自由放任《レッセ・フェール》」の原則が推奨された。この原則には、その後もまったく変化がなかった。第二は、「救済事業」であるが、旱魃により仕事を失った農業労働者などに対して公共事業（道路の建設など）による雇用の提供をおこなうものである。これは労働の対価として賃金を払う救済であり、もっとも重視された政策であった。第三は、「無償救済」であるが、労働の対価としての救済ではなく、子ども・老人・女性などへの穀物や調理された食べ物を提供する救済である。一八八〇年飢饉委員会の段階では、第二の「救済事業」は、マルサス主義的な政策思想で基礎づけられていた点に特徴がある。それは、報告書のつぎのような一節に垣間見ることができる。「政府は、飢饉のごとき災害に対処しなければならない時に自らの労働で自らを支え、倹約と深慮を鍛えつつ、できる限り豊作の時の余剰で凶作の時の不足をまかなうという、人々の義務の感覚を弱めるようなあらゆる傾向を避けるべく、政策を構築する必要がある」［脇村 2016：210］。「自由放任」の食糧流通政策とマルサス主義的な救済政策は、飢饉対策としての効果を著しく低下させた。

ただし、この飢饉からの二〇年後、世紀末の二つの大飢饉（一八九六〜九七年と一八九九〜一九〇〇年）の際には、このようなマルサス主義的な色彩の濃い飢饉救済政策の原則は、一定の変更を受けた。すなわち、農業労働者などが遠距離を移動して大規模な公共事業に出かけて労働の対価としての救済を受ける「救済事業」中心の政策から、村という生活の場所にそくしつつ受けることのできる「無償救済」＝「村落救済」を重視する政策へと転換した。また、「救済事業」そのものも、村落レヴェルでおこなわれる「村落事業」に重心を移した［脇村 2016：204-214］。これは、過去の飢饉政策の欠陥を一定程度改める政策であった。

二十世紀

二十世紀に入ると、インドでは大飢饉が起こらなくなった。大規模な被害をともなった一九四三年のベンガル飢饉まで、多数の死者を記録する飢饉は起こっていないのである。一九四三年のベンガル飢饉は、戦時体制における例外的な状況で起こった逸脱した事例であるとするならば、二十世紀初頭以降、英領期には特筆すべき飢饉は起こっていない。一方には、旱魃による食糧穀物生産の打撃が軽微化したとする説［Guha 2001：83-84］があり、他方には飢饉救済政策の改善を指摘する説［McAlpin 1983：161-190］もあるが、いずれにしても満足すべき結論にはいたっていない。ただし、農村の貧困問題は両大戦間期にいっそう深刻化したので、飢饉の有無と農村貧困の問題は、分けて考えられる必要があろう。

なお、例外ともいうべき一九四三年のベンガル飢饉は、自然災害によるものというより、明らかに人災である。それは、ビルマに侵攻した日本軍に対応する目的で、植民地政府がカルカッタなどの都市に食糧などの物資を集中したために、農村で食糧不足が起こったことによっている。そして、その被害は農村の貧困層に集中し、約三〇〇万人の死者をもたらした[Sen, A. 1981:215]。

インド・パキスタン分離独立後、インドでは一九六六年に食糧危機が起こったけれども、インド政府による食糧輸入と救済政策によって、大規模な飢饉を未然に防いでいる。一九七〇年代以降は、インドは十分な食糧備蓄もあって、飢饉の心配はほぼなくなった。これには、一九七〇年代に本格的に始まった「緑の革命」の成果によるところが大きい。パンジャーブ州、ハリヤーナー州などでは小麦の生産が飛躍的に増加し、インド政府の食糧備蓄に大きな貢献をした。

しかしながら、一九七一年にパキスタンから分離独立したバングラデシュでは、一九七四年に大規模な飢饉が起こっている。これは、洪水被害にともなう飢饉であったが、独立にともなう政治的・社会的混乱もあり、多大の人的被害をともなった。この飢饉では、約一五〇万人の死者がでたとされている[Alamgir 1980:143]。

脇村孝平

注

（1）これらの大学は、その傘下にあるカレッジの学生に対して試験をおこない、学位を授与するための機関として設立され、実際の教育活動はそれぞれのカレッジでおこなわれたが、のちには大学のカレッジを統括する機関としての役割が強化されていく。植民地期インドでは、これらの三大学のほかにも複数の大学が設立されたが、それらの制度や機能には異なるタイプのものが混在していた[Nurullah and Naik 1951]。

（2）こうした農村部の人びとのなかには、都市労働者となる以外に、インド、あるいは海外の建設現場、鉱山、プランテーションなどで働く労働者となる者もいた(本巻第二章参照)。

(3) この地域では、一八三七年の法律により、ペルシア語に代えてペルシア・アラビア文字を用いたヒンドゥスターニー語(ウルドゥー語)が司法行政に用いられることとなった。十九世紀後半には、これに不満をもつヒンドゥー知識人たちがヒンディー語・デーヴァナーガリー文字の擁護運動を活発化させ、政府もこうした状況を受けて、ペルシア・アラビア文字に加えてデーヴァナーガリー文字の使用も認める政策に転換していった[King 1994; 藤井 2003a]。

第四章　独立インドへの道

第一次世界大戦の開始から第二次世界大戦をへて一九四七年八月の分離独立にいたる過程は、今日のインド亜大陸の政治を左右する激動の時代であった。民族運動の指導者としてのモーハンダース・カラムチャンド・ガーンディーの登場、ムスリム・コミュニティのパキスタン要求、ヒンドゥー至上主義勢力の形成、そして、政治の周縁に位置づけられてきた非バラモンやダリト(不可触民)たちの異議申立てなど、この時期、さまざまな国家構想が交差し、衝突した。こうした状況によって、多様性を尊重する価値観は、おおいにその対応力を試されることとなった。

1　ガーンディーの登場と大衆運動の昂揚

戦争の影響とガーンディーの登場

宗主国イギリスが参戦を決めた戦争に加わること、それが植民地の運命であった。この結果、インド軍は一二〇万人、非戦闘員を含めると一五〇万人近くにまで増強され、多くのインド兵が海外でイギリスのために戦った。インドが提供した軍需物資やサーヴィスは、食糧、皮革、綿織物・毛織物などの繊維製品、輸送用車輌、船舶の修理、セメント、テント、ジュート(黄麻)、機械と、あらゆるものを含んでいた。それに加えて一億四六〇〇万ポンドという膨大な戦費(その多くは戦時公債であった)を負担した。ターター鉄鋼会社(ＴＩＳＣＯ)の生産が管理されたように、インド経済は連合軍のために完全に戦争協力体制下におかれた。税は、戦費調達のため急上昇していった。インフレーションも進行した。とくに生活必需品が値上りし、かつ不足した。一〇年ぶりに飢饉や疫病が発生、蔓延した。なかでも一九一八年のインフルエンザは膨大な数の罹災者を生んだ。一八年、一九年には、穀物価格の上昇のため、いくつかの都市で食糧暴動も起こった[Bates 2007:122; Brown 1994:195]。

すべてが悪化したわけではない。戦争のために海外からの競争圧力が減じた国内市場をとらえた綿・毛織物工業、製紙業などは発展を遂げた。輸出の花形だったジュート産業は伸びなかったが、戦時中は鉱物資源の生産も増加した。つまり、輸出のために港市に運ばれる第一次産品や港市から国内各地に運ばれる輸入工業品の比率が大きく減り、穀物、衣料、建築資材などの国内市場が拡大した[杉原 2015:203-211]。

一九一五年、すでに南アフリカにおけるインド人の権利獲得運動の指導者として名高くなっていたガーンディーが帰国した。帰国後の彼は、一九一七～一八年には、ビハール州チャンパーラン県の藍プランテーションにおける農民闘争、アフマダーバード市の綿業労働者のストライキ、ボンベイ管区ケーダー県農民の地税減額闘争と、つづけざまに非暴力的不服従運動《サティヤーグラハ》を指導した。

ガーンディーの運動は、それまでの国民会議派（会議派）の運動方法を大きく変えた。なかでも、エリートのものであった運動に大衆を参入させたこと、そして、西欧近代を模倣し、「イギリス人抜きのイギリスをつくる」方法を捨てたことが決定的に重要である。それまでの会議派の指導層の多くはエリート的で、西欧近代を肯定したうえで議会や政府にインド人を参入させよともっぱら要求してきた。しかし、ガーンディーは、植民地支配の根本には西欧近代自体がもつ問題性が横たわっているという主張を、『インドの自治《ヒンド・スワラージ》』（一九〇九年）において早くも展開していた。彼は、西欧近代とは、肉体的欲望を解放し、肉体的幸福を人生の目的とするところに本質があるとし、そのため、過剰な生産や、過剰な資源の消費を追求し、それが暴力を生み出している、西欧近代はむしろ「病理」だととらえたのである。

さらに、ロンドンに留学したことにより、キリスト教との比較のなかでヒンドゥー文化や仏教・ジャイナ教の宗教のなかにある不殺生《アヒンサー》の思想、自然との共生の思想を発見し、そこからそれらの文化の担い手である大衆にも可能な非暴力という方法を編み出したことが特徴である。たんに非暴力思想を主張したのでなく、それを政治手段として大衆運動を展開したのであった。

ガーンディーが民族運動の指導者として登場するきっかけとなったローラット法は、戦争終了とともに効力を失うインド防衛法に代わって登場したものであった。予防拘禁を含む弾圧法が施行されるというニュースは、自治を待つインド民族運動の指導者たちを愕然とさせ、裏切られたという感情を強くいだかせた。ガーンディーら二〇人程の人びとは、ローラット法が立法化されるなら一握りの人間でも抵抗するという「サティヤーグラハの誓い」を起草し、署名し、サティヤーグラハ協会《サバー》をつくって運動を開始した[内藤 2010:372]。ローラット法が一九一九年三月に中央立法参事会で成立したことに対抗するかたちで、サティヤーグラハが始まった。グジャラートでハルタール(一斉罷業)を呼びかけ、ガーンディーは言った、「政府との協力を差し控えるかどうかは、奪うべからざる民衆の権利である、私たちは政府に裏切られた場合は、政府に協力しない権利を与えられる」と。

ガーンディーは、悪法を施行しようとする政府への非協力運動を、逆に民衆の側からの「真理に忠実ならんとする行《ぎょう》・実践」と位置づけ、サティヤーグラハ(真理＝サティヤ、アーグラハ＝把持)という名称を与えた。真理に忠実ならんとする具体的な行として、自己を浄化するための断食と祈りの「行」をおこなう一日、すなわち国中のハルタールを呼びかけたのである。四月六日、ハルタールは全インドで整然とおこなわれた。しかし、非暴力であるべき運動は、放火、略奪、イギリス人への暴力なども引き起こした。ガーンディーは四月十八日、運動を中止し、サティヤーグラハを彼自身の「ヒマラヤの山々にも匹敵するほどの大きな誤算」だったとした[Parekh 1997:16]。

一方、運動が始まってまもなく、四月十三日、パンジャーブ州のジャリヤーンワーラー・バーグで虐殺事件が起こった。ダイヤー准将率いるイギリス軍が、広場に集まった市民に機関銃などで無差別に発砲し、死者一二〇〇人（三七五人との説もある）、負傷者三六〇〇人を出す惨事を引き起こした弾圧事件である。それにつづいてパンジャーブ州には戒厳令が敷かれ、無差別逮捕、公開鞭打ちなどが起こっているとの噂が広がった。五月三十日、ラビーンドラナート・タゴールは、彼のナイト爵を「名誉の印が恥の徴となってしまうときがきた」といって返上することで抗議の意思をあらわした。イギリスはハンター委員会という調査委員会を任命したが、その調査の結果はダイヤー准将を免責するものであり、人びとの怒りをかった。他方、国民会議派による調査の結果は、この事件を引き起こしたのは、イギリス側にあるとした。こうして再び、一九二〇年六月、ガーンディーは『ヤング・インディア』紙において非協力運動を提案した。この運動は二〇年に始まり、約二年間継続した[Parekh 1997:16:Brown 1999:33]。

ヒラーファト・非協力運動（第一次不服従運動）

インド政庁への非協力という基本的な戦術のなかには、多くの要素を包摂した運動が展開されていった。外国製布の使用をやめること、手織布《カーディー》、手紡ぎ糸の生産を奨励すること、国産品愛用《スワデーシー》などに始まり、政府公立学校のボイコット、ハルタール、税の不払い、公職や名誉職から辞任すること、名誉称号の返上など、創意に満ちたさまざまの形態の運動が展開された。これ以降、大衆が参加した政治運動というパターンは、インドの民主主義を特徴づける重要な要素となるが、この運動はその決定的な契機となった。

第一次世界大戦後に見られたインド民族運動は、それまでと質的に異なるいくつかの特徴をもっている。

第一に、ヒンドゥーとムスリムの運動の協調が実現したことである。しかも、多宗教・諸階層の共存をめざす運動の背後に、ある種の国民文化を創ろうとする活動がそれを支えていた。大衆運動の次元においては、ガーンディー率いる非協力運動と、アブル・カラーム・アーザードやムハンマド・アリーらの率いるムスリムのヒラーファト運動（カリフ擁護運動、一九一九～二四年)が、協力関係を成立させたことはかりしれないほど重要であった。ヒラーファト運動を積極的に支持したガーンディーは、敬虔なヒンドゥー教徒でありながらムスリムからも信頼を得た。一九二〇年六月の国民会議派臨時大会には多くのムスリム、とりわけヒラーファト運動のメンバーが多く出席した。ムハンマド・アリー・ジンナーのようなムスリムのエリートの活動を見ても、この時代は明らかに協調する姿勢である。彼は参事会を辞任する一方、ムスリム連盟の代表としてロンドンに渡り、インド担当大臣モンタギューら本国政府にカリフ問題を直接訴えた。

第二に、国民会議派がガーンディーのイニシアティヴで組織改革をおこなったことも運動を全国的なものにした。一九二〇年末に国民会議派は新しい規約を採択し、それによってはじめて全国大会を最高議決機関とし、全国委員会および執行委員会をおくという組織が整えられ、国民会議派《コングレス・パーティ》と呼ばれうる政党、かつ運動組織になった。英領インドの一一州は、会議派組織では、言語別に二〇州に分けられ、各州には会議派州委員会を頂点として、その下に県委員会から村(会議派党員が五人以上いること)にいたるまでの組織がつくられた。年間四アーナー(四分の一ルピー)の党費を払えば、だれでも党員になれるという党員資格も決められた。この指令系統の整備によって全国統一の運動が可能になった。

会議派の目標は「合法かつ平和的なあらゆる方法を用いてインド人民による自治を獲得すること」と定められた。ここに全インド的ナショナリスト政党としての会議派が成立した。とはいえ、地方の下部組織を見れば、パトロン－クライアントの関係や地方でのコネや、派閥の離合集散的な側面が依然として存在してはいたのだが。

第三に、台頭しつつある商人・資本家層が民族運動を支援し始めたことである。大戦中にインドの商人・資本家層は莫大な利益をあげた。だが一方で彼らは、ルピー高、増税などに関してインド政庁の政策に反対する声をあげ始めた。大戦前後から商人層とナショナリストの接近も活発になっており、とくにガーンディーには「ボンベイの商人たちが必要以上の金を送ってくれる」ようになっていた。グジャラート地方の商人、ヒンドゥー教徒のマールワーリーという商人集団や、メーモンと呼ばれるムスリム商人集団などがこの頃から運動を財政的に支援し始めたのである。

だが、こうした運動の盛上りに冷水をあびせる事件が起こった。それは一九二二年二月のこと、連合州農村部のチャウリー・チャウラーという村で、群集が警察署を襲い、二二人(二三人とする研究もある)の警官を焼き殺してしまった事件である。ガーンディーは非暴力を守る約束に反するとして運動の中止を命じた。

モン・ファド改革

一九一七年八月におこなわれたモンタギュー宣言でなされた「約束」が、戦後に実施されたのが、いわゆるモン・ファド改革(統治法の作成にかかわったインド担当大臣モンタギューとチェムズファド総督の二人の名前からこう呼ばれる)であり、それは、正確には、一九一九年インド統治法の発令のことであった。

この改革は、その特徴から両頭政治《ダイアーキー》と呼ばれた。その内容は、州政府のもつ権限の一部をインド人に渡したことであり、地方への主権の分割・移譲でもあった。

すなわち、中央政府はイギリスが掌握し、軍事、外交、藩王国統括、関税、通貨、郵便などの重要な行政に関しては権限を保有しつづける(「留保事項」と呼ばれた)。中央政府の主たる財源は関税と所得税であった。イギリス本国政府は一九二一年に「インド関税自主権」を承認した。その結果、インド政庁は「自由貿易」政策を捨てることになる。中央政府ではインド総督とその行政参事会(内閣に近い)が従来通り権限を掌握していた。変化といえば、総督が任命する八名の参事のうち、インド人参事(事実上の大臣)が三名に拡大され、教育、法務、労働、保健などを担当するようになったことである。

中央では、総督の立法参事会を廃して、二院制の立法府が設置された(ただし、ここで起案される重要法案のほとんどは総督の事前認可を必要とした)。下院にあたる中央立法議会は、当時約三億の人口をもったインド人のうち、一五〇〇万人の富裕層からなる選挙人によって選ばれるものであった。たしかに外見的には、はじめてインドに議会制度が設けられたかに見える。とはいえ、これは、諮問機関的権限しかなかったので、せっかく選ばれたインド人は何の権限ももたない存在であった［Bates 2007:122–123］。

他方、教育、経済成長など、多くの財源を必要とする項目は、州政府の専管事項となり、この部分の行政権はほぼ州政府大臣（インド人を含む）に移管された。インド総督が任命する州知事が、州議会議員のなかから州政府大臣を任命した。州「移管事項」とは、教育、図書館、博物館、地域の自治、医療、農業、漁業、協同組合、産業の開発、保健衛生などの権限の一部である。ただし州移管事項にも、「留保事項」があり、州行政の要である治安（警察）・司法・地税徴収、灌漑・飢饉対策などに関しては、依然として州知事とその行政参事会が管轄を握って離さなかった。立法権をもつ州議会が開設され、ここには選挙制が実質的に導入された。議員の少なくとも七〇％は被選挙議員であることとされた。ただし、投票権をもったのは人口の約三％（五五〇万人の男性のみ）にすぎなかった。同時に、分離選挙制の適用範囲はむしろ拡大した。以上からわかるとおり、モン・ファド改革は、自治を与えると理想を掲げているわりには実質に乏しかった。「民族自決」から見ると大幅な後退である。イギリスが譲歩し始めたのは事実であるが、この改革をそのまま、権力移譲の第一歩と見るのは難しい。ジュディス・ブラウンのような正統派イギリス人史家でさえ、イギリス帝国を再編し、インド人協力者《コラボレーター》の地位をより強固にしようとする装置だった、と評価するものであった［Brown 1994:207–209］。

おそらくこの改革の実質は、B・R・トムリンソンがいうように、財政上の地方分権である［Tomlinson 1979:110–112］。その本音は、インド政庁がイギリス政府の戦費を負担した結果、財政難に陥らないようにすること、つまり財政再建であった。地方分権によって財政的に自給的な州をつくり、経済発展や教育などを中央政府の財政負担からはずそうとしたのである。しかも、州政権が民衆の生活に直結する教育・経済政策に責任を負うことになったので、インド人州政府は、地税その他を増額し徴収するという不人気な政策を実施しなければならなかった。

もう一つ大事なことは、モン・ファド改革においても、ムスリムと非バラモン・カーストにあらかじめ一定数の議席を割り当てたことである。これは独立後にも、さまざまなコミュニティへの留保議席として継承されていくことになる。イギリスによれば、少数派・弱者を保護するためということになるが、イギリス支配下にあって分割統治政策《ディバイド・アンド・ルール》といわれたものであった。労働者階級、部族民、下層農民などの代表権はまったく保障されてはいなかったのである［Bates 2007:124］。

インド軍についてもこの時期に改革されるべく、一九一九年にはエシャー委員会が設置された。第一次世界大戦におけるオスマン帝国の敗北後、イギリスには中東支配を維持する必要が生まれていた。とくにイラクに駐屯するには年間三〇〇〇万ポンドの費用が見込まれ、イギリス軍を撤退させたい本国は、それに代わる安価な軍としてインド軍を駐屯させてイギリスのプレゼンスを示すことを決定した。エシャー委員会は、帝国の防衛のために中近東に、さらには東ヨーロッパにも派兵できるインド軍をつくることを提案した。

ただし、わずかではあるが、モン・ファド改革が効果を生んでいたことは注目に値する。中央立法議会が新税・増税を拒否するだろうと予想されたこと、総督が強行すれば、行政参事会のインド人たちが辞任するだろうと予想されたことなどの結果、イラク駐屯計画は破棄された。エシャー委員会報告も一九二二年には拒否された。その結果、そのあとにインド軍が帝国防衛の任務に就いた場合、インドに費用負担させることは簡単でないことが予想される事態となった。これはのちに第二次世界大戦中に帝国防衛のために働いたインド軍の戦費をめぐり、重大な結果を生むことになる。

2　英印関係の展開と自治の追求

会議派の動向と大衆運動の再編

一九二二年の非協力運動の停止後、会議派の政治運動は沈滞した。会議派は何度目かの分裂の危機を迎える。原因は運動組織として議会をボイコットしつづけようとする固守《ノー・チェンジャーズ》派と、議会政党としての活動を選んだC・R・ダースらのスワラージ党グループとの対立であった。固守派はいわゆる「建設的プログラム」と呼ばれる糸紡ぎ車《チャルカー》による手紡ぎ糸や手織布《カーディー》の生産と消費の奨励、宗派間・低カーストのなかの奉仕活動、初等教育などの社会改革運動をおこなっていた。

他方、一九二〇年代のエリート青年たちの運動への参入は、インドの運動に新しい要素を加味することになった。彼らの多くはすでにイギリスのケンブリッジ大学などでエリート教育を受け、かつヨーロッパをも訪問したことのある広い国際視野とネットワークをもった若者たちであった。その代表的存在といえるのが、ジャワーハルラール・ネルーやスバース・チャンドラ・ボースである。

ネルーは、一九二二年に、外国製布地のボイコットに参加した理由で有罪判決を受け、牢獄のなかで、考えること、紡ぐこと、読むことを日課にして、週に二冊のペースで読書を進めた。彼は、インドの運動が国際性をもつことに熱心であり、二七年にブリュッセルで開かれた「植民地的抑圧と帝国主義に反対する国際会議」に参加し、ヨーロッパの名だたる左翼の活動家のみならず、アジア、ラテンアメリカからの代表にも会った。この年、彼がロシアを旅行し、スターリン的専制体制に組み込まれる直前の、既存の社会の価値に挑戦し、計画経済化の実験に挑む、理想の実現に燃える、しかし混乱に満ちた社会を体験し、それを肯定的に評価したことは、その後の彼の思想形成に大きな影響を与えた

[Brown 1999:36,43-44]。

一九二七年、マドラス（現チェンナイ）で開催されたインド国民会議派大会では、青年層は、ネルーの指導のもとに、従来よりも急進的な運動方針を決議し、ガーンディーの暗黙の反対にもかかわらず、新綱領として、インド国民の目標は、完全な国民的独立にあることを宣言した。

サイモン委員会

一九一九年のインド統治法では、同法の実施状況やさらなる改革を検討するために、一〇年以内に評価委員会を派遣するとしていた。ところが、当時の保守党のボールドウィン内閣は、つぎの選挙で勝利するかもしれない労働党のインド統治法改革に対し先手を打つため、ジョン・サイモン卿を長とする七名の委員会を、二年早い二七年に派遣することを決定した。問題はこの委員会にインド人委員が一人も任命されていなかったことにあった。インド諸党派（会議派、ムスリム連盟、インド自由連合）はこれにこぞって反発し、委員会ボイコットの方針を採択した。穏健派のテージ・バハードゥル・サプルーさえ、この委員会のボイコットを主張し、抗議行動が一挙に爆発した。

サイモン委員会の一行は一九二八年二月に訪印したが、各地でデモやハルタールに迎えられた。その際、官憲の発砲により多くの死傷者がでた。結局、この委員会は、三〇年、インドの将来の憲政改革について、両頭政治は廃止し、中央のインド立法議会は連邦議会と名称変更して存続する、州参事会委員はインド人に限る、などとする報告書を発表した。

一方インド側もこれに対抗して、インド人自身の「憲法案」をつくろうとした。それがいわゆる「ネルー報告」（ネルーの父モーティーラール・ネルーが作成の中心にいたため）と呼ばれるものである。それは人民主権、議会制民主主義、成人普通選挙などを盛り込んだが、インド人内部で合意を得ることはできなかった。主要な争点の一つは自治領か完全独立かであり、もう一つは強い中央集権国家か、州に自治権のある連邦国家か、であった。父ネルーの案は自治領の提案であり、ボースら急進的青年層からの批判をあびた。もう一つの反対はジンナーなどムスリムからのものであり、彼らはネルー報告の「強い中央」でなく州に自治権のある、連邦制的方向を望んだ。さらに、当時、社会主義思想の広がりがあり、労働組合や農民運動ばかりでなく、革命的テロリストの運動も復活の兆しを見せており、事態の収拾は極めて困難になりつつあった。

インド総督アーウィンは事態を収拾しようと、一九二九年十月に、「将来、インドに自治領の地位《ドミニオン・ステイタス》を与える」こと、およびロンドンにおいて、統治法の改革を進めるため、円卓会議を開催するとの譲歩的な宣言をおこなった。アーウィン宣言は、将来の「自治領」を約束することで、インド側、とくに穏健派を「大英帝国」内に引き戻そうとしたのだった。しかし会議派の青年層は「将来の自治領」には到底満足しなかった。こうして会議派は、二九年末にラーホールで開催された年次大会において、二つの重要な決定をおこなった。

第一は、今後会議派の目的はイギリス連邦内の自治領ではなく、完全独立《プールナ・スワラージ》にあるとし、さらに一九三〇年一月二十六日に「インド独立」を宣言し、決議文を朗読、記念演説会、デモ行進をおこなうことを決めた。

第二は、ガーンディーに対し、彼の指導のもとで非暴力の市民的不服従《シヴィル・ディスオビーディエンス》運動を開始する権限を与えたことであった。いわゆる第二次不服従運動の開始である。ガーンディーはどちらかといえば自治領派であったと思われるが、不服従運動に踏み切ったのは、青年急進派を押さえるためばかりでなく、会議派がボイコットした円卓会議において憲政改革が進むことを恐れたのであろう。

塩の行進——市民的不服従運動（第二次不服従運動）

一九三〇年三月十二日、ガーンディーはいよいよ市民的不服従運動を開始した。人びとを驚かせたのは、その直前に彼が総督に示した一一の要求項目である。そこには、「完全独立」は含まれていなかった。代わって、⑴塩税法（塩を専売とし、税収を中央政府のものとしていた）の廃止、⑵軍事費の削減、⑶地税の減額、⑷ルピーの切下げ、⑸高級官僚の給与減額、⑹外国布への保護関税などが盛り込まれていた。そして、これらの要求が認められなければ、自分で海水から塩をつくり、塩税法を犯す行動を開始する、と伝えたのである。

驚いたのは若いネルーたちである。「完全独立」も「自治」の文字もなく、塩の専売をやめろとは、と彼らはあきれた。ネルーは「われわれは当惑した、国民的闘争を塩の問題と調和させることはまったく不可能だった」と自伝で述べている[Nehru 1980:210]。

しかし、一一項目をよく読むと、関税自主権や、為替レートの切下げなどを要求している部分は、インド人資本家の立場に立つ国家間交渉の内容である。軍事費の削減や塩税などの課税品目や課税率、官僚の給与額の決定などは、独立国家が当然もっている権限への要求を提示したものであった。地税の減額要求は大恐慌の打撃にあえぐ農民・地主の立場を代弁していた。他方で塩を取り上げることは、シンボル的重要性をもっていた。英領インドでは、塩は専売であり、どんな貧しい農民にも必需品だった塩は、それを得るためには税を払わざるをえない仕組になっていた。塩税は、中央政府の収入のほぼ第三位を占める重要な財源であったから、塩税法を破ることは、財政的打撃をインド政庁に与えることにもなった。

他方、ガーンディーの方法はたんに塩税法への反対を叫ぶのでなく、すべてのインド人に、自ら海辺へ行き、海水から塩をつくろうと訴えることであった。その結果、専売法によって政府が罰するというなら、罰せられよう、という呼びかけである。これは高い塩を買わされている貧しいインドの人びとにわかりやすい、宗教色《セキュラー》もない、ともに闘いやすい方法であった。

さらに、そもそもイギリスは、インドに「法と秩序」をもたらしたことを自らの統治を正当化する根拠としてきた。

だからガーンディーが塩税法という法の不当性を暴くことは、イギリス法秩序がインド社会にもたらした矛盾・不当性の構造を一瞬にして明らかにして見せる。その法を犯すことは、インド人がその法体系から自らを自由にするシンボル的な行為でもあった。

ガーンディーは同志とともにアフマダーバード市のサーバルマティーにあるガーンディー道場《アーシュラム》から、ボンベイ近くのダンディーという海岸まで行進し、その海水から塩税法を破って塩を採取することを決定した。炎天下の二四〇マイル（約三八〇キロ）の行程を、六十一歳の老人と七八名の同志が、独立《スワラージ》がかちとられるまでは生きて帰らないことを誓って、三月十二日に歩き出した。行進には途中から女性詩人サロージニー・ナーイドゥも加わった。これが、一九三〇〜三四年まで（三二年にいったん中断はしたものの）継続した、市民的不服従運動（第二次不服従運動《サティヤーグラハ》）における塩の行進の始まりであった。

塩の行進が進んでいくにつれて、国中で興奮が高まっていった。ガーンディーは、村ごとに、塩税と一一項目について説明した。村人に手織布を着るように説き、衛生、不可触民制、手織りなどについても話し、働きながらの初等教育なども説明した。四月六日にダンディー海岸に着き、塩をつくって見せたガーンディーに、人びとは熱狂した。国中で人びとが法を破り、塩を製造し始めた。

会議派が呼びかけた外国布ボイコットも全インド的運動となった。ガーンディーは五月五日逮捕されたが、運動は鎮まらなかった。ガーンディーの主張と行動は、世界的にも同情をかった[Nanda 1981:288-298; Brown 1977:99-152]。

この運動を皮切りに、インド人警官や官吏の辞職、政府の学校・法廷その他の公共機関のボイコットがあいつぎ、さらに、納税拒否運動とナショナリストによる国民政府の樹立が最終目標とされた。無論、植民地政府は、徹底的な弾圧政策をもってこれに臨んだ。

ガーンディー・アーウィン協定

ガーンディーは、獄中に『ロンドン・デイリー・ヘラルド』の記者を訪問させ、もし、植民地政府が、⑴塩専売法を破棄し、⑵酒とアヘンを禁じ、⑶いっさいの政治犯を釈放し、⑷完全なる自治領の形式において、実質的にインド独立を許容するなら、非暴力的不服従運動を中止し、きたるべき円卓会議に会議派からも代表を出す、との回答をした。政府は、ガーンディーの提議を考慮の余地なしとして拒絶した。

ロンドンでは一九三〇年十一月から、会議派がボイコットするなかで、第一回の円卓会議が招集されていたが、なんら成果もなく終了した。アーウィン総督は、やむなくガーンディーら指導者を釈放し、彼と会談し、三一年三月、ガーンディー・アーウィン協定を結んだ。その協定の内容は、自家消費のための塩の製造の許可、非暴力的政治犯の釈放、酒店と外国布販売店へのピケットの許可という総督側の譲歩に対し、会議派は不服従運動を中止し円卓会議に参加するというものであった。会議派の青年指導層のあいだで、譲歩が少なすぎるとして、合意したガーンディーへの不満が高まったのも、ある意味では当然だった。

だが、おそらく協定の内容以上に重要だったのは、インド総督が、選挙の洗礼を受けたわけでもない会議派の指導者ガーンディーを対等の交渉相手として選んだことである。このことによって、総督はガーンディーを事実上「二重政権の長」(次期総督ウィリンダンの言葉)として扱ったのだった。

協定の結果、ガーンディーは運動の中止を命じた。おそらくガーンディーには運動の沈滞が見えていたのであろう。一九三一年九月からの第二回円卓会議にはガーンディーのみが出席することを決めた。しかしながらこの会議は、ガーンディーにとって惨めな失敗に終わった。諸コミュニティを代表して会議に出席したメンバーたちは、ガーンディーの声を聴くことはなく、会議派の要求はほぼ何も認められなかった。ガーンディーはこれを「失敗」と認め、やむなく運動を再開する。

しかし今回（一九三二〜三四年）の運動はまったく盛り上がらなかった。新総督ウィリンダンの厳しい弾圧のもと、三二年一月にガーンディーらは逮捕され、会議派は非合法とされた。宗派紛争、不可触民からの会議派批判も高まっており、その間、第三回円卓会議は三二年十一月に会議派抜きで開かれ、憲政討論がロンドンで進行するというありさまだった。だが対抗すべき運動には新味がなく、ネルーを中心とした小作料・地税不払い運動も鎮圧された。結局大衆運動は三三年半ば以降、しだいに下火になっていき、再び昂揚することはなかった。

一九三五年インド統治法とインド人州政権

会議派の大衆運動が崩壊していくのと並行するように、かたちのうえで円卓会議の審議をへてできたものが一九三五年インド統治法である。その第一の方向は、基本的に一九一九年法の精神を継続し、⑴地方分権化、⑵インド人の行政への参加、⑶選挙権の拡大を実現したものであった。州においては両頭政治が廃止され、選挙によって州議会に責任を負うインド人州内閣が一般行政のすべてを担当することになった。ただし、州には総督の任命した州知事がお目付役として目を光らせており、非常事態と認定すれば、州知事が州内閣を罷免することができた。

第二は、全インド連邦の樹立の構想であった。ただし、その連邦議会では、「封建的な」藩王国代表とムスリムの議席などにより、決して会議派が多数を握れないように議席構成が仕組まれていた。皮肉にも連邦構想は藩王たちの反対により実現しなかった（主要藩王の半数が賛成することが成立条件だったため）。中央政府の財政、通貨、防衛（軍事）、外交の諸権限などはインド人に譲らない権限として、そのまま維持された。労働党内閣の崩壊後にできた保守党内閣のインド担当大臣サミュエル・ホアがいみじくも述べたように、インド統治法は「インド人の眼には責任政府の装いをしながら、われわれが政府を指図するハンドルをもつ」装置であった。D・A・ロウの研究も、本国内閣は、インドに自治領《ドミニオン》の地位《ステイタス》を付与するなどとは考えていなかったとしている［Low 1997:34］。

インド統治法はイギリスが構想した権力移譲への第一段階だとする見方もあるが、むしろ、一九二九年頃から構想されてきたインド統治のための新しい戦略ができあがったと見るほうが、一九三五年統治法体制を容易に理解できる。それはまず、基本的に州権のかなりの部分をインド人に渡しながら、主権の決定的な機能を中央で総督を中心に保持するというものだった。決定的な機能とは、防衛、外交、財政、通貨政策ならびに国家負債を管理する部分であった。それによって、植民地インドからイギリス本国への富の流れは、第二次世界大戦の時期までほとんど変わることがなく保持された。

チャーチルの強い反対にもかかわらず、ボールドウィン、アーウィン、サミュエル・ホアなど、保守党内の彼の反対者は、もし憲政改革が巧みになされたら、州政府は会議派に渡しても、中央におけるイギリスの支配は強化できるという信念をもっていたといわれるが、一九三五年の憲政改革は、これまでよりもイギリス金融・サーヴィス利害に特化した大英帝国の利害を守ろうとしたと考えられる。もし、イギリスの経済的利害が守れるのであれば、インドの政治的独立への障害は、基本的にはインドの対英債務を守ることだけであった。第二次世界大戦によって債務関係が逆転し、その障害が除かれたとき、独立を妨げるものはなくなったと考えるのが、P・J・ケインとA・G・ホプキンズの説を踏まえた政治史的解釈としては妥当であるように思われる[Cain and Hopkins 2001]。

つぎに、藩王国の問題があった。会議派は、一九二九年、全インドの完全独立を宣言したが、インドには、五八四程の藩王国が存在したので、これは、これらの国の独立をも含むことを意味した。藩王国問題に関して設置されたバトラー委員会(二七～二九年)は、英領インドと藩王国を分離しようと試み、藩王国の政府に対して責任を有するのはイギリス政府であり、その同意なくして「英領インド」に成立するいかなる政府にも、その権利を譲渡することはできないとの報告書を出した。これは藩王国自身がしばしば要求するところでもあり、連邦インドの実現への障害となりえた。

さて、会議派は、一九三〇年代半ばまでに再び選挙政治への道に戻っていった。その結果はなかなか良好であった。

まず、三四年の中央立法議会選挙において彼らは実質的に勝利した。つづいて三七年、一九三五年統治法に基づき州選挙がおこなわれた。会議派はこの州選挙の結果、一一州のうち九州において、議会の過半数もしくは第一党を獲得し、その結果マドラス、ボンベイ、中央州、ビハール、連合州を含む七州において単独の州政権を成立させた。

選挙を通じて会議派のメンバーシップは増大し、州政権の樹立によってその権力も増大した。この圧倒的な勝利こそ、本国内閣の政治的目論見を完全に打ち破ったものであった。反対にムスリム連盟は衝撃的な敗北を喫した。もともとマイノリティのムスリムを基盤とした連盟であるが、ムスリムのみが投票できる分離選挙区において連盟が獲得したのはムスリム票全体の五％にも満たなかった。ムスリム多住地域でも、パンジャーブでは連合党《ユニオニスト・パーティ》、ベンガルでは農民大衆党《クリショク・プロジャ・パーティ》（大衆党《プロジャ・パーティ》の後身）とどちらもムスリム主導の地域政党が勝利し、それぞれが政権を担当した。不幸なことに、総選挙での圧勝という事実が会議派の驕りという深刻な結果を生むことになった。逆に、危機感をいだいたムスリム連盟の回生への活動につながるのであった。

それでは、インド人州政権時代には、何が新しく実現されたのだろうか。たしかに、イギリス人が権力を握っていた時代からインド人州内閣への移行は円滑におこなわれ、会議派をはじめとするインド人は政権担当能力があることを示した。しかし、一九三六年の会議派のファイズプル大会決議などで、土地制度の根本的な改革、地税と小作料の大幅な軽減、農業労働者への生活賃金の確保などが謳われていたが、負債の救済策などを除けば、根本的な土地改革はおこなわれなかった。イギリス支配との対比でいえば、これがさしあたってのバランスシートであった［長崎 2015b：120–121］。

3　国家形成へのさまざまな構想

州政治・アイデンティティ政治――マドラス州の事例

モン・ファド改革の結果、政治の焦点は中央や会議派に収斂するよりは州政治に拡散し、会議派以外の地域政党が州において選挙政治を展開した。例えば、パンジャーブ州の連合党（一九二三年結成）、マドラス州の正義党《ジャスティス・パーティ》（一六年結成）、ベンガルの農民大衆党などである。彼らは会議派ほど反英色が鮮明でなく、灌漑、道路、橋などをめぐって地方政治、ときには利権政治を展開するようになった。

とはいえ、マドラス州における非バラモン運動からは、英領インドを否定してタミル・ナードゥ、あるいは南インドの独立をめざす潮流がでてくる。また、ムスリムは、留保議席を獲得するなど、少数派の権利の確保に成功し、ついには、パキスタン決議において独立国をめざす路線も登場することになる。ここでは州政治・アイデンティティ政治の展開を、マドラス州の非バラモン運動に探ってみよう。

正義党は、正式名は南インド自由連合であるが、英語機関誌『正義《ジャスティス》』の名前からこのように呼ばれた。同政党は親英的で非バラモンの利害を代表する地域政党であり、バラモンが優勢で、反英的・北インド的な会議派に対抗して、教育機関や上級・下級の官僚機構に非バラモンを参入させよ、などと要求した。一九二〇年選挙では会議派が選挙をボイコットしたため、彼らが勝利し、三名のインド人大臣にはすべて非バラモンが任命された。二六年には正義党はスワラージ党に敗北したが、スワラージ党が内閣を組閣することを州知事に拒否されたため、正義党系の非バラモンが組閣した。こうして正義党は会議派との対抗関係のなかから非バラモンの地位向上をはかり、非バラモンへの留保制を地方公共団体や高等教育に導入した。

初期の非バラモン運動から、一九二〇年代後半に始まる「自尊運動《セルフ・リスペクト》」、三〇年代末の反ヒンディー語闘争とドラヴィダ運動までに一貫しているのは、バラモン以外の諸カーストが「バラモンでないこと」への誇りをもって団結し、バラモンに対抗しようという思想である。この非バラモン・アイデンティティを支える理論的枠組が、バラモンを北インドから侵入してきたアーリヤ民族の子孫、非バラモンを征服された先住ドラヴィダ民族の子孫とし、カースト制度はアーリヤ民族が被征服民を支配するためにつくりだした装置だ、とする考え方であった。また、十九世紀にタミル語の古典類が発見され、アーリヤ民族侵入以前に南インドにはドラヴィダ民族を担い手とする独自の古代文明が栄えていたと主張して、不可触民を含む非バラモン諸カーストに「ドラヴィダ民族」としての自尊心を与えた。

自尊運動の創始者E・V・ラーマスワーミ・ナーイッカル（通称ペリヤール、もしくはE・V・R）は、バラモン攻撃だけでなく、非バラモンにもカースト制度を根絶するための実践を促し、支持基盤だった上層の非バラモン以外の人びとにも一定の影響力をもった。一九二〇年代末から三〇年代にかけて、自尊運動が急進化して共産主義と結びつき、労働者をはじめとする大衆への影響力を強めたとき、マドラス州会議派は曖昧ながらも不可触民の支持を得るための政策を提案した。

一九三八年にはペリヤールが正義党総裁に選ばれ、四四年に党名をドラヴィダ連盟に変更した。ただ、タミル語とタミル文化の擁護においては支持基盤を広げたものの、非バラモン運動としては、宗教社会改革上の急進性は後退していった［志賀 2007：37-40；志賀 2013：20-22,24-28］。

会議派も、このような地域政党の動きに決して反応していなかったわけではない。一九二七年の年次大会議長にムスリムを選出するなど、統一のための努力も怠ってはいない。しかし、地域政党の登場に典型的に見られるように、地域や宗教、社会階層に応じた政治団体が選挙政治を契機に各地に台頭し、反英運動が必ずしも会議派に収斂しなくなったという意味では、モン・ファド改革の狙いは正鵠を射ていたといえる。だが他方では、方向は種々ながら、民族意識の覚醒が全国に広がりつつあったといえよう。

会議派もしだいに農村の支配層に支持を広げていった。支持層はビハール、グジャラート、西ベンガル、連合州の一部においてまず獲得されていき、一九二〇年代後半には劇的に北西辺境州に広がり、三〇年代前半には、マドラスとマハーラーシュトラに、四〇年代までには藩王国にと、その支持範囲は広がっていった。会議派執行部はそれらの地方の活動を指令したり、あるいは州会議派の内紛に介入したりすることで、何とか運動の中央集権性を確保しようとしていた。二〇年代以降のインド人側の政治は、州でも中央でも、制度形成を試みつつ、複雑に多方向化していったのである［長崎 2004b：391–392］。

不可触民差別解消運動と民主主義

不可触民の指導者たちは、戦後秩序に関するインド担当大臣モンタギューの調査に答えて、イギリス統治の継続とカースト・ヒンドゥーによる抑圧からの保護を求めた。この要求の背景には、会議派はその誕生以来、社会改革に冷淡であったという事実が影響していた。しかしながら、こうした動きに対し、一九一七年十一月、ボンベイにおいて会議派は不可触民（行政用語から生まれた「被抑圧階級」という総称も使われた）の集会を開催した。この集会で、不可触民代表は不可触民差別撤廃を全インドに向けて宣言するよう要求した。その結果、一七年のカルカッタ（現コルカタ）年次大会では以下が採択された。

この会議は、インドの人々に、被抑圧階級《デプレスド＝クラス》の上に慣習によって負わされてきたあらゆる差別（無資格《ディスアビリティ》）を除くこと、すなわち、最もいまわしく苛酷な性質をもち、これらの階級を非常な困苦と不自由のもとにおいてきた差別を除くことが、必要であり、正義であり、正当であることを勧告する。［山崎 1979：15］。

不可触民の運動の指導者ビームラーオ・ラームジー・アンベードカルがアメリカ合衆国の留学から帰国するのも一九

一七年であった。アンベードカルは、マハーラーシュトラ州のマハールと呼ばれる不可触民カースト出身で、一四人兄弟の末子として生まれた。軍人の父は、同州における低カースト社会改革運動の信奉者でもあり、教育熱心で、息子に高等教育を受けさせた。コロンビア大学に留学したアンベードカルは、平等なアメリカ社会の大学生活のなかで、プラグマティズムの哲学者ジョン・デューイの思想から大きな影響を受け、カースト社会の徹底的な批判に向かった。彼がデューイの社会観にそくしてインド社会の差別を分析したことは、「民主主義」という、国家形成にとっても重要な政治概念をインドに浸透させる一つのきっかけとなった[長崎 2015a:244-247]。

アンベードカルは、再度の欧米留学から一九二三年に帰国し、二四年にはインドではじめて、被抑圧者救済会を設立して、不可触民の地位向上運動に立ち上がった。差別解消のためのアンベードカルの運動は、マハール・ワタンの廃止要求から始まった。マハール・ワタンとは、さまざまな奉仕をカースト・ヒンドゥーのためにおこなうマハールに対し、伝統的に付与された少量の穀物やわずかな土地片への権利のことである。アンベードカルはこれを二十世紀における隷属ととらえ、「ワタンがなくならない限り、マハールの改革は不可能である」として、一〇年代からそれについて問題提起をしつづけた。

つぎに、公共の貯水池、井戸、道路、輸送機関の利用に関して不可触民が無権利状態であることの改善を要求した。一九二六年、アンベードカルは、推薦されてボンベイ州議会の議員となり、二七年には不可触民などには使用を禁止されていたボンベイ州マハード市における公共貯水池利用権獲得の大衆運動を組織した。彼は同年三月、約一万人の不可触民を集め、マハードの貯水池へ行進し、禁を犯して「水を飲」み、この示威行動は広く報道されて大きな論議を巻き起こした。ただし、この問題は、会議派政権が誕生したボンベイ州議会で取り上げられるものの、問題の真の解決をもたらさなかった。

彼は、マハードの運動の過程で、ヒンドゥー教の聖典ともいうべき『マヌ法典』を「不正の象徴」だとして、大衆の面前で焼き捨てる儀式をおこなった。この事件は、カースト・ヒンドゥーたちに大きな衝撃を与えた。

さらに、不可触民のヒンドゥー寺院立入り運動も展開された。プーナ(現プネー)では大規模な運動が組織され、ナーシクでは運動が五年間もつづいたが、要求はいずれも実現しなかった。一九三五年十月、アンベードカルは、ナーシク県のイェオラーで「私はヒンドゥーとして生まれても、ヒンドゥーとしては死なない」という有名な宣言をおこなった[内藤 1994:186-187]。彼は、二九年には早くも不可触民の大会で、ヒンドゥー教から他の宗教へと改宗する可能性に言及していた。そして最終的に、死の数カ月前、五六年十月十四日、約三〇万人の出席者、いわゆる不可触民とともに、仏教に改宗したのである。

アンベードカルは、モン・ファド改革に際して、一九一九年一月、サウスボロー委員会に対して、不可触民への分離選挙区設置を強く求めたが認められなかった。その後、いったんはその要求を取り下げたが、二九年、会議派が完全独立を要求し、三〇年から市民的不服従運動を開始させると、アンベードカルは再び態度を変化させ、不可触民独自の要求を前面に出すようになった。

第一回英印円卓会議の席では、アンベードカルは再び分離選挙権を要求し、不可触民は、ヒンドゥー社会の不可分の一部ではない、別個の存在である、と明言した。

この頃から、ガーンディーとアンベードカルのあいだには、対立がしだいに顕在化していった。例えば、第二回円卓会議において、アンベードカルは、不可触民の地位向上のためには分離選挙権が必要である、と主張した。他方、ガーンディーはそうした制度こそ、イギリスによる分割統治政策の一環である、として反対した。たしかにムスリムは、分離選挙権が一九〇九年から認められ、シク教徒とヨーロッパ人は一九年から同様の権利を享受していた。しかし、この分離選挙権を、不可触民に拡大することに対しては、ガーンディーは徹底的に反対した。このときの二人の対立点は大略つぎのようであった。すなわち、ガーンディーは、不可触民制はヒンドゥー教とは関係がない、その廃絶はカースト・ヒンドゥーの改心・懺悔を通じてもたらされるとした。これに対しアンベードカルは、不可触民解放のためにはカースト制とヒンドゥー教を打倒することが必要であり、それは不可触民の自覚と運動によりもたらされるとした。

一九三二年に、イギリス政府が、ガーンディーの反対を無視して、宗派《コミュナル》・社会集団別代表権裁定（首相の名をとって、マクドナルド裁定とも呼ばれる）を提示したとき、投獄中のガーンディーは、「死にいたる断食」を始めた。最終的に、ガーンディーとアンベードカルのあいだで合意されたプーナ協定では、カースト・ヒンドゥーの側では、不可触民留保議席の増加という譲歩をおこない、アンベードカルは分離選挙権を取り下げることで妥協をはかったのだった［Omvedt 1994］。アンベードカルは、三六年には独立労働党を組織し、不可触民留保議席を会議派と争った。そして、翌三七年の州議会選挙において、ボンベイ州選挙では、自己の当選を含むいちおうの勝利を獲得したのである。

アンベードカルは、その後、憲法制定起草委員会委員長となり、インド憲法制定の中心人物となって、不可触民制の廃止（一七条）［稲 1993:18］を規定する原動力となった。また、憲法には、一定の割合の元不可触民（いわゆる「指定カースト」）に議席が留保される条項も盛り込まれた［長崎 2015a:225–226, 237–240］。

ヒンドゥー・ナショナリズムの誕生

多様性尊重型の非暴力運動に抗するヒンドゥー・ナショナリズムも一九二〇年代に組織化された。ここに、もう一つの新しい国家形成の構想が登場する。ヒンドゥーを統合し、インドを多数派ヒンドゥーの国にしようとする動きである。

一九一五年にヒンドゥー・マハーサバーが設立されたときに始まったヒンドゥー・ナショナリズムの動きは、ムスリム分離選挙を容認したり、ヒラーファト運動を支持したりする会議派の協調的行為をムスリムへの偏重だとして、会議派への批判をしだいに強めるようになった。マダン・モーハン・マーラヴィーヤのような会議派のヒンドゥー指導者が、しばしば同時にヒンドゥー・マハーサバーの会員であることもあった。ガーンディーによる非暴力的不服従運動が二二年に挫折して以後、ヒンドゥー・ムスリムの衝突が多発するなかで、ケーシャヴ・B・ヘードゲーワールによってヒンドゥー教徒の知的・肉体的訓練を目的とする組織ができあがっていった。これが、二五年にマハーラーシュトラのナーグプルで結成された民族奉仕団（RSS）である。

当時のRSSは、ムスリムへの不信感をいだいてはいるが、基本的にはヒンドゥー教徒の精神的・肉体的修養をおこなう運動組織であった。ヒンドゥー・マハーサバーが政治志向を有していたのに対し、ヘードゲーワールはRSSを人格形成を基礎とする文化的組織と位置づけ、バラモンなど高カーストの子弟を組織して各地の支部《シャーカー》に組み入れ、棒術演習などを中心とする集団活動、シヴァージーなど歴史上の人物に関する説教《バウディク》、参加者全員による討論《チャールチャー》を三本柱とした活動をおこなった。

一方、ヒンドゥー・マハーサバーの組織の精神的支柱は、二十世紀初めに、暴力的反英運動を擁護し、インド大反乱を最初の独立戦争と位置づける『インド独立戦争』を著して発禁処分を受けたヴィナーヤク・D・サーヴァルカルである（第一章二五頁参照）。彼は一九二三年に『ヒンドゥトゥヴァ――ヒンドゥーとはだれか？』なる書を著して、「ヒンドゥーの本質・原理」を意味する「ヒンドゥトゥヴァ」なる概念を提唱した。「ヒンドゥトゥヴァ」とは、「イデオロギーではなく、「ヒンドゥーであること＝ヒンドゥー性」であり、ナショナルで文化的なものである」とされた［近藤 2008:218］。また、「ヒンドゥーとは、このインドの大地《バーラト・ブーミー》を自分の父祖の地であり同時に聖なる地である、と認める者を指す」とした。これは裏を返せば、インドの大地に存在する国家とはヒンドゥーの国家であるという意味になる。

これらの運動は、ヒンドゥー・ナショナリズムと呼ばれることが多いが、その攻撃対象をキリスト教徒やムスリム、共産主義者などに定め、ヒンドゥー教徒優位をめざしているため、ヒンドゥー至上主義とか、ヒンドゥー原理主義などと呼ばれることも多い。

ネルーの社会主義

ネルーはガーンディーの近代文明批判にほとんど賛同しない、と一九三〇年代には公言していた。ネルーのような立場もまた、ガーンディーの思想とは明確に異なる国家形成への構想として、会議派のなかで大きな役割をはたしたのである。

ネルーの目標は、労働者・農民が搾取されることのない「民主主義的形態の政府」の実現であり、「政治的独立」であり、近代国家の建設であった。イギリス留学時代にバートランド・ラッセルやハロルド・ラスキの思想に共感していた彼は、一九二七年にソヴィエト・ロシアを訪問して以来、ロシアへの共感のみならず、社会主義思想へと接近していった。とくに中央アジアの後進地域がソヴィエト支配下において大いなる発展を遂げたという報告は、ネルーに感銘を与えた。さらに世界大恐慌の経験は、マルクス主義の分析が正しいという確信となった。こうして、ネルーはマルクス主義の理論と哲学を学ぶにつれ、その「科学的見解」を受け入れるようになった。そして「われわれの民族闘争は、〔社会主義へと向かう〕長い歴史の旅の一段階」だと位置づけるようになった。そして、その科学的見解とは「経済的利益が政治的見解をつくる」というかなり経済決定論に近いものであった。その結果、ネルーはヒンドゥーとムスリムの宗教対立も、経済的な階級対立だと単純化しがちだった。

この時代、社会主義に傾斜したのは、ネルーだけではなかった。ネルーやボースら青年層を中心とした左翼グループが台頭した頃から、社会主義思想は会議派の内外に急速に広まっていた。

一九二九年の会議派ラーホール大会で、ネルーは、貧困と不平等に終止符を打つとすれば、社会主義への方向をたどらなければならないと主張した。三一年のカラーチー大会でもネルーの影響下で、人民の基本権と、大衆の搾取を終わらせるための経済的解放、「重要産業の国有化または統制」を決議した。三四年には会議派社会党が結成された。三六年のファイズプル大会では農業・農村の改革に関する急進的な決議を採択している。そして州政権時代の三八年にはさらに大胆な国家計画委員会を発足させている。社会主義的経済政策を会議派が採用したことは、独立後のインドの指導原則となる下地をつくったといえよう。

さらに、ネルーは、帝国主義と台頭するファシズムを弾劾し、アジア・アフリカにおける民族運動に対する連帯を表明することによって、インド・ナショナリズムに国際的視座を付与することにも貢献した。日本帝国主義に抗する中国に対して医療使節団を派遣したことは有名である。ここにも、独立後のインドの非同盟外交につながる感覚が見て取れよう［粟屋 2011:318］。

ところで、ネルーはまた、ガーンディーの厳密な非暴力論に必ずしも賛成しなくなっていく。ソヴィエト・ロシアの歴史的経験を学ぶなかで、ネルーは暴力を二つに分け、不正な暴力と未来のために許される暴力が存在するという考えに導かれていった［Nehru 1980:361］。

大衆運動における非暴力に関しても、ガーンディーとの意見の違いがしだいに顕れてきた。一九二二年に、チャウリー・チャウラーでの暴力事件を理由に、ガーンディーが運動中止指令を出したことを、ネルーは厳しく批判した。そのために、ガーンディーは、三〇年の市民的不服従運動の開始に際して、「散発的な暴力行為が起こった場合でも、それを理由に運動をやめてはならない」と言明せざるをえなかったのである。

ネルーはマルクス主義に傾斜していった結果、宗教への批判をもいっそう強めていった。「組織された宗教は、例外なく既成の権益に堕し、不可避的に変化と進歩に反対する反動的な勢力になってしまう」［Nehru 1980:377］と、その批判はほとんど全面的である。ヒンドゥーとムスリムの対立は一九三〇年代からいっそう深刻化するが、それに関しても、ガーンディーとネルーの立場は相当異なっている。宗教対立と見えるものであっても、ヒンドゥー教やイスラームの「宗教」のなかに対立があるのではなく、対立には別の要因があり、解決可能だ、とするのがガーンディーの立場であった。これに対して、ネルーは政教分離主義《セキュラリズム》によって政治に宗教を持ち込まないことを重視した。

4　第二次世界大戦とインド独立

第二次世界大戦とパキスタン決議

第二次世界大戦は、インド近代史にいくつかの大きな転換をもたらした。まず、インドの独立に向けて大きな弾みとなったことはいうまでもないが、第二には、パキスタン誕生を生み出す促進要因としても機能した。第三に、インド軍のイギリスに対する忠誠心を大きく揺るがせたことであり、第四には、英印関係の経済上の地位、すなわち債務関係の逆転を引き起こした。

植民地インドは、イギリスがドイツに宣戦布告したことによって、一九三九年九月、自動的に参戦させられた。しかし、第一次世界大戦のときとは異なり、会議派は、彼らに一言の相談もなく、インド総督が参戦を決定したことに抗議して諸州政府を総辞職し、同時に戦争の目的を明らかにせよ、と質した。

第二次世界大戦における連合軍側の戦争目的は一般に「大西洋憲章」において明らかにされたものを指している。これはチャーチル英首相とフランクリン・ローズヴェルト米大統領が一九四一年八月に大西洋で会談した結果表明されたもので、「自由を奪われた人びとに自由を回復すること」と誇らかに謳っていた。しかし、この憲章はインドには適用されない、とチャーチルは付言したのであった。

会議派のなかでもネルーは、イギリスが帝国主義を捨てれば連合国側を支持すると明言していたし、ガーンディーも疑いなく連合国側を支持していた。しかしながら、このイギリスの頑迷な態度は、会議派を戦争非協力へと追いやった。総辞職につづいて、一九四〇年十月からはガーンディー指導による個人的サティヤーグラハが開始される。ただこれはあくまで、「選ばれた個人による抵抗運動」であり、大衆化しないよう、この段階ではインド政庁との全面対決を避ける姿勢が注意深く採られていた。

第二次世界大戦におけるインドの戦略的位置は、第一次世界大戦と同様、大英帝国のアジアにおける防衛体制のなかで、兵士を供給し、軍需物資と資金を提供する、兵站《へいたん》基地の中心を占めるものである。一九四一年十二月に日・米が参戦して以降は、中国を後方支援する抗日戦の主要兵站基地として、アメリカから見てもインドの戦略的重要性はいっそう増加していった。

パンジャーブ地域は多くのインド軍兵士の出身地であるから、戦争協力姿勢をとる政治勢力が政権を維持することが、イギリスにとっては望ましい。しかし、一九三九年初頭以来、そこでも兵士募集に反対運動が起こるなど危険な兆候も見られたため、いっそうその親英姿勢の維持が求められた。インド政庁の態度に会議派離れが起こり、ムスリムへの譲歩と接近が顕著になり始めていたのである。

ムスリム連盟による「パキスタン決議」(一九四〇年三月二十二日)は、こうした背景のなかで採択されたものであった(決議が採択された地から「ラーホール決議」としても知られる)。それはインドのムスリムが、パキスタンという新たな国家を構成しうると宣言した最初の公的な機会となった。その骨子は、⑴インド亜大陸の北西部や東部のようなムスリム多住地域は、独立諸国家をつくるべく編成される、⑵その構成単位は、自治権と主権をもつ、の二つである。実際には、同決議のなかではパキスタンという言葉は使われていない。しかし、この宣言はインドとは分離した別国家＝パキスタンが成立する重要な第一歩となった。しかも、イギリスが早速「少数派が同意しない勢力に権力を移譲することはありえない」と約束した結果、ムスリム連盟が同意しないままでのインド独立はありえないことになったのである。実際、連盟をはじめとする非会議派勢力の支持こそ、このときのイギリスにとって大戦を乗り切る防波堤となっていたのである。

しかし一方で戦費はかさみ、スターリング債はすでにイギリスの債務となってロンドンに蓄積されつつあった。戦争開始時の一九三九年には約一八万人といわれたインド軍も終了時の四五年には二五〇万人近くにまで増強されていく。彼らのイギリスへの忠誠心が維持できるかどうかもまた、イギリスにとって心配の種であった。

「インドから出て行け」運動

大戦は二年を超えてもおさまらず、一九四一年十二月八日、日・米の参戦とともに、戦火はアジアにおいても一挙に拡大し、インドにも近づいてきた。緒戦において勢いのあった日本軍は、香港、フィリピン、インドネシア、マラヤをたちまち占領し、翌年二月にはイギリスのアジア最大の基地シンガポールを陥落させた。三月にはラングーンも陥落させ、五月にはビルマ(現ミャンマー)を席捲してインド国境に接近しつつあった。東南アジアで起こったようにインドでも、もしかするとイギリス軍は日本軍に敗北するかもしれない、と人びとは想像し始めていた。しかも、日本軍と一緒にインド国民軍《インディアン・ナショナル・アーミー》という一種の義勇軍が進軍している、という噂が広がり始めていた。

インド国民軍とは何か。それはインド人戦争捕虜や在日インド人を日本軍の援助のもとにインド独立のために闘う軍隊として結成したものである。その規模は、一九四二年初頭に公称ほぼ五万人といわれた。この指導者が三年前に会議派の議長であったスバース・チャンドラ・ボースであったことが軍の信頼性を高めていた。彼はインドの牢獄から仮釈放中にドイツに逃亡し、この部隊を指導するべく(四三年十月からはインド仮政府を樹立、政府の首班となる)、インドへ向けて地下放送をおこなっていた。この前後の会議派の秘密の委員会報告には「インド国民軍が日本軍とともにいるから、われわれは日本軍とは戦わない」という発言が記されている。

インドの戦争協力がはかばかしくないのを憂慮して、アメリカのローズヴェルトが介入に乗り出し、中国の蒋介石《しょうかいせき》も訪印して抗日戦への積極的参加を要請した。イギリスは事態の改善のために、一九四二年にクリップス使節をインドに派遣し、戦後の自治(ただし諸州がその自治領に参加しない権利も与える)を条件にインドの戦争協力をかちとろうとした。

このときのネルーは、ただちに独立を与えてくれれば連合国側に立って参戦する、という従来の立場を固守した。これまでになかったほど、反英的な態度に変わっていたのはガーンディーである。彼はイギリスがインドにとどまっているからインドと日本は戦わざるをえなくなる、としてイギリスにインドから出て行ってくれと強硬に要求した。ちなみに、彼の本心は、このすぐあとに委員会に提出される決議草案から見る限り、「独立を与えられたら、日本と講和する」というものであった。

結局クリップス側も、将来を約束しただけで、現在に関しては事実上何の譲歩もしなかったため、この英印交渉はまた決裂に終わった。決裂の結果会議派は、インド・ビルマ国境に迫っている日本軍を前に、八月九日からイギリスに対する抗議「インドから出て行け《クイット・インディア》」という大衆運動を開始したのであった。

この運動は、開始前すでにガーンディー、ネルーも含めて指導者が全員逮捕という異例の弾圧体制のなかで始まった。しかし運動はわずかに残った地下指導部によって、西はボンベイから、東はベンガルまで全インド的に広がった。各地での学生デモに始まり、鉄道・電信・電話線など交通・通信妨害を引き起こし、あるいは農民運動的色彩を帯びたもの、さらには対抗政権を設立したサターラー地方の活動まで、運動形態としても多様化していった。しかし、二万人余りの会議派党員は裁判なしに拘禁されたままであり、運動は厳しい弾圧のもとでしだいに鎮静化した。

インド国民軍は、一九四四年二月から日本軍のインパール作戦に参加し、インド・ビルマ国境を越えていったんはインパールにまで入った。しかし結局は戦線を保持できずに六月には日本軍とともにビルマからタイへと撤退していった。ボース自身はその後ソ連に向かおうとして、途中、四五年八月十八日、台北において飛行機事故で亡くなった。

第一次世界大戦において全面的に戦争協力したインドは、第二次世界大戦では、国内でイギリスに「インドから出て行け」運動をおこない、さらに英印軍の兵士たちの一部は、ついには敵であるはずの日本軍とともにインドに進軍するという、衝撃的な態度の変化を見せた。ただ、インド人内部の連帯という点から見ると、一九四二年の運動にはムスリム勢力が参加せず、距離を保ちつづけた事態が異様なほどめだつ。大衆運動においてさえ、共同行動ができなくなったという事実が、戦後のインドとパキスタンという二つの「国民」の境界となっていくのであった［長崎 1989］。

戦争の終結と分離独立

一九四五年八月十五日、第二次世界大戦は終結した。イギリスでは労働党が総選挙に勝ち、アトリー政権が誕生した。新政権のインド政策は戦中のクリップス提案を継承しつつ、交渉路線に戻った。インド政庁はまず、四五〜四六年に選挙を施行することとした。

選挙は意外な結果を生んだ。選挙の論点の一つに会議派がインド国民軍の裁判問題を選んだからである。この頃イギリスに降伏したインド国民軍の将校・兵士は、イギリス国王への反逆罪などで告発され、インド国民軍裁判がちょうどデリーで開始されようとしていた。そこで会議派は選挙運動中、インド国民軍将兵の無罪を訴えたのだった。選挙と並行し、ネルーはこの裁判に久方ぶりに弁護士として出廷した。民衆の多くも、インド国民軍将兵を愛国者として熱狂的に支持した。反裁判運動、将兵釈放運動は、一九四五年の十一月〜十二月頃、最高の盛上りを見せた。数十万のデモが各地で渦巻くその熱狂ぶりは、民衆にとどまらず、カルカッタでの空軍兵士のデモなど、インド軍にまで影響がおよび始めた。四六年二月、ボンベイ港においては、ついにインド海軍の反乱が勃発する。それは総計七八隻の軍艦、二〇の軍事施設、二万人の水兵が影響を受けるほどのインド海軍史上最大の反乱となった。インド支配の根幹は真に揺るぎ始めたのである。

ちなみに選挙の結果を見ると、会議派は予想通り、一般議席区の票の九〇％を獲得し、八州で州政権を確立して、圧倒的な勝利をおさめた。他方、劇的な変化を見せたのはムスリム票であった。一九三七年の惨敗と打って変わって、ムスリム議席区のすべてを獲得したのはムスリム連盟であり、連盟こそムスリムの利益を代表するというジンナーの公言を、四六年選挙は実証して見せたのであった。

イギリス政府に、新たな動きが始まるのは一九四五年十一月頃からである。その動きは閣僚使節団の派遣として具体化される。翌年三月、閣僚使節団は、権力移譲に関するこれまでなかった新しい具体案をインドにもたらした。閣僚使節団案とは、インドとパキスタンの統一連邦案であった。現在のインド、パキスタン、バングラデシュにほぼグループ分けされた諸州が、外交、防衛、通信・運輸を担当する統一政府をいただく連邦を構成しようとするものであった。さらに驚くべきことに、複雑な交渉の結果、会議派、ムスリム連盟ともにいったんはこれを受諾したのであった。従来の理解、とくにインド側の理解は、統一インドの独立を壊したのはムスリム連盟側である、というものであった。他方、印パ分離を望んだのは、むしろネルーら会議派側だというアーイシャ・ジャラールに代表される修正主義の理解が有力になりつつある[Jalal 1985]。連邦案が実現されるかに見えたのも束の間、七月には、ネルーがこれを事実上拒否することによって、あっけなくこの案は崩壊することになった。その原因は、ネルーら会議派左派が閣僚使節団案では、連邦政府の権限が弱すぎるのではないかと危惧し、むしろ社会主義的志向をもつ強い政府主導型国家を望んだこと、またインドの実業界も強力な中央政府を望んだからではないか、と推測されている。

こうして追いつめられたジンナーは、パキスタンを獲得するためにムスリムによる「直接行動」を一九四六年八月十六日に起こすことを提案した。「直接行動」はしかし、カルカッタをはじめとして、ベンガル、ビハール、パンジャーブにおいてヒンドゥー・ムスリムの大宗派紛争を引き起こしていった。カルカッタなどでは、むしろムスリムのほうに被害者が多かったといわれている。ガーンディーは殺し合いをおさめようと、ベンガル、ビハールをまわって孤独な努力をつづけた。同年九月にネルーを首班とする中間政府が組閣され、ムスリム連盟も十月には加わるが、これも紛争の解決には役立たず、「閣議」さえ円滑に機能しないことが明らかになっていった。

一方、イギリス首相アトリーはこうしたインドの混乱状態を前に、一九四七年二月、四八年六月までにイギリスはインドを去るという驚くべき声明を発した。三月に着任した最後の総督マウントバトンも、イギリス政府からの同じ指令を公表した（しかもまもなく、その期日はもっと早められ、同年八月十五日になった）。これまでイギリスは何度も「将来」インドに権力移譲すると約束しながら、それがいつなのか明らかにせず、インド側の不満をかってきた。だが今回は、はじめてその日程を決めて公表して見せている。それは権力移譲の意志の確かさを示し、事態の収拾をはかろうとした決意の表明ではあった。

だが、イギリスが権力移譲を急いだ理由はおそらくそれだけではなかった。じつはイギリスは戦勝国であるにもかかわらず、戦争のあいだにインドに対して莫大な負債をかかえていたのである。十九世紀後半に英領インドが成立して以来、対英負債をかかえてきたのはつねにインドである。その負債を帳消しにされることを恐れて、イギリスはインドを手放さなかったのである。だが、第二次世界大戦は長いあいだの債務関係を一挙に逆転させ、今度はイギリスが、一九四五年の時点で一三億ポンドという膨大な負債をインドに対してもつ債務国となったのだった。これはだれ一人予想しなかった事態であった。

それだけではない。イギリスはアメリカに対しても戦中に大きな負債を背負っており、戦後になってもイギリスの経済状態は悪化するばかりであった。一九四七年には燃料危機に始まり、輸出も急速に落ち込んで、前半だけでアメリカの戦後借款の半分を使ってしまうという最悪の事態となった。もはやイギリスはできるだけ早く権力を譲渡し、後継国家に秩序の維持を期待する以外に方法がなかったのである。

着任したマウントバトンの行動はすばやかった。最初に、それぞれの州に権力を移譲するという「バルカン計画」なるインド細分化案をネルーに示したが、これは拒否された。ついで印パの分割独立案をネルーらに示して受諾させた。こうしてムスリム多住地域は東西パキスタンとなり（一九七一年に東パキスタンはバングラデシュとして独立）、ヒンドゥー多住地域はインドに所属することが決定された。ベンガルもパンジャーブもこの原則に従って州が分割されることになった。

パンジャーブ・ベンガル分割の具体案を作成する任務を負わされたのは、シリル・ラドクリフというイギリスの法律家である。一九四七年七月八日にインドに到着した彼は、インドについてほとんど何の予備知識もない人物であった。にもかかわらず、会議派とムスリム連盟が指名した委員たちとともに「時代遅れの地図と明らかに不正確なセンサスに基づき」、五週間以内に分割案をつくり終えなければならなかった。分割裁定の発表は遅れ、その発表は印パ独立後の八月十七日であった。一方、藩王国については、それまでに多くの藩王国がインドに加わることを決定していた。

印パ分離独立は、パキスタンから難民となってインドに移動するヒンドゥーやシク教徒たち、インドからは、パキスタンへ移動するムスリムの難民たちの安全の問題を引き起こした。難民たちの移動にともなって、殺戮や略奪、家族の分割や誘拐など数え切れない悲劇が起こった。西パンジャーブからは、ヒンドゥーとシク教徒は一掃され、東パンジャーブからは、ムスリムがいなくなった。

八月末には、いったんおさまったかに見えたベンガルでも、ノーアカーリーなどで再び暴動の報告がもたらされた。八月三十一日、ガーンディーが選んだ村ベリヤーガートで、ヒンドゥーが一人殺されたと報告を受けたと思うと、たちまち報復の暴力がつづき、さらに九月一日未明には五〇人以上が死んだという報告がつづいた。その夜、ガーンディーは断食を決意した。「しかし、あなたの断食が、無頼どもの暴行にどうやって、対抗できるというのですか」と、ガーンディーの友人が聞いた。ガーンディーはつぎのように答えた。

私がカルカッタをおさめられたら、パンジャーブもおさめられるだろう。しかし、いま、私が失敗したら、暴動の業火は、たちまち、広がっていくだろう。私には、はっきりと見える、二、三の外国列強がわれわれに介入してきて、独立という、誕生したてのわれわれの夢が、短命のうちに消えてしまうのが。[Gandhi 1947:317]。

ガーンディーは九月一日に断食を開始した。驚くべきことに、翌日、暴動に関与したヒンドゥーやムスリムがやってきて、武器を差し出した。会議派やムスリム連盟のほか、さらにヒンドゥー・マハーサバーのこの地方での有力者らも含めて、有名政治家たちが派遣した代表団がやってきて、これ以上の暴力沙汰は起こさない、とガーンディーに確約した。こうして、四日、ガーンディーの断食は終わったのである。

いずれにせよ、祝われるべき印パの独立は、一方で「分割」にともなう多くの悲劇によって記憶されることになった。このときの犠牲者、とくに死者の数は、立場によってさまざまの説があるが、ざっと一〇〇万人といわれることが多いようである。

ヒンドゥー・ナショナリズムの変容

イギリス支配のもとで統一した地域であったインドが、二つの独立国に分割され、そのあいだには、これまでなかった国境が設定された。インドとパキスタンのあいだに生まれたこの国境という人工の境界こそ、独立の喜びをときにはかき消してしまうほどの悲劇を両国にもたらすことになった。

壁を突然つくったための矛盾が爆発したのは、二つの問題を通じてであった。一つは印パの新しい国境地帯に位置していたカシュミール藩王国の帰属問題である。この帰属問題は両国間についに戦闘を引き起こすほど激しいものとなった。その後もインドとパキスタンはこの地方をめぐって二度も戦争をしてもなお解決できず、カシュミールは両国の現在までつづく最大の係争問題となった。

二つ目は難民問題である。国境を越えた人の数は約一四五〇万人を数えたといわれる。難民の流出のあいだに暴行、殺戮、放火、誘拐、棄民などあらゆる悲劇が起こった。これらの事実は深い傷となって両国の人びとに突き刺さったまま残った。

民族奉仕団（RSS）はこうした難民などへの救済活動と同時にムスリムへの対抗活動でいちゃく名をあげたのである。

その活動を支えたのは、本来インドは一つであるべきだとする「統一インド《アーカンド・バーラト》」思想と、それを「裏切った」ムスリムへの怒りである。

ムスリムへの不信感が強まると、ムスリムとの共存を説いたガーンディーこそこの事態を生んだ元凶である、とガーンディーへの批判も高まっていく。RSSにかつて所属していたナトゥラーム・V・ゴードセーが一九四八年にガーンディーを暗殺したのは、ムスリムとの融和を説く存在こそ許してはならない、と彼を敵視したからであった。注目すべきは、対立を抹殺に変える暗殺者の論理である。「奴は敵だ、奴を殺せ」というカール・シュミット流の政治観からいけば、当然の結末だったかもしれない。インド民族運動の対立軸である「暴力」と「非暴力」はガーンディーの暗殺という象徴的な結果に終わった。別の見方をするなら、もはや彼らは「文化、社会の領域にとどまる」という自らの主張を捨て、政治の領域に登場してきたのであった［長崎 2004a：126–128］。ここには、独立運動期における多様性尊重型民主主義の限界が端的にあらわれているといえよう［近藤 2009：269–270］。

第二次世界大戦の勃発とともに、英印関係は大きく流動化した。パキスタン決議以降のムスリム連盟の動き、ボースに代表される国民会議派の一部の動きなどのなかで、ガーンディーはイギリスの弾圧に抗して独立路線を貫徹し、国民会議派主導の独立が実現した。しかし、ヒンドゥーとムスリムの対立をおさめることはできず、国境地帯における悲惨な対立が出現すると同時に、ヒンドゥー・ナショナリズムに共感する青年によるガーンディーの暗殺という結末を迎えることになった。非暴力への抗議をあらわすこの事件は、インド・ナショナリズムの本質が、非暴力運動から、権力をもつ国家へと変貌したことを象徴的に示したのである。

だが、非暴力運動による民主主義の伝統が消えたわけではない。一九五〇年一月二十六日に、独立国インドの新憲法が施行された。そこには、「カーストの絶滅」［Ambedkar 1989］を求めるアンベードカルの主張が盛り込まれていた。「運動から国家へ」という局面の転換のなかで、後進カースト、不可触民、その他のマイノリティ集団の声を反映させるための「運動」や「公共圏」が、選挙とともに、その後のインドの民主主義の歴史を支えていくことになる［田辺 2010：粟屋ほか編 2015：近藤 2015］。

長崎暢子

第五章　インド工業の発展　第一次世界大戦〜独立

両大戦間期のインド経済は、独立以降に本格化する輸入代替工業化の過程が徐々に開始された時期であるといってよいだろう。第一次世界大戦前後からイギリスの対インド経済政策の転換があった。イギリス帝国の軍事的理由やインドをめぐる国際競争の複雑化に加えて、何よりもインドの民族運動の要求を受けて、インドの一部の工業について関税による保護政策を認めるようになった。中国市場で日本綿工業によって駆逐されたインドの大規模綿工業は、イギリス製品と競合しながら、インド内部の市場を基礎に発展していった。鉄鋼業やそのほかの工業も輸入代替的な工業化を始めた。手工業や零細企業も、部分的で限定的であるが、復活と発展を遂げた。第二次世界大戦期にかけては、計画経済によるインド経済の発展という考え方も、イギリスやインドの上層部で具体的に構想されるようになった。世界的な農業不況と世界恐慌の影響を受けて、インドの農業は停滞をよぎなくされた。ベンガル地方などでは、農業労働者の賃金が顕著に下落するなど、下層階層の地位が下降する両極分化の傾向が見られたが、ほかの地域の農業構造は顕著な両極化の傾向を見せず、農業労働者賃金の水準が堅調に推移するなど、下層階層の自立性強化の動きが徐々に進行した。

1　財政自主権の獲得と選択的保護主義政策の成立

選択的保護主義政策の採用とその背景

第一次世界大戦以降、インドとイギリスの経済的関係は、重要な変化を見た。まず、大きな変化は、関税・財政政策にあらわれた。一九一九年のインド統治法によって、中央に二院制の立法議会が設立されるとともに、関税政策についてインド政庁と立法議会が合意した場合は、イギリス本国のインド担当大臣はそれに介入しないという、インドの財政自主権が成立した。財政自主権の付与にもかかわらずイギリス本国からの介入は実態的にはとまらなかったが、インド政庁が関税政策を立案・執行するにあたっては、立法議会をとおして表出されるインド内の企業家やその他の経済的利害、および民族運動の動向を考慮せざるをえないという状況をつくることになった。さらに、二一年には、インド財政委員会は、つぎの条件を満たす産業について、保護関税の設定を可能にする選択的な保護政策の採用を勧告した。インドが自然条件の面で優位をもっており、将来的には保護なしでも国際競争力をもちうるが、現時点では保護を与えることによってのみ成長が期待できる産業であることが、保護設定の条件であった。

一九二三年以降、関税委員会が設立され、保護関税設定の適否について勧告をおこなった。この委員会は、いくつかの産業については保護関税を拒否した。セメント、ガラス、毛織物などについては保護関税の設定を勧告したものの、政府がその採用を拒否した。しかし、二九年から三九年にかけて、鉄鋼、綿織物、養蚕、紙、砂糖、銀糸、塩化マグネシウム、重化学、マッチの九産業については、保護関税が設定されていった。これら個別産業に関する保護関税に加えて、二〇年代以降、逼迫する財政事情に対応して財政収入を確保するために一般輸入関税は順次引き上げられた結果、全般的な保護機能が生じ始めていた。

こうした、第一次世界大戦以降にいくつかの産業に対する保護政策や一部の工業を育成する政策がとられた背景には、いくつかの要因がある。第一に、イギリス側からみた軍事上の必要である。第一次世界大戦前から、イギリス帝国の軍事戦略上、インドにおいて軍需産業を育成する必要が指摘されており、インド軍需省も設立されて、軍需産業の育成に努め始めた[Dewey 1979]。のちに見るように、鉄鋼業への保護・育成政策も、鉄道の必要とともに、軍事上の必要にも対応するものだった。

第二に、インド市場をめぐる国際的な競争関係が複雑化したことである。十九世紀には、インドへの工業製品についてイギリスからの輸入品が優越していたが、第一次世界大戦以降は、ドイツや日本など後発工業国からの輸入品が浸透し始めた。ベルギーやドイツは鉄鋼の分野でインドへの進出を顕著に増大させ、綿製品の分野では日本製品の流入が急増した。こうした後発工業国の競争からインド市場を守るために、イギリスはイギリス製品に対しては特恵関税によって優遇しながら、インドの資本との協調関係をつくりつつ、イギリス製品の競争力の劣る分野では保護関税の設定を認める方針をとることもあった。

第三に、極めて重要な要因は、インドの民族運動の発展である。二十世紀初め以来のインド民族運動の拡大のなかで、スワデーシー(国産品愛用)の要求はしだいに強まった。のちに見るように、インド綿工業がインドの織物市場においてイギリス綿工業との競合関係を強めるに従って、インド産業を保護するための保護関税を求める要求も強まっていった。一九一九年統治法によって導入された中央立法議会の制度は、インド政庁の政策形成にインド民族運動の主張を反映させていく重要な機構となった。バスデーヴ・チャタジーの研究は、綿製品関税の引上げの多くが、インド民族運動の強い要求によってよぎなくされた事実を明らかにしている[Chatterji 1992]。

インド財政が関税収入への依存度を増大したこと自体、政府がインドにおける民族運動の拡大を危惧していたことと無関係ではない。十九世紀にもっとも重要であった地税は、財政収入に占める比率も農業生産量のなかで占める比率も十九世紀末以降低下してきた。第一次世界大戦以降に、インド財政の逼迫を地税の増徴によって補う方策はありえたが、それは土地所有者階層という植民地支配の社会的な同盟者をイギリス支配からいっそう遠ざける危険性があった。また、消費税のこれ以上の引上げは消費量の減退を招くことが予想されたため、インドのビジネス階層をイギリス支配の側に引き寄せる効果をも期待できる、関税引上げによる財政収入の確保という方策をとったのである[Dewey 1978:39]。

第四に、イギリスの政策立案に対する、ランカシャー綿工業をはじめとするイギリス輸出産業界の影響力の後退があることは確かであろう。しかし、その程度については、慎重な検討が必要である。イギリス資本主義を「ジェントルマン資本主義」と理解するP・J・ケインとA・G・ホプキンズは、イギリスのインドに対する政策にもっとも強い影響力を与えたのはシティーの金融的な利害で、綿工業などの製造業の影響力は第一次世界大戦以降いっそう低下していったという。彼らによれば、イギリスにとってのインドの金融的な必要性やインドの対外金融債務の履行を保障することが第一に重視された目標であった。この目的のために、インドの財政政策としては均衡財政の原則を厳格に適用させたことを指摘するとともに、さらに、インドの貿易収支の黒字を確保するために、ランカシャー製品の市場をインド内に確保するよりもインドからの輸出の促進が重視され、輸入関税とインド産業の保護・育成によって財政収入の増大がはかられたと主張する[ケイン/ホプキンズ 1997]。

たしかに、ケインとホプキンズが強調するように、インド財政の確立とそれによるイギリスへの送金を確実にすることは、イギリスの対インド経済政策で最終的には優先されたことは事実である。しかし、チャタジーの研究によれば、インド財政収入確保のためにインド政庁が関税の引上げを提案した多くの事例に対して、イギリス本国政府はイギリス綿工業の利害を守る観点から反対し、消費税などの引上げによる財源確保などを提案した。イギリス本国がインド関税引上げを承認したケースの多くは、引上げ拒否がインド内の民族運動を昂進させたり、ボイコット運動を刺激してランカシャー製品の市場をむしろ縮小させることを恐れた結果の判断であった。

一九三〇年代の日印会商においても、原棉などインド産品の輸出市場を日本に確保することを最優先課題として求めるインド政庁に対して、イギリス本国政府はランカシャー製品市場のインド内での確保を政策的に優先させるよう、インド政庁に指示をしている。「イギリスの政策はランカシャー製品の市場確保よりもインドの輸出を促進することを優先させた」というケインとホプキンズの見解は、十分な実証的根拠をもっているとはいえない。ランカシャー綿工業の影響力は、かつて財政難のなかでも完全自由貿易化をインドに実現させた十九世紀後半と比べれば大きく後退したが、第一次世界大戦以降もなお、対インド政策の立案に無視できない力をもっていた。また、インド鉄鋼業の保護関税の設定にあたっても、事実上の対イギリス特恵の導入によって、イギリス鉄鋼業の利害を強く保全する政策をとったことは、イギリスの製造業利害が重視されていたことを示唆している［Wagle 1981：柳澤 2001］。

イギリス・インド経済関係の再編成

しかし、世界経済およびインド経済の変動に対応して対インド経済関係を再編成しようという政策動向が、イギリスのなかに、一九三〇年以降しだいにあらわれてきた。第二章で見たように、大戦前の多角貿易と多角決済の構造においては、イギリスの対インド綿製品の輸出は、日本、アメリカ合衆国、ヨーロッパ大陸諸国などイギリス以外の諸国へのインドからの農産物・原料の輸出を媒介として、多角的に移転・決済されたが、二〇年代からの世界的な農業不況と世界恐慌がこの構造を深刻に動揺させた。農産物価格の下落と世界恐慌は、インドの輸出額を大幅に減少させ、輸出収入を減らしたインドはイギリスからの輸入も減少させた。貿易の縮小に加えて農業収入の低下も加わってインドの財政収入の確保が困難となり、インド・ルピーが下落する可能性も強まり、インドのイギリス本国に対する金融的義務の履行が困難な状態となった。

インドだけでなく、自治領諸国の財政収入の確保と輸出市場の確保、さらにイギリス製造業の市場の確保は、イギリスの帝国的必要でもあった。イギリスのなかには、それまでの自由貿易によって多角貿易構造を推進する方向から転換し、帝国特恵体制を強め、イギリス帝国間の補完関係を再編・強化してこの課題に対応しようという動向が強まった。一九三二年のオタワ協定は、イギリス帝国内諸国の輸出産品にイギリス市場を開放することで、これら対英債務国が本国に対する金融的義務を履行することが可能になる条件を提供するとともに、帝国内諸国へのイギリスからの工業製品輸出の増大をめざしたものといえよう。事実、オタワ協定以降、低下しつづけてきたインドの輸入に占めるイギリスのシェアは上昇し、他方インドの輸出に占めるイギリス市場の比重は増大し、イギリスはインド産品に対するもっとも安定的な市場となった。かつては巨大な赤字を記録していたインドの対英貿易収支は、すでにオタワ協定の少し前の時期から黒字になっていたが、同協定はその動向を促進した。こうして、三〇年代にはイギリス・インド間の直接的な補完関係が強まり、かつての世界的な多角決済・貿易の構造を媒介とした関係は極めて弱化していった[Chatterji 1992: Ch.2]。

イギリスからの対インド輸出の増大のなかでは、綿工業はそれ以前の減少速度を緩和した程度であったが、機械・輸送機械・化学など資本財や中間財産業の製品が特恵関税によって保護されてインドへの輸出を増大させることができた。イギリスのなかには、インドの一定の工業化の進展によってイギリスからの資本財の輸出増大が期待できると主張する者もあらわれている[Chatterji 1992: Ch.2]。のちに見るように、インドを計画的に工業化しようという考えは、インドのなかだけでなくイギリスのなかにも生じ始めていたのである。

2　輸出依存産業の停滞と輸入代替的工業化の開始

綿工業——インド内の大衆的市場に向けての発展

世界恐慌をはさむ両大戦間期に、世界の主要国が製造業の生産の停滞を体験したのとは対照的に、インドの製造業はかなり顕著に成長した。国際連盟による推計によれば、一九三六〜三七年における製造業生産の水準を一三年を一〇〇とした指標であらわせば、アメリカ一六六・六、イギリス一二一・五に対して、インドは二三〇・四であった。とくに成長が顕著であったのは近代的大工業部門であったが、手織業など手工業部門や零細経営部門においても、単純な衰退の道をたどることなく、部分的にせよ発展を示した。両大戦間期のインドは、独立以降に本格的に展開する輸入代替工業化の過程が実質的に開始する時期と見なすこともできる。

第二章で見たように、十九世紀後半に発展したインドの工場制綿工業は紡績生産が中心で、生産した紡績糸は、中国など海外の手織工とインド内部の手織工に主として供給された。しかし、インドに遅れて発展を開始した日本の紡績業は十九世紀末に向けて急速な発展を遂げ、中国市場への紡績糸の輸出を急増させた。そこに、中国内の紡績業の発展も加わって、中国市場におけるインドの紡績糸は強く圧迫を受け、二十世紀初頭以降、インド紡績糸は中国市場から駆逐されていった。中国市場向けの紡績糸生産に強く依存していたインドの綿工業、とくにボンベイ綿工業は、それまでの紡績糸の生産に特化してきた体制を転換し、生産した紡績糸を使って織布して、綿布としてインドの国内市場に供給することになった。第二章で述べたように、それまでのインド綿工業は紡績糸生産を中心としたため、綿布を中心にインド市場に輸出したイギリス綿工業とのインド市場をめぐる直接的な競争関係はあまり強くなかったが、二十世紀初めから国内市場向けの織布生産を急増させたインド綿工業は、イギリス綿工業とインド市場をめぐって全面的な競争関係に入ることになった。

一九一〇年代以降、インドの工場制綿工業による綿布生産の発展は顕著だった。一〇年から三八年のあいだにインドの工場製綿布の生産は約四倍に増大し、他方で輸入量は三割程度減少した。工場制綿工業の労働者数も、二五年の三七万人から三七年の五七万人へと増大した。二十世紀初めにはインドの工場製織物市場におけるインド綿工業製品の比率は二割程度にすぎず、イギリスからの輸入製品が圧倒的な比重を占めていたが、その後のインド綿工場の織物生産の拡大の結果、インド製の工場製品は二〇年代中頃には五割を超え、三〇年代後半には八割を超えて、工場制綿工業における輸入代替化を達成した[India 1924, 1937]。

この過程でイギリス綿製品の輸入が減少したことはいうまでもないが、その減少を加速したのは、日本製の綿製品のインドへの流入であった。第二章で見たようにインド綿工業は、短繊維であるインド産の棉花を主として使用していたために、低番手の太糸を使った粗布の織物を主として販売した。ところが、イギリスから輸入される綿製品の中心は、より細い中・高番手品であった。インド綿工業も長繊維棉花の輸入などによってしだいに番手をあげて、イギリス綿織物と競合を強めてイギリス製品をインド市場から駆逐しつつあったが、一九三〇年代になると、インド棉花(短繊維)とアメリカ棉花(長繊維)を混綿して中番手品や色物など加工度の高い織物を生産していた日本製品がインド内に大量に輸入されて、イギリス製品への特恵関税の存在にもかかわらず、イギリス製品のインド市場からの後退を加速した。国内に機械産業を欠いていたために紡績機や織機をイギリスから輸入しなくてはならなかったインドと異なって、日本の綿工業はイギリス製よりも効率のよい国内産の織機を使い、長時間労働と安価な労働賃金を結びつけて、インド市場に安価な綿製品を輸出した。インド市場をめぐって、インド・イギリス・日本の三国の綿工業が複雑な競合関係をつくったのである。二〇年代の末から本格的に導入される綿関係の保護関税は、対イギリス特恵と一体になって導入されるが、その一部には、インド綿工業とランカシャー綿工業との連携をはかりつつ、日本製綿製品のインド市場への流入を阻止するという意図も込められていた。

こうして綿工業に関する政策の一部には、インドとイギリスの綿工業の連携をはかりつつ日本綿製品の流入に対抗するという側面をもっていたことは確かであるが、イギリス綿工業の市場を奪いながらのインド工場制綿工業の発展は、インドにおける民族運動の発展や人びとの民族意識の強化によって強く促進されてきたことを確認したい。前述したように、綿織物関税の引上げの多くは、保護関税の設定と強化を要求するインド民族運動への配慮からなされた。さらに、イギリス製品のボイコット運動がイギリス製品のインド内での売上げに大きな影響を与えていることを、インド政庁はイギリスに報告している。つまり、イギリス綿製品は、インド民族運動の影響を受けつつ、インドのみならず日本の綿製品との競合に勝つことができず、対イギリス特恵関税制度にもかかわらずインド市場から撤退をよぎなくされたのである。

鉄鋼業——政府需要中心の輸入代替化

インドにおいて近代的な製鉄業を創設する試みは、十八世紀末から始まっているが成功しなかった。十九世紀後半には鉄道の敷設によって鉄への需要は増大したが、ほとんどの銑鉄と鉄鋼は海外輸入に依存する体制がつづいた。ベンガル鉄鋼会社が一八八九年に設立されて銑鉄の生産をおこなったが、生産コストが高くあまり成功しなかった。同社は鉄鋼生産も試みたが、一九〇六年に閉鎖された。

インドにおける本格的な鉄鋼業の発展は、一九〇七年に設立されたターター鉄鋼会社（TISCO）によって開始された。ボンベイ（現ムンバイー）などで綿工場を設立して成功したJ・N・ターターは、政府による鉄道レール用鉄鋼の購入の約束など、計画段階から政府の支援を取りつける一方で、国産品愛用（スワデーシー）運動が高揚するなかでインド内の八〇〇〇人の投資家から資金を集めることができた。一万トンの鉄鋼製造能力で出発した同社は、三〇年代後半には七〇万トンを超えるまで生産を拡大した。一三〜一四年には、インドの国内鉄鋼消費のほとんどは輸入製品で、TISCO製品はわずか四％にすぎなかったが、二六年にはTISCO製品のシェアが三〇％に、三三〜三四年には六六％にと、輸入代替の過程を進めた。三六年以降は、マイソール鉄鋼会社による鉄鋼生産も加わって国産品の比率はさらに上昇し、三八〜三九年には国内産の鋼《はがね》が七三％のシェアを占めるにいたり、輸入代替の大きな進展を見ることとなった。

この輸入代替を支えたのは、政府による優先買付けとともに保護関税の設定であった。保護関税の設定は一九二四年におこなわれ、その後も引上げがおこなわれた。その際に、イギリス製の鉄鋼とヨーロッパ大陸の製品との品質上の差異を根拠にして、事実上の対イギリス特恵関税の制度が導入された。TISCOは、ヨーロッパ大陸の製品ともっとも競合関係が強かったから、その製品からの競争に対する十分な保護を得ることによって、インド市場におけるシェアを拡大することができた。

ベルギーなどの大陸ヨーロッパ諸国からの鉄鋼輸入の増大は、こうした政府のインド鉄鋼業保護政策をもたらした重要な要因である。レールや政府買付けの分野においてはイギリス製鉄鋼製品の比率が高かったが、それ以外の民間部門の購入分野ではイギリス鉄鋼業製品のシェアは一九一一〜一二年の時点で五分の一程度で、その後二〇年代にはいっそう低下した。事実上の対イギリス特恵を含む鉄鋼業への保護関税の設定は、こうして増大するヨーロッパ大陸製の鉄鋼の輸入を減少させようとする意図をもつものだった。さらに、イギリス製品がなお優越していた政府買付けや鉄道レールの分野で、TISCO製品の優先買付けを政府が約束したことが示すように、政府のインド鉄鋼業保護の背景には、スエズ以東のアジアにイギリスの統制下での鉄鋼生産拠点を必要としたという軍事的な理由もあった。さらに、綿工業の場合と同様に、民族運動の拡大も保護関税設定の背景として無視できないことが指摘されている[Bagchi 1972:300-303]。

政府買付けなどの方法でインド鉄鋼業の育成をはかった政府の政策意図に対応して、鉄道のレール、軍需、道路・橋の建設など政府関係の需要がTISCOの主要な市場で、機械産業からの需要は小さかった。第二章で述べたようなインド内での工場制綿工業やジュート(黄麻)産業の発展にもかかわらず、繊維機械産業には政府による保護は与えられず、紡績機や織機などのインド内での生産は未発展の状態にとどまり、イギリスからの輸入に依存していたのである。国内で織機の生産に成功した日本の場合とは異なっていた。インドでは第一次世界大戦中およびそれ以降に、機械産業の発展はあったが、それらは汽車や車輌など鉄道関係や公共事業関係、鋳鋼《ちゅうこう》、エナメル線、ブリキなどのTISCOの関連生産部門が主体で、一般機械生産の発展は極めて脆弱であった。

こうして、独立前のインドの産業構造では、綿工業など消費財生産については、必要とする機械・設備など資本財を宗主国たるイギリスから輸入する一方で、インド内の鉄鋼業など重工業部門は消費財産業向けの機械・生産財生産としての機能をもたず、鉄道需要や軍需、政府需要という植民地的な政治・経済構造に直結した性格をもつものであった。独立前のインド経済は、国内の消費財生産部門と重工業部門とが産業的に断絶しているという、植民地的な奇形性をもっていたことを示している。

ジュート産業——輸出依存型産業の停滞

インド国内市場を基盤に拡大した綿工業や鉄鋼業と異なって、海外市場向けの輸出産業として発展してきたジュート工業の場合、世界恐慌後の世界経済の後退の影響を受けて、両大戦間期は停滞の時代であった。ジュート産業は、第一次世界大戦中には戦時需要の増大によって大きな利益を獲得したが、一九二九年の世界恐慌以降は、世界的な農産物取引の低下にともなって、主として農産物の輸送用として使用されてきたジュート製品への需要も激減した。ジュート製品のインドからの輸出は、二八～二九年の五億六九〇〇万ルピーから三四～三五年には二億一五〇〇万ルピーへと半減し、二〇年代末には三四万人まで増大した同工業従事者数は、三〇年代半ばには二六万人に減った。

需要の減少に対して、インド・ジュート工場協会は、生産過剰を阻止するために、政府による労働時間規制の法制化の方法を追求した。しかし、問題は、需要の減少だけではなかった。この産業が、紙袋などジュート袋への代替製品の出現への対応が不十分だったことや機械の更新・改良も遅れたことなど、ジュート産業の経営的技術的な停滞も指摘されていた。インドのジュート産業が世界のジュート需要に対して寡占的な供給者の地位を享受してきたことが、同産業の経営的技術的な停滞の背景として指摘できるであろう。

製糖業・マッチ製造業・製紙業・セメント――国内市場での輸入代替と発展

保護関税の設定によって急速な発展を見たインド市場向けの工業は、製糖業とマッチ製造業である。インドは、十九世紀半ばまでは砂糖の大量輸出国であったが、砂糖貿易の自由化によって海外からの砂糖輸入が増大し、とくに十九世紀末以降急増した。ジャワなど海外の砂糖産業は政府の支援を受けて発展したが、インドではそうした政府支援はほとんどなかった。一九二〇年には砂糖委員会の勧告も提出されたが、政府はほとんどその勧告を実行せず、三一年までのインド内の製糖業の発展は遅々たるものであった。しかし、世界恐慌の進展は、政府の政策の大きな転換を促した。インド製糖業の発展を促進しないと耕作者への打撃が大きいという警告を受けたインド政庁は、インド関税委員会に付託し、委員会の勧告に従って三二年に、従価一八五％程度の保護関税を設定するにいたった。保護関税の効果はすぐにあらわれた。三〇～三一年から三三～三四年のあいだに、白糖の輸入は激減し、逆にインド内の工場による砂糖生産は二倍半に増大し、三六～三七年には、純輸出国となった。砂糖生産は、こうして保護関税の効果によって輸入代替を達成したが、その国内消費は輸入代替の域を超えては増大せず、三〇年代の後半には過剰生産の結果、砂糖価格の下落をもたらす状態となった。州政府は、農民収入を維持するために、砂糖販売に介入し、四二年にはインド政庁も砂糖販売の価格・分配政策に乗り出し、砂糖の配給制度を設立するにいたった。独立以降も維持される配給制度がすでに導入されていることは興味深い。

一九二二年の輸入マッチへの高率関税の導入以前にもマッチ製造工場設立の試みが十九世紀末からおこなわれたが、成功した企業は少なかった。大きな影響を与えたのは二二年の輸入関税引上げで、これによって従価一〇〇～二〇〇％に相当する高い水準の関税が設定され、二八年には保護関税も設定された。この結果、多くのマッチ製造工場が設立された。インドのマッチ消費は、世界全体の消費の約一〇分の一を占める巨大市場で、かつ増大の過程にあった。二六年に、インド内の工場が国内消費の六割以上を供給し、残りは輸入していた。しかし、この巨大なインド市場の大半のシェアを握ったインド内のマッチ製造者は、インド人資本家ではなく、スウェーデン系の資本による、西部インドマッチ会社(ＷＩＭＣＯ)であった。二二年以前にはインドへの最大のマッチ輸出国であったスウェーデンは、インドの輸入関税の引上げ以降は、インド内に工場を設立するかたちで進出し、インド内の生産の八割を生産するなどインド市場を掌握しつづけた。インド内のＷＩＭＣＯによる競争のために、ある程度の規模のインド人マッチ製造業者でこの競争に耐えることができた者は多くはなかった。五三年にいたっても、ＷＩＭＣＯ工場はインド需要の七三％を生産し、残りは一五四の小規模インド人企業が生産していた。

製紙・パルプ製造業の場合、十九世紀には、安価な木材パルプを原料とするヨーロッパ製紙業からの輸入紙のシェアが大きかった。一八八〇年代からはインド政庁は国内産紙の買付け方針を採用し、それによって助けられて、インド内にはいくつかのヨーロッパ系の製紙工場が存在していた。第一次世界大戦後、インド政庁は製紙生産への保護を拡大した。インド内工場の生産は増大したものの、増大したのはほとんどが保護された種類の紙にとどまり、輸入も拡大したから、インド需要の大半を占める輸入紙のシェアに大きな変化は生じなかった。インドの製紙工場は、増大する需要に比例した増大にとどまり、輸入代替をすることはできなかった。その最大の理由は、インドのなかで十分な木材パルプの供給が得られなかったためだった。一九三〇年代後半にいたって、竹パルプの改良が進み、政府の保護もあって、インド内の紙生産は四〇年前後には三〇年の二倍程度の生産量を達成し、輸入を凌駕することができた。この産業における輸入代替の実現には、こうして、政府の保護に加えて、技術的な改良による原料問題の解決が必要だった。

輸入代替化が早期に実現したのは、輸送コストの高いセメントの場合である。インドのポートランド・セメントへの需要は、一九一〇年代から三〇年代のあいだに七倍程度になるなど、その需要は顕著に増大した。インド内の工場は、二〇年代初めですでに国内消費の五七％を供給し、三七〜三八年頃には九五％を供給するようになっていた。

国内市場志向の工業化と計画経済への道

両大戦間期に、インド経済に占める海外貿易の重要性は低下していった。インドの純国内生産に対する輸出の比率は、一九二五年には一一・一%であったが、その後、三〇年に八・六%、三四年に六・九%、四〇年には六・八%へと低下傾向にあり、同じく輸入の比率も、それぞれ六・八%、六・六%、六・〇%、五・四%へと、ゆっくりであるが低下した[Kumar ed. 1983:839;Sivasubramonian 2000:366-368]。以上見たように、両大戦間期の世界経済の停滞や縮小の影響のもとで、ジュート工業のような海外市場依存型の工業は停滞と衰退の傾向を示す一方で、綿工業・マッチ工業・製糖業のような国内の日常消費財市場を対象とする工業は大きく発展した。こうした国内市場向けの工業の発展には、選択的保護関税制度の導入など、インド産業保護政策による輸入代替が重要な役割をはたしたことは前述のとおりであるが、いくつかの産業においては輸入代替の程度を超えて国内生産の発展を遂げている。S・シヴァスブラモニアンの推計によれば、インドの純国内生産は二〇年から四〇年のあいだに三七%増大しており、インド経済は、海外市場への依存度を低下させつつ、国内市場を中心に拡大する国民経済の形成の過程が進行していたといえよう[Sivasubramonian 2000]。輸入代替工業化政策による国民経済の建設という独立以降に本格的に進行する過程が、両大戦間期に部分的であるが進められていたといってよい。そのなかで、消費財生産部門のなかでは輸入代替化が大きく進展したが、生産財生産部門では、植民地支配と関連した政府需要に直結する部門のみが発展し、機械産業など消費財生産部門と結合した資本財生産の本格的発展は、独立以降の国家主導の全面的な輸入代替工業化政策のもとではじめて達成されることになる。

こうして、両大戦間期は独立以降のインド経済発展の形態が部分的にせよ進行した時期といってよいが、経済政策のうえでも、国家による主導・統制のもとで計画経済によって国民経済を建設するという独立以降の政策への移行過程でもあった。すでに二十世紀初頭からゴーパール・K・ゴーカレーなどは、政府がレッセ・フェール政策をとるのでなく経済計画を立てて経済の発展を促進すべきだという考えを主張していたが、一九三〇年代に入ると、インド政庁のイギリス人高官のあいだでも、経済計画の必要性が真剣に討議されるようになった。インド総督府の財務官であったジョージ・シュスターは、インド人企業家をも含めた「経済諮問委員会」の設立などの構想を検討し始めた。その背景には、イギリス本国の経済思想や政策において経済活動への政府の積極的な関与を主張するケインズなどの考えが影響力をもち始めたという事情があるが、不況の深刻化するインド国内における農民や労働者の運動の進展や民族運動の拡大がいっそう重要な要因であった。インドのビジネス階層がインド国民会議派との連携を強め、若いインド人指導者層が計画経済によって急速な経済発展に成功したソ連を模範として見始めていたことも、危機感を強める要因であった。こうして、植民地政府の高官のあいだでは、政府がイニシアティヴをとってインドの経済計画のための機関をつくる必要があるという考えをめぐって合意が形成されていた[Chattopadhyay 1987: PE19–PE29]。

計画経済への構想は、第二次世界大戦が開始すると急速に具体化し始めた。国民会議派は、ジャワーハルラール・ネルーを議長とする国家計画委員会を一九三八年に発足させた。インドの大企業家層は、国家による規制が予想される「主要産業」を重工業や化学工業などに限定する案を作成するなど、計画経済の構想を進めた。他方で、インドのビジネス階層は、大戦後のイギリスからの機械・資本財や技術の輸入を求めて、イギリス工業界との協力関係をつくろうと試みた。イギリス側も、アメリカの進出からインド市場を守るためにも、戦後のインドの工業化に積極的に協力・関与する政策に傾いていった。その際、インドのビジネス階層が構想していた、国家統制を受けつつ経済建設をおこなうという考えは、国家による急速な工業化への援助と促進をめざした政策として、イギリスも十分に受け入れることが可能なものであった。第二次世界大戦に組み込まれたインド経済では、戦争需要への物資供給の確保のために、政府は多くの物資の生産・流通の規制や輸入統制をおこなった。この戦時経済統制から、独立インドにおける「ライセンス・ラージ」(許認可体制)は、多くのものを引き継いでいるのである[Hasan and Nakazato eds. 2001: Ch.8]。

3　手工業の新たな局面と零細・中小工業の形成

インド内の工場製織物業と手織業の競合

両大戦間期のインドは、大規模工場制工業の分野にとどまらず、伝統的手工業や中小零細工業の面でも注目すべき変化が生じた時期であった。

第二章で見たように、十九世紀に激化したイギリス製品との競合に対して、インドの手織業は主として低番手化で対応して生き残ることができたが、二十世紀初め以降はインド内の工場制織物業との競争に直面することになった。前述のように中国市場に多くの紡績糸を輸出していたボンベイなどのインドの大規模綿工業は、中国市場から駆逐されて、インドの国内市場向けの織物生産を本格的に開始した。この変化は、インドの工場制綿工業が、一方でイギリス綿工業の製品と競合を強める過程であると同時に、インド内の織物市場で手織生産との本格的な競合関係を形成する過程でもあった。とくに、インドの工場製の紡績糸は低番手から中番手の糸で、それを原糸とした工場制の織物も粗布が中心となったため、農村部で日常的に使用されてきた手織りの粗布と競合することになった。

同一村落について一九一六年と三六年に調査がおこなわれた、南インドのいくつかの村落の場合、その二回の調査のあいだに農村部の手織工の数はかなり減少した。工場製織物との競合によって農村部の手織工が大きな打撃を受けたことは間違いない。しかし、注目すべきことは、手織工全体が衰退したわけではないことである。すでに第二章で指摘したことであるが、〇一年から三九年のあいだに、手織の方法による織物の生産は増大した。三〇年代になると、価額のうえではインド全体の織物市場の半分を手織など小規模生産者の製品が占めるようになり、三〇年代にはその比率が上昇した。

工場製の織物との競争に対して、手織工は大きくつぎの二つの方法で対応することが多かった。一つは、第二章でティルタンカル・ロイの研究として紹介したように、より細糸のもの、絹・人絹など非綿糸の製品、金糸、縁取りのあるもの、高級品や高価格品など、手織品が工場品に対して十分に競争できる製品の生産に重点を移したことである。高級品の生産は、絹織物、金糸を織り込んだ錦織など、小規模生産に適した分野であり、工場の大規模生産に対抗できたのである。もう一つの選択肢は、大規模工場よりも糸の番手が低い太糸を使って粗布を生産することで、その方法で工場との競争に耐えた手織工も少なくなかった。

工場との競争関係が強まるなかで、手織生産の経営のあり方も変化した。それまでは、近隣社会の需要に応じて多様な織物をつくっていたが、しだいにそれぞれの地域の手織物生産の中心地が特殊な種類の織物の生産に特化し、遠隔地の市場に送るようになった[柳沢 1971・72:Stein and Subrahmanyam eds. 1996:180]。手織品への需要は、地域や階層によって異なり、季節によっても変化する。こうした特性も、小規模資本で適応力の高い手織生産に適合的で、固定的な機械体系をもつ大規模工場の大量生産は、その需要に十分に対応できなかった。

手織生産を支える社会変動と衣習慣の変化

こうして手織生産の一部は、工場製品よりも有利と思われる高級品や特殊な製品の生産に移行することで、日常品における工場との競争に対応したが、手織生産者の多くがこの特殊な分野に集中した場合は、過剰生産に陥るだけであろう。したがって、そうした生産者側の変化を支えた、需要側の変化を検討する必要がある。この点では、まず、インドの織物消費全体が、ゆるやかに増大したことをあげる必要がある。第二章で述べたように、マイケル・トゥーミィの推計では、インドの一人当りの綿布消費は、一八八〇年の一一ヤードから一九一三年の一五ヤードへ、さらに三〇年には一七ヤードに漸増している[Twomey 1983]。B・R・トムリンソンの推計では、一人当りの綿織物の消費は、二〇年から三八年のあいだに三割程度増大した[Tomlinson 1979:35]。さらに、人口が増加したから、インド全体の綿織物消費の拡大があったことは間違いない。

こうした量的な増大に加えて、需要の質の変化もいっそう重要である。手織生産に適した種類の織物への需要の増大があったのである。二十世紀に入ってからは、南インドの例をとれば、織物消費はつぎの二つの方向をとった。一つは、西洋化といってよいような変化である。例えば、ターバンの着用が減って帽子をかぶることが増えたり、アンガヴェーシュトラムという男性用の肩掛けに代わってシャツを着るようになるなどである。こうした変化は、手織製品への需要を減らすものといってよく、例えばターバンをつくっていた手織工は打撃を受けた。

もう一つの変化は、逆に手織品への需要を増やすような衣習慣の拡大である。例えば、サリーの下にブラウスを着ける習慣が若い女性のあいだで拡大したが、このブラウスは、手織品の布地を縫製してつくるため、手織業にとっては重要な新たな需要となる。いっそう重要なことは、十九世紀に見られたようなカーストや社会階層と衣習慣との関係が変化し始めたことだった。例えば、バラモン層の衣習慣が非バラモンの富裕層にも拡大して、絹織物などの高級手織品への需要が増大することとなった。さらに大きな影響をもたらしたのは、農村の貧困層や下層階層での衣服の変化が生じつつあったことだった。例えば、上層カーストの力の強かった南インドのタンジャーヴール地方の場合、被差別カーストの女性は、働くときには膝より下と上半身を衣服で覆うことは許されなかった。そのほかにも、髪に飾りをつけることも、履物を履くことにも制限があった。下層カーストのこうした衣服の状況は、この階層の経済的な貧しさによるだけでなく、カーストなどの社会的な制限があったのである。実際に、南インドでは下層カーストの女性が胸を衣服で覆ったことを上層カーストが攻撃するなどの事例が起こっていた。しかし、こうした制限は、二十世紀半ばにかけて崩れていった。一九五〇年代には、この地方でもバラモン地主の前で、被差別カーストの女性労働者は上半身をサリーで覆って農業労働をおこなっている写真がある。さらに、下層民のあいだでも、結婚式などの儀式用のサリーなどを購入することが広がっていった。経済力のない彼ら、彼女らが購入したのは、高価な絹サリーではなく、絹に似た艶のある人造絹糸や艶出糸を使った、安価な手織の儀式用サリーであった。人口規模の大きな下層階層による、こうした手織品への需要の増大は、市場への影響が大きく、セーラム市などの手織業の発展につながった。つまり、カーストと衣服との関係が変わり、下層階層の衣服に関する社会的な規制が弱まることで、手織品への需要の増大となったのである。

こうした下層民内の衣服の変化の背景には、第二章で述べたような、十九世紀末から進行したカースト間や階層間の関係の変化があった。海外のプランテーションなどへの出稼ぎを始めた被差別カーストの農業労働者たちは、村外の代替的な雇用機会の出現によって、しだいに村内の上層カーストの有力者層から自立しようとする志向を強め、少しずつではあるが、上位カーストが下位のカーストの行動を規制する力も弱まっていった。衣服以外の消費生活の面でも変化が生じつつあった。それまではバラモンだけが飲んでいたコーヒーを労働者たちが飲み始めたり、「雑穀」のみを食べていた下層階層が米を食べ始めたり、また、安価なタバコであるビーリー消費を増やしたりと、食や嗜好品の多様化もあらわれた。下層民の衣服の変化もその一環で、下層民や下位カーストの人びとの自立性と発言力が強まることで、旧来のカースト秩序が少しずつ揺らいだ結果、手織品への大衆的な需要が拡大されて、手織業が生き残り発展する基盤の重要な一つになったのである[Roy ed. 1996:242-273;柳澤 1992]。

こうした手織品への嗜好の形成の面で、ナショナリズム運動も影響を与えている。モーハンダース・カラムチャンド・ガーンディーは衣服習慣の西洋化の動向に抗して、村落の貧困民の衣服や手紡ぎ糸を使った手織布《カーディー》の使用を推奨し、教育を受けた上層階層はカーディーを使用するようになった[Tarlo 1996]。

技術と経営の変化

こうした需要側の変化に加えて、手織業における技術的な革新も、生残りに重要な役割をはたした。それまでの投梭《とうひ》に代わって飛梭《とびひ》が普及することによって、織る速度は二倍程度速くなった。多くの労働力を要した縦糸の準備工程も、専門工場によって準備されることが増えた。これらの革新は、以前に比べて、手織品生産のコストを引き下げる効果があった。

さらに、経営のあり方も変化した。前述したように、十九世紀後半以降に発展したインド内の大規模紡績工場によって生産された機械製紡績糸が手紡ぎ糸に代替していった。今まで、近辺の農村で紡がれた手紡ぎ糸を使用して織布をしていた手織工は、遠隔地の紡績工場で生産された紡績糸を商人をとおして購入するようになった。他方で、手織工の製品も日常品から遠隔地の市場向けの特殊なものになった結果、手織工は原料の購入においても製品の販売においても商人に依存するようになった。その結果、商人が織物工に織機を貸与して、織物工には工賃を払うという、問屋制的な関係が広まった[柳沢 1971・72:Stein and Subrahmanyam eds. 1996:Ch.8]。織物工カーストの富裕層のなかからは問屋制商人(織元)の役割をはたす者もでてきた。織元に従属するようになった手織工の収入は下降や停滞したが、織元の手元には資本が蓄積されるようになってきた[Roy 1999]。

西部インドや南インドでは、資本を蓄積した織元のなかから、数人から十数人の織物工を一つの作業場に集めて、小規模な手織物工場を経営する者もでてきた。その点で有名なのは西部インドのショーラープル市で、一九二〇年代から三〇年代に、徐々に拡大する電力供給とも関連して、動力織機を導入した「パワールーム」工場もでてきた。ロイは、こうした手織業における小さな資本家が形成されたことが、手織業における技術改良を大きく推進したという。

中小工業・企業の形成

第一次世界大戦以降には、織物業以外でも、小規模企業のある程度の発展が南インドなどで見られた。それらの多くは国内市場向けで、手織業の場合と同様に、下層階層を含めた大衆的な消費パターンの変化によって刺激されて発展したものが多かった。その顕著な例は、ライス・ミル(精米所)である。南インドでは米は上層階層が主として消費していたが、二十世紀初めから下層階層による米の消費が少しずつ増大した。彼ら下層階層が消費する米は、収穫後一度加熱して乾燥させて、食べる前に籾摺《もみす》りをして調理をする「パーボイルド・ライス」だった。南インドのライス・ミルは、主としてパーボイルド・ライスづくりや村内の籾摺りなどをおこなって、米の消費を拡大していた都市の労働者階層や農村の下層階層向けの供給やサーヴィスをおこなっていたと思われる。また、安価なタバコであるビーリーを製造する零細な企業が叢生したが、これも、下層階層のビーリー消費が増大したためである。前述のように織物消費のパターンの変化によって手織生産が増大したが、それにともなって南インドの小規模な繰綿《くりわた》工場が増大した。また、小規模搾油工場の叢生も、消費の変動と関係がある。十九世紀末以降、南インドでは輸出向けの落花生の栽培が急増した。第一次世界大戦の時期には、その輸出は不振に陥ったが、逆に国内消費が増大し、大戦以降も増産された落花生の大半がインド内で食用油として消費されるようになった。落花生油は、ゴマ油などに比べて安価な油で、この油の国内消費の増大は下層階層による食用油の消費の拡大を示している。

また、カルカッタ(現コルカタ)などベンガル地方が重要な生産地である、メリヤス工場の発展も顕著であった。当初、日本から輸入された安価なメリヤス製品がインド国内に市場を広げていたが、そのうちにインド内のメリヤス工場が叢生して、都市労働者や農村の農民・労働者などの広い階層の市場向けに、メリヤスのシャツなどを供給するようになった。前述のマッチ製造や製糖業にも、非常に多くの中小・零細工場が含まれていた。それらの産業も、農村市場を含めた多様な階層からの需要に支えられて発展していた。

4　農業・農村社会の変容

農業生産の変動

第二章で述べたように、第一次世界大戦期までのインド全体の農業生産は、作付面積においても面積当り収量においても増大傾向を示していたし、人口一人当りの食糧生産量も一部の地域を除いて増大してきたが、第一次世界大戦期を境に停滞、あるいは後退の兆候を示し始めた。ジョージ・ブリンによれば、英領インドにおける食糧生産の成長率は、前半期の〇・六一％から〇・〇三％に大幅に低下してほとんど停滞状況となった。他方、この時期に人口成長率は一・一二％と前期に比して極めて大きくなり、人口一人当りの食糧生産の大きさは大幅に低下することになった[Blyn 1966:99]。もっともこの間に食糧作物以外の作付けがかなり増大したことも事実であるが、食糧作物以外の作物を含めた全農業生産に関してみても、その成長率は前期の成長率からは大幅に低下し、人口増大率をかなり下回った。一人当りの農業生産は、植民地インドの最後の二〇年間は大幅に低下したのである[Blyn 1966:119]。

この時期の農業生産の停滞は、一九二〇年代半ばから始まる世界的な農業生産物価格の下落傾向、とくに二九年の恐慌を契機とする世界的な農産物需要の激減や価格の崩落と密接に関連をもっていると推定される。第二章で述べたように、インドの農業生産は十九世紀後半以降、世界市場との結付きを深めていった。世界市場の拡大期には農業生産は刺激を受けて拡大を遂げたが、二〇年以降の世界農産物不況と世界恐慌の打撃を受けて、農業生産が停滞と後退の状況に陥ったことは間違いない。

ジュートおよびジュート産業が海外市場に依存していたため、ジュート作付面積は、一九三〇年をピークに翌年には半分近くに減少し、三〇年の水準に戻るには四〇年まで待たなくてはならなかった。これが、ジュート作付けの大半を占めたベンガル地方の農業生産および経済全体への打撃となったことは間違いないだろう。海外市場にほとんど依存したジュートに比べて、やはり重要な非食糧作物であった棉花や落花生に関しては、前述のように二〇年代以降インド国内産業による需要の拡大が見られたため、作付面積は維持されるかいっそうの拡大を見ることになった。また、サトウキビの作付けも三〇年代に入って顕著な拡大を示して、製糖業への保護関税の成果をあらわしている[Sivasubramonian 2000:151-156]。

世界市場の影響は、しかし、輸出と関連した農産物に限定されなかった。例えば国内市場がほとんどであった米の価格も、一九二九年以降大幅に下落し、マドラス地方などではほぼ半減した。この農産物価格の下落が井戸への投資などの農業投資を制約して、農業生産の拡大を妨げる働きをしたであろうことは想像に難くない。南インドのタミル諸県の場合は、一八九一～九二年から一九二二～二三年の期間には、井戸灌漑面積は一三五万八〇〇〇エーカーから二〇六万三〇〇〇エーカーへと五二％の増大を見たが、一九三九～四〇年には一一二万九〇〇〇エーカーへと減少している。同じ期間に政府管轄の水路灌漑面積は一二％の増大を見ているが、この井戸灌漑と溜め池灌漑面積の減少の結果、全体としての灌漑面積はかなり減少した。こうした私的な灌漑の縮小は、両大戦間期の世界的な農産物価格の下落の影響を無視して理解することは困難であろう。農業不況がインド各地の農業生産に与えた影響は複雑であるが、地域による差異を考慮しながら、今後いっそう検討する必要がある。

農業生産の停滞との関係で、いま一つ検討しなくてはならないのは、村落共同利用地の減少との関係である。十九世紀後半には村落の共同利用地として機能していた不耕作地は、耕地の急速な拡大の結果、非常に小さくなってしまったことを第二章補説1「生態・環境の変化」で指摘したが、この傾向は第一次世界大戦期以降も継続し、その結果、家畜放牧用地も減少したことは間違いない。この時期に非常にめだつのは、飼料作物の作付けの増大である。インド全体では、主要食糧穀物や棉花につぐ作付面積を擁する重要作物に成長していった。これは、おそらく放牧地の減少への対応策として作付けされたのであろう。しかし、この飼料作物の増大にもかかわらず、一九二〇年から四〇年のあいだの家畜生産は農業生産以上に停滞的であり、共同利用地の減少が農業・家畜生産に影響をおよぼし始めたという推測も可能であろう[Sivasubramonian 2000:149-156]。

不況下の農業生産関係

農産物価格の下落が農村内の階層関係に与えた影響は複雑である。農業生産の停滞傾向がめだつベンガル地方などと、人口増大率には遅れながらも農業生産を拡大できたボンベイ、パンジャーブ、マドラスなどの地域とでは、異なるようである。

ベンガル地方などでは、農業労働者や下層農民の地位の下降など、農村社会が両極に分化する傾向が、農業不況下であらわれたようである。この点は、農業労働者賃金が両大戦間期に明確に下落したことにあらわれている。ベンガル地方では、一九一六年を基準とした賃金水準は、二〇年代半ばにはかなりの上昇を見たが、三六年には一六年水準の半分以下に陥るなど、長期にわたった賃金の低下傾向がつづいた。中央州・ベラール州も同様である。ベンガル地方のなかでも、三〇年代の東ベンガルでは、農民的な保有権の大量喪失という事態は、その権利を購入する者がいなかったこともあって生じなかった。むしろ、貧困層の上昇の傾向がみられたという。これに対して、西・中央ベンガルは、もともと土地なし階層が大きなグループとして存在した地域であるが、ここでは三〇年代の不況は小規模な土地保有者階層に厳しい影響を与えた。穀物価格の下落にもかかわらず地代や労働者の賃金水準はすぐに低下せず、融資の流れはとだえてしまった。負債の返済ができなくなった農民的な小規模土地保有者は保有権を失って労働者化したり下級の小作人の地位に下降していった。農業労働者を雇用していた富農層が、雇用労働者を減らして、分益小作人に耕作させるという変化もあった。農村社会の両極化傾向が見られて、農業労働者や分益小作人などの下層階層がさらに下降する傾向が進んだといえそうである[Bose 1986:146-177:Hasan and Nakazato eds. 2001:Ch.15]。

これら以外の、ボンベイ、パンジャーブ、マドラスなどの地域は、異なった様相を示した。村内の富農階層や地主階層の強化や小農階層の下降や労働者の賃金の下落というような、農業構造の両極化傾向は強くはあらわれなかった。第二章ですでに示唆しておいたように、西部インドでは、二十世紀に入って以降一九二〇年代までは、農業労働者の賃金は上昇傾向にあった。橋や鉄道の建設、塩田での雇用、ボンベイで働くなど、さまざまな農業外の雇用に就くために村落を離れる者もいた。土地を購入する農業労働者もでてきたことは前述した。世界的な農産物価格の不振の影響を受けて、二〇年代の半ばから農産物価格の低下傾向が始まり、三〇年代に入って輸出作物の不況によって価格はいっそう下落した。しかしながら、ニール・チャールズワースによれば、二〇年代末の農産物価格の下落にもかかわらず、労働者の賃金はあまり下落せず、もっとも打撃を受けたのは、大規模に労働者を雇う大規模経営者、とくに棉花やサトウキビの栽培者であったという。また、現物地代の価格の下落のために、地主階層も打撃を受けて、小作人に対する地主の力は相対的に弱まった。商業作物の栽培者のあいだでは、労働コストの上昇に対応するために、マンゴーやタバコなど労働集約度の低い作物を家族労働によって耕作する傾向が強まり、その結果、労働者の賃金の下落がもたらされるなど、十九世紀末の時期以降に再び両極化の傾向があらわれたものの、分化の程度は低かった[Charlesworth 1985:206-231]。

両大戦間期のパンジャーブ地方でも、土地所有における両極化傾向は見出されているが、富農経営の増大はなく、むしろ小規模な労働集約的経営の増大傾向が継続した。一九二〇年代からの労働賃金の上昇傾向はつづいた。農業の拡大による農業雇用の増大や鉄道建設からの吸引によって、労働者は旧来の束縛的雇用関係から離脱していった。被差別カーストであるチャマールの農業労働者としての雇用条件も改善し、長期の雇用から一年単位の雇用に、さらに日雇い雇用へと短期化し、旧来のセピダール制度が分解・衰退する傾向がつづいた。農業労働者の実質賃金についていえば、両大戦間期に上昇したかどうかは疑わしいとしても、少なくともその下落はなかったことが確認されている[Kessinger

1979: Chs.4 and 5]。

マドラス管区についても、第二章で述べた階層変動のかたちは大きくは変化しなかったようである。アーンドラ地方の場合、土地所有の面では、村落の土地所有において支配的地位を保持してきたバラモンやレッディなど高カースト村民の土地所有が一九二〇年代、三〇年代以降減少し始め、四〇年代からは「後進カースト」や指定カーストへの土地所有の移動が見られる一方で、農業不況下でかなりの土地所有が金貸しなど非農耕階層に移動するという、二重の変化が並行的に進んだことが明らかになっている。この地方のある県の分析によれば、そうした変化の結果、土地所有の規模別分布では、二〇～二一年から四〇～四一年のあいだに大多数の郡で集中度の低下が見られた。農業経営の面では、農業不況時には雇用労働に依存する富農階層よりも家族労働により大きく依存する小・中規模経営のほうが、面積当りの収入が高いことを示し、農業不況期において大規模経営の基盤が弱まっている傾向が見て取れる[Rajasekhar 1991]。

さらに、アーンドラ地方の小作関係を見れば、一九三〇年代から小作人の力が強化されて、その地位が上昇し、四〇年代には小作料の決定権が実質的に小作人に移りつつあった。また、四〇年代には年雇労働者や農業労働者が小作人に上昇する傾向があること、労働者階層が、小作人を経由して土地所有者へと上昇する動向が両大戦間期を通じて見られたことが明らかになっている[Reddy 1996]。タミル・ナードゥ地方に関しても、土地所有の面では、旧来からバラモンが保有した土地所有の減少と指定カーストや「後進カースト」などによる土地獲得の進展という変化と、不況下での商人層など新興富裕層の土地所有の拡大という二つの変化が、両大戦間期にも並行的に進行していたと思われる[Yanagisawa 1996: 178–187; 柳澤 1991]。

一九一六年以降の農業労働者の賃金水準の動向については、五年ごとにおこなわれた農業労働者の賃金調査が主たる史料であるが、マドラス管区に関して穀物価格に基づき実質賃金を算出すると、農業労働者の実質賃金水準は、二〇年以降も基本的には上昇傾向にあったことがわかる。両大戦間期において農業労働者階層の社会的・経済的上昇傾向が存在したという前述の分析と符合する結果である。ボンベイ、パンジャーブや今日のウッタル・プラデーシュに相応した地方に関しても、三六年の実質賃金水準は二一年のそれよりも高かったことを示しており、これらの地域において農業労働者の地位が決して一方的に悪化したのではなかったという、前述の諸研究の成果と符合している[Ghose 1969:185]。

柳澤　悠

第六章　第一次世界大戦後から独立までの社会・文化

第一次世界大戦後の一九二〇年代、三〇年代は、しばしばインド史における一つの転機であったと指摘される。政治と経済の領域では、モーハンダース・カラムチャンド・ガーンディーの登場と民族運動の大衆化、世界的にみたイギリスの政治的・経済的な地位の相対的低下が、この転機のメルクマールであるが、文化・社会の領域でも質的な移行期であった。女性、低カースト・ダリト(不可触民)、農民・労働者といった、それまで従属的な地位におかれてきた諸集団が、既存の秩序への異議申立てを組織的に開始したこと、新たな「大衆文化」が展開したことが、この時期の特徴として押さえられよう。

1　インドの女性運動

女性の組織化

全国的な女性の組織化が始まったのは二十世紀の初頭からである。一九一七年には、マドラス(現チェンナイ)を中心として女性インド協会が発足し、女性参政権要求を掲げた。創設にあたって、マーガレット・カズンズ、ドロシー・ジナラージャダーサ、アニー・ベサントなどの白人女性がめだった活躍をしたことが注目に値する。彼女たちはいずれも神智学協会のメンバーであり、カズンズはイギリス本国・アイルランドでの女性参政権運動に深く関与しており、ベサントは労働運動や社会主義運動の活動経験をもっていた。インドにおける女性運動への白人女性たちの関与をどのように評価すべきかについては議論がある［粟屋 2001］。白人女性のイニシアティヴを強調するのはおそらく誤りであろう。すでに、インド人女性エリートのあいだで既存のジェンダー関係に対する批判が醸成され、改革への要求が組織される時期は熟していた。とはいえ、白人女性が、彼女たちの経験から組織運営のノウハウを提供し、国際的なネットワークづくりに寄与したことは評価されよう。例えば、ラーホールにおいて三〇年に開催された全アジア女性会議は、カズンズのイニシアティヴによるものだった。

女性インド協会の結成ののち、全インド女性会議が一九二七年にプーナ（現プネー）で創設大会を開催した。同会議は当初、とくに女子教育の普及に主眼をおいたが、まもなくインド女性を取り巻く広範な問題に取り組むようになった［Basu and Ray 2003］。二五年には国際女性会議のインド支部として、インド女性民族協議会が組織された。これらの女性組織は、当時インド政治の表舞台で深刻化しつつあった「コミュナリズム」に抗し、宗教の別を問わず「女性」の福利の追求をめざし、政治的には中立を謳ったものの、そのメンバーは上位カースト・ヒンドゥーに偏り、政治的にもガーンディー指導下の国民会議派（会議派）に親近感があったことは否定できない。この点が、三〇年代以降、ムスリムの一部からパキスタン要求が出される過程で、女性運動のなかでも軋みを生むことになった。

女性参政権

女性参政権の要求は、インド統治法の改革（通称モン・ファド改革）を前に一九一七年、著名な詩人かつ民族運動指導者サロージニー・ナーイドゥを団長とする陳情団が、訪印したインド担当大臣モンタギューに接見を求めたことが契機となった。一九年に制定されたインド統治法は、時期尚早として女性参政権を認めなかったが、各州議会の決定に委ねるとした。その結果、二〇年代には、ボンベイ・マドラス管区を皮切りに各州の議会が女性の参政権を認める決議を採択していった。これは日本における女性参政権運動が頓挫する時期とかさなる点、留意してよいだろう。

イギリス、アイルランドにおいて熾烈な女性参政権運動を闘い、投獄経験もあるカズンズは、インド女性に参政権を付与することに躊躇しなかったインド人男性たちの理解や勇気を絶賛した［Cousins 1947:32-35］。しかし、当時のインド人男性政治家にとって、イギリスが本国でも認めていなかった女性参政権を認めることが、民族《ネーション》としての先進性を示すことと認識され、かつ、彼らと同じ階級・カーストに属する女性の政治参加は、下位カースト男性のそれに比して「自然」と見なされたという観点を見失うべきではなかろう。

女性参政権は、一九三〇年代に拡大されるが、成人普通選挙を求める会議派を支持する主流派女性たちと、女性への特別処置や、宗教別の選挙区に傾く一派とのあいだで摩擦が生じることを避けることはできなかった。

社会改革運動

十九世紀における社会改革の多くは、いわゆる「女性の地位」をめぐって議論されたのであるが、その担い手は圧倒的に都市部における上位カースト・階層のインド人男性であった。女性自身が自らを取り巻く不公正の是正に本格的に関与し始めたのは十九世紀末から二十世紀初頭である。女子教育の普及は最大の課題とされ、幼児婚はその主たる障害の一つとして抑制が求められた。幼児婚抑制法（一九二九年十月に成立、施行は三〇年四月。法案上程者の名前をとってシャールダー法として知られる）の成立には、女性組織の宣伝・ロビー活動が大きな役割をはたした。とはいえ女性組織は、この法律が女子の最低婚姻年齢として定めた十四歳をまだ低すぎると批判し、幼児婚への批判運動は継続された。法案上程の直後（二七年）に出版されたアメリカ人女性ジャーナリスト、キャサリン・メイヨーによる『マザー・インディア』は、インドのかかえる諸問題の根源はインド人自身の性生活の歪みにあるとし、インド人の自治能力に否定的であった［Sinha 2006］。シャールダー法の成立は同書への反論という意味も込められていた。

女性組織は、家族法の改革も要求していく。具体的には、離婚の権利、一夫一婦制、女性の相続権などである。離婚・再婚に対するタブー感が希薄であり、相続すべき財産も限られていた階層・カースト諸集団が人口的には圧倒的に多かった事実を考慮するならば、これらの要求は、女性組織の主たるメンバーを構成した一部のエリート女性たちの利害を代弁しているにすぎないと批判することも可能であろう。とはいえ、こうした問題がヒンドゥー社会の改革としてではなく、女性の権利として女性自身によって語られ出したことの意義は大きい。一九三〇年代半ばには、女性の立場から産児制限も議論された。

ムスリム女性独自の動向としては、例えば、全インド女性会議にも深くかかわり、独立後のパキスタンで政治家として活躍したジャハーン・アーラー・シャーナワーズが、一九一七年、ラーホールのムスリム女性会議で多妻制廃止の決議を出し、物議をかもしていた[Shahnawaz 2002:47-48]。同じシャーナワーズが父親からの勧めもありブルカーの着用をやめたのは、一二〇年のことであった[Shahnawaz 2002:56]。

パルダー(1)はもっぱらムスリムの慣習であるというイメージがあるが、正確ではない。ベンガル、北インドでは、上位カースト・ヒンドゥーのあいだでも広く見られた慣習であり、女性組織はパルダーの問題も取り上げた。インド女性の地位「低下」をインドにおけるムスリム支配の開始に結びつける言説が浸透した結果として、パルダー＝イスラームというイメージが固定化したのであり、そのことが逆にヒンドゥーの女性にとってはパルダーの慣習から「解放される」ことを容易にしたといえる。一方、一九二〇年代半ば以降、ヒンドゥーとムスリム双方のあいだで政治的・社会的アイデンティティ主張が強まる過程で、ムスリム女性自身のあいだにも、パルダーはムスリムの「伝統」であるという認識が醸成され、ヒンドゥー女性たちとのあいだに摩擦を生むことになった。

ガーンディーの登場と女性

インド民族運動の指導者としてガーンディーが登場して以降、運動への女性の参加が一挙に拡大したというのは、ほぼ共通した理解である。その理由についてはさまざまな角度から論じられてきた。ガーンディーが非暴力《アヒンサー》を唱えたのみならず、女性こそが非暴力の運動の担い手として適任であると積極的に参加を訴えたこと、彼の「聖人」としての評判が、運動自体に一種の宗教的なオーラを与え、女性の参加を容易にしたこと、さらには、禁酒、政府の独占に抗した塩の製造、糸紡ぎや手織布《カーディー》の生産・販売といったガーンディーの具体的な戦術は、女性本来の領域と見なされてきたドメスティックな領域と政治の領域との境界線を曖昧化したことなどが指摘される。すなわち、ガーンディーの運動への参加は、既存のジェンダー規範に抵触することがないとはいえないまでも、それほど反しなかったとされるのである。と同時に、ガーンディーが既存の性別分業を前提としつつ、「耐え忍ぶ能力」を女性の「本性」として賛美し、インド女性の理想像として、シーターやサーヴィトリーといったヒンドゥー神話上の貞女を賞揚したことは、大きな限界であるとも批判されている。また、「売春婦」が自分の指導する運動に関与することに強く反発したガーンディーの性道徳観にも疑問が付されている。

ただし、女性がだれでも公の活動に参加できたわけではない。その意思はあっても種々の理由で民族運動に参加できなかった女性たちにとって、カーディーを身につけることが、ガーンディーへの支持、ひいては政治意識を表明する重要な手段となった。初期インド映画界の有名な女優で上流階級ヒンドゥー出身のドゥルガー・コーテーの母親は、政治化した女性組織には積極的に関わりをもたなかったものの、カーディーのサリーを着始めた。それに対する夫のコメントは、「どうしてそんなずた袋を着ているのか？　何か洒落た物を着なさい」というものだった[Khote 2006:21]。あるいは、植民地政府に仕える夫をもったタミル・バラモン女性スッバラクシュミは、二人の息子を失い、ラビーンドラナート・タゴールが創設したシャーンティニケータンの学校で娘に教育を受けさせる夢にも敗れ失意の人生を送ったが、ひそかに会議派に献金を送るとともに、健康がそれを許さなくさせるまでカーディーを着つづけた［Sivaraman 2006］。

2　低カースト・ダリトの運動と主張

自己主張の構造

カースト差別を批判する低カーストやダリト（不可触民）の主張と運動はこの時期、各地で展開し組織化も進んだ。ダリト出身の代表的な政治家ビームラーオ・ラームジー・アンベードカルとガーンディー指導下の会議派との対立は第四章で論じられているため、ここでは、アンベードカルの出身カースト集団であるマハール以外の低カーストやダリト諸集団が各地で展開したカースト秩序への異議申立てについて概観し、また、アンベードカルの運動が草の根のレヴェルでどのように広まり、活性化したかを素描してみよう。

アーディ・ヒンドゥー運動は連合州（現ウッタル・プラデーシュ州）を中心に広がった。創始者スワーミ・アチュータナンドは、当初、アーリヤ・サマージの運動に参加したが、その上位カースト的な限界に失望し、一九二二年にアーディ・ヒンドゥー運動を開始した。彼は、キリスト教宣教師から教育を受け、複数の言語に通じていた。彼は同年には、月刊紙『アチュート』（不可触民）を創刊した(2)［Jigyasu 1968:114］。

パンジャーブのチャマールを組織したアード・ダルム運動の指導者マングー・ラームは、地元の学校で学ぶただ一人のダリトであったが、教室に入れてもらえなかった。彼はカリフォルニアで一〇年以上働いたのち帰国し、運動を始めた［Juergensmeyer 1982］。

南インドのタミル語地域では、自尊運動が展開した。指導者であるE・V・ラーマスワーミ・ナーイッカル（通称ペリヤール、もしくはE・V・R）は当初ガーンディーを信奉し、会議派メンバーとして活動したが、ヴァルナ制そのものを否定しないようなガーンディーのカースト制度の理解やバラモンが牛耳る会議派組織に反発し、一九二五年、自尊運動を開始した。彼自身はダリト出身ではなかったものの、非バラモンとしてドラヴィダ、アーディ・ドラヴィダ(不可触民)の結集を試みた(ペリヤールについては第三巻第七章第3節参照)。

アード・ダルム運動は、一九二六年(一九二七年とする文献もある)、マングー・ラームが創設した学校において第一回大会を開催した。同大会について伝えるポスターにある宣言文を、やや長文となるがつぎに引用する。そこには、十九世紀半ばのジョーティラーオ・フレー(本巻第三章参照)までたどることのできる、低カースト・ダリトを主体としたカースト批判運動に共通して見出されるいくつかの特徴を読み取ることが可能である。

われわれはこの国のオリジナルの住民であり、われわれの宗教はアード・ダルムである。ヒンドゥー民族(qaum)はよそからやってきてわれわれを奴隷化した。……兄弟たちよ、ヒンドゥーとして記載されている七〇〇〇万の同胞がいる。われわれを分離させ、自由にせよ。われわれはヒンドゥーを信頼したが、彼らは裏切り者になった。兄弟たちよ、時がきた、目覚めよ、政府はわれわれの叫びに耳を傾けている。数世紀が経過したが、われわれは眠り込んでいたのだ、兄弟たちよ。マヌが記した文章を見よ、彼は殺人者である。われわれがインドを支配した時代があった、兄弟たちよ……。ヒンドゥーはイランからやってきて、われわれの民族・国(qaum)を破壊した。……彼らはわれわれの歴史を粉砕した、兄弟たちよ。ヒンドゥーはわれわれの歴史を書き直した、兄弟たちよ。……メンバーを議会に送り込み、新たに国を興せ、兄弟たちよ。より善き生活を築くために団結せよ。[Juergensmeyer 1982: 45-46]

まず注目されるのが、自分たちの集団こそがインドの「先住者」だという自己規定である。この自己規定を表明するためにしばしば使われたのが、「オリジナルの」という意味をもつ「アーディ」(「アード」も同義)という用語であった。例えば、マドラス管区では、「アーディ・ドラヴィダ」「アーディ・アーンドラ」という自称が、タミル、アーンドラ両地域のダリトたちによって使われた。マドラス管区におけるダリト指導者の一人で、アンベードカルと対立したM・C・ラージャーは、「アーディ・ドラヴィダは土地のもともとの住民」であると主張し、アーディ・ドラヴィダという名称は、パライヤ、パーンチャマという呼び名をきらって、自らの人種的・領域的な起源を示す名称を求めて選び取ったものであるとしている[Rajah 1925:Basu ed. 2012]。

一方、引用文では、抑圧者である「ヒンドゥー」とは、あくまでインドの外部から移住してきた征服者であるとされる。外来の征服者の総称としては、「アーリヤ人」が用いられることのほうがより頻繁であるように思われる。とくに、南インドでは、「先住民ドラヴィダ人」と「外来征服者アーリヤ人」が対立軸とされた。

それでは、「先住者」たちのあいだで信仰されていた宗教・社会とはどのようなものであったであろう。征服者である「ヒンドゥー」「アーリヤ人」は、自らに都合のよいカースト制度を打ち立て、被征服者をカースト秩序の下位に位置づけた、それ以前の社会には、カースト差別とは無縁な宗教が存在していた、というのが回答である。アード・ダルム運動では、自らの宗教はヒンドゥー教ではなく、アード・ダルムであると主張し、実際、一九三一年のセンサスでは、信仰する宗教として四二万人弱がアード・ダルムをあげた。アーディ・ヒンドゥー運動では、「アーリヤ人」の到来以前から存在したと主張された、平等主義的なバクティ信仰がダリト独自の宗教とされた[Gooptu 2001]。ケーララ地域におけるイーラワル(ティーヤルとも呼ばれる)の場合のように、自分たちは最後まで仏教を信仰したために、カースト秩序の下位に位置づけられたのだという主張もあった[粟屋 1997]。

以上のような主張は、既存の「歴史」を再構築することによって根拠づけられた。引用文に「彼らはわれわれの歴史を粉砕した……われわれの歴史を書き直した」という非難があるように、征服者によって書き直されたとされる歴史は、征服された諸集団の自負と過去の栄光を確認するよう再構築されねばならないのである。例えば、スワーミ・ダルマティールタは著書『ヒンドゥー帝国主義の脅威』(一九四一年)のなかで、インド人と呼ばれる権利を有するのは、アーリヤ人が北西インドに移住する以前にすでに文明を発展させてきた人びとであり、インドの最初のナショナリズムは、バラモン帝国主義に対して仏教が戦った紀元前六〇〇年に始まると主張した(3)[Dharmatheertha 2004]。低カースト・ダリトの運動が生み出したこれらの「歴史」の多くは、実証を重んじる歴史研究の見地から見れば、アナクロニズムと断じられるであろうが、歴史叙述が政治闘争の舞台であることは常であることを想起すべきであろう。

政治的な文脈では、引用文に「政府はわれわれの叫びに耳を傾けている」とあるように、低カースト・ダリトの運動では、しばしばイギリス支配への信頼が表明された。なぜなら、会議派に代表されるインド民族主義者は、上位カーストを構成する「ヒンドゥー」「アーリヤ人」なのであり、彼らの要求する「スワラージ」(自治)は上位カーストの支配を意味し、少なくとも、インド国内のカースト差別が根本的に解決されるまでは、イギリス支配の継続が必要と見なされたからである。こうした立場を、第一次世界大戦後に選挙権が拡大され、各コミュニティの「数」が重視される、たんなるアイデンティティ政治として軽視するのではなく、インド民族運動が内包した上位カースト的偏向への異議申立てとして理解すべきであろう。また、圧倒的に識字率の低かった低カースト・ダリトのあいだでさえ、印刷メディアの普及によって、自らの主張を公にする状況が成熟しつつあったという事実は、南アジアにおける公共的論議の変貌を象徴している。

正典の読替えと権威の否定

アンベードカルが、一九二七年のマハードでのサティヤーグラハに際して、『マヌ法典』を公の場で燃やしたというエピソードは有名である。カースト秩序を支える正典と見なされた同書の焚書はカースト制度批判の象徴的行為であった。

トリプラネリ・ラーマスワーミ・チャウドリ作のテルグ語戯曲『シャンブーカの殺害』(一九二〇年)では、『ラーマーヤナ』のなかのエピソードであるラーマによるシャンブーカの殺害は、アーリヤ人によるドラヴィダ人への不当な抑圧として読み替えられた。すなわち、アーリヤ人かつクシャトリヤであるラーマが、ドラヴィダ人のシャンブーカを、バラモン(アーリヤ人)の入れ知恵によって殺害したとされたのである。シャンブーカの咎は、シュードラの分際でカースト規範に反して宗教的勤行に勤めたことにあった[Narayana Rao 2001]。ラーマによるシャンブーカの殺害エピソードは、その他の低カースト・ダリトの書き物のなかでも取り上げられている。その際、シャンブーカはときに仏教徒、ときにはシュードラと同定され、ラーマを通じて実行に移されたバラモンの狡知の犠牲者と理解された[Narayan and Misra eds. 2004]。

自尊運動の指導者ペリヤールも、一九三〇年に出版した『ラーマーヤナの登場人物たち』のなかで、『ラーマーヤナ』をアーリヤ人によるドラヴィダ人の征服物語と読み替え、ラーマの高徳さ・神性を否定する一方、敵役ラーヴァナを理想のドラヴィダ人王と解釈した[Richman 1991]。ドラヴィダとしての誇りを取り戻すことを掲げてペリヤールが二五年に開始した自尊運動は、北インドの文化＝アーリヤ文化対南インドの文化＝ドラヴィダ文化と位置づけ、前者による後者の抑圧からの解放を説いた。ペリヤールは、バラモン司祭が介入しない自尊結婚を推進し、合理主義の立場から宗教一般への批判もおこなった。

アンベードカルへの支持

アンベードカルの熱狂的な支持者であり、彼の著作集の編者にもなったヴァサント・ムーンの自伝は、アンベードカルの運動の拠点の一つであったナーグプルのマハール居住区《ヴァスティ》の視点から、同運動の展開を活写している。極貧と隣合せでありながらも、ムスリム、ヒンドゥーを問わない無数の聖者、神々が偏在し、そしてレスラーがおおいに尊敬され活躍する世界は、(「男らしさ」を卓越した価値とするマチスモが支配するとはいえ)決して絶望的なものとしては描かれていない。

ムーンの描くナーグプルにおけるマハールの運動の諸相に、期せずして、上位ヒンドゥーを中核とする民族奉仕団(RSS)との共通性が散見され、アンベードカル運動の支持者となる以前、RSSのメンバーであったマハールもいたという事実は興味深い。ナーグプルがRSSの誕生(一九二五年)の地であったことと無関係ではないだろう。実際、ムーンの自伝には、RSSメンバーとの衝突が記されている[Moon 2001:73-74]。RSSがカーキ色のシャツとパンツを制服としたならば、マハールの運動は、赤シャツとカーキ色のパンツを目印とし、RSSを髣髴とさせる軍隊式訓練がおこなわれ、規律も重視される。サフラン色がRSSのシンボル色だったとすれば、アンベードカル支持者たちの旗は青旗だった(青旗になる前は、赤旗だった)。

ダリトの英雄としてのアンベードカルの存在感は絶大で、それはつぎのような歌からもうかがえよう。

> アンベードカルとはだれか?　ダリトの王である!
> われわれはわれわれの権利をかちとる、われわれはわれわれの権利をかちとる!　[Moon 2001:95]

アンベードカルの支持者のあいだでは、「ガーンディー万歳!」「スワラージ(自治)、万歳!」ではなく、「アンベードカル万歳!、ビーム(アンベードカルの敬称)の支配は間近だ!」がスローガンとなった。不可触民を意味する総称としてガーンディーによって編み出された「ハリジャン」(神の子)という呼称はダリトの尊厳を傷つけるとして拒否され、会議派を支持する不可触民はボイコットされた[Moon 2001:104-105]。

アンベードカルのメッセージや彼をめぐる政治事件は新聞や雑誌で伝えられるのみならず、民衆演劇《ジャルサー》や歌を通じて広められた[Rao 2010]。例えば、マハールのあいだでは、プーナ協定でアンベードカルがガーンディーに許した妥協は、ガンディーの生命を救ったアンベードカルの寛容心を示すものであり、彼が「ボーディサットヴァ」(菩薩)である証左と読み替えられた[Gokhale 1993:126]。

アンベードカルが一九三五年に改宗の意思を表明すると、マハールのあいだに議論が起こるが、支持者たちは、ホーリーといったヒンドゥー教的祭りや儀礼をやめていった。ムーンは自伝のなかで喜劇『改宗』は、効果的だったと記している。そのストーリーはつぎのようなものである。不可触民である村番が近くの井戸から水を飲もうとして二人のバラモンによって殴られる、彼の妻は寺院に参拝に行き、祭官に強かんされそうになる、村番は自殺さえ考えるが、アンベードカルの改宗への呼びかけを知り、改宗を決意する[Moon 2001:109]。アンベードカルがマハールたちのあいだで有した「カリスマ性」と民衆的なコミュニケーションとの相互作用を示唆する好例であると思われる。

3　農民・労働者の世界と宗教アイデンティティ

農民運動

一九二〇年代、三〇年代、各地で農民・労働運動は組織化され、急進化する。全国的な労働組合としては全インド労働者会議（ＡＩＴＵＣ）が二五年に、一方、全インド農民組合（ＡＩＫＳ）は三六年、会議派のラクナウー大会の際に結成された。第一次世界大戦後の物価高騰、二九年に始まる世界大恐慌、ならびに、会議派社会党の結成（三四年）、インド共産党の活動（二五年結成）などがこうした状況の背景にあった。もちろん、サバルタン・スタディーズの研究やスミット・サルカールが強調するように、物価の高騰や低下が農民運動や労働運動を一元的に左右したとする経済決定論は避けるべきである[Sarkar 1984]。人種差別的な行為に対する抗議も、ストライキなどの示威運動を開始させる重要な契機になったのである。また、三〇年代、社会主義・共産主義の思想を受容したエリートによって農民・労働者が受動的に組織・指導されたととらえるのも一面的である。農民・工場労働者というカテゴリーは決して一枚岩であったわけではなく、彼らは、大局的な政治状況を独自に把握し、ときにエリート政治から相対的に自律した政治実践を展開した。

ウェンディ・シンガーによるビハールの農民運動の研究は、一九三〇年代、あたかも「革命《インキラーブ》」が目前に迫っているかのような空気を、当時の歌・語りによって描き出している。例えば、「インキラーブ」という当時の歌は、「われわれを取り巻く世界の状況を見よ、金持ちが貧者の血を吸っている。おお、貧しい者よ、目覚め、革命の呼びかけに加われ」と訴えた[Singer 1997:239]。そうしたなか三九年、大地主であるダールバーンガ・ラージャーの所有地での農民による作物の不法収穫行動（ティーンコンマ闘争）に、赤く染めたカーディーのサリーを身に着けた女性たちが参加した[Singer 1997:264,272-273]。あるいは、南インドのケーララでも、三五～三六年における農民・労働者たちの急進化は、ケーララ出身の農民運動・共産党指導者A・K・ゴーパーランの自伝に描かれている。ある地主は、「私が外に出かけると、彼ら（農民）は私を見かけるや、私たちの所有地に住んでいる子どもたちまでが、「地主制に死を！」と叫ぶ。これには我慢できない」と訴えた[Gopalan 1976:75-76]。

既存の権力構造への不満は、農民の歌や噂から読み取れるが、それらはしばしば宗教的意匠に彩られていた。例えば、当局から「現地語で出版された忌むべき事柄」と見なされた詩にはつぎのようにある。「おお、カンハイヤー（クリシュナ神）、あなたはどこにいらっしゃる？　税の値上げについて、人びとは何の声ももちません。彼らのすべての努力は水泡に帰します。あなたはこのようなときに姿をあらわされると約束なさいました。それではなぜ、あなたは今姿をお見せにならないのです？」[Kumar, A. 2001:96,note.16]。あるいは、一九三〇年代の作には、「ディーナーナート（貧者の神の意味）は、頼るもののない者を救うと聞く。それではなぜ、あなたはなぜ祝福されていないのだろうか、ああ、農民よ？」[Kumar, A. 2001:164-165]とあった。さらには、チャマール出身の詩人はつぎのように歌った。「われわれを救うという段になると、バンワーリー（クリシュナ神）は冷たい。あなたはゴウタムの妻アヒリヤーを足で触るだけで助け、バラモンであるスーダマーの貧困を取り除き、彼の小屋を王宮に変えた。なのに、われわれのことになると、バンワーリーは冷たい」[Kumar, A. 2001:165]。これらには、世の中の矛盾、世俗的な欲求と不満（この不満は、税の値上げなど、ときには極めて具体的である)が、神への訴え、神の全能さへの懐疑というかたちで表出されている。

当初は、自らの出身カースト集団であるブーミハール・バラモンの地位向上運動を推進していたスワーミー・サハジャーナンド・サラスヴァティーは、ビハールの農民運動にかかわる過程で、運動の主要な指導者となり、その思想も急進化させていった。ヒンドゥー教徒の聖典と見なされた『バガヴァッド・ギーター』を信仰の中核にすえていた彼は、同書のなかにマルクス主義を読み込んでいった[サハジャーナンド・サラスワティー 2002:Hauser ed. 1994:Kumar, A. 2001]。

サハジャーナンドは、農民組合の政治は基本的に「パン」の問題であり、「宗教」を持ち込むことが運動を台無しにすると見た。ムスリムに対して「私の心のなかに、ムスリムの人たちは、ヒンドゥーよりもなんとなく厳しい性格の持ち主で、争い好きで、傲慢であるという考えが出来上がっていた」とも、ムスリム農民の前で演説することを最初恐れていた[サハジャーナンド・サラスワティー 2002:54,50]ともサハジャーナンドは告白している。しかし彼は、実践のなかから「農民は、結局、農民である」という結論を引き出し、共通の闘争のなかでヒンドゥーとムスリムの対立は解消される、という楽観的な希望をいだいた。しかし、すでに見たような宗教的なイディオムと心性に満ちた生活世界において、複雑に交差する矛盾が宗教的アイデンティティのかたちをとってときに表出し、異なる宗教の信奉者のあいだで苛烈な衝突にもつながったことは否定できない。

労働運動

一九二〇年代から三〇年代にかけて、インドの労働人口に占める産業労働者の割合は一〇%に達していなかった[Chandavarkar 1994:2]。ベンガルのジュート産業では、十九世紀から引きつづき、第一次世界大戦直後にもストライキが頻発するが、労働組合としての活動は不安定であったとされる[Chakrabarty 1989]。ベンガルの場合、ゼネストは二九年と三七年のみであった一方、織維産業の拠点として発達したボンベイ(現ムンバイー)では、一九〜四〇年までに八回のゼネストが闘われた。なかでも、二八年四月から十月まで、共産主義者の指導下にある赤旗組合が組織したゼネストは、八五程の工場を巻き込み、一五万以上の労働者が参加した。ボンベイの労働者は翌年にも大規模なゼネストを闘った[Chandavarkar 1994:5,355,399;サルカール 1993:372-375]。

日本とは異なり、繊維工場の労働者人口に占める女性労働者の割合は低かった。ボンベイの場合、一九三〇年の二二・九%をピークとしその後は低下していき、三九年には一四・九%にまで落ちた[Kumar, R. 1989:142]。ベンガルのジュート産業にせよ、ボンベイの繊維産業にせよ、女性労働者のなかに占める寡婦の多さも、インド工場労働者階層の特徴として指摘できよう。サミタ・センによれば、女性たちの労働参加の目的は家計の「補助的」収入であり、「非熟練」と見なされ、また、女性労働者たちの生活スタイルは、とくに性的規範の面から中間層女性と比較されネガティヴな評価を与えられた[Sen 1999;Kumar, R. 1989]。

一方、ケーララのカシュー産業では大量の、おもに低カースト出身の女性労働者が雇用されており、彼女たちの「急進性」はめだっていた。カシュー産業に労働組合が登場する以前に女性によって引き起こされた最初のストライキについて興味深い回想が、アンナ・リンドバーグの研究におさめられている。それによれば、無給で残業をさせようとする工場主に対して、ある女性が突然「もうやらない。私たちは家に帰る。もっとまともな扱いをされるまで仕事に戻らない」と声をあげたのがストライキの始まりだった[Lindberg 2001:223]。

ケーララの椰子繊維産業における組織化は一九二〇年代初頭に始まるが、最初の組合つくりの中核になった人物は、労働者の雇用の差配にもあたった、むしろ資本側に近い現場監督者であった。彼はイーラワルの改革運動指導者シュリー・ナーラーヤナ・グルに強く影響を受けており、椰子繊維産業の労働者たちもイーラワル出身者が多かった。彼の工場での立場が、当初、労働組合に関心を示さなかった労働者をして、しぶしぶ組合に参加させた、と自ら同監督者のもとで組合活動に積極的にかかわり、アーラップラにおける労働運動黎明期に指導者となるK・C・ゴーヴィンダンが自伝に記している[Govindan 1986:14-17]。

こうした事例は、労働者のカースト構成と労働運動との結びつきを示唆するものである。この点は、マイソール藩王国における金鉱労働者の例でも指摘できそうである。そこでは、イギリス資本の採掘会社による治外法権的管理によって、労働者の組合化は一九四一年までおこなわれなかった。にもかかわらず、タミル地域からのアーディ・ドラヴィダが半数以上を占めたとされる金鉱労働者たちは、三〇年には二一日におよぶゼネストを成功させた。このストは、指紋登記による労務管理の導入に反対するものであった。会議派系、のちに共産党系の労働者の組織化が進む以前の金鉱労働者たちによる、明確なリーダーを欠いた、一見したところ自然発生的な異議申立ての行動に特徴的なのは、匿名で出された掲示の数々である[Nair 1998]。

金鉱では、日常的に生命の危険にさらされる過酷な労働に従事し、賃金も劣悪であったにもかかわらず、出身の農村におけるカースト的拘束から相対的に逃れた労働者たちは、仏教、自尊運動を通じて合理主義、無神論などの思想的選択の余地を享受し、現金収入がもたらした新たな消費スタイルに一種の解放を見出したとされる。彼らのあいだには、「われわれのような人間はたとえ現世を捨てて遊行者《サンニャーシー》になっても、天国には到達しないだろう。厳しい修行《タパス》ののちにも、天国にすら居場所は存在しないだろう。カーシー〔ワーラーナシー〕に〔巡礼に〕行っても役には立たない」「『マハーバーラタ』は大嘘であり、『ラーマーヤナ』はさらにひどい」、「肉、牛肉を食べたからといって、どうだというのか。各自の選択である。神は牛肉を食べるなと言っただろうか？　それ〔牛肉を食すこと〕が天国に達する障害になるだろうか？」[Nair 1998:118,94]といった歌が広まったという。これらの歌に、正統的なヒンドゥー教への挑戦を読み取ることは容易であろう。

噂と世論

噂は非識字社会において、反乱の情報を短期のうちに広める媒体となったのみならず、反乱そのものを引き起こしてきた長い歴史がある［Guha 1983］。イギリス支配の終焉が間近だという噂は、しばしば、「部族民」、農民、労働者といった下層階層の人びとのあいだでの既存秩序に対する異議申立てと呼応した。一九二〇年にガーンディーが「一年以内のスワラージ獲得」を宣言したのち、ガーンディーのスワラージが確立した（もしくは、確立が間近である）という確信から、小作料の支払い拒否や負債の帳消し要求が見られたことなど、そうした例の典型である［Sarkar 1984］。民衆のあいだでのガーンディーの権威自体、ガーンディーの超自然的な能力を伝える噂によって強化されたともいえる［Amin 1984］。二一年にビハールのイギリス人官吏が報告した噂は、以下のようなものであった。王、ガーンディー、バラモン、牝牛が火のなかに入れられたところ、王だけが焼けてしまったが、ほかは火傷もなく出てきた。このほかにも、煮えたぎる油に入れられたというヴァージョンもあれば、ガーンディーが王を救い上げ、王は全力で走り去ったというヴァージョンもあった［Kumar, A. 2001:100］。ここではガーンディーが、正統的ヒンドゥーが聖性を付すバラモン、牝牛と並べられていること、王とガーンディーの権威が逆転させられていることが注目される。とはいえ、ガーンディーに帰せられた超人的な能力への信仰、例えば、ガーンディー帽は銃弾から身を守るといった確信は、ときに人命を失わせることもあった［Sarkar 1984:301］。

噂は、民衆の潜在的な集団的願望の表明とも、一種の世論であったともとらえられる。アルン・クマールは、農民たちのあいだでは「噂」と「ジャンマト」（公共の意見）との境界線は極めて曖昧であったと主張する［Kumar, A. 2001］。だからこそイギリス政府は、とてつもない噂を「バザールでの戯言」と蔑視すると同時に、法と秩序への脅威として、その内容に気をもんだのである。

印刷メディアの発展によって、噂の力が弱まったと単純に考えることはできない。噂は記事として報道されることによって、いっそうの信憑性を獲得するという側面もあったからである。「大衆心性の構造」[Sarkar 1984]がもった宗教性が、さまざまな運動をへるなかでどのように変化を遂げたのか、さらなる研究が求められる領域として残されている。

生活世界における宗教アイデンティティ

ヒラーファト・非協力運動の終結後、政治の表舞台において宗教の差異に起因するとされる摩擦が政治的行詰りをたびたび引き起こした。しかし日常生活レヴェルで、宗教アイデンティティはどのような状況で意識化されたのだろうか。

一九三五年の初め、インドを訪れたトルコの有名な女性民族主義者・作家ハリデ・エディブは、その体験記のなかで、鉄道の駅で耳にした「ヒンドゥーのお茶、ムサルマーン(ムスリム)のお茶、ヒンドゥーの水、ムサルマーンの水！」という呼び声について、「ヒンドゥーとムサルマーンが別々の水とお茶を飲まなければならないとは不思議だ」と記した[Edib 2002:11]。一方、ジャーナリズムや映画産業の分野で活躍したK・A・アッバースは同じ慣行を回顧し、これこそ幼いときから人びとの心に宗教の違いを植えつける宗教的排外主義だったと批判している[Abbas 1977:28]。

ベンガルにおける初期共産党運動の指導者であったムザッファル・アフマドは、自分がベンガルの革命的テロリスト運動に加わることをためらった理由として、ベンガルの反英テロリストたち(圧倒的にヒンドゥーであった)がバンキムチャンドラ・チャタジーの歴史小説『アナンドマト』(アナンドの僧院)からインスピレーションを得ていたことをあげている。アフマドは、『アナンドマト』は徹頭徹尾、反ムスリム的な悪意に満ちていると評し、なかでも、そのなかに挿入され、ベンガル分割反対運動期から民族主義者たちの愛国的スローガンともなった「バンデー・マータラム」(母なるインドに敬礼する)に対する反感を吐露している。彼は、「一神教のムスリム青年が、どうしてこのような神への祈りを口にできようか？　ヒンドゥーの会議派指導者はだれ一人として、これを理解できなかった」とも記す(4)[Ahmad 1970:12]。

また、ベンガルの名門ムスリム家の出身であるシャーイスタ・スフワルディー・イクラームッラー(分離独立後、パキスタンに移住した)は、独立を間近にした時期、「ベーガム」という言葉を名前の前につけることがムスリムであることを強調するからという理由で、ヒンドゥーの友人たちが反対したことに、ヒンドゥーたちの不遜さを見出している。彼女によれば、「ベーガム」とはMrsに代わるものであるにすぎず、Mrsを使わないことで「反イギリス」の意味さえもっていたのだった[Ikramullah 1998:85]。ムハンマド・アリー・ジンナーの熱狂的な信奉者でもあったイクラームッラーは、分離独立の直前にデリーに住んでいたが、デリーと「イスラーム」の歴史はあまりに強く結びついていたために、パキスタンの成立後、自分がデリーから去らねばならなくなるとも、デリーがパキスタンの一部にならないとも想像だにしていなかった、と自伝に記している[Ikramullah 1998:133-134]。

南インド出身のムスリムで、インド上級公務員として務めながら映画批評に筆をふるったイクバール・マスウードの自伝には、分離独立に際して毎週のようにパキスタンに移住する友人や親戚を駅で見送った沈痛な思い出が描かれている。彼・彼女らのなかには、イスラームへの愛からパキスタンへ向かう者もあれば、職を求めてパキスタンをめざした者もいたが、はじめてムスリムの国に住むのだ、という共通した期待をマスウードは読み取った。ある女の親友は別れに際して「あなたは文化的孤児になるでしょう」と、インドに残るマスウードに暗い未来を描いてみせた。それに対するマスウードの回答は「君たちのような人間が僕たちの世界を破壊したんだ。僕たちは強い意志で生き抜く」というものだった[Masud 1997:37-38]。

前述のアッバースは、分離独立前後のボンベイで、「ムスリム」地区からの攻撃に備えて自警団を組織するヒンドゥーの隣人たちが、ムスリムを自警団に入れるべきか否かで議論するのを聞き、絶望的な怒りを覚えた[Abbas 1977:284-286]。

これらのエピソードはいずれも、自伝を残す能力のあったエリート層に属するムスリムたちの感情の断片、しかも時間的経過をへたのちに構成された断片にすぎない。しかし、こうしたエピソードは、インド民族主義に見られたヒンドゥー色の強さに十分に自覚的であったとはいえないヒンドゥー・エリートたちの姿を透かして見せるだけでなく、独立後のインドに残ったムスリムたちが体験する焦燥を予測させるものである。

有名な左翼歴史家でムスリムであるK・M・アシュラフは、インド独立の日、デリーのレッド・フォートに向かうために雇ったトンガの御者（ムスリムだった）との印象的な会話を書き残している。アシュラフが御者に対してパキスタンの独立を祝福する言葉をかけたところ、喜びに顔を輝かせるだろうというアシュラフの期待を裏切り、その御者は「だんな！　私は以前もトンガの運転手だったし、これからも同じでしょう。この自由は、あなたのような人たちだけのためですよ」と答えた[Ashraf 2001:109]。この回答は、ウルドゥー詩人ファイズ・アハマド・ファイズの有名な一節「これは待ちこがれた　夜明けではない……」[ファイズ 1999:32]を思い起こさせる。ただし、ファイズの詩は凄惨な宗教暴動をともなった分離独立を反映したものであり、御者の回答は、生活世界の視角からの心の吐露ではあったが。

4　大衆文化と消費

嗜好品としてのコーヒー・紅茶

A・R・ヴェーンカタチャラパティは「朝のコーヒー一杯なしですますことは、深刻な経済危機にある世界のようだ」という、あるタミル知識人による一九三四年の言葉を紹介している[Venkatachalapathy 2006:11]。彼の研究によれば、今日でこそ、南インドでは紅茶よりもコーヒーが好まれるという印象があるものの、実際、タミル地域にコーヒーが広まったのは二十世紀初頭以降であり、定着するまでにはヨーロッパ人の飲み物、外来ものとしてかなりの抵抗があったという。また、コーヒー・ホテル（もしくは、コーヒー・クラブ）と呼ばれる店が数を増していくが、タミル地域ではある時期までバラモンには別個の空間が用意されていたのであり、コーヒー・ホテルの登場を、平等な市民らが政治論議を繰り広げる近代的「公共圏」の成立と結びつけて解釈するのは危険であろう。

一方、農村部でも、伝統的な朝食であった冷米にコーヒーが取って代わっていると、あるイギリス人官吏が「退行的な刷新」として報告している[Venkatachalapathy 2006:13]。同様の変化は、マイソール藩王国の金鉱地域における労働者についても指摘されている[Nair 1998:93]。また、工場側が労働者たちに早朝コーヒーを振る舞うことも見られた[Nair 1998:195]。ヴェーンカタチャラパティによれば、タミル地域ではコーヒーはバラモン、一方、紅茶は労働者階層・ムスリムと結びつけられたというが、この点はさらなる検証が必要であろう。なぜなら、マドラスを拠点とする女性インド協会の機関誌『ストリーダルマ』には一九三〇年代半ば、帰宅する夫にお茶を出す妻の姿を描いた紅茶の広告が載っているからである。

南インド出身のA・N・サッタナータンは下位カーストの貧しい家に育ったが、自宅では毎月、最後の金曜日は断食とご馳走の日で、その日、父親だけにコーヒーが出され、自分がコーヒーを飲む慣習を身につけたのはずっとあとになってだったという[Sattanathan 2007:55]。同じく南インド出身ではあるが富裕な農家に生まれた農民指導者N・G・ランガーも、ロンドン留学(一九二〇年)まで、コーヒーも紅茶も飲んだことがなかった[Ranga 1968:60]。コーヒーと紅茶が「インドの」日常の飲み物になっていくまでには、長い道のりがあったのである。

娯楽としての映画・文学

一九一三年、インドの映画史上に名を残す監督D・G・パールケーによる最初のインド映画『ラージャー・ハリシュチャンドラ』の製作を皮切りに、二〇年までには、ボンベイは一年に二七本の映画を世に送り出していた。二七年に任命されたインド映画委員会の報告書によれば、一九二四〜二五年、一九二五〜二六年、一九二六〜二七年にそれぞれ七〇、一〇一、一〇八の映画が作製された[*Report of the Indian Cinematograph Committee 1927-1928*]。インドの多言語状況や識字状況を反映して、無声映画に複数の言語によるキャプションがつけられることもあり、また、非識字者のために声を出して読んでやる観客も存在した。これは英語の輸入映画でも同様で、インド、のちにパキスタンの映画界で活躍したフルシード・ミルザーは英語映画を観たとき、英語のキャプションを読めない多くの観客のために、ストーリーを暗記して、シーンごとにウルドゥー語で解説する者がいたと記している[Kazim ed. 2005:88]。ハリウッド映画を含む西洋映画も数多く輸入・公開されており、前述のインド映画委員会は、それらに描かれる西洋女性たちの行動をインド人が見ることによって、西洋の権威が失墜するのではないか恐れた[*Report of the Indian Cinematograph Committee 1927–1928*]。ちなみに、女性ウルドゥー作家のイスマト・チュグターイーは、六歳の頃見たアメリカ映画で、はじめてのキスシーンがもっとも印象に残ったと記している[Kumar and Sadique eds. 2000:87]。インドのトーキー映画は三一年に製作され、従来の演劇は映画へと娯楽の王者の座を受け渡していくことになる。初期のトーキーは演劇の伝統を引き継いで歌がふんだんに盛り込まれ、その様式は今日にまで引き継がれていることはいうまでもない。

独立にいたるまでの時期、インドにおける識字率は極めて低く、一九二一年のセンサスによれば、英領インドに関して、男性一三・〇%、女性一・八%でしかない。農村部と都市部、カースト間での識字率の格差も大きかった。マドラス管区を例にとれば、同時期、タミル・バラモンの男性識字率は七〇%に達していた[Irschick 1969:16]。とはいえ、十九世紀から続く印刷メディアの発展は、都市部を中心に大衆文学を生み、一方、三〇年代になると、社会主義思想の影響を受けた進歩主義文学という新たな潮流が登場した。

まず、大衆文学について見るならば、タミル語小説の場合、一九一〇年代半ばから急増したとされる。三三年の雑誌記事は、大衆小説の構成要素をつぎのように、やや揶揄的に整理していた。(1)タイトルは女性の名前でなければならない、(2)ストーリーは気にせずともよい。少なくとも一ダースの恋人たち、半ダースの娼婦、数ダースの盗人と数人の探偵が登場すべきである、(3)まず、殺人から始める。途中には頻繁に興味深い展開がなくてはならない、(4)心地よい刺激なしには売れない[Venkatachalapathy 1997:57]。

知識層はこうした大衆小説が精神を堕落させるとさかんに批判したが、とくに、小説を読む女性への風当りは強かった。女性が小説を読みふけって家事や育児といった「本来の」務めをおろそかにするという非難はもちろん、西洋文化起源の非現実的で破廉恥、猥褻な恋愛に憧れるとして、「道徳的な」見地からも知識層は眉をひそめた。小説を読むという行為が、個人の感情や思考を働かせる、自律した時間と空間を女性に与えることが不安材料になっていたとも解釈できるのではないだろうか。

　進歩主義文学の誕生は、一九三六年にラクナウーで創立大会が開催された「進歩主義作家協会」に象徴される。ロンドンに留学中だった数名のインド人青年有志の発想に端を発したものである。協会は目的として「文学とその他の芸術を、長らく、その手中で退廃させてきた、祭官、学者、退廃的な階級から救済し、芸術を人民と密接な関係のもとにもたらし、生活の現実を記し、将来へとわれわれを導く活力ある機関とすること」を掲げた[Coppola 1988: 10]。初期の中心メンバーには、ムスリムのウルドゥー作家がめだっていた。協会のメンバーはもっぱらエリート層であったが、ボンベイの労働者たちによる「革命的詩会《ムシャイラ》」に積極的に関与した作家たちもいた。一方、農民運動のなかからも、詩人たちが輩出されていった[Zaheer 2006: 201]。演劇の分野でも、四〇年代には各地にインド人民演劇協会が結成され、民衆の日常生活に根ざしたテーマに焦点をあてた。こうした運動のなかで生まれた作品は、ときにステレオタイプな人物造形や露骨な扇動性が純粋芸術の観点から批判されるが、それらがもった社会的な力強さは否定できないであろう。

　スミット・サルカールは、『新しいインド近代史』のなかで、会議派が植民地権力《ラージ》と対決しながら自らが権力《ラージ》となっていく過程を描いた[サルカール 1993]。第一次世界大戦後のインド亜大陸において、ガーンディーの登場にともない民族運動は大衆化したが、民衆のイニシアティヴは、ガーンディーを含む民族運動の指導者たちによってどこまで容認され、あるいは民衆レヴェルから出されたさまざまな希求に民族運動がどこまで答えることができたか、多くの疑義が出されつつある。生活世界においても、物質的にも意識的にも、大きな転換期となったこの時代、現代に連なるさまざまな課題の多くが出そろった感がある。なかでも、富の不均衡、宗教・カーストを指標としたアイデンティティの政治化は、独立後の南アジアにおける民主主義と正義の強度を試す試金石となりつづけることになった。

栗屋利江

▼補説4▲　第一次世界大戦からインド独立までのインドの教育

国民教育意識の興起

この期間のインドの教育は、民族運動の指導者モーハンダース・カラムチャンド・ガーンディーによる「インドの魂を圧殺している」近代学校制度の全面的拒否と、国民教育制度の樹立を志向する一大教育運動の全国的展開に特色づけられるであろう。

イギリス統治政府は、必要とする人材の獲得と社会の安定の目的で一八五四年、西洋文化と英語の偏重に縁取られる近代学校制度を発足させた。他方、『リグ・ヴェーダ』(紀元前一二〇〇年頃成立)に遡りうる世界有数の古い起源をもつインド在来の教育組織は、時代の要求に応ええないとする、統治政府の放任ないし抑圧の政策により、十九世紀末までにほとんど消滅した。インド人のあいだにはしだいに、この現実に対する疑問・不信が高じた。

この状況への対抗的行動の一つは、十九世紀に輩出した諸宗教結社によるもので、その目的、性格、とくに西洋文化に対する姿勢にはおのおの違いが認められるにせよ、総じてインド復興の観点からその要の領域としての、自国の言語・文化に基づく教育機関の設立を広く展開した。他の一つは個人の手になるもので、かの詩人ラビーンドラナート・タゴールが一九〇一年にカルカッタ(現コルカタ)の近傍シャーンティニケータンに創設した、人格形成を礎とする古代の教育理念にのっとる「ブラフマチャルヤ・アーシュラム」(梵行塾)などを典型とする。

その高まる民族的覚醒に危機感を募らせた総督カーゾン(在任一八九九～一九〇五)は、「いかなる行政再建計画においても、教育問題は最高の地位を占めるに値すると思われる」と、民衆を無知のままに放置することの懸念と、いまや危険分子養成の場と化していると見る大学への対策を中心に鋭意、教育の中央集権的統制の強化と「改革」に着手した。

これについてのインド人側の反発は、時あたかも開始された一九〇五年の統治政府のベンガル分割の強行に対する、イギリス製品やイギリス統治にかかわるいっさいを拒否し自国の製品や文化などを尊重する、「スワデーシー」(国産品愛用)運動と不即不離の関係をもって、学生の大挙しての参加などをとおし、急激に盛り上がった。

当局は学生の政治活動の禁止と違反する学生の逮捕あるいは学園からの追放を断行した。この緊迫下翌一九〇六年、民族運動の主要な担い手である「インド国民会議派」(一八八五年創立、以下、会議派)は、「国民的ラインで、国民のコントロールのもとに、国の必要にかなう文芸、科学、技術の教育制度を組織するときがきた」と決議し、同年、民族主義者たちによってカルカッタに創設された「国民教育協会」は、同市における「ベンガル・ナショナル・カレッジ・アンド・スクール」を始め、その主導下にベンガル一帯に国民教育をおこなう数十の中・高等教育機関を設立した。注目されるのは、希求した国民教育が当時の近代教育と本質的に違わずむしろその充足にあったことである。

統治政府はやがて、立法府にいっそう多くのインド人を代表させるなどの一九〇九年のモーリー・ミントー改革、一一年の総督によるベンガル分割取消し宣言などの融和策で対応し、会議派内の抗争もあり運動は終息し、教育面でも前記カレッジを除く国民学校のほとんどは廃校となり学生の多くは従来の学校に復した。

一九一三年、統治政府は新たに「教育政策決議」をおこなって「改革」推進の姿勢を示したが、翌年の第一次世界大戦の勃発などで停頓した。大戦末期には教育問題の解決をとおし大きな政治的問題の解決を希望するとのインド担当大臣の声明に基づき、「カルカッタ大学審議会」を任命し(一九一七〜一八年)、カーゾン総督来の最重要政策課題と考えた中・高等教育の改革を目論んだが、これまたその後の政治的変動の渦中に埋没した。

国民教育運動の展開

ガーンディーはこうしたインドの教育状況の変革と新たな理念による国民教育の構築をめざし登場した。大戦終了後の一九一九年に公布された「両頭政治」の導入で知られるインド統治法は、内政権を中央と州に二分し教育を含む諸権限を州に委譲し、イギリス人知事とインド人大臣の協同でこれにあたらせるとするもので、会議派はこれに「不十分、不満足、失望」を表明したが、同年にはさらに令状なしの逮捕、裁判なしの投獄を規定したローラット法の公布、これらに抗議するアムリトサルにおける民衆の大虐殺の事態での民族的怒りの沸騰のなかで、一九二〇年、会議派カルカッタ臨時大会はガーンディーの動議で統治政府に対する「非協力運動」を発足させた。

ガーンディーの取組は極めてユニークで、まず、それは教育運動の観を呈した。この点で、二十世紀初頭のそれと軌を一にするが今回のそれは全国的展開に加え、「真実固守」(サティヤーグラハ)と「非暴力」(アヒンサー)、そして両者の統一を絶対視するガーンディーの思想に立脚する点で異なるものがあった。ガーンディーはイギリスの植民地政策もさることながら近代文明そのものに事の本質があると、たんなるインドの独立には意味を認めなかった。運動が人びとの教化・教育を基調とするのは必然でもあった。

つぎに、このことと関連し自らの手で国民教育を根底から立ち上げることをめざしたことである。そこにおいて第一に考慮されたのは高等教育であった。ガーンディーには「インドを奴隷化したのはわれわれ英語を学んだインド人である」との意識があり、既存の高等教育機関を打倒し新たに創設することを主張した。同法下、中央政府は教育の管轄および支出の権限を放棄することとなったが、それは反面、国民教育運動上の好機ともなりえた。ガーンディーは頻繁に大学を訪れ教師、学生に対しこのことを説き、「非協力運動」および国民教育運動への参加、そして大学からの退学を働きかけた。ガーンディー全集の編者も、「この時期のガーンディーのおもな関心は教育行脚にあった」と指摘しているが、まずは奴隷的教育の象徴的存在である大学教育の変革をはかったといえるであろう。

ガーンディーは「読み書き能力は教育の目的ではなくいわんや始まりでもない」と教育の究極の目的が、「心の開発」あるいは「自己実現」による人格の形成にあるとして、古代インドの教育理念に立つ国民教育概念を提示した。先述のタゴールの教育思想と一脈通じるが両者を隔てるのはガーンディーにおけるその徹底性であった。現存の教育制度はまったくこれに応えておらず、完全に不正な政府と結合し、自らの文化を排除し外国の文化に跪坐《きざ》し、心と手の文化を無視し頭だけに限っており、それに、そもそも真の教育は外国語をとおしては不可能である、と厳しく糾弾した。これに呼応し急激な盛上りを見せた運動については当時の政府の教育年報も、「あらゆる学年の学生に影響し、国民への奉仕や自己犠牲の呼びかけに対し、最上級の知的学生がすばやい反応を見せた」と記している。

この国民教育運動に対してはしかし、著名な民族運動家や教育家からの批判もあいついだ。「両頭政治」による中央政府の教育統制の消滅、インド人大臣による教育権の掌握、これに反応する人びとのあいだの教育熱、を無視するもので、またあまりにガーンディー的世界観に覆われているというものであった。個人や団体によるモンテッソーリ・メソッドやプロジェクト・メソッドを主体とする西洋新教育運動もすでに多くの州で地歩を得つつあった。しかしガーンディーは妥協を排し断固、運動を推し進めた。

大戦後の経済的不況もあり国民教育運動の成果の厳密な算定は困難であるが、同年報によれば一九一七年から二二年にかけ、ビルマ（現ミャンマー）を含む当時のインドの版図で、小・中学校の就学者数には変化が見られないが、高校では六三万人から五九万人へ、文科カレッジでは五万二〇〇〇人から四万五九〇〇人へと減少が見られ、他方、国民学校と国民カレッジは両者あわせ全国に一三〇〇校以上出現し、就学者一〇万人以上を算したとされる。

ヴィッディヤーピートの創設

ガーンディーは現存の大学を、イギリス支配機構への協力者、大衆の搾取者、西洋の模倣者の養成機関と断じ、その廃絶と自ら構想する国民大学の創造に努力を傾注した。国民大学は各地に出現しその魁をなすアフマダーバードに創設した「グジャラート・ヴィッディヤーピート」（ヴィッディヤーピートは学問の府の意。一九二〇年設立）の場合、ガーンディーは自ら学長に就任し政治・社会活動のかたわら終生その職にあって同大学の育成につくした。

サンスクリット語での「サー・ヴィッディヤー・ヤー・ヴィムクタイエー」（知識とは自由にするところのもの）をモットーに、「非協力運動の強化」や「国に対する奉仕」を求めた。人口の大部分は農民であり、農村こそ真にインド文明の宿るところであり、大学の最大の目的は、農民への奉仕ないし農村の復活以外のものではないとした。

この自らの教育思想を整理し同大学に与えたのが、一九二八年の一二項からなる教育原理であって、その要点は、⑴民族運動の活動家の養成、⑵大学の経済的自立、⑶真実と非暴力の堅持、⑷不可触制の一掃、⑸手紡ぎの実行、⑹母語の使用、⑺ヒンディー語・ヒンドゥスターニー語の必修、⑻手わざの訓練の重視、⑼農村の福祉に役立つ教育、⑽農村向きの教育課程、⑾真実と非暴力に一致する宗教教育、⑿体育の必修、である。

この原理中の手紡ぎ活動ならびに手わざの訓練については、ガーンディーの民族運動の根本精神への合致とともに、稼ぎつつ学ぶ古代からのインドの教育伝統への帰依をもあらわしている(同大学は今日、数カレッジを傘下に大学院博士課程を有し学生数一五〇〇人を擁する、大学補助金審議会法下の準大学として存在している)。

なお、この国民教育運動はガーンディーによるその滞在二〇年におよぶ南アフリカでの、インド人居留民への差別に対する「真実固守」と「非暴力」に基づく撤廃運動の最終的勝利と、運動の拠点となった二つの生活共同体での、生徒の人格形成、ならびに生産活動と知的学習との結合を試みた教育活動の成果に裏打ちされてもいる。滞在中の一九〇九年に著した『インドの自治《ヒンド・スワラージ》』はその思想の真髄を伝える。

さらにいえば、この南アフリカ時代に築かれたガーンディーの、その国民教育観や実践は一九一五年、帰国後のアフマダーバード市における南アフリカから帰国した同志とともに築いた、同種の生活共同体である「サティヤーグラハ・アーシュラム」(真実固守塾。一般的名称としては所在地名を付した「サーバルマティー・アーシュラム」)での教育実践、一九一七年のビハール州チャンパーラン県での、藍小作人の窮状打開の根本的方途としての学校設立の運動などをとおして、確固たるものとなったといえよう。

「非協力運動」は民衆の暴力的逸脱を理由に一九二二年、ガーンディーによって突如、停止され国民教育運動も国民大学の若干を除き同じ運命をたどった。逮捕された二年間の獄中、「真実固守」ならびに「非暴力」の運動の意味を明らかにする目的で、ガーンディーは南アフリカにおける活動の経験や自叙伝の執筆に取り組むなどし、釈放後は政治の第一線を退きサーバルマティー・アーシュラムに拠り社会問題、とくに農村復活のための「建設的プログラム」に没頭し、「全インド手紡ぎ協会」を結成(一九二五年)するなどした。

ワルダーにおける「国民教育会議」の開催

一九二九年末の会議派ラーホール大会での完全独立の決議にかかわり政治に復帰したガーンディーは、翌年の塩税反対の行進、イギリス側のインド民族運動観を一変させた「市民的不服従」運動の開始、半年間の投獄、三一年のガーンディー・アーウィン協定による同運動の停止、三二年の同運動の再開と一年八カ月の投獄、釈放後の「個人的」同運動に基づく前記アーシュラムの解散と不可触民解放の全国的行脚、翌三四年の会議派からの離脱、三六年の中部インドのワルダー市近郊セーガオン村(のち、セーワーグラーム〈奉仕村〉と改称)でのアーシュラムの設立や村落産業復興の推進と、波瀾の歳月を送った。

それらにおける経験は自らの国民教育観の深化の契機となった。その教育目的を、従来の「人格」の形成から、体、知、心(まず身体から最後に精神にいたるとする)の全面発達である「全人」の形成に発展させた。また、獄中の一九三二年には、アーシュラムからの来訪者との対話で、国民教育システムの三段階での構成(九歳以下、九歳〜十六歳、十六歳〜二十五歳)、各段階の教育内容の設定、全段階をとおしての手仕事の実施、その収益の第二段階以上の学校経費への充当などを内包する、のちの「ベーシック・エデュケーション」の萌芽ともいえる二七項の教育原理を導き出した。

一九三〇年代半ば以降はガーンディーによる初等教育に力点をおく国民教育運動に移行する。インド人に全面的な政治責任を与える、一九三五年の新インド統治法の公布、いわゆる「州自治」に基づく三七年の州議会選挙に圧勝した会議派にとって、教育では初等義務教育の実現が最大の政策課題であった。しかし、それは人口の大多数を擁する農村を主対象とし、巨費を要し、安定した歳入源であった酒税も、ガーンディーの指導で完全禁酒が決定されていて期待できず、同党としては問題の解決をガーンディーに委ねるほかはなかった。

ガーンディーは一九三七年十月二十二日と二十三日の両日、ワルダー市内の学園に、教育家、学者、州文部相など数十名の招待者また希望者などからなる「国民教育会議」を招集した。その際、政治的意見を排し実務的に論じることを求めた。ガーンディーは七〇万村中三〇万村に学校がない実情から、財政依存の観念を捨て子どもたちの労働による自給自足的教育に徹することを主張した。ガーンディーには農村の子どもたちが進んで働き、親を助け、家族、地域、さらに国への帰属感を保持しているとの現実認識が強くあった。

会議は白熱の討議をへて大要つぎの四項の決議を採択した。すなわち、(1)七年の無償義務教育、(2)母国語による教育、(3)児童を取り巻く環境を考慮し選んだ手仕事をコアとする学習、(4)手仕事の実施で生じる利益による教師の給与の支弁、である。

ガーンディーは会議後、この決定を「国民に対する究極・最上の贈り物」であり、また「一歩前進」と述べている。なお、ガーンディーは手仕事のなかでもとくに古来の伝承になり、民族運動のシンボルでもあった糸紡ぎ車のチャルカー、あるいは単純な道具で繊細な糸を紡ぐ心棒のタクリーによる手紡ぎを推奨した。

この初等教育システムは、教授用語を自国語とすることで、従来一一年要したマトリキュレーション（高校卒業）レヴェルまでの教育を七年の年限に短縮し、このいわば初等・中等教育合体の一貫教育での手仕事で利益を生じさせ、公的財政に依らず農村の教育の復活を実現し、また、手仕事をとおして各教科をこれに関連づけて教えるいわゆるコア・カリキュラムとし、かつそれを師弟同行の活動とすることで全人格的作用を期するとするものであった。ガーンディーは、州当局が生産物の処理ならびに生徒の職の斡旋に責任を負うことと、教師の確保にあたり、青年に一年あるいはそれ以上の奉仕義務を課すことを求めた。

翌一九三八年、スバース・チャンドラ・ボース議長のもとでの会議派ハリプラ大会は、決議中の第(4)項を、「現実の厳しい試練」とするガーンディーの意見を却下し承認した。推進機関の設立も決められ、この教育は会議派政権の政策として遂行されることとなった。

「ベーシック・エデュケーション」の誕生とその後

この教育には、子どもの人格の基礎をつくる教育、基礎的な手仕事をとおしての教育、すべての子どもに共通な教育、後年の専門的あるいは高度な教育の基礎をなす教育、国の発展に寄与する教育、国民文化の基礎をつくる教育など諸種の意味を込め、ヒンディー語で「ブニヤーディー・ラーシュトリーヤ・シクシャー」(基礎国家教育)、「ブニヤーディー・コウミー・ターリーム」(基礎国民教育)、「ナイー・ターリーム」(新教育)、その他、また英語では「ワルダー・スキーム(計画)」、あるいは「ベーシック・(ナショナル・)エデュケーション」(基礎〈国民〉教育)の名が冠せられた。多言語のインドのため一般的に、この最後の英語の名称が用いられている。

ガーンディー自身は、魅力的表現ではないがと断りながら、「村の手仕事をとおしての農村の国民の教育」と呼ぶのが正しい、この場合、「農村の」とはいわゆる高等教育もしくは英学教育を除き、「国民の」とは真実と非暴力を含意し、「村の手仕事をとおしての」とは強い規制や干渉をおこなうことなく選んだなんらかの村の手仕事をとおして、村で村の子どもを教育しその全才能を引き出すことを教師に期待することだ、と述べている。

シラバス(教授要目)も一九三七年末にいちおうできあがり、翌三八年にはこの教育の推進機関である「全インド教育協会」(ヒンドゥスターニー・ターリーミー・サング)がセーワーグラームに設立された。同協会は一九三九年に「全インドベーシック・エデュケーション会議」を創始し、それは毎年開催され各地の実施状況を検討した。「ベーシック・エデュケーション」は、一九三九年の第二次世界大戦の勃発、インドを戦争に引き入れたイギリスへの抗議としての会議派閣僚の辞職、ついには会議派の指導に復帰していたガーンディーおよび民族運動家、さらにこの教育のワーカーたちの一斉逮捕などで、発足早々困難にみまわれたが進展した。

一年九カ月の拘束ののち一九四四年に釈放されたガーンディーは、この教育の価値が広く認識されていることに満足し翌四五年、セーワーグラーム・アーシュラムに開催の前記第三回会議で、この教育を伝統的教育観である「母体に宿ったときから死の間際まで」の、四段階(七歳以下、七歳~十四歳、青年、成人)からなる生涯教育とすることを提案し承認された。ガーンディーにおいては教育は依然、その全活動の中心的位置を占めるものであった。

この方針はただちに行動に移されたが、独立前の政治・社会状況は行く手を阻んだ。一九四六年に発足したジャワーハルラール・ネルーを首班とする会議派臨時政府には期待をいだけず、翌年、ガーンディーは印パ分離独立を容認し社会主義や工業化の道をたどる同党と決別さえした。

会議派政権は、国の教育の遅れ(ちなみに一九五一年の就学率は、六歳~十一歳で四二・六%、十一歳~十四歳で一二・七%、十四歳~十七歳で五・三%、また、同年の国民の識字率〈五歳以上〉は一八・三%であった)に鑑み、初等教育については前記一九三八年の会議派大会の承認した「ベーシック・エデュケーション」を推進することとしたが、他方、中・高等教育についてはガーンディー的理念に依らず、インドの工業化あるいは近代化に対応する、科学技術教育の発展を柱とする諸プランに基づく政策の強化をはかった。戦時中、産業発展著しく国民教育はまさに時代の要求に応え、ガーンディー亡きあとはことにその概念的多様性をはらみ独立後の「教育再建」にかかわっていくこととなる。

弘中和彦

注

(1) パルダーとは女性隔離の慣習をいう。住居に女性のみが生活する空間(ザナーナー)を設けることから、ブルカーで体全体を覆うこと、サリーの端で顔を隠す、など、さまざまな形態を総称する用語としてここでは用いている。

(2) 彼の発行した新聞の名を『アーディ・ヒンドゥー』としている文献もある[cf. Juergensmeyer 1982:25]。[Jigyasu 1968:114]によれば、『アチュート』がのちに『アーディ・ヒンドゥー』と改称された。

(3) 著者の出家前の名前はパラメーシュワラ・メーノーンといい、ケーララ出身のナーヤルである。ナーヤルはケーララにおける上位カースト集団であるが、彼はイーラワル出身の改革者シュリー・ナーラーヤナ・グルの思想に影響を受けた。彼はのち、キリスト教に改宗した。

(4) 一九三七年、会議派はムスリムの一部からの反発を考慮して、「バンデー・マータラム」が集会で歌われる場合、「ヒンドゥー的」な色彩のない最初の二節のみとする、という決定をくだした。「バンデー・マータラム」をめぐる政治・文化については、［Bhattacharya 2003; Chatterji 2005］参照。

第七章　独立後のインドの政治

一九四七年の独立後、インドは短い中断はあったが基本的に議会制民主主義体制を維持してきた。中央と州という連邦制、五年ごとの選挙、独立した司法制度などを基本的な特徴とする民主主義体制の安定性は途上国のなかでは顕著であった。しかし、一方で、膨大な貧困層の存在、カースト的差別の残存、弱者層に対する人権侵害や政治的抑圧など、社会の底辺や政治の周辺から見た場合、民主主義の実質が疑われる面を有していることも事実である。この章ではさまざまな問題をかかえる「世界最大の民主主義」の展開をたどる。

1　ネルー時代

インド独立とネルー政権

一九四七年の独立直後、危急の課題は国家の統合であった。独立運動を率いたジャワーハルラール・ネルー・インド国民会議派(会議派)政権にとって、パキスタンとの分離独立にともなうヒンドゥー勢力とムスリム勢力のあいだの暴力、急進的な農民運動、藩王国の統合など、問題は山積していた。最初の試練は分離独立の過程そのものであった。

分離独立はインド側へヒンドゥー教徒やシク教徒を追いやり、逆に、パキスタン側へ多くのムスリムを追いやる結果となり、パンジャーブやベンガルなどで両者の衝突や暴動により数十万人ともいわれる犠牲者を生み出し、双方に憎悪を刻みつけた。軍隊や警察の動員、また、モーハンダース・カラムチャンド・ガーンディー(マハートマー・ガーンディー)による両宗派指導者への呼びかけなどにより、翌年までに事態は沈静化したが、その後も散発的に暴動がつづいた。そのようななかでガーンディーが一九四八年一月に暗殺されたことは、国民統合に暗い陰を投げかけた。

急進的な農民運動も体制の大きな不安定要因であった。独立前一九四六年から始まったベンガル州の「テバガ」(三分の二)運動では、分益小作人が地主層に小作料削減を求め運動が過激化した。運動にはインド共産党(CPI)の影響があった。

また、同年インド中部のハイダラーバード藩王国のテランガーナ地方ではCPIの指導下「アーンドラ大評議会」が大地主による小作追立ての禁止、強制労働の廃止を目標として農民運動を展開した。運動は過激化し地租・地代記録破壊運動から封建的な藩王に対する抵抗運動の様相を帯び、藩王は運動に単独で対処することは困難となる。藩王は独立を画策していたがインド政府は独立を認めず、一九四八年九月には「警察行動」と称して、インド軍を投入し四九年十一月には連邦への編入を完了するが、軍事行動の実質的な対象はテランガーナ運動であり、その弾圧には五一年十月までかかった。

藩王国の統合でもっとも問題となったのがカシュミール藩王国である。今日までつづくカシュミール問題は、発端は藩王国の帰属問題であった。イギリスの宗主権放棄にともないカシュミール藩王国のヒンドゥー教徒の藩王ハリ・シンは独立を構想した。しかし、カシュミールはムスリムの多住地域で、パキスタンは民族自決の原則に従ってパキスタンに帰属すべきと主張し、パシュトゥーン(パターン)人を後押しし一九四七年十月に藩王国に侵攻させた。対応能力を欠く藩王はインドへ軍事援助を要請するとともにインドへの帰属を表明した。インド政府はただちに軍隊を派遣し、同年末には藩王国の三分の二を確保した。パキスタンは正規軍を投入したが戦線は膠着し、結局四九年一月に停戦が成立する。これが第一次印パ戦争である。

ネルー政権は、一九四七年から藩王国首相となった「民族協議会」のシェイク・アブドゥッラーをパートナーとして同州のインドへの編入を進めたが、アブドゥッラーは州の自治を強く主張した。憲法制定会議はジャンムー・カシュミール州の特別な地位を認める憲法第三七〇条を四九年十月に採択したが、それには以上のような経緯があった。これによって同州は、外交、防衛、交通・通信以外のすべての立法行政権限を付与されるという特別な地位を保障されることになった。

カシュミール地域のほかにも、北東地方のナガ系諸民族などはインド連邦への一方的な統合に抗して武力紛争となったが、ネルー政権は分離を認めず強引に統合を推し進めた。このようにして国家の外縁は定まったが、内部ではさまざまな問題が残されていた。その最たるものが、州の境界線であった。独立直後の州の境界線は植民地統治の歴史を反映して、英領インドの州と旧藩王国が交錯する複雑なものであった。会議派は一九二〇年から主要言語別の州の再編成を主張していたが、州再編成に向けてのネルー政権の動きは鈍かった。四八年、四九年の委員会の検討でも当時の混乱した政治状況を考えて安全保障、統合、経済発展が最優先課題であるとし、州再編成には否定的であった。州再編が生まれてまもない連邦に対して分離的な力となりうるのではないかとの危惧があったからである。

しかし、歪んだ州境界を放置することも問題を生じさせた。一九五二年には南部のマドラス州からテルグ語地域の分離を求める大アーンドラ運動が過激化し暴動が起こった。そのため中央政府は新州の設立を認めざるをえなくなり、五三年十月にアーンドラ州が成立した。こののち、州再編成は不可避なものとなる。五五年には「州再編成委員会」の報告が中央政府に出され、言語だけが絶対的基準ではないとしつつも、主要言語の分布にそった再編成が勧告された。中央政府は再編成案をおおむね受け入れ、翌五六年十一月には州再編成が実施され、「州」および「連邦直轄領」という現在の基本的枠組ができあがった。

州の再編成はその後政治情勢に応じて個別的になされる。一九六〇年にはボンベイ州がマハーラーシュトラ州とグジャラート州に分割され、六三年には北東部ナガ系諸民族の分離独立闘争への懐柔としてアッサム州から分離してナガランド州が創設された。また、六六年にはパンジャーブ州が、シク教徒が過半数を占めるパンジャーブ州とハリヤーナー州に分割された[1]。

一方、疲弊した経済・社会を建て直すことも急務であった。当時の会議派では、経済開発政策に関しては、急進的制度改革、とりわけ社会主義的改革を求める考えと、保守的、あるいは、自由主義的な考え方があった。後者の政治的代

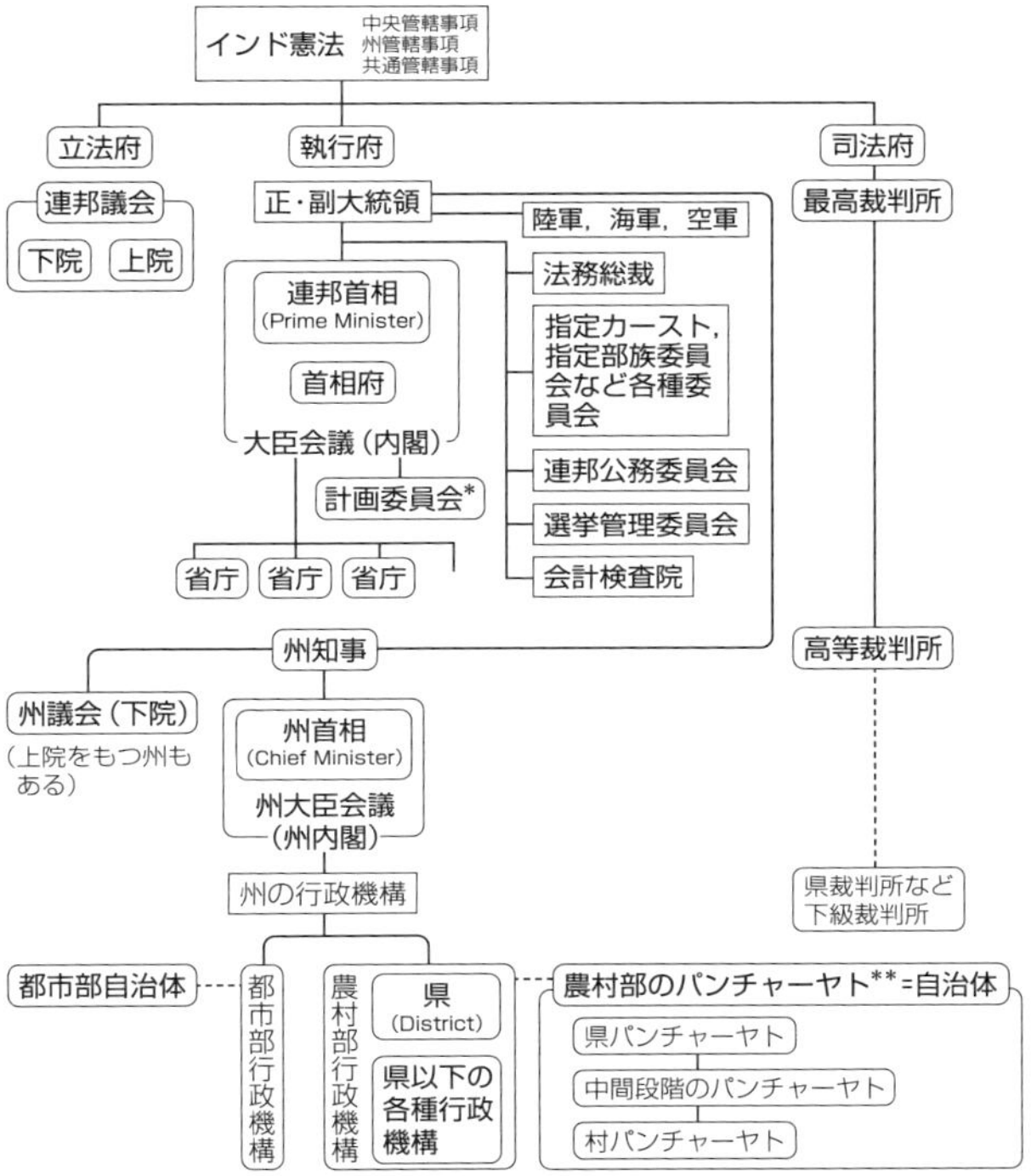

＊計画委員会は2015年に廃止され，「国立インド変革研究委員会」（通称「政策委員会」）となる。

＊＊「パンチャーヤト」とは伝統的には一種の自治機関を指すが，現在ではおもに法律によって設立される自治体を指す。

図１　インド連邦の機構

弁者は、藩王国の統合など内政に腕をふるったヴァッラブバーイー・パテール(サルダール・パテール)内相で、ネルーの有力なライヴァルであった。パテールは一九五〇年末に死去するが、それにより、ネルーの指導的立場が確立し、ネルー独自の色合いが強い「社会主義型社会」という経済体制がめざされることとなる。それは政府(公共部門)が主導するが、民間部門も存続が許される混合経済体制であった。

一九五〇年には「計画委員会」が設立され、翌年、第一次五カ年計画が実行に移される。また五一年には経済活動を規制する「一九五一年産業(開発および規制)法」が制定され、翌年には経済政策を審議して国家としての裁可を与える「国家開発評議会」が設立され体制が整うことになる。第一次五カ年計画は独立後の混乱を乗り切るためのものであったが、つぎの第二次五カ年計画(五六年度〜六一年度)は本格的なものとなり、「一九五六年産業政策決議」などに基づいて輸入代替政策を基本とする公共部門重視の重工業化がめざされ民間企業への規制が徐々に強まっていった。

以上の経済計画体制の政治的特徴は、急進的社会改革を前提としないという点である。独立前後の混乱や困窮、とりわけインフレーションと食糧不足を乗り切るために、何よりも政治的安定性が必要とされ急進的改革は回避された。なかでももっとも重要な課題であった「土地改革」は実際上なおざりにされた[Frankel 1978:190-195]。土地改革は憲法上各州政府の責任であったが、大土地所有の解体と土地の分配、中間介在者層の排除、小作人の保護などの急進的改革は伝統的な農村の権力構造、そして、そのような伝統的権力構造に拠って立つ在地の会議派指導層の利害関係と衝突し、大きな政治的混乱を引き起こしかねなかったからである。

ネルー政権は、穏健な議会制民主主義体制のもと、公的部門優先で開発をめざしたが、一方では農村の改革にはほとんど手が着けられなかったのである。

ネルー会議派指導下の「一党優位体制」

国家の基盤は一九五〇年代の半ばまでに固まり、また五七年の選挙で会議派は中央のみならず主要な州で政権を獲得し、会議派政権は安定しているように見えた。そのような安定性は独立運動を率いたネルー会議派に対する人気のほかに、農村部の有力な階層が会議派を支持したこと、会議派に対抗しうる野党が成長していなかったこと、などの要因が大きい。

インドの農村社会の構造は多様で、一概にはいえないが、「支配カースト」など多くの支配的階層が会議派を支持したことは間違いない。「支配カースト」とは一定以上の土地をもち、村内で経済力および社会的影響力があり、かつ、数が多いがゆえに支配的影響力をもつカーストである。その出現は比較的近代で、イギリス植民地下の十九世紀から社会・経済変動を背景に数的に優位な中間的な農民カーストの成長があったこと、中途半端な土地改革が寄生的な大土地所有階層には不利に働いたため、相対的に中小規模の農民カーストの力が増したこと、独立後の普通選挙により数的優位が政治的優位につながったことなどが、その成長の大きな要因であった(2)。この支持が与党、とくに州レヴェルの与党にとっては重要であった。したがって彼らの支持を失うような急進的改革、とりわけ、土地改革などをおこなうことは困難であった。

一方、野党の成長の遅れもネルー会議派政権の安定性に寄与した要因であったが、それには会議派が独立運動の過程で幅広い勢力を「先取り」したという歴史によるところが大きい。一九六〇年代までの会議派を中心とする政党制は「一党優位体制」とも呼ばれ、中央でも州でも会議派が多数を占め、野党の影響は周辺的であった。連邦、州とも下院は基本的に小選挙区制によって選挙されるが、**表1**のように会議派は六二年の選挙まで四割の得票率で議会の約三分の二の議席を占めた。有権者の半数以上は会議派を支持していないにもかかわらず、非会議派支持層を受け止める安定した野党がいなかったからである。

表１　主要政党の連邦下院選挙結果

年	選挙議席	投票率(%)	会議派		インド共産党(CPI)		インド共産党(マルクス主義)(CPI-M)		大衆連盟／インド人民党(BJP：1980年～)		ジャナター党		ジャナタ―・ダル	
			得票率(%)	獲得議席	得票率(%)	獲得議席	得票率(%)	獲得議席	得票率(%)	獲得議席	得票率(%)	獲得議席	得票率(%)	獲得議席
1952	489	44.9	45.0	364	3.3	16	−	−	3.1	3	−	−	−	−
1957	494[a]	45.4	47.8	371	8.9	27	−	−	6.0	4	−	−	−	−
1962	494[b]	55.4	44.7	361	9.9	29	−	−	6.4	14	−	−	−	−
1967	520[c]	61.0	40.8	283	5.1	23	4.3	19	9.3	35	−	−	−	−
1971	518[d]	55.3	43.7	352	4.7	23	5.1	25	7.4	22	−	−	−	−
1977	542[e]	60.5	34.5	154	2.8	7	4.3	22	−	−	41.3	295	−	−
1980	542	56.9	42.7	353	2.5	10	6.2	37	−	−	19.0	31	−	−
1984	542 (514)[f]	63.6	49.1	404	2.7	6	5.9	22	7.7	2	6.9	10	−	−
1989	543[g]	62.0	39.5	197	2.6	12	6.6	33	11.4	85	−	−	17.8	143
1991	543 (524)[h]	56.7	36.3	232	2.5	14	6.2	35	20.1	120	−	−	11.8	59
1996	543	57.9	28.8	140	2.0	12	6.1	32	20.3	161	−	−	8.1	46
1998	543	62.0	25.8	141	1.8	9	5.2	32	25.6	182	−	−	3.2	6
1999	543	60.0	28.3	114	1.5	4	5.4	33	23.8	182	−	−	−	−
2004	543	58.1	26.5	145	1.4	10	5.7	43	22.2	138	−	−	−	−
2009	543[i]	58.2	28.6	206	1.4	4	5.3	16	18.8	116	−	−	−	−
2014	543	66.4	19.5	44	0.8	1	3.3	9	31.3	282	−	−	−	−

出典：Election Commission of India (http://eci.nic.in)に提示されている連邦下院選挙データより筆者作成。

注：(1)選挙議席に加えて大統領はアングロ・インディアン・コミュニティから２名を任命する。

(2) a 新選挙区区割り適用。三人区廃止および二人区増加。b 二人区を廃止してすべて一人区に。c 新選挙区区割り適用。d ヒマーチャル・プラデーシュが連邦直轄領から州に昇格し，それにともない議席が６から４議席に減少。e 新選挙区区割り適用。f 1984年の選挙ではアッサム州とパンジャーブ州は民族紛争のため翌85年に繰り延べたためこの集計には含まない。g 1987年にゴアが連邦直轄領から州に昇格したことにともない１議席増加。h ジャンムー・カシュミール州，パンジャーブ州は紛争のため1991年には選挙はおこなわれていない。パンジャーブ州は1992年におこなわれた。i 新選挙区区割り適用。

一九五〇年代初めの段階で会議派につぐ位置を占めたのは、左派のCPIとヒンドゥー民族主義を掲げる右派の「大衆連盟」であった。

一九二五年にカーンプルで設立大会が開かれたCPIは各地の労働者や農民組織に浸透するが、反英民族運動の流れには浸透できなかった。CPIはテバガ運動やテランガーナ運動など過激な農民運動に深く関与するが、運動がインド政府の武力で沈静化されたこともあって、議会制民主主義重視の方向に進み、ケーララ州や西ベンガル州では支持基盤を拡大していった。しかし、それらの州を除き、インド全体として見ると幅広い民衆を政治的に動員することには成功していない。

一方、植民地時代、ヒンドゥー社会改革運動のなかからヒンドゥーの結束と強化をめざす団体が出現した。一九二五年にケーシャヴ・B・ヘードゲーワールによって設立された「民族奉仕団」(RSS)もその一つであった。ヒンドゥー民族主義を唱えるRSSは分離独立の過程で起こったヒンドゥーやシク教徒とムスリムとの流血のなかでパンジャーブや北部、西部で勢力を伸ばしていくが、四八年には以前RSSに所属していたナトゥラーム・V・ゴードセーがガーンディーを暗殺したため一時非合法化された。そのような経験から、RSSは改革を実現するためには政治的影響力が必要との考え方に立って、五一年に「大衆連盟《ジャン・サング》」を設立した。RSSの幹部を要所に配して設立された同党はしだいに支持を広げていく。

ネルー時代が「一党優位体制」と呼ばれるゆえんはたんに会議派が議会において圧倒的に優位であったからだけではない。会議派は一九四五年に共産党員、四八年に「会議派社会党」グループを排除し、また、五〇年に右派のパテールが死去したことにより、ネルーの指導のもとでより「純化」した。しかしながら、それでもなお会議派は党内に多様な性格のグループをかかえ、そのグループが党外の関係の党や利害団体と接触をもち、党外の幅広い利害関係を政策に反映させた、といわれる。このような意味において「一党優位体制」であった。

ネルー政権末期

インドは植民地支配の経験から、冷戦ではどの軍事ブロックにも加わらないとする「非同盟運動」の有力なメンバーであった。一九五〇年に勃発した朝鮮戦争、五五年のバンドン会議(第一回アジア・アフリカ会議)、六一年の第一回非同盟諸国首脳会議などではネルー外交によりインドは威信を高めた。しかし中国との関係は緊張をはらむもので、六二年には国境戦争が起こった。焦点はチベットであった。緊張の要因は大きく二つあったといってよい。

一つは国境問題である。インド北東部のチベットと国境を接する部分は、一九一四年のシムラー会議でイギリス官吏がチベット代表に強引に認めさせた、いわゆる「マクマホン・ライン」(3)で、中国は国境とは認めなかった。また西部のラダック地方のアクサイ・チン地域もインド領と認めなかった。両国は境界のパトロールを強化し、たびたび衝突が発生した。

もう一つは当時の中国がおかれていた国際的立場で、冷戦、および、一九五八年にあらわになった中ソ対立という国際関係のなかでインドをどう認識したかという問題である。インドは中華人民共和国を一九五〇年に承認し、五一年の人民解放軍ラサ進駐を受けて五二年九月には、ラサとの関係は今後、北京を通じてのみ処理されると宣言した。五四年には、中国チベット地区とインドとのあいだの貿易・通信に関する協約の前文で、領土保全と主権の相互尊重、相互不可侵、内政不干渉、平等互恵、平和共存が示された。これは二カ月後の周恩来首相のインド訪問において平和五原則として発表されたもので、友好関係が打ち立てられたかに見えた。しかし、インドは五九年のチベット反乱ではダライ・ラマの亡命を受け入れ中国から反発を受けた。西側さらにはソ連とも対立を強め孤立の度を深めていた中国指導部にとって、インドは非同盟主義を掲げるにもかかわらず、西側さらにはソ連とも関係を深める敵対的国家と映りつつあった。以上のような二つの要因が中国を大きく刺激した。

戦争は一九六二年十月に始まり、翌十一月に中国の勝利で終わった。中国軍は西部のアクサイ・チン地域および東部のマクマホン・ライン以南の北東辺境管区（現アルナーチャル・プラデーシュ州）に侵攻し、インド軍を退けた。中国は軍事的勝利が決定的になったのち、東部地区で撤退し一方的に停戦を宣言した。極めて短期間で戦争が終了したのは、中国にとってはインドに一撃を加え戦略的目標を達成したこと、しかし、戦争が長期化すればアメリカ合衆国など西側陣営、そして、ソ連も巻き込む大規模な戦争になることを懸念したからといえよう。

敗北の結果、国防相クリシュナ・メーノーンは辞任に追い込まれ、非同盟路線はアメリカなどに武器援助を求めたことで打撃を受けた。一方、国防支出は急増し、開発支出を圧迫した。この戦争はネルー政権に大きなダメージとなった。このあと、ネルーの老齢という要素も加わって、ネルー後の政権構想が表面化する。それが一九六三年八月の会議派党人事刷新計画、「カーマラージ・プラン」であった。

これは当時マドラス州（一九六九年に正式にタミル・ナードゥ州と改名）の州首相であったK・カーマラージが提案した党人事刷新計画で、中央政府六閣僚、会議派州首相六名が辞任願いを提出し人事刷新を待った。これはネルー後をにらんでの派閥抗争という側面も有し、十月には党内派閥としてカーマラージなどによって「シンディケート」が結成される。シンディケートは会議派州首相などを基盤とする既得権益層であったが、一つの目標はネルー後の党内の人事をコントロールすることであった。ネルーが一九六四年五月に没したとき、つぎの政権を成立させる中核となり、同年六月にラール・バハードゥル・シャーストリー内閣が成立する。

シャーストリー政権からインディラー・ガーンディー政権へ

シャーストリー首相の党内基盤は弱く、ネルーのような強い影響力はなかったため、相対的に州首相などの影響力が強まった。政権は就任後あいつぐ課題に直面した。

もっとも困難な課題は一九六五、六六年と二年続きの旱魃による食糧生産の危機であった。インド農業はモンスーンの出来に拠るところが大きい。しかし、旱魃の被害が甚大であったのは、第二次五カ年計画から重工業化政策のため農業部門への投資が削減されたことも原因であった。農業以外の部門の不振もあって第三次五カ年計画(六一年度〜六六年度)は目標達成が困難となり、ネルーの「社会主義型社会」路線への信頼が揺らいだ。公用語問題にも中央政府は対応を苦慮した。憲法は、施行後一五年は英語も連邦の公用語と定め、六五年以降はヒンディー語が連邦の公用語となることになった。しかし非ヒンディー語圏の反発が強く、六五年にはマドラス州で反ヒンディー語運動が激化した。これに対して中央政府は英語も公用語として保証したことにより、事態は沈静化した(補説5「言語問題」参照)。

政権が最後に直面しなければならなかったのはカシュミールをめぐって争われたパキスタンとの軍事衝突であった。インドはインド側カシュミールの実質的統合を徐々に進めていったが、それはパキスタンにとって好ましい事態ではなかった。そのような状況のなかで一九六五年の三月から四月にかけて国境で軍事的な小競合いが起こり、それが八月から九月上旬にかけて全面対決にエスカレートする。これが第二次印パ戦争である。戦闘は一進一退をつづけたが、九月下旬には国際社会の呼びかけに応じて停戦が成立する。六六年一月にソ連の仲介でシャーストリーとアユーブ・ハーンのあいだで「タシケント宣言」が合意され終結した。同宣言後、シャーストリー首相は客死し、政権は短命に終わる。シンディケートの後押しを受けてつぎに首相に選出されたのがネルーの娘のインディラー・ガーンディーであった。一九六七年の選挙に向けて知名度と党内をまとめるシンボルとして打ってつけと考えられたのである。

2　インディラー・ガーンディー時代

インディラー・ガーンディー首相の指導権の確立

インド現代史にとって一九六七年から七七年の期間は、政治の大変動期であった[近藤 2015: 第2章]。この時期に政権を担当したのが、インディラー・ガーンディー首相であった。発足直後のインディラー・ガーンディー政権のもっとも重要な課題は経済危機への対応であった。第三次五カ年計画の失敗から、六六年度からの三年間は五カ年計画は停止され年次計画のみで運営された。食糧危機とインフレを乗り切るためにインドは西側諸国から援助を受けたが、援助を受ける条件として世界銀行やアメリカによる経済改革を求める圧力に応じざるをえず、六六年には政権は五七・五％ものルピー切下げを発表した。これを受けてアメリカは経済援助を再開した。しかし大胆なルピー切下げの決定は党内の不満を高め、また、切下げ後も貿易収支は順調に改善しなかった。そのような状況でおこなわれたのが、六七年二月の第四回総選挙であった。

会議派の選挙運営ではシンディケートが主導権を握ったが、結果は会議派の大幅な後退となった。中央では政権を維持したものの、州ではあいついで非会議派州政権が成立した。ビハール州の飢饉、ケーララ州や西ベンガル州における食糧暴動など各地で混乱がつづくなかで、選挙での大幅後退は会議派内で大きな緊張を生み出した。しかし危機的状況にあるにもかかわらず、党内では首相はシンディケートに阻まれて独自の決定をおこなうことが難しい状況であった。これが派閥対立と分裂につながっていく。

首相がシンディケートに対抗して影響力拡大のため支持を求めたのは、党内左派である。一九六六年の危機の状況下でルピー切下げがアメリカの圧力によってなされたとの認識やベトナム戦争への人びとの反発も、首相が左翼的方向へと急進化する大きな要因となり、権力闘争の一つの大きな動因となった。

闘争の第一段階は銀行の国有化である。一九六九年六月の会議派運営委員会において首相は一四の主要商業銀行の国有化を提案したが、モーラールジー・デーサーイー財務相やシンディケートは強く反発した。翌月反発したデーサーイーは辞任に追い込まれ、銀行国有化の大統領令(4)が出された。同大統領令に最高裁は違憲判決をくだしたが、翌年、国会での立法措置で国有化が成立する。第二段階は大統領選挙(5)をめぐる争いであった。ザーキル・フサイン大統領は六九年五月に病死し大統領選挙がおこなわれることになった。首相は労働運動出身のV・V・ギリを推したが、シンディケート派はサンジーヴァ・レッディを推した。対立は派閥関係を通じて州レヴェルに拡大する。当初はシンディケートが優勢であったが、しかし大衆のあいだでの首相人気から、党員はしだいに首相派へ同調していく。結局八月におこなわれた大統領選挙ではCPIやインド共産党（マルクス主義、CPI-M）[6]やドラヴィダ進歩連盟（DMK）、アカーリー・ダル（「不滅党」）などの支持を得てギリが選出され首相の勝利となる。

いまや対立は決定的となり、十一月には首相率いる会議派（R）[7]と、シンディケート派の会議派（O）へと分裂が決定的となった。

権力闘争は首相派の勝利に終わったが、それは左翼的方向への政策の急進化を意味した。一九六九年十二月の「独占および制限的取引慣行法」の立法による大企業への規制強化、七〇年には旧藩王への年金および特権の廃止が大統領令でおこなわれた[8]。このような政策が矢継ぎ早に出されたさなか、七一年一月に第五回連邦下院総選挙がおこなわれ、インディラー・ガーンディー首相は「貧困追放」を大衆に訴え圧勝した。また、連邦下院選挙と分離しておこなうことになった七二年の一連の州議会選挙でも勝利をおさめ首相の人気は頂点に達した。人気の高まりには七一年十二月の第三次印パ戦争におけるインドの圧勝も大きく寄与した。

第三次印パ戦争

パキスタンは東西に分かれたかたちで分離独立した。しかし両翼のあいだの矛盾は大きく、西部による東部の支配はしだいに東部の自治権運動を活発化させた。一九六六年三月にはアワミ連盟による自治要求が出されたが、六八年にはアユーブ・ハーン軍事政権は運動を弾圧した。その後七〇年十二月の総選挙で東パキスタンではシェイク・ムジーブル・ラフマン率いるアワミ連盟が圧勝し、自治権運動が盛り上がった。これに対してヤヒヤー・ハーン政権は七一年三月に武力弾圧を開始したが、抵抗勢力はバングラデシュ独立を宣言し内戦が勃発する。

内戦の過程で大量の難民がインドへ流入し、また、東パキスタンに同情的であった世論の後押しを受け、インドは独立運動を支援するが、直接介入へ進むのは一九七一年八月にインド・ソ連友好条約の締結によってソ連の後ろ盾を得、アメリカ、中国に備えてからであった。戦端は十二月に開かれ、二週間でインド軍が圧勝した。戦争の最終局面でアメリカは第七艦隊をベンガル湾に派遣し、中国はシッキム付近で軍事行動を展開しインドを牽制するが[9]、大きな影響はなかった。注意すべきは、インドは圧倒的勝利で西パキスタンをも攻略しカシュミール問題を最終的に解決する可能性もあったにもかかわらず、そうしなかった点である。それは西パキスタンの崩壊を望まないアメリカ、中国という制約があったからである。インドは七四年に「平和的」核実験をおこなったが、それはそのような制約から脱する試みの一つであった。

一九七二年三月にはインド・バングラデシュ友好平和協力条約が締結された。また印パ両国は同年七月にインドのシムラーでインディラー・ガーンディーとズルフィカール・アリー・ブットー両首脳が協定を結び外交的にも戦争は終結することになる。

「社会主義型社会」政策と農村の改革

人気を背景に、首相は外国資本を厳しく制限する「一九七三年外国為替規制法」など社会主義的な政策を展開していく。この頃までに、近代的民間部門には硬直的な「ライセンス・ラージ」(許認可権限による恣意的な官僚支配[10])と揶揄される官僚統制の枠組ができあがり、近代的民間部門の活力は削がれていく[Nayar 1989: Ch. VII]。

一方農村に目を向けると、土地改革など基本的な改革は一九六五、六六年の大旱魃の経験や六七年の極左武装闘争、いわゆる「ナクサライト」の蜂起があっても、この間大きな進展はなかった。「ナクサライト」とは土地を農業労働者や小作人に実力でもって解放しようとしたCPI-M内の過激派が闘争を開始した西ベンガル州ナクサルバーリーの地名にちなむ極左武装勢力である。闘争は鎮圧されるがゲリラ活動はその後、後進地域を中心に各地に拡散していく。六九年四月には「インド共産党(マルクス・レーニン主義)」が運動のなかで結成される。

農村の困窮と社会的緊張の高まりは、内務省なども認識していたが、農村の既得権益層が州政府に深く食い込む状況では急進的な改革は困難であった。一九七二年四月にはインディラー・ガーンディー政権は土地改革に関して土地所有上限をさらに引き下げるなど改革を州政府に求めたがほとんど実行されることはなかった。しかし、食糧増産をはかることは最優先事項であったし、社会的緊張も放置できなかった。このようななかで政府にできることは、急進的な社会変革をともなわない改革であった。一つはいわゆる「緑の革命」である。これは灌漑など条件が整っている地域に化学肥料、高収量品種など近代的な投入財を投下し、収量を大きく高める戦略で、パンジャーブ州やタミル・ナードゥ州などで小麦や米などの増産に大きな成果をあげ、その後各地に広がり、七〇年代末には食糧輸入に頼らなくてもよい「自給」を達成することに貢献した。

緑の革命は食糧穀物の供給を量的には確かなものとした。しかし、極めて不平等な農村の社会構造から底辺の農業労働者や小作人、零細農にはその成果は十分には行き渡らなかった。多くの州政府が「持てる」層にコミットし、また、財政的に弱体な状況では十分な政策を実施することは難しかった。一方インディラー・ガーンディー政権としては州レヴェルの伝統的な諸階層との絆が会議派(O)を切り捨てたことからも弱くなっており、貧困大衆に直接働きかけるような政策を必要としていた。それが小農、零細農、農業労働者へ生産的資産や雇用を与える貧困緩和事業であった。それまでも中央政府によって灌漑への投資、公共事業による雇用の供給などさまざまな事業がおこなわれていたが、これらの弱者層をターゲットとする事業が一般化され全国に適用されるのはインディラー・ガーンディー政権からであった。

以上のように、農村は緑の革命によって発展を遂げる一部の地域、一部の階層がある一方で、発展の恩恵に与れないが、独立以来の民主主義体制のもと、権利の主張を強めつつある後進的な地域・階層の人びとがいた。一方都市部では独立以来の社会的・経済的発展の恩恵を受けて成長してきた一定の中産階級や富裕層がいた。そのようなまだら模様の社会経済発展は社会的不安定性を際立たせた。そのような不安定な状況に打撃を与えたのが石油危機であった。

インディラー・ガーンディー政権の危機と非常事態宣言体制

一九七三年の石油危機は大幅な物価上昇をもたらし、人びとの暮しに大きなダメージを与えた。そのような事態に対して最初に反対の声をあげたのは、グジャラート州の都市部の中間的な諸階層であった。

グジャラート州では富農、流通業者などを支持基盤とするチーマンバーイー・パテール州首相が会議派州政権を率いていたが、派閥抗争と腐敗で都市中間層の支持を失いつつあった。そこに石油危機によるインフレの急激な昂進によって食糧危機が起こり、政府への批判が噴出した。アフマダーバードなどではストライキや食糧暴動が発生し、一九七四年一月にはゼネストとなり、政府当局と衝突した。州政府は事態を収拾するため軍隊を導入したが、混乱の責任が問われ、中央政府による統治、すなわち「大統領統治[11]」を受け崩壊した。

運動はつぎにビハール州におよんだ。同州はもっとも後進的な州で、経済的困窮や社会不安を背景に左翼やナクサライトの闘争の場となっていたが、一九七三年後半の物価上昇、食糧危機、新たな課税は、腐敗した会議派州政権への反発を引き起こした。そこにグジャラートの影響が加わり、七四年一月には反政府闘争が組織され、三月には州都パトナーで警察と大規模な衝突が起こり多数の死者がでた。これによって州首相は辞任に追い込まれた。

以上の反政府運動はさらに広がる兆候を見せ、そこに運動を代表する全国的な指導者が求められた。その役割を四月に引き受けることになったのが、独立運動で名をはせたガーンディー主義者でもあるジャヤプラカーシュ・ナーラーヤンである。その後、五月には解雇者一万人という全インド的鉄道スト、十月にはゼネストのさなかパトナーで大規模な衝突、翌年一月には鉄道相ラリルト・ナーラーヤン・ミシュラの暗殺、三月には一〇〇万人による連邦議事堂包囲と事態は展開し、中央政府は追いつめられていった。中央政府は危機感を募らせ、六月のアラーハーバード高等裁判所によるインディラー・ガーンディー首相の選挙違反、議員資格剝奪判決という思いがけない展開を契機として、非常事態宣言を発令する。

非常事態宣言では、独立以来はじめて言論・集会・結社の自由などの基本的人権が停止され、報道統制、高等裁判所人事への介入などがおこなわれ、治安維持法などによってナーラーヤンをはじめ野党指導者や反政府的人物の拘禁・投獄がおこなわれた。強権を背景に首相と側近への権力の集中が進み、とりわけ首相の次男であるサンジャイ・ガーンディーの影響力が増した。さらに憲法改正によって権力の集中を制度化する試みがなされた(12)。

しかし一方で、強権は従来できなかった社会「改革」をおこなう機会を提供した。デリーにおけるスラムの取壊し、数百万人が強制され千数百人が命を落としたとされる強制不妊手術などもおこなわれた。また、首相は経済改革目標として「二〇項目プログラム」を発表し、土地改革や社会的・経済的弱者層の保護で一定の成果をあげた。この間社会的規律が回復し、労働争議、ストは激減し、天候に恵まれたため好調な食糧生産に支えられて必需品の供給も安定した。

以上のように非常事態宣言によって治安、生産は回復したこともあり、首相は自信を深め、選挙を一九七七年三月に実施することを表明し、政治的抑圧、検閲などを緩和した。それを機会としてナーラーヤンを調停役として会議派(O)、大衆連盟や、北インドの自立的な農民層を支持基盤とするインド民衆党、社会党が融合して「ジャナター党」(人民党)が結成された。

三月におこなわれた総選挙ではインディラー派の会議派は南インドではもちこたえたが、北部・西部インドで大敗を喫し過半数割れとなり、首相は非常事態宣言を解除し辞任した。ここに中央政府ではじめて非会議派政権がデーサーイーを首班として誕生した。

ジャナター党政権の成立と崩壊

ジャナター党政権が最初におこなったことは会議派の影響力を弱めることであった。一九七七年四月には会議派州政権は人びとの信任を失ったとして、大統領統治によって州議会を解散し、六月の選挙ですべての州で会議派から政権を奪取した。また、十二月には憲法改正で多くの条項を非常事態宣言以前の状況に戻した。

ジャナター党政権は政争に明け暮れ大きな成果はあげられなかったが、はじめての非会議派政権としていくつか注目すべき政策を打ち出した。重工業優先政策からガーンディー主義的・民族主義的な方向へ経済政策を修正し、村落工業、小規模工業の保護措置の強化、農村貧困層の所得向上のための事業などを打ち出した。また、多国籍企業に対する制限をより厳しくし、その結果IBMやコカ・コーラなどはインドから撤退した（IBMは一九九一年、コカ・コーラは九三年に再進出）。

外交については「善隣外交」の傾向が鮮明になった。[13] バングラデシュとのあいだではファラッカ堰の水資源分配に関して一九七七年十一月に正式な協定を締結した。また、ネパールとは七八年三月に従来の「一九七一年貿易通過条約」をネパール側の希望にそって貿易条約と通過条約の二つにわけて締結した。

ジャナター党政権が短命に終わった理由は、旧大衆連盟や旧会議派（O）から支持を受けるデーサーイー首相と旧インド民衆党系のチャラン・シン内相の衝突など派閥争い、および、政党やその関連組織の融合が結局うまくいかなかったこと、とくに旧大衆連盟の母体であるRSSの統合が困難であったことなどが大きい。

一九七九年七月には不信任案が提出され、旧インド民衆党系議員の脱退が進み、デーサーイー政権は崩壊した。一方会議派は七八年一月にはさらに分裂し、インディラー・ガーンディー派の会議派（I）[14]が誕生したが、これがチャラン・シン派を支持することでチャラン・シン派が七九年七月に政権に就いた。しかし会議派は翌月に支持を撤回し政権は崩壊した。ここにおいて議会で安定政権の発足は不可能と判断した大統領は下院解散・総選挙を決意した。

一九八〇年一月におこなわれた連邦下院選挙ではジャナタ党の分裂と混乱に加え、前年の第二次石油危機の影響で物価が高騰したことで民衆の生活が直撃され、与党に逆風となった。会議派は「強いリーダーシップと実行力のある政府」を合言葉に勝利をおさめた。一方、四月には旧大衆連盟系議員は「インド人民党」(BJP)を結成するなど、政党システムの再編が進んだ。

インディラー・ガーンディー時代の終りと第八回連邦下院選挙

発足したインディラー・ガーンディー政権は一九八〇年二月にはジャナタ党州政権を大統領統治で解散し、選挙で勝利をおさめた。しかし、首相の後継者と目されていたサンジャイ・ガーンディーが六月に飛行機事故で亡くなり、替わって長男のラージーヴ・ガーンディーが政界にかつぎ出され、翌八一年六月に補欠選挙で連邦下院議員に当選する。

政権が危急の課題として対処しなければならなかったのが、経済危機であった。農村貧困層向けには、生産的資産をもたせることで貧困から脱出させる「総合農村開発事業」や小規模な公共事業で雇用を供給する「全国農村雇用事業」などが一九八〇年に全インドに拡大され、政治的に大々的に宣伝された。しかしこれらの貧困緩和事業は人気獲得のためのばら撒きという要素が強く、地域の実情に合わなかったり、官僚機構の非能率や腐敗などにより、大きな効果は生まれなかった。

また、外貨危機を乗り越えるために一九八一年十一月には国際通貨基金(IMF)から三年間で五〇億SDR(IMFの特別引出権)の貸出しを受けざるをえず、そのため輸出入、投資政策などで自由化の方向を打ち出さざるをえなかった。また、インフレ抑制のための政策をおこなった。これらは実際上「社会主義型社会」政策からの方向転換の開始を意味した。しかし、根本的な経済状況の改善は短期間では難しく、食糧自給は一定のレヴェルを達成したとはいえ、天候に依存する農業の出来によって経済が大きく左右される状況は改善されなかった。八二年には旱魃による農業不振で人びとの不満は高まった。

そのようななか、同年五月におこなわれた四州の州議会選挙では会議派の不人気が早くも明らかになった。西ベンガル州ではCPI-Mを中心とする左翼戦線が一九七七年に政権を獲得したが、今回も左翼戦線の勝利に終わった。また八三年一月には三州で州議会選挙がおこなわれ、アーンドラ・プラデーシュ州ではテルグ・デーサム党(TDP)が、カルナータカ州ではジャナター党、トリプラ州ではCPI-Mを中心とする左翼民主戦線が勝利した。とくに会議派に衝撃を与えたのはアーンドラ・プラデーシュ州で、独立以来負けたことのない会議派が、人気映画俳優のN・T・ラーマ・ラーオ(通称NTR)が前年三月に結党したばかりのTDPに敗北したことであった。一方、カルナータカ州ではジャナター党が他の地域政党と共闘し過半数は達成できなかったものの、政権を成立させることに成功した。

会議派の揺るがぬ支持地域と見られていた南部二州での敗北は会議派にとって大きな打撃となった。敗北の背景には、支配カーストが政治を牛耳った従来の州政治から、低カーストが自主性を強め独自の政治的代表を求め始めた政治への大きな変化がある。その過程では政党組織と社会の結びつきがさらに弱まり、どの政党も広い階層にポピュリスティックに呼びかけることで支持を集める可能性が広がった。知名度の高い俳優のラーマ・ラーオが創設した政党が一年で州議会選挙で勝利できた背景にはそのような過程があった。このような過程は一九六七年のマドラス州議会選挙におけるDMKの勝利ですでに観察された現象であったが、この頃までには、政党と社会の固定的関係性は他の地域でもいっそう低下し、政党システムの流動化が全インド的に進んだ。

一方、周辺州では社会経済変動が州独自の要因と絡み合って、暴力的な展開をたどる場合があった。アッサム州では独立以前からプランテーションなどに他地域の部族民やベンガル人が雇用され、また一九七一年の第三次印パ戦争のとき、難民としてベンガル人の流入があった。大量のベンガル人の流入は土地や雇用をめぐってアッサム人と軋轢《あつれき》を生み、七九年から「外国人」排斥運動が活発化した。運動の中心となった「全アッサム人民闘争会議」は選挙ボイコットなどによって混乱を引き起こし、八二年三月には大統領統治が適用された。八三年三月には州議会選挙がおこなわれたが、アッサムの部族民とベンガル人のあいだで襲撃事件が起こり三〇〇〇人以上の死者を出す事態となった。結果は、極めて低い投票率で会議派が勝利し、ヒテーシュワル・サイキーヤーが州首相に就任した。

暴力的な展開をたどった他の州にはパンジャーブ州がある。事態の紛糾には会議派自身が深く関与し、それが結果的にインディラー・ガーンディー時代の終焉をもたらした。パンジャーブ州は緑の革命が成功した地域で、ジャート・カーストのシク教徒など富農層はアカーリー・ダルを支持していたが、同党は経済的実力を背景に一九七〇年代から自治権要求を強めた。一方、緑の革命は農村の階層分化を進め、取り残されたシク教徒零細農民を生み出し、経済発展は生活様式の都市化・世俗化をもたらした。このような社会変動が一部のシク教徒を基盤とする過激派を生み出した。当初過激派の影響力は限られたものであったが、州政権をめぐって競合するアカーリー・ダルと会議派双方が過激派を利用して相手の勢力を削ごうとしたため、ジャルネイル・シン・ビンドラーンワーレーなど過激派がしだいに勢力をつけることになる。

一九七七年には州議会選挙でアカーリー・ダルがジャナター党とCPI-Mの協力を得て勝利したが、八〇年一月の連邦下院選挙や同年六月の州議会選挙ではビンドラーンワーレー一派の影響力もあって会議派が勝利した。これに対してアカーリー・ダルは巻返しのため八一年九月には中央政府に経済要求などを突きつけ大衆運動をおこなった。このような政治的競合による混乱のなかで、ビンドラーンワーレーなど分離主義過激派は取り残された下層民などの不満分子を吸収しつつ暴力的手段によって影響力を拡大する。分離主義過激派は八三年には州政府の手に負えなくなっていった。

中央政府は一九八三年十月には治安悪化を理由に大統領統治で州政権を接収し事態の収拾に乗り出した。それに対して過激派はシク教の総本山であるアムリトサルの「黄金寺院」に立て籠もり徹底抗戦をおこなった。中央政府は八四年六月に軍を動員し武力で過激派を排除したが、神聖な黄金寺院を破壊することとなった。これがシク教徒の憤激をかい、インディラー・ガーンディー首相は十月にシク警備兵によって暗殺された。その死が伝えられるやいなやデリーなどで反シク教徒暴動が起こり、政府報告では三〇〇〇人余りのシク教徒が犠牲となった。そのさなかにおこなわれた十二月の連邦下院選挙では広範な層から同情票を集め会議派は大勝し、首相にはラージーヴ・ガーンディーが就任した。ここにインディラー・ガーンディー時代は幕をおろした。

3　ラージーヴ・ガーンディー政権から多党政時代へ

ラージーヴ・ガーンディー政権

ラージーヴ・ガーンディー新政権の最大の政治的課題はパンジャーブ問題をはじめ、各地の分離主義運動、民族的な混乱など国民統合に関する問題の解決であった。

パンジャーブ問題は、シク教徒の国「カーリスターン」(清浄な国)樹立をめざしテロ活動を拡大したシク教徒過激派と、治安部隊の暴力の応酬によって多くの犠牲者を出した。中央政府はアカーリー・ダルなど穏健派を懐柔することで事態を収拾することをめざし、一九八五年七月には、騒乱犠牲者への補償、過激派摘発のための抑圧的な特別法の撤廃、パンジャーブ州と近隣州の河川水の分配の変更などを骨子とする「パンジャーブ合意」をアカーリー・ダルと結んだ。九月の州議会選挙では、会議派が選挙活動を控えたこともあってアカーリー・ダルがはじめて単独で過半数を獲得し政権を樹立した。しかし同州政権は過激派を押さえることができず、八七年五月には大統領統治が導入され州政府は解任された。このの ち、過激派のテロと治安部隊の暴力の応酬によって治安の悪化がつづき州議会選挙をおこなうことができず、大統領統治が延長される。つぎの州議会選挙がおこなわれるのはおもな過激派が一掃され、社会が疲弊し平和を望む雰囲気が高まった九二年二月である。これ以降治安状況は徐々に改善していく。

一方アッサム州では中央政権は「外国人」排斥運動をつづける運動側と一九八五年八月には「アッサム合意」を結び、六六年一月以前にアッサム州にきた者には市民権を与え、それ以降七一年三月までにきた者は選挙名簿から一〇年間名前を削除するが、その後選挙権を回復させる、そして、それ以降の流入者は退去させるとした。十二月には合意を受けて州議会選挙が実施され、プラフッラ・クマール・マハント率いる「アッサム人民評議会」(ＡＧＰ)が政権を獲得した。しかし、不法滞在する流入民の識別は進まずアッサム合意は現在まで大きな進展はない。そのような状況への人びとの不満を背景に「アッサム統一解放戦線」(ＵＬＦＡ、一九七九年創設)など分離独立をめざす勢力は九〇年以降、テロ活動を活発化させていく。州政府に対応能力はなく、同年十一月には大統領統治が導入されＵＬＦＡの非合法化と掃討作戦がおこなわれた。その後九一年六月には州議会選挙と連邦下院選挙がおこなわれ会議派が勝利した。ＵＬＦＡの活動は現在までつづいている(15)。

先の二つの「合意」による事態の収拾は結局失敗に終わった。実施不可能な条項が含まれていたことにもよるが、穏健派州政権に過激派勢力を押さえ込む能力がなかったことが大きな原因であった。事態が収拾されるのはいずれも中央政府の掃討作戦が一定の効果をあげたのちである。

これに対して規模の小さな州では「合意」方式が有効な場合があった。東北部のミゾラムでは一九六六年に「ミゾ民族戦線」が独立宣言をおこない中央政府と対決したが、七六年頃から歩み寄りの交渉が断続的につづいていた。八四年十二月に両者は大筋で合意し、八六年六月にラルデンガ議長とのあいだで、ミゾ民族戦線は武装解除し他の反政府勢力との連絡を絶つこと、ミゾ民族の慣習法や伝統の保護、ミゾラムを連邦直轄領から州へ格上げするなどを骨子とする「ミゾラム合意」が締結された。八七年二月には州議会選挙がおこなわれミゾ民族戦線が勝利し、ラルデンガが州首相に就任し事態は収拾された。

これは中央政府との「合意」が事態の収拾に結びついた例である。その大きな理由は、ミゾラム社会が比較的小さな社会であることもあって、州政権を任せられたミゾ民族戦線が事態を収拾する能力があったからであった。パンジャーブ州やアッサム州のような錯綜する利害・敵対関係が問題の解決を困難にした政治社会状況とはこの点で大きな違いがあったのである。

以上のようなラージーヴ・ガーンディー政権の分離主義・地域主義への対応は「合意の政治」と呼ばれたが、そのような方法は周辺国にも適用された。国境をまたぐ南アジアの複雑な民族構成を背景に、周辺国の民族紛争や域外大国の介入をインドは自身の国家統合に関連するものと認知し介入する傾向が強かった。スリランカへの介入がその例である。

スリランカではシンハラ人優先主義からシンハラ人と少数派であるタミル人のあいだの民族紛争が激化し、一九八〇年代初めから多数のタミル人難民がインドに流入してきた。民族を同じくするタミル・ナードゥ州ではスリランカ・タミル人への同情が強く、会議派の協力政党である全インド・アンナ・ドラヴィダ進歩連盟（ＡＩＡＤＭＫ）政権は中央政府に介入を求めた。また、スリランカが民族紛争解決のためアメリカなどの援助を得ようとしたこともインドを介入の方向へ動かした。

一九八五年七月にはラージーヴ・ガーンディー政権は、スリランカ政府と「タミル・イーラム解放の虎」（ＬＴＴＥ）などのタミル人分離主義ゲリラ組織との和平交渉を仲介したが失敗に終わった。八七年五月には北部のジャフナを押さえていたＬＴＴＥは、スリランカ政府軍の攻撃を受けて苦況に立った。インド政府はＡＩＡＤＭＫの州首相Ｍ・Ｇ・ラーマチャンドラン（通称ＭＧＲ）の要請もあって、六月に救援物資を空輸することで介入の意志を見せつけた。七月には両政府は合意に調印し、インドは平和維持軍を派遣した。しかし、インド平和維持軍はＬＴＴＥと衝突し、住民にまぎれてゲリラ戦を展開するＬＴＴＥとの泥沼の戦いで多くの民間人が犠牲となり、結局、九〇年三月には撤退する。

一方、ネパールへの介入の場合は文脈が異なった。一九七八年に締結されたネパールとの貿易および通過条約は延長をかさねたすえ、八九年三月に失効してしまう。これによって両国間は二カ所を除いて残りは閉鎖され、物資の補給に大きな困難をきたし、ネパール経済は大きな打撃を受けた。インドがこのような挙にでたのは、両国の関係が特別であることを定めた五〇年の平和友好条約の趣旨に反してネパール政府がインド人に差別的な態度をとったこと、ネパールを経由して不正物資がインドに流入したことのほかに、ネパールが中国から武器を輸入したことがインドを強く刺激したからであった。物資不足によって引き起こされた人びとの不満は王政に向けられ、それが九〇年四月のネパール民主化につながった。新政権は同年六月には譲歩し、安全保障における両国間の特別な関係を維持することで合意し、「経済封鎖」は解かれた。

インドが周辺諸国に強引に介入できたのは、一九七一年以降、南アジアで圧倒的な影響力を確立し、域外大国も南アジアにおけるインドの地位を黙認したからである。そのような状況を前提としてインドと域外大国との関係は徐々に改善していく。ラージーヴ・ガーンディー首相は八五年に訪米しアメリカとの関係改善をはかり、また八八年には中国を訪問し関係改善への動きを決定的なものにした。それに対して周辺諸国はインドの動きを牽制するために南アジア地域で多国間の共通フレームワークを必要とした。それが、八五年に設立された「南アジア地域協力連合」(SAARC)であった。SAARCは印パ対立などに影響されつつも徐々に存在意義を増していった。

経済政策に関しては、電子産業など一部で規制緩和がおこなわれた。また、積極的な経済政策によって都市部の消費が拡大したが、経済格差は拡大し貧困大衆の支持が離れていった。支持離れを加速したのが腐敗であった。最大のスキャンダルは一九八七年四月に発覚したスウェーデンのボフォールズ社からの武器購入に関する会議派政権への疑惑で、クリーンなイメージで登場した首相に大きなダメージとなり、党内に亀裂が走った。内閣で財務相、国防相を歴任したV・P・シンは政権の腐敗暴露につながりかねない在外資産調査をおこなったことから辞任に追い込まれたが、ボフォールズ社の事件が発覚するや会議派を脱退し十月には「人民戦線」を組織し他の政党と連携した。

ボフォールズ社事件は会議派政権の腐敗を有権者にアピールし、諸野党を反会議派で結集させる触媒となった。一九八八年十月には人民戦線、旧インド民衆党系の「民衆党」そしてジャナター党が合体してジャナター・ダル（JD）が結成され、V・P・シンが総裁に就任した。さらに、八九年十一月の連邦下院選挙では州政党、右翼のBJP、そして、CPI-Mなど左翼とも選挙協力がなり、JDを中心とする連合が勝利をおさめた。もともと五年前の会議派の圧勝はインディラー・ガーンディー首相の暗殺という異常事態のなかで「水増し」されたもので、会議派のイメージが低下し、野党側で広範な連携ができると選挙で過半数を維持する力は会議派にはすでになかった。

国民戦線政府の挫折と会議派政権の復活

JD、TDP、AGP、DMKなどからなる「国民戦線」政府はV・P・シンを首相として一九八九年十二月に発足した。BJPやCPI-Mは閣外から政権を支持した。しかし、派閥抗争のため政権は安定しなかった。V・P・シン首相は、ジャート・カースト出身で北インドの農民層に影響力をもっていたデーヴィー・ラール副首相をコントロールできず、結局九〇年八月にデーヴィー・ラールを副首相兼農業相から解任する。

そのようなときにV・P・シン首相によって発表されたのが、「その他の後進諸階級」（OBC）へ行政や高等教育機関への採用において優遇的な特別枠を設ける留保政策を中央政府でも実施する政策であった。OBCとは、憲法上優遇措置の対象となっている旧不可触民である「指定カースト」（SC）や非常に後進的な「指定部族」（ST）のような社会的抑圧・差別は歴史的に受けてはいないが、社会的・教育的にはSCやSTと同様に後進的な階層を指す。歴代の会議派中央政府は一九五五年の第一次後進階層委員会の勧告に同意しなかったし［Galanter 1984: 176-177］、八〇年に提出された第二次の委員会、通称マンダル委員会の勧告にも積極的な反応を見せなかった。そのような経緯から、首相の発表は唐突であり、副首相の農民支持層を切り崩すためにおこなわれたと考えられた。

南部ではOBCへの留保はすでに導入されている州が多く、大きな反発はなかったが、北インドでは事情が異なり、社会的混乱が広がった。一九九〇年八月には学生や上位カーストを中心として反OBC留保運動が広がり、また、学生の焼身自殺などが多発した。九月には主要政党の会議が開かれたが結論はでなかった。結局、混乱を収拾するために最高裁判所が乗り出し十月に留保措置の停止令をくだし、事態は沈静化する。その後最高裁判所は、九二年の判決で裕福な層は除外したうえで中央政府の新規採用に二七％の留保をOBCに認めるとの判断を示した。SCとSTに対する留保枠がすでに二三％あり、一方留保の合計の上限は五〇％との判断があるためである。中央政府は九三年には以上の線にそった留保制度を各機関で施行した。

以上のような政権の内紛、OBC政策をめぐる社会的混乱は国民戦線政権への信頼感を失墜させた。それを最大限に利用したのがBJPで、そのシンボルとなったのがウッタル・プラデーシュ州東部のアヨーディヤーにあるモスクである。この地はもともとラーマ神の生誕地であり、その寺院をムガル朝バーブルの武将が破壊してモスクを建立したとの言説があった。宗派暴動の火種となることを恐れて会議派政府は一九四九年にモスクを封鎖したが、八六年にはラージーヴ・ガーンディー会議派政権はヒンドゥーの支持を得ようと参拝のためモスクを開放した。

BJPはヒンドゥーのあいだで支持を広げるため、ラーマ寺院建立問題を争点にし、また、RSSを母体とする世界ヒンドゥー協会(VHP)やその行動隊であるバジラング・ダル(ハヌマーンの軍団)も運動を扇動した。一九九〇年九月には総裁ラール・クリシュナ・アードヴァーニーはラーマ寺院再建を訴え示威行進を開始した。それに呼応してアヨーディヤーでは寺院建立のためにヒンドゥー教徒が集結し、ムスリムとのあいだで緊張を高めた。ウッタル・プラデーシュ州JD政権は動きを阻止すべく治安部隊を配したが、衝突が起こり大きな混乱を引き起こした。

V・P・シン政権は以上のような混乱を収拾できず、一九九〇年十一月にはJDは分裂し政権は崩壊する。議会ではJDから分かれたチャンドラ・シェーカル派が会議派の支持を得て政権に就くが、翌年三月にはその支持を失って崩壊し、五月に選挙がおこなわれた。選挙ではLTTEの自爆攻撃と見られるテロによってラージーヴ・ガーンディー元首相が暗殺され、その同情票もあって会議派は勢力を回復し、過半数には届かなかったものの第一党となった。

ナラシンハ・ラーオ会議派政権

会議派は諸派の支持を受けて一九九一年六月にはナラシンハ・ラーオ政権を発足させる。ラーオ政権のもっとも大きな課題は本格的な経済構造改革と自由化、および宗派間の対立への対応であった。

ラーオ政権のもっとも重要な決定は構造改革・自由化へ踏み出し、「社会主義型社会」政策から決別したことであろう。七月の産業政策声明、八月の貿易政策声明は大転換であった。大転換の直接的契機は、消費の拡大と外国からの短期借入れおよび輸入の増大、湾岸戦争による外貨送金の大幅な減少などによる財政悪化と外貨危機、および、融資機関である世界銀行やＩＭＦの圧力であった。しかし、根本的な原因は、「社会主義型社会」政策が硬直的な官僚制的指導体制に陥ってしまったという認識が多くの政治指導者、官僚に共有されるにいたったからであった。したがって、大転換であったにもかかわらず大きな政治的反発は起きなかった。

一方、アヨーディヤー問題を焦点とする宗派対立の高まりも大きな問題であった。一九九一年に同時におこなわれたウッタル・プラデーシュ州の州議会選挙でＢＪＰ州政権が誕生したことで事態は急展開する。同政権は、九二年七月にはヒンドゥー主義団体や支持者がラーマ寺院建立のための勤行をおこなうことを阻止しなかった。十月には政府、世界ヒンドゥー協会、ムスリム側代表の三者会議が開かれ、ムスリム側は問題の場所にヒンドゥー寺院があったという証拠があればモスクを移転してもよいという柔軟な姿勢を示したにもかかわらず、ヒンドゥー側は信仰の問題であるとして妥協することを拒否した。そして十二月に勤行が再開され、二二万人ともいわれるヒンドゥー勢力のもと、爆発物などによってモスクは計画的に破壊された［Jaffrelot 1996:455–457］。州警察は制止せず事態を傍観するのみであった。

これを契機に全国に暴動が広がり、警官の発砲などでムスリムなどを中心に死者一二〇〇人以上を出した。中央政府はただちにＲＳＳなど五組織を非合法化し、北部のＢＪＰ四州政権を大統領統治下においた。この事件は国際的なインパクトも大きく、報復としてバングラデシュ、パキスタンでヒンドゥー寺院が破壊され、また、予定されていたＳＡＡＲＣ首脳会議も延期された。

アヨーディヤー事件は会議派政権の統治能力に問題があることを示すものとなった。また、新経済政策は短期的には貧困大衆の生活を改善せず、貧困層の支持は低下した。一方、スキャンダルの多発も会議派政権の統治能力の低さを露呈した。証券スキャンダル、砂糖取引疑惑、電話網入札疑惑などである。とりわけ一九九六年一月に現職や元閣僚が捜査当局に起訴されるにいたった「闇の外貨送金」疑惑は野党にもダメージを与えたが、会議派自身にとって大きなダメージとなった。また不信任案を乗り切るために野党議員を買収した疑惑も露見した。会議派の不人気は九四年末のアーンドラ・プラデーシュ州、カルナータカ州、九五年三月のマハーラーシュトラ州やグジャラート州の州議会選挙での敗北ではっきりする。

以上のように政権末期にはラーオ会議派政権の不人気は明らかで、一九九六年四月の連邦下院選挙では会議派は惨敗し、ＢＪＰがはじめて第一党になる。しかしＢＪＰは過半数に遠くおよばなかったため、いったんはアタル・Ｂ・ヴァージペーイーを首班として組閣するも、わずか二週間足らずで崩壊した。代わって政権を担ったのが、「統一戦線」政府であった。

統一戦線政府からインド人民党連合政権へ

統一戦線は、ＪＤ、ＪＤから分かれウッタル・プラデーシュ州を基盤とする「社会主義党」、ＤＭＫ、ＴＤＰ、ＡＧＰなど特定州を基盤として成長した諸政党、およびＣＰＩ-Ｍなど左翼政党が加わった連合である。統一戦線は議会では少数派であったが、会議派の支持を得ることにより、デーヴェー・ガウダを首班として一九九六年六月に政権を樹立した。会議派の支持が得られたのはヒンドゥー民族主義を掲げるＢＪＰへの共通の反発からであった。統一戦線政府は州政党の連合という性格が強く、その意味で六〇年代からの社会経済変動を背景としてあらわれた州政党の成長の延長線上にある。

政権は「共通最小綱領」により共通政策を定めたが、多くの政党の集合体であったため政策は総花的であった。政権の存続にとって最大の懸念は会議派の支持であった。会議派は、九月には腐敗イメージがまとわりついたラーオ総裁からシーターラーム・ケースリー新総裁体制に移行し、統一戦線政府に対して攻勢を強めた。そのため一九九七年四月にはガウダ政権は辞任し、Ｉ・Ｋ・グジュラールが首相に就任した。しかし同政権に対しても会議派はラージーヴ・ガーンディー元首相暗殺事件と統一戦線の一角をなすＤＭＫとの関わりを口実とし、同年十一月支持を撤回した。その結果、政権は崩壊し、総選挙が九八年二月におこなわれた。

以上のようにわずか一年半余りで政権は崩壊したため、まとまった成果はあげられなかったが、外交政策については特色を出した。近隣の国に対してはジャナター党時代の善隣外交に近い政策を唱えた。インドは近隣諸国に互恵性を求めない、南アジア諸国は南アジア諸国の利益に反する領土の使用を他国に認めない、内政不干渉などがグジュラール外相（のち首相）によって唱えられた。しかし大国に影響されない独自の国際関係を追求するという点は継続しており、例えばインドは包括的核実験禁止条約（ＣＴＢＴ）の採択を一九九六年六月に拒否し、核開発のオプションを保持することを明確にしている。

一九九八年の選挙では会議派は故ラージーヴ・ガーンディーの夫人であるソニア・ガーンディーが選挙応援に参加し、政権奪回をめざしたが、実現しなかった。それに対してＢＪＰは政権獲得のためあえてヒンドゥー民族主義を自制し、有力な州政党と選挙協力をおこなう環境を整えた。その結果、効率的に議席を獲得し、ヴァージペーイーを首相として連合政権を発足させることに成功した。ＢＪＰは州政党の協力を必要とし、一方、多くの州政党にとって州レヴェルでの対抗政党は会議派で、かつ、中央政権に参加することはさまざまな意味で利益となる。そのような両者の利害関係の一致が協力関係を成立させた。

しかし、州政党がＢＪＰに協力したのは反会議派か、あるいは協力の代償として利益を得るためであったから、ヒンドゥー民族主義に興味のない州政党は協力が利益にならないことがはっきりすると関係維持には興味を失った。このような状況から内政面では見るべき成果をあげられなかった。ＢＪＰの人気は停滞気味で十一月の北部から中部の州議会選挙では会議派に敗れた。

ヴァージペーイー政権の崩壊につながったのは結局、州政党のなりふり構わぬ利益の追求の結果であった。汚職疑惑のさなかにあったＡＩＡＤＭＫのＪ・ジャヤラリター党首は政敵であるＤＭＫ州政権の解任をＢＪＰに強引に迫った。しかし、要求が入れられないと見るや、一九九九年四月にＢＪＰへの支持を取り下げたのである。ここにＢＪＰ連合政権は崩壊した。

短命に終わったＢＪＰ政権が世界に衝撃を与えたのは、一九九八年五月の核実験であった。インドに対抗してパキスタンは同月すぐさま地下核実験をおこない、南アジアが核の危ういバランスのなかにあることをさらけだした。そのような危うさを懸念せざるをえない事件が九九年五月のカシュミールのカールギル紛争であった。

一九七一年の第三次印パ戦争ののち、カシュミール情勢が悪化するのは八九年以降である。パキスタンとの関係および自治権運動で複雑な問題を抱え込むカシュミール地方はシェイク・アブドゥッラーの民族協議会など穏健派が自治権運動の中心となってきたが、八〇年代から「ジャンムー・カシュミール解放戦線」などの過激派が勢力を増してきた。しかし問題を深刻化させたのは国外勢力の浸透である。とりわけアフガニスタンからソ連が撤退したのち、イスラーム武装勢力やパキスタンをベースとする勢力が進出してきたことで、紛争が国外勢力との戦いという側面ももつようになった。九五年三月にはパキスタン寄りの「聖戦士団」およびアフガニスタン武装勢力とインド軍および国境警備隊とのあいだで大規模な戦闘が起こった。そのような状況下で起きたのが、両国の領域が曖昧なヒマラヤのカールギル境界での軍事衝突であった。曖昧な状況を突いてパキスタン軍が同地域の一部を占領した。それに対して、ヴァージペーイー暫定政権は空軍まで動員し反撃した。これがカールギル紛争である。アメリカなど欧米諸国は同事件に対してインド寄りの理解を示したこともあってパキスタンは撤退せざるをえなかった。

一九九九年の連邦下院選挙ではＢＪＰは周到な準備をおこなった。五月には同党を中心とする「国民民主連合」（ＮＤＡ）を発足させ、またヒンドゥー民族主義的傾向を表面上抑えつつ政策調整をおこなうことにより、より幅広く、より安定的な連合を実現した。九月～十月の選挙ではそれが功を奏し、安定過半数を確保し、ヴァージペーイー政権が成立した。会議派は九八年四月にソニアを総裁にすえ人気回復をめざしたが、ソニアのイタリア出自をめぐり党が分裂し体勢が整わなかった。また基本的に単独で政権奪取をめざしたため、得票率は若干の改善を見たものの、議席数はかえって減少する結果になった。

新政権の経済政策に関してはＢＪＰ内には経済ナショナリズムを強く推すグループもいるが、基本的に構造改革、自由化の流れを継承した。硬直的な外国為替管理法の抜本的見直し、外資も含む民間への保険部門の開放などを矢継ぎ早におこなった。

また政権はテロとの対決を唱え、二〇〇一年九月のアメリカ同時多発テロ事件ではアメリカによるアフガニスタンへの介入を支持した。国内では十月にはカシュミールの解放をめざすイスラーム武装勢力によるジャンムー・カシュミール州議会襲撃事件、十二月にはデリーの国会襲撃事件が起こり、パキスタンがテロ活動の背後にいるとして両国間で軍事的緊張が極度に高まった。

一方、国内ではグジャラート州で二〇〇二年二月に大宗派暴動が発生し一〇〇〇人以上が犠牲となり、ＢＪＰ政権の汚点となった。犠牲者の多くはムスリムであった。同州では一九九五年以降ＢＪＰが政権に就いていたが、二〇〇一年以降はナレーンドラ・モーディーが州首相であった。暴動はゴードラー駅における列車火災に端を発して起こったものであるが、バジラング・ダルなどＲＳＳ関連組織が関与したと見られ、モーディー州政権の責任が問われた。

ＮＤＡ政権は中央レヴェルではいちおう安定した政権であった。しかし二〇〇二年二月のウッタル・プラデーシュ州など北インドを中心とする州議会選挙ではＢＪＰは勝利できなかった。同州では一九九〇年代から農民カーストやムスリムを支持基盤とする社会主義党に加え、八四年に設立され、ＳＣなどを基盤とする「大衆社会党」が支持を広げ、会議派やＢＪＰの支持基盤を蚕食した。しかし二〇〇三年十一月の州議会選挙ではＢＪＰの人気は一定の回復を見せた。そのようななかで〇四年に連邦下院選挙がおこなわれることになった。

会議派率いる「統一進歩連合」政権の成立と失敗

二〇〇四年四月〜五月におこなわれた選挙ではＢＪＰはＮＤＡ連合を踏襲し、経済成長の実績を強調してキャンペーンをおこなった。それに対して会議派は積極的に他党と協力する方針に転換し、州政党やＣＰＩ‐Ｍなど左翼政党と積極的に選挙協力をおこなった。選挙結果は、会議派連合が議席数でわずかに上回った。ＮＤＡ政権期には一定の経済成長はあったが、経済的社会的弱者層にその成果が行き渡るにはまだ程遠い状況であった。これが人びとの十分な支持を得られなかった一つの大きな要因であった。

勝利後、会議派を中心とする連合は「統一進歩連合」(ＵＰＡ)となり、これを左翼政党が閣外から支持した。ソニア会議派総裁は首相に就くことを固辞し、代わりに、かつて財務相として経済自由化の指揮をとったマンモーハン・シンが首相に就任した。左翼政党も協議に加わりつくられた「共通最小綱領」では、会議派の伝統的なイデオロギーである貧困層の重視、農村開発に加えて、健全な公企業は民営化しないなど左翼への配慮も盛り込まれた。新政権は左翼政党の支持に依存するため、UPA政権にとって公企業の民営化や、労働法制の改革などは難しい分野となった。

第一次UPA政権にとって幸運だったのは経済の好調さであった。二〇〇三年から一〇年までの実質国内総生産(GDP)の伸びは約八・五%と史上最高の高度成長を記録した。そのような高度成長は、「包摂的成長」を掲げる政府が農村貧困層への分配など補助金政策を実施することを容易にしたのは間違いない。そのような政策として画期的なものが〇五年に立法化された「全国農村雇用保証事業」である。これは各世帯に年間一〇〇日の賃金雇用を法律で保証する事業である。資金の九割は中央政府が出資するが、州政府は一〇〇日分の雇用を与えられない場合は、不足分を手当で払わなければならない。全国農村雇用保証事業は雇用対策事業としては最大規模の事業でUPA政権を代表する事業となった。

このように「包摂的成長」を掲げる会議派UPA政権であったが、経済構造改革も依然として重要な課題であった。一九九一年に開始された改革は、この頃までにはやりやすい分野の改革は終わり、難しい分野の改革が残されている状況であった。公企業の改革もそのような分野であった。改革の柱は株式の民間への放出による「民営化」であった。シン政権は二〇〇五年五月にはバーラト重電機の政府保有株一〇%の民間への売却、〇六年一月にはネイヴェリー亜炭公社の株式一〇%を民間に放出する決定をおこなった。しかし、いずれもCPI-Mなど左翼政党や「民営化」で影響を受ける州の州政党からの反対で頓挫した。会議派は左翼政党や州政党の支持を頼みとする以上、強引に政策を進めることはできなかった。

左翼政党との妥協による政権運営が限界を迎えるのが、アメリカとの民生用原子力協定問題であった。インドは一九九八年の核実験では経済制裁を受ける[16]など国際社会から一時的に孤立したが、経済発展を支えるエネルギー源の確保のため原子力発電の拡大や技術開発は必須であった。そのためには国際原子力市場への復帰が重要な課題であった。一方アメリカなども、インドを孤立させるよりは原子力発電分野で協力することと引き替えに国際原子力機関(IAEA)や原子力供給グループなどによるゆるい規制に組み込むほうがよいと考えた。その結果が二〇〇八年十月のアメリカとの民生用原子力協力協定の締結であった。アメリカとの協定締結はインドが国際原子力市場に復帰するのを許されることを意味した。しかし、アメリカとの協定をきらう左翼政党は、協定締結が明らかになった〇八年七月に会議派の決定を不服としてUPA支持を撤回した。左翼政党の支持撤回でUPA政権は議会で信任投票をよぎなくされたが、社会主義党などの支持を確保し信任投票を乗り切った。もっとも、左翼政党の支持を失ったことは、逆に政権運営をやりやすくした面もあった。〇八年以降、中央政府公企業の株式放出は順調に進んでいくことになる。

第一次UPA政権は二〇〇八年のリーマン・ショックや原油高にも比較的よく対応し、経済好調を保った。しかし、インドの歪んだ社会構造から高度成長は社会の底辺層にすぐさま恩恵をもたらすわけではなかった。そのような問題が露呈したのが極左武装勢力、ナクサライトの問題であった。ナクサライトは一九七〇年代に弾圧されたが二〇〇〇年代に入ると東部の後進的部族民地域などを中心に影響を拡大した。その最大の勢力が、〇四年に既存組織の再編成から生まれた「インド共産党(マオイスト)」である。政府は武力弾圧と同時に後進地域の開発によって極左武装勢力に対抗している。

以上のように好調な経済や「包摂的成長」政策によって会議派政権の人気は保たれた。一方、BJP率いるNDAは有力な州政党があいついで協力関係を解消したこともあり、支持基盤が縮小した。これらの要因が二〇〇九年四月〜五月の連邦下院選挙で会議派とUPAが勝利した最大の要因であった。会議派は二〇六議席、UPA全体では二六二議席と過半数は獲得できなかったが、他の政党の支持を得て政権を樹立した。

マンモーハン・シン首相続投となった第二次UPA政権は第一次政権期の政策を継続した。しかし、UPA政権への支持は二〇一〇年以降、しだいに低下した。最大の要因は経済の停滞であった。とくに消費者物価は第二次UPA政権期には、ほとんど八%を下回ることはなく、庶民生活に大きな打撃を与えた。それに加えUPA政権があいついで汚職疑惑に巻き込まれたことも人びとの失望を高めた。とくに〇八年の第二世代携帯電話周波数割当てをめぐるスキャンダルでは、DMK出身の閣僚が一〇年十一月に辞任に追い込まれたことは大きな打撃となった。会議派はソニア総裁の息子のラーフル・ガーンディーを次世代指導者としてかつぎだし、人びとの支持離れを食い止めようとしたが大きな効果はなかった。

このような人びとの不満の広がりは会議派とは異なる政治を求める流れとなった。デリーでは二〇一一年にアンナ・ハザーレーを指導者として反腐敗運動が盛り上がったが、この運動から分かれたアルヴィンド・ケージュリーワールを指導者として一二年に設立された庶民党（AAP）は一三年十二月のデリー州議会選挙で第二党に躍進した。選挙ではBJPが第一党となったが、庶民党は惨敗した会議派の支持を得てデリー首都圏政府に就任した。(17)与党が実績をあげられない場合、選挙で簡単に惨敗する現象は、会議派に限らず頻繁に顕在化している。西ベンガル州では一九七七年から州政権に就いていたCPI-M率いる左翼政権が、二〇一一年の州議会選挙で会議派から分かれた「全インド草の根会議派」に惨敗した。左翼政党の退潮は一四年の連邦下院選挙でも鮮明にあらわれ、経済自由化に左翼政党が適応できていない状況を示すものとなった。

UPA政権に対する人びとの不満をもっとも効率的に吸収したのはBJPであった。それは、強い決断力でグジャラート州の経済発展を牽引したとされるモーディー州首相が北部、西部を中心にヒンドゥー大衆の人気を集めるというかたちで顕在化した。二〇一二年以降、モーディー人気は急上昇し、BJPはモーディーを次期首相候補として前面に押し出した。モーディーは〇二年のグジャラート州での宗派暴動での役割がつねに批判の対象となるが、それは多数派のヒンドゥー教徒などが待望する強い指導者のイメージをそこなうものではなかった。BJPは、政治的に反発を生みやすいヒンドゥー民族主義政党というイメージを押さえつつ多くの州政党と協力関係を打ち立て、選挙に備えた。

このような状況で二〇一四年四月〜五月に連邦下院選挙がおこなわれた。会議派そして左翼政党は歴史的惨敗を喫した。ＢＪＰははじめて単独過半数を制したが、ＮＤＡの枠組を踏まえて政権を樹立した。首相にはモーディーが就任した。モーディー政権は依然として膨大な貧困層へ配慮しつつも、高度成長軌道への復帰を最優先の政治課題としている。そのためにはグローバリゼーションのなかで内外の投資を呼び込むための規制緩和など自由化路線を鮮明にしていることが特徴である。

最後に国際関係に目を向けると、急速な経済発展や、アメリカとの原子力協力協定締結が象徴するインドの国際的な地位の向上は主要国の目をインドに向けつつあり、主要国はこぞってインドとの戦略的・経済的関係を強化している。政治的に不安定な中東から南アジア地域において、さまざまな問題をかかえつつも議会制民主主義をとおして安定的な発展を成し遂げてきたことが、地域大国インドの魅力をさらに増しているといってよい。

近藤則夫

▼補説5▲　言語問題

イギリスの覇権が確立する前のインドにおいては、聖典言語であるサンスクリット語が、それ自体が神格化されていたこともあり、音声伝承により大きな正統性が付与されたうえで、規範的価値を独占する圧倒的な地位を獲得していた。サンスクリット語の表記に使われるデーヴァナーガリー文字も、音声伝承と比べると副次的なものではあったが、北インド一帯では同様の地位を確立していた。外来の諸勢力も、こうした権威を受け入れないことには支配の正統性を確保しえなかったことから、翻ってそれは、俗語による歴史資料の残存を大きく規定することになったといえる。

十八世紀後半より十九世紀末にいたる言語社会史を概観すれば、民衆の言語であるインド近代諸語は、イギリス支配下の私法運用通則におけるサンスクリット語とペルシア語の卓越、さらに一八三五年以降に確立されていく高等教育における英語の排他的優越と相合わさり、二重の抑圧状況におかれていたといえる。言語のみならず、その表記に使用する文字も、英語と一体となったローマ字を筆頭にして、支配制度のなかに組み込まれたデーヴァナーガリー文字とペルシア・アラビア文字、さらに規範的価値を体現していないそれ以外の文字群といったように、階層化されて存在していたのが、南アジア地域の言語状況の特質である。

植民地支配の確立は、近代活版印刷術の導入、徐々に拡大する行政・司法・教育制度により、言語様式の規格化をともないつつ、既存の位階を固定化するとともに強化し、支配領域全体に拡大していったのである。北インド一帯で用いられるインド近代諸語は、その文字化、さらには印刷・出版が普及する過程では、例えば、グジャラーティー語とその文字のように規範的価値を体現していたデーヴァナーガリー文字との対決をよぎなくされていったり、カイティー文字やモーディー文字のように、ペルシア・アラビア文字に対抗するデーヴァナーガリー文字の擁護運動のなかで、排除されていったりしたのだった。インド一帯で、識字能力の普及が遅れたことは、たんに文字が多種多様であり、公教育も制度上の不備をかかえていたことに起因するのではなく、こうした特性が関与していたと考えられる。

一方、翻ってみれば、一八三七年以降、地方行政や司法廷においては在地諸語の利用に道が開かれたことから、インド民族主義の勃興とその展開においては、貶められた母語とその固有文字の地位獲得が、不可分の活動目標として組み込まれることになった。その具現化を担ったのが、言語圏ごとに結成されていく言語運動団体である。

通商行為をめざしてヨーロッパより到来した諸勢力は、やがて、支配と領有をも視野に入れるようになるが、インド全域で通用する言語を発見することは、その目的の達成にとって不可避の課題であった。その結果、北インドのみならず、港湾・商業地域で広域の流通性をもっていたヒンドゥスターニー語(十八世紀においては、インドスターン語とされた)が「発見」されたのである。その言語に着目することになるのは、なにもヨーロッパより来訪した諸勢力のみではなかった。それをインドの共通語として発展させていこうとする試みは、十九世紀末よりインド民族運動のなかで話題とされるようになり、母語を異にするベンガル語やマラーティー語圏出身の活動家たちの支持をも獲得していった。しかしながら、十九世紀をとおして、その書記体における文字選択をめぐり、ヒンドゥスターニー語はウルドゥー語(ペルシア・アラビア文字表記)とヒンディー語(デーヴァナーガリー文字表記)へと分化したばかりでなく、前者がイスラーム教と結びつきインド・イスラーム教徒の共通語として位置づけられたことからインド二民族論に基盤を提供し、一方、ヒンディー語はインド一民族論の支えとなったことで、抜き差しならない対立関係に入っていったのである。十九世紀中葉以降、分離独立にいたるまでの北インド一帯は、この言語対立に覆われていたと考えてよい。結果として、一八八一年に中央州とビハールにおいて、法・行政用語としてナーガリー語(すなわち、ヒンディー語)の使用が法的に認知され、さらに一九〇〇年には北西州においてもヒンディー語がウルドゥー語に加えて同じく法的に認定されると、両者の争いはヒンディー語派にとって決定的に有利なものとなっていった。

一九二〇年代以降、国制改革の過程で両者の対立は激化の一途をたどったことから、モーハンダース・カラムチャンド・ガーンディーは、両者の基盤にある平易なヒンドゥスターニー語に回帰し、双方の文字をともに利用しようとする独自の言語論を展開するようになった。その運動は然るべき影響力をもったものの、一九四八年一月のガーンディー暗殺後、その支持勢力は急速に瓦解していった。

インド・パキスタン分離独立をはさむインドの制憲過程では、国家運営において特別の地位を与える言語の選定をめぐり、激烈な論議が展開された。選択肢は、もとより広範な流通性をもつ言語に限られていたが、問題は、その言語が国家運営上の要請を担いうるのか否か、さらに独立運動の理念をどこまで体現しうるのかということであった。結果として、その勢力主体は、英語派、ヒンディー語派、そして、ヒンドゥスターニー語派の三派に分かたれていった。ウルドゥー語擁護を主張する主要勢力は、パキスタン建国とともに国外に去ったこともあり、インド国内に残ったナショナリスト・ムスリムは、ウルドゥー語擁護を全面に掲げることができないまま、ヒンドゥスターニー語擁護にまわらざるをえなかった。しかし、それもガーンディーの暗殺後、急速に求心力を失い、結局のところ、論議は英語派とヒンディー語派の対立へと収斂していくことになった。南インドのドラヴィダ語圏より選出された制憲議会議員たちは、ヒンディー語強硬派がヒンディー語に国家語・民族語として排他的な権能を付与することに固執するのを「ヒンディー語帝国主義」と批判し、対抗策として英語擁護にまわっていった。その対立は、日限が設定されていた憲法制定作業全体を揺るがしかねないものであったため、K・M・ムンシーが両派の調停に乗り出すことになり、結局、ヒンディー語には、国家・民族語(national language)ではなく公用語(official language)の地位を付与することで決着を見たのだった。あわせて、ヒンディー語以外の言語集団の権益が阻害されることはないという意思表明として、憲法制定過程において主要言語として認知されていた言語名を列挙した第八付則「諸言語」が制定されることになった。また、ウルドゥー語との対立を再燃させないために、憲法条文では「デーヴァナーガリー文字で書かれたヒンディー語」と文字種までもが特定されたのである。

一九五〇年一月二十六日の憲法施行後、その言語規定(第一七編第三四三条～三五一条)に基づき連邦公用語としてのヒンディー語の発展と普及のためにさまざまな試みがなされることになり、五五年の公用語委員会の任命につづき、ヒンディー語の排他的使用を義務づける一九六三年公用語法が制定されていった。しかしながら、一九六五年の同法発効に向けて、南インドのわけてもタミル語圏では激烈な反対運動が展開されたことから、六七年にはその改正法の制定をよぎなくされ、ヒンディー語の排他的使用は強制されないことが明らかとなったのである。その際、保障措置として第八付則が読み替えられ、言語集団の権益擁護の意味合いをもたされるようになるとともに、インド文学院(Sahitya Akademi)も独自に文学言語を指定して、資金援助をおこなうようになっていった。これ以降、連邦公用語のヒンディー語をめぐる対立は影を潜め、インドで展開される言語運動は、インド文学院による文学言語への指定、さらには第八付則への言語名記載要求へと、段階的に収斂していくことになった。翻って見れば、それは連邦公用語としてのヒンディー語の充実と普及を阻害し、その空洞化を招来してしまったのである。こうした事態が変化するのは、一九九一年の経済開放以降のことである。ケーブルテレビ・衛星放送を中心とするマスメディアに対しても市場が開放され、四億人を優に越えるヒンディー語話者人口が巨大な市場として意識されるようになり、市場原理がヒンディー語の流通と普及を一挙に推し進めていったのである。

憲法の言語規定では、州議会は独自に州公用語を定めることが認められていたことから(第三四五条)、また、旧藩王国の境界を再編したうえで州行政を効率よく運用するためには、固有文字をもつ主要言語の分布にそって州境を再編する必要があった。その結果として一九五五年には州再編委員会が任命され、その答申に基づき翌五六年には言語州再編がおこなわれることになった。しかしながら、ボンベイ州、パンジャーブ州、ヒマーチャル・プラデーシュ州のように再編の時期がずれたり、インド東北部のようにもともと卓越した言語が存在していない地域があったりして、全インドにその効果が万遍なくおよんだわけではなかった。

なお、第八付則は、当初一四言語が指定されていたが、一九六七年の第二一次憲法改正でシンディー語が追加され一五言語となり、九二年の第七一次改正でコーンカニー語、マニプリー語、ネパール語の三言語が追加され一八言語となり、さらに二〇〇四年一月に発効した第九二次改正では、新たにボド語、ドーグリー語、マイティリー語、サンターリー語の四言語が追加され二二言語となっている。この付則が、政治的に民族語としての認知機能をはたすようになっていることがうかがわれる。しかし、あらためて銘記しなければならないのは、これらの言語は、連邦公用語とはいっさい関わりがなく、州公用語とも一致していないことである。

パキスタンでは、インド・ムスリム一民族論の建国理念に照らして、母語話者人口が八％に達しないウルドゥー語が、民族語・国家語(national language)の地位にすえられた。インドと異なり言語州原理が否定されるのは、このためである。分離独立当時は、東パキスタンにベンガル語人口をかかえていたことから、ベンガル語にも同様の地位が付与されていたが、ベンガル語の使用文字をペルシア・アラビア文字化させようとする試みに始まり、言語権益の擁護には、つねに不安材料がともなっていた。結局、バングラデシュの分離以降、ウルドゥー語は、単一の国家語・民族語となり今日にいたっている。

バングラデシュは、現行憲法では、文字種を特定しないまま、ベンガル語(ただし、用語法はBangla)が、単一の国家語(state language)に指定されている。

スリランカでは、一九七八年憲法において、公用語としてシンハラ語、民族語としてシンハラ語とタミル語を特定しているが、シンハラ語に優越権が与えられており、北部に居住するタミル系住民が展開する分離運動では批判の対象となってきた。二〇〇〇年にはタミル語にも公用語の地位を付与することが盛り込まれた憲法改正草案が提示されたが、発効するにいたっていない。

ネパールでは、一九九〇年憲法において、デーヴァナーガリー文字で記されるネパール語が国家(nation)の言語にして公用語であるとされている。その他、ネパール国内で話されているすべての言語が民族語(national languages)とされている。

藤井　毅

▼補説6▲　ヒンドゥー・ナショナリズム

ヒンドゥー・ナショナリズム運動とは、多様な集団や地域の欲求に対して、具体的利益をともなう多様な活動によって応えつつ、「ヒンドゥトゥヴァ」という融通無碍な擬似宗教イデオロギーを解答として提示することによってインド国民をヒンドゥー・アイデンティティのもとに統合しようとする近代的ナショナリズム運動である。この運動においては、サンスクリット文典に基づく規範化されたヒンドゥー精神が公的価値として措定され、そこからこぼれ落ちるムスリムやキリスト教徒などの宗教的マイノリティを暴力的に排除・同化しようとする傾向が著しい。

このようなヒンドゥー・ナショナリズム運動の祖型は、十九世紀における西洋的近代教育を受けたインド人エリートたちの社会改良運動のなかに見出すことができる。とくに一八七五年に創設されたアーリヤ・サマージがおこなった運動は、ムスリムやキリスト教徒に対するシュッディー運動(ヒンドゥーへの再改宗運動)やサンガタン運動(ヒンドゥーの団結を呼びかける運動)など、現代にいたるヒンドゥー・ナショナリズム運動と共通する要素を多分に有していた。

二十世紀に入り、ヒンドゥー・ナショナリズムを理論化する動きと、それを組織し大衆運動化する動きがあらわれた。この前者を代表するものがサーヴァルカルによって著された『ヒンドゥトゥヴァ』(一九二三年)で、後者を代表するのがヒンドゥー・マハーサバー(一九一五年)の結成とヘードゲーワールによる民族奉仕団(RSS)の結成(一九二五年)である。

一九二二年二月のチャウリー・チャウラー事件を契機としてガーンディーの率いる第一次非協力運動は挫折し、その後数年間の独立運動の停滞期が訪れたが、ヒンドゥー・マハーサバーは、この時期に積極的なサンガタン運動とシュッディー運動を展開し、ヒンドゥーの復興を推進しようとした。ガーンディーが牽引した第一次非協力運動は、ムスリムのヒラーファト運動と協調し、ヒンドゥー・ムスリムの連帯を重視した運動を展開したが、ヒンドゥー・マハーサバーの活動は一九二〇年代にタブリーギー・ジャマーアトなどが展開したムスリムのタブリーグ(布教、および日常におけるイスラーム的実践を促す唱道)運動と真っ向から対立し、結果としてコミュナルな暴動をインド各地であおることとなった。

一方、RSSはヒンドゥー・ムスリムの対立が深刻化したこの時期に、ヒンドゥーの組織化の必要性を訴えて結成された。創始者のヘードゲーワールは、ヒンドゥーが弱体化し衰退しつづけているというヒンドゥー・マハーサバーと共通する認識をもっていたものの、個々人の肉体的・知的鍛錬がなされることによってこそヒンドゥーの団結が強化されると考えたため、政治的な活動よりも毎日小さな単位で肉体的・知的訓練をおこなうシャーカー(支部)活動を重視した。設立当初のRSSの活動はマハーラーシュトラ地方に限定されたものであったが、一九三〇年代に入ってシャーカーを中心とした活動を全インドに拡大し、若者を中心にメンバーを獲得していった。

一九四〇年にヘードゲーワールが亡くなると、総裁の座をゴールワルカルが継承し、さらに広範な領域からメンバーを集めていった。しかし、独立運動が過熱化するなかでもRSSの活動は政治的運動からは一線を画しつづけ、ヒンドゥーの精神修養を基盤とする非政治的領域における活動に終始した。

しかし、その活動は一九四七年の印パ分離独立を契機に大きく転換する。この分離独立の前後、両国の国境付近ではヒンドゥーとムスリム双方の避難民が大量発生し、各地で大規模な衝突が起こったが、その際にRSSの多くのメンバーがヒンドゥー避難民への救済活動に熱心に従事したことによってこの組織の評価は急速に高まった。

一九四八年一月にかつてRSSやヒンドゥー・マハーサバーの構成員であったとされるナトゥラーム・ゴードセーによ

るモーハンダース・カラムチャンド・ガーンディー暗殺事件が起こると、さらに状況は一変し、関連団体と見なされたRSSには組織の非合法化が宣告され、総裁のゴールワルカルをはじめとしたメンバー約二万人の逮捕が実施された。一九四九年七月にその非合法化は解除されたものの、組織のリーダーたちはこのできごとを契機として政治的勢力としての発言力をもつ必要性を痛感したといわれる。このような過程で、RSSの広報誌『オーガナイザー』の刊行が始まり、一九五一年にはS・P・ムカルジーを党首とする政治政党、大衆連盟《ジャン・サング》が設立された。

以降、RSSの活動は広範な領域におよぶようになっていった。一九五五年にはRSSの常勤活動家のテーンガディーが労働者組合としてインド労働者団体（BMS）を結成し、一九六四年にはゴールワルカルの指導のもと、ヒンドゥーの聖職者団体である世界ヒンドゥー協会（VHP）が設立された。また、大衆連盟も反共産主義・反中国共産党を旗印に、政治的・経済的利権を独占する国民会議派（会議派）政権を批判し、都市中間層を中心に支持を獲得していった。

一九七三年にゴールワルカルが死亡すると、代わってマドゥカル・D・デーオラスが第三代RSS総裁となった。このデーオラスが総裁に就任した二年後の一九七五年、インディラー・ガーンディー政権による非常事態宣言によって、RSSは再度非合法化された。デーオラスをはじめとする指導者たちは組織の存亡にかかわる事態に直面し、急速に政治志向を高め、JPことジャヤプラカーシュ・ナーラーヤンの政治運動に積極的に参加していった。そして、一九七七年、大衆連盟はJPの指導のもとに結成されたジャナター党に加わり、第六回総選挙で会議派と真っ向から対立した。この選挙ではインディラー・ガーンディーによる強権政治が国民からの厳しい批判にさらされたことでジャナター党が勝利をおさめ、政権の座を獲得した。旧大衆連盟党首のアタル・B・ヴァージペーイーも外相に就任し、ヒンドゥー・ナショナリストが中央政権の中枢にはじめて参入することとなった。しかし、この政権は寄合い所帯であるため人事や政策をめぐって内紛が絶えず、結果的に党の分裂にいたり、一九八〇年の第七回総選挙によって会議派に政権を奪い返された。

一九八〇年代に入り、大衆連盟はBJP（インド人民党）と改名し、新たなスタートを切った。しかし、一九八四年の第八回総選挙では二議席しか獲得することができないという大敗を喫し、総裁のヴァージペーイーも落選の憂き目にあった。

一方、この時期からＶＨＰを中心とする「ラーム生誕の地解放運動」が活発化し、アヨーディヤー問題が大きな政治問題へと発展していった。この問題の焦点となったアヨーディヤーという町は、『ラーマーヤナ』に描かれる主人公のラームが誕生した地とされ、ヒンドゥー教七大聖地の一つにあげられる。中世の北インドを席捲し大帝国を築いたムガル帝国初代皇帝バーブルのもとで、一五二八年にアヨーディヤーにモスク（のちに「バーブリー・マスジド」と呼ばれる）が建設されたのであるが、このモスクがラーム生誕の地に建てられていたヒンドゥーの寺院を破壊し、その跡地に建立されたと伝えられていたことから、十九世紀の半ば以降、一部のヒンドゥー教徒がその聖地をヒンドゥーのもとに奪回すべきであるという声をあげ、ムスリムとの対立を深めた。この騒動は、独立後も土地の所有権をめぐる訴訟争いとして継続されたが、全国規模の政治的関心事にはなっておらず、一九八〇年代に入って一気にインド全土を揺るがす政治問題へと浮上した。

一九八一年、南インドのミナークシープラムでダリト（不可触民）のイスラームへの集団改宗というできごとが起こると、ＶＨＰは一九八三年十一月から十二月にかけて「母なるインドを一つにする供犠」という大々的な巡行キャンペーンをおこない、ヒンドゥーの団結と統合を訴えたが、このキャンペーンの過程で運動に具体的な指針を与える象徴としてピックアップされたのがアヨーディヤー問題であった。翌一九八四年六月にこの運動の実働部隊としてバジラング・ダル（ハヌマーンの軍隊）が結成され、同年七月にＶＨＰのリーダーであるマハント・アヴァイッディヤナートの指揮のもと「ラーム生誕の地解放のための供犠委員会」が結成されると、アヨーディヤー問題はＶＨＰの巧みな戦略に牽引されるかたちで、一気に国民的議論を巻き起こす一大問題となっていった。さらに、一九八七年一月から国営放送局であるドゥールダルシャンによって放映され始めたテレビドラマ『ラーマーヤナ』が、視聴率八〇％以上を獲得する驚異的な支持を受ける番組となると、番組制作者の意図とは別に、民衆レヴェルでアヨーディヤー問題の盛上りが加速化した。

一方で、ラージーヴ・ガーンディー率いる会議派政権の汚職事件がつぎつぎと発覚すると、ＢＪＰのメンバーは宗教的倫理規範（ダルマ）の包括性を回復・再生することによって制度化された汚職の構造を解体することを訴え、多くの支持を得ていった。彼らはヒンドゥーとしての信仰心に基礎づけられた清廉潔白さをアピールし、政治腐敗に嫌悪感をいだいていた多くの国民の期待を集めるようになった。なかでも「ヴェジタリアン」で「妻帯しない」ことから、高潔でクリーンなイメージのあるヴァージペーイーは、広範な支持と期待を集める存在として脚光をあびるにいたった。

このようななかで実施された一九八九年十一月の第九回総選挙で、ＢＪＰは前回の二議席から八六議席へと大幅な躍進を見せ、一気に中央政界のキャスティングボートを握る勢力へと成長した。この選挙の結果成立したＶ・Ｐ・シン率いるジャナター党政権では閣外協力をすることによって政治的発言力を高めようとしたが、マンダル報告の実施による「その他の後進諸階級」(ＯＢＣ)の留保枠拡大に反対して協力を解消し、この政策に批判的だったヒンドゥーの上位カーストの要求に応えた。

また、一九九〇年九月、ＢＪＰの当時の党首アードヴァーニーが、聖地ソームナートからアヨーディヤーに向けた「ラト・ヤートラー」(山車のパレード)を開始し、自らその列の中心に加わることで聖地アヨーディヤーの奪回を呼びかけた。彼は、さまざまな装飾がなされたトヨタのバンの上に立ち、ラーム神が矢を射る場面を模したパフォーマンスをおこなうことで、民衆の熱狂を呼び起こした。一九九一年六月にアヨーディヤーのあるウッタル・プラデーシュ州の州政権をインド人民党が奪取すると、一連の運動が地方行政による実質的なサポートを受けるにいたり、九二年十二月六日、ついに暴徒化したバジラング・ダルのメンバーによって「バーブリー・マスジド」が倒壊された。この事件が報道されると、インド全土でコミュナル暴動が発生し、数千人におよぶ死者がでる大惨事となり、ＢＪＰ・ＲＳＳ・ＶＨＰは国際的な非難にさらされた。

しかし、これ以降もＢＪＰは選挙ごとに議席数を増やし、一九九八年にはついに政権与党となって国民民主連合(ＮＤＡ)によるヴァージペーイー政権を発足させた。この政権の発足当初は、核実験の実施や印パ間のカールギル紛争などが起こり、厳しい国際的非難にさらされたが、順調な経済発展を背景とする新自由主義的経済政策が国際的に一定の評価を受け、二〇〇四年まで比較的安定した政治体制が維持された。しかし、二〇〇二年二月のグジャラート暴動では有効な鎮圧策をとることができず、ヒンドゥー・ナショナリストによるムスリムの大量虐殺を間接的にサポートすることとなった。

ただ、アヨーディヤー問題では態度を一転させ、ラーマ寺院建設に消極的な態度をとったため、VHPと正面から対立することになり、ヒンドゥー・ナショナリズム運動内部の亀裂が深まった。

二〇〇四年の下院選挙では、事前の予想を覆すかたちで会議派が勝利し、BJPが中央政界の政権から転落した。しかし、末端のヒンドゥー・ナショナリズム運動は活発な活動を繰り広げ、構成員の獲得・拡大化が進んだ。ヒンドゥー・ナショナリストたちは、教育や福祉、医療、労働組合、学生運動、女性運動、農村開発など多種多様な活動を通じて、多様な集団・地域の欲求を巧みに自らの政治的運動へと回路づけている。そこでは、上からのイデオロギーの押付けではなく、下からの欲求の汲上げによって政治的支持の取付けがなされており、そのような末端活動こそがこの運動の基盤を強固に支えている。

二〇一四年の総選挙では、ナレーンドラ・モーディーがBJPを率いて勝利をおさめ、政権を奪取した。首相に就任したモーディーは、若き日からRSSメンバーとして活躍し、グジャラート州首相時に起きたグジャラート暴動では、ヒンドゥー教徒によるムスリム殺害を黙認したとして国際的な非難をあびた。首相就任後のモーディーは、ヒンドゥー・ナショナリストとしてのイデオロギーについて抑制的に振る舞っているものの、宗教的マイノリティへの不寛容な風潮は減退していない。

二〇一五年三月にはBJPが与党を占めるハリヤーナー州・マハーラーシュトラ州で牛の屠殺を全面禁止にする法律が可決された。また、牛肉(とその加工製品)の販売も禁止とされ、ヒンドゥー中心主義的な政策が実施された。同年九月には、牛を屠殺し、牛肉を所有していたとされるムスリムの一家が、ヒンドゥー教徒に襲撃され、男性が死亡した。同様の事件が各地で起きるなか、ヒンドゥー・ナショナリストが関与する「牝牛の自警団」が組織化され、暴力事件を起こしていることが明るみになった。

ヒンドゥー・ナショナリズム運動は、現代インド社会の亀裂を拡大させ、さまざまな社会問題を誘発しつづけている。

中島岳志

注

（1）大きな州では二〇〇〇年十一月にはウッタル・プラデーシュ州のヒマラヤ丘陵部がウッタラーンチャル州（〇七年にウッタラーカンド州と改名）として、ビハール州南部の部族民地域がジャールカンド州として、マディヤ・プラデーシュ州東南部の部族民地域がチャッティースガル州として分離している。また二〇一四年六月にアーンドラ・プラデーシュ州からテーランガーナ州が分離した。

（2）現在のカルナータカ州におけるリンガーヤット、ヴォッカリガ、アーンドラ・プラデーシュ州のカンマやレッディ、タミル・ナードゥ州のヴェッラーラ、マハーラーシュトラ州のマラーター、グジャラート州のパーティーダールなどが代表的な支配カーストである。しかし、インド東部など「カースト」システムが強固ではない地域もある。

（3）ヘンリ・マクマホンがイギリス植民地インドを代表する全権大使であった。

（4）大統領による“Ordinance”は国会が休会中に出されるもので、“Act”と同じ扱い。国会再開後、国会で承認されなければならず、通常六週間以内に失効する。

（5）大統領は州議会下院および国会両院の議員が選挙人になるが、各選挙人は自分が代表する人口に比例した票数をもつ。

（6）ＣＰＩはイデオロギーの違いなどから、ＣＰＩとＣＰＩ-Ｍに一九六四年に分裂した。

（7）会議派（Ｒ）が主流派となっていくので、以下では「（Ｒ）」をとくにつけない。

（8）一九六七年に全インド会議派委員会で決議。七〇年九月に憲法改正によって廃止したが、十二月には最高裁は違憲判決をくだした。七二年八月までに年金・特権の廃止の立法が完了した。

（9）植民地時代の遺制を引き継ぎシッキムはインドの保護国であったが、インドは対中国・チベット上政略的に重要なシッキムを一九七五年五月に中国の抗議にもかかわらず併合した。

（10）これによって「レント・シーキング」（自らの地位・権限を利用して本来得るべきでない違法〈超過的〉な利得を得る行動）が官僚の行動基準となり、腐敗が広まっていく。

（11）憲法第三五六条によるもの。知事の報告に基づき、当該州で州政権が形成されない、治安の混乱などの理由で憲法で定められた政治過程が維持できなくなったときなど、大統領は州政府の機能を接収できる。

(12) 第四二次憲法改正など。改正の多くはつぎのジャナター党政権期に再び改正され元に戻された。

(13) パキスタンとのあいだで問題となっているジャンムー・カシュミール州でも会議派政権時代よりはより柔軟な姿勢がとられた。一九七七年七月におこなわれた州議会選挙はそれまででもっとも公正な選挙であったといわれている。

(14) 会議派(I)が主流派となっていくので、以下では「(I)」をとくにつけない。

(15) 軍など治安部隊の掃討作戦により二〇一一年にはULFA、アッサム州政府、中央政府のあいだで停戦合意が署名された。しかし、ULFA内の武装闘争継続を主張する派は一二年に分裂し、闘争をつづけている。

(16) アメリカなどの制裁は二〇〇一年のアメリカ同時多発テロ後ほとんど解除された。

(17) 庶民党政権は腐敗防止のための強力なオンブズマン制度(「ローク・パル」)を設立する法案がとおらなかったことで翌年初めに辞任するが、二〇一五年二月の出直し州議会選挙で圧勝し政権に復帰した。

第八章　独立後インドの経済政策とマクロ経済パフォーマンス

本章は、独立後インドの経済発展を経済政策とマクロ経済パフォーマンスに焦点をあてて概観するものである。ネルー政権下の公企業中心に重工業化を推進したビッグ・プッシュの時代、インディラー・ガーンディー政権下での閉鎖的な経済運営から経済自由化への転換の時代、そして一九九一年の本格的な経済自由化への転換以降に実現した高度経済成長をもたらした要因と特徴を描き出す。

1　経済政策の変遷

ネルー時代の経済運営——計画化と統制

独立直後のインド経済は、長いあいだイギリスの植民地下におかれたことによって定着した、停滞的な経済構造という極めて大きな負の遺産を受け継いで出発せざるをえなかった。さらにパキスタンとの分離独立というかたちをとったことによって引き起こされた経済的打撃も大きかった。パキスタンとの分離独立によって、独立インドはパンジャーブ地方の小麦・棉花地帯とベンガル地方のジュート(黄麻)地帯を失った。

独立直後の開発戦略のあり方は、インド国民会議派(会議派)内部での権力闘争によって大きく規定された。初代首相ジャワーハルラール・ネルーと内務相ヴァッラブバーイー・パテールとのあいだの闘争である。インドの資本家たちは、戦時統制からの自由を求めていた。彼らは、外国（イギリス）資本がインド市場を脅かすことを警戒していただけでなく、ネルーが代表する会議派左派がもっていた社会主義的な統制および工業の全面的国有化案に対しても強い警戒感をいだいていた。パテールは、こうしたインド資本家の声を代表していた。

独立直後のインドの経済運営はそれほど統制色の強いものではなかった。この比較的「自由な」時代が終りを告げ計画思想が強化される契機となったのは、一九五〇年十二月のパテールの急死とそれにともなう会議派でのネルーの実権掌握である。

ネルーのインド経済運営の特色は、ビッグ・プッシュ工業化戦略にあった。ネルーは、長期にわたる植民地のもとで強いられた停滞的な経済構造から脱却し、重工業化を推進することによって一挙に近代工業国家へと飛躍的な変貌を遂げることをめざした。

一九五六年に始まった第二次五カ年計画では、重工業化を支える理論仮説としてP・C・マハラノビスの二部門成長モデルが採用された(1)。マハラノビスの二部門成長モデルは、公共投資を重工業部門に重点的に配分することによって、しばらくのあいだ国民は貧しい生活を耐え忍ばなくてはならないが、一定期間ののちには豊かな生活が保障されるという考えに基づいていた。ソ連の影響が強くうかがわれる成長モデルである［Rudra 1996：絵所 2002：第3章］。

また一九五六年に施行された産業政策決議によって、全産業は三つの部門に分類された。第一の部門は、「企業新設にもっぱら国家が責任を負う分野」であり、このなかには「中央政府が独占する分野」である兵器、原子力、鉄道運輸業に加えて石炭、鉱油、鉄鉱石などの鉱業、鉄鋼、重鋳鍛造、航空機、造船、電信・電話の製造業八分野、および航空運輸、発電、配電業が割り当てられた。第二の部門は、「国家がしだいに参加していくが、民間企業も活動することができる分野」で、アルミニウム、工作機械、特殊鋼、化学工業、鉱物、道路・海上運送業が割り当てられた。第三の部門は、「民間の主導により開発する部門」であり、「その他すべての産業」が割り当てられた。重工業に代表される基幹産業の運営はすべて国家部門が担当し、消費財産業とサーヴィス産業を民間の手に委ねるという混合経済体制が形成された。

公企業中心に重工業化を推進し自立的な工業基盤を形成することと並んで、十分な雇用を創出することも当面する重要な課題であった。そこで第二次五カ年計画では、雇用の創出は「短期」の課題として、消費財生産部門である小規模工業部門に委ねるとされた。会議派内部でモーハンダース・カラムチャンド・ガーンディーの思想を受け継ぐ勢力に配慮した計画である。

農業部門においては、土地制度の改革が必要であるとされた。土地制度改革プログラムの焦点となったのは、ザミーンダールなどの大土地所有地主（中間介在者）の廃止による自作農の創出、小作権保護を目的とした小作改革、土地保有上限の制限、そして協同組合化の推進である[Chandra, Mukherjee and Mukherjee 1999: Chs.28–31]。これらの土地制度改革の実施は、いずれも州政府に委ねられた。ザミーンダーリー制の廃止に関しては、二つの大きな抜け道があった。一つは、ザミーンダールの私的耕作地は、その所有が無制限に認められたという点である。もう一つは、自作農に認められた比較的豊かな小作はしばしばその土地をもっと貧しい任意小作に貸出しすることができたという点である。つぎに、小作改革は小作権の保護、地代の引下げ、そして一定の条件下での所有権の獲得という三つの目的から成り立っていたが、ここにも抜け道があった。小作改革によってたしかに多くの小作が自作地を獲得したが、他方では「農奴」の名のもとで隠れた小作が存続しただけでなく、分益小作制度も存続した。小作改革の対象となったのは金納小作だけであり、分益小作はその対象外であった。

第三の土地保有上限の制限措置にも抜け道があった。設定された保有上限そのものがあまりにも高かったり、家族ではなく個人に対して上限が設定されたり、プランテーション作物・牧畜・サトウキビの生産などに従事している場合および大規模な投資が必要とされる「効率的経営農家」と見なされる場合には適用除外とされた(2)。最後に、農業の協同組合化はネルーが中国の人民公社によって触発されたアイディアであったが、協同耕作というアイディアはほとんど実行に移されなかった。協同組合運動の進展が見られたのは、信用協同組合の分野であった。しかしここにも抜け道があった。信用協同組合は実際には貧農の信用ニーズに資するものではなく、非効率な政府官僚たちの溜り場となり、地主たちの既得権益を守るものとして機能した。

計画化と統制によって色づけされたネルー時代の開発戦略を貫いた基本的な考え方は、輸出悲観主義を前提とした輸入代替工業化(国産化)戦略である。輸出悲観主義とは、インドの主要輸出品目は世界需要が低迷している品目に依存しているために、輸出に依存した成長は望めないという考え方である。また輸入代替工業化戦略とは、外貨節約のために輸入品を国産品で置き換える工業化が必要であるとする戦略を指す。

ネルー時代、インドは慢性的な外貨不足に悩まされた。第二次五カ年計画が始まった直後に、早くも「過度に楽観的な」[Tomlinson 1998:181]見通しの破綻があらわれた。第二次五カ年計画は、農業生産が順調に推移するであろうこと、また巨額の援助資金が利用可能であろうことを前提にして、「より大胆な計画」が策定されたためである。輸入品コストの上昇(とりわけ食糧、鉄鋼、資本設備)によって、一九五七年初めにインドの国際収支は危機的な状態に陥った。この時点までに、第二次世界大戦終結時点で一三億ポンドあったスターリング・バランス(ポンド残高)はすべて使いはたされてしまった(このスターリング・バランスは、戦時中のインド軍隊派遣費用および戦費に対するイギリス側の負担として、インド政府に支払われたものである)。その結果、五八年には第二次五カ年計画支出額の削減がよぎなくされ、またカナダ、イギリス、アメリカ合衆国、西ドイツおよび世界銀行からなるインド援助国会議が結成された。独立後のインドが直面した、最初の国際収支危機である。

第三次五カ年計画の開始期にあたる一九六一年度(インドの財政年度は四月一日から翌年の三月三十一日まで。一九六一年度は一九六一年四月一日～六二年三月三十一日までを指す。以下、本章では「年度」と表記する)になると、インドの国際収支危機

(外貨不足)はますます出口なしの状態に陥った。六二年にインド政府は国際通貨基金(ＩＭＦ)からスタンド・バイ・クレジット(ＩＭＦと加盟国が貸出し予約であるスタンドバイ取決めを締結し、限度内で段階的に引き出されるクレジットのこと)を借り入れた。また唯一の解決策と見なされてきた外国からの援助も先細りになってきた。

慢性的な国際収支危機に対して、インド政府は極めて複雑なライセンス制による輸入制限強化策と輸出促進のための補助金供与によって対応した。

一九六六年の政治経済危機とインディラー・ガーンディーの経済運営

インドは、一九六〇年代半ばに独立後最悪の政治経済危機にみまわれた。六四年五月にネルーが死去し、一つの時代が過ぎ去った。六五年と六六年の二年間にわたってモンスーンが不調で、農業生産は大きく落ち込み、大量の食糧輸入が不可避となった。さらに六二年の中印国境紛争と六五年の印パ紛争による国防費の増加が追討ちをかけた。インド経済は、食糧不足、財政赤字の膨張、インフレーションの昂進という三重苦に陥り、ついに六六年に独立後もっとも深刻な国際収支危機(外貨不足)にみまわれた。六六年の国際収支危機は、早くも五七年に経験し、その後毎年のようにネルー時代のインドを脅かしてきた危機の総決算であった。

ネルーの死後、首相の座を引き継いだのはラール・バハードゥル・シャーストリーである。シャーストリーの経済運営はネルーのそれとは大きく異なっていた[Frankel 2005: Ch.7]。彼は、計画委員会の権限集中を廃止し、閣僚への権限委譲をおこなった。計画委員会はかつてのような全権が集中した政策決定機関ではなくなった。またシャーストリーは中央政府への権限集中をきらい、州政府へと権限を委譲した。分権化である。それとともに、民間企業の声が経済運営に反映するようになった。また公共投資の配分は基礎産業から農業へと重心が移行した。さらに土地改革および協同組合農業の推進というネルーが採用したアプローチは、灌漑地帯への近代的投入財(とりわけ化学肥料)による生産性の向上をめざす新しい農業戦略に取って代わられた。外国民間企業による投資流入も期待された。シャーストリー政権以降、二度とネルーの経済運営スタイルは戻ってこなかった。いわばなし崩し的な「自由化」であるが、それにはシャーストリーの政権的基盤が弱かったことも大きく貢献した。

政治経済危機を乗り越えるべく、シャーストリーは世界銀行(インド援助国会議の議長)との借款交渉に臨んだ。一九六四年から六五年にかけて世界銀行はバーナード・R・ベルを団長とするミッションをインドに派遣し、第四次五カ年計画終了時点まで年間約一五億ドルの借款を供与することを非公式に約束し、その見返りにルピーの切下げ、規制緩和、農業近代化プログラムの実行をインド側に迫った。作成中の第四次五カ年計画は放棄され、六六年度から六八年度の三年間にかけて年次計画が策定された。プラン・ホリデイと呼ばれている。こうした混乱のなかで、六六年一月シャーストリーが訪問先のタシケントで急死し、政治経験の浅いインディラー・ガーンディーが急遽首相に祭り上げられた。

新たに首相となったインディラー・ガーンディーがまず直面したのは、アメリカの圧力下でのルピーの大幅切下げ(一九六六年六月六日)を軸とする一連の経済自由化措置(製造ライセンス品目の規制緩和、輸出補助金の削減、輸入関税の引下げ)の実行であった。首相就任後わずか四カ月後のことである。インディラー・ガーンディーは新たに計画委員会を編成し、あらためて第四次五カ年計画が策定された。新たに編成された計画委員会の権限は諮問委員会の立場にまで縮小された。

しかし米ソ冷戦体制のもと、印パ紛争が続行しているという理由およびベトナム戦争に関してインドがベトナムを支持しているとの理由でアメリカのジョンソン政権はインドへの援助を停止し、また一九五六年に始まったPL(公法)四八〇による食糧援助の長期的ベースでの更新を拒否した。アメリカはインドに対して政治的圧力をかけ、農業分野での民間企業および外資活動の開放を迫った。インド側はこうした政治的圧力の行使に強く反発した。この苦い経験は、その後のインドの政治経済運営を大きく変えることにつながった[Frankel 2005:Ch.8;Lipton and Toye 1990:Ch.3]。

一九六七年二月に第四回総選挙がおこなわれた。ネルー亡きあとの会議派は内部分裂状態に陥っていた。総選挙の結果、会議派は議席を大きく失った。

一九六九年十一月、ついに会議派はインディラー派会議派（R）とモーラールジー・デーサーイーを頭目とする（シンディケート・グループと呼ばれた）長老派会議派（O）に大分裂した。直接のきっかけとなったのは、インディラー・ガーンディーによる主要商業銀行一四行の国有化措置である。商業銀行国有化の目的は、「経済の管制高地（コマンディング・ハイツ）を統制し、国家的な政策と諸目的に合致する経済開発の要求にますます応え、それによりよくつくすこと」とされた。具体的には、(1)店舗数の拡大、預金額の増大、貸出額の増大というかたちをとって制度金融を農村・準農村地域へと浸透させ預金習慣を定着させること、(2)優先部門あるいは社会の弱小部門（農業、小規模工業、輸出）への信用供与を増大させること、(3)全般的な国家開発計画のなかで公共部門銀行が経済開発の触媒的な役割をはたすようになること、(4)銀行業の地域格差を縮小すること、である。主要商業銀行国有化によって、全商業銀行に占める公共部門商業銀行の割合は、預金額の八四％、貸出額の八三％、店舗数の八一％となった。この措置によって、商業銀行の運営は政府の計画化に従属するようになり、公共部門につくすための金融機関となった［絵所 1987：第2章］。

インディラー・ガーンディーは反アメリカ・キャンペーンを張り、貧困追放（ガリービー・ハターオー）をスローガンに掲げて下層民や左派勢力の支持を取りつけた。また一九六九年には経営代理制度[3]を廃止し、「独占および制限的取引慣行法」（MRTP法）を制定し、大規模企業に対するライセンス取得基準を強化した。

インディラー・ガーンディー率いる会議派（R）は、一九七一年の中間選挙（第五回総選挙）で大勝した。下院五一八総議席のうち三五〇議席を獲得した。インディラー・ガーンディーは、権力の座を確立してからも経済統制強化路線を続行した。七二年に保険会社を、つづく七三年に石炭産業を国有化した。また七三年には外国為替規制法（FERA）を制定し、外資の出資比率を四〇％以下に引き下げるなど、外資に対して厳しい制限を加えた。この措置に嫌気をさしたIB

Mやコカ・コーラは、まもなくインドから撤退することになる。(4)

また彼女は食糧自給体制を確立することで、外国の干渉から自由な、自立的な国民経済建設が可能になると考え、一九六九年から始まった第四次五カ年計画では本格的に緑の革命戦略を導入した。緑の革命戦略とは、小麦・米などの在来品種を高収量品種に変えることによって生産性の向上をめざす農業開発戦略である。いわゆる農業近代化路線である。この考えはシャーストリー首相時代の食糧農業相であったC・スブラマニアンが強力に推進していたものであった。

一九七四年の国際収支危機とその後

一九七〇年代に入ると、「スタグフレーションによって特徴づけられる一九七二〜七四年の危機」[GOI 1976:51]がインド経済を混乱に陥れた。七一年十二月に勃発した第三次印パ戦争とそれにつづくバングラデシュ独立支援のための財政支出の増加、それにともなうアメリカの援助停止、七二年の不順なモンスーンによる食糧不足、さらに七三年の第一次石油危機の影響がかさなり、七三年度から七四年度にかけて二〇%を超える狂乱インフレーションが生じた。独立後最悪のインフレである。この国際収支危機を乗り切るべく、インド政府はＩＭＦからのスタンド・バイ・クレジットを借り入れた。

一九七四年七月、インフレ沈静を目的とした一連の大統領令(強制貯蓄＝賃金凍結、配当制限など)が発布された。インド準備銀行は金利引上げによる金融引締め政策を採用した。つづいて政府は輸入ライセンス規制の緩和、大企業に対する工業ライセンスの取得の迅速化措置を発表するとともに、密輸と外貨統制を回避する脱税行為の事前取締りを目的とした国内治安維持法の強化策を打ち出した。この一連のインフレ抑制政策が有効に機能し、調整局面が「極めて短期間で」[Ahluwalia 1986]成功裡に収束したことは特筆されるべき点であった。

しかし一方で、インディラー・ガーンディー政権下での汚職の蔓延、インフレの昂進、失業の増大によって、人びとの不満があおられることになった。一九七四年一月、グジャラート州で人びとの不満が暴発した。この暴動を契機に、まもなくジャヤプラカーシュ・ナーラーヤンを中心に反インディラー大衆運動が起こった。いわゆる「J・P・ムーブメント」である。ナーラーヤンは戦前からの会議派の有力メンバーにして、筋金入りの独立運動の闘争家、ガーンディー主義者である。すでに政界から引退していたが、盛り上がる大衆運動の指導者として浮かび上がった。彼は「全体革命」をスローガンとして掲げた。M・K・ガーンディーの唱える「真に搾取のない社会秩序」を実現するというものであった。ナーラーヤンの大衆運動はデーサーイーをはじめとする野党との連携を深めるなかで、インディラー・ガーンディーの辞任を求める運動に発展していった。

こうした動きに対し、一九七五年六月二十六日、インディラー・ガーンディー首相は非常事態宣言を発した。非常事態期に拘束された人数は一〇万人から一一万人に達した。また新聞が検閲され、二六におよぶ政党の活動が禁止された[Frankel 2005:546]。七六年七月に農村貧困層の社会経済状態の改善をめざす二〇項目プログラムが発表されたが、地主・富農や官僚の抵抗にあって大きな効果をあげることができなかった。非常事態期におけるインディラー・ガーンディーの相談相手は息子のサンジャイ・ガーンディーであった。急速に政治力を増したサンジャイ・ガーンディーは七六年七月に、結婚にあたってのダウリー(持参財)の禁止、子ども二人までの家族計画の実施、植林、識字の促進からなる四項目プログラムを独自に策定し、またスラムの浄化と許可なき家屋の取壊しに乗り出した。家族計画の実施は強権による強制的な不妊手術となりはて、のちのちまでインド社会に大きな禍根を残した[Chandra, Mukherjee and Mukherjee 1999:255-258;グハ 2012:第22章]。

非常事態宣言にもかかわらず、人びとの不満はとどまることを知らず、一九七七年の第六回総選挙で会議派は惨敗を喫した。選挙の争点は「民主か独裁か」であった。総議席数五四〇のうち、会議派が得た議席数はわずか一五三にとどまった。インディラー・ガーンディーも息子のサンジャイ・ガーンディーも議席を失った。民主主義の回復を唱えるジャナター党政権（七七～八〇年）が誕生し、ここに非常事態は終焉を迎え、独立後はじめて会議派でない政党が政権を担当することになった。

インディラー・ガーンディー首相は非常事態下の一九七五年に二一業種を産業許認可ライセンス取得義務からはずし、規制緩和への姿勢を示した。ゆきすぎた統制に対する不満とそれが生み出した経済システムの歪みが顕在化するにつれ、規制緩和を求める声が高まってきたことに対する対処療法であった。ジャナター党政権下の七七年にも同様の産業政策の規制緩和措置が打ち出された。ジャナター党政権は富農優遇策と小規模工業優遇策を打ち出したが、アドホックな規制緩和基調は継続し、閉鎖的な経済運営も変更されることはなかった。

一九七九～八〇年の国際収支危機と経済自由化

一九七九年になると経済状況は急速に悪化した。不順なモンスーン（独立後最悪の旱魃）と第二次石油危機による輸入原油価格の高騰によってインフレが加速し、また経常収支の赤字が拡大し、インドはまたも深刻な国際収支危機に陥った。

一九八〇年一月の第七回総選挙で、インディラー・ガーンディーは「機能する政府」をスローガンに掲げて闘い、奇跡的に首相の座を奪回した。首相の座を奪回したインディラー・ガーンディーは、国際収支危機を乗り切るべくただちにＩＭＦに駆け込み、五〇億ＳＤＲ（ＩＭＦの特別引出権）という巨額の借款約束を取りつけた。(5) ＩＭＦからは経済自由化を促進すべきであるという注文がついた。インディラー・ガーンディーは国内の猛烈な反対の声を押し切って、一定の規制緩和政策を推し進めた。とくに注目をあびたのは乗用車部門での一定の規制緩和である。

このチャンスをとらえて一九八二年に、日本の鈴木自動車工業（現スズキ）がインドに進出した。現地国営企業マルティ・ウドヨグ社と合弁・技術ライセンス契約を締結し、八〇〇ＣＣの軽乗用車が生産され始めた。マルティ八〇〇の登場は、「マルティ革命」と呼ばれるほどの大きな衝撃をインド社会に与えた。インド社会にはじめて「マイカー族」が登場した。都会の人びとの生活スタイルに、目に見える変化があらわれてきた。

しかしインドの経済自由化政策はまだまだ本格化しなかった。インディラー・ガーンディーの実施した自由化政策は、極めてアドホックで恣意的な性格をもっていた。一九七〇年代には世界の技術体系に大きな変化が生じた。機械からエレクトロニクス（半導体集積回路）を軸とする技術体系への転換である。日本がその先鞭を切った。韓国、台湾、香港、シンガポール、マレーシアなどのアジア諸国も、エレクトロニクス革命の大波に乗って順調な経済成長を謳歌し始めた。閉鎖的な経済運営をつづけていたインドは、残念ながらこの大波に乗ることができなかった。

ラージーヴ・ガーンディー時代の経済自由化

一九八四年十月に、インディラー・ガーンディー首相がシク教徒によって暗殺された。(6) インディラー・ガーンディー首相が暗殺されると、ただちに長男のラージーヴ・ガーンディーが政権を引き継ぎ、いっそうの規制緩和・対外開放を進めた。八四年十二月におこなわれた第八回総選挙で、ラージーヴ・ガーンディー率いる会議派は五四三議席のうち四一五議席を獲得し、かつてない規模で圧勝した。

ラージーヴ・ガーンディーは電子産業の近代化を重視し、民生用電子機器やソフトウェア部門での近代化と規制緩和に着手した［絵所 1987：第５章］。

ラージーヴ・ガーンディーは首相になると、ただちに貿易政策の自由化（一九八五年四月の長期輸出入政策）、財政規律の確立（八五年十二月の長期財政政策）を求める政策を発表した。またこれらに先立って、総選挙前の暫定政権時に、工業の近代化・効率化推進の中核となるコンピュータ自由化政策を発表した。(1)コンピュータ技術輸入の規制緩和、(2)コンピュータ、同部品、周辺機器、およびソフトウェアの大幅関税引下げ、(3)ミニコンおよびマイコン製造民間企業に対する外資提携の許可、(4)ミニコンおよびマイコン製造に関する生産能力限度規制の撤廃、(5)二年後のメインフレームとスーパー・ミニコン製造への民間企業の参入許可、を主要内容とするものである。八五年三月に国会に提出された予算案では、電子部品、コンピュータ、コンピュータ周辺機器一四品目の関税撤廃が打ち出された。また同年三月に総合電子政策が発表された。同政策は、(1)産業ライセンス取得の規制緩和、(2)外資提携企業の参入分野の拡大、を骨子とするものである。引きつづき同年四月には三年間有効な長期輸出入政策が発表され、このなかに一〇〇万ルピー以下のコンピュータおよびコンピュータ・システムの輸入自由化が盛り込まれた。さらに八六年十二月にはソフトウェア輸出政策が発表され、ソフトウェアが輸入自由化品目に指定された。

一九九一年の政治経済危機と経済自由化の進展

一九八〇年代後半、インドは外国からの商業借款に依存して膨大な投資を実行した。その結果、年平均五・六%まで達する相対的な高度成長を達成したが、その裏側で対外支払能力の問題が顕在化した。これに湾岸戦争の影響がかさなった。輸入原油価格が高騰し、中東諸国への出稼ぎ労働者からの送金もとだえ、外貨準備が一挙に払底した。また総選挙キャンペーンが始まったばかりの九一年五月に、「タミル・イーラム解放の虎」(LTTE)の自爆テロによって、ラージーヴ・ガーンディーが暗殺された[7]。インドは六六年に匹敵する未曾有の政治経済危機に直面した。

総選挙に勝利した結果、新たに誕生した会議派のナラシンハ・ラーオ首相(在任一九九一年六月〜九六年五月)は、IMF・世界銀行が要求する「構造調整プログラム」を実行するというかたちで、新経済政策(NEP)に精力的に着手した。すなわち、たとえ発展途上国であっても、先進工業国と同じように「市場は機能する」と主張する新古典派経済学(いわゆる「ワシントン・コンセンサス」)の考え方に基づいた、「経済安定化」プラス「規制緩和」「経済自由化」「民営化」「国際化」の推進である。

ただしインドの新経済政策は、IMF・世界銀行の描く構造調整プログラムの筋書通りのスピード・順番・範囲で実行されたわけではない。特記すべきは、新経済政策がインド政府自身の主体的な対応によって実施され、その結果国際社会から高い信頼が得られたという点である。とりわけ、インフレの沈静を目的とする「安定化」と呼ばれる総需要抑制策(財政赤字の削減、貨幣供給量の削減、為替レートの切下げ)を実施した当初の二年間を、インド政府はみごとに乗り切った。一九九一年の政治経済危機を転機に、インド政府は大胆な経済自由化政策を実行に移した。その後政権は会議派とインド人民党(BJP)とのあいだで何度も交代したが、経済自由化を堅持・進展させるという立場は継続され現在にいたっている[詳細は、絵所 2008 : Panagariya 2008]。

まずは、財政改革である。慢性的な財政赤字は財政インフレの原因となっていた。財政赤字を削減すべく、二〇〇三年に「財政責任および予算管理法」が成立した。一方、税収を増加させるべく、税制改革も着手された。これまでに、税率の引下げ、課税範囲の拡大、脱税の防止、統合付加価値税の導入、輸入関税率の引下げ、サーヴィス税の新設が実施された(8)。財政支出面で問題となったのは各種補助金の削減である。しかし、食糧補助金および肥料補助金の削減はいまだ着手されていない。補助金の利益享受者である富農の政治力が背景にある。

経済自由化がもっとも進んだ分野は産業政策の分野である。第一に、従来公企業だけに留保されていた産業の数が一七業種から、段階的に三業種(国防用航空機・戦艦、原子力発電、鉄道運輸)にまで縮小された。第二に、中央政府による産業ライセンス取得義務が原則撤廃された。第三に、大企業の投資に対する「独占および制限的取引慣行法」による規制が撤廃された。第四に、段階的国産化計画が撤廃された。そして第五に、外資出資比率に対する規制が大幅に緩和され大半の業種で一〇〇%の外資出資比率が認められることになった。

外資規制緩和でここ数年、国をあげての大論争となったのは、小売業である。経済自由化体制への転換のなかで大半の業種は一〇〇%外資に開放されたが、小売業は例外であった。唯一許可されたのは、外資出資比率五一%を上限とする単一ブランド(専門小売業)での合弁設立であった。ところが、ようやく二〇一二年一月に単一ブランドを扱う小売業については一〇〇％の外資出資が、そして同年九月には複数ブランドの小売業（総合小売業）に対しても五一％までの外資出資を許可することが発表された。

貿易分野の開放も著しく進展した。輸入ライセンスが撤廃され、関税が引き下げられてきた。また二〇〇五年六月に輸出促進を目的とした経済特区法が成立した。経済特区内では多くの分野で外資の一〇〇％出資が認められている。中央政府の認可やさまざまな優遇措置を得て州開発公社や民間企業が開発・運営するものである。入居企業には税制面での優遇措置（五年間にわたる法人税の一〇〇％免除およびその後五年間の五〇％免除、およびサーヴィス税・関税・物品税の免除）が与えられる。一方、経済特区開発のためには農地の転用が不可避となるため、乱開発は農民の生活を脅かすものであるとの批判がでている。

金融制度改革も進展した。銀行制度の改革と株式市場の改革が二本の柱である。銀行改革の分野では、(1)新規民間銀行の参入規制緩和、(2)支店開設ライセンス規制の緩和、(3)預金金利および貸出金利の段階的規制緩和、(4)国際決済銀行（BIS）基準に応じた自己資本規律の導入、(5)透明性のある会計基準制度の導入、(6)公共部門銀行に対する資本市場での株式発行による資金調達の許可、(7)支払準備率の段階的引下げ、が実施された。株式市場に関しては、一九九二年十一月にはスクリーン・ベース・トレーディング（コンピュータを利用した証券取引制度）を売り物とするナショナル・ストック・エクスチェンジ（NSE）が新設され、九四年六月から営業を開始した。また九二年にインド証券取引監視局法が成立した。これにともなって証券の価格づけが自由化された。

インフラストラクチャー部門の制度改革はどうであろうか。インフラ部門で、とりわけ迷走しているのは電力分野である。発電分野への投資は最初に民間部門に開放されたインフラ部門である。民間企業は送電と配電を担当する州電力公社に売電することが期待された。しかし州電力公社の財政基盤は極めて脆弱である。慢性的な赤字構造が定着しており、州政府の財政を圧迫している主要因となっている。その理由は、一つには電力料金が異常なまでに低く抑えられていること、また一つには技術的な原因と盗電によって電力喪失が極めて大きいことである。

対照的に、通信分野の改革は急速に進展した。固定電話分野および携帯電話分野に民間のサーヴィス・プロバイダーの参入が可能となった。二〇〇五年に外資出資比率の上限が四九％から七四％に引き上げられた。また一定の条件が満たされるならば、インターネット・サーヴィス、通信機器製造、情報通信技術（ＩＣＴ）活用サーヴィス分野において一〇〇％の外資の出資が認められるようになった。

道路に関しては、全長一万三二五七キロにおよぶ全国高速道路計画が着々と実施されつつある。黄金の四角形と呼ばれるフェーズⅠ（デリー、ムンバイー、チェンナイ、コルカタの主要四都市を結ぶ全長五八四六キロ）は二〇〇五年十二月までにほとんど完成した。シュリーナガルとカンニヤークマーリーを結ぶ南北線とシルチャルとポールバンダルを結ぶ東西線の整備（フェーズⅡ）も建設が進展している。

一方、鉄道分野の改革は問題が山積しているにもかかわらず、ほとんど手がつけられていない。累積赤字に悩まされている。その理由は、旅客運賃を著しく安く抑えるために貨物運賃が著しく高く設定されているためである。郵便サーヴィスも同様である。膨大な補助金が投入されているが、そのサーヴィスは極めて劣悪である。

最後に、都市交通分野で大きな一歩を記したデリー・メトロについてふれておきたい。デリー都市交通公団が実施したプロジェクトである。わが国の円借款によって支援された。一九九八年十月一日に工事が着手され、最新鋭の設備・制度で建設・運営されており、走行距離も着実に伸びている。二〇一四年六月には、デリーと同様の大量高速都市鉄道がムンバイーでも開通し（ムンバイー・メトロ）、その後も続々と主要都市で建設が進んでいる。

しかし、農業分野および労働分野の改革は遅れている。農業分野では、肥料補助金と食糧補助金が手つかずのまま残されている。肥料の場合、販売価格は生産コストよりも低く抑えられており、この分が政府からの補助金で賄われている。また政府は穀物に関して価格支持制度を採用してきた。生産者保護を目的としたもので、豊作年であっても穀物価格がこれ以上さがらないフロア価格として機能してきた。その結果、生産効率のよいいくつかの州では粗穀物・棉花・油種の生産をやめて米・小麦の生産への耕地の過剰転換が生じている。また政府機関による穀物の過剰買上が生じている。適正在庫量をはるかに上回る食糧在庫があるために、食糧補助金を押し上げる要因となっている。

労働分野での主要な問題は、労働市場の硬直性と分断性である。これがインド製品の輸出競争力の強化を阻み、生産性の向上を阻んでいる。一〇〇人以上の労働者を雇用している工場を閉鎖あるいは人員削減するには、州政府の許可が必要とされるが、許可はめったに得られることがない。このため企業サイドに雇用増加のインセンティヴが働かない。とりわけ労働集約的な産業では厄介な問題となる。社会保障制度がほとんど整備されていないために、抜本的な労働改革に踏み出すことができないでいる。

2　経済パフォーマンス

長期的視野で見たときの成長率の転換点

植民地期インドの経済成長は極めて停滞的であった。現在までのところもっとも信頼のおけるS・シヴァスブラモニアンの国民所得推計によると[Sivasubramonian 2000]、植民地期の一九〇〇年度～四六年度にかけての国内総生産(GDP)成長率は〇・九三～一・〇五%、一人当りGDP成長率は〇・一四～〇・二五%であった。これと比較すると、一九五〇年度～六四年度のGDP成長率は四・〇%、また一人当りGDPの成長率は一・九%となり、飛躍的に上昇した。また両期間の部門別の成長率を比較すると、植民地期においては、第一次産業〇・四一～〇・四二%、第二次産業一・五四～一・七二%、第三次産業一・七二～一・七三%であったのに対し、ネルー時代のそれは第一次産業二・六%、第二次産業六・八%、第三次産業四・五%となった。植民地期と比較すると、農業の成長率が六倍強となっただけでなく、

表2　シヴァスブラモニアンによる経済成長率の推計*　（単位：%）

	1900年度-46年度（1938年度価格）	1900年度-46年度（1948年度価格）	1950年度-64年度（1948年度価格）
第一次産業	0.42	0.41	2.6
第二次産業	1.72	1.54	6.8
第三次産業	1.73	1.72	4.5
GDP	1.05	0.93	4.0
一人当りGDP	0.25	0.14	1.9

*trend rate of growth
出典：Sivasubramonian 2000, pp.443,565-566.

第二次産業の成長率が第三次産業のそれを上回ったことも特徴的であった（表2）。

ディーパク・ナイヤールは、シヴァスブラモニアン推計などに拠りながら、長期的に見るとインド経済の最大の転換点（第一の転換点）は一九五一〜五二年にあったと論じた。また彼は独立後だけをとると、一九八〇年度前後が第二の転換点であると論じた［Nayyar 2006］。超長期のトレンドを見ると、インドの経済成長の最大の転換点は一九五〇年であり、また独立後最大の転換点は経済自由化が本格的に始まった九一年ではなく八〇年前後に見出すことができるとするナイヤールの結論は「通説」の位置を占めているように思われるが、(9) 成長率のトレンドだけからでは歴史のニュアンスを読み取ることはできない。以下、やや詳細に政策転換との関連のなかで、時期を区切りながら経済パフォーマンスの特徴を検討してみよう。

ネルー時代のマクロ経済パフォーマンス

ナイヤールがつとに強調したように、独立後インドの経済パフォーマンスが、植民地期のそれと比較して飛躍的に改善したことは疑う余地はない。しかしネルー政権の黄金時代、すなわち第二次五カ年計画から第三次五カ年計画（一九五六年度〜六五年度）にかけての一〇年間の経済パフォーマンスを取り出すならば、手放しでこの時代を「インド経済の黄金時代」と呼ぶことはためらわれる。

ネルー時代、インドの貿易収支赤字は顕著に増大した。輸出が伸び悩む一方で、輸入が大きく増加した。経常収支の赤字増大傾向も定着し、その結果、外貨準備はみるみるうちに減少した。独立当初の一九五〇年度には二一億六一〇〇万USドルあった外貨準備金は、六四年度にはわずか五億二四〇〇万USドルまで落ち込んだ（図2）。また第二次五カ年計画期のGDPの平均成長率は四・三％と、たしかに第一次五カ年計画期の三・六％を上回った。しかし、ネルー時代後半の第三次五カ年計画期のそれは二・八％と大きく落ち込んだ。

経済成長率は、マハラノビス・モデルが想定した状態とは異なって決して加速することなく、その動向は極めて不安定なものになった。国民総生産（GNP）や国民純生産（NNP）をとっても同様の傾向を読み取ることができる。のみならず、一人当りNNPの成長率を見ると、第一次五カ年計画期の年平均値二・四％に対し、第二次五カ年計画期のそれは二・二％と下落し、第三次五カ年計画期になると〇・三％まで大きく落ち込んだ。物価動向はどうであろうか。卸売物価指数の動向を見ると、第一次五カ年計画期のそれは年平均でマイナス二・七％であったのに対し、第二次五カ年計画期のそれは六・三％、第三次五カ年計画期のそれは五・八％と顕著に増加し、ネルー時代にインフレ体質が定着した様子がうかがわれる（表3）。

つぎに貯蓄と投資の動向を見ておこう。マクロ・バランスの指標である貯蓄・投資ギャップに注目してみよう。総国内貯蓄マイナス総投資を見ると、第二次五カ年計画期にそのギャップが極めて大きくなったことがわかる。第一次五カ年計画期の総国内貯蓄マイナス総投資は平均で対GDP比〇・三％にすぎなかったが、第二次五カ年計画期のそれは第一次五カ年計画期の八・三倍、GDP比で二・五％にまで増加した。また粗固定資本形成（粗固定投資）の構成比を見ると、第一次計画五カ年期において公共部門が占める比率は三七・五％であったが、その比率は第二次計画期には四六・八％へ、そして第三次五カ年計画期には五二・五％へと、急速に高まってきた様子がうかがわれる（表4）。

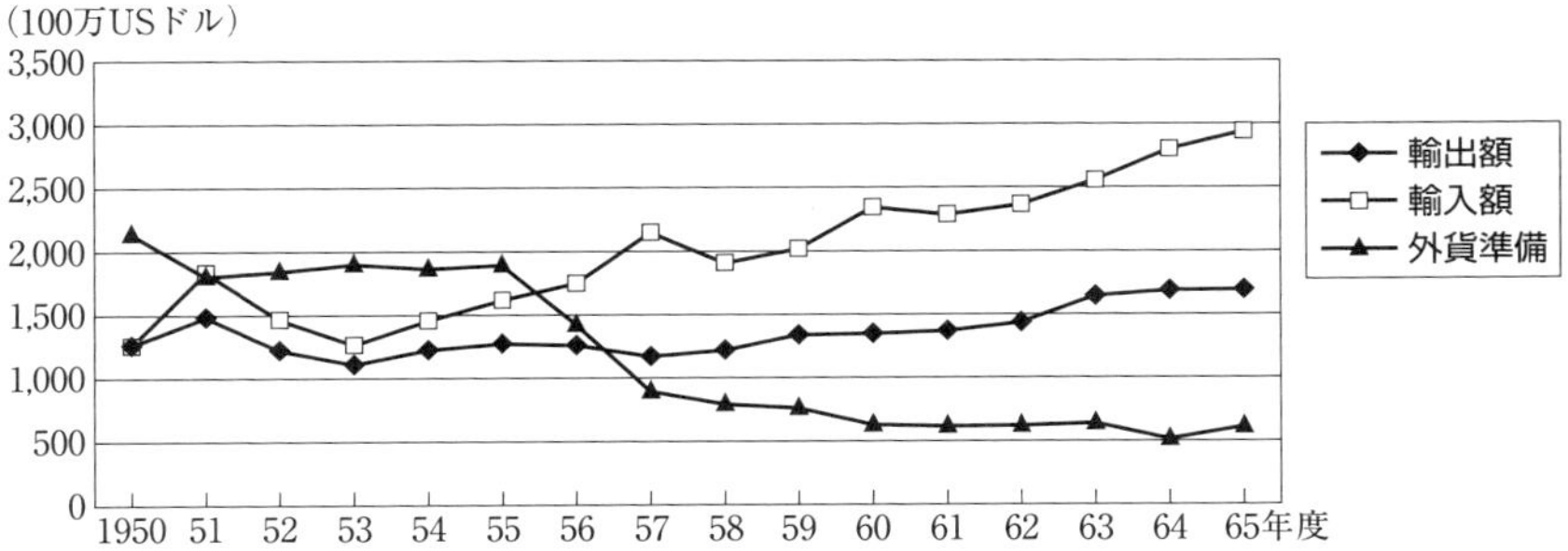

図2　輸出・輸入・外貨準備（1950年度-64年度）
外貨準備は各年度末の数値。
出典：GOI 2014, p.70.

表3　経済成長率および物価（1951年度-65年度，%）　　（1993-94年価格表示）

	GDP	GNP	NNP	一人当り NNP	卸売物価指数の年平均変化率
第一次計画期（1951-56）	3.6	3.7	4.2	2.4	−2.7
第二次計画期（1956-61）	4.3	4.2	4.2	2.2	6.3
第三次計画期（1961-66）	2.8	2.8	2.6	0.3	5.8

出典：GOI 2013. p.A-4; Chandhok and the Group 1990, Vol. 1, pp.350-351.

表4　貯蓄・投資ギャップ（1951年度-65年度）　　（経常価格表示）

	貯蓄・投資ギャップ GDP 比（%）	粗固定資本形成の構成比（%）		
		公共部門	民間部門	全体
第一次計画期	−0.3	37.5	62.5	100.0
第二次計画期	−2.5	46.8	53.2	100.0
第三次計画期	−2.2	52.5	47.5	100.0

出典：GOI 2013, p.A-10.

閉塞時代のマクロ経済パフォーマンス

一九六〇年代後半からインド経済は長期停滞にみまわれた。七〇年代に入ってからも、インド経済は依然として停滞から抜け出すことができなかった。経済成長率は年平均で三・五%を超えることができないのではないかという見方がでてきた。この成長率は、インドではしばしば「ヒンドゥー成長率」と呼ばれ、インドにとっての宿命的な成長率であると考えられた(10)。低成長の主要原因は閉鎖的な経済運営にあった。外国製品との競争がない閉鎖的環境のもとで国産化が進められ、「悪かろう、高かろう」のメイド・イン・インディア製品が国内市場を席捲するようになった。

しかし一九七〇年代後半になると、ようやくインド経済にも長期におよぶ停滞からの脱却の兆しが見え始めた。七五年度の国内貯蓄率は前年度の一六・七%を大きく超えて一七・四%を記録した。その後も七六年度一八・八%、七七年度一九・二%、七八年度二一・〇%、七九年度一九・九%と二〇%前後の貯蓄率を維持しつづけた(図3)。また緑の革命戦略の成果があらわれ、七七年度以降食糧輸入はほとんどなくなり、念願の食糧自給が達成された。穀類の生産動向を見ると、五一年度〜六六年度(ネルーからシャーストリーまでの時代)の一六年間の年平均生産量は五四一〇万トン、成長率は二・三%、輸入量は四〇〇万トンであったのに対し、六七年度〜八〇年度の一二年間にかけての年平均生産量は八二九〇万トン、成長率は五・六%、輸入量は二八〇万トンへと著しく改善した(図4)。外貨準備金も七〇年代後半になると急増し、七四年度の一三億九七〇〇万USドルから七九年度には七三億六一〇〇万USドルへと飛躍的に増大した(図5)。

それだけではない。貯蓄率の急上昇にともなって、一九七五年度から一九七七年度にかけて国内貯蓄率は投資率を上回った(図3)。それまでインド経済停滞の主原因と見なされてきた貯蓄不足・外貨不足・食糧不足(総需要が総供給を上回る)という、ないないづくしの構図に変化が生じた。こうした経済状況の変化に応じて、なぜ供給側の制約がなくなったにもかかわらず停滞から抜け出すことができないのかという新たな問いかけをめぐる論争がおこなわれるようになっ

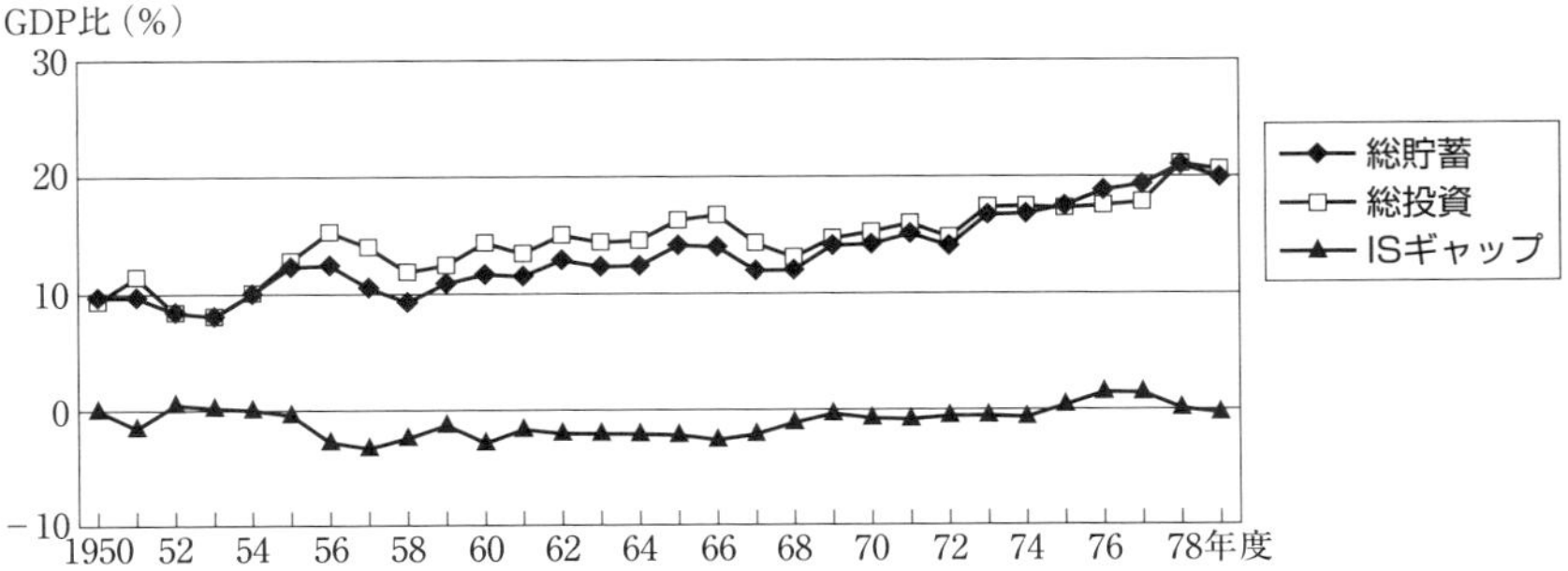

図3　総貯蓄，総投資，貯蓄・投資(IS)ギャップ(1950年度-79年度)
出典：GOI 2013, p.A-10.

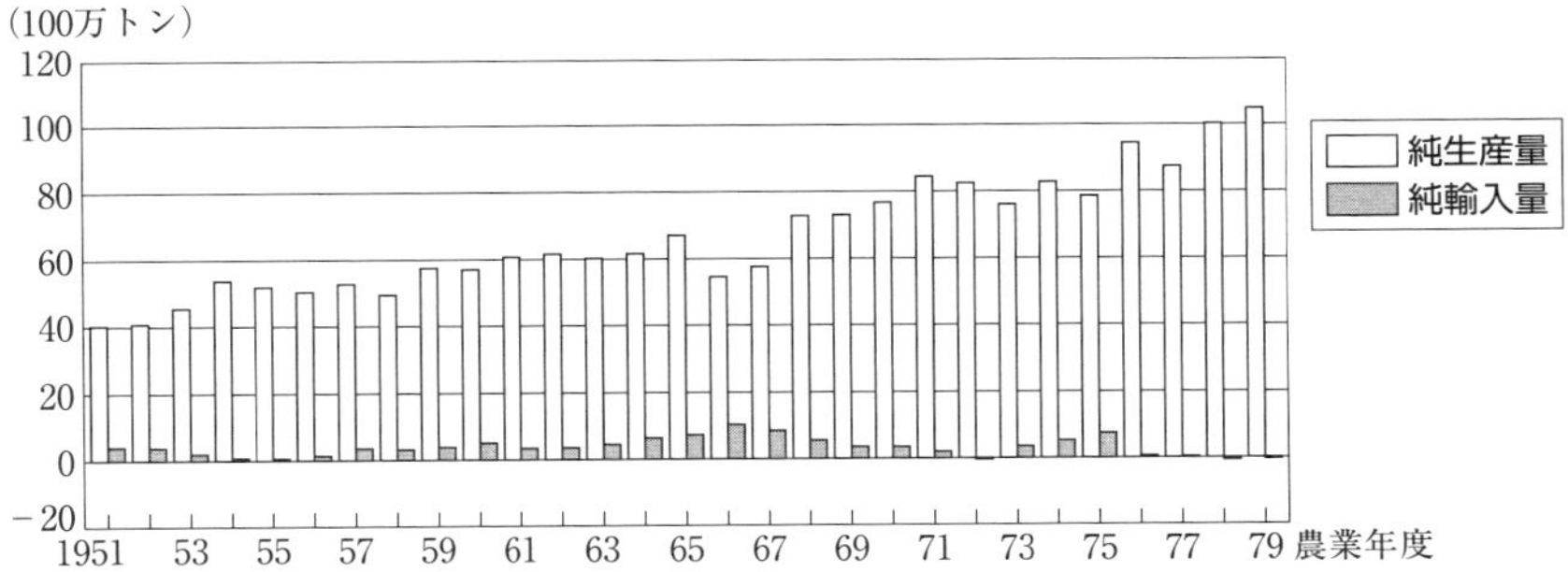

図4　穀類の純生産量と純輸入量(1951年度-79年度)
農業年度(例：51年度＝1950年7月-51年6月)
出典：GOI 2011, p.A-22; GOI 2013, p.A-21.

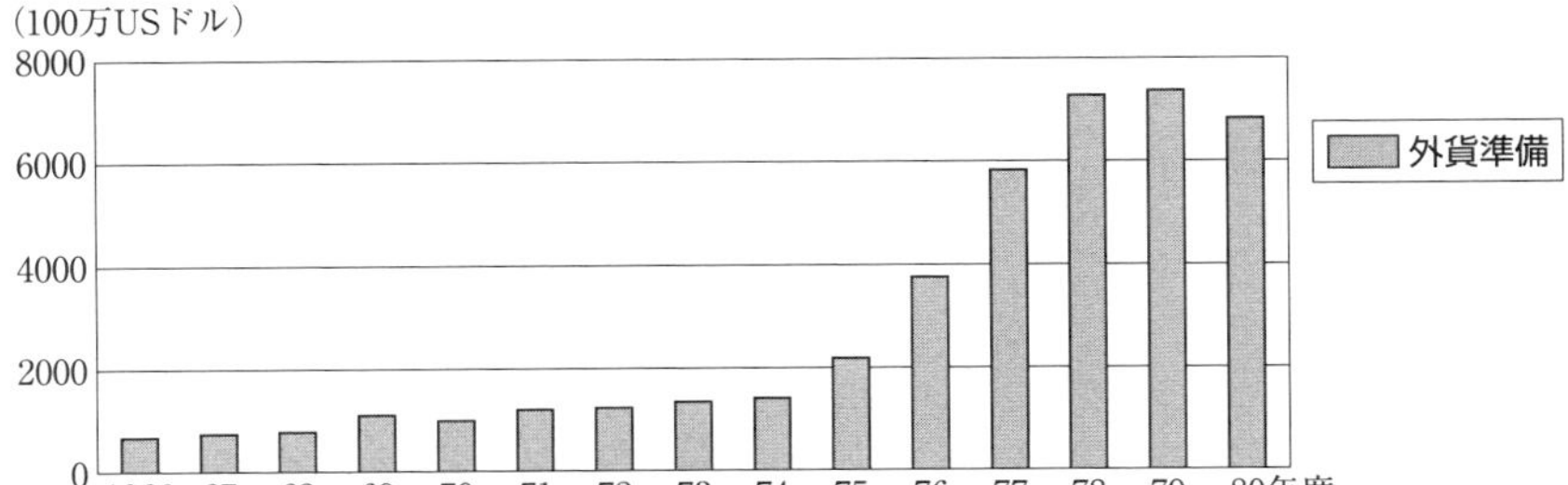

図5　外貨準備金の推移(1966年度-80年度)
出典：GOI 2013, pp.A-75,A-83.

た。当時の議論で支配的な見解は国内需要制約論であった。すなわち、国内市場が拡大しない主原因は所得分配の歪みにあるとする見解である[Chakravarty 1979]。こうした支配的な見解は、ネルーからインディラー・ガーンディーへと引き継がれてきた閉鎖的な経済環境を前提にしたものであった。しかしこの論争の結果、やがて経済停滞の原因は過度の統制によってもたらされた閉鎖的で硬直的な経済システムにあるという認識が高まってきた。経済自由化の是非が真剣に論議され始めた[Nayyar ed. 1994：絵所 1991：第2章]。

一九七〇年代後半の七五年六月から七七年一月にかけては、インディラー・ガーンディーが非常事態を実施した時期にあたる。政治的には、輝かしいインド民主主義が侵された暗黒の時代である。しかし経済的に長期的な視点から見ると、二つの大きな成果があった。貯蓄率・投資率の急増と穀物生産の急増である。それぞれ、前者は六九年の商業銀行国有化の成果、後者は緑の革命の成果であった[柳澤 2014：第5章]。商業銀行国有化によって、農村の隅々まで銀行の支店が建設され、人びとのあいだに預金習慣が定着し、膨大な貯蓄の動員が可能になった。国有化時点の六九年六月の商業銀行の店舗数は八二六二店舗であったが、一〇年後の七九年六月には三万二〇二店舗へと約三・七倍に急増し、これにともなって指定商業銀行の預金額も六九年六月の四六六・五億ルピーから七九年十二月には三一二一・五億ルピー(六・七倍)へと飛躍的に増大した[絵所 1987：第2章]。

新経済政策転換以降のマクロ経済パフォーマンス

新経済政策(NEP)以降の経済パフォーマンスの第一の特徴は、順調かつ安定的な高度成長がかなり持続したという点である。改革後の一九九二年度から九六年度にかけての実質GDPの成長率を見ると、五・四%、五・七%、六・四%、七・三%、八・〇%と着実に成長軌道に乗ってきた様子がうかがわれた。しかし九七年度から二〇〇二年度にかけて成長率は減速した。この時期の成長減速の主要因は、農業部門とインフラ部門に対する公共投資の縮小であった。その後、二〇〇三年度以降から一〇年度にかけての八年間のGDP成長率の平均は八％を超え、インド経済は新たな成長軌道に乗ったように見えた。

しかし二〇〇八年度はリーマン・ショックの影響を受けGDP成長率は六・七％へと低下した。これに対処するために、大型の財政支出と金融緩和政策が採用された結果、〇八年度、〇九年度に成長は回復したが、同時にインフレをもたらした。一一年度から一二年度にかけて、インフレ対策を重視した金融引締政策が堅持され、さらに欧・米・日先進諸国の経済危機・経済低迷の影響を大きく受けて、投資・消費ともに冷え込み、また輸出もマイナス成長となり、その結果GDP成長率は一〇年度の八・九％から一一年度六・七％、一二年度四・五％、一三年度四・七％へと急激に悪化した（図6）。

NEP以降、インドの国内貯蓄率（GDPに占める国内貯蓄の比率）も投資率も顕著に増加した。二〇〇七年度の総国内貯蓄率は三六・八％にまで増加し、同時に総投資率も三八・一％にまで達した。また、一九八〇年代後半にはGDP比でマイナス二〜三％にまで達していた貯蓄・投資ギャップはNEP転換以降大きく縮小し、二〇〇一年度〜〇三年度の三年間にかけてはプラスに転じた（図7）。〇四年度以降は再び投資率が貯蓄率を上回った。旺盛な国内需要が戻ってきた結果である。しかし、そのため〇八年度以降は貯蓄・投資ギャップが拡大し始め、一一年度にはマイナス四・二％にまで高まった。(11)

総固定投資（設備投資）を経済主体別にみると、NEPの前と後とでは大きな変化が見られる。NEP後には公共部門投資の比重が低まり、民間部門投資がそれに取って代わっている様子がうかがわれる（図8）。インド経済は一九八〇年代に相対的な高成長を記録したが、その相対的高成長は公共部門投資に大きく依存したものであった。公共部門投資に依存した成長は国内外からの借款に大きく依存して遂行され、その結果財政赤字と対外債務が累積した。八四年度から九〇年度の七年間にかけて、公共部門の貯蓄・投資ギャップはGDP比で年平均マイナス八・三％まで高まり、これに

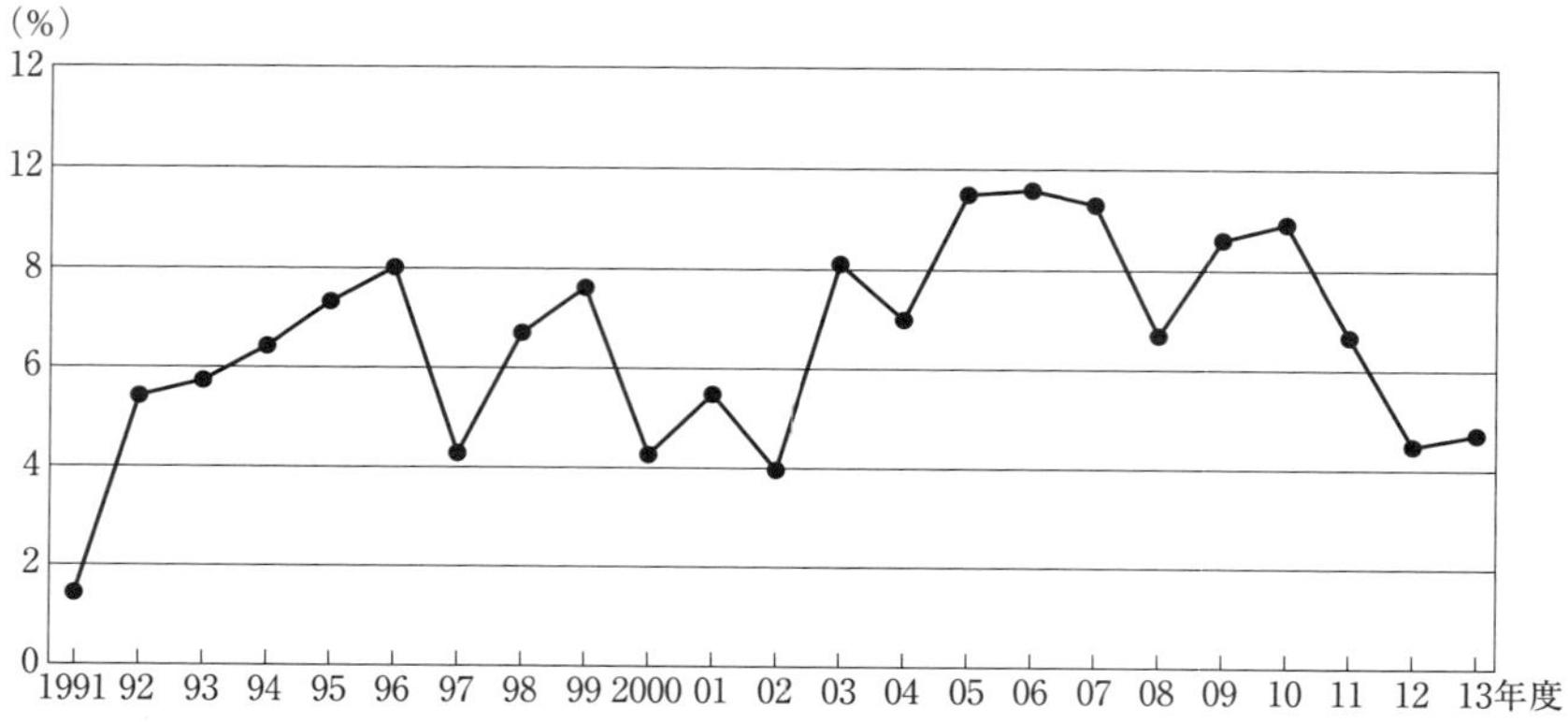

図6　GDP成長率の推移(1991年度-2013年度)
出典：GOI 2013, p.A-9, GOI 2014, p.2.

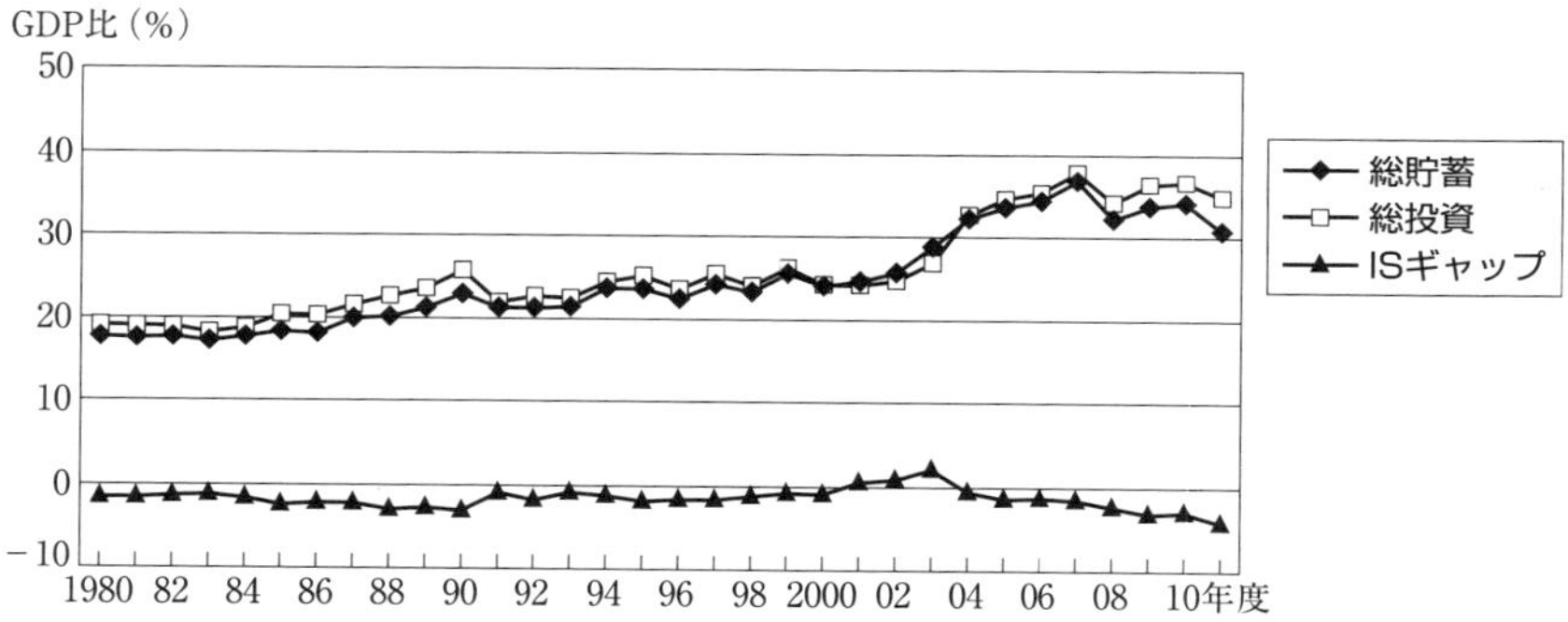

図7　総貯蓄・総投資・貯蓄投資(IS)ギャップ(1980年度-2011年度)
出典：GOI 2013, p.A-10.

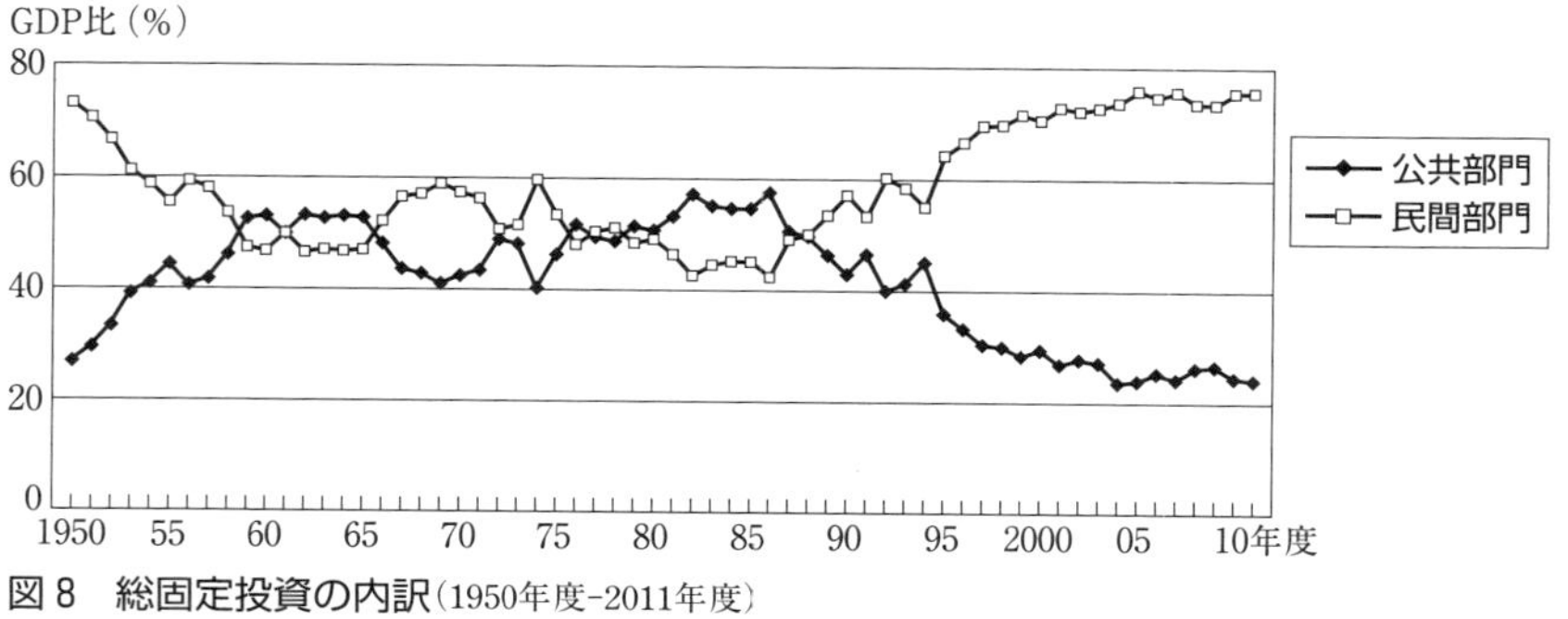

図8　総固定投資の内訳(1950年度-2011年度)
出典：GOI 2013, p.A-10.

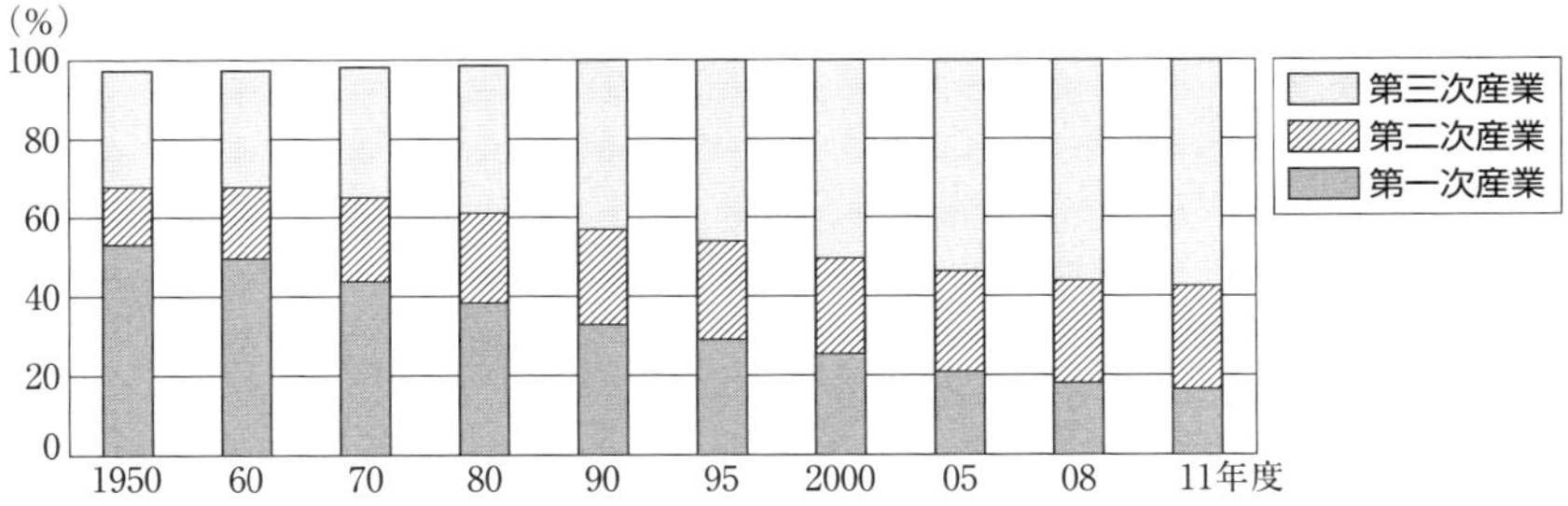

図 9　産業構造の推移（1950年度-2011年度）
出典：GOI 2015, pp.A-5, A-6.

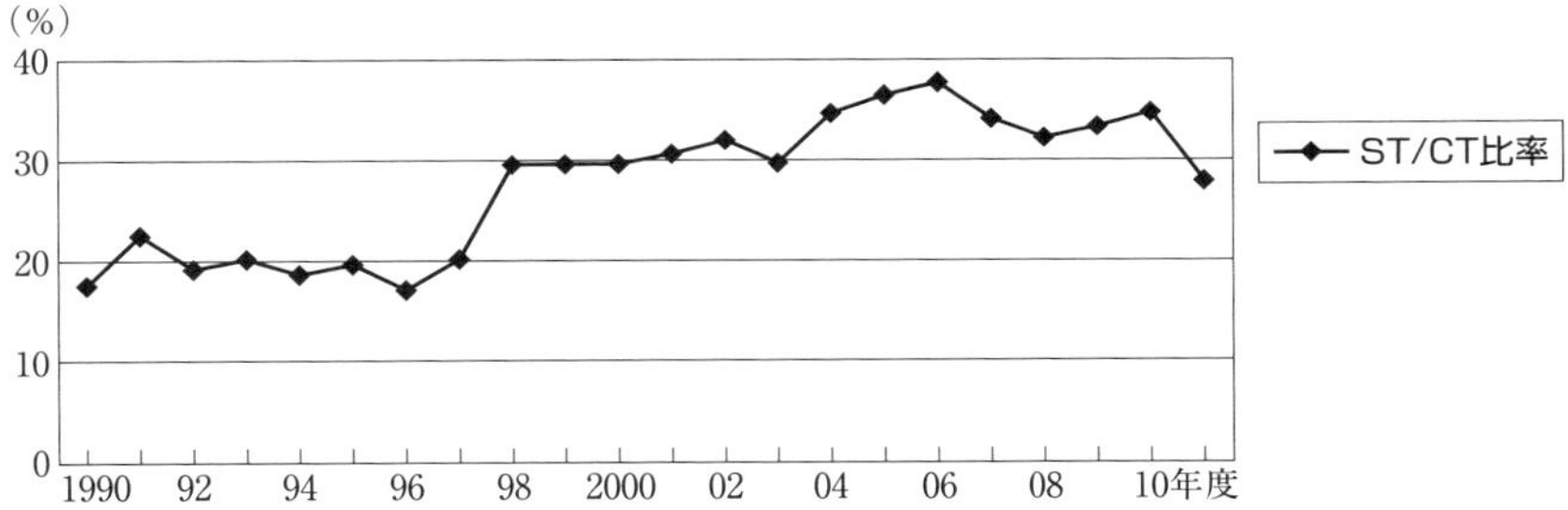

図10　サーヴィス貿易（ST）**／商品貿易**（CT）**比率**（1990年度-2011年度）
出典：RBI 2008, RBI 2012 より算出。

表 5　インドの商品貿易とサーヴィス貿易（2011年度）

（単位：100万USドル）

	輸出	輸入	輸出－輸入
商品貿易	304,624	489,417	－184,793
サーヴィス貿易	142,325	78,227	64,098
(1)旅行	18,462	13,762	4,700
(2)運輸	18,241	16,382	1,859
(3)保険	2,632	1,497	1,135
(4)政府*	478	780	－302
(5)雑	102,513	45,806	56,707
(i)ソフトウェア・サーヴィス	62,212	1,255	60,957
(ii)ビジネス・サーヴィス	25,910	26,790	－880
(iii)金融サーヴィス	5,967	7,985	－2,018
(iv)通信サーヴィス	1,601	1,556	45

＊他項目に分類されなかったもの。
出典：RBI 2012 より算出。

ともなって同期間における経済全体の貯蓄・投資ギャップもGDP比で年平均マイナス二・四%にまで高まった。高度成長は達成したが、そのメダルの裏側ではマクロ経済の不均衡が進行したのである。こうしたマクロ経済不均衡が、九一年の政治経済危機につながっていったのである。

NEPのもとでの成長は、一九八〇年代に支配的であったこうした型とはまったく異なる。NEP転換以降の時期の成長を牽引しているのは、民間投資である。九九年度以降、民間投資主導型の成長傾向はますます強まり確定的となった。民間部門の投資が占める割合は九二年度以降顕著に増大し、九八年度以降は七〇%を超えるまでになった。

産業部門別にみると、NEP転換後の経済成長をもたらした主要因はサーヴィス産業の顕著な伸びであった。一九九〇年代以降GDPに占めるサーヴィス産業（第三次産業）の割合は顕著に増加し、二〇〇八年度には五六・一%となり、産業構造は大きく変化した（図9）。換言するならば、製造業の成長が伸び悩んでいることになる。GDPに占める第二次産業（工業部門）の割合は一九八〇年度二三・〇%、九〇年度に二四・一%、二〇〇〇年度二四・四%、〇八年度二五・八%とほんのわずかの増加にとどまっている。第一次産業の割合低下の大半は第三次産業（サーヴィス産業）に吸収されている。

インド経済のサーヴィス化の進展を支えているもっとも大きな要因は、インドの各主要都市で展開されているICTサーヴィス産業（とくにソフトウェア産業）の著しい成長である。ICTサーヴィス産業は知識集約型産業の代表であり、また超輸出志向業種である。ICTサーヴィス産業依存度の高さは、インドの貿易構造にも反映している。図10はインドの商品貿易（輸出＋輸入）に対するサーヴィス貿易（受取り＋支払い）の比率の推移を見たものである。この比率は一九九八年度以降三〇%程度へと急速に高まり、その後も高止りしていることがわかる。またサーヴィス貿易（二〇一一年度）の内容を詳細に見てみると（表5）、サーヴィス輸出総額（純額＝輸出マイナス輸入）六四一億ドルのうち六一〇億ドル（九五・一%）がソフトウェア・サーヴィス輸出によるものであり、ソフトウェア・サーヴィスの膨大な貿易黒字が他のサーヴィス貿易の赤字分を補って余りあるという構造になっている。

展　望

長期的に見て、インド経済発展の可能性を決定づける大きな要因は人口規模である。二〇四五年頃にインドは中国を抜いて人口数で世界一位になり、ピーク時には一五億〜一七億人程度になると予測されている。

インド人口の年齢構成の変化は、たしかに明るい展望を指し示す。少なくともこれからの二〇年間にかけて、総人口に占める従属人口（十五歳未満の人口数と六十五歳以上の人口数の合計）の比率が減少すること、言い換えるならば生産年齢人口の比率が上昇することが見込まれるためである。生産年齢人口比率の上昇は貯蓄率の上昇をもたらす要因となる。

表 6　主要州の人口数予測

	人口数予測（100万人）		
	1991	2051	2101
低位出生率州			
ケーララ	29.1	36.0	25.2
タミル・ナードゥ	55.9	72.0	57.0
アーンドラ・プラデーシュ	66.5	119.9	130.5
カルナータカ	45.0	78.0	10.3
マハーラーシュトラ	78.9	147.4	85.0
中位出生率州			
パンジャーブ	20.3	35.7	37.9
西ベンガル	68.1	121.9	132.0
グジャラート	41.3	73.0	80.2
オリッサ（オディシャー）	31.7	53.9	59.5
アッサム	22.4	42.0	47.0
高位出生率州			
ハリーヤーナー	16.5	41.1	48.8
マディヤ・プラデーシュ	66.2	148.0	175.3
ビハール	86.4	188.0	216.7
ラージャスターン	44.0	106.1	125.9
ウッタル・プラデーシュ	139.1	337.0	405.0
全インド	846.3	1619.5	1812.2

出典：Visaria and Visaria 2003.

貯蓄率の上昇はさらなる投資率の上昇をもたらし、ひいては国民所得の上昇に結果すると、インド政府は楽観的に予測している[GOI 2006:17-18]。いわゆる人口ボーナス論である。しかし、いうまでもなく年齢構成に注目した議論は供給サイドだけに目を向けたものであって、需要サイドの分析が欠けている。ひとたび需要サイドに目を向けると、そう簡単に楽観的な展望を描き出すことはできない。

州別の人口動態をみると(表6)、人口ボーナス論が示す楽観的な展望に疑問を突きつける。もっとも高い人口増加および労働力増加が見込まれる州は、一人当り所得水準が低い、インフラが整備されていない、また教育水準が低い北部諸州である。とくにめだつのはウッタル・プラデーシュ州である。ウッタル・プラデーシュ州の人口は一九九一年時点で一億四〇〇〇万近くであるが、ヴィサリア＝ヴィサリアの予測によると二〇五一年には三億三七〇〇万、二一〇一年には四億五〇〇〇万にまで増加するという[Visaria and Visaria 2003]。人口ボーナスの可能性が実現するためには、十分な所得をもたらす雇用を増加させることが不可欠であり、そのためにはインフラの飛躍的な整備と並んで、とりわけ後進州における教育と健康の普及とその水準の向上が不可欠である。そうでない限り、人口増加は人口圧力の増大となるばかりで、貧困問題と経済格差をさらに悪化させる要因となる。

絵所秀紀

▼補説7▲ アマルティア・センと経済学のフロンティア

アマルティア・センは、一九九八年にノーベル経済学賞に輝いた。センの業績は、技術選択論、経済成長論、経済計画論、厚生経済学、社会選択論、プロジェクト評価論、開発経済学、インド経済論、倫理学など多分野にわたる。とりわけ注目されるのは四十歳を越してから精力的に取り組んでいる経済学と倫理学との接点を求める一連の仕事である。

センは、一九三三年インドのベンガル州シャーンティニケータンに生まれた。九歳のときに三〇〇万人の死者を出したベンガル飢饉を経験した。彼の脳裏に焼きついたこの経験は、やがて画期的な飢饉研究に結実した。従来、食糧不足のために飢饉が生じたと考えられていた通説をみごとに打ち破った。ベンガル飢饉の影響をもっとも大きくこうむった犠牲者は「自ら食糧をつくらない人びと（すなわち職人あるいは床屋）あるいは食糧をつくるがその食糧を保有しない人びと（すなわち現金賃金で雇用される農業労働者）」であり、それに対し「農民および分益小作」は飢饉の影響をあまり受けなかった。飢饉によって食糧穀物の値段が上昇し、その結果「交換エンタイトルメントが変化した」ためである、と論じた。

この論文で提出された「エンタイトルメント」という概念は、「ある人が消費を選択することができる財の集合」と定義されるものである。個々人のエンタイトルメントは、その人がもって生まれた資質とその人が交換を通じて獲得できるものの双方に依存している。ある人が生まれながらにもっている資質（例えば労働者の労働力とか、地主の土地保有など）は、交換を通じて選択的な財の集合を保有するというかたちで、個々人のエンタイトルメントを確立するために使用される。

エンタイトルメント概念と並んで、センの開発研究の分析枠組を構成している中心概念は「ケイパビリティ」である。ケイパビリティとは、ある人が選択できる一連の代替的な「機能」の集まりと定義される。人びとの機能とは、ある人が経済的、社会的、および個人の資質のもとで達成することのできる、さまざまな「であること」と「すること」の集合を意味する。「開発」を論じる場合にも、基礎的な視点を「効用」にではなく「ケイパビリティ」におくべきであるという主張である。効用は主観的な評価尺度である。人びとが心のなかでどの程度幸福に感じるかは、個々人の生れや育ちおよび個々人のおかれた経済的・社会的環境によって大きく異なる。これに対し、ケイパビリティは個々人の生れや育ちおよび経済的・社会的環境の違いに着目して、個々人が一生を送るうえでどの程度「選択の幅（自由）」があるのかを客観的に評価する試みである。個々人のケイパビリティに着目することによって、所得を基準にしてとらえられてきた貧困概念がよりいきいきとした具体的な像として蘇った。「貧困」とは所得がない状態を指すだけでなく、病気のときに医者にかかることができず、また学校に行きたくても行くことのできない状態（自由が剝奪されている状態）を指す。すべての人びとが「恥ずかしい思いをしないで人前にでられる」ような社会を構築することが開発の意味であり、また経済学の使命であるというメッセージである。この考えのもとで、社会的に差別を受けている女性や少数民族や子どもたちに関する研究が大きく進展している。

長いあいだ、開発は経済成長とほぼ同義であると考えられてきた。とくに一九七〇年代後半以降になると新古典派経済学は開発経済学の世界でも猛威をふるい、市場自由化をめざす開発経済学が支配的になった。彼らは市場を自由化すれば経済成長がもたらされると主張してきた。しかし思慮に欠けた市場自由化戦略は貧困問題や環境問題やさまざまな社会的差別の問題を解決できなかっただけでなく、国民経済そのものをも崩壊させるものともなる。センの開発研究は、新古典派経済学に内在している欠陥を明るみに出し、経済学のフロンティアの拡大に大きく貢献している。

絵所秀紀

注

(1) 第二次五カ年計画策定にあたってP・C・マハラノビスが提唱した経済成長モデル。投資財生産部門と消費財生産部門からなる二部門成長モデルである。前者への投資配分を大きくすればするほど将来生み出される国民所得が大きくなることを提唱した。ソ連のグレゴリー・A・フェルドマンが一九二八年に提唱した成長モデルと同型である。

(2) ただし近年の研究では、「土地改革が貧困減少に及ぼした効果などを積極的に評価する議論が高まっている」[柳澤 2014: 45-48]。

(3) 経営代理制度とは、イギリス植民地下のインドやマレーシアで発達した経営制度である。企業家は会社とのあいだに経営代理契約を結び、経営代理人という資格で会社の経営を取り仕切る。

(4) IBMとコカ・コーラが撤退したのは、後述するジャナタ党政権が外国為替規制法の実行を迫った一九七七年である。

(5) 一九八四年五月、インド政府は三九億SDRを引き出した時点で、IMFからの支援を打ち切った。

(6) シク教徒の一部過激派が、パンジャーブ地方で分離独立運動を展開していた。パンジャーブ語で「清浄な地」を意味する「カーリスターン」の要求である。分離独立運動が激しく高まった一九八四年六月、インディラー・ガーンディー首相はシク教の総本山であるアムリトサルにある黄金寺院に立て籠もっていた過激派シク教徒を、武力制圧した。その恨みが、彼女の暗殺へとつながった。

（7） スリランカからの分離独立を求める過激派（タミル・イーラム解放の虎）鎮圧のため、一九八七年から九〇年にかけてラージーヴ・ガーンディー首相はインド平和維持軍をスリランカに派兵した。自爆テロによる暗殺はこのときの恨みをかったものであった。

（8） 二〇一七年七月一日に「独立後最大の税制改革」と呼ばれる財・サーヴィス統合税（GST）が導入された。

（9） 独立後の成長の転換点に関する論争については、［絵所・佐藤編 2014］を参照されたい。

（10） 「ヒンドゥー成長率」とは、インド人エコノミスト、ラージ・クリシュナが名づけたものである［Krishna 2007］。

（11） このギャップは外国からの資金流入で賄われることになる。

第九章　独立後インドの社会と文化

独立後インドの社会と文化の歴史は、多様な民衆による公共参加の進展とそれにともなうダイナミズムの過程として描くことができる。一九四七年の分離独立によりインドは、民主主義と政教分離主義《セキュラリズム》の国であることを明示的に選択した。多宗教・多文化という多様性を肯定し、多様なる民衆が主体となる国づくりをめざしたということである。こうした国家の理念・体制は社会と文化のあり方にも大きく影響し、インドはその多様性社会としての潜在的可能性を現代的なかたちで少しずつ開花していった[グハ 2012]。そのなかでインドの公共圏のあり方は、多様な民衆の生活や意識のあり方を反映するものへと少しずつ変化していった。同時にこれは、民衆の生活世界のなかに、市場や国家の働きが浸透していく過程でもあり、日常生活におけるカースト、宗教、食事、育児、教育などが市場化と公共化をする動きがそこには見られた。

これは植民地期に成立した、都市／村落、エリート／サバルタン(従属諸集団)、近代合理性／伝統文化、といった二分法的な社会的断絶が徐々に溶融したということでもある。しかしこのことは、社会的な平等性が実現したことを意味するわけではまったくない。カースト、宗教、エスニシティ、ジェンダーなどの違いは、多様性を支える一方、差別と格差の温床となってきたことも事実である。だが、だからこそ、執拗な不平等の克服のために、多様な民衆が人生機会の向上を求め公共圏で自らの声を発しようとしており、それが社会変化を促す大きな活力となっている。

独立後のインドは、一九四七年から八〇年代までのポスト植民地期と、九〇年代以降のグローバル化期に分けることができよう。ポスト植民地期においては、植民地支配の反動として国民統合が何よりも重視された。そこでは「多様性の統一」が意識されたが、政策的な中軸は、「開発」によって村落のサバルタンたちをあるべきネーションへと教導・統合しようとするエリート中心的なものであった。だが六〇年代以降徐々に、非エリートの民衆は政治的に活発化し、公共的な影響力をもつようになったし、また社会経済的な重要性を高めていった。そしてグローバル化する九〇年代以降においては、多様な民衆の動きがインド全体の動向に深くかかわるようになり、社会・文化においても大きな影響力をもつにいたっている。

1　人口と生存基盤

人口と衛生

独立後インドの人口・健康指標は着実な改善を見せた。しかしその程度は他のアジア諸国と比べていまだ低いレヴェルにとどまっているし、地域間格差も深刻な問題である。

独立インドの人口は、センサスによると、一九五一年の三億六〇〇〇万から二〇一一年の一二億一〇〇〇万まで急激に増加した。一九六一年から九一年までは二%を超える高い人口増加率がつづいたが、九一年からは低下しつつある。二〇〇一年から一一年までの人口増加率は一・六%であった。平均寿命は一九五一年には男性三七・一歳、女性三六・一歳にすぎなかったが、八一年には五四・一歳と五四・七歳、二〇〇二〜〇六年には六二・六歳と六四・二歳へと延びている(家族福祉統計二〇一一年)。

人口増の背景には、政府による一九五〇年代初頭からの人口抑止策(家族計画プログラム)がまったく功を奏しなかったこともあるが、より根本的には、医療衛生環境や栄養状況の改善にともなって、死亡率の低下が出生率の低下より先んじてより急激に起きたことがある。独立時のインドにおける乳幼児死亡率は深刻な問題であり[和田 2007]、一〇〇〇人の子どものうち五歳に達せずして死亡する者が二〇〇～二二〇人であったと推計されている[Visaria and Visaria 1994]。つまり生まれた子どものうち五人に一人以上が五歳を待たずに死亡していたわけである。こうした状況は、子どもをより多く産もうとする誘因となり、出生率はなかなか減少しなかった。だがその後、乳幼児死亡率は、一九八一年時の一五二‰から、九一年時の九四‰、そして二〇〇一年時の五九‰まで大きく改善した[和田 2015]。ただし、中国の一二‰、日本の二‰(いずれも二〇一〇～一五年時)と比べると、いまだ改善の余地は大きい[United Nations Population Division 2015]。州別に見ると一九六一年には最低五二‰(ケーララ州)から最高一五〇‰(マディヤ・プラデーシュ州)まで幅があったのが、二〇一〇年には一三‰(ケーララ州)から六二‰(マディヤ・プラデーシュ州)までに収束してきている[Indiastat.com:Economic Survey of India 2010-2011. 元データはOffice of the Registrar General of India による]。近年では、出生率も大幅に低下しつつある。一人の女性が一生に産む子どもの平均数を示す合計特殊出生率は、一九八一年の四・九から、九一年時の四・三へ、さらに二〇〇一年時の三・二となっている[和田 2015]。

ただし子どもの数が減っていることにより、男子偏重の傾向が近年さらに強まっていることが大きな問題である。センサスによると、〇歳から六歳の乳幼児の男性一〇〇〇人に対する女性の人口比率(性比)は、一九九一年に九四五だったのが、二〇〇一年には九一四と低下している。これはインド全体の性比が、一九五一年の九四六から九一年の九二七へと低下したのち、二〇一一年には九四〇へと向上したにもかかわらずである[Office of the Registrar General of India 2011]。なお性比については地域的な偏差が激しい。北部が低く、南部が高いのが特徴である。主要州のうち最低のハリヤーナー州は八七七、最高のケーララは一〇九四である(二〇一一年)。これは、北部において、女性の実家より婚入先の家族がより上位とされる上位婚《ハイパーガミー》が優勢で、南部では実家と婚入先の家族は同等である同位婚《アイソガミー》が一般的であることとかかわる。上位婚においては、息子が結婚すればダウリー(持参財)が得られるのに対して、娘の婚姻のためにはダウリーを準備する必要がある。そのため女児は望まれないことが多い。

絶対的人口数については、すでに将来的なピークアウトの見通しがついたところである。各種推計によると、二〇五〇～六〇年頃にインドの人口はピークを迎え、そのあとは安定するとされる［United Nations Population Division 2011］。また、人口増は必然的に低開発をもたらす、という従来のマルサス的な理解は、歴史的に必ずしも正しいとはいえない。インドにおけるいわゆる人口ボーナス〈生産年齢〈十五～六十四歳〉人口の比率上昇〉は二〇四五年くらいまでつづくとされ、経済発展の期待が高いところである。しかし、人口上の利点を持続的な社会経済発展につなげられるかどうかは、教育・雇用問題そして環境・エネルギー問題にいかに対処できるかによるであろう。

人口移動を見ておくと、インドにおける都市化の特徴はその緩慢さにあった。一九五一年の都市人口比率は一七・三％にすぎず、その後二〇一一年にいたっても三一・一六％にとどまっている。これは、日本における一九三〇年代の都市化率の水準である。都市化率が低い理由は、農村部での急激な人口増加と、農村から都市への人口移動の少なさにあった［日野・宇野 2015:153］。人口移動においては州内移動が支配的なパターンであったが、一九九〇年代以降においては農村から都市への州間移動が増加しつつある［宇佐美 2015:116］。

教育

識字率は、一九五一年時の一八・三三％から二〇一一年の七四・〇四％まで短期間で大きな上昇を遂げた。ただし依然、人口の四分の一以上が非識字者であることは注意しておかねばならない。一九八〇年代からはビハール州やウッタル・プラデーシュ州などの後進州、また指定カーストや指定部族に属する後進の社会集団の識字率が大きく伸びている。一九六一年時点では全体で二八・三〇％の識字率に対して、指定カーストが一〇・二七％、指定部族が八・五三％の識字率にとどまっていたが、二〇一一年にはそれぞれ六六・一〇％と五八・九六％へと向上した。また男女を比べると、一九五一年から二〇一一年までで、男性は二七・一六%から八二・一四%へと約三倍の伸びを見せたのに対して、女性は八・八六%から六五・四六%へと約七・四倍もの伸びを見せている。識字率において地域間・階層間・男女間の格差はいまだあるものの、近年ではやや収束に向かいつつあるといえよう[Indiastat.com. 元データはセンサスおよびMinistry of Health and Family Welfare & Ministry of Statistics and Programme Implementation による]。

教育状況もかなり改善されたものの、教育程度には依然として大きな階層間格差が見られる。初等教育(一～五学年)の就学率は、一九五〇～五一年時の四二・六%(男六〇%、女二四・八%)から、二〇〇六～〇七年には全体で一一一・二%(男一一四・四%、女一〇七・八%)へと大きく改善した。ここでも初等教育へのアクセス格差の収束が見られる。ただし初等教育修了率は二〇〇五～〇六年で七〇%余りにとどまっていることは大きな問題である。また中等教育(六～八学年)の就学率は、一九五〇～五一年時の一二・七%(男二〇・六%、女四・六%)から、二〇〇五～〇六年には全体で七一%(男七七・四%、女六九・五%)へとかなりの改善を見せている。だが、中等教育の修了率は二〇〇五～〇六年で五〇%余りにすぎない。高等教育(九～一一学年)の就学率は、一九六〇～六一年時の一〇・六%(男一六・七%、女四・一%)から、二〇〇一～〇二年には全体で三三・二六%(男三八・二三%、女二七・一四%)に伸びたが、依然低い水準にとどまっている。大学就学率は一八%足らず(二〇一一年)にすぎない[Indiastat.com. 元データは Office of the Registrar General of India による]。教育水準と所得水準は密接な関係をもつが、これは労働市場が教育程度によって階層化されているからであり、結果として、所得水準にも大きな格差がある。現在のインドでは階層を超えて教育熱が高まっているものの、公立学校は質量ともに十分ではなく、私立学校が大きく増えている。そのなかには膨大な無認可学校が含まれている[小原 2014]。これは教育機会が経済状況によって限定されることを意味している[佐々木 2011]。

自然環境と生活環境

インド国土は約三二八万平方キロである。その内訳については、さまざまなデータのあいだに異同があるものの、インド全体の耕作地が独立から一九八〇年までに速いペースで増大し、その後ペースはゆるやかになったこと、また独立後からインド全体の森林面積が、独立から八〇年まではかなりのペースで減少し、八〇年以降は減少が極めてゆるやかになったこと(あるいは微増したこと)については大まかな同意がある［長峯 2002］。最近のデータでは、耕地は五〇年の一一〇・一万平方キロから七〇年の一二〇・四万平方キロ、そして二〇一〇年時の一四〇・一万平方キロへと増えたと推定されている。一方、森林地は一九五〇年時の七一・一万平方キロから、七〇年の六四・七万平方キロ、二〇一〇年の六三・四万平方キロとなっている。市街地は一九五〇年の〇・七四万平方キロから七〇年の一・〇二万平方キロそして二〇一〇年の二・〇四万平方キロと拡大したとされる［Tian et al. 2014］。耕作地の拡大には、食糧自給政策や農業機械化また「緑の革命」の影響があると考えられている。また森林減少には、森林の耕地化、工業的・商業的利用、燃料需要がかかわっており、減少緩和には、一九八〇年の森林保全法、植林の進展、そして八八年から推進された地域住民と森林省が共同で森林経営をおこなう「共同森林管理」がかかわるといわれている［柳澤編 2002］。

独立後インドの国家はしばらくのあいだ、民主主義と並んで経済開発を至上命題としており、環境問題については注意をはらうことはなかった。しかし一九七〇年代になると、開発政策が行詰りを見せ始め、環境問題も広く認識されるようになる。七〇年代初めにヒマラヤ地方のウッタラーカンド地方(当時はウッタル・プラデーシュ州の一部)ではチプコー運動が展開した。これは地元住民が、企業による森林伐採を樹に「抱きついて」(チプコー)でも阻止しようとした運動であった。運動には女性の参加も多く、他地域にも波及して、注目を集めた。

一九七二年にストックホルムで「国連人間環境会議」が開催されると、政府にとっても環境は無視できない問題となり、七四年の水質汚濁防止規制法、七七年の水質汚濁防止税法、八〇年森林保護法、八一年大気汚染防止規制法の制定など、法制度も徐々に整備され始める。ただし、当初のインド政府の認識は「環境か開発か」といえば、まずは開発を優先せざるをえないというものであった。実際、国連人間環境会議において、インディラー・ガーンディー首相は「環境をこれ以上破壊したくはないが、多くの人の切実な貧困を一時たりとも忘れることはできない」とし、貧困削減なしに環境問題は解決できないと問題提起している[Gandhi, I. 1982]。

社会的に環境汚染が大きくクローズアップされるきっかけとなったのは、一九八四年のボーパール事件であった。十二月三日の未明、アメリカ合衆国のユニオン・カーバイド社の現地法人の殺虫剤工場から毒ガスが流出し、周辺住民に多大な損害をおよぼした。州政府の発表では、死者五二九五人、負傷者五六万八〇〇〇人とされるが、実際の死者は二万人にものぼるといわれる。これ以降環境問題への総合的対処の必要性が認識され、八五年に環境省(二〇一四年に環境森林気候変動省)が設立され、八六年には環境保護法が制定された。また八〇年代には、ナルマダー・ダム反対運動が国際的な注目を集めた。NGO連合からなる「ナルマダーを救え運動」は、ダム建設によって環境が破壊され、地元部族民の生存基盤が奪われるとして、大規模なダム反対運動を展開した。日本は九〇年に、世界銀行は九二年に融資を凍結したが、以降もインド政府は建設計画を進めている。近年のインドの環境運動として重要なものには、原発反対運動がある。とくにタミル・ナードゥ州のクーダンクラム原発やマハーラーシュトラ州のジャイタープル原発をめぐって、大規模な反対運動が展開されている。

インド環境史の泰斗であるラーマチャンドラ・グハは、環境保護主義は先進国が脱物質主義的な価値を求めて展開されるという見解に対して、貧しい人びとが自らの生存環境を守ろうとする別の種類の環境保護主義もあることを指摘し、これを「貧しい人びとによる環境保護主義」と呼んだ[Guha 2000:98-108]。こうしたグハの見解は人びとの過去の暮しを美化する「新伝統主義」であるという批判はあるものの[柳澤編 2002]、人びとの生存環境として自然をとらえ、環境保護と社会正義の二つの問題を切り離せないものとしてとらえる視点は、インドにおける環境運動のあり方、そしてグローバルな環境主義の諸系譜を理解するうえで重要な貢献をしたといえよう。それはまた「環境か開発か」という問いに対して、生存環境という視点から統合的に考えるための枠組を与える議論でもあった。ただしインドにおいて、地元民が生存のために自然環境を利用する場合、それが自然に対して保護的になるか破壊的になるかはいずれもありうるし〔柳澤編 2002〕、環境運動は貧しい地元民によってのみおこなわれているのではなく、中間層や地元民以外を含むことには注意しておく必要がある〔石坂 2011〕。

2　家族とジェンダー

家族の変遷

家族の歴史的変化を見よう。平均世帯人数の変遷を見ると、一九六一年は五・二人(村落部五・二人、都市部五・一人)、八一年は五・六人(村落部五・六人、都市部五・五人)、二〇〇一年は五・三人(村落部五・四人、都市部五・一人)でそれほど大きな変化はない。家族形態については、独立後初期(一九四七〜五一年)のインド西部村落調査(七四村、一万二〇三〇家族を対象)によると、夫婦を二組以上含む拡大家族は三二%であった。一九八一年のセンサスでは、一人親家族か一人住まいが一一%、核家族が六八%、拡大家族が二〇%、二〇一一年はそれぞれ一二・七%、七一・一%、一六・二%となっている。数字を見る限りは、独立後インドでは拡大家族よりも核家族が多く、その傾向は強まっている〔Singh 2005〕。ただし、同じ世帯に同居する夫婦の数から、実際の家族関係を知ることができるわけではない〔Desai 2005 : Madan 1994〕。インドでは、住居や世帯を異にし、住居間の距離が離れていても、モノや金銭や情報の極めて頻繁なやりとりを継続している家族・親族関係がしばしば見られる。また就学・就職や移動・移住についてもこうした家族・親族関係を基盤とすることがしばしばである〔常田 2015〕。つまり同居する家族だけでなく、より広い家族関係のネットワークを見れば、そこには拡大家族的な関係が見られることも事実である。これは同じコミュニティ内の内婚的な傾向性が執拗に存続していることとも関連している。このことは同時に、家族・親族関係を通じて社会経済的格差が再生産されやすく、またカーストや宗教のアイデンティティが維持されやすいことも意味している[Béteille 1994]。

女性の初婚年齢は、一九九二/九三年の一七・三九歳から、一九九八/九九年の一七・五六歳、そして二〇〇五/〇六年の一七・九九歳と漸増している。これは女性の教育が進展していることと関連していると思われる。しかし、女性労働参加率を見ると、一九八一年に一四・〇%、九一年に一五・八%、二〇〇一年に一四・七%となっており、あまり進展が見られない[和田 2015]。これについては何を労働として見るかという根本的な問題もあることが指摘されている[Menon 1999:14]。

インドの女性にとっては家族が引きつづき生活の重要な基盤となっており、女性自身にとってジェンダーよりも、家族・親族そしてその延長としてのカーストや宗教のコミュニティが重要な意味をもつことが指摘されている[Menon 1999:13]。その結果、カーストや宗教コミュニティ間の緊張が高まると、女性に対する家父長制的な統御がますます高まることとなっている。

フェミニズム運動

インドのフェミニズム運動は、その初期においては民族運動と密接に関連しつつ展開したものの、独立後しばらくのあいだは下火となった。独立国家における民主主義と開発への期待のなかで、一時的に様子見となったのであろう。

だが一九七〇年代にいたると、左派運動とのつながりのなかで、新たなフェミニズム運動が展開することとなる。例えば、七二年にグジャラート州のアフマダーバードに結成された「自営女性協会」(SEWA)は働く女性の労働組合・協同組合・女性運動を推進した[喜多村 2004]。またマハーラーシュトラ州の「シャハーダー運動」は、土地なし農民のビル部族民による地主への抵抗運動として始まったが、女性が活発な役割をはたし、禁酒運動や家庭内暴力反対運動を展開した。同じくマハーラーシュトラ州の都市部において、七三年に「反物価上昇女性連合戦線」が結成され、生活を守るためのデモなどの運動を主婦たちがおこなった。これは七四年には、汚職批判を展開する「新創生《ナヴ・ニルマーン》運動」としてグジャラート州に広がり、ジャヤプラカーシュ・ナーラーヤンの指導する反政府運動の影響を受けて、中間層市民による大規模な国家批判運動へとさらに発展した。ただしこうした女性運動や市民運動は、インディラー・ガーンディーによる七五年の非常事態宣言によって抑圧されることとなる[Kumar 1993: 199]。

インディラー・ガーンディーが下野した一九七七年以降、女性運動は新たな展開を遂げた。政党などの政治的組織とは直接かかわらず、ヒエラルヒー的な組織構造をもたない「自律的」な女性団体が都市部を中心に登場したのである。これらの団体のメンバーのほとんどは教育のある中間層であり、政治的には左派的な立場にあった。彼女たちは、全国的なネットワークを構築し、反ダウリーや反レイプの運動を展開した。七九年六月には同年設立された「女性の闘い《ストリー・サンガルシュ》」がデリーで起こったダウリー殺人に対するデモをおこない、全国的な注目を集めた。インドにはすでにダウリー禁止法（六一年制定）が存在したが、その実効性には問題があった。反ダウリー運動の展開を受けて、八三年の刑法（第二次改正）で妻への虐待を犯罪とするなど、ダウリーをめぐる暴力を取り締まるための法整備がおこなわれた。なお二〇〇五年には「家庭内暴力（DV）から女性を保護する法律」が制定され、ダウリーをめぐる暴力からの女性保護がはかられた。一方反レイプ運動は、七二年にハイダラーバードで起こった警察による集団レイプ事件（マトゥラー事件）への七八年の抗議運動を皮切りに、七九年には全国各地で展開した。八〇年には、被害者のマトゥラーが抵抗した形跡がないことを理由に、警察による強かんを無罪とした最高裁判決に対して、四人の法律家が公開書簡で抗議したことをきっかけに、インド各地の女性団体が参加する全国的なデモが組織された。このマトゥラー事件は、全国のフェミニスト団体がともにキャンペーンをおこなった最初の事例となった。

一九八〇年にデリーに「女性開発研究センター」が設立されるなど、八〇年代には女性研究の進展が見られた。同時に、女性運動の目的や方法についてさまざまな議論が起こるようになった。また八〇年代にはフェミニズムが一定の社会的影響力をもつようになった一方で、右派や伝統主義者たちが女性団体を組織する事例もあらわれてきた。例えば、シヴ・セーナーが女性組織を用いて反ムスリム・キャンペーンをおこなったり、サティー(寡婦殉死)の伝統を賞揚する女性団体がつくられてデモがおこなわれたりというものである。女性が公共的な主体性を少しずつ獲得するなかで、さまざまに違う立場が表面化してきたのであった。

女性自身が、フェミニズムの立場をとるのか、宗教的アイデンティティを優先するのかが問われたのが、シャー・バーノー訴訟事件であった。シャー・バーノー訴訟事件は、一九八五年四月の最高裁判決によって、離婚されたムスリム女性シャー・バーノーに対し、刑事訴訟法一二五条の規定に従って元夫による扶養費の支払い義務が認められたことに始まる。これに対してムスリムの保守層は、ムスリム属人法への介入であるとして激しい抗議運動をおこなった。ラジーヴ・ガーンディー政権はこれを受けて、翌年の八六年五月に「ムスリム女性(離婚時の権利保護)法」を成立させた。それは、離婚したムスリム女性に対する刑事訴訟法一二五条の適用を除外し、ムスリム属人法を優先させるものであった。つまり、離婚されたムスリム女性は刑事訴訟法に従って扶養費を要求できないこととなったのである。これに対して、フェミニストたちは強く反発し、女性の権利の保護を求めて、統一民法典の早期成立を要求する運動をおこなった。このときヒンドゥー・ナショナリストたちもムスリム優遇策への反対の立場から統一民法典を要求し、皮肉なことに、フェミニスト運動がヒンドゥー・ナショナリストによって乗っ取られる危険性が露呈した。

一九八七年九月四日にラージャスターン州で起こったサティーは、女性の人権と自己決定権、カースト・アイデンティティ、宗教の自律性、国家と法の役割などについて激烈な議論を生むこととなった。サティーをおこなったのはループ・カンワルというラージプート女性、新婚八カ月でまだ十八歳の若妻だった。彼女は、夫の遺体を火葬する薪の上で焼死した。このサティーは全国的な話題となり、殉死の場は毎日数千人が訪れる巡礼の場となった。フェミニスト団体は、何もしない政府に対して抗議デモをおこない、高等裁判所は喪明けの儀礼の禁止命令を発令したが、九月十六日の喪明けの儀礼には三〇万人が集まったとされる。サティー擁護派は、政府による宗教への干渉を批判し、信仰の自由を訴えてデモをおこなったが、これには多くのヒンドゥー女性も動員された。そこでは、フェミニストは伝統を尊重しない近代主義者として批判された。一方、カーストや宗教の伝統の名において女性の権利をないがしろにすることに対して強い危機感が醸成され、サティー反対運動も多方面から支持を受けた。サティー論争をへて、多様な立場にある女性の、複数の声の存在が認識されるようになった[田中 1998]。

一九八〇年代はインドのフェミニズム運動にとって転換期となった。貧困、環境、資源アクセス、カースト差別、宗教問題などでどのような立場をとるかをめぐって、フェミニズム運動は細分化していった。そしてそれぞれの組織は自らの思想的またアイデンティティ的な立ち位置について、他者と注意深く差異化したのである。女性一般に対する抑圧というフェミニズム共通の問題のみを基礎として一つの運動を打ち立てるには、現実はあまりに複雑であった。社会は、ジェンダーだけではなく、階級、カースト、エスニシティ、宗教などの複数の軸によって差異化されており、それらの複合的な権力構造にいかに立ち向かえばよいのかについて、共通の指針を打ち出すことは困難であった。

一九九〇年代からは、フェミニズム運動はさらに新たな局面に入った[Menon 1999]。諸組織が多様な女性の立場を担い、運動は多様化していく。とくに注目されるのが、ダリト(不可触民)・フェミニズムの動きである。九五年八月には全国ダリト女性連盟がデリーで結成され、従来のフェミニズム運動が有していた上位カースト的な限界に対して異義を唱えた[粟屋 2015]。また性的少数者(ＬＧＢＴＩＱ)による「クィア政治」の可視化も注目される[Dave 2012: 江原 2015]。一方、多くの女性組織が非政治化する傾向も顕著となった。女性組織は権力構造に対して闘うことよりも、国家やグローバル市民社会が提供する「開発」の諸機会に対応して女性の社会経済的地位向上を模索することが多くなっている。つまり、諸女性団体は女性開発を担うための組織として「国家機関化」あるいは「NGO化」する傾向にある[Menon 1999:21]。さらには、国家に抵抗することよりも政策に影響を与えることを戦略的に選んでいるともいえよう[Gandhi, N. and Shah 1992:23]。だがまた他方で、女性議席留保法案をめぐる政治においては、全国的な諸女性組織の協力の動きがあることにも着目しておく必要がある。この法案は、インドの連邦議会(下院)および州議会において三三%の留保議席を女性のために設けようとする法案であるが、二〇一〇年三月九日に上院を通過したのち、下院で議決されないまま現在にいたっている。その争点の一つは、女性のための留保議席を設けることによって上位カーストの代表性が高まり、下位カーストにとって政治的な不利益が生じるのではないかという懸念である。このようななかで、ジェンダーとカーストの複雑な絡まり合いはいっそう意識されざるをえない[粟屋・井上編 2018]。

3　宗　教

宗教とコミュナリズム

一九四七年八月十四、十五日のインド・パキスタンの分離独立の前後には一二〇〇万人が居住地から移動したが、その際の混乱のなかでヒンドゥー・シクとムスリムのあいだで凄惨な大暴動が発生した。死者数は百万人におよぶといわれており、少なくとも七万五〇〇〇人の女性が誘拐・強かんされた[Butalia 2000:1-6]。分離独立時の暴力は、容易な歴史化・言語化を許さない、強烈な負の記憶として人びとの胸に刻み込まれている[Gilmartin 1998; Pandey 2001]。それは宗教コミュニティ間の憎悪にとどまらず、同じコミュニティ内での男性から女性への抑圧や裏切りの記憶を含むものでもあった[Das 1996:2006]。

国父とされるモーハンダース・カラムチャンド・ガーンディー(マハートマー・ガーンディー)は独立式典に出席せずに、

断食と祈りを通じて宗教間暴動をやめさせようと努めていたが、一九四八年一月三十日に暗殺された。犯人は、かつてヒンドゥー・マハーサバーおよび民族奉仕団（ＲＳＳ）に属していたナトゥーラーム・ゴードセーであった。

パキスタンがムスリムの国家として発足したのに対して、インドは政教分離主義《セキュラリズム》の原則を採用し多宗教共存をめざしたことは重要である。一九七六年にはインド憲法の前文に、インドはセキュラー・ネーションであるという文言が付け加えられている。ただしこのことはインド政府が宗教に無関心であったことを意味しないし、公共領域での宗教の影響力が低くなったわけでもなかった。ジャワーハルラール・ネルーは、サードゥ（聖者）たちの社会的影響力をよき方向に向けようとして、五七年にインド・サードゥ協会を設立して、自らが初代会長となった。この協会は現在まで存在している。六四年には、ヒンドゥー主義団体である民族奉仕団（一九二五年設立）のもと、世界ヒンドゥー協会（ＶＨＰ）が設立された。世界ヒンドゥー協会は教義や儀礼を統一して、ヒンドゥー教を組織化することをめざしている。この協会には、シャンカラーチャリヤ（シャンカラ派の僧院の法主）などの宗教権威や、伝統的な寺院の多くは参加していないが、海外の在外インド人に対するヒンドゥー教の教育においては、近代的グル（導師）たちとともに大きな影響力を有している。また国内でも社会・政治的な影響力を高めており、八〇年代からはラーマ生誕寺院建設運動を牽引し、九〇年代からはイスラームやキリスト教に改宗した元ヒンドゥーたちの再改宗運動を推進した。これはヒンドゥーとムスリムやキリスト教徒のあいだの緊張を高めており、各地で暴力事件が起こった。例えば九九年にはオディシャー州で、キリスト教に改宗した指定カースト民たちへのバジラング・ダル（世界ヒンドゥー協会の青年部）による暴力事件が起こり、この際、オーストラリア人宣教師のグラハム・ステインズと三人の子どもたちが車の中で焼き殺された。

独立後のインドで、宗教暴動は繰り返し起こってきた。一九六九年にはグジャラートでヒンドゥー・ムスリム間の暴動が発生し、六六〇人が死亡した。そのうち四三〇人がムスリム、二三〇人がヒンドゥーであった[Gayer and Jaffrelot 2012: 53-60]。また八四年にインディラー・ガーンディー首相がシク警備兵によって暗殺されたのちには、大規模な反シク教徒暴動が起こり、政府報告では三〇〇〇人余りのシク教徒が犠牲になった。九二年十二月六日には、世界ヒンドゥー協会とバジラング・ダルのメンバーたちがアヨーディヤーのバーブリー・マスジドを完全に破壊した。ヒンドゥー主義者たちは、ムガル帝国初代皇帝バーブルのもとで建設されたこのモスクは、もともとここにあったラーマ生誕寺院を破壊して建てられたものであり、本来の寺院を再建するべきだと主張していた。これを契機として、インド各地でヒンドゥー主義者によるムスリムへの攻撃や迫害が起こった。二〇〇二年にヒンドゥー主義者が乗る列車がゴードラー駅で襲撃を受け火事で五八人が死亡する事件をきっかけに、ヒンドゥー主義者たちがムスリムを組織的に襲撃するグジャラート州暴動が勃発した。暴動は数カ月つづき、公式報道によると七九〇人のムスリムと二五四人のヒンドゥー教徒が死亡し、二五〇〇人が負傷した。ただし非公式の推定によると二〇〇〇人の死者がでたとされる。

宗教マイノリティの位置づけ

インドにおける宗教別人口の割合は、一九五一年のセンサスでは、ヒンドゥー教徒が八四・九九%、ムスリムが九・九三%、キリスト教徒が二・三〇%、シク教徒が一・七四%、ジャイナ教徒が〇・四五%、仏教徒が〇・〇六%、ゾロアスター教徒〇・〇三%、その他が〇・五〇%であった。二〇一一年には、ヒンドゥー教徒が七九・八%、ムスリムが一四・二%、キリスト教徒が二・三%、シク教徒が一・七%、仏教徒が〇・七%、ジャイナ教徒が〇・四%、その他が〇・七%、宗教無提示〇・二%となっている。独立後の六〇年間でヒンドゥー教徒の割合がやや減り、ムスリムがやや増えたことが見て取れる。ただしムスリムの人口割合は、英領インド時の二四%から分離独立時のインドにおいて一〇%以下へと大きくさがったことは考慮に入れておく必要がある。二〇〇一年時の宗教別識字率を見ると、ヒンドゥー教徒六五・一%、ムスリム五九・一%、キリスト教徒八〇・三%、シク教徒六九・四%、仏教徒七二・七%、ジャイナ教徒九四・一%(全体平均は六四・八%)である[Kaur and Kaur 2012:41]。ムスリムの識字率は全体よりやや低く、過去六〇年の識字率の向上率は指定カーストや指定部族よりも低い。

インド憲法は政教分離の原則により宗教を基盤とした差別的な扱いを禁止している。宗教を基盤とした留保政策も原則的におこなわれていない。ただしいくつかの州ではムスリム(の一部の集団)に対して留保を与えるようになっている。例えば、アーンドラ・プラデーシュ州は二〇〇四年より、ムスリムに対して高等教育および公的雇用の四%の留保を設けた。ムスリムは一般的に留保政策の恩恵を受けていないこともあり、公的雇用におけるムスリムの割合は人口比と比べて少ない。二〇〇四〜〇五年において、警察・裁判所・刑務所などの「公的秩序および安全にかかわる職務」で職を得ているムスリムは六%(一四・二%、括弧内は二〇一一年時の人口比)、ヒンドゥー上位カーストは四二%、指定カースト・指定部族は二三%(二五・二%)、「その他の後進諸階級」は二三%となっている。軍で職を得ている者を見るとムスリムの割合は四%にすぎず、指定カースト・指定部族が一二%、「その他の後進諸階級」が二三%、ヒンドゥー上位カーストが五二%となっている。

経済活動においてもムスリムは周縁化されている。インドの企業規模トップ五〇のなかにムスリム系の企業はない。住宅ローンの受給率も低く、一九九二年時点においてムスリムの銀行ローンは五・〇六%を占めるのみである[Gaborieau 2012:550]。またムスリムの社会経済および教育の状況について調査するサチャル委員会の報告[Sacher 2006]によると、ムスリムの一世帯当りの消費支出は一カ月平均で八〇〇ルピーで、これは指定カーストや指定部族とほぼ同等であり、一般ヒンドゥーの一四六九ルピーよりかなり低い。またムスリムにおける貧困率は二〇〇四〜〇五年において三一%で、これは指定カースト・指定部族の三五%より低いものの、「その他の後進諸階級」と同等であり、一般ヒンドゥーの二一%よりかなり高い。収入で見ると、一九八七年にはヒンドゥーの七七・五%の所得であったが、九九年には七五%と低下している。またムスリムの教育レヴェルは独立時には一般のヒンドゥーよりは遅れていたが、指定カースト・指定部族よりもかなり進んでいたものの、二〇〇六年現在ではムスリムと指定カースト・指定部族の教育レヴェルている状況にある。

の差異はあまりない状況となっている。このようにムスリムの相対的な社会経済的地位は低下しており、不満が高まっている状況にある。

ヒンドゥー教の変容

独立後のインドにおいて宗教にも大きな変化が見られる。交通網の発展と経済成長により各地のヒンドゥー教寺院を訪れる巡礼はさかんにおこなわれるようになったほか、マスメディアや電子メディアによる宗教イメージの拡散も広がっている。そのなかで、例えば霊媒への神々の憑依《ひょうい》など、インドの宗教伝統において極めて重要でありながら、バラモン的オーソドクシーとは異なる実践については、宗教というよりもしばしば民俗文化や芸能文化として扱われる傾向が見られる。

またメディアを通じて拡散する宗教イメージは、神への信愛を強調するバクティ的な傾向が強くなっていることが指摘できる。これは十九～二十世紀のヒンドゥー教の自己表象において、知的探求や瞑想を強調する傾向が強かったのに対して、より大衆にアピールしやすい信仰のかたちを示したものといえるだろう。例えば、テレビドラマ『ラーマーヤナ』(一九八七～八八年放映)と『マハーバーラタ』(一九八八～九〇年放映)は大変な人気を博し、放映時間の日曜日午前九時からは、村も町も静まりかえり、ほとんどの人がテレビに群がったといわれる。これらの宗教ドラマは、インドにおけるヒンドゥー教理解やヒンドゥー・アイデンティティに多大な影響を与えた。一九九〇年の九～十月にインド人民党の党首ラール・K・アードヴァーニーは、自らラーマに扮して、ラーマ生誕寺院建設運動を推進するための山車《だし》行進をおこなったが、ここにはラーマへの信愛を反ムスリム感情につなげようとするあからさまな政治的意図が見られる。ただしメディアによる宗教イメージの拡散によって、宗教の均質化が起こったのかといえば、そうとばかりもいえない。メディアが発展するにつれて、人びとの多様な信仰形態に対応したさまざまな宗教的なイメージや言説が提供されるようになっており、インドにおける宗教の多様性はメディアを通じても維持されているといえよう。

一九九〇年代以降、都市郊外にはパヴィリオン化した巨大寺院がつぎつぎと設立され、イベント化した新しい祭礼がおこなわれるようになっており、多くの中間層の市民たちを集めている。これらのスペクタクル化した新しい寺院や祭礼には近代的な宗教団体やヒンドゥー主義者たちがかかわっていることがほとんどである。

宗教の大衆化と商品化は、ヨーガやアーユルヴェーダにおいても顕著である。ヨーガとアーユルヴェーダは、健康と美容に関心のある中間層・中間層予備軍に人気で、ヨーガ教室やアーユルヴェーダ・グッズはおおいに繁盛している。またケーブルテレビには宗教専門チャンネルも存在し、グルたちの説教は多くの視聴者の心をとらえている〔三尾 2003〕。

4 カーストと部族

指定カースト

指定カーストと指定部族が総人口に占める比率は、センサスによると、一九六一年においてそれぞれ一四・六七%と六・八六%、二〇一一年には一六・六%と八・六%となっている。指定カーストと指定部族の人口比率は相対的に増えている。

一九五〇年に施行されたインド憲法は、指定カーストおよび指定部族などの「社会的・教育的後進諸階級」に対する優遇措置をおこなうことを規定しており、高等教育、公的雇用、諸議会での議席について優遇する留保制度が施行されている。指定カーストは一五%、指定部族は七・五%の留保枠を有している。留保は当初一〇年間だけおこなわれる予定であったが、以降も現在にいたるまで継続されている。また憲法の第一七条によって不可触制は廃止され禁止された。五五年には不可触制(禁止)法により、不可触制の実践は処罰されることとなり、七六年の市民権保護(修正)法により、処罰は強化された。さらに八九年には、指定カーストと指定部族(虐待防止)法が制定されたが、十分な効果が得られたとはいえず、二〇一五年には同法の修正法が施行されている。

インド憲法の起草委員長を務めたビームラーオ・ラームジー・アンベードカルは、「不可触民」解放運動の一環としてヒンドゥー教を棄教し、一九五六年に集団的な仏教改宗をおこなった。アンベードカルはその二カ月後に亡くなったが、遺志によって共和党が五七年に設立された。七〇年代にはダリト・パンサー(七二年結成)がマハーラーシュトラ州を中心に先鋭的な解放運動を展開した。この名前はアメリカで黒人解放運動をおこなっていたブラック・パンサーにちなむ。ダリトとは「抑圧されし者」という意味である。北インドではカーンシー・ラームのもとに大衆社会党(八四年結党)が登場し、後継のマーヤーワティーは九五年にウッタル・プラデーシュ州の州首相に就任した。その後、二〇〇七年には大衆社会党のみで州議会の過半数を占めたこともある。なおダリトは仏教に改宗しても、ヒンドゥー教徒で同じカーストの家族と婚姻関係を結んだり、ヒンドゥー教の儀礼に参加したりすることがあること、またダリトが仏教やキリスト教やイスラームに改宗しても差別はつづいていることが、フィールド調査から報告されている[舟橋 2014]。

現在では不可触制のあからさまな実践は過去と比べれば弱まっているものの、ダリトに対する差別や虐待は執拗につづいている。また教育や就業などにおいて社会経済的なカースト間格差もつづいている。ただしダリトのなかには社会経済的に成功する者もでてきている。二〇〇五年にはダリト・インド商工会議所が設立され、ダリト起業家の支援をおこなっているが、ダリト内部における格差も拡大している。

指定部族

指定部族に属する人口は地理的・文化的・社会経済的に極めて多様である。インド東部においては、一九四九年に、アーディヴァーシー大協会(三一年創立)を再編してジャールカンド党が設立され、サンタル人やムンダ人などの部族民を中心として、ジャールカンド地域の州創設運動が展開された。二〇〇〇年には、ビハール州から分離されるかたちでジャールカンド州が創設された。ただしジャールカンド地域の人口における指定部族民の割合は、一九五〇年には約六〇%だったのが、二〇〇一年には二六・三%に減少しており、部族民の主導権は相対化されている。

インド北東部の山岳地帯では、人口的には部族民が多数を占めているものの、他州からの移民流入がつづいており、土地所有などをめぐってしばしば紛争が起きている。またこの地域ではキリスト教が近代化にはたした影響が大きい。インド独立時にこの地域には、アッサム州および藩王国のマニプル州とトリプラ州の三州のみがあったが、一九六三年にナガランド州、七二年にメガラヤ州が成立したほか、七二年にミゾラムは連邦直轄地になり、八七年にアルナーチャル・プラデーシュとともに州になった。ミゾやナガなどの諸民族は自治・独立を求める運動を展開し、しばしば武力闘争が起こった。州設立を含めて平和構築のためのさまざまな試みがなされ、一部では沈静化しているものの、現在にいたるまで紛争や軋轢《あつれき》は絶えない。

その他の後進諸階級

憲法における「その他の後進諸階級」(ＯＢＣ)の留保制度における扱いについては、対象集団や留保率をめぐって合意形成が難航した。一九五〇年代半ばに連邦レヴェルで後進諸階級委員会が設立され、委員会提言が出されたが実施されないままであった。委員会は七〇年代末に再度設置され、いわゆるマンダル委員会報告書が八〇年に提出された。それは、総人口の過半数を大きく超える「その他の後進諸階級」を対象とし、高等教育と公的雇用について指定カースト(一五%)および指定部族(七・五%)を合わせて五〇%を切る二七%の留保を提言した。この提言の一部はジャナター・ダル政権下で九〇年にその実施が宣言され、上位カーストから激しい反留保運動が展開されることとなったが、結局九三年から実施された。

二〇〇六年には、全インド医科大学(AIIMS)、インド工科大学(IIT)、インド経営大学院(IIM)、インド理科大学院(IIS)といった国内トップ大学を含む連邦教育機関についても、「その他の後進諸階級」に対して二七%の留保枠を設けることを政府が提案し、再び激しい反留保運動が展開された。しかし結局、〇六年連邦教育機関(入学における留保)法は〇八年に最高裁判所も支持するところとなり、高等教育機関における学生の出身カーストを大きく変化させるにいたっている。後進諸階級の留保政策をめぐっては、そもそもカーストを単位とするべきなのか、ほかに優遇されるべき社会集団(例えば貧困者や性的少数者など)がいるのではないかをめぐって、現在にいたるまで議論が絶えない[Assayag 2012]。

カーストの変容

一九三一年のセンサスを最後にして、指定カーストおよび指定部族を除き、独立後のセンサスはカーストを対象としていなかった。しかし、二〇一一年のセンサスでは八〇年ぶりにカーストが調査項目に加えられており、そのデータは開発政策に利用されることとなっている。そもそも当初留保政策は一〇年間を期限としていたように、独立後インドにおいてカーストはいずれ消え去るべきものと考えられていたが、現在ではその社会的存在という現実を認めたうえで対処するべきものと公的認識が変化したといえよう。

インド社会においてさまざまな社会集団に属する民衆の政治参加は進んでおり、その意味で民主主義は深化しているといってよいだろう[長崎・堀本・近藤編 2015]。しかしこのことは平等な個人からなる市民社会がインドに成立したことを意味しない。インド社会はカーストと宗教によって分節された社会でありつづけている。

伝統的なカーストは、内婚、伝統的な職業との結びつき、社会内での一定の儀礼的地位、と結びつけて理解されてきた。しかし、インドにおける経済発展と民主主義の深化そして社会関係の世俗化によって、伝統的な職業に就かない人は非常に多く、カースト分業の経済的な意味は薄くなっており、儀礼的な浄・不浄に基づくカースト・ヒエラルヒーも弱くなっているといってよいだろう。

一方、カーストの内婚集団としての機能は現在でも強くつづいている。インド人間開発調査（ＩＨＤＳ）によると、異カースト間婚姻は一九八一年の三・一％から二〇〇五年の六・一％に、異宗教間婚姻は一九八一年の一・六％から、二〇〇五年の二・七％に上昇している［Goli, Singh and Sekher 2013］。ただしその絶対数は依然として少ない。現代インドにおいても、圧倒的に同じカースト・コミュニティ、同じ宗教コミュニティのなかでの婚姻が多いのが現状である。

現在、カースト間関係は相互依存的な構造を構成するのではなく、各カーストは個々ばらばらの実体となったといえよう［デュモン 2001］。カースト内部の政治経済的な協力や活動も活発におこなわれている状況にあり、カーストを単位とする政治的な要求も多い。そのなかでカースト間の競争や軋轢も絶えない。

5　市民社会と大衆文化

メディアと社会運動

インドのメディアは質量ともに大きく拡大し、民衆の日常生活に深く浸透しつつある。日刊新聞の発行数を見ると、一九六一年の五二五万部から、二〇〇六年は九八八四万部に大きく増大した。そのなかで目につくのが英語の地位の凋落と、現地語の重要性の増大である。英語新聞は一九六一年には全発行数の二四％（一二六万部）を占めていたのが、二〇〇六年には一三・四％（一三二六万部）に落ちた。代わりに増えたのがインド諸語の新聞（二〇〇六年に八六・六％、八五五八万部）である。ヒンディー語新聞は、一九六一年の一一・八％（六二万部）から二〇〇六年には四三・六％（四三〇八万部）へと増大した。

一九七〇年代後半から新聞・雑誌の流通が拡大したのに対して、書籍の流通の拡大は九〇年代以降になってからである。インド出版社連盟の統計によると、書籍のタイトル数は年間九万で、インドは世界で一〇位以内に入る出版大国である。そのうちヒンディー語の本が二五%から三〇%、英語が二五%、その他の言語はいずれも一〇%以下を占める。購買者層の拡大、流通や販売経路の多様化によって、出版業界は大きく成長している。本のジャンル、テーマも多様化し、ダリト文学などのタイトル数も増えている。インド人による英語小説が地域言語に翻訳されることも多くなった[井坂 2015]。

一九七〇年代の初め頃からテレビはラジオを補い始め、八〇年代からは国営のドゥールダルシャンは多くの視聴者を獲得した。九〇年代になると、電波は民間に開放され、非常な勢いでチャンネル数は増えた。二〇一二年現在では国営と民間を合わせてさまざまな言語による八二三チャンネルがある。そこではインド諸語で見られる政治経済、娯楽、音楽、宗教などのさまざまな専門チャンネルが登場している。二十一世紀にはインターネットやニューメディアも中間層を中心に浸透している。二〇一二年六月の統計では、携帯電話の台数は九億二九〇〇万にのぼっている。

こうした近年の公共圏のヴァナキュラー化(現地語化・民衆化)という状況は、民衆の政治経済社会的な主体化と結びついている。民衆による公共的な政治活動や意思表明は、現代インドにおいて、政党政治、民衆運動(社会運動)、NGOやNPO、メディアなどを通じても広がっている。インドの中等教育では「三言語定則」に基づいた言語教育がおこなわれていることも着目される。これは、ヒンディー語地域では、(1)ヒンディー語、(2)英語、(3)現代インド諸語の一つ、そして、非ヒンドゥー語地域では、(1)母語(地域語)、(2)ヒンディー語、(3)英語の三言語を学校教育で教える方針(一九六八年の改正インド公用語法による)である。現在のインドでは、グローバルな英語とヴァナキュラーな諸現地語を含む多層的・多元的な公共圏が成立しているといってよいだろう。

NGOやNPOの数は二〇〇九年時で三三〇万におよぶ。多様な立場を代表する多様な市民団体の数も増えている。

例えばインドの全ムスリムを代表する団体として一九七三年に設立された全インド・ムスリム属人法委員会は、二〇〇五年にシーア派、バレルヴィー派(スンニ派の分派)、ムスリム・フェミニストによるさらに三つの別のボードを生むにいたっている。ダリトの団体についても、その内部の社会経済的地位の違いなどに応じて、多くの団体がつくられるようになった。団体や組織の多様化によって、より多元的な声のあいだの対話と交渉が促進されている。

インドの民衆は、選挙によって政権を選択するだけでなく、政治・社会運動を通じて、自らの生活にとって重要なイシューを政治化しようとしてきた。社会主義運動は、一九五七年にはケーララ州で選挙による共産党政権を生み、さらに七七年には西ベンガル州にもインド共産党(マルクス主義)率いる左翼戦線政権を生んだ。その一部は暴力革命をめざす左翼過激派のナクサライト運動(第七章二二三頁参照)として展開し、現在でも東インドを中心として、毛沢東主義者たちが活動している。

その他、一九七〇年代からはフェミニズム運動や環境運動そして国家批判運動、さらには農民、部族、下位カースト、エスニシティ、宗教などに基盤をおいた多様な運動が活発に展開されてきた。さらに近年では、二〇一一年に展開した汚職撲滅運動(アンナー・ハザーレー運動)や、一二年のデリー・集団レイプ事件を発端として展開した大規模な反レイプ運動など、さまざまな社会集団を巻き込んでの運動が展開されるようになっている。一一年のアンナー・ハザーレー運動はそもそも都市中間層が主導したものだったが、国家の機能不全に対する批判の波は階層を超えて下層民や貧困層へとも広がっていった。こうした拡大は自然発生的で統合的に組織されたものではなかった。また運動が進むにつれ、この運動の提唱したオンブズマン法をめぐって批判的な見解を含む多様な意見がマスコミで見られるようになり、活発な議論が展開した。二〇一四年には、社会活動家のカイラーシュ・サッティヤールティーが、子どもの権利を守る取組によって、パキスタンのマラーラ・ユースフザイとノーベル平和賞を共同受賞している。

音楽・映画・文学

独立後、文化領域においては、「多様性のなかの統一、統一のなかの多様性」という国是に基づく国民文化の構築が課題とされた。ただしおもにエリートを対象とする高尚で芸術的な文化と、庶民を対象とする娯楽的な文化のあいだには断絶があった。例えば一九五〇年代の全インドラジオ(ＡＩＲ)ではナショナリズムを広めるために古典音楽が利用され、人気の映画音楽は使われることはなかった。しかし九〇年代頃から、増大する中間層と中間層予備軍が担うような、大衆消費文化が成長しつつあり、エリートと大衆の隔絶は埋められつつある。

独立直後、多くの伝統的な古典音楽家たちはかつてのパトロンであった藩王や富豪たちの支援を失った。ＡＩＲは一九五〇年代末までに一万人の音楽家を雇用したが、大都市で他のパトロンを見つけた者もいた。例えば歌手のＭ・Ｓ・スッブラクシュミーは、デーヴァダーシー(寺院に仕える女性)の家庭に生まれ、古典やバジャン(宗教賛歌)の録音と公演で名声を博し、古典音楽をインドの隅々に広めた[粟屋・井上編 2018]。一方、グローバルな音楽業界で活躍する音楽家たちもいた。ラヴィ・シャンカルは、五六年に初の海外公演をおこなってから、欧米の著名なクラシック音楽家たちと共演し、レコード収録をした。ビートルズのメンバーが彼からレッスンを受けたことは有名である。現代では、インドの古典や民謡のほか、ジャズ、ポップス、ロックなどとのフュージョンが国内外で盛んである。

インド音楽の発展と切り離せないのが、インド映画である。ボリウッド映画と呼ばれるいまや世界的に有名な大衆映画の特徴は、登場人物たちの踊りや歌であり、そこではインド古典音楽のメロディーと西洋音楽のオーケストレーションがみごとに組み合わされる[グハ 2012:461]。大衆映画では、一九七〇年代はメロドラマ、八〇年代はアクション映画、九〇年代は家族コメディーが主流であった[Farges 2012:667]。ムンバイーに制作拠点をおくそれらの大衆的なヒンディー映画とは対照的に、芸術性が高く、社会問題を扱う映画もある。五〇年代から八〇年代はサタジット・レイ、昨今では例えばディーパー・メヘターの諸作品があげられる。九〇年代以降は、ヒンディー映画の支配的地位に対抗するかたちで、地域言語の映画制作も盛んになっている。例えば、九一年インドでは九〇六本の映画が制作されているが、そのうち二一五本がムンバイー、一八六本がチェンナイ、五一本がコルカタでつくられており、その他の映画は他地域で制作されている[Farges 2012:668-669]。二〇一三年四月〜一四年三月には計四〇言語で一九六六本の映画が制作されており、その内訳は、テルグ語三四九本、タミル語三二六本、ヒンディー語二六三本、マラヤーラム語二〇一本などである。二〇〇〇年以降は、娯楽映画にフェミニズム的な視点を導入するなど、洗練された「新感覚のインド映画」が世界的な話題となっている[松岡監修/夏目・佐野編 2015]。

独立後の文学については、英語で書かれた作品とインドの地域言語で書かれた作品に分けることができる。前者は、国内のエリート層および都市中間層だけではなく、世界各国の読者を想定しており、国際的に高い評価を得ているものもある。例えば、サルマン・ラシュディ著『真夜中の子どもたち』は一九八一年のブッカー賞を受賞した。その他のブッカー賞受賞作としては、アルンダティ・ロイ著『小さきものたちの神』(一九九七年受賞)、キラン・デサイ著『喪失の響き』(二〇〇六年受賞)などがある。アミタヴ・ゴーシュ著『理性の輪』(一九八六年発表)は、一九九〇年のメディシス賞外国小説部門を受賞した。これらの小説は、インドをおもな舞台としながら、より普遍的な社会問題、家族および人間関係、登場人物たちの疎外感、喪失の体験などについて描写している[Jaffrelot ed. 2012]。

一方、多様なインドの地域言語による文学も盛んである。インド政府は、一九五四年にインド文学院を設立し、「複数の言語による文学」としてのインド文学を推進している[Montaut 2012]。ヒンディー文学が主流であるなか、文学院は他の地域言語の文学も出版援助を通じて積極的に支援する。一九五〇年代から七〇年代には地域文学運動があり、そのほかにダリト文学、女性文学が注目されるようになった。ダリト文学は、六〇年頃マハーラーシュトラにおいて台頭し、社会政治運動と連携した。

独立時には、教育と開発を通じて、伝統的インドの社会・文化は世俗化と合理化を遂げていくものと期待されていた。しかし、民衆の意識と生活を近代化しようとする介入的で教導的な国家プロジェクトは成功をおさめることはなかった。逆に、より多くの人びとが公共参加をなすとともに、民主政治や市場経済のあり方は民衆の社会や文化のあり方に大きく影響を受けてきた。またそれと同時に、人びとの意識や生活のあり方も、市場や行政やメディアなどの近代的な制度と技術によって大きく変容してきた。そのなかで、カースト、宗教、ジェンダー、階層の違いによって分断され、ヒエラルヒー化されていた社会秩序は問い直され、あるいは挑戦され、新たなダイナミズムが社会と文化に生まれている。それは、インドの社会と文化がその固有性を保ちながら、新たな近代的形態を発展させていく過程であった。

このなかで、異なるカーストや宗教に属する者のあいだで多くの軋轢と対立が起きてきた。また低カーストや宗教マイノリティや女性の社会進出の試みに対するバックラッシュとして上からの暴力的抑圧もあった。だが全体的な傾向として、これまで周縁化されてきた村落民、低カースト、部族民、女性などを含むより多様な人びとが公共参加を進めていることはまぎれもない事実である。ただし、多様な民衆の政治社会的な公共参加が進む一方で、地域間・階層間の経済的な格差が進行していることが憂慮される。これは民主主義とグローバル資本主義をどのように架橋するのかという世界的な課題が、先鋭なかたちでインドに突きつけられているということを意味する。

インドの社会と文化の未来は、人びとの日常の営みのなかにこそある。その潜在力を活かすためには、すべての人びとが、より広い世界とつながりながら、対話と交流を通じて自らの生のかたちを探求できるような、より平等な人生機会を確保していくことが肝要である。それが実現すれば、インドの有する多様性という文化資源は、その豊饒なる可能性をより発揮することができるだろう。

田辺明生

▼補説8▲　ジェンダー

階級、カースト、宗教、言語など、ほかに比類ないほどの多様性を内包したインドにおいて、ジェンダー関係は当然のことながら複雑な様相を見せる。著名なフェミニスト史家・文化批評家クムクム・サンガリが「複数の家父長制」相互の重なりと差異に注意を喚起したゆえんである。

独立後のインドにおけるフェミニズム運動は、一九七〇年代に再興する。これには、国連による七五年の国際女性年の設定が大きな刺激を与えたといえるだろう。七四年末に出された報告書『平等に向けて』(これ自体、メキシコでの国際女性会議のために用意されたものであった)は、イギリスによる植民地支配からの独立が、女性の地位を決して向上させていないことを雄弁に物語っていた。インドのフェミニズム運動は、物価高騰に抗議する示威活動、強かん(とくに官憲によるもの)への抗議、ダウリー(持参財)問題や環境問題など、じつに多様な課題に取り組んできた。そうした取組の多くが、既存の政党から自律した草の根の女性組織によって担われてきたことは注目に値する。

カーストとジェンダー

アンチ・マンダル運動(後進諸階級に留保制度を拡大するように提言したマンダル委員会報告書の一部実施に反対する運動)に加わったデリー大学の上位カーストの女子学生たちが、「われわれは無職の夫はほしくない」と書いたプラカードを掲げたとき、彼女たちの念頭には、留保制度によって公職に就くかもしれない下位カーストの男性と結婚することなど露してなかったのだ、とフェミニスト史家ウマー・チャクラヴァルティは指摘した。カースト秩序が維持・存続されるためには、女性、とりわけ上位カーストの女性のセクシュアリティの管理が不可欠の要素であることを考慮するとき、カーストとジェンダーの関係がインドのフェミニストの本格的な関心を引くようになったのは、遅かったといわざるをえない。カーストが高くなればなるほど、女性の行動への規制が厳格になる(例えば、女性の隔離、寡婦の再婚禁止など)、言い換えれば、女性への行動規制が厳格であることがカーストの高さを示す徴となるという現象はこれまでにも指摘されてこなかったわけではない。しかし、上位カーストの女性のほうが下位カーストの女性よりも「不自由」であると単純に概念化することは一面的である。上位カーストの女性は、カーストの「純潔」を守ることによって、下位カースト、下層クラスの男女が享受できない経済的・社会的・政治的な権力・特権を分与されることも否定できない事実であるからである。チャクラヴァルティは、カースト制度とジェンダー秩序とが密接に融合して機能しているインドの家父長制を「バラモン的家父長制」と名づけた。ジョーティラーオ・フレーやE・V・ラーマスワーミ・ナーイッカル(ペリヤールという通称でも知られる。第三巻第七章第3節参照)、ビームラーオ・ラームジー・アンベードカルなど、下位カースト／ダリト(不可触民)による反カースト運動の指導者が、ジェンダーとカーストとの結びつきに敏感であったという事実は、決して偶然ではない。

第二波フェミニズムが白人のミドル・クラス女性の利害をもっぱら反映したものであると非白人、第三世界の女性から批判を受けたように、インドの女性運動も、その上位カースト、ミドル・クラス中心の性格が、一九九〇年代後半から、とくにダリト・フェミニズム運動のなかから批判を受けつつある。ダリト・フェミニズムは、既存のインド・フェミニズムの「バラモン主義」(上位カースト中心主義といった意味)と、ダリト運動内部の家父長制を同時に批判する。

カーストとジェンダーの問題は、女性への留保議席をめぐる論争にも影を落としている。女性への留保議席は、まず、一九九二年のインド憲法の第七三、七四次改正によって、県議会以下の自治体において女性に議席の三分の一を留保することが決定されたことによって現実化した(近年では、ケーララ州のようにその割合を二分の一にまで拡大する例も見られる)。その結果、全国で一〇〇万もの女性議員が誕生した。しかし、同様の留保制度を、連邦議会下院や州議会に拡大する内容を盛り込んだ第八一次改正案(通称、女性法案)は、九六年の上程以来、さまざまな反対意見によってこれまでのところ宙に浮いたままとなっている(二〇一〇年、上院で通過したが、下院では審議未了で廃案)。反対意見のなかで注目に値するのは、女性の留保枠のなかにさらにカースト別の留保を設けなければ、結局は上位カーストの女性が選出されることになる、という主張である。フェミニストのなかにも、「上からの」エンパワーメントの有効性を疑う向きもある。留保措置によって選出された女性議員が必ずや「女性」の立場から「女性」の利害を代弁するか否かについては大きく意見が分かれるところであろうが、政治の舞台に女性の姿が「見える」ことによって、既存の固定的なジェンダー意識に変化が生ずる可能性は否定できない。

コミュニティとジェンダー

独立後のインドにおいて、すべての国民に共通して適用される、婚姻、相続、養子縁組などを扱う家族法は存在せず、宗教コミュニティによって適用される法律(personal law と呼ばれる)が異なる。こうした事情は、イギリス時代からの遺産である。コミュニティの別なく適用される法律は、婚姻の最低年限(女子は十四歳、男子は十八歳)を定めた一九二九年の幼児婚抑制法が最後である。インドの女性組織は三〇年代から、コミュニティの別なく、ジェンダーの平等を徹底させた統一民法典(uniform civil code)を要求し、独立後の五〇年に成立したインド憲法は、第四四条に「統一民法典」をつくることを国家がめざすべき目標として掲げた。しかし、ヒンドゥーに関しては五四～五六年にかけて一連の法改正がなされ、一夫一婦制、離婚、娘への息子と同等の相続権などが整備されたが(ただし、法律の内容が実際に守られているか否かは話が別であり、その後改正がおこなわれつつあるが、当初、娘の相続権に関する重大な制限が残り、親権が父親にあるなど、ジェンダー平等が貫徹されていたわけでもない)、ムスリムについては、いわゆる「宗教法」が存続してきた。

一九八〇年代にヒンドゥー至上主義的な運動が台頭するなかで、インドのフェミニズム運動は、困難な問題に直面した。これは、八五年に最高裁判所判決が出された「シャー・バーノー訴訟」に端を発する論争に典型的にあらわれた。夫に家を追い出された(のち「イスラーム式」で離婚もされた)ムスリム女性シャー・バーノーが七八年に地方裁判所で起こした扶養費の請求(インド刑事訴訟法第一二五条に基づく)は、最高裁にまで持ち込まれ、八五年にシャー・バーノーの扶養費要求が認められた。しかし、その判決文がイスラーム法の解釈を展開し(ちなみに、裁判官はいずれもヒンドゥーであった)、また、憲法第四四条の実施を国家が怠ってきたと指摘したことから、一部のムスリムから「宗教への干渉」であるという猛烈な反発を招いた。独立インドにおいてマイノリティとなったムスリムにとって、イスラーム法に基づく家族法こそがコミュニティのアイデンティティを守る最後の砦であるかのように見なす意識構造がここには存在した。こうした反発を受けて、ムスリムの政治的離反を恐れた当時のラージーヴ・ガーンディー会議派政権は、八六年、「ムスリム女性(離婚時の権利保護)法」を早々に成立させ、ムスリム女性についてはインド刑事訴訟法第一二五条の適用を厳しく制限した。この法律をめぐる論争では、ジェンダーの平等を求める立場からおこなわれたフェミニストの抗議は、皮肉なことに、ヒンドゥー至上主義勢力に乗っ取られる危険性を露呈することになった。ヒンドゥー至上主義勢力は、ヒンドゥーはインド国家の統一と発展のためにヒンドゥー法の伝統を「犠牲」にしたにもかかわらず、ムスリムは女性に抑圧的なイスラーム法の維持を許されていると主張し、ムスリム女性の利害を擁護する身振りを示す。しかし、彼らの狙いが、ムスリムおよび会議派攻撃の材料としてこの法律を最大限利用することにあったのは明白である。こうして、シャー・バーノーという一人のムスリム女性の権利問題がいつのまにか、宗教コミュニティのアイデンティティ問題へとすり替わってしまうことになった。さらに、極めて暴力的で排他的な性格をもったヒンドゥー至上主義の運動には、女性自身が指導者として、あるいは草の根の支持者として少なからず参加していることも、フェミニズム運動にとって新たな挑戦となっている。

時期をほぼ同じくして、一九八七年、ラージャスターンのデオラーラーという地方都市で十八歳のループ・カンワルが「サティー」(寡婦殉死)をおこなったというニュースがインドの世論を沸騰させた。英語メディアはほぼ、サティーをインドに「なお残る後進性」として驚き嘆いたが、一方で、サティーをインド(ヒンドゥー)、あるいはラージャスターンのラージプートの伝統として賞賛する、あるいはサティーの行為を畏怖する人びとが少なからず存在した。後者が示唆する心性は、「自発的な」サティーなどというものは基本的にありえず、家父長制による女性への暴力であると見なすフェミニズムの立場とは鋭く対立するものである。サティーはイギリス時代の一八二九年に条例によって禁止されたのち件数は激減するが(第二巻補説17「サティー禁止問題」参照)、一九四〇年代から、とくにラージャスターンでは三〇件程の(ラージプート女性によるものがめだった)サティーが確認されていた。興味深いのは、植民地期に商業活動で発展し、根拠地のラージャスターンからカルカッタ(現コルカタ)をはじめ、海外にも活動の拠点を拡大したマールワーリー・コミュニティが、ラージャスターンのジュンジュヌーにあるラーニー・サティー寺院を代表として、つぎつぎとサティー寺院を建設していったという歴史である。ループ・カンワルのサティーが引き起こした論争は、一九八七年にラージャスターン州政府ならびに中央政府にあいついでサティー禁止法を制定させることになった。一八二九年のサティー禁止条例とこれらの法律を比較して興味を引くのは、後者ではサティーをおこなう女性自身も刑罰の対象としたことと(イギリス時代の条例では、サティー自身の「主体性」はそもそも考慮されなかったといえよう)、サティーを賛美することも罪とされたことである。

宗教暴動《コミュナル》はしばしば、ある宗教コミュニティに属する女性を、他の宗教コミュニティの男性が「誘拐」「強かん」したなどという噂によって引き起こされ、あるいは暴動のさなか、敵対するコミュニティの女性がそれぞれの攻撃のターゲットになってきている。こうした事実は、カースト集団の場合と同様、女性が個々のコミュニティにとってシンボル的な機能をはたしていることを示唆するものである。

インドのフェミニズム運動は、サンガリが指摘したように、ムスリム、ヒンドゥーを問わず、さまざまなコミュニティのあいだに存続する、複数の家父長制の克服として再構成されることが要請されている。

女性への暴力——性別胎児人工中絶、ダウリー殺人、強かん、ドメスティック・ヴァイオレンス

男女人口比は、それぞれの国において女性のおかれた地位をはかる指標の一つとされている。通常であれば女の人口が男のそれを上回るが、インドを含む南アジアは、逆転した数値を示す代表的な地域である。二〇一一年のセンサスによれば、インドの場合、男一〇〇〇人に対して女の人口は九四〇でしかなく、前回のセンサスの数値九三〇強から改善されたものの、六歳以下の男女比はむしろ悪化した。地域によっては男女の比率は北部の州では八〇〇人台にまでさがる。人為的な女性軽視によって生ずるこのような異常状態を、アマルティア・センは「失われた女性」(missing women)という表現をもって印象づけた。センは一九八六年の段階で、インドの失われた女性は三七〇〇万人以上であると算出した。極端な男児志向は、かつて(そして今も)、女子の場合、出産時に間引きするという現象を生んできた。しかし、近年の技術の進歩は、胎児の段階で性別判断を可能とし、「間引き」の時期を妊娠中にまで前倒しした。胎児の性別判断を制限する法律は、まずマハーラーシュトラ州が制定し（一九八八年）、その後、一九九四年に全国的な法律が制定された（二〇〇三年に改正）。しかし、こうした法律の実効性には大きな疑問が付されている。人びとを取り巻く社会・経済状況と、そこに生きる彼ら／彼女たちの意識こそが、男子選好を左右する決定的な要因であるからである。生殖技術の発展は、貧しい女性を代理母とする代理出産の商業化ももたらし新たな問題となっている。

それまでたんなる自殺あるいは台所での事故として処理されてきた女性の焼死が、ダウリーにかかわる夫や婚家のメンバーによる虐待による自殺、もしくは殺人であるとメディアが取り上げ始めたのは一九七〇年代の後半であった。デリーといった都市部を中心に、九〇年代には年間五〇〇〇件以上の「ダウリー死」が報告されている。花婿側が結婚前から現金や家財などを要求するといった、今日問題になっているような形態のダウリー慣行が生まれたのはそれほど昔のことではなく、イギリス支配期の二十世紀初頭であった。従来、結婚時に花婿側から花嫁側に婚資を払っていたコミュニティがダウリーの支払いに移行することで、今日型のダウリー慣行は、都市部から農村部にも広まりつつある。また、パキスタンやバングラデシュでも、あるいは、シク教徒の移民社会でも報告されているように、ヒンドゥーに限られているわけではない。ダウリーを制限する法律はすでに六一年に制定され、八〇年代にさらに内容が強化されたものの、事態が沈静化に向かっているとは思われない。ダウリー批判の運動は、女性を殺害したと考えられる家への示威運動や、裁判闘争など多様なスタイルをとった。しかし、女性の相続権が法的に認められているとはいえ実態としては機能していない現状では、ダウリーが女性にとって実家の財産の生前分与のような意味をもっており、一概にダウリーを非難する矛盾も指摘されている。また、ことさらダウリーに関心をそそぐことによって、「インド（ヒンドゥー）文化」の特異性が強調され、通常のドメスティック・ヴァイオレンス（DV）として論じられる道を阻害するという問題も指摘しておかねばならない。

ドメスティック・ヴァイオレンスと強かんに関しても、ジェンダー視点を取り入れた議論がさかんにおこなわれ、法的な見直しが進みつつある。前者については、二〇〇五年にドメスティック・ヴァイオレンスに関する法律がはじめて制定された。後者については、一二年十二月にデリーで起こった集団強かん殺人事件が、インド各地で大規模な抗議運動を巻き起こし、最高刑を死刑とする法改正がおこなわれた。ただし、立法化や厳罰化にまして、諸法律の実質的な施行プロセスが重要であろう。また、強かんを女性の「貞節・名誉」への侵害と見なす根強い価値観に対して異議が唱えられ、強かん定義の狭さ（ペネトレーションを強かんの成立要因とする）への批判はつづいている。

セクシュアリティ

ゲイ、レズビアンの権利問題がインドで公の場で語られ始めたのは、一九九〇年代になってからである。同性愛の存在はインドの歴史で知られていなかったわけでもなく、神話や文学の世界では、ことさら唾棄すべきものとして扱われてきたわけでもない。また、女装し、男性性器を除去した「ヒジュラー」という集団の存在をインド社会は許容してきた。しかし、イギリス支配期に本国イギリスにおけるヴィクトリア朝的道徳観とともにホモフォビア（同性愛者嫌悪）も導入されることによって、同性愛の意味は大きく変化した。具体的には、一八六〇年のインド刑法典第三七七条に「不自然な罪」（unnatural offence）として同性愛（とくに男性同士の）を犯罪とする条項が盛り込まれることになった。男性同士の同性愛は、ナショナリズム意識の進展にともなって、インド人の「男性性」を傷つけ将来の国民的発展に害になるという、もう一つのネガティヴな評価が追加されることになった。これは、一九二〇年代後半、パーンデー・ベーチャン・シャルマー（ペンネームはウグル）の短編集『チョコレート』をめぐる論争から明らかである。チョコレートとは、同性愛者たちの寵愛の対象を示す隠語の一つである。ウグルの意図は、インド人青年のあいだにはびこっているとされた同性愛を糾弾することにあったようであるが、そうした実態を具体的に描写することは猥褻であり、またかえってそうした嗜好を増長させるという非難をあびた。この論争のなかでは、同性愛は西洋（もしくはイスラーム）に由来する悪弊とされたのが特徴的である。

イギリスでは同性愛を犯罪とする刑法の規定は一九八〇年代に廃止されるが、一方、インドでは第三七七条は長らく存続してきた。幼児に対する性的虐待を防止するため、というのが当局側の表向きの理由であった。同条項の撤廃は、インドにおけるゲイ運動の焦点の一つとなってきた。二〇〇九年にデリー高等裁判所が、第三七七条を違憲とはしなかったものの、成人同士がプライヴェートで合意のもとにおこなう性行為は刑罰の対象とならないという判決を出した。同判決は画期的な判決として、ゲイ・レズビアン運動家や人権活動家から歓迎されたが、一三年、最高裁によって覆された。一八年九月、最高裁はついに、成人同性間の性行為は犯罪ではないという判断を示した。一方、ヒジュラーといったトランスジェンダーに関しては、一四年、最高裁は、第三の性として認め、性自認の自主性も認めた。ただし、性的マイノリティの権利の問題が、しばしばエイズの広まりを食い止める運動と関連づけられてきた点に、エイズと同性愛者とを結びつけるステレオタイプが見え隠れすることも看過できない。

カナダ在住の南アジア系女性監督ディーパー・メヘターによる映画『ファイヤー』は、一九九八年にインドで公開されると、インド女性のレズビアン関係を扱った映画として物議をかもしだした。急進的なヒンドゥー右翼がデリーの上映館に放火するといった事件も起こり、一時、上映が停止される状況になった。このときの反対派の議論も、レズビアンはインドの伝統に反し、同映画はインド文化への侮辱であるといった主張であった。『ファイヤー』に対する暴力的な攻撃は、言論の自由を守る立場に立つ市民団体らの抗議運動を生んだが、これにゲイ、レズビアンの人びとも参加したことは新たな現象だった。

グローバル化とジェンダー

一九九一年に本格化した経済自由化は、インド社会を大きく変貌させつつある。その過程で、ジェンダー関係はどのような変容を遂げるのかという問題は、現在進行形で議論の的となっている。多国籍企業の生産活動を優遇する特別経済区に雇用されるのは若い女性に偏っており、その労働条件の過酷さが報告されている一方で、公の場に出て収入を得る機会が限られている女性たちにもたらす積極的な意義も否定できない。

すでにふれた女子の人工中絶やダウリー問題は、たんに伝統的な価値観が「乗り越えられれば」解決するというものではなく、むしろ、経済のグローバル化と同時進行する消費文化の進展・深化とともに、個々人や家族の冷厳な経済的計算が貫徹することによって加速される可能性も秘めている。

人の移動はさらに流動化し、インド国内では、いわゆる「トライブ」(部族)と総称される周辺化された諸集団の女性が、家事、老人ケアの担い手として、都市部のミドル・クラス女性のホワイトカラー職への進出を支え、国際的には、例えば看護師、医者、研究者といった特殊技能をもって第一世界に活躍の場を得る女性から、湾岸諸国への家事労働者のような非熟練労働者までが越境している。しかし、越境は本国からの決別を意味しない。イギリス、北米の南アジア系移民社会のあいだでも、ダウリーの慣行は若干の修正を見せながらも、根強く息を保ちつづけており、本国のヒンドゥー至上主義的な運動への資金は、非居住インド人(NRI)から潤沢に供給される。グローバル化のプロセスで、既存のジェンダー規範に支えられた階級的・カースト的秩序がかたちを変えつつ再生産されつづけるのか、根本的な転換が起こるのか、予断を許さない。

粟屋利江

第十章　東西パキスタンの政治・経済・社会

第十章は、イギリスからの独立を獲得したパキスタンの建国から始まる。このイスラームの新興国家は、インドと決定的に袂を分かつ「分離独立」によって生み出された。ヒンドゥーが多数を占めるインドに分断された東西二つの地域からなる変則的な国家として、パキスタンは現代史に登場したのである。しかし、東のベンガルと、パンジャーブを中心とする西のあいだでは、政治的・経済的な問題が建国後すぐに噴出した。とりわけ国語問題は、両者のあいだの亀裂を象徴的に示すものであった。東パキスタンは一九七一年にバングラデシュとして独立した。これを「第二の分離独立」と形容してもよいであろう。本章では、この間の東西パキスタンにおける政治・経済・社会・文化を扱う。

この時代のパキスタン政治・経済を考えるうえで、「東西間の緊張」に加えて重要なキーワードとなるのが、「イスラーム」と「軍人政権」である。独立以前における、多数派ヒンドゥーに対する少数派としての危機感・対抗意識という政治的文脈にあっては、一時的にせよムスリムも一枚岩的な様相を示すことができた。しかし、ひとたび国家を獲得し、政体や憲法との関係でイスラーム解釈を具体的に提示する段になると意見の相違が際立ち、国内に緊張関係をもたらすこととなった。軍人政権が繰り返し登場するのも、パキスタンの大きな特徴となっている。その嚆矢《こうし》となるアユーブ・ハーンの政権下では比較的治安が安定し、開発独裁によって経済成長がもたらされ、徐々に「民政化」が進められた。つぎの第十一章に登場するパルヴェーズ・ムシャッラフにいたるまで、この国の政治史・経済史において繰り返されてきたパターンの原型を、ここに見ることができる。

東西パキスタン期の社会・文化を考える出発点が、一九四七年の分離独立がもたらした未曾有の混乱である。その際に生じた多くの悲劇を取り上げる「動乱文学」が確立された。この動きは西パキスタンを中心とするものであったが、東パキスタンにおいても、ベンガル・ナショナリズムの高揚と文学運動は表裏一体の関係にあった。本章では、時代を代表する詩や小説を紹介するとともに、言語・文学と政治との関係についても具体的に述べる。

1 独立前後のパキスタン

分離独立時の政治状況

ムスリムの自立と行動主義を詠った詩人ムハンマド・イクバールの夢は、一九四七年八月十四日、「偉大な指導者」ムハンマド・アリー・ジンナーのもと、パキスタン建国として結実した。今日にいたるまで、この二人の文章や発言は、パキスタン建国の中核的な思想として、新聞やテレビで毎日繰り返し紹介されている。

われ、瑞々しき大志を心に与えたり
ラーホールからブハーラー、サマルカンドの大地まで（イクバール）

信仰、規律、そして義務に対する無私の献身をもってすれば、あなた方に達成できないことなどないでしょう（ジンナー）

しかしながら、新生パキスタンの現実は、建国の立役者たちの掲げた理想とはかけ離れたものであり、国内外に多くの混乱をかかえていた。まず、大国インドをあいだにはさみ、地理的に遠く離れた東西両翼からなるという変則的な領土形態をこの国は有していた。そして、東のベンガル人が人口において過半数を超えているにもかかわらず、当初彼らの母語であるベンガル語は国語として認められていなかった。一九四八年にダカを訪問したジンナーは、「パキスタンの国語となるのはウルドゥー語以外にありえない。諸君を誤った方向へ導こうとするのは、何人であれ、紛れもなくパキスタンの敵である」と演説して、ベンガル語の国語化を望む人びとの期待を打ち砕いた［白井 1990:56］。建国直後から、東の人びとは西に対して政治的・経済的不満をいだくことになるが、言語はまさにその象徴であった。東西パキスタンの多様性は、相互に緊張関係をはらんでもいた。

一方、話者人口が一割にも満たないウルドゥー語が国語に選ばれたのは、この言語が、パキスタン運動の旗印となったイスラームとの密接な関係のなかで発展してきたからにほかならなかった（ウルドゥー語とヒンディー語は、日常会話のレヴェルではほとんど変わらない。しかし、ヒンディー語がデーヴァナーガリー文字で書かれ、サンスクリット系の語彙を有するのに対し、ウルドゥー語はペルシア・アラビア文字で書かれ、アラビア語やペルシア語の語彙を非常に多く有している）。また、北インドのみならず、ベンガルや南インドのハイダラーバードにおいても、この言語は上流のムスリムのあいだにおいて用いられていた。

しかしながら、「南アジアのイスラーム文化の後継者」を自任するパキスタン人が、ウルドゥー語を国語に選択するのは当然という論理は、西パキスタンにおいても必ずしも自明ではなかった。東パキスタン人口の九八%をベンガル人が占めていたのに対して、西の人口はパンジャーブ人、カシュミール人、パシュトゥーン（パターン）人、シンド人、バローチ（バルーチュ）人といった複数の民族集団によって構成されていたし、またその性格も部族民、農民、あるいは都市民（難民）と大きく異なっていた。北西辺境州やバローチスターン州に暮すパシュトゥーン人やバローチ人が名誉、復讐、客人接待といった部族的価値観を保持する一方で、パンジャーブ人やシンド人の多くは、地主・小作関係にその基盤をおく農村社会に暮していた［松井 1998］。西パキスタンの植民地時代の土地制度は、在村地主・上層自作農を土地所有者と見なすライーヤトワーリー制度として知られる。この制度のもとでは、実際に農地を耕す中下層小作農や農業労働者と、大地主や上層自作農といった支配層のあいだの経済格差が大きく、また社会的な従属的関係もしばしば存在した。この点は、領主・大地主を土地所有者と見なすザミンダーリー制度が植民地期に採用された東パキスタンでも同様であった。東パキスタンでは、ザミンダールの小作人と法的に位置づけられた中間地主や上層小作農が、農村を支配していたのである。

新たな領土の設定にともない、パキスタンは「ムハージル」と総称される多くの流入者を迎えることとなった。首都カラーチーにおいて建国初期のリーダーシップを担ったムハージルであるが、難民としての性格をあわせもつ人びとが在来の他民族を指導するという状況は、大きな反発を生み出していた。

以上が、ジンナーの主張した「ムスリム民族」の内実であった。さらに、分離独立直後にカシュミールをめぐるインドとの戦争（第一次印パ戦争、一九四七〜四八年）が勃発、これが現在までつづく領土紛争の始まりとなる。小説『ペシャーワル急行』（この急行列車はインドからパキスタンへと向かうのであるが、車内では凄惨な殺戮が繰り広げられた）に描かれたとおり、多くの混乱と悲劇をともなってパキスタンは誕生した。

分離独立の混乱から経済再建へ

一九四七年に分離独立する直前の東西パキスタン地域は、どちらも農村社会であった。商工業の発達は不十分であったうえに、その担い手の多くはヒンドゥーであった。

そのような地域で生じた分離独立は、深刻な経済の混乱をもたらした。第一に、膨大な数の住民が避難民となってインドとの国境間を移動した。一九五一年人口センサスに基づく推計では、インドからパキスタンに七二〇万人、パキスタンからインドに七五〇万人が移動したと見られ、西パキスタンでは人口の五人に一人が避難民で占められた。第二に、パキスタンからインドに移動した者には官僚・企業家・商人などが多く含まれたため、新国家の経済を担う人材がパキスタンでは不足した。とりわけ、ヒンドゥー商人の流出による国内流通網の分断は深刻であった。第三に、英領パンジャーブ州を東西に分けた新しい国境は、宗教別人口比率に基づくものであって、経済的な根拠をもたなかったため、パンジャーブ農業・農村経済を支えたインダス川の灌漑用水路網は完全に分断されて機能不全に陥り、電力や道路のネットワークも分断された。第四に、英領インドにおいてある程度発達を見せたのが綿紡績業であったが、その工場のほとんどは分離独立でインドに帰属することとなり、パキスタン領に残った工場の数は全体の四%、一七工場にすぎなかった。西パキスタン最大の商品作物であった棉花は突然その販売先を失ったのである。

ジンナーとリヤーカト・アリー・ハーン率いるムスリム連盟政権は、この状況を克服し、国民経済を建設するための戦略として、工業化を位置づけた。一九四八年に産業政策声明が出され、中央政府が経済計画や重化学工業・インフラストラクチャー整備などで主要な役割をはたしつつも、経済活動の中心は民間企業の自由な経済活動に任せ、外国資本も歓迎するという基本方針が示された。これに基づき、一九五〇年にパキスタン産業開発公社(PIDC)が設立され、製鉄、化学肥料、綿紡績、ジュート(黄麻)紡織、製糖、製紙などさまざまな分野への投資が実施された。こうして生まれた工場の多くが民間に払い下げられたが、一二のジュート工場など東パキスタンに設立されたPIDCプロジェクトの売却先のほとんどが西パキスタン資本家であったことは、東西対立の火種となった。

この時期、農村部においても、東パキスタンでザミンダーリー制度が一九五一年に廃止され、西パキスタンで小作保護立法が試みられるなどの改革が実施された。ただし、これらは、農村内部の上層の権益に手をふれるものではなかった。

軽工業・民間資本重視の工業化戦略は、とくに綿紡績業で成功をおさめた。一九五〇年から五二年の朝鮮戦争ブームで資本を蓄積した民間の商業・貿易業者が、朝鮮戦争後に国内にあふれた棉花を利用すべく綿紡績業に投資し、政府の各種優遇措置がこの投資を支えたためである。政府はこの成功で自信を深め、一九五五/五六年度(パキスタンの会計年度は、七月一日から翌年六月三十日までの期間)開始の第一次五カ年計画を策定した。

独立直後の経済構造を、パキスタンの国民所得計算の起年である一九四九／五〇年度の数字で確かめておこう（表7、三四一頁参照）。人口は七九〇〇万、うち五四％が東パキスタンに住んでいたが、東パキスタンの国民総生産（ＧＤＰ）に占める比率は四六％にすぎなかった。東パキスタンでの一人当りＧＤＰは西パキスタンの七六％であり、この時点ですでに東西の所得格差が著しかったことがわかる。ＧＤＰに占める農業部門の比率が六〇％、製造業部門の比率が六％という数字から、当時のパキスタンが農業国であったことが確認できるが、東パキスタンのほうが農業の比率が高く製造業の比率が低いという格差にも留意されたい。

2　アユーブ・ハーン軍人政権下のパキスタン

軍人政権への道

ヒンドゥーとムスリムは異なる存在だとする「二民族論」の帰結として誕生したパキスタンだが、イスラームと国家の関係をどのように規定するかは、じつは自明ではなかった。さらに、イスラームでくくるにはあまりにも多様な諸民族の主張を、連邦制と州自治の枠組のなかでどのように扱っていくのかも大きな問題であり、憲法策定上の大きな争点となった。

しかし、建国からわずか一年後の一九四八年九月、「偉大な指導者」と称えられたジンナーは病没する。つづいて、四〇年代からジンナーの片腕として活躍していたリヤーカト・アリー・ハーン首相も五一年に暗殺される。強力なリーダーシップを失い、パキスタン政治は混迷の度合を深めた。インド憲法が五〇年に施行されたのに対して、パキスタンで憲法が制定されるのは、ようやく五六年になってからである。

連邦制と州自治の問題は、まず東パキスタンにおいて大きな争点となった。若い世代を中心としてベンガル語の国語化運動が盛り上がり、西への不満が顕在化していったのである。当初、既得権益を守ろうとする東ベンガル出身の有力政治家たちは、国語としてウルドゥー語のみを支持するとの発言を繰り返していた。例えばハージャ・ナジムッディーンは、州首相として一九四八年に、また五二年一月には首相として国語ウルドゥー擁護の発言を繰り返した〔白井 1990〕。後者の発言が引き金となって、ダカ大学の学生を中心とする抗議が高まり、二月二十一日にデモ隊と警官隊が衝突する。その後も騒乱状態がつづくなかで多くの死傷者を出したこの事件は、ムスリム連盟に対する東の民衆の不信感を決定づけるものとなった。翌五三年の州議会選挙でムスリム連盟は惨敗し、その後東パキスタンで勢力を回復することは二度となかった。ムスリム議席の九割を超える二二三議席を獲得して圧勝したのは、アブドゥル・ハミード・カーン・バシャニー率いるアワミ(人民の)・ムスリム連盟や、フォズルル・ホクの農民労働者党などで構成される野党統一戦線だった。後年、バングラデシュの「建国の父」となるシェイク・ムジーブル・ラフマンも、アワミ・ムスリム連盟に参加していた。その後、五六年憲法において、ベンガル語はウルドゥー語とともに国語として規定されることになるが、建国わずか数年にして、東西パキスタンのあいだに入った亀裂は、ついに修復されることはなかった。それどころか五五年には、東パキスタンで勃興する政治勢力に対抗するため、西パキスタンも一州として統合された(ワン・ユニット)。

イスラームと国家の関係をめぐっても、国内に厳しい緊張関係が生じた。「二民族論」に訴えたジンナーであるが、じつは彼が求めていた国家の形態は、政教分離の近代的な民主国家だった。つぎの発言は、彼の基本的態度を示すものとして、しばしば引用される。「みなさんがどんな宗教・カースト・信条の者であろうと、それは国家の運営にはなんのかかわりもありません。……ときが経つにつれてヒンドゥーはヒンドゥーでなくなり、ムスリムはムスリムでなくなります。ただ、それは各人の個人的な信仰、つまり宗教的にそうなるというのではなくて、パキスタン国家の市民として政治的な意味でそうなるのであります」〔加賀谷・浜口 1977:271-272〕。加賀谷寛が指摘するように、パキスタンという国家では、その理念としてイスラームが高らかに謳われる一方で、法と行政面では「政教分離」の論理が一貫していた〔加賀谷 1991]。この点では、インドの立場と実質的な違いはなかったのである。

一方、イスラーム団体やウラマー(イスラーム学者)は、パキスタンが名実ともにイスラーム国家となることを望んでいた。憲法構想をめぐって、イスラーム国家としての純化を希求する彼らの主張が高揚していくなかで、一九五三年、アフマディーを「異端」として排除しようとするウラマーらの強硬な主張が、パンジャーブにおける大規模な暴動をもたらした。アフマディーとは十九世紀末北インドに起源をもつ教団であるが、創始者ミルザー・グラーム・アフマド(一九〇八年没)の預言者性をめぐって、他のムスリムから厳しい反発をあびていた。五三年の暴動でアフマディーが虐殺のターゲットとなったことは、「われわれ対彼ら」という、ヒンドゥーとムスリムのあいだに多くの惨事をもたらした排他的な論理の再発動を意味した。

この一連の騒動に際して急先鋒の一角を担ったのが、ジャマーアテ・イスラーミーであり、その創設者が、サイイド・アブル・アアラー・マウドゥーディーである。マウドゥーディー自身が暴動の責任を問われ、死刑を宣告されたため(のちに減刑)、現在までジャマーアテ・イスラーミーは「イスラーム急進派の団体」として語られてきた。しかし、その一方で、思想家としてのマウドゥーディーに対して高い評価が与えられてきたことも見逃せない。その著作は、書籍やパンフレットのかたちで全国的に流通したのみならず、一九四〇年代から五〇年代にかけてアラビア語に翻訳され、世界各地のイスラーム復興運動に大きな影響を与えることとなった[山根 2003]。

第一次憲法は一九五六年三月にようやく施行されたが、その後のパキスタン政治は政党の分裂と極端な連立が繰り返される混迷状態に陥る。五八年十月、イスカンダル・ミルザー大統領は憲法を廃止し、議会を解散、全国に戒厳令を発布する。戒厳令総司令官に任命されたのが、アユーブ・ハーン陸軍総司令官であった。

軍人政権の開始

一九五八年十月、アユーブ・ハーン陸軍総司令官は無血クーデタでミルザー大統領を追放し、政権を掌握した。その後パキスタン、さらにバングラデシュにおいてもたびたび登場する軍人政権の「祖型」［佐藤 1991］として、同政権の一連の動向をやや詳しく整理しておく。五八年のクーデタにつづき、翌五九年三月にアユーブ・ハーンは公務員追放令を布告する。ついで同年十月に「基礎的民主制」令を布告。十二月にはこの体制のもと、政党参加を禁止したかたちで、八万人の代議員を成人普通選挙によって選出した。この基礎的民主制代議員による信任投票という形式を用いて、六〇年二月アユーブ・ハーンは自らの政権奪取を正当化した。六一年の憲法起草委員会による草案提出を受け、六二年三月には新憲法が施行された。同年四、五月に国民議会、州議会選挙がおこなわれ、六月には大統領就任、国民議会開会、戒厳令解除がつづいた。七月には政党法が成立し、政党禁止が解除された。これを受けて九月には、ムスリム連盟の再建大会が開催された(のちにアユーブ・ハーン自ら総裁に就任)。

その後のパキスタンやバングラデシュの軍人政権は、このアユーブ・ハーン政権の動向に倣って政策運営を進めた［佐藤 1991］。すなわち、クーデタにつづくのが、「地方制度改革による支持基盤づくり」である。そして政党の参加を禁止したかたちでの「地方選挙実施」、さらに「大統領信任投票」がおこなわれる。新憲法体制と「政府党」創出により、「政府党」が擬似的な議会制度を支える役割をはたすものとなる。これらの段階をへて「民政」へと移行し、戒厳令が解除される。これまで四回にわたって軍人政権の登場を見たパキスタン政治を考えるとき、「軍政」と「民政」を厳密に分けようとするよりも、軍人政権のもとでしばしば長期にわたる「民政化」の過程が繰り返されてきたと理解するほうが、より現実にそくしているといえるだろう。

近代化路線を推進したアユーブ・ハーン政権においては、後述するように、「緑の革命」に象徴される農業開発とその関連産業の発展がはかられた。アユーブ・ハーンはまた、イスラームの近代的解釈を追求し、中央イスラーム研究所やイスラーム諮問委員会を設立した。とくに前者は、「近代の進歩的社会の要請に応えて、合理的科学的用語でイスラームを解釈すること」をその設立目的としていた。中央イスラーム研究所の所長に就任したのは、ファズルル・ラフマーンである[井上・子島 2004]。しかし彼の近代的解釈はマウドゥーディーらの反発を受け、パキスタンを追われることとなった。ファズルル・ラフマーンはその後欧米の大学で教鞭をとり、リベラルで近代的なイスラームを代表する論客として、先のマウドゥーディーとは著しい対照をなしている。

一九六一年、イスラームの近代化の一環としてムスリム家族法が発布された。その特徴は、婚姻の登録の義務化、一夫多妻婚の制限、夫からの一方的な離婚の制限、妻の扶養請求権の保護などであった。婚姻の登録に村落協議会があるなど、イスラーム法を基礎的民主制に適用させようとする試みであった[井上・子島 2004]。

アユーブ・ハーンの「開発独裁」

一九五八年にクーデタで政権に就いたアユーブ・ハーンのもと、パキスタン経済は、五カ年計画とともに類まれな高度成長を達成した。六〇／六一年度開始の第二次五カ年計画と、つづく第三次五カ年計画では、工業開発に多大な資金が割かれ、PIDCによる投資や、政府系金融機関を通じて民間にさまざまな優遇融資をおこなう体制が確立した。六五年には、二〇年長期経済計画も作成され、東西パキスタン間の格差を縮小することが重要な目標として位置づけられるようになった。また、五カ年計画に基づく公共投資の資金として、アメリカ合衆国などからの援助資金がこの時期ふんだんにパキスタンに流入したことも重要である。つまり、アユーブ・ハーンの「開発独裁」は、ソ連型の一国社会主義的な経済計画ではなく、あくまで民間資本主導で、外資も重要な役割をはたす資本主義的な経済計画だった。

成長の源泉は、繊維産業と農業であった。西パキスタンでは、一九五九年に為替操作を用いた輸出ボーナス制度が導入されて、輸出に依存した民間綿紡績業のブームを生み、さらに国産綿糸を用いた織物業に投資を進めた綿紡織一貫の大工場がつぎつぎと生まれた。西パキスタンの綿織維産業は、民間大企業による業界団体を組織して、政府からの保護・権益を守るための強力なロビー活動で知られるようになる。東パキスタンでは、東西格差を縮めるための方策としてＰＩＤＣが六二年に東西に分割されたことも効を奏し、ジュート工場、綿織維工場の多くがベンガル人企業家に払い下げられ、新たな資本家層が誕生した。

農業ではとりわけ、西パキスタンにおける近代化政策が成功した。一九五九年に西パキスタンでは土地改革法が制定されて、土地配分の不平等を縮小し、実際の耕作者の権利を高めることが企図されたが、トラクターや灌漑ポンプなどを所有して自ら経営する地主に対しては土地保有上限の適用を緩和するなど、「進歩的農民」優遇措置が入れられたため、当初の企図はあまり達成されなかった。他方、土地改革法制定の結果、農業機械を所有する新しいタイプの自作地主が農村に生まれたことは、農業成長にプラスに機能した。六〇年にインダス川水利協定がインドとのあいだに結ばれた結果、世界銀行などの資金によって、分離独立で分断された灌漑用水路網が再建された。これらの好条件下で六六／六七年度に導入されたのが、小麦の高収量品種による技術革新すなわち「緑の革命」であった。「緑の革命」により西パキスタンの農業は急激に土地生産性を高めて、経済全体の成長に貢献したのである〔黒崎 2010〕。なお、東パキスタン農業においては、「コミラ・モデル」と呼ばれる協同組合主導の農村開発運動が政府によって五八年に開始されたが、十分な成果が得られなかった。

アユーブ・ハーン期の経済成長は、金融面での発展もともなった。繊維産業で資金を蓄えた西パキスタンに基盤をおく民間ビジネスグループは、その中核的企業として商業銀行をあいついで設立した。五カ年計画に基づく優遇資金の配分においては、政府出資による開発金融機関が活躍した。これらの金融機関は首都カラーチーに本拠をおいたため、パキスタン唯一の港湾都市でもあるカラーチーは、商工業や流通の中心として急激に膨張した。カラーチーに政治・経済の全機能が集中しすぎることの軍事的な脆うさに配慮したアユーブ・ハーンは、一九六〇年に首都移転を決定して、西パキスタン北部の丘陵地帯に新首都イスラマーバードの建設を開始し、六六年に首都移転が完了した。政治と経済の機能分離がはかられたわけである。

3　東西パキスタンの分裂

東パキスタンの政治的独立

世直しを訴えて登場し、経済開発を推し進めたアユーブ・ハーンであるが、政権が長引くにつれ彼自身が腐敗と縁故主義にまみれていることを露呈していった。一九六五年に起きた第二次印パ戦争が、カシュミール問題の解決に寄与しなかったことも、国民の不満を高じさせていた。六八年になると、ついに学生たちが大統領退陣を求める運動を始めた。この動きはズルフィカール・アリー・ブットーによる体制批判と一つになっていった。シンドの大地主一族の出身であるブットーは、アユーブ・ハーンのもとで商業相、さらに外相に抜擢された経歴をもつ。しかしその後、同政権を「民主主義のラベルをつけた独裁政権」と批判して下野し、パキスタン人民党を創設した。十一月、学生を扇動したとしてブットーやワリー・ハーン(全国人民党の指導者)らが逮捕されると、暴動は西パキスタンの多くの都市へと広がり、十二月には東パキスタンへも飛び火した。さらにアスガル・ハーンのように、かつて空軍総司令官を務めた人物さえもが、公然と政権批判を始めた。

一九六九年に入っても暴動はおさまらなかった。野党八党は民主行動委員会として連合し、大統領退陣を要求した。アユーブ・ハーンは野党と妥協して事態の打開をはかろうとしたがはたせず、ついに二月二十一日、次期大統領選への不出馬をテレビ演説で表明した。

アユーブ・ハーンによる軍人政権は倒れたが、野党連合も合意形成にいたらず、後継大統領に就任したのは、ヤヒヤー・ハーン陸軍総司令官であった。ヤヒヤー・ハーンは、政権に就くと全国に戒厳令を敷き、自ら戒厳令総司令官となった。このためヤヒヤー・ハーン政権は、パキスタンの第二の軍政と見なされる。

このヤヒヤー政権のもとで、一九七〇年十二月、独立後はじめての成人普通選挙による州議会と国会の選挙がおこなわれた(ワン・ユニットとしての西パキスタン州は廃止。藩王国連合から新たに州となったバローチスターンを加え、五州で州議会選挙がおこなわれた)。この選挙の特徴は、東西パキスタン双方で候補者を立てたのが、ジャマーアテ・イスラーミーとムスリム連盟のみであり、両者ともに惨敗したという点に端的にあらわれている。東パキスタンでは、ムジーブル・ラフマン率いるアワミ連盟が同地域の自治に要求を絞る一方で、パキスタン人民党はまったく候補者を立てず、アワミ連盟が一六二議席中一六〇議席を獲得して圧勝した。パキスタン人民党は、西パキスタンのパンジャーブ州とシンド州を中心に八一議席を獲得した。この結果、国会の第一党はアワミ連盟、第二党がパキスタン人民党となった。しかし、ヤヒヤー・ハーンには東のアワミ連盟に政権を託する用意がなかった。七一年三月、東パキスタンではムジーブル・ラフマンの指導するゼネストが始まり、これを鎮圧しようとする軍とのあいだに衝突が起きた。事態は内戦へと発展し、さらにインドが東を支援するかたちで参戦した(第三次印パ戦争)。パキスタン軍はインドに敗れ、ついにこの年、東パキスタンがバングラデシュとして独立した。

この時点での東パキスタンからバングラデシュへという流れは、西パキスタンの人びとにとっては理念的に「あってはならないこと」であったが、東の住民にとっては「歴史的必然」であった。すでに述べたように、ベンガル人はパキスタン独立時から、さまざまな政治経済的格差に対する不満をいだいており、当初それは公用語・国語問題という表現をとった。そして、アユーブ・ハーン政権期の一九六六年、東の要求は「六項目綱領」というかたちをとる[加賀谷・浜口 1977:260-263]。アワミ連盟のムジーブル・ラフマンが作成したこの綱領は、東パキスタン州による大幅な自治要求であった。連邦政府の権限を著しく制限し、東西別々の通貨制度や州による財政や外貨の管理、さらには州による独自の軍隊あるいは準軍隊の保持さえ謳っていた。

たしかに、東のベンガル人は「多数派」の正当な要求としてこれらを訴えた。しかしながら、東パキスタンの指導者が、自治権に関して西パキスタンの諸民族と積極的に連携することはなかった〔桑島 1982；佐藤 1988〕。一九五五年、西パキスタン州が成立する際に、パンジャーブ出身の政治家ミヤーン・イフティハールッディーンは重層的な民族論に基づいて反対した。その主張は、パキスタン民族（nation）は、複数の民族体（nationalities）、すなわちパシュトゥーン人、バローチ人、シンド人、パンジャーブ人、そしてベンガル人によって構成されるというものである。これは北西辺境州やバローチスターン州を地盤としつつ、地域政党の連合体としてある程度の役割をはたした全国人民党の主張とも共通する。しかし、西パキスタンでの地域・民族運動の活性化に対して、ベンガル人政治家たちがこれを支持することはなかった。むしろ、その多くは自らの自治権要求を東と西の関係のみでとらえ、他民族との連帯をはかろうとはしなかったのである。その後、バングラデシュにおいては、チタゴン丘陵の少数民族問題が顕在化することとなる。

東西パキスタン経済の「成長」の帰結

アユーブ・ハーン期のパキスタン経済の急成長は、世界銀行によって「開発の優等生」と賞された。表7に示すように、一九五九／六〇年度から六九／七〇年度までの一〇年間の経済成長率は五・二％と、その前の一〇年間の年平均成長率二・五％から倍以上に伸び、一人当りで見ても年平均二・六％の所得増を経験した。GDPに占める製造業部門の比率は、独立直後の五・八％から六九／七〇年度には一三％にまで急上昇した。

他方この急成長は、不平等の悪化、とりわけ東西パキスタン間の格差の増大をともなうものであり、一九七一年の東パキスタン独立の原因の一つとしてよく知られている。このことを、本稿執筆時点で利用可能なもっとも信頼できるデータを用いて確認しよう。図11（三四二頁）は、一人当り実質GDPの値を、四九／五〇年度の全パキスタンの水準を一

○○とした指数によって、東西別に示したものである。全パキスタンの値は独立直後の約一○年間、ほぼ横ばいだったのが、アユーブ・ハーンの時代に右上りに転じたところに、「開発の優等生」としての急成長が見て取れる。その右上りの度合は、西パキスタンにおいて著しい。所得水準の東西格差は、絶対額で広がっただけでなく、相対的にも広がった（表7の数字で六九／七○年度の一人当り実質GDPの東西の値も、参照されたい）。この東西格差拡大は、東西間の貿易収支不均衡拡大としてあらわれた。西パキスタンの工業化のために必要な機械や原材料の輸入は、西パキスタンからの棉花などの輸出だけでは賄えず、東パキスタンからのジュートや茶を輸出して得られた外貨をまわす必要があった。これを補うために、西パキスタンから東パキスタンに繊維製品などの消費財が域内貿易された。この三角貿易によって、資金が実質的に東パキスタンから西パキスタンに移転されたのである。

ただし見落としてならないのは、アユーブ・ハーン期の東パキスタンにおいても一人当り所得は着実に増えていたし、GDPに占める製造業部門の比率も上昇していたことであろう（表7・図11）。一人当りGDPが年平均で一・二％増加したという東パキスタンの経済成長は、世界の途上国全体から見れば悪いほうではない。つまり東西経済格差の問題の中核は、国全体の成長の恩恵が不平等に配分されたことにあり、東パキスタン全体が絶対的に窮乏化したという問題ではなかったことを、表7と図11は示唆する。

とはいえ、アユーブ・ハーン期の東パキスタン内部に絶対的窮乏化の問題がまったく存在しなかったとはいいがたい。この時期、東西両地域とも、都市内部、農村内部の不平等が悪化していたためである。都市内部では、新しい政治権力としての企業家層が富を蓄え、労働者との格差の増大が政治的にも深刻な問題となった。農村内部では、不平等な土地配分のもとに多くの土地なし層が存在したため、「緑の革命」による生産性上昇の恩恵は、おもに地主に帰した。このような不平等化が進む状況では、東パキスタン全体で一人当りGDPが年平均で一・二％増加したとはいえ、多数の東パキスタン人の実質所得が低下した可能性がある。ただしそれを裏付ける全国のミクロデータは存在しない。

表7　東西パキスタンの主要経済指標(1949/50-69/70年度)

	1949/50	1959/60	1969/70
実質GDP(1959/60年固定価格要素費用表示，100万ルピー)			
全パキスタン	24,502	31,472	52,981
西パキスタン	12,398	16,826	32,337
東パキスタン	11,298	14,161	21,504
全国に占める東の比率	46.1%	45.0%	40.6%
人口(100万人)			
全パキスタン	78.78	98.88	128.42
西パキスタン	35.31	45.03	59.70
東パキスタン	42.25	53.90	72.40
全国に占める東の比率	53.6%	54.5%	56.4%
1人当り実質GDP(1959/60年 Rs.)			
全パキスタン	311	318	413
西パキスタン	351	374	542
東パキスタン	267	263	297
西に対する東の比率	76.2%	70.3%	54.8%
実質GDPの年平均成長率(対数差分)			
全パキスタン		2.50%	5.21%
西パキスタン		3.05%	6.53%
東パキスタン		2.26%	4.18%
西に対する東の比率		74.0%	63.9%
1人当り実質GDPの年平均成長率(対数差分)			
全パキスタン		0.23%	2.59%
西パキスタン		0.62%	3.71%
東パキスタン		−0.18%	1.23%
西に対する東の比率		−28.4%	33.0%
GDPに占める農業部門の比率			
全パキスタン	59.9%	53.2%	46.2%
西パキスタン	53.2%	45.8%	38.9%
東パキスタン	65.4%	60.3%	53.3%
GDPに占める製造業部門の比率			
全パキスタン	5.8%	9.3%	12.9%
西パキスタン	7.8%	12.0%	16.0%
東パキスタン	3.0%	6.0%	7.8%

原データ出典：For the United Pakistan, Federal Bureau of Statistics, Govt of Pakistan, *50 Years of Pakistan in Statistics Volume II (1947-1972)*, 1997; For the West Pakistan, Govt of Pakistan, *Economic Survey 1988-89*, 1989; For the East Pakistan, M. Alamgir and L. J. J. B. Berlage, *Bangladesh: National Income and Expenditure 1949/50-1969/70*, 1974, Bangladesh Institute of Development Studies.

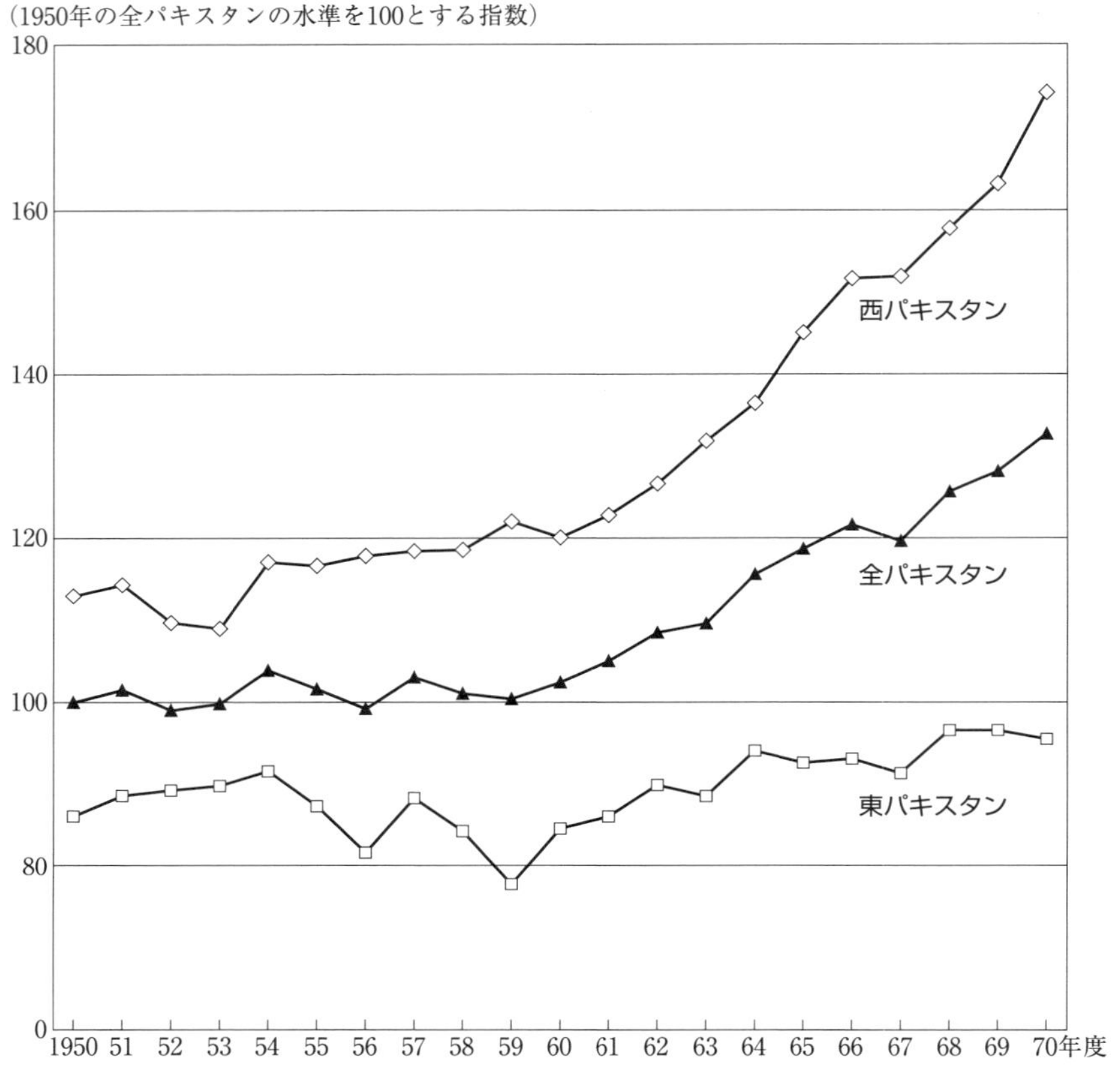

図11　東西パキスタンの１人当り実質GDPの長期推移
年数は会計年度で，例えば1950は1949/50年度である。
出典：表７と同じ。

4　言語・文学から見た東西パキスタンの社会

独立前夜の進歩主義作家運動

十九世紀半ばより、西洋的近代教育の影響を受けて発達したウルドゥー語やベンガル語の近代文学は、それまでの恋愛や寓話、宗教的講話を中心とした世界から、社会や個人を描く時代へと移行した。詩作では一九一三年にラビンドラナート・タゴールがアジア初のノーベル文学賞を受賞した。タゴールの「黄金のベンガル」は、のちにバングラデシュの国歌に制定される傑作である。

　わたしの黄金のベンガルよ、　わたしはあなたが好きで好きでたまりません
　あなたの空、あなたの風は、　私の胸の中にある笛をいつも鳴らしてくれます
　ああ、お母さん、早春の　あなたのマンゴー林が放つ香は
　わたしの魂を夢中にさせてしまいます［タゴール 1993:119］

タゴールにつづく作家たちの活躍で、ベンガーリー文学は世界文学の同時性のなかに入っていった［臼田 2002:176］。とりわけ、反逆精神に富む愛国心や人間の平等を描いたノズルル・イスラームは、バングラデシュの国民的詩人と称されることになる。一方ウルドゥー語やペルシア語の哲学的詩想で名高いイクバールも、今日までパキスタンを中心に親しまれている。両者はムスリム個人の同時代的な懊悩を描いた。

一方、一九一七年のロシア革命の影響を受けた作家たちは、社会改革を掲げる文学運動を展開した。三五年、ウルドゥー語作家サッジャード・ザヒールや英語作家ムルク・ラージ・アーナンドらがロンドンで進歩主義作家協会を結成した。翌年のラクナウーにおける第一回進歩主義作家大会では、ヒンディー語とウルドゥー語で『牛供養』など多くの小

説を残したプレームチャンドが議長となった。ベンガル語でも、一六年結成のベンガル・ムスリム文学協会が、『ベンガル・ムスリム文学』などに文学作品を掲載し、シャラットチャンドラ・チャタルジーやビブティブション・ボンドパッダエらが民衆の生活を描出した。

東西パキスタンの隙間――独立後の混乱と国語問題

分離独立の経験は、東西パキスタンにおいて大きく異なった。西パキスタンでは、独立直後の六〇〇万人の移住によって数十万人の犠牲者を出した動乱とその悲劇を描いた文学作品が発表され、東パキスタンではベンガル・ナショナリズムを強調する作品群が発表された。

西パキスタンで発表されたウルドゥー文学では、独立時の混乱を描いたいわゆる「動乱文学」が数多く発表された。クリシャン・チャンダルやアフマド・ナディーム・カースミー、ハージャ・アフマド・アッバースら進歩主義作家が、社会混乱を批判的に描いた。しかし、これらの作品群に対しては、理想郷パキスタンを夢見た作家たちが、宗教的公正さや人間性の回復といった「あるべき社会」の姿を描こうとするあまり、作為的に悲劇をつくりあげてしまっているとの批判もある［萩田 1996］。他方クドゥラーットゥッラー・シャハーブやアリー・アッバース・フサイニー、サアーダット・ハサン・マントーによる短編小説は、人間の弱さ、社会の脆さそのものを軽妙に描いて、進歩主義作家とは一線を画した。マントーの短編「トーバー・テーク・スィング」は、インドとパキスタンの意味もわからぬまま強制的に移住させられる狂人たちの、滑稽ともいえる姿を描いた佳作である。「狂人」を「狂気に満ちた動乱にさいなまれた一般の人びと」と読み替えれば、作者が、動乱を冷ややかに描いていることが理解できる。マントーの作品には、性行為を連想させる表現を有するものがあった。短編「開け」や「冷たい肉」などは猥褻裁判で刊行誌の発禁処分や罰金刑などが科せられた。だが、特定の主義に傾倒しない彼の作品は英語などに翻訳され、その評価は高い。

東ベンガルでは独立直後、フォルルク・アフモドのように、イスラーム色の濃い作品で新生国家パキスタンへの希望を謳う詩人も見られた。アフモドは当初、パキスタンの「詩聖」イクバールの詩作をベンガル語に翻訳していたが、独立後の失望を風刺詩に託すようになった。

東西の協調関係は、独立直後から暗礁に乗り上げた。西パキスタンのカラーチーにおかれた中央政府は独立当時、ベンガル語話者が国民の過半数近くに達していたにもかかわらず、ウルドゥー語の国語化を推進した。政府は、アラビア語やペルシア語の語彙を多く含み、ペルシア・アラビア文字で書かれたウルドゥー語を国語とし、サンスクリット語彙を比較的多く含み、デーヴァナーガリー文字と同系統のベンガル文字で表記されるベンガル語の国語化には関心を示さなかった。これによってベンガル人のあいだでは、ベンガル・ナショナリズムが強化された[白井 1990]。すでに一九四七年十月には、ベンガル語公用語化闘争委員会が設置されている。四八年、ジンナーやリヤーカト・アリー・ハーン首相がウルドゥー語の国語化を明言したことで、反発はさらに高まった。五二年、ダカ大学において、ベンガル語公用語化運動をサポートする学生集会に警官隊が発砲して死者がでた事件は、同運動の象徴となった。

一九五二年の凄まじい血の花の捧げ物を
胸に高らかに抱く気高い女よ[グン 1984:11]

この詩のように、事件に関し数多くの詩が書かれ、記念行事で歌われた。ダカ大学学生死傷事件の日付である(二月)「二十一日《エクシェ》」は、このように、東パキスタンの人びとに「殉教者の日」として記憶されることになった。

こうして東西パキスタンの作家たちは、政治的・社会的な背景で生まれた隙間を埋めることなく、独立にともなって生まれたそれぞれの問題を主題とした文筆活動をつづけた。結果として、一九五〇年の憲法原則委員会による第一次草案では国語はウルドゥー語と規定されていたものの、五四年の制憲議会はウルドゥー語とベンガル語の両者を国語と承認、英語の公用語としての併用を二〇年間に限って認めた。六二年のアユーブ・ハーン政権下での新憲法でもウルドゥー語とベンガル語を国語としたが、バングラデシュ独立をへた七三年のパキスタン憲法では国語はウルドゥー語のみとなり、八八年までに公用語もウルドゥー語になると規定されたが、これは実現していない。他方、バングラデシュでは、七二年に憲法が採択され、晴れてベンガル語が国語となった。

文筆活動への圧力

独立後のパキスタンでは、冷戦構造にあって、共産主義者弾圧がおこなわれた。その顕著な例は一九五一年のラーワルピンディー陰謀事件である。この事件では進歩主義作家運動を展開していたパキスタン共産党書記長サッジャード・ザヒールや、左翼系英字紙『パキスタン・タイムズ』編集長を務めた詩人ファイズ・アフマド・ファイズを含む左翼系民間人や軍人が、クーデタ計画を理由に逮捕された。政府が同紙を接収するなど左翼勢力の弱体化をはかり、パキスタン進歩主義作家協会の活動は転換をよぎなくされた［片岡 1994:192］。ザヒールやファイズは秘密裁判で裁かれ、刑務所を転々と移動させられた。この間、ファイズは獄中で詩集『そよ風の手』（一九五三年）を刊行している。

圧制者がいいがかりをつけてくる多くの策略が
だからあなたを慕いあなたに従う真の狂人だけがなるのです
わが身を裁く裁判官や判事に　他の誰に頼むでしょう
弁護人になってもらうことなど　他の誰に正義など期待するでしょうか
（埋めてください我らを）［ファイズ 1994:46］
一つの想いがわが心を過ぎる　なんと甘美な　この世よ　この時よ
圧制の毒を盛るやつらに　できるもんか　今日も明日も
宴の燭台の灯が　そんなものが消せたからと言って……

さあこの月明かりを消して見せろ　そうすれば認めもしよう　その力を〔ファイズ 1994:53「監獄の夕べ」〕

ファイズは一九五八年にもアユーブ・ハーン政権下で国家機密防衛法によって逮捕され、約五カ月間服役した。一方ザヒールは、パキスタン建国に夢をいだいたインドからの移住者だったが、逮捕などを経験し、インドへ再移住した。同様に、ウルドゥー長編小説『火の河』で知られる女流作家クッラットゥル・アイン・ハイダルもインドに戻っている。ベンガル人の作家たちがパキスタンと決別したように、ウルドゥー語作家のなかにも国を離れた者があったことは、パキスタンへの理想と現実の差を示している。新生国家にとどまり苦悩を綴った作家たちのあいだからは、言論統制のもと、寓話や象徴などの表現で政治や社会を風刺する潮流が生まれた。象徴的表現による風刺作品をパキスタンでは「抵抗文学」と位置づけ、インティザール・フサインはその代表格にある。この潮流は政治のみならず社会風刺小説も生み、アフマド・ダーウード、マズハルル・イスラームらが活躍した。またアブドゥッラー・フサインのように、西パキスタン側にありながら、バングラデシュ独立時の東パキスタン情勢を描く作家もでた。象徴小説はラシード・アムジャドやアンワル・サッジャードらによってさらに抽象化された作品群を生んだ。ほかにも、ハディージャ・マストゥールやグラーム・アッバースらによる優れた短編小説が発表され、ウルドゥー文学界は詩とともに短編小説も主要なジャンルとして確立した。長編小説では、ショウカット・シッディーキーの『神の街』やムムターズ・ムフティーの『アリープールのエーリー』などの優れた作品がある。

一方東パキスタンでは、バングラデシュ独立闘争を学生時代に経験したニルモンレンドゥ・グンが、独立に向かう人びとのエネルギーを詩に描いた。

君たち、はるかに遠く　モゴラからバハルプルまで
血を注ぎ骨を撒き散らし　自由独立の心を抱いて　吹きさらしの道を築いた　……
バングラデシュは、雨が降れば　炎の海となり

陽が射せば黄金［グン 1984:4「陽が射せば黄金」］

バングラデシュ独立直前の一九六〇年代には、グン、人間の気品を謳った「黄金の契約」で知られるアル・マームド、独立時に命を落とした学生を題材にした「アサドのシャツ」のシャムシュル・ラーマン、アブル・ハサン、「禁じられたジャーナルより」「友人たちの目」「停電の夜の満月に」で独立前夜の緊迫を描く一方で、「裸」のような耽美的な作品でも知られるショヒド・カドリらの活躍によって、ベンガル現代詩は大きく発展した。なおアル・マームードは「黒い小舟」など短編小説作家としても知られる。ほかにも、長編『赤いシャールー』で偽善とベンガルの圧倒的な自然を描いたショイヨド・ワリウッラーも活躍した。

こんなバングラデシュを君は見たことがない
河の水には人間の血が混ざり、ヒジョルの木の影は反乱と同じ年を重ねる［グン 1984:25「初めてのお客」］
私の両手には信仰、乱闘、そして長引いた軍事政権の黒い鎖の痕。
足にはべとべとした大地への幻想、胸にはいとしい破壊の傷［グン 1984:46「夢、新たな地平の炎」］
金貨はない、婚資など欲しがらないでおくれ、雌鹿よ
　求めるなら、この空の両手を差し出すことはできる
魂を売って黄金を蓄えるなど、一度もしたことはない、
　のろいの目を周りに投げかけ、人を傷つけてまで［マームド 1984:105「黄金の契約」］

ベランダの三角の隅の　開いた窓の列になっている窓連子の隙間から
壁の出窓の穴を通して　失望の洞を通して　苦行者の孤独のなかに立ち尽くし
欲のないピエロの驚きをもって　死のトンネルから
望むと望まないとにかかわらず　見えるのは、入浴している　ひとりの女の　裸（カドリ「裸」）［グン 1984:157］

パキスタンとバングラデシュはイスラームを国教とし、文学上の表現において宗教に関する表現などについての制約がある。一九九四年、バングラデシュでのムスリムによるヒンドゥー迫害を描いたタスリマ・ナスリンの『恥』は、国内の一部イスラーム団体の反発をかい、著者に対する死刑宣告がでた。これはインド系英語作家サルマン・ラシュディのイスラーム(預言者)冒瀆に対する死刑宣告とともに、イスラームが文筆活動を制限しているかの印象を与えることとなった。ナスリンはその後インド亡命をへて北欧に移住した。

以上本章は、東西二つの地域からなる変則的な国家として一九四七年に現代史に登場したパキスタンが、バングラデシュと現在のパキスタンとに分離していく過程を、政治・経済・社会・文化の各側面から見てきた。東西間の緊張は、七一年に東パキスタンがバングラデシュとして独立したことで一つの区切りを迎えたが、イスラームと民族の折合をどうつけていくかという問題は、現パキスタンの内部において継続していく。この問題を考えるうえで、本章では、東パキスタンの自治運動を中心に、言語・文学が政治と密接な関係をとるようになる過程を明らかにした。この過程が東パキスタン独立後にどう変貌するかは次章の課題となる。また、東西パキスタン期に開発独裁として経済成長を生み出した軍人政権の系譜は、次章で取り上げるように、七一年以降も繰り返し姿をあらわす。現パキスタンを見るうえでの重要な視座の多くが、東西パキスタン期から得られるのである。

子島　進
山根　聡
黒崎　卓

第十一章　現代パキスタンの政治・経済・社会

東パキスタンの分離、すなわちバングラデシュの独立によって、西パキスタンが「パキスタン」となった。本章では、一九七〇年代以降のパキスタン現代史に関し、政治・経済面に関しては三つの時期区分に対応した節構成のもとに概観し、社会・文化に関しては節を分けて議論する。社会・文化の節では、現代パキスタンとの比較のうえで重要な現代バングラデシュの文化やNGOについても簡単に取り上げる。

政治・経済面の時期区分は、第十章で紹介した軍人政権の「一祖型」［佐藤 1991］、すなわちクーデタで誕生した政権が徐々に民政移管を遂げていく過程という観点からおこなう。最初の時期は、一九六九年戒厳令で誕生したヤヒヤー・ハーン軍政が、バングラデシュ独立をへて、ズルフィカール・アリー・ブットー率いる人民党政権に民政移管し、政治・経済両面での混乱につながった時期である。第二は、この混乱を収束させたズィヤーウル・ハクのクーデタ（七七年）と、その軍人政権の崩壊、民政化のもとでの経済低迷がつづいた二十世紀末までの時期を扱う。そして第三が、パルヴェーズ・ムシャッラフによるクーデタ（九九年）とその後の民政の時期である。

第二、第三の時期の鍵となる政治家を先に紹介しておく。クーデタで逮捕・処刑された父の遺志を継いで政治家となった娘のベーナズィール・ブットーは、ズィヤーウル・ハクとムシャッラフという二つの長期軍人政権のはざまで、二回にわたって首相の座を獲得した。しかし彼女も、テロによる爆死という苛烈な最期を迎えた。「ブットー王朝」たるパキスタン人民党は、ベーナズィールの夫アースィフ・アリー・ザルダーリーならびに長男のビラーワルへと引き継がれ、現在にいたっている。人民党とつねに覇権を争ってきたのが、ムスリム連盟である。一九八〇年代後半以降は、ナワーズ・シャリーフが党首として同党を牽引してきた。彼もまたベーナズィールと交代するかたちで二回にわたって首相の座を獲得し、ムシャッラフのクーデタで国外追放されたが、二〇一三年の総選挙で勝利して三度目の首相に就任した。このように見ると、国政の指導者が極めて限られている印象を受ける。リーダーシップの固定が腐敗体質を蔓延させ、やがて軍人政権を容認する空気を生み出してきたといえるかもしれない。

1　ズルフィカール・アリー・ブットー人民党政権の失政

人民党政権の登場

インド軍に敗れてバングラデシュが独立すると、パキスタンにおいて軍人政権の継続はさすがに許されなかった。一九七一年十二月、ヤヒヤー・ハーン軍人大統領は、パキスタン人民党のズルフィカール・アリー・ブットーを後継者として指名した(憲法改正にともない、のちにブットーは首相となる)。

中国やソ連を含め二〇カ国以上を歴訪して諸外国との関係を固めたうえで、一九七二年六月、ブットーはインドのインディラー・ガーンディー首相との首脳会談に臨んだ(シムラー会談)。この会談によって、印パ間の関係正常化がはかられた。その後七四年二月にパキスタンはバングラデシュを承認した。

国内においては、信仰としてのイスラーム、政治形態としての民主主義、そして経済面での社会主義がブットー政権の基本方針とされた。同政権のもとで制定された一九七三年憲法において、イスラームははじめて国教と定められた。首相率いる内閣が権力を掌握する体制となり、大統領の地位は象徴的なものとなったが、両者ともにムスリムであることが要件に加えられた。さらに第二二七条において、聖典クルアーンとスンナ(預言者ムハンマドの慣行)に基礎をおくイスラームの教えに反するいかなる法律も定めてはならず、また現行法もイスラームとの調和をはかるべきことが明記された[Khan 2001:502]。ブットーは、ときにウラマー(イスラーム学者)を侮蔑する発言をおこなうなど、政治と宗教とのあいだに一線を引く立場をとっていた。しかし、東パキスタンの離脱という建国イデオロギーへの大打撃を受けて、国民統合の象徴としてのイスラームは、より明確な地位を憲法中に与えられることになった。

この動きは、少数派への抑圧としても作用することになる。一九七四年五月、アフマディー(第十章三三三頁参照)の本拠地ラブワで生じた学生と教団信徒間の争いは、パンジャーブ州全土を巻き込む暴動へと発展、アフマディーの住宅や商店が破壊の標的とされた。ジャマーアテ・イスラーミーなどのイスラーム団体の強硬な主張により、教団は七四年にムスリムと見なされないとの公的な判断をくだされ、さらに八四年にはパキスタン政府から布教の禁止を言い渡された。

もちろん、地域・民族の自治を求める動きは、たんにイスラームを前面に打ち出せば解消するようなものではなかった。第十章で述べたように、パキスタン・イデオロギーに逆らうものとされながらも、複数の民族体の存在を認めるよう主張する動きは、建国当初から連綿として受け継がれていた。この時期、ブットーの人民党がほとんど浸透することのできなかった北西辺境州とバローチスターン州、とりわけ後者においてこの動きは急であった。バローチスターンでは、一九七〇年の州議会選挙において全国人民党政権が誕生していた。パンジャーブ人の官僚や警官を解雇追放するなど、鮮明に反パンジャーブ色を打ち出した同政権に対して、七三年二月、ブットーは州政府解散で応じた。北西辺境州においても、七五年、全国人民党に対して活動禁止処分がくだされ、ワリー・ハーンらの指導者が逮捕された。その後、バローチ部族民と連邦政府の対立は武力衝突へと突き進み、七七年までつづいたゲリラ戦によって、双方の戦死者は一万人に達したとされる[村山 2004]。また北西辺境州では、隣国アフガニスタンとのあいだでパシュトゥーン人の自治運動「パシュトゥニスターン運動」が独立前からつづき、パシュトー語公用語化運動が展開された。

ほかの地域でもさまざまな問題が噴出した。ブットーの出身地であるシンド州も例外ではない。分離独立に際して、パキスタンの首都が同州のカラーチーにおかれたため、インドから大量の移民(ムハージル)が流入した。当初、パンジャーブ人と並んでムハージルが国づくりの中枢を担ったわけであるが、もともとこの土地に暮していたシンド人は周縁的な存在に追いやられてしまった。これに危機感をいだいたグラーム・ムルタザー・シャー・サイイド(通称G・M・サイイド)を主導者として、シンド人の民族運動は展開した[萬宮 2004]。一九七〇年と七二年の二度にわたり、シンディー語の州公用語化を推進するシンド人と、これに反対するムハージルとのあいだに激しい対立が生じた。シンディー語が公用語となれば、シンド人は州政府の行政職採用においてこれまでの劣勢を跳ね返すことができる。一方、ウルドゥー語を母語とするムハージルは、建国以来培ってきた既得権益を失うこととなる。ブットー首相は、ムハージルの不利とならないよう事態の収拾をはかったが、G・M・サイイドはこれを激しく批判、パキスタンからの独立を最終目標として提唱するようになった。ムハージルもまた、ムハージル民族運動(MQM)を八四年に結成し、「パキスタン第五の民族」としてその政治的立場を先鋭化させた。八〇年代後半、MQMがカラーチーを中心に破壊活動を展開したため、同市の治安は著しく混乱し、軍が発動される事態となった。

パンジャーブ語がパキスタンの地域諸語のなかでは文法的にウルドゥー語にもっとも近いため、公務員試験など社会進出においても、パンジャーブ人は有利であった。また、パキスタン系の移民社会が主としてパンジャーブ人で構成されることも、経済的な地域格差をもたらしてきた。そして、パキスタン人口の半数を占め、中央政府や軍部で主導的な役割を担うパンジャーブ人の優位性は、イスラームに立脚した「国民文化」にもあらわれることとなった[小牧 2004]。スーフィー聖者が活躍するムガル帝国の都市として発達し、さらに建国運動の中核を担ったラーホールが、国内でイスラーム文化がもっとも花開いた地域として位置づけられたのは、無理からぬことであった。

とはいえ、その内部は必ずしも一枚岩ではない。開発の遅れたパンジャーブ州南部では、サラーイキー語話者が、パンジャーブ語の方言という位置づけからの脱却をめざして、一九六〇年代より言語運動を展開した。七〇年にはラジオ・パキスタンによるサラーイキー語放送が開始され、さらに八一年のセンサスから、サラーイキー語は独立した言語として扱われるようになった[萬宮 2004]。

人民党政権の「イスラーム社会主義」経済政策

東パキスタンがバングラデシュとして独立した原因の一つに、経済的不平等の問題があった(第十章参照)ことから、ブットー人民党政権は、「イスラーム社会主義」という旗印のもとでの一連の再分配的経済政策を採用した。

まず、アユーブ・ハーン期の工業化が「二二家族」などと呼ばれた民間のビジネスグループへの富の集中を招いたことへの対策として、主要企業を国有化した。一九七二年に、鉄鋼、自動車、石油化学、セメントなど一〇大基幹産業の国有化が表明され、三二企業が接収された。つづいて七四年には、銀行業の国有化が完全実施され、一三の民間商業銀行が五つの国有銀行に再編された。七六年には農村工業として重要だった精米・棉繰り・製粉業の国有化が実施された。他方、人民党の支持基盤でもあった都市労働者階層向けには、七二年に新労働政策が発表され、労働条件改善がはかられた。

農村部では不平等な土地配分を是正するために、一九七二年、新しい土地改革法が制定された。七二年土地改革法は、五九年土地改革法を踏襲しつつも、個人の土地保有面積上限を大幅に引き下げ、上限を超える部分の無償接収を取り入れた。七七年には、さらに土地保有上限を引き下げ、地税を廃止して農業所得税を導入する土地改革法が制定された。

しかしこれらの政策は、経済的不平等の縮小にあまり貢献しなかった。主要企業の国有化は、パキスタン最大の民間企業群を擁した繊維産業が対象外であったから、その影響は限られた。労働保護法はあくまで工場法の適用を受けた大企業の労働者を保護するものにすぎなかったから、工場法の適用を受けない小規模工場に生産が分割される結果となった。この傾向は綿織物業で顕著だった。一九七二年土地改革法は、五九年法同様の抜け穴(トラクターや灌漑ポンプなどを所有して大規模経営をおこなう「進歩的農民」認定者への適用除外、世帯ではなく個人単位での上限設定など）ゆえに、政府が接収して土地なし層に再配分した農地は微々たるものにとどまった。七七年土地改革法は、政治的混乱によって実施が棚上げとなった。

結局これらの政策は場当り的なもので、整合性に欠けていたため、経済に大混乱をもたらした。加えて一九七三年には第一次石油危機が生じ、石油輸入国だったパキスタンは貿易赤字の急増とインフレーションに直撃された。ブットー人民党政権下、パキスタン経済の成長率は低迷した（図12・表8参照）。

2　ズィヤーウル・ハク軍政とその後の民政移管

ズィヤーウル・ハクによる三度目の軍政

当初、国民の熱烈な支持を誇ったズルフィカール・アリー・ブットー首相の人民党には、政治的背景を異にするさまざまな政治家が蝟集《いしゅう》した。しかし、ブットー自身が自分への批判を許さない強権的な態度をとったため、すぐに党内部での派閥争いが表面化した。

このような状態で一九七七年三月の総選挙を迎えたにもかかわらず、人民党は野党九政党の連合体であるパキスタン全国同盟（ＰＮＡ）に圧勝した。国会の二〇〇議席中、一五五議席を獲得したのである。さらに部族地帯の無所属議員が得た八議席も、すべて人民党系であった。この結果に対して、野党側は不正があったとして選挙の無効を訴えた。つづく州議会選挙に際して、ＰＮＡはそのボイコットを決定し、全国的なストライキに訴えた。投票がほとんどおこなわれなかったことを受けて、ＰＮＡはさらにブットーの辞任を求めた。ブットーはＰＮＡの動きを、国外の勢力すなわちＣＩＡならびに陸軍参謀長のズィヤーウル・ハク（ズィヤー）と連携した政府転覆の計画として非難、ＰＮＡ指導部を投獄した。しかし人民党内部からも選挙のやり直しを求めて職を辞する国会議員が続出するにおよんで、事態は混迷の度を深めていった。ついに七月五日、陸軍参謀長ズィヤーがクーデタで政権を奪取し、国会を解散した。ズィヤーは翌七八年九月に大統領に就任した(ブットーは政敵暗殺の罪に問われ、七九年四月に死刑となった)。

イスラームと社会主義を、言葉のうえだけにせよ接合したことからもわかるように、ブットーのイスラームに対する態度は折衷的なものであった。これに対してズィヤーは厳格な信仰者であり、アウラングゼーブ帝に比されることもある[Ahmed 1986]。アウラングゼーブは、彼以前のムガル朝皇帝の宗教的折衷主義を排し、「イスラームの家」としての再確立を試みたことで知られる。一九七七年から八八年の一一年間におよぶズィヤー政権期には、政治経済から教育までさまざまなイスラーム化政策が施行され、パキスタンにおいてイスラームが政治面でもっとも突出した時期となった。法制面ではシャリーア法廷を設置し、刑法にハッド刑、すなわちクルアーンならびにハディースに言及された身体刑を導入した。例えば、飲酒の罪を犯した者に対しての鞭打ちが、見せしめとして公開された。

ズィヤー軍事政権の経済政策を特徴づけたのは、ブットー人民党政権による国有化政策の否定と、「経済のイスラーム化」政策であった。

前者に関しては、精米・製粉業などの国有化解除がただちに実施されたものの、これらは農村の中小企業であってその効果は限られた。ブットー期に国有化された基幹産業の企業については、数件の国有化解除があった以外はほとんどが公共部門に維持された。国有化政策の停止は、一九八〇年代半ばになると、投資や価格に関する規制を緩和する諸政策によって民間部門による製造業投資を推進する民活路線に発展した。

経済のイスラーム化に関しては、一九七九年に無利子金融制度が導入され、八一年にはすべての商業銀行に「損益分担方式」(PLS)という制度が導入された。これによりイスラームで禁止されている利子が廃止された。しかし実態としては、PLS制度における「マークアップ」が実質的な利子率として機能していた。八〇年にはザカート(喜捨)、ウ

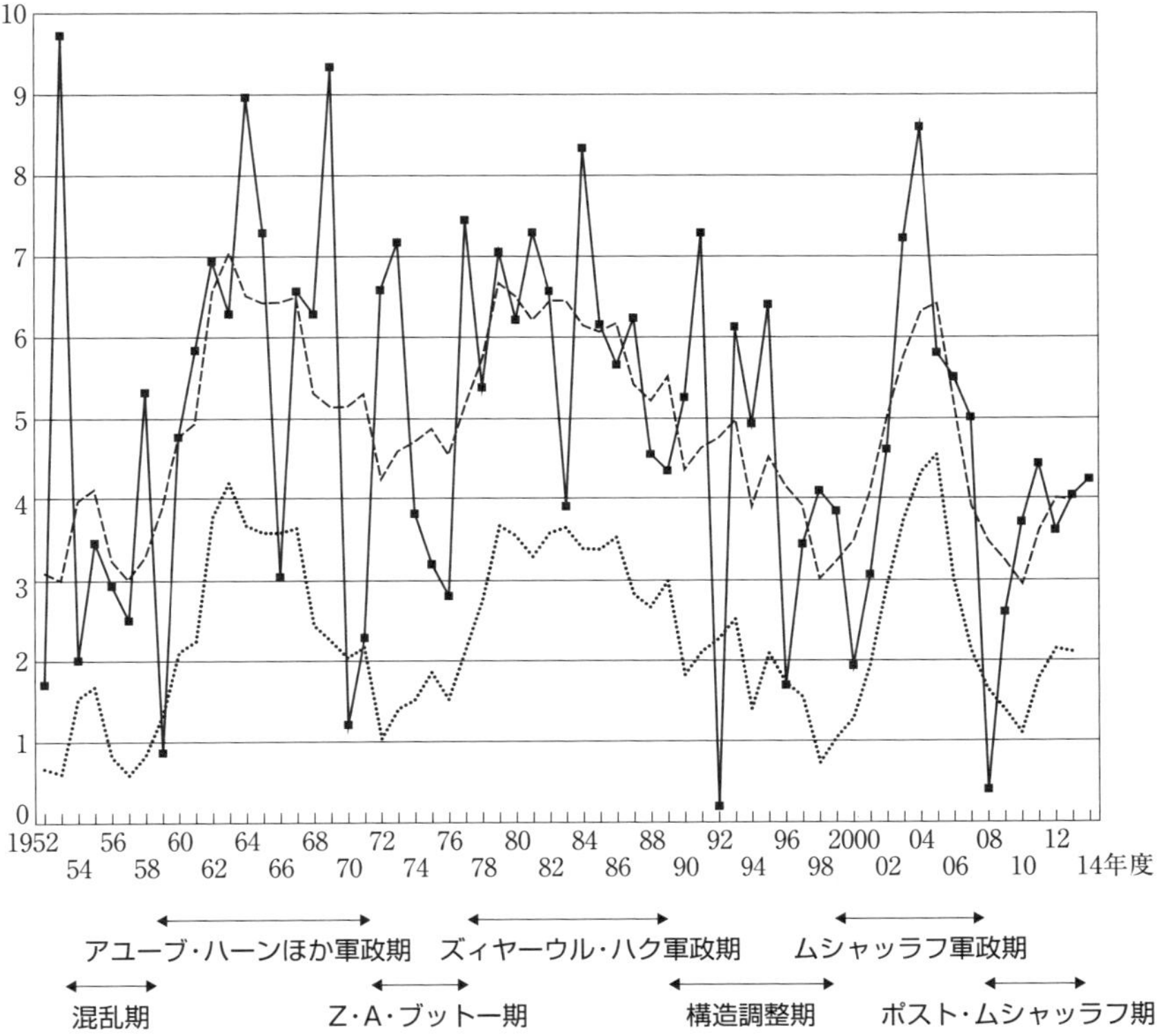

図12　パキスタン経済の成長率推移と政権(1952-2013年)

注1：成長率はすべて対数成長率。実線は，実質GDP(要素価格)成長率。波線は，実質GDP(要素価格)成長率を5カ年移動平均(最終年次は3カ年移動平均)で変換したもの。点線は，人口1人当り実質GDP(要素価格)成長率を5カ年移動平均(最終年次は3カ年移動平均)で変換したもの。

注2：横軸下の年数は，例えば1952とは，1951/52年度から1952/53年度にかけての成長率を示す。

出典：Govt of Pakistan, *Economic Survey 2014-15*, 2015ほか，パキスタン政府の国民所得計算資料に基づいた筆者データベースを用いて，筆者計算。

表8　パキスタン経済の政権別成長パフォーマンス

	混乱期	アユーブ・ハーンおよびヤヒヤー・ハーン軍政期	Z・A・ブットー期	ズィヤーウル・ハク軍政期	構造調整期	ムシャッラフ軍政期	ポスト・ムシャッラフ期
政権の期間	1947.8〜58.10	1958.10〜71.12	1971.12〜77.7	1977.7〜88.8	1988.8〜99.10	1999.10〜2008.08	2008.08〜
GDP成長率計算期間*	1950/51〜57/58	1958/59〜70/71	1971/72〜76/77	1977/78〜87/88	1988/89〜98/99	1999/2000〜2007/08	2008/09〜14/15
実質GDP（要素価格）成長率（%）	3.04	5.60	4.31	6.39	4.40	5.01	3.28
農業部門実質成長率（%）	1.43	3.85	2.31	3.80	4.28	3.08	2.58
製造業部門実質成長率（%）	8.45	8.25	3.24	8.76	4.22	8.61	1.85
1人当り実質GDP成長率（%）	0.61	2.83	1.15	3.54	1.93	3.01	1.43

注＊：年度表示（パキスタンの会計年度は7月から翌年6月）。例えば"1950/51〜57/58"の成長率とは，1950/51年度の1949/50年度に対する成長率から，1957/58年度の1956/57年度に対する成長率まで8年分の対数成長率をとり，その単純平均を計算して100倍した値である。
出典：図12と同じ。

シュル（十分の一農業税）というイスラーム税制が導入され、実質的な増税が実施された。これらのイスラーム化政策によって、ズィヤー政権は、軍政の正当化ならびに中東の石油産出国との経済関係強化を、ある程度まで達成した。

ズィヤー軍政下のパキスタン経済は、高成長を取り戻した（図12・表8）。民間部門重視の政策が成功した背景には、中東石油産出国へのパキスタン人出稼ぎ労働者が急増し、彼らから巨額の外貨送金が流入したこと、一九七九年のアフガニスタンへのソ連軍侵攻やイランのイスラーム革命の結果、パキスタンの地政学的重要性が急上昇し、アメリカ合衆国などから巨額の経済援助・軍事援助資金が流入したこと、という二つの外的好条件を無視できない。

一九七八年四月、アフガニスタンに社会主義政権が誕生した。しかし、内政が混乱したため、七九年十二月にソ連軍がアフガニスタンに侵攻した。八九年のソ連軍完全撤退にいたるまでの約一〇年間、パキスタンは、西側諸国とイスラーム諸国から前線国家として豊富な資金援助を受けた。ズィヤーは、イスラーム諸国との連帯を強調するなかで、イスラーム化を推進した。対ソ連戦争はムスリムの「ジハード」と位置づけられ、その拠点としてパキスタン国内に多数のマドラサ(宗教学院)が設置された。パキスタン独立時には西パキスタンで二四五のマドラサが登録され、六〇年には四六四になっていた。八〇年には二〇五六、八八年には二八六一校と、その数は増加の一途をたどった。

ズィヤーウル・ハク軍政から民政への移管

ズィヤーウル・ハクは、軍事政権への国際的な非難のなか、実質的な軍部の支配を保ちつつ形式的な民政移管を試行した点で、アユーブ・ハーン軍政と共通点を多くもつ。具体的には、一九八四年にイスラーム化政策への支持を問う国民投票を実施して大統領としての信任を事実上受けると、翌八五年には政党参加を禁止した総選挙を実施、クーデタを正当化する最高裁判所判決を出させ、大統領権限を強化する憲法改正(第八次改正)をおこなったうえで戒厳令を解除した。八五年総選挙の結果、ムハンマド・ハーン・ジュネージョー首相率いる内閣が誕生した。このような形式的な民政移管に対し、パキスタン人民党などによる民主化運動が組織されたが、その影響は限られ、ズィヤー政権は盤石であるかに見えた。

そのようなタイミングで生じたのが、ズィヤー大統領の不慮の死、すなわち一九八八年八月十七日、パンジャーブ州南部で起きた大統領を乗せた飛行機の墜落事故だった。急遽大統領代行に就任したイスハーク・ハーン上院議長のもと、政党制に基づく総選挙が十一月に実施された。七七年以来となる政党ベースの総選挙は、ムスリム連盟を核とするイスラーム民主同盟とパキスタン人民党の一騎打ちとなり、後者が勝利をおさめた。

人民党党首ベーナズィール・ブットーは、父ズルフィカール・アリー・ブットーの産業国有化や土地改革といった社会主義的な路線を否定、民間主導の工業化という点では、むしろズィヤー路線を継承した。主要な政策面において、ムスリム連盟とのあいだに際立った違いは存在しなかった。しかしズィヤー政権下の閉塞感に倦んでいた人びとは、この若く聡明な女性に漠然とした期待感をいだき、投票した。

与党となったものの、人民党は下院選挙で単独過半数を得ることはできなかった。また、パンジャーブ州ではイスラーム民主同盟が勝利し、ズィヤー政権のもとで産業界から政界へ進出し、頭角をあらわしたナワーズ・シャリーフが州首相に就任した。その後、シャリーフはバローチスターン州首相のアクバル・ブグティーらと連携してベーナズィールとの対決姿勢を強めた。第八次憲法改正によって大統領に付与された行政権を首相に取り戻そうとするベーナズィールと、イスハーク・ハーン大統領の関係も緊張した。このことは大統領の背後に控える軍部との関係にも影響を与えざるをえなかった。人民党の政権運営はこのように当初から不安定であり、その体質も議員個人の利権追求に走りがちであった。とくにベーナズィールの夫であるザルダーリーはその象徴的存在で、のちに恐喝や収賄の容疑で逮捕された。

一九九〇年八月、イスハーク・ハーン大統領は機能麻痺や腐敗を指弾して国会を解散、ベーナズィール・ブットー首相を解任した。これを受けて十月におこなわれた総選挙で人民党は惨敗する。ベーナズィールは、奪い返そうとしたまさにその大統領の強権によって首相の座を退くことをよぎなくされたのである。代わって政権の座に就いたのが、シャリーフであった。新興財閥イッテファーク・グループの総帥であるシャリーフの登場は、民間主導の経済開発を望む財界や、パキスタンに構造調整を求める国際通貨基金（ＩＭＦ）から歓迎された。

しかしながら、シャリーフもまた憲法第八次改正によって奪われた首相権限の回復を画策してイスハーク・ハーン大統領と衝突し、一九九三年四月に解任された。政局混乱のすえ、大統領と首相がともに辞任する事態を迎え、十月に総選挙がおこなわれた。その結果パキスタン人民党がムスリム連盟（ナワーズ・シャリーフ派）に対してからくも勝利し、ベーナズィールが首相に復帰した。大統領にも人民党のファールーク・ラガーリーが選出され、憲法第八次改正の早期撤廃を明言した。パンジャーブ州における人民党の獲得議席は、ムスリム連盟（ナワーズ・シャリーフ派）を下回ったが、ムスリム連盟の分派（ジュネージョー派）と組むことで連立政権を樹立させた。

この時期、パキスタンは内外に多くの問題をかかえていた。十一月に治安維持のために展開していた軍がシンド州より撤退すると、カラーチーを中心に民族対立が再燃した。さらにアフガニスタンでは一九九四年元日から大規模な内戦が勃発するなど、治安の悪化が深刻な状況を迎えた。しかし、第二次ベーナズィール政権はまたしても権力闘争に明け暮れた。数カ月のうちにラガーリー大統領と首相のあいだに亀裂が生じた。とりわけ最高裁判所判事の任命をめぐって、両者の確執が鮮明化した。また、ベーナズィールは野党ムスリム連盟とも激しく対立、ナワーズ・シャリーフの老父の逮捕といった個人的復讐を思わせる行為は、世論の批判をあびた。

一九九六年十一月、ラガーリー大統領は下院を解散し、ベーナズィール・ブットー首相を解任した。その理由は汚職や縁故人事、大統領ならびに司法府の軽視、人権侵犯、経済運営の失敗などであった。今回もまたザルダーリーは逮捕されたが、その罪状には汚職に加えて、妻ベーナズィールの実弟ムルタザー・ブットー殺害の容疑も含まれていた。前回に引きつづき、大統領の強権発動によってベーナズィールは政権の座から放逐された。

翌一九九七年の総選挙ではムスリム連盟（ナワーズ・シャリーフ派）が圧勝した。ムスリム連盟はパンジャーブ州で単独政権、北西辺境州では全国人民党と、シンド州では「ムハージル民族運動」改め「統一民族運動」（略称はどちらもMQM）との連立政権を樹立した。パキスタン人民党は大幅に議席を減らした。

シャリーフ首相は、ラガーリー大統領承認のもと、憲法第八次改正を撤廃する第一三次憲法改正案の採択にこぎつけた。ズィヤーによって、パキスタン憲法は強力な大統領制へと姿を変えていたが、この改正案によって、一九七三年憲法において定められていた議院内閣制が復活した。第一次ベーナズィール・ブットー政権以来つづいた大統領と首相の権力闘争に終止符が打たれたが、それはまた首相の権力強化をもたらした。

強大な権力を手にしたシャリーフ首相が、道路整備などの公共事業において出身地パンジャーブ州を優先する政策をおこなったため、周辺諸民族の不満をかうこととなった。このため州レヴェルでの連立政権は崩壊した。軍との関係では、一九九八年十月、シャリーフ首相はジャハーンギール・カラーマット陸軍参謀長を辞任に追い込んだ。カラーマットが「国家安全保障評議会」の設置、すなわち軍の国政参加の制度化を提案した直後であった。シャリーフは後継の参謀長にパルヴェーズ・ムシャッラフ陸軍中将を任命した。しかし早くも九九年には、カシュミールで繰り広げられたインドとの戦闘(カールギル紛争)をめぐって、両者の相違は明確となった。前年にパキスタンとインドが核実験をおこなったこともあって、国際社会からはこの紛争に対し強い懸念が寄せられた。シャリーフ首相は、クリントン米大統領からの要請を受けて、七月に無条件撤退を決定した。だがパキスタン優位の展開を確信していたムシャッラフにとって、この決定はあまりにも一方的であった。三カ月後、シャリーフは突如としてムシャッラフの解任をはかるが、彼のクーデタという反撃で逆に政権の座から追い落とされる結果となった。

一一年間におよんだズィヤー政権が一九八八年に終焉を迎えたのち、九九年のムシャッラフのクーデタまで、およそ一二年間にわたって民政がおこなわれた。しかし、交互に政権運営に携わった人民党とムスリム連盟は、民衆の期待に応えることなく利権追求と党派抗争に明け暮れた。この間、カラーチーを中心とするシンド州では、ムハージルとシンド人のあいだの民族対立を核とし、さらに宗派対立や強盗団の跋扈《ばっこ》までが絡み合った「シンド問題」が顕在化した。

民政期一二年の国際関係とパキスタン経済

ベーナズィール・ブットーとナワーズ・シャリーフが交互に政権に就いた民政期一二年は、国際関係やパキスタン経済にも緊張がつづく時期となった。インドとの関係は、一九八九年にインド側カシュミールにおいて反政府暴動が始まって以来緊張していたが、九八年にパキスタンがインドに対抗して核実験に踏み切ったことで一挙に悪化した。核実験実施は、先進国からの対パキスタン経済援助の凍結を招いた。さらに九九年に両軍がカシュミールのカールギルで激突するという深刻な事態をもたらした。また八九年のソ連軍撤退以降も、アフガニスタン内部では派閥抗争がつづき、その後大規模な内戦に発展した。

対ソ連戦争時代、西側諸国はパキスタンへの資金援助を「難民支援」の名目で実践した。実際、三〇〇万人もの難民がアフガニスタンからパキスタンへ流入したのである。ソ連軍撤退後、西側諸国からの難民支援が停止されたパキスタンでは、祖国での内戦継続のために自主帰還しない難民の滞留が多大な経済負担を招いたばかりでなく、麻薬や武器の還流や密輸の横行など社会問題が深刻化した。シャリーフ政権は一九九三年を通じてアフガニスタンでの対抗勢力間の調停を試みたが、対立はつづき、成果はあがらなかった。

一九九四年秋、内戦を憂い結成されたターリバーンにはパキスタン国内の難民も多数参加した。ターリバーンは急速に台頭、九六年九月には首都カーブルを制圧した。首都を追放されたブルハーヌッディーン・ラッバーニー政権は、ベーナズィール政権をターリバーン支援者として批判、反ターリバーン勢力として北部同盟を結成し、パキスタン政府と対立した［前田・山根 2003］。

この時期の経済政策は、「構造調整」というキーワードで特徴づけられる。一九八八年に成立した第一次ベーナズィール政権を待ち受けていたのが、ズィヤー政権下の高成長の裏で深刻化していた財政赤字と貿易赤字の問題だった。経済援助の多くは優遇されているとはいえ借款だったため、対外債務は徐々に膨張し、財政赤字を埋めるための国債発行も急膨張した。これらの利子支払がパキスタン財政を硬直化させたのが八〇年代半ばである。また、八〇年代末になると出稼ぎ労働者からの送金も停滞し始めたため、外貨不足の問題が深刻化した。九〇、九一年の湾岸危機から湾岸戦争へという流れのなかで、出稼ぎ者送金に頼るパキスタン経済は大きな打撃を受けた。これら双子の赤字を乗り切るために、パキスタン経済は八八年以降、世界銀行やＩＭＦからの「構造調整融資」に頼るようになった。構造調整融資とは、財政均衡、為替切下げなどのマクロ経済政策、製造業の規制緩和、公企業の民営化、補助金削減、価格規制の撤廃などのミクロ経済政策を実施することを条件に、マクロ不均衡を是正するための外貨を世界銀行やＩＭＦが途上国に融資したことを指す［黒崎 2002］。

パキスタンの構造調整を代表する政策が、民営化である。第一次シャリーフ政権は一九九一年に、五つの国有銀行のうち二つを民営化し、公企業一一五社の民営化入札を開始した。第二次ベーナズィール政権は、九四年に「新エネルギー政策」を発表して、新規発電プロジェクトは民間部門によっておこない、公企業傘下の既存発電プラントも民営化する路線に転じた。この政策に多数の外資が好反応を見せ、新規プロジェクト一一六件が認可された。しかしシャリーフの民営化も、ベーナズィールの発電プロジェクトも、制度的不備や入札などの手続きにおけるさまざまな汚職がその後つぎつぎと明らかになるなど、失敗に終わった。

一九九〇年代のパキスタン経済は、成長率が徐々にさがっていった（図12、三五七頁参照）。この背景には、あいつぐ政権交代やカラーチーの治安悪化などによる民間投資意欲の低下と、農業部門での棉花の不作などがあげられる。治安悪化に関しては、その背景に、バローチスターン州やシンド州の民族問題が存在した。農業の不振を抜本的に解決するには、インダス川に源をもつ灌漑システムの再編が必要となる［黒崎 2002］。しかし、民族問題が深刻化したゆえの地域間の水争いであったため、再編は進まなかった。そうした状況で生じたのが、ムシャッラフによる九九年の軍事クーデタだったのである。

3　ムシャッラフ軍政とその後

ムシャッラフ軍人政権の登場

一九九九年十月のクーデタによって、パキスタン史上四度目となる軍人政権が誕生した。政治家の腐敗を糾す「世直し」を訴えて、軍人が政治の表舞台に登場するパターンがまたしても踏襲されたが、民政に深く失望した国民のあいだからは、大きな反対運動は起こらなかった。むしろお菓子を配ってクーデタを祝う写真が新聞に掲載されるなど、歓迎ムードさえ漂った。首相に相当する行政長官に就任したムシャッラフは、世直しの一環として銀行ローンの債務不履行者の逮捕を宣言、民衆受けのする「悪者退治」は、新聞紙上を賑わした。さらにムシャッラフは「国家安全保障評議会」を設置し、その議長にも就任したが、同評議会ならびに内閣のメンバーとして、民間からＮＧＯ活動家や女性を起用したことで独裁的なイメージからまぬがれようとした。二〇〇〇年に入ると、政党連合が反軍政で運動を展開するようになったが、地方分権政策を打ち出し、町村部のユニオン・カウンシル選挙を実施した。

「民主化」を開始したムシャッラフは、二〇〇一年六月、大統領に就任した。同一人物への過度の権力集中は、国内外から非難をあびた。とりわけ、インド重視の傾向を明確にしていたアメリカからの批判は厳しかったが、その姿勢はアメリカ九・一一同時多発テロ事件により、大きく転換した。アメリカはパキスタンにターリバーン支援を打ち切り、アフガニスタン空爆に協力するよう要請した(後述)。実際パキスタンには、対米協力以外の選択肢はなかったが、これでムシャッラフ政権もまたアメリカからの強力な支援を取りつけた。ズィヤーウル・ハクが一一年間におよぶ長期政権を維持しえた主たる要因として、一九七九年のソ連によるアフガニスタン侵攻があり、これでパキスタンは自由主義陣営の最前線となったのだった。ムシャッラフのパキスタンも、九・一一事件後、アル・カーイダやターリバーンに対する「テロとの戦い」の最前線となった。

二〇〇二年四月、大統領の五年間の任期延長を問う国民投票が実施された。これによって「信任」されたムシャッラフは、あらためて大統領に就任した。八月には憲法が改正され、大統領の下院解散権が復活した。この年の十月には、総選挙すなわち下院と四つの州議会選挙も実施された。ムシャッラフは、ナワーズ・シャリーフのサウジアラビア亡命によって指導者不在となっていたムスリム連盟を、偉大な指導者(カーイデ・アーザム)ジンナーの理想を受け継ぐべき「ムスリム連盟カーイデ・アーザム派」として再編し、選挙に臨んだ。結果は、下院三四二議席中、ムスリム連盟カーイデ・アーザム派が一一八、パキスタン人民党八一、ムスリム連盟ナワーズ・シャリーフ派一九、イスラーム政党の連合体である統一行動評議会六〇となった。州レヴェルでは、反米感情の高まりを見せるアフガニスタン隣接地域で統一行動評議会が大躍進した。北西辺境州では過半数を獲得、バローチスターン州でも第一党となった。

政権与党への鞍替えを希望する議員を取り込んで、下院の過半数を獲得したムスリム連盟カーイデ・アーザム派はザファルッラー・ハーン・ジャマーリーを首相に選出した。ジャマーリーは、バローチスターン出身者としてはじめて首相となった。二〇〇四年には財務相であったショウカト・アズィーズが首相に登用されたが、一九九九年のクーデタ以来、実権はムシャッラフが掌握しつづけた。アユーブ・ハーン軍政やズィヤー軍政は、政党政治を否定した制度のもとに、実権を軍人が掌握したままでの民政移管を試みた。二十一世紀のムシャッラフは、政党政治を取り入れた点で彼らとは異なるが、軍服を着たままの大統領として強権を維持しようとした点では共通していた。

ズィヤーと異なり、クーデタ後から二〇〇〇年代半ばまでのムシャッラフには、「軍人による独裁」というネガティヴな印象は希薄であり、どちらかといえばソフトなイメージの保持に成功していた。政権奪取後、戒厳令を施行することなく民間の人材を積極的に登用して経済の活性化をはかり、シティバンク出身のエコノミストであるアズィーズを首相に登用するなど実用主義者だったこと、そして一貫してイスラームと政治の峻別を強調した点が大きく貢献しているだろう。とりわけ九・一一事件以降は、「イスラームは、寛容で進歩的な宗教である」と訴え、過激派とは一線を画する態度を内外にアピールした。クルアーンの教えに基づいた身体刑を、イスラーム的というよりはむしろ残酷であると廃止を提唱したり、宗教学校であるマドラサにおいてイスラーム学以外の教科の導入をはかるなど[黒崎 2015]、その発想は啓蒙主義的である。幼少期を外交官の父親の赴任先トルコで送ったことが、ムシャッラフの政教分離を是とする考えに影響を与えていることが自伝からもうかがわれる[Musharraf 2006]。

ムシャッラフ政権の退場――ザルダーリーからナワーズ・シャリーフ政権へ

パキスタンの歴史においては、司法が軍事政権に影響をおよぼすことはほとんどなかった。むしろ、アユーブ・ハーン以来、司法は「必要性の法理」によって、軍事クーデタを正当化するよう圧力をかけられてきた。クーデタを違憲とするような判事は失職させられてきた。つまり、軍事政権下では司法は従属的な地位におかれていた。ところが、二〇〇七年、司法の動きが政権の命運を左右する事態が生じる。同年三月、ムシャッラフは政府決定に介入してきたイフティハール・ムハンマド・チョウドリー最高裁判所長官を、職権乱用罪で辞任に追い込もうとした。ところが、長官がこれに抵抗し、法曹界をはじめとして各方面から非難の声が湧き上がったことで、ムシャッラフの目算は崩れていく。七月にはついに職務停止が解かれ、チョウドリーは最高裁長官に復帰する[中西・小田 2010]。

二〇〇七年十月、ムシャッラフは大統領選挙で再任されると、非常事態下で陸軍参謀長を辞し、文民大統領として就任、チョウドリーを再度解任した。しかし、〇八年二月の総選挙では、前年末に暗殺されたベーナズィール・ブットー人気もあり、パキスタン人民党が第一党となった。新しい首相には、同党のユースフ・ラザー・ギーラーニーが選出された。ムシャッラフ政権下の〇一年から〇六年まで、汚職の容疑で投獄されていた人物が、同大統領のもとで首相となったのである。ムスリム連盟カーイデ・アーザム派は惨敗して第三党に落ち込み、ムシャッラフ大統領の権力基盤は崩壊した。人民党と第二党となったムスリム連盟ナワーズ・シャリーフ派の連携は不安定なものだったが、反ムシャッラフという点では一致していた。八月に弾劾決議が提出されると、ついにムシャッラフは大統領を辞職した。そして、同年九月の選挙では、人民党共同議長のアースィフ・アリー・ザルダーリーが大統領に選出された。

文民政権が成立したからといって、すぐに司法の独立性が担保されたわけではなかった。ザルダーリーは、かねてより汚職に深く手を染めた人物として取り沙汰されていた。自らが追及されることを恐れたザルダーリーは保身のため、ムシャッラフ政権の末期に解任されたチョウドリー長官や他の上級裁判所の判事たちの復職を容易には認めようとしなかった。これに反発した弁護士たちが中心になり、大規模なデモを繰り返しおこなうと、ようやくザルダーリーは復職を認めた。

チョウドリー最高裁長官の積極主義はつづき、ムシャッラフによる非常事態宣言や大統領令の多くを憲法違反とする判決をくだした。さらに、二〇一二年には、大統領を汚職の訴追から守ろうとするギーラーニー首相を法廷侮辱罪に基づき有罪とした。最高裁が首相を失職させる「司法によるクーデタ」は、司法府がパキスタン政治の重要なプレーヤーとなったことを如実に示した[中野 2014]。

ザルダーリー政権下では、二〇一〇年四月に成立した第一八次憲法改正によって、大統領による下院解散権が撤廃され、国軍最高幹部の任命権が制限されるなど、大統領権限は大幅に縮小された。また同改正はクーデタを、最高刑を死刑とする国家転覆罪に定めた。建国史上四度軍事クーデタを経験し、その歴史の半分近くが軍政であったパキスタンにとって、軍の政治介入に法的な抑止力を与えたことは民主化の大きな一歩であった。またこの改正ではイギリス植民地期の名残ともいうべき名称であった北西辺境州が、ハイバル・パフトゥンフワ州に改称された。憲法改正で下院の解散が制度的に難しくなったこともあり、〇八年総選挙選出の連邦下院議員および州議会議員は五年間の任期を全うした。

二〇一三年五月、パキスタン史上はじめてとなる任期満了にともなう総選挙が実施された。下院選挙では、ナワーズ・シャリーフ率いるムスリム連盟ナワーズ・シャリーフ派が半数近い議席を確保し、その後の無所属議員の加入により、過半数を得た。シャリーフは一三年六月、三度目の首相に就任した。ムシャッラフのクーデタ以来、一四年近い空白をへての政権復帰である。他方、州議会選挙結果は、四州それぞれ異なる結果となった。人口でパキスタンの五五％を占める最大州のパンジャーブでは、ムスリム連盟ナワーズ・シャリーフ派が圧勝し、連邦政府と州与党が同一になった。シンド州では農村部で根強い力を見せた人民党が第一党となり、都市部の議席はＭＱＭがほぼ独占した。ハイバル・パフトゥンフワ州では、イムラーン・ハーンが率いるパキスタン正義党（ＰＴＩ）が第一党となり、連立与党の中心となった。ハーンはクリケットでパキスタンを世界一にした主将である。引退後、病院運営など慈善事業で名声をさらに高め、政界入りした。バローチスターン州ではさまざまな地方政党が議席を確保した結果、ムスリム連盟ナワーズ・シャリーフ派を含む連立政権が成立した。

二〇一三年総選挙結果は、人民党政権のパフォーマンスに対する有権者の厳しい判断を示すものであった。テロの鎮静化がうまく進まず、また経済も低迷したことから、人民党の人気は凋落した。他方、相対的に経済が良好であったパンジャーブでは、州与党のムスリム連盟ナワーズ・シャリーフ派の州政権運営が好意的に評価された。特筆すべきはＰＴＩの躍進である。この政党は、政策的には保守であるが、対米自立政策と腐敗・汚職追放を強調して若者の人気を集め、下院で第三党（得票数では第二位）となった。そして、二〇一八年総選挙では第一党となった。

二〇〇〇年代の国際関係

アフガニスタンで一九九四年に結成され、九六年に首都を制圧したターリバーン政権は、治安維持などで当初住民の支持を得ていたが、バーミヤンの大仏破壊に象徴される行動によって、しだいに国内外の支持を失った。ターリバーンと北部同盟との内戦がつづくなか、二〇〇一年九月にアル・カーイダ首謀による同時多発テロがアメリカで発生した。

これに対しアメリカはアフガニスタン空爆を主導し、アル・カーイダの指導者ウサーマ・ビン・ラーディンを庇護していたターリバーン政権を崩壊させた。同年十二月、ボン合意をへて親米のハーミド・カルザイー政権が成立した。

国内に反米感情を残しつつも、ムシャッラフ政権は対テロ戦争の最前線として諸外国からの支援を取りつけた。また難民の多くがアフガニスタンへ自主帰還し、難民問題の過大な負担は軽減された。しかしながら国境地域のアル・カーイダ掃討をめぐって、テロ組織を匿っていると批判するアフガニスタン政府とパキスタン政府のあいだには対立が生じた。二〇〇三年に発覚したパキスタンによる北朝鮮(朝鮮民主主義人民共和)、イラン、リビアへの核技術供与スキャンダルなどもあり、パキスタン政府とアメリカ政府とのあいだには緊張がつづいた。

二〇〇二年のカシュミールにおける軍事的緊張などを背景に、インドがパキスタンをテロ支援国家であると非難し、アメリカもパキスタン軍のアル・カーイダ残党に対する対応が進んでいないとして批判すると、ムシャッラフはカシュミールや連邦直轄部族地域におけるムスリム急進派の掃討作戦を開始した。〇七年七月には、イスラーマーバードの中心部に位置するラール・マスジドを拠点とする急進派を制圧したが、その際には多くの部族地帯出身者が最後まで抵抗し、一〇〇人余りが命を落とした。この事件をきっかけとして、同年末に部族地域でパキスタン・ターリバーン運動が結成され、パキスタン国内の軍や警察施設を標的としたテロを起こすようになった。パキスタン軍、とくに情報局と急進派は「イスラーム国家」をめざすという方向性やインドへの敵愾心で一定の親和性をもっていたが、その軍が急進派の壊滅に動いたことで、パキスタン政府が反イスラーム的であるとして敵視されるようになった[山根 2012]。急進派の矛先は〇八年、インド経済の拠点ムンバイーでのテロへとつながった。テロ掃討作戦として、米軍の無人爆撃機によるパキスタン領内への越境爆撃がつづいているが、これによる市民の犠牲者がでており、国内での批判が高まっている。

二〇一一年五月、米軍はついにビン・ラーディンをパキスタンのアボッターバードで殺害した。ビン・ラーディンが首都近郊の軍管区に潜伏していたことでアメリカはパキスタンに急進派の支援者がいると批判し、米パ関係は冷却化した。米パ関係の悪化はパキスタンの対中国関係の緊密化をもたらした。一五年四月には習近平国家主席がパキスタンを訪問、パキスタンの対テロ作戦への支援やカラーコルム・ハイウェイの整備など総額五兆五〇〇〇億円の投資を取り決めた。シャリーフ政府は、パキスタン・ターリバーン運動との和解を探っていたが、一四年末にペシャーワルで発生したターリバーン運動による小学校襲撃事件により、宗教を掲げたテロリストを早急に裁くべく、一五年一月の第二一次憲法修正によって、二年間の限定ながら軍事法廷を設置、テロ掃討作戦を強化させた。この憲法修正は「宗教を掲げるテロリスト」に対する断固たる対応を示した。なお、シャリーフ首相は不正蓄財問題によって二〇一七年七月に辞任した。

このようにパキスタンは、対テロ戦争の最前線を担ってきた。これによって経済援助を獲得することはできたが、治安悪化による負の側面もまた大きなものとなった。

二〇〇〇年代のパキスタン経済

核実験と軍事クーデタによって、対パキスタン援助が停止されるなど、パキスタン経済は一時、国際的に孤立した。この状況を一変させたのが、二〇〇一年のアメリカ九・一一同時多発テロ事件であった。ムシャッラフ大統領がアメリカの対テロ戦略への全面協力を約束した結果、援助が再開されるなど、経済を取り巻く外的条件が一挙に改善した。また、中東からの闇送金取締りが強化された結果、出稼ぎ者送金が銀行の公式ルートをとおってパキスタンに送金されるようになり、パキスタン経済の外貨制約は二〇〇〇年代前半には大きく緩和した。

この結果、二〇〇〇年代前半、パキスタン経済は再び成長率を上昇させた(図12、三五七頁参照)。〇四/〇五年度の成長率は、パキスタン史上四度目の八%超えという高水準となった。

しかしこの高成長は、中期的・長期的に維持されなかった。とくに、電力不足が製造業の足かせとなったこと、治安悪化が外国直接投資の不振につながったことなどが、構造的なマイナス要因であった。これらパキスタン内部の構造要因に追打ちをかけたのが、自然災害と世界経済の攪乱であった。二〇〇五年十月、パキスタン北部からカシュミールを大地震が襲った。一〇年七・八月には、被災者数が二〇〇〇万人(死者約一七〇〇人)に達する未曾有の大洪水が発生した。洪水は、シンド州を中心に農作物にも甚大な被害をおよぼした。これらの自然災害からの復興は、財政に重い負担となり、経済成長率を押し下げた。また、〇八年の国際的な穀物価格・原油価格の高騰はパキスタン国内の物価に上昇圧力をもたらし、〇八/〇九年度には、過小と悪評高い政府の物価統計ですら、二〇%を超すインフレ率を記録した。〇八年以降の世界的な同時不況も、パキスタンからの輸出やパキスタンへの外国直接投資に悪影響をもたらした。これらがかさなった結果、ムシャッラフ退陣後一二/一三年度まで五年間の実質経済成長率は、年平均三%を切り、パキスタン史上最低の水準となった。ただし闇送金のフォーマル化による出稼ぎ送金増加は継続するなど、すべてのマクロ経済指標がこの時期に悪化したわけではない。

より長期的な経済成長にはまた、人間開発の充実が欠かせない。二〇一三年のパキスタンの人口は、一億八〇〇〇万強と推定されており、毎年二%前後の高い率で増えているが、急増する人口に社会サーヴィスが追いついていない。例えば一〇/一一年度の十歳以上の人口の識字率は、男性で六九%、女性で四六%にすぎず、第五学年までに対応する年齢の児童が適切な教育段階に就学している比率も男児で六〇%、女児で五三%と低かった[黒崎 2015]。初等教育の普及は、経済発展に必要な最低限の知識を労働力に与えるだけでなく、とりわけ女性の識字率向上が、女性の労働市場進出を促し、乳幼児死亡率を低下させ、出生率を低下させることが南アジアでも知られている。パキスタンの膨大な人口は、逆に見れば潜在的に豊かな労働力という恵まれた資源である。これまでは、非識字者の比率が高く、女性の労働力化が進んでいなかったことから、この恵まれた資源が有効に利用されてこなかった。この国が長期的に成長するためには教育や保健面での開発を進め、地域間やジェンダー間の開発格差を縮小することが不可欠なのである。

この点で注目される動きが、二〇〇〇年代のパキスタンで二つ見られた。第一は非政府組織（NGO）の活発化、第二はムシャッラフ政権による地方分権化政策である。どちらも、これまでのパキスタンの経済成長から取り残されてきた階層が、地域の開発問題に主体的に参加することをめざしており、持続的な経済開発につながると期待できる。NGOについては次節で詳しく紹介する。

4　現代パキスタン・現代バングラデシュの社会・文化

NGOの動向

英領インドにおいては、宗教的な慈善活動、ならびに植民地におけるナショナリズムと結びついて展開されたボランタリズムが、すでに形成されていた［佐藤 2001］。しかしながら、一九四七年分離独立時のパキスタンは、主として経済的に後進的な農村地帯によって構成されていたため、都市的な性格を有する市民社会の伝統を十全に継承することはできなかった。

新生パキスタンにおいて、唯一コスモポリタンな性格を有した都市はカラーチーであった。今日まで影響力を有するいくつかの活動が、インドから多数のムハージル（避難民）を迎えたこの新首都において開始されている。デリーから移住したハキーム・ムハンマド・サイードは、一九四八年にハムダルド製薬を創立した。五三年、サイードはこの会社をイスラームの慈善制度であるワクフとし、利益を公共の福祉に役立てることを宣言した。さらに六四年には、文化・教育・医療分野における活動をより組織的に展開するために、ハムダルド財団を設立した［子島 2014］。

アブドゥッサッタール・エーディーは、メーモンと呼ばれるビジネス・コミュニティの出身であり、西インドのグジャラートに生まれた。分離独立に際して、家族とともにカラーチーへ移住した。メーモンは、カラーチーの中心部に巨大なモスクを寄進するなど、公共財の提供で知られている。エーディーの福祉活動も、当初はこのコミュニティの枠内でおこなわれていたが、その強烈なパーソナリティと行動力から、やがて独自の哲学と制度を生み出していった。彼の設立したエーディー福祉基金は、パキスタン全国に三〇〇以上の支部をもち、その活動は事故現場への救急車の派遣から孤児院の運営、さらには身の置き所のない女性のための避難所まで多岐にわたっている。とくに、民族対立と宗派抗争が繰り返された一九九〇年代のカラーチーにおいて、自前で調達した救急車で病人や怪我人の搬送を担ったことが高く評価されている[子島 2004]。

バングラデシュとしての独立の過程で、自然災害や内戦によって大きな被害を受けた旧東パキスタンは、その成立当初から「開発の実験場」「国際NGOのデパート」となっていく。日本のシャプラニール＝市民による海外協力の会など、外国籍のNGOが、長期にわたってこの国の開発にかかわっている。これと並行してベンガル人による活動も極めて盛んである。ブラック(BRAC)は、農村における貧困削減から出発し、教育、保健衛生、フェアトレード、緊急救援などさまざまな活動を国内外で繰り広げている。職員数が一〇万人を超える世界最大のNGOと形容される規模にまで成長した。リーダーのモハマド・ユヌスが二〇〇六年度のノーベル平和賞を受賞したグラミン銀行の活動も広く知られている。この二つを双璧として、大小さまざまなNGOやソーシャル・ベンチャーが多彩な活動を展開している。このNGOセクターの巨大化には、肯定的な側面ばかりでなく、政府組織の弱点の固定化という負の側面も看取される。NGOの活動領域が行政とかさなるかたちで広がることは、国民にとっても必ずしも望ましい状態ではないだろう[延末 2001]。

一九八〇年代に入ると、パキスタンのNGOを語るうえで欠かせない二つの組織が誕生した[子島 2002：子島・佐藤 2001]。まず八〇年、「オーランギー・パイロット・プロジェクト」(OPP)が、カラーチー最大の「カッチー・アーバーディー」(行政の許可なく人びとが「違法」に住み着きだし、町を形成している地区。十分な行政サーヴィスは供給されていない)であるオーランギー地区で活動を開始した。住民との対話の積重ねから、衛生状況の改善が求められていることを理解したOPPは、住民自身による下水管の設置を指導した。住民たちが自ら路地を掘り返し、下水管を敷設していく方法で下水ネットワークを構築し、この実績をもとに行政をも運動に巻き込んでいったのである。OPPの活動は、パキスタン各地のスラムで活動するNGOや自治体からの要請に応えて、住環境改善のコンサルタントとしての役割をはたすようになる。

OPPが都市スラムにおける住民参加の方法論を確立していた頃、「アーガー・ハーン農村支援計画」(AKRSP)は、農村部における参加のモデルを編み出していった。AKRSPはアーガー・ハーン財団の事業の一環として、一九八二年に北部山岳地帯の中心であるギルギットに設立された。AKRSPもまた農民たちとの対話からそのニーズを引き出し、住民参加型のプログラムを数多く手がけた。リンク道路の建設、植林、寒冷な気候を利用した換金作物(ジャガイモの種芋)の導入とそのマーケティングなどで大きな成果をあげることに成功した。山地農民との試行錯誤をとおして培われたモデルは、その後政府によって「全国農村開発支援計画」(NRSP)として採用されることとなった。

このほか、クリケットのスーパースターとして活躍したイムラーン・ハーンが民衆から募った基金をもとに、癌治療専門のショウカット・ハーヌム記念病院を開設するなど、一九九〇年代を通じてNGO活動は活発化していった。前述した二〇一三年総選挙でのPTI躍進の背後には、彼の進めてきたNGO活動への評価もあったと思われる。パキスタン政府による一九九七年の調査では、全土で一万一六四八団体が「非営利社会福祉団体」として登録するまでとなった。

二十一世紀に入ると、パキスタンは大地震や大洪水に繰り返しみまわれることとなったが、これらの大惨事に際して、国内外のさまざまなNGOが支援活動を繰り広げた。これによって、NGOという言葉とその意味は、パキスタン社会に完全に定着したといってよいだろう。またその際には、リベラルなNGOばかりでなく、イスラーム主義者の団体が、遠隔地への食糧や薬品の搬送、あるいは避難民用のキャンプ設置などにおいて実行力を示した。「暴力」や「頑迷」といった否定的な概念でステレオタイプ化するのではなく、「同胞のために働くこと」が、これらの団体にその本質の一部として備わっていることを確認しておく必要があるだろう。

マラーラ・ユースフザイは、パキスタン・ターリバーン運動に支配されたスワートで、女性や子どもが教育を受ける権利を訴えつづけた。ターリバーンから敵視されたマラーラは二〇一二年に襲撃され、瀕死の重傷を負った。奇跡的に回復した彼女は世界中から賞賛をあび、一四年にはノーベル平和賞を受賞した[ユスフザイ／ラム 2013]。

越境する大衆文化——ビデオ、音楽、映画

パキスタンやバングラデシュの大衆文化はメディアの発達とともに大きく変化した。その最たるものが音楽と映画である。独立以前から西パキスタンで人気を博していた音楽は、ガザル(恋愛抒情詩)を主体とした歌謡である。その歌い手であるヌール・ジャハーンやメヘディー・ハサン、グラーム・アリーやアービダ・パルヴィーンらは今日でも根強い人気を保っている。一方東パキスタン側では、独立前からラビーンドラナート・タゴールやノズルル・イスラームらによる芸術運動が展開され、歌謡では宗教的吟遊詩人バウルが人気を博してきた。のちのバングラデシュ国歌「わが黄金のバングラ」も、タゴールがバウルの影響を受けて作曲したものである。

一九八〇年代、ビデオや衛星放送を媒体としてインドの映画や音楽、テレビ番組がパキスタンでも鑑賞されるようになり、欧米の南アジア系移民社会での流行が南アジア本国でも紹介されると、大衆文化の越境は一気に加速した。パキスタンで活躍していたカウワーリー(イスラーム宗教歌謡)のヌスラット・ファテ・アリー・ハーンが欧米のミュージシャンと共演したり、来日コンサートをおこなうなどして、世界的な注目を集めた。ロックバンドのジュヌーンは、通常の楽器編成にタブラ(北インドの太鼓)を加え、カウワーリーや建国詩人ムハンマド・イクバールの詩作、あるいは祖国愛を歌うことで人気を博した。彼らのヒット曲「ジャズベジュヌーン」は、国民的な愛唱歌となっている。バングラデシ

ュでは、ベンガル・ナショナリズムに呼応するかたちで、デシャトボド(愛国歌)が多くつくられた。また、ロックミュージックの師匠(グル)と称されるアザム・カーンによってベンガル民謡とロックの融合が試みられた。

インターネットは、移民社会との連携を深めるとともに紙媒体以外での情報発信(文学作品の提供を含む)を可能とした。だれもが参加でき、安価で発信できるメディア環境はまた、世界で発生する事象への反応の同時性を高めた。イラクやアフガニスタンでの空爆や、二〇〇五年に北欧で発生した預言者冒瀆問題に対して、事件直後にパキスタンやバングラデシュ国内で反対デモが発生した。

情報の多様化とともに、芸術の復興も見られた。その好例は舞踊のカタックである。宮廷舞踊だったカタックはパキスタンでは一時期猥雑な芸能とされた。ズィヤーウル・ハク政権ではイスラーム化政策のもと、国営放送における舞踊の放映が禁止となり、映画や歌謡も規制されたため、舞踊はその発表の場を著しく制限された。ところがズィヤー政権後はイスラーム化がゆるめられ、伝統芸能として都市部の芸術センターで指導されるようになった。歓楽街で世襲的な性格をもっていた舞踊は、高級住宅地の邸宅内で教室が開催されるまでになり、伝統芸能としての地位を確立、保護される立場に変わった。二〇〇二年には国立舞台芸術アカデミー(NAPA)が設立され、舞踊の本格的な教育施設が整った。同様に、国立民俗伝統遺産研究所(ローク・ヴィルサ)は、手工芸品や口承文芸、無形文化財の保存と後継者育成を奨励している。

芸術や工芸の復興はバングラデシュにおいても見られる。カンタと呼ばれる刺し子の古布は、東パキスタン時代にはヒンドゥー的要素をもつものとして衰退しつつあった。しかし、西パキスタンとの亀裂が深まり、ベンガル・ナショナリズムが高まるなか、大地に根ざした文化としてその意義が見直されることになる。バングラデシュ独立後には、NGOが農村部における重要な収入向上の手段としてカンタを商品化し、一九八〇年代半ばには「ノクシ・カンタ」(模様のある刺し子)として全国的に広まっていった[五十嵐 2010]。

絵画の分野では、中間色で妖艶な世界を描くアブドゥッラフマーン・チュグターイーや、鋭い線描で詩作のイメージなどを描いて有名となったサーデキーン、ラーホールの旧市街を描き、その建造物保存にも取り組んだエジャーズ・アヌワルらがパキスタンの美術界で活躍した。バングラデシュでは、岡倉天心や横山大観による日本の美術にふれたモハンマド・キブリアや、これにつづくカジ・ギャスッディン、ジャマル・アフモドらが現代美術界を主導している［川上 2003:74］。

パキスタンから学べること

以上本章は、一九七〇年代以降のパキスタン、すなわち東パキスタンがバングラデシュとして独立して以降の同国の現代史を、政治・経済・社会・文化の各側面から見てきた。バングラデシュ独立により地理的にはまとまったが、七〇年代以降も、さまざまな問題がつぎつぎと派生する状態は変わらなかった。政治的には、パキスタン人民党、ムスリム連盟、そして軍人が入れ替わり立ち替わり政権を握るかたちで事態は推移した。経済的には、文民政権のもとでは成長が低迷し、クーデタで登場する軍人政権のもとで治安が回復し、経済も上向くというパターンを示してきた。対外的には、アフガニスタン情勢の変転が、パキスタン社会に大きな影を落とすようになったことを、特徴としてあげられるだろう。インドとの関係も、カールギル紛争や核実験に象徴されるように、決定的な改善は見込めない状態がつづいている。政治が旧態依然とする一方で、パキスタン社会はグローバル化の波を受けて大きく変化してきた。その変化は、音楽や舞踊、そして文学といった文化の多様な側面にもあらわれている。

二〇一三年の総選挙は、一九九〇年代の混迷した政治、低迷する経済の当事者でもあったムスリム連盟のナワーズ・シャリーフが政権に返り咲く結果となった。その主たる対抗馬は、「ブットー王朝」率いるパキスタン人民党であった。これだけを見ると、新鮮味のない結果に思えるかもしれない。しかし本章で示したように、二〇一三年ならびに一八年総選挙では新たな政治勢力も台頭している。その指導者イムラーン・ハーンはクリケットの伝説的英雄であるだけでなく、NGO活動を通じてパキスタン社会に新たな流れを生み出してきた人物である。また、パキスタン・ターリバーン運動が影響力をふるうスワートからは、女性の権利を訴えるマラーラ・ユースフザイが登場した。

治安の悪化に悩まされつづけるパキスタンであるが、二〇一五年の憲法修正で「宗教を掲げるテロリスト」に対する断固たる措置を掲げたことは、大きな転換であった。

自らをムスリムとして自覚し、イスラームでの国民統合を掲げるパキスタンに住みつつも、人びとは自国の政治の「イスラーム性」に確固たる自信をもてなかった。その最大の危機は一九七一年に東パキスタンを失ったことによってもたらされた。イスラームを紐帯《ちゅうたい》とした国民統合の夢が、ベンガル・ナショナリズムに敗れたのである。また、これまでの政治にはアメリカの影響が強くおよんできたため、政策を自ら選択できないという焦燥感、もしくはイスラーム国家として自立できていないという「引け目」を国民はいだいていた。こうした背景のもと、パキスタン・ターリバーン運動などの急進派が政府や軍を「アメリカの言いなりで反イスラーム的だ」と批判しても、正面から反論しにくい状況ができていた［山根 2015］。

パレスチナ解放運動「ファタハ」結成時の主要メンバーの一人で、「アブー・ジハード」（ジハードの父）と呼称されたハリール・ワズィールに対して、ウルドゥー語詩人アフマド・ファラーズは共感とともに、ムスリムとしての自らのジレンマを表現している。

アブー・ジハードよ、わが心は血まみれだが
許しておくれ、私たちはお前の敵とともにある
お前の熱情、お前の自己犠牲は敬愛するも
本当をいえば、私たちはお前を殺す者たちとともにある［山根 2015:12］

九・一一直後のパキスタンでは、テロ行為への非難が表明される一方、アメリカの中東政策が問題の根源にあるとの指摘もなされた。そして、テロの背景に理解を示すパキスタン人の気持ちを代弁するかたちで、ビン・ラーディンを「偉大なる戦士」と称賛する書籍も刊行されたのである。このように、イスラームを掲げた暴力を反宗教的と断罪できる社会的な環境は整っていなかった。しかしながら、たびかさなるテロを経験したすえに、パキスタンは宗教を掲げるテロを断罪する憲法修正をおこなった。厳しい状況のなかで奮闘する人びととの姿から、私たちが学べることは多い。

子島　進
山根　聡
黒崎　卓

第十二章　バングラデシュ

一九七一年十二月にパキスタンから独立したバングラデシュは、南アジアの現存する八カ国（アフガニスタンも含む）のなかでもっとも新しい国家である。地理的には、南アジア地域の東縁部に位置し、隣接するミャンマーをはじめとする東南アジア、さらには中国南部への回廊となっている。パキスタンと並んで、南アジアのなかではムスリムの多住地域であるが、その本格的なイスラーム化は比較的新しく、十六、十七世紀以降、ベンガル・デルタ東半部（東ベンガル）の開拓と軌を一にして進んだ。デルタ東半部は豊かな稲作地域で、人口は時代とともにしだいに稠密化し、今日、南アジアでは、インドの南端ケーララ州と並ぶ高人口密度地域となっている。(1)そのため、多くの出稼ぎ労働者・移民が、隣接するインドや、外国航路の水夫《ラスカル》を輩出した関係からイギリスへ、そして最近では中東産油国や東南アジアへと、送り出されている。十九世紀末からは、ジュート（黄麻）耕作の拡大など商品的農業の浸透を背景に、東ベンガルの農村地帯にも、ムスリム上層農や中産階級の成長が見られた。彼らは、先進的なヒンドゥー教徒に対抗して、しだいに政治的発言力を強め、四〇年代には、ムハンマド・アリー・ジンナーの率いるパキスタン運動の重要な一翼を担うことになった。だが、東パキスタン住民の期待に反して、パキスタン建国は東西両翼間の格差を広げ、彼らの疎外感は、独立への要求へと発展したのであった。これまでの章で紹介された前史を背景に、本章ではバングラデシュ独立以後の社会・政治の変動を追ってみよう。

1　独立戦争とバングラデシュの誕生

国民議会選挙とアワミ連盟の圧勝

アユーブ・ハーン政権崩壊後の新憲法を策定する課題を背負った、一九七〇年十二月(一部は翌年一月)の国民議会選挙は、全国規模では統一パキスタンの最初で最後の成人普通選挙となった。総議席数は人口比率を反映して、東パキスタンが一六二議席、西パキスタンが一三八議席、合計三〇〇議席と定められた。東パキスタンでは、六項目自治要求(第十章三三八頁参照)を掲げたシェイク・ムジーブル・ラフマン(ムジーブ)の率いるアワミ(人民の)連盟が一六〇議席を獲得して圧勝した。一方、西パキスタンではズルフィカール・アリー・ブットーの率いるパキスタン人民党が八一議席を得て第二党となった。

アワミ連盟が、単独で国民議会の過半数を獲得したことは、軍指導部とブットーら西パキスタン政治家の想定外の事態であった。六項目要求を基礎とする憲法は、東パキスタンに大幅な自治権を与えることになるのは必至であったから、軍部とブットーは、制憲議会の開催に、さまざまな口実を設けて抵抗した。一方、アワミ連盟は、制憲議会の無条件即時開催を求め、制憲議会の無期限延期が発表された一九七一年三月一日から、本格的な抗議行動を展開した。三月七日、ムジーブは州都ダカのロムナ(旧競馬場)広場の百万人集会で、「今次《エバレル》の戦いは独立《ショングラム・シャディノタル》の戦い《ショングラム》」とパキスタン政府への不服従運動の開始を訴えた。この呼びかけで人びとは決定的瞬間の近いことを感じ取った。三月二十五日深夜から二十六日早暁にかけて、パキスタン軍はダカで軍事作戦を開始し、警察、国境警備隊(東パキスタン・ライフル隊)などのベンガル人部隊を制圧し、武装解除した。ムジーブは、軍の出動が十分に予期されたにもかかわらず、ダカの自宅にとどまったまま拘留され西パキスタンに連行された。結果的に三月七日の宣言は、実行のともなわない修辞となって終わった。

彼は三月二十六日、軍による検束直前に、バングラデシュ独立を宣言したとされる。翌二十七日には、第二の都市チッタゴン市配備の東ベンガル連隊第八大隊副官ジアウル・ラフマン（ジア）少佐が、ムジーブル・ラフマンの名のもとにバングラデシュ独立を宣言し、本格的な内戦が開始された。(2)

バングラデシュ臨時政府の誕生

パキスタン軍による軍事行動の報は、瞬く間に東パキスタン全土に広がり、都市から農村へと、大量の住民による避難が始まった。パキスタン軍が、ムスリム連盟やイスラーム党系の活動家の手引でヒンドゥー教徒集落を襲撃の的としたため、州内のほとんどのヒンドゥー教徒（約九五〇万人）が、身近な国境からインド領へと脱出した。一九七一年十二月までに避難民総数は九七〇万人へと膨れ上がった。混乱のなかでインドに脱出したアワミ連盟首脳部は、四月十七日、西部インド国境に近い「ムジーブノゴル」と名づけた場所（クシュティア県メヘルプル郡）で、拘留中のムジーブを大統領（ノズルル・イスラーム副大統領が代行）、アワミ連盟書記長タジュッディーン・アフマドを首相とするバングラデシュ臨時政府を発足させた。パキスタン軍を離脱したジアをはじめとする少佐ランクの将校を中心にインド領国境地帯に集結した将兵は、M・A・G・オスマニー退役大佐を司令官とする新政府軍に参加した。新政権への忠誠を誓うベンガル人官僚・外交官も数多くあらわれた。

東パキスタンから脱出した軍人、警官、国境警備隊員、政党活動家、学生らを擁する解放軍《ムクティ・バヒニ》が体制を整えたのは、ようやく一九七一年五月以降であった。しかし、パキスタン軍との本格的戦闘はもとより、国境内に根拠地を設けることは困難であり、その活動は、橋梁、道路、鉄道の破壊などの後方攪乱にとどまった。事態打開の多くは、インド政府、当時のインディラー・ガーンディー政権の動きにかかっていたのである。

臨時政府の成立、インド領への大量の難民流入は、隣接するインドの西ベンガル州を中心に、臨時政府承認、即時軍事介入を唱える強硬論を沸き上がらせたが、インディラー・ガーンディー政権の対応は慎重であった。ガーンディー首相は、何よりもまずパキスタンが難民帰還の条件をつくるべきであると主張して、国際世論がパキスタンに圧力をかけることを求めた。しかし、ベトナム戦争を背景に、おりから中国接近（キッシンジャー米大統領補佐官の訪中）のために同盟国パキスタンを仲介役として利用していたニクソン政権は、インドの要請に消極的であった。一九七一年八月にいたり、ガーンディー政権はソ連とのあいだに平和友好協力条約を締結し、バングラデシュ問題を契機に、ソ連・インド・ベトナムに対するアメリカ合衆国・パキスタン・中国という、アジアの二つの対抗軸が浮彫りになった。

独立から幻滅への暗転

一九七一年秋、ようやく解放軍の活動も活発化し、パキスタン軍駐屯地への攻撃もしばしば敢行された。冬季に入ると、ガーンディー政権は、中国の干渉を危惧して差し控えてきた軍事作戦を国境各方面で展開し、パキスタン軍の反撃をきっかけに、十二月三日、宣戦を布告、解放軍の協力のもと、二週間余りでダカを陥落させた。国際介入の回避には短期作戦が不可欠であった。パキスタン軍は九万人という捕虜を残して、十二月十六日に降伏し、民衆の歓呼のなかで独立は達成された。インド軍の助力を得たとはいえ、バングラデシュは南アジアのなかで、武力によって独立を達成した唯一の国家となった。(3)

パキスタンに拘留されていたムジーブは、一九七二年一月十日、彼を「ベンガル《ボンゴ》の友《ボンドゥ》」と讃える歓迎の波に迎えられ、イギリス経由でダカに帰還した。新生バングラデシュは七二年十一月には「バングラデシュ人民共和国」憲法を制定して民族主義、民主主義、社会主義、政教分離主義を柱とする議院内閣制に復帰した。翌七三年三月には、独立後初の国民議会選挙が実施され、アワミ連盟は圧倒的な支持を集めた。しかし、戦乱で疲弊した国土と経済の復興は容易に進まず、物価高騰、洪水被害、救援物資の横流しなどから、アワミ連盟政権への信頼は急速に揺らいでいった。独立の功績を独占し、左翼政党にテロ攻撃を加え、七五年一月には憲法改正による大統領制と一党支配（バングラデシュ労働者農民アワミ連盟）体制に移行したアワミ連盟は、ムジーブを中心とする閥族支配の色彩を強めた。これに反発する軍の若手が、七五年八月十五日に決起し、ムジーブとその親族は殺害された（ラフマンの長女ハシナ、現アワミ連盟総裁は国外で難を逃れた）。事件後の混乱は同年十一月、ジアを司令官とあおぐ下級兵士団によるクーデタで終止符が打たれたが、バングラデシュでは以後一五年間にわたって軍人主導の政治がつづいたのである。

2　軍人政権期の政治と経済

軍人政権の政治戦略

ジアは一九七六年十一月に戒厳令司令官に就き、翌七七年五月に国民投票によって大統領職の信任を得たのち、七八年に入って政党活動を解禁し、自らも官製政党、バングラデシュ民族主義党（ＢＮＰ）を結成した。七九年二月の国民議会選挙でＢＮＰは圧勝し、「民政化」を実現したが、ジアは八一年五月、軍内部の対立から暗殺された。ジアの死から一〇カ月後の八二年三月、陸軍司令官エルシャド中将のクーデタにより、再び軍政が復活した。エルシャドは当初は戒厳令司令官、ついで大統領（八三年十二月）として権力を掌握した。彼もまた、国民党（ＪＰ）を結成し、八六年五月に国民議会選挙を実施するという過程をへて「民政」へと移行したのである。しかし、クーデタで権力を奪取した軍人政権の正統性には限界があった。学生組織を中心とする九〇年末の反政府運動によってエルシャド政権は崩壊した。

パキスタン時代、軍は東パキスタン出身者の採用を意図的に抑えていたために、西パキスタンとは対照的に、軍人の社会的・政治的影響力は、東パキスタンにおいては皆無といってよかった。ムジーブの暗殺後の政治的空白をジアが埋めることができたのは、彼の独立戦争参加という実績に拠るところが大きかった。アワミ連盟の失政と横暴への対抗勢力として、左派勢力も含む幅広い世論が、ジアと彼のBNPに期待を寄せたのである。

しかし、足元の軍は、旧東ベンガル連隊所属の将兵二〇〇〇のほかに独立戦争に参加した警察・国境警備隊出身者などを含む混成部隊であり、旧将兵のなかには、「人民の軍隊」を唱える急進派すら存在していた。ジア政権期には、大小二一回のクーデタ未遂事件が発生し、八〇〇人の将兵が処刑された。軍の構成を複雑にしたのは、一九七二年の印パ和平協定(シムラー協定)後に、パキスタンから帰還した二万八〇〇〇人の将兵の存在であった。これにより、軍内では数のうえで帰還派が圧倒的な優勢を誇ることになった。ジアは軍内の勢力均衡をはかるために、帰還派のエルシャド中佐を陸軍参謀長に登用した。独立戦争に参加した将兵が不満をもつのは当然であったが、帰還派軍人も、独立戦争参加者が論功行賞として二階級の特進を許されたことに、おおいなる不満をいだいていた。こうした軍内の複雑な抗争のなかで、ジアは一九八一年五月、チッタゴン訪問時に独立派のA・モンジュル少将の支持者とされる人物によって殺害された(党首は夫人のカレダ・ジアが継承した)。だが、この事件の真相は、必ずしも明らかでない。確実なことは、この事件が独立派の内部抗争であり、軍を率いていたエルシャドが、この事件の処理と称して多数の独立派将校を処分し、あるいは退任に追いやったことである。軍内でのエルシャドの指導権は、こうして強化された[4]。

これら二代にわたる軍人政権は、アワミ連盟を最大の政敵と見なして、共通する政治戦略を採用した。第一は国家理念の再定義であった。ジアは憲法の冒頭にクルアーンの開扉の一句、「慈悲深く、慈愛遍きアッラーの御名において」を挿入し、一九七二年憲法における国家理念である「民族主義、社会主義、民主主義、政教分離主義」を「全知全能のアッラーへの絶対的な信頼と信仰、民族主義、民主主義、経済・社会正義を意味する社会主義」へと置き換えた。さらに、「解放の闘争《ムクティ》」は「独立戦争《シャディノタ》」と書き直され、「バングラデシー」という新たな国民の定義も書き込まれた(いずれも七七年戒厳令布告改正令による)。ジアの演説は、ベンガル語の「ベンガルに勝利あれ《ジョイ・バングラ》」でなく、ウルドゥー・ペルシア語的な「バングラデシュ万歳《バングラデーシュ・ズィンダーバード》」と結ばれた。イスラームへの傾斜は理念にとどまらず、旧ムスリム連盟系政治家のB

ＮＰ幹部への登用、内戦時のパキスタン軍協力者であるジャマーアテ・イスラーミー（イスラーム党）指導者《アミール》ゴラーム・アザムの帰国容認など、ジアの実際の政治行動と対応していた。エルシャドはこれらに加え、イスラームを国教と規定する憲法改正をおこなった（八八年）。二代の軍人政権はバングラデシュを多数派であるムスリムの国家に引き戻したのである。[5] しかし、こうした改正にもかかわらず、バングラデシュ憲法は依然として人民主権を謳っており、主権をアッラーに委ねるパキスタン憲法とのあいだには根本的な差異がある。バングラデシュ独立のために支払われた犠牲の大きさを、この差異から読み取ることができる。

　共通点の第二はパキスタン期のアユーブ・ハーンに範をとった大統領制の導入である。クーデタ、大統領就任、政党の参加を禁止した地方選挙、官製政党の立上げ、戒厳令下の国民議会選挙、そして最終的に戒厳令の撤廃という一連の「民政」化手続きは、アユーブ・ハーンが確立した手法であり、軍部の力を背景にした大統領が、議会に対して圧倒的な優位を保つ仕組であった。議会は権力者に盲従する「ゴム印議会《ラバースタンプ》」であった。軍人政権期の首相には、多くは高齢で、知名度に比して無害な旧政治家が登用された。

　そして、第三の特徴は軍人主導の官製政党《ショルカリー・ドル》の結成である。ジアはＢＮＰを、エルシャドはＪＰをそれぞれ結成して、アワミ連盟に独占されてきた政党政治の舞台に割り込んできた。議会の与党である官製政党は、軍人、官僚に加えて、陰陽の圧力による政党政治家の分断、親パキスタン勢力（旧ムスリム連盟、一部のイスラーム宗教指導者）の取込みなどを通じて束ね合わせた雑多な集団で、政治的日和見主義の産物である。その打撃をもっとも受けたのは分裂をかさねたアワミ連盟であり、軍人政権期に同党組織は著しく弱体化した。軍人政権はバングラデシュにおける議会・政党政治の定着を著しく阻害したのである。

軍人政権下の市場経済化

また、両軍政期を通じて、工業面では、独立直後にアワミ連盟政権の手によって国有化された西パキスタン企業などの払い下げと、公的資金の注入を通じる私企業の育成がはかられ、農業面では制度金融による富農層への梃入れがおこなわれた。国際機関、諸外国による開発援助理念も、民営化、補助金廃止などの、新自由主義といわれる開発政策を唱導する時代に入り、バングラデシュの軍事政権の経済政策も、その路線上で展開された。とくにジュート、綿工業などの比較的大規模な国営企業は、エルシャド期にさかんに民営化され、旧ベンガル人資本家のほか、企業運営の経験すらなかった輸出入代理業者《インデンター》、官僚、軍人あるいは有力政党の関係者らが、権力、縁戚関係など、さまざまなコネを利用して優先的に恩典に与った。農業では、この時期の制度金融は、従来は国営公社管理下にあった井戸灌漑機器の民営化を背景に、当初は富農層、さらには中規模農へと広がる浅管井戸の活発な導入を促した。これにより、モンスーン依存でないボロ作と呼ばれる地下水灌漑に依拠した乾季稲作の大規模な普及の土台がつくられた[ジョンソン 1986：藤田 2005]。

だが、工業面での透明性のない民営化とそれを支えた国内開発金融機関による乱脈融資は、まもなく債権回収不能に陥り、支援していた国際機関にも見放されて、制度的には破綻をきたした。債務不履行(デフォルト)は、農業融資においても横行し、公的資金の注入は農工にまたがるデフォルト問題を発生させ、「経済政策的には」完全な失敗に終わった。しかし、それは、他方で、その後のバングラデシュ政治経済の実権を握る既得権益層をつくりあげたのであり、「政治的には」十分な成功をおさめたのである。

バングラデシュ政治と学生運動

一九八二年三月のクーデタによって、ＢＮＰ政権から権力を奪取したエルシャドは、ＢＮＰに代わる官製政党、ＪＰを立ち上げることで、「民政」化への移行をはかった。しかし、アワミ連盟のみを有力な政敵としたジアと異なり、エルシャドにはＢＮＰという体質的に類似する先行の官製政党が対抗勢力として存在した。帰還派軍人の指導者としてのエルシャドには、ジアのような独立戦争への参加という勲章が欠けていた。それゆえに、彼の「民政」化の試みは「二番煎じ」(アユーブ・ハーンから数えれば三番煎じ)であっただけでなく、随所でアワミ連盟とＢＮＰによる抵抗に出会わねばならなかった。

ここで、エルシャドのとった主要な政治戦略は、民営化政策をいっそう推進することにより、新興企業家層の支持を引きつけること、現役・退役の将校を行政の主要ポストに任じて軍の支持を確保すること、および自前の学生組織を立ち上げることとであった。しかし、軍、官僚、政権による利益の独占、決定の不透明性は、エルシャド自身の汚職疑惑とともに、政権の正統性をかえって疑わしいものにした。エルシャド政権期は、脱補助金政策のために、一九八〇年代以降では、もっとも物価水準が上昇した時期であり、労働組合、政府職員層の不満も高まった。軍人の行政への進出は、幹部官僚層からも政権批判の空気を生み出すことになった。こうした批判的な雰囲気のなかで、九〇〜九一年の湾岸危機にともなう急激な物価上昇、湾岸諸国からの出稼ぎ労働者の大量帰還という経済的な混乱を背景に、反エルシャド政権の民主化運動が一挙に噴出した。

一九九〇年末の学生運動は、アユーブ・ハーン軍人政権を倒壊させた六八〜六九年の学生運動としばしばかさねあわされる。あるいは、さらに時代を遡って、五二年の言語運動以来の学生運動の革新的伝統の線上に位置づけられる(第十章三三二頁参照)。しかし、九〇年の学生運動には新しい特徴があった。それは、ＢＮＰ指導部により、軍と警察の情報組織を動員して生み出された新しい学生組織である「民族主義学生党」(ＪＣＤ)が、旧来の組織であるアワミ連盟系の「バングラデシュ学生連盟」(ＢＣＬ)や左翼政党系、およびイスラーム党系の学生組織に対抗する一大勢力として成長してきたことである。エルシャドは、学生組織に支持基盤を植え付けるために、ＪＣＤ幹部をさまざまな誘惑(留学、就職、はては武器の供給まで)で買収に努めたが、ついに自前の学生組織を立ち上げることができなかった。対照的にＢＮ

Ｐは、ＪＣＤを党の中堅幹部リクルート組織として育成した。これが、官製政党として出発したＢＮＰに、エルシャド政権期を通じて政党として生き残らせる大きな支えとなった。こうしてＪＣＤは、学生の支持をＢＣＬとほぼ二分する勢力に成長した（イスラーム党系のイスラーム学生戦線がこれにつぐ）[6]。しかし、ＪＣＤの勢力伸張の過程では、従来にまして小火器の使用が頻繁となり、ダカ大学を中心に、学内での組織的暴力の蔓延が、この時期から顕著になった。ＪＣＤは反エルシャド運動をＢＣＬらと共闘することで民主化運動の先頭に立ち、「ハルタール」（一種のゼネスト）戦術を長期にわたり多用しつつ政権倒壊に成功し、九〇年代以降の「二大政党」政治の道を切り拓いたのであった。

同時に両党の学生組織は、その後の経済の活況に便乗するかたちで、組織内での暴力的な縄張り争いをともないながら、市街での献金強制《チャンダバジー》、脅迫行為《ショントラス》へと活動の場を広げた。学生指導者のなかには、いまや、国民議会議員にまで出世した、反エルシャド「民主化」運動のかつての立役者もいる。注目すべきは、パキスタン時代からの革新的伝統の担い手であった左翼系の学生諸組織（とくにチャットロ〈学生〉・ユニオン）の影響力が、学内暴力の蔓延と冷戦終焉という国際情勢を背景に、この時期、急速に低下したことであった。これ以降、学生運動は、政治的民主化の先導者というよりも、二大政党の暴力的な対決政治の実力部隊、「別働隊」としての性格を強めていった。

3　ポスト民主化政治の特質

選挙制度をめぐる対立と模索

エルシャド政権の倒壊をもたらした民主化運動は、新たな政党政治の時代を切り拓いた。以後のバングラデシュ政治では、アワミ連盟と、エルシャド期に力をつけたＢＮＰという二大政党が、選挙を契機に交互に政権交代を実現したが（表9）、それは安定的な政党政治からは程遠いものであった。政治の混迷を何よりもよく示すのは、政党政治の出発点

表 9　独立後の国民議会（選挙結果と野党の出席率）

選挙年（回数）	1973（Ⅰ）	1979（Ⅱ）	1986（Ⅲ）	1988（Ⅳ）	1991（Ⅴ）*	1996（Ⅶ）	2001（Ⅷ）	2008（Ⅸ）
バングラデシュ・アワミ連盟	292	39	76	不参加	92	146	62	230
バングラデシュ民族主義党（BNP）		220	不参加	不参加	142	116	193	30
国民党（JP）			183	251	35	32		
同エルシャド派（2001）							14	27
同マンズル派（2001）							1	1
イスラーム党			10	不参加	18	3	17	2
その他諸党	5	36	27	24	13	2	7	6
無所属	3	5	4	25		1	6	4
				野党による出席日数	265/400（66.3%）	219/382（57.3%）	150/373（40.2%）	76/418（18.2%）

注：選出議席（300）のみの結果。＊選挙が延期された11議席を含む結果。1996年２月の第６回選挙，2014年１月の第10回選挙は，野党が不参加のため省略した。第５次国民議会以降の野党による出席日数のカッコ内は出席率（出席日数/総開会日数）。
出典：Bagladesh Election Commission Website ならびに *Daily Star*, 24 January, 2014.

である選挙制度の不安定な姿である。

エルシャド政権の倒壊後、アワミ連盟、ＢＮＰなど政党勢力は、最高裁判所長官シャハブッディーン・アフマドを大統領代行とする政党中立的な選挙管理政府を成立させた。こうして一九九一年二月に実施された独立後五回目の国民議会選挙は、従来のいかなる選挙よりも、自由公正であったと内外から高い評価を受けた。ＢＮＰは、アワミ連盟政権期の失政の記憶も新たななかで、その代替政党としての期待を担い、一三六議席を獲得し、第一党となった。軍人政権期に成長した富農層や都市部の企業家層も、党による介入主義的イメージが払拭しきれないアワミ連盟よりは、市場主義的なＢＮＰを選択した。またＢＮＰはイスラーム党（一八議席）の閣外支持を得ていた。

一九九一年選挙における政党中立的な選挙管理政府の制度は、改選期である九六年を前に、再び野党アワミ連盟側から提起された。ＢＮＰはこれを拒否して、同年二月には一方的に第六回国民議会選挙を実施したが、イスラーム党を含むほとんどの野党は、これをボイコットした。やむなくBNP政権は自ら「非政党選挙管理政府」制度を憲法に盛り込む改正(第一三次憲法改正)をおこなったのちに、議会を解散した。

この修正により、内閣は総辞職ののち、国軍(大統領の指揮下におかれる)にかかわる職務を除くすべての行政権を中立的な「非政党選挙管理政府」に引き渡すことになった。選挙管理政府の長(首席顧問と呼ばれ、首相に相当)には、もっとも直近の時点に最高裁判所長官を退官した元判事が任ぜられた。首席顧問は、一〇名以内からなる顧問会議(内閣)を組織し、選挙管理政府を指揮する。顧問にも、元判事、弁護士、元軍人、大学等教育関係者など特定政党との関係をもたない中立的な人物を選ぶことがめざされた。

こうして一九九六年と二〇〇一年の二回の選挙を通じて、「非政党選挙管理政府」制度は定着したかに見えた。しかし、〇六年十月の第八次国民議会の任期満了に際しては、主席顧問の任命をめぐって野党アワミ連盟からは、候補とされる元最高裁長官の政治的中立性に疑義が出された。この混乱を発端として、〇七年一月十一日、大統領は軍の支持を背景に非常事態を宣言し、新首席顧問に(判事経験者ではない)元国立銀行総裁を任命した。新選挙管理政府は、公開の政治活動を禁止しつつ、収賄、暴力的献金強要などの容疑で、BNPのカレダ・ジア党首、アワミ連盟のハシナ党首とその側近ら、既成政党指導者をいっせいに逮捕、拘禁した。軍に支えられた強権を背景にした政党法の整備、写真つきの有権者登録カードの配布などののちに、ようやく〇八年十二月末、予定より二年間遅れて第九回国民議会選挙が実施され、野党であったアワミ連盟の率いる政党連合が圧勝した。

しかし選挙制度をめぐる混乱は、これで収拾されたのではなかった。二〇一一年になると最高裁は、民主主義の原理たる代議制とは両立しないと主張して、「非政党選挙管理政府」制度そのものに憲法違反の判決をくだした。これに便乗するかのように、アワミ連盟連合政権は、同年七月の第一五次憲法改正で、「非政党選挙管理政府」の条項を全面削除した。選挙実施時の行政権の所在が憲法に明示されないまま、国民議会選挙は、「任期満了の九〇日前ないし、議会解散から九〇日以内」におこなわれることとされた。

そのため、二〇一四年一月の第一〇回国民議会選挙にあたっては、野党にまわったBNPが「非政党選挙管理政府」制度の復活を要求し、与党のアワミ連盟がそれをかたくなに拒否するという、一九九六年二月とは対照的な状況が生み出された。こうして第一〇回選挙は、第六回選挙と同じく野党不参加のまま強行され、その政治的正統性は深く傷つけられた。(7) 政治的民主化の出発点ともいえる選挙制度において、二大政党がこのような非妥協的な争いをつづける根本的な理由は何か。民主化後のバングラデシュ政治の特質を探るには、この疑問を解くところから始めねばならない。

政党理念の溶解と「私党化」

理由の第一は、政党の理念、組織、運営と関係する。二党間の理念上の最大の対立点としては、アワミ連盟の「政教分離」論とBNPの「ムスリム国家」論があげられる。それと関連して、前者がインドに、後者がパキスタンと中国に傾斜するという外交理念上の差異もしばしば指摘される。しかし近年、BNPはインドとの外交関係にも配慮する動きを示している。二〇一二年にはカレダ・ジアがインド政府の招きに応じて訪印し、それまで拒否の姿勢をとってきたインドの貨物輸送通過(トランジット)にも柔軟な姿勢を見せ始めた。

だが、ここで強調したいのは、アワミ連盟が「ムスリム国家」論を、この間なし崩しに受け入れてきた点である。二〇〇九年一月に発足したアワミ連盟連合政権は、軍人政権によるイスラーム色を強調する憲法修正を残したまま、軍人政権が削った政教分離主義(セキュラリズム)規定を復活ないし付加するという妥協的な対応をとった(一一年の第一五次憲法改正)。例えば前文では、冒頭の「慈悲深く、慈愛遍きアッラーの御名において」の一句を残したまま、ジアウル・ラフマン政権が削除した政教分離主義規定を復活させた。また、イスラームを国家の宗教と規定した、エルシャド政権による第二A条を残したまま、「しかしながら国家はヒンドゥー教、仏教、キリスト教その他の宗教の実践に等しい地位と権利を付与する」と書き加えた。(8) また、国民のアイデンティティ規定に関しても、ジアウル・ラフマンによる「バングラデシー」規定(第六条二項)を継承しながら、民族《ジャーティ》としての「ベンガリー」、市民権者《ナゴリクゴン》としての「バングラデシー」という使い分けを導入した。宗教的な多数派にすり寄りつつ政治理念の統一をはかろうとするこの動きは、多数派の排外主義(イスラーム国家主義)や少数派(ヒンドゥー教徒、キリスト教徒、部族民ら)への迫害の余地を広く残すものになっている。

その一方で、アワミ連盟は公共機関におけるムジーブル・ラフマンの肖像掲示の義務化(新たな第四A条)などの個人崇拝を推進した。このように、現在では政策や理念面での対抗よりも、独立戦争の最大の功績をジアに帰すのか、ムジーブに帰すのかといった個人崇拝の競い合い、その限りでは非妥協的な抗争が繰り広げられているのである。政教分離条項の復活にしても、理念よりもBNPの同盟政党であるイスラーム党の排除を目的にしている。アワミ連盟が、独立直後からの公約である戦争犯罪法廷の設置に取り組んだのは、二〇一〇年以降であり、一九九一年以降、一貫してゴラーム・アザムらイスラーム党指導者の独立戦争時の責任を追及してきたのは、むしろ「一九七一年の殺人者および手先の根絶委員会」などの民間団体であった。(9)

アワミ連盟はまた、軍人政権期に経験した分裂のために、五〇年以上の歴史をもちながら規約に基づく組織的な運営は失われ、ハシナ党首の私党的性格を強めている。一方のBNPは官製政党として生まれた経緯からして、もともと党内民主主義とは無縁な政党である。バングラデシュ政治が、二人の女性政治家の遺恨劇のようにしばしば描かれるのは、こうした二大政党のいわば「体質」のゆえにほかならない。

行政の政治化

第二の理由は、行政の過度の政治化である。行政の政治化の実態は、自由公正な選挙の実施を目的とする「非政党選挙管理政府」制度のもとでとられた一連の措置を見るのが早道である。一例として、二〇〇一年七月に任命された選挙管理政府の事例を紹介する。これらの措置は、平時の政党政治を蝕む病弊を浮かび上がらせている。

官僚の配置転換（内閣次官、首席次官を含む中央省庁の次官以下幹部、および郡行政官にまでいたる地方行政の幹部、合計四九一名の配置転換）

過去三カ月間の政府による購入その他の契約の見直し・取消し

二〇〇一年一月〜七月間の勾留・起訴事件の見直しによる一一八九名の政党（おもに野党）関係者の釈放、同期間中の新規発行の武器所持許可証の取消し

不法所持武器（全国で二五万丁とされる）など、小火器の摘発、約一万丁

治安維持上の違反、武器不法所持などによる逮捕・勾留者一一・九万人

不法武器所持者として知られるアワミ連盟、ＢＮＰなどの政党指導者の家宅捜索

投票日、およびその前後における治安維持に、警察のほか、軍五・一万人、国境警備隊一万人の出動。投票日における携帯電話（四八万件）の通話禁止措置

選挙管理政府がとった以上の措置から鮮やかに浮かび上がるのは、官僚の政治的な任用によって政治化された行政、政府による利益誘導や治安権限の乱用、さらには不法所持の小火器による暴力的威嚇といった、ポスト民主化政治における否定的な様相である。

「ハルタール政治」と議会の空洞化

こうして、選挙を通じて与党の地位を獲得することは、行政の政治化、利益誘導の機会、治安権限の乱用、あるいは傘下の学生組織などによる剝出しの政治テロや脅迫によって、自党の権益を中央から地方末端まで貫徹できることを意

味する。いわば「勝者総取り《ウィナー・テイクス・オール》」的な政治である。政権党による排他的な支配に対しては、下野した政党も、自派の組織力と暴力によって、政府倒壊の機会を見出すほかはない。エルシャド期から、両党の学生組織が頻繁に用いるようになった長期にわたるハルタールが、一九九〇年以降も、選挙が近づくたびに呼びかけられたのは、こうした背景からである［高田 1998］。

また、一九九一年選挙後の憲法改正によって大統領制が廃止され、議院内閣制に移行したにもかかわらず、九〇年代以降の政党政治は与党の議会軽視と野党による議会ボイコットの応酬で、議会政治の実をもたらさなかった。表9（三九一頁）の下欄に見るように、九一年以降の国民議会では野党のボイコットが恒常的に見られ、野党の出席率は選挙のたびに低落の一途をたどっている[10]。議会運営の欠陥は、野党のみの責任ではなく、与党議員の欠席も頻繁であり、議会が定足数（定員の五分の一、六〇名）を満たせないこともしばしばである。

国民議会の空転は、行政の政治化、広範な汚職腐敗、治安権限の乱用、政治暴力、ハルタールなどを特徴とする、二大政党間の対決政治の当然の帰結である。空洞化した議会には、行政監視機能はいうまでもなく、国民生活の焦眉の課題に関する真剣な議論を期待することはできない（次節参照）。選挙による政権交代の有無だけでなく、議会制度の定着という基準で見るならば、一九九〇年代以降のバングラデシュ政治は「民主化」の成功例とは見なせない。

4　開放経済下の社会経済変容

対外開放の軌跡

つぎに視線を同時期の経済・社会の動きに転じると、そこには政治における民主化の混迷とはいささか対照的な様相があらわれる。

発展途上国のなかでの後進グループは、バングラデシュも含めて、後発発展途上国(LDC)と呼ばれるが、その多くを占めるサブサハラ・アフリカの諸国と比較すると、バングラデシュは、一九九〇年代以降、顕著な上昇軌道に乗り始めた[木曽 2003;藤田 2011]。九〇年代に入ると、縫製品やエビなど水産品の輸出、中東への出稼ぎ者からの順調な送金などに支えられて、市場経済化の重点は、従来からの国内での民間資本活動への奨励に加え、輸出加工区の増強など輸出振興策、輸入や海外取引の自由化による対外開放へとシフトした。二〇一一年度以降は海外直接投資も一〇億ドルを超える水準となり、年間の外国援助額にしだいに近づいている。こうした変化を背景に、一九九〇年代以降の国内総生産(GDP)年間成長率は、四%台の後半から六%台で推移している。バングラデシュは、低賃金と豊富な労働力を梃子として、グローバルな生産システムのなかに独自の位置を占めるようになった。これらの点をやや詳しく見てみよう。

図13に見るように、バングラデシュの主要輸出品は、かつての原ジュートやジュート製品から、縫製品や水産品へとシフトし、縫製産業はダカ、チッタゴンを中心として、二〇一二年現在で五七〇〇工場、従業員四〇〇万人を雇用する一大産業へと発展した。縫製工場は女子労働に大幅に依存しており、社会的な変化を促す大きな要因になっている[村山 1997;長田 2014]。しかし賃金水準を国際的に比較して見れば、一三年におこなわれた賃金改定によっても、バングラデシュの縫製部門の法定最低賃金は五三〇〇タカ、約六八ドルにすぎず、七〇ドルから八〇ドルのスリランカ、インドネシア、カンボジアなどと比較しても最低水準にある。また、一九七〇年代半ばから開始された中東への労働力輸出では、サウジアラビアを筆頭に、湾岸諸国を中心に年間四四万人の出稼ぎ人口を供給し、公的な送金額は一四五億ドル(いずれも二〇一二／一三年度)に達している[長谷・三宅 1993]。ある研究によれば、出稼ぎ労働者による収入の四割は、フンディと称する非公式送金網を通じて国内に還流しており、公式送金額の七~八割増の資金が、国内で土地購入などの不動産投資や住宅建設、教育資金に投入されるほか、活発な奢侈品輸入を促してきた。

また不法蓄積の外貨、賄賂収入、非公式海外送金などの、いわゆるブラックマネーが解禁され、国内に自由に還流す

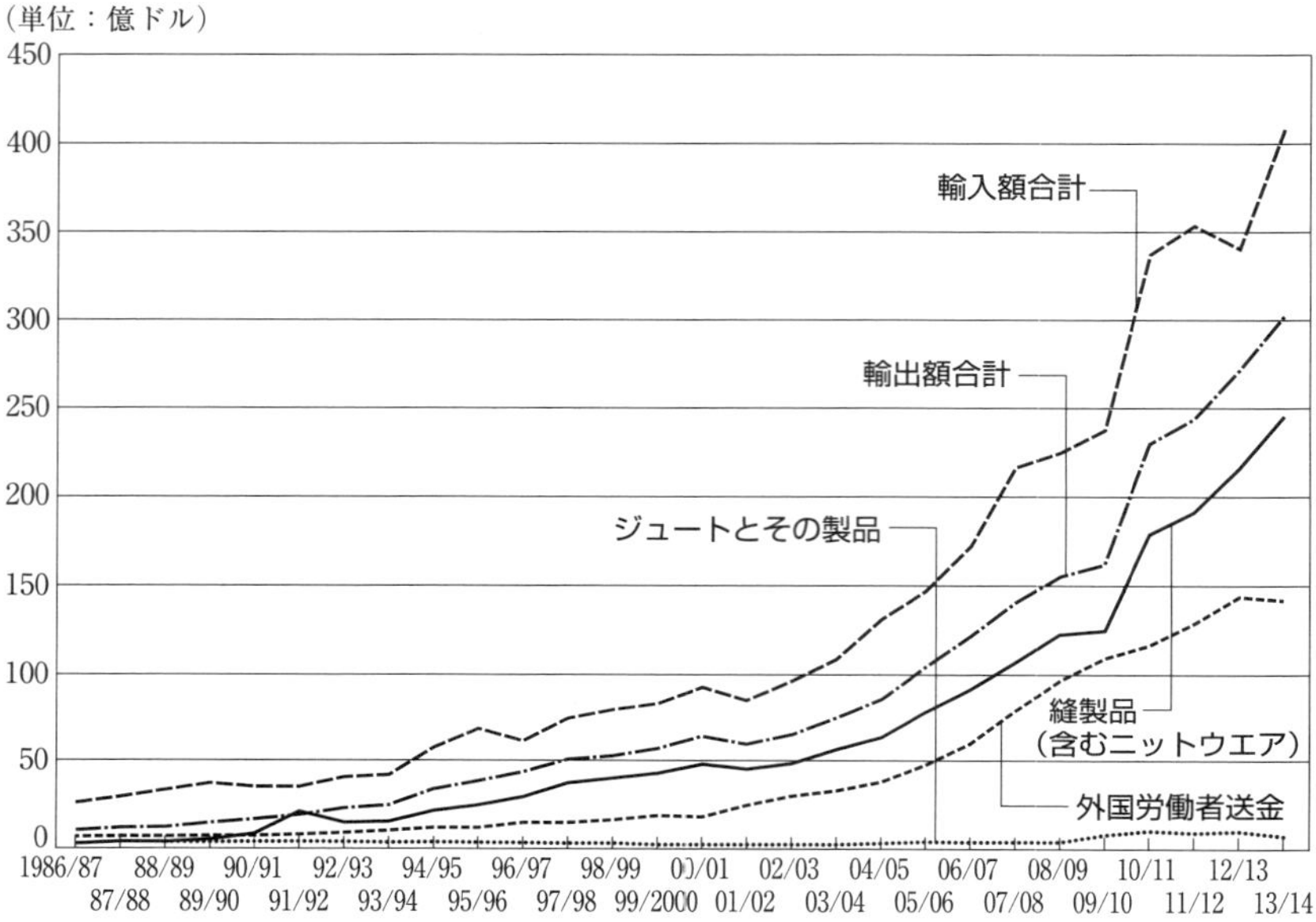

図13 バングラデシュの対外経済関係

出典：Bangladesh Bank Quarterly April-June の各年版から筆者作成。

ることになった。軍人政権期には、一部の層のみが享受した裏の恩典が、政党政治のもとでの開放経済化によって、広く解禁され、乱流することになった。ダカとその周辺地域で活発に進む農地、低湿地、河川敷の埋立てによる不動産開発、高層住宅建設などの不動産投資が刺激され、奢侈品輸入など一部で華々しい「消費ブーム」が現出した。こうした変化は一九九〇年代半ばに入ると、首都の交通渋滞、きらびやかなショッピングモールの登場となってだれの目にも鮮やかに映り始めた(11)。

他方で、首都ダカを水害から防御する囲堤《ベリー・バンド》の高みから眺めれば、堤の内側には汚水の海に漂うかのように、広大なスラム地帯がべったりと張りついている。とみにイスラーム風に美化された目抜き通りから一歩奥に踏み込めば、同じような姿は随所で見ることができる。ダカの膨張に象徴される経済の活況は、格差の拡大をも確実に実感させるのである。

農村における社会的流動性の上昇

一九九〇年代以降の社会変動は、都市部にのみ見られたのではない。農村部でも、主として社会資本の分野で顕著な変化がこの間に見られた。それらはいずれも、農村住民の経済的・社会的な流動性を高める要因となった。

第一は、農村の物的インフラストラクチャーの拡充である。県（ジラ）、郡（タナもしくはウポジラ）の行政中心地や主要な地方市場《バジャール》をつなぐ道路は、一九九〇年代に政府投資によって拡充され、農村部の交易や、牛車に代わるトラック、サイクル・リキシャによる運輸業に確実な刺激を与えている。また八〇年代からの上層農家による浅管井戸の導入による乾季の稲作の拡大は、九〇年代末までに食糧生産をほぼ自給水準にまで引き上げた（ただし、地下水の活発な汲上げは、砒素被害という新たな人災を招いた）。また、農村電化公社による電力網は、精米、保冷倉庫など農産加工・流通業、小修理工場などの拡大を支えてきた。こうした変化は、精米工場や保冷倉庫の経営や雇用、農産物の小商い《ビジネス》、機械修理、サイクル・リキシャ引きなど、農村部での非農業雇用を広げた[12]［向井 2003］。これらの職種は、農地の細分化や、灌漑普及の限界による耕作部門での雇用増大が望めないなか、農村部での唯一の雇用創出源となっている［藤田 2005］。こうした変化を背景に、バングラデシュ農村部での貧困人口比率は若干低下したもの[13]の、農村中・上層部が、より有利な都市の雇用や外国への出稼ぎ収入によって機会を大幅に広げたことに比べれば、相対的な階層間格差は、むしろ拡大したのであった［藤田 2011］。

第二は、生存条件の改善である。貧困と飢えに苦しむバングラデシュというイメージは、独立戦争時の難民の悲惨な姿とかさねあわされて、この国への印象を固定化してきた。だが、出生、疾病など人間の基本的生存条件の劣悪さは、この間にめだって緩和されてきた。表10で見るように、バングラデシュの出生率、死亡率（とくに乳児の）、人口増加率、また平均余命は、インド一国全体と比較すればかなり良好で、州レヴェルで見ても、よく知られたケーララ州の高い水準にはおよばないものの、インドの中位水準にあるカルナータカ州などに近似している。人口増加率は二％を切り、合

表10　バングラデシュとインドの社会指標(2011年)

		バングラデシュ	全インド	ケーララ州	カルナータカ州	ビハール州
粗出生率(‰)		17.9	21.8	15.2	18.8	27.7
粗死亡率(‰)		4.8	7.1	7.0	7.1	6.7
自然人口増加率(‰)		13.1	14.7	8.2	11.7	21.0
合計特殊出生率(人)		2.2	2.6	1.8	1.9	3.6
乳児死亡率(‰)		37	44	12	35	44
平均余命(歳)	男子	70	68	72	70	66
	女子	68	65	77	65	66
識字率(%)(7歳以上)	男子	57	82	96	83	73
	女子	49	66	92	63	53

出典：Bangladesh Bureau of Statistics, *Bangladesh Population and Housing Census 2011, Socio-Economic and Demographic Report, National Series*, Vol.4, Dhaka: 2012; Drèze, Jean and Amartya Sen, *An Uncertain Glory, India and its Contradictions*, London: Allan Lane, 2013.

計特殊出生率が示すように、家族の子ども数も、二・二(人)にまで低下した(二〇年前の一九九一年には三・六七であった)。バングラデシュは七〇年代には、生存条件の劣悪さにおいて、しばしばインドのビハール州と同列に扱われていたが、社会指標で見る限り、今日のビハール州の諸指標はバングラデシュの九〇年代初頭の水準にある。ただし、バングラデシュでは識字率だけは男女ともに低く、ここに大きな課題が残されている。主要な労働力である男性の識字率は、南アジア全域を見渡しても、最低の部類に入る。女性の識字率も決して高い水準にはない[14]。こうした識字率の低さにもかかわらず、バングラデシュにおいて、なぜインドの中位州水準の社会指標が実現されているかは、検討に値する課題である。それは行政による公的な介入によるというよりは、バングラデシュ国内で実働五万団体といわれるNGOが主導した、保健、医療、安全な飲料水供給などの活動の成果である。J・ドレーズとアマルティア・センが強調するように便所の設置、予防接種、手押し井戸、煮沸水による下痢防止策などの低コストの衛生教育は、NGO団体の活動を通じて広く普及した[15]。さらにNGOが小学校教育から大学教育にいたるまで幅広く活動を展開している〔日下部 2007；南出 2014〕。よく知られるグラミン銀行など、女性を対象とする小規模融資（マイクロクレジット）が、女性の世帯内での発言力の向上や、家庭外労働、社会活動の拡大を支えてきた（第十一章三七四頁参照）。

開放経済とバングラデシュ政治

これまで見てきた政治と経済の対照的な様相は、いったいどのように結びついているのだろうか。先に見たバングラデシュにおける民主化の否定的側面は、「ガバナンス」（統治）問題などと総称されて、とりわけ二〇〇一年選挙前後から、国際機関や先進諸国からの強い批判と改善要求にさらされてきた。これらの国際世論は、「劣悪なガバナンス」をバングラデシュのさらなる経済発展の障害と見なしているが、一国内の現象として、政治と経済をそのように切り離して見ることができるのだろうか。また「劣悪なガバナンス」には、それなりの経済的背景はないのだろうか。この問いに答える一つの手がかりとして、最後に政治家（国民議会議員）の職業的な背景に着目してみよう。第九次国民議会（二〇〇八〜一四年）について、議員の職業分布を整理したのが**表11**である。[16]

この表からは、開放経済のもとで成長し、恩恵に浴してきた企業家・商人（「ビジネス」）層が、国民議会に一大勢力として進出していることが読み取れるだろう（表の太枠内で一五五名）。このなかでは、業種を特定しない「ビジネス」という回答が三分の一を占めるが、具体的に述べられる回答を見れば、繊維・縫製産業を主とする製造業、貿易業、金融業をはじめ、前節で見た一九九〇年代以降の都市部での成長産業が国民議会議員の大きな供給源であることは明らかである。また農業、農村部についていえば、純農業経営よりは、農業経営に一方の足場をおきつつも、農水産物流通業や運輸、保冷倉庫、精米所などを経営する企業家・商人層が優越的である。これも、すでに見てきたような農業、農村部の変化に対応している。

専門職群のなかでは、法律家、元官僚はパキスタン時代から議員の代表的職業であったが、現在ではそれに元軍人が

表11　第９次国民議会議員の職業構成

	農業経営	農業関連「ビジネス」	「ビジネス」(不特定)	貿易・金融・証券業	不動産・建設業	運輸業	製造業	うち繊維・衣服製造	政治家	法律家	医師	元官僚	元軍人	教育・社会活動・メディア	その他
農業経営	8	8	11	1	4	1			2	2				1	
農業関連「ビジネス」[(1)]		6	1	2	1	3	4	[2]		1				1	1
「ビジネス」(不特定)			53	3			2	[2]	5	2				1	1
貿易・金融・証券業[(2)]				17	4		4	[3]		2					2
不動産・建設業					8		2	[2]							
運輸業						1									
製造業[(3)]							19			1				1	1
[うち繊維・衣服製造]								[10]						[1]	
政治家									12	1			1	1	
法律家										34	1			1	
医師											12				
元官僚												12			
元軍人													10		
教育・社会活動・メディア														9	
その他															8

注：網掛け部分は記載職業が単数のもの。わずかながら同一分類内での複数職業も含む。
(1)精米，煉瓦，養鶏，低温倉庫，エビ養殖などを含む。(2)輸出入業，C&F(通関業)，海運，銀行，保険，コンサルタントなどを含む。(3)食品，ジュート撚糸，皮革，履物，陶器などを含む。
出所：Bangladesh Parliament HP, “9th Parliament Members' List” から筆者作成。

加わって、依然として一定の比率を占めつづけている。また、一部の政治家・法律家と同様に、元官僚・元軍人の多くはなんらかのかたちで企業・商業活動との関係をもつであろう（ともに「元」職であり、現職は不明である）。

このように、議員の職業的背景からは、経済と政治が別物どころか、極めて密接な関連をもっていることが明らかになる。つぎに企業家・商人（「ビジネス」）層が大挙して議会に進出する背景を考えてみよう。

第一は直接的な利益である。議員の肩書は、銀行融資、土地や電力の調達などで有利な立場に立つことを保障する。停電が日常茶飯なななかで、大臣の選挙区だけは夜でも煌々と灯りがつくなどという現象は農村地域の常識であるといわれる(17)。第二には、経済活動に対する政党の頻繁な介入、政党の別働隊化した学生組織による暴力団まがいの「みかじめ料」の強要、小火器による暴力の蔓延のなかで、政党による庇護は、経営の安全をはかるうえで欠かせない。また労働組合活動家の排除や、場合によっては殺害などにも、警察や治安部隊の力を借りねばならない。こうして「勝者総取り」政治のもとで、企業の世界も否応なしに政治化の渦に巻き込まれざるをえない。政党を横断してみられる企業家による議会進出自体、「ビジネス」活動の一部なのである。

そして第三に、ある意味でもっとも重要なのは、当事者が意識するしないにかかわらず、彼らの議会進出そのものが、議会による企業活動への監視・規制機能のサボタージュにつながっているという点である。縫製工場や建物の安全基準を順守させよう、縫製労働者の賃金を引き上げよう、あるいは、不動産業者、エビの養殖業者や煉瓦工場主による農地の浸食や環境破壊を防止しようなどというイニシアティヴは、すでに見たような空洞化した国民議会からは生まれてこない。その好例が、死者一一三三一人を出した二〇一三年四月のラナ・プラザの縫製工場倒壊事故にいたる経緯である。高等裁判所は、〇六年、一〇年の二回にわたって縫製工場における建築基準の順守命令を出してきたが、歴代の政権はこれをまったく無視してきたのであった。建物の倒壊以外にも、頻繁な工場火災や感電死事故など労働環境の軽視は、グローバルな生産システムのもとでコストの切下げに走る発注元の世界的なブランド企業や、地元企業の責任はいうまでもないが、労働災害防止の諸法令や、建築基準、防火基準などの厳正実施を経営者側に義務づけてこなかった政府・行政の責任もまぬがれない。ここには司法府軽視の政治状況だけでなく、監視機構不在のまま企業の参入拡大を至上命令にしてきた産業政策の欠陥が露呈されている。

空洞化した議会は、政治化し、無規制のまま利益競争に奔走するバングラデシュの企業社会の忠実な反映でもある。そのつけが、どこにまわされているかは明らかである。議会の機能不全によってもっとも被害を受けているのは、着実な伸びを見せている経済成長や企業家であるよりも、工場倒壊や火災の犠牲となった労働者、不動産業者に土地を強奪された小規模農民、二大政党の組織的暴力にさらされる一般市民たちである。国民生活上の重大な問題が議会で議論されないこと自体を、いまやだれも不可思議と思わないほどに、バングラデシュの議会政治の空洞化は著しい。

これからのバングラデシュ

本章の結びとして、今後のバングラデシュ政治・経済の状況を見るうえで、留意しておきたい三つの論点をあげる。

第一は、だれの目にも明らかになっている対決型の二党政治転換の必要性である。「非政党選挙管理政府」制度は、限界はあったが、ともかくも二党政治への有力な統御機構であった。二〇〇七〜〇八年の非常事態下で、新政党結成の動きを見せたグラミン銀行の創設者、ムハムマド・ユヌス教授に対して既成政党、とくにアワミ連盟がいだく警戒心は、ノーベル平和賞受賞者(二〇〇六年)として国際的にも高名なこの学者兼社会事業家が、第三勢力の核となることを恐れているからにほかならない。第三勢力の芽がどこから育つかを注視する必要がある。

第二に、政治活動、さらには経済活動への政党中立的な監視機構が増設され、実効力をもたねばならない。国民議会や司法府をはじめ、選挙管理委員会、腐敗監視機関あるいは中央銀行などが、行政権力から独立して期待通りの役割をはたすことが求められる。現在では、むしろNGOを含む国際援助機関や外国政府が、こうした監視機構の欠落を埋めているようにみえる。また、「ガバナンス」の改善は政治・行政のみに求められるのではなく、企業にも求められねばならない。そもそも世界の多くの国々の実例が示すように、民主化と市場化は順調に予定調和的に相携えて進むとは限らない。政治に民主化が求められると同時に、市場経済への移行にも、経済取引ルールの確立や、経済活動の規律と透明性を保障する監視機構などの制度的な整備が要求される。一九九〇年代以降のバングラデシュ経済の好調を背景に、「中所得国化」などというヴィジョンも提示され始めているが、今後は、労働者の低賃金や無権利状態を見直し、経済水準の上昇にふさわしいルールや制度を確立していくことが、より強く求められるだろう。(18)

最後に手短にふれるが、第三は対外関係である。とくに兵器の輸入も含めて、最大の輸入相手国である中国、そして二〇一一年以降急速に経済関係が進展している隣国インド［村山 2012］、この両国との均衡のとれた関係を維持できるか否は、バングラデシュの今後の対外関係のみならず、国内政治にも大きな影響をおよぼすことになろう。

（二〇一四年十二月三十一日）　佐藤　宏

〔追記〕　本稿の稿了後二〇一六年七月にダカ市内で発生したイスラーム過激派によるテロ事件については、バングラデシュにおけるイスラーム主義の系譜のなかで事件を論じた、佐藤宏「バングラデシュのイスラム過激派テロ事件」『季論21』（二〇一六年秋）九三〜九九頁、および巻末の参考文献(12)を参照されたい。

▼補説9▲　ネパール・ブータンの政治経済

ネパール

ネパールは中国とインドにはさまれた内陸山岳国で、二〇〇八年五月に王制から共和制に移行した。東西に長い国土は、大きく分けて北部の山岳地帯、中央部の丘陵地帯、さらに南部のインドとの国境地帯となる平野部からなる。山岳地帯はチベット系の、丘陵にはチベット系とインド系の、平野部ではインド系の言語が話され、さらに少数民族言語を話す部族が散在する、多言語・多民族の国である。

旧王朝の歴史は、十八世紀末に中部のゴルカ王国(シャハ家)がカトマンズのマッラ朝を倒し、全土を制圧したことに始まる。しかしその後一八四六年に宰相ジャン・バハドゥール・ラナが政治の実権を握り、以降一〇〇年余り、ラナ家が国王を抑えて王国を支配した(ラナ時代)。ラナ家は、その変則的な体制を保持するために徹底して抑圧的な支配をおこなった。しかし二十世紀に入り、南アジアでの反植民地運動に連動するかたちで反ラナ体制運動が強まった。運動の中心はインドの反植民地・独立運動に刺激を受けて結成されたネパール会議派である。一九四七年にイギリス植民地インドはインドとパキスタンに分かれて独立したが、イギリスへの協力によって体制維持をはかってきたラナ家は、生残りをかけて新しい隣国インドとの関係を模索した。

しかしこの時期インドはラナ家の動きを警戒していた。その理由は直接的には一九五〇年十月の中国によるチベット侵攻であった。インドは、中国がネパールをへてインドに圧力をかける事態を避けたかった。インドは、ネパール会議派を中心とする反ラナ勢力を「親インド的」ととらえ、彼らの反ラナ運動に乗じてネパール政治に直接介入した。同年十一月六日、トリブバン国王がカトマンズのインド大使館に「保護を求め」、二日後にインドに「亡命」、インドは国王を保護してラナ家打倒に乗り出した。これと相前後してネパールで反ラナ・民主化要求運動が展開された。この事態は翌年一月にラナ家が、国王の復帰、新内閣の発足、国会選挙の五二年実施など、インドの提案を受け入れたことで決着した。国王の実権回復と、ラナ時代の終焉である。五一年二月にラナ家とネパール会議派からなる暫定内閣が成立した。しかし新たな体制は定着せず、以降約三〇年間、王権強化が進み、政治活動は弾圧された。まず前述の暫定内閣は、国王により五一年十一月に解任され、つづいてつぎつぎと内閣が樹立され解任されたが、いずれも国王の命による。国王の意図はラナ勢力と政党勢力の排除である。約束された五二年の選挙は延期されつづけた。

一九五五年のトリブバン国王の死去により王位に就いたマヘンドラ国王は国会選挙実施を約束したが、選挙は実行されず、政党側は抗議運動を開始した。この抗議に押されて国王は五七年十一月に選挙布告を出し、ネパール初の国会選挙が五九年二月から五月にかけて実施された。しかし国王は、親政の強化のための布石を敷いている。国王は五九年二月に憲法を公布した。この憲法は、国王に行政・立法・司法の最高権限を委ね、国王を頂点に中央・県・郡・市町村に評議機関(パンチャーヤト)を設置し、評議機関をとおして中央すなわち国王が全国を統治できる体制を定めた。この体制はのちに「パンチャーヤト体制」として確立する政党否定の統治構造の原型である。

一九五九年の国会選挙の結果、ネパール会議派が過半数議席を獲得し初の民選内閣が成立した。しかしこの内閣は六〇年十二月に国王により解任され、国会も解散された。国王は同時に一九五九年憲法を停止した。以降、王権がすべてに優越するなかで、政党活動は禁止され、政治家は勾留を逃れて地下に潜行し反政府運動をつづけるという状況となった。

マヘンドラ国王は一九六二年十二月に新憲法を公布した。新憲法は、政党活動を認めず、統治の形態としてパンチャーヤトを規定した。マヘンドラ国王は七二年一月に死去し、ビレンドラ国王に代わったが、新国王のもとでもこの統治形態が踏襲された。ただしビレンドラ国王時代には、体制への批判が噴出し、七六年から七八年にかけて反対運動が展開した。政党活動を押さえ込んで磐石と思われたパンチャーヤト制度に綻びが見え始めた。事態は七九年に急変した。七九年四月、カトマンズでデモ隊と警察隊が衝突したのを契機に各地で暴動や抗議行動が発生した。これに対して政府は、政党指導者の逮捕などの強硬策で応じたが、逆に抗議運動が全国に拡大した。

事態の収拾のため国王は一九七九年五月二十四日、「現行の非政党パンチャーヤト体制を維持するか否か」を問う国民投票を実施するとの打開策を提示した。「否」には、政党制を選択するという含みをもたせた。国民投票は八〇年五月に実施され、パンチャーヤト体制支持が有効投票数の五四・八%、政党制支持者は四五・二%となり、国王の政治的賭けは「パンチャーヤト制の継続」として決着がついた。しかし僅差の結果は、体制について国論が二分されていることを示している。むしろ、政党側に付されていた厳しい締付けを考えると、政党制支持の数値は民主化への希求が強く示されたものといえる。そのことから国民投票ののち、一連の改革措置がとられた。これらの改革には、王権とパンチャーヤト制度については譲らないものの、民主化勢力に対する妥協が見られる。体制改革ではまず、間接選挙と国王任命であった国家パンチャーヤト(国会)に成人普通選挙を導入した。ただし出馬資格には厳しい制限があり、政党の参加も認められなかった。国会選挙は八一年五月に実施され、六月に「議会に信をおく」内閣が成立した。政党の多くは選挙をボイコットした。しかし以降、国会での政治抗争が頻発し政治は混迷した。内閣は、食糧不足、物価上昇の責任を国会で追及され、八三年七月に辞任し、後継の内閣も経済運営の失敗を糾弾された。内閣交代を招くような国会内の対立は、パンチャーヤト体制内部の権力闘争に国王の抑止が効かなくなっていることを示している。

この混乱のなかで政党が動いた。一九八九年にネパール会議派と左翼政党による反体制・民主化要求の大衆キャンペーンが始まった。九〇年一月十八日にネパール会議派が民主化要求のための全国運動の開始を決定し、二月の集会で「大衆蜂起」を呼びかけ、これに左翼政党が応じ、全国におよぶ民主化運動の幕開けとなった。ゼネストやデモがつづき、大衆が続々とこれに参加した。その結果、事態を抑えることが不可能と判断した国王は九〇年四月、パンチャーヤト制度の廃止と複数政党制の導入を宣言し、同年十一月には新憲法が公布された。九一年には三二年ぶりの国会議員選挙が実施され、第一党となったネパール会議派による内閣が成立した。

しかし民主化は実現したものの、以降も、安定とは程遠い状況がつづいた。民主化要求運動で手を組んだネパール会議派と左翼政党が、二大政党として激しく対立し、内閣交代が繰り返され、政治は安定しなかった。

このような状況のなかで、以降の政治に大きな影響を与える対立的な二つの事態が生まれた。一つは、王権の強化をめざす勢力の復活、もう一つは、王制廃止・共和国国家建設を主張する左翼系武装グループの活動である。後者は、前記の民主化要求運動に参加したものの民主化達成後成立した君主制民主主義に満足せず、国会から身を引き、一九九五年に毛沢東主義ネパール共産党(以降「毛派」)を結成した。毛派は、王制の廃止と、武装闘争による「革命」を主張した。毛派は九六年頃より武装闘争に転じ、王国軍、治安軍と激しい交戦を展開していった。毛派は、貧困層やカースト社会の低層の支持を得ている。毛派の共和制主張に追い風となっているのは、政治の混迷、経済の停滞に加えて、王制の意味が揺らいでいることである。これに関連して重要なのは、二〇〇一年の「王家の惨事」すなわち皇太子が国王夫妻と王族を殺害して自殺したとされる事件である。国王の弟ギャネンドラ王子がこの惨事の際に不在であったため生き延びたことで新国王に即位したが、この事件は王家の威信を傷つけ、王家に対する国民の信頼を大きくそこなった。

以降、国王と反国王勢力の対決が先鋭化し、事態は「国王離れ」の方向に急速に展開していった。まずギャネンドラ新国王が王権の強化を試みた。国王は、二〇〇二年五月に国会を解散し政治権力を掌握、さらに、「毛派との戦闘と政治の混乱に自ら対処する」として〇五年二月に国内非常事態宣言を発令し、政治家、ジャーナリスト、人権活動家などをいっせいに拘束し、報道管制を敷いた。「国王クーデタ」であり、国王直接政治体制への逆行である。国王は非常事態宣言を同年四月に解除したが、権力は保持した。これに対して政党側が強く反発した。〇五年五月に、ネパール会議派など七政党が「二〇〇二年に解散された国会の回復」を求めて統一戦線を結成し、これに呼応して毛派が軍事攻勢を強めた。さらに民衆が国王批判に参加し、「政党・毛派・国民」と「国王」という対立の構図となった。七政党と毛派は提携を強め、〇六年四月に「反国王ゼネスト」を実施した。ゼネストや集会への大衆動員は未曾有のものとなり、これに圧されて国王はついに「強行解散した国会の復活」を宣言せざるをえなかった。

国会の復活にともない政党連合による暫定内閣が成立し、その後、〇六年後半には政府と毛派との政治対話がもたれ、十一月に両者は「包括合意書」に調印した。〇七年一月に議会が暫定憲法を可決し、四月には毛派が参加した暫定内閣が樹立され、政党参加による選挙をへて〇八年四月に憲法制定議会(制憲議会)が発足した。制憲議会は同年五月二十八日の議会初日に「王制廃止・共和制移行」を決議し、「国民主権の独立・セキュラー(世俗)・包括的・連邦民主共和国」の樹立を宣言した。しかし憲法制定作業は難航し、制憲議会は任期延長を繰り返したのち一二年に解散、あらためて一四年十一月に制憲議会選挙が実施された。この選挙の結果、ネパール会議派が第一党となったものの単独過半数には遠くおよばなかった。

ネパールは、王制を否定して共和制を実現したが、一九八九年に始まった政治の激変の過程で浮上した党派間の対立が調停されないまま、むしろ憲法制定をめぐって先鋭化した。その後二〇一五年九月に制憲議会が新憲法を承認、公布にいたったが、これは、同年四月に発生した大地震を契機に早期制定で政党の合意がなったことによる。

ブータン

ブータンは、ヒマラヤ山脈東部に位置し、中国とインドにはさまれた内陸山岳国である。ブータンの歴史は明らかになっていない点が多いが、「近代国家の形成」は十七世紀を起点に考えていいだろう。十七世紀初めに、チベット仏教ドゥック派の高僧ガワン・ナムゲルがチベットでの政争に敗れてブータンに入り、ブータンで宗教権威を確立したことを起点に国家の姿が形づくられ、以降徐々に「近代国家」への歩みを進めていった。ガワン・ナムゲル当時のブータンは、各地に独立した王国があり、その支配による群雄割拠状態にあった。このような状況のなかでガワン・ナムゲルがドゥック派仏教を浸透させ、十七世紀後半以降、各地のゾン(支配者の城砦であり仏教僧院でもある)をとおした政治的・宗教的支配という独特の統治のかたちが確立されていった。

ブータンの近代史はこの時期のイギリスの植民地支配の進行が深くかかわっている。ブータンは、南でイギリス植民地インドに接し、北ではブータン仏教文化の起源であり、かつ、ブータンよりはるかに強い存在であることから親近性と反発の錯綜した関係をもつチベット、さらにチベットに圧力を強めつつある中国があり、その狭間で、微妙な舵取りに苦慮しながら、近代への脱皮を進めざるをえない状況にあった。

十八世紀半ば頃から、インドを手中におさめたイギリスが、ヒマラヤの北にあるチベットに関心を強め始めた。イギリスは、通商ルートを開拓する狙いとともに、チベットに進出する清朝中国、さらには帝政ロシアの動きを警戒した。ブータンを取り巻く環境の激変、つまり、南におけるイギリスと、北のチベット・中国からの圧力の強まりは、ブータンに動揺を与え、イギリスとの関係樹立を決断させた。ただし経緯は単純ではない。ブータン内部の諸豪族の意見は割れており、孤立保持を主張したり、イギリスとの対決を主張する意見も根強かった。しかし第一次ブータン・イギリス戦争(一七七二〜七三年)で、ブータンはイギリスの軍事力に対抗できず、その後一八五七年のインド大反乱をへてイギリスによるインド直接統治が確立し、イギリスの存在はさらに大きくなった。加えてイギリスは、チベットへの関心からブータンへの働きかけを積極化した。ブータンはイギリスの圧力に対抗して一八六五年にイギリスと再度交戦したが、再び敗北を喫した。勝ったイギリスは、チベット・中国とのあいだの緩衝国家としてブータンを位置づけ、ブータンの独立性を認めたが、ブータンの孤立主義は終焉せざるをえなかった。さらに一九一〇年、ブータンはイギリスと、外交・国防はイギリスが責任をもつとの内容を含む協定を結んだ(シンチュラ条約)。この条約でブータンは内政権限を保持し、英領インドの一部となることは避けられたが、対外政策ではイギリスに従うこととなった。

このようななかでブータン中央部トンサの支配者であるワンチュク家が群雄割拠状態から抜け出してブータン全土を掌握した。一九〇七年にワンチュク家のウゲン・ワンチュクがブータン初代国王に就き、世襲君主制を敷いた。対外関係について諸豪族の意見が分かれるなか、ワンチュク家はイギリスとの提携を重視した。ワンチュク家による国家統一には、イギリスの後ろ盾が必要であった。

一九四七年、イギリスが南アジアから撤退し、英領インドはインドとパキスタンに分離・独立した。インドはイギリス撤退後その権限を継承し、四九年八月にインドとブータンは平和友好条約を締結した。条約は、インドがブータンの内政に干渉しないことを約束するとともに、ブータンの外交については「ブータン政府はインド政府の助言により指導を受けることに合意する」(第二条)と定めている。

以後インドとの関係が強まるが、これにはインドの安全保障政策・対中国政策が背景にあった。一九四九年に成立した中華人民共和国はチベットへの進出を積極化し、五〇年秋に中国人民軍がチベットに侵入し、五九年にダライ・ラマがインドに脱出した。これにより中印関係は急速に悪化した。インドは、チベットに中国の影響が強まり、それがインドへの圧力となることをきらい、チベットとのあいだにある緩衝国家ブータンが、中印関係の狭間で中国寄りの姿勢つまりインドの利益に反する行動をとらないことを希望した。そのためインドはブータンに対して、道路建設をはじめとする経済援助や軍事協力など、積極的な働きかけを開始し、以降、ブータンとインドの関係は緊密化の方向をたどった。加えてブータン側の事情もあった。四九年の条約に加え、山岳内陸国の小国で、しかも資源に乏しく山地という地形から国家運営や開発に多大の資金を要するブータンは、隣国インドとの関係を良好に維持する必要があった。

国内政治では、ワンチュク家による王制は、寡頭政治と強力な中央集権に特徴があった。ただし世俗の支配は国王が執行する一方、宗教に関しては大僧正が僧院組織をとおして社会に宗教上の影響力をもつ神政国家のかたちも保持している。そのような環境のなかで「近代国家」建設のための政治改革が、国王主導のかたちで進められた。二六年に即位した第二代国王ジクメ・ワンチュク、さらに五二年に王位を継いだジクメ・ドルジ・ワンチュク第三代国王のもとで、いくつかの政治体制改革が実施された。改革は、おもに行政面での組織改編を中心としている。第二代国王時代には、全国を県に分け、県には中央政府任命職の県知事を配した。第三代国王時代には、議会と内閣が創立された。議会は一院制で、選出議員と僧院代表、政府任命議員からなる。政党活動は認めていない。経済面では六一年に経済開発五カ年計画が開始された。七二年に即位した第四代ジクメ・センゲ・ワンチュク国王のもとで、さらなる改革が取り入れられた。技術と環境、近代化と伝統の調和などを織り込んだ「国民総幸福」(GNH、Gross National Happiness)が国家指標として打ち出された。

さらに、絶対王制から立憲君主制への移行が進められた。二〇〇六年に第四代国王が退位し皇太子が第五代国王に即位した。つづいて、〇七年十二月に上院の、〇八年三月に政党の参加を認めたうえで下院の選挙を実施し、五月に国会召集、七月に憲法が施行された。これにより、議会制民主主義に基づく立憲君主制のかたちが整った。一三年七月には第二回国会選挙が実施された。

このように大幅な制度改革を実行する背景には、ブータンの国家統合問題があると考えられる。小国でありながら複雑な地形をもつ国土は、多言語・多民族を擁し、歴史の浅い王国にとって国家統合は難しい課題である。さらに「ネパール系住民問題」も深刻である。一九六〇年代以降、建設事業などの労働者として、あるいは土地を求めて南部に移住し定住するネパール系住民の人口増が、ブータンの人口構成を急速に変化させた。チベット仏教を起源とする宗教文化・社会構造によってブータン政治を担ってきた「ブータン人」にとって、ヒンドゥー教徒であるネパール系住民の増大は脅威と映った。八九年には、国語ゾンカ語の使用や、ゴー、キラと呼ばれる民族服の着用を義務づけ、第二外国語としてネパール語の教育を禁止するなど、「ブータン化」を強調する国王布告が出された。さらに、ブータンに職を得て居住するネパール系労働者に契約更新を拒否し、加えて南部に居住するネパール系住民の「強制排除」(国外追放)も実施された。難民となったネパール系住民は一〇万人にも達し、ネパール東部の難民キャンプに収容され、彼らの処遇・帰国はネパールとの外交問題となった。「ブータン化」に反発するネパール系住民の存在は、「ブータン性」で国家を統合したい政府・王室に難問を突きつけた。新憲法の制定、成人普通選挙による国会選挙、新王の即位など、矢継ぎ早の、しかも王室主導の一連の政治改革の背後に、「ネパール系住民問題」で明らかとなった多民族国家ブータンの国家統合の苦悩がうかがわれる。

井上恭子

注

(1) ベンガル・デルタ農村の形成史として、河合明宣・安藤和雄「ベンガル・デルタの村落形成についての覚え書き」海田能宏編『バングラデシュ農村開発実践研究——新しい協力関係を求めて』コモンズ、二〇〇三年、一一四〜一三一頁を参照。東パキスタン時代から村落社会研究に取り組んできた二人の研究者の成果として、Hara, Tadahiko, *Paribar and Kinship in a Moslem Rural Village in East Pakistan*, Institute for the Study of Languages and Cultures of Asia and Africa, 1991 および Komoguchi, Yoshimi, *Transformation of Rural Communities in Asia: a Geographical perspective from Village Studies in Bangladesh and Malaysia*, Dr. Yoshimi Komoguchi Memorial Publication Committee, 2000 がある。

(2) ムジーブが独立宣言を発したか否かについては論争もあり、それが、独立戦争の貢献をムジーブに帰すのか、ジアに帰すのかという、戦争に参加した民衆を脇においた議論の発端となっている(外川昌彦「独立宣言をめぐる謎」『遡河』一五号、二〇〇四年、三一〜三六頁)。

(3) 独立戦争についての基本資料は、バングラデシュ、インド両政府の公式資料集が刊行されているほか、アメリカ政府による文書公開も進んでいる。また、二〇〇〇年にいたり、非公開であったパキスタン政府による戦争調査委員会(ハムドゥール・ラフマン委員会)報告書がバングラデシュの英字紙により報道され、のちにパキスタンから刊行された。また、ダカの民間調査グループ「解放戦争研究センター」は、一九九六年から九七年にかけて二五〇〇人にインタビューをおこない、解放戦争参加者、目撃者の記録を掘り起こしている(以上の文献については、佐藤宏「バングラデシュ独立戦争と戦闘参加者・目撃者の記録――解放戦争研究センターの「オーラル・ヒストリー・プロジェクト」」『史資料ハブ　地域文化研究』五号、二〇〇五年、九八〜一〇四頁を参照)。

(4) バングラデシュ独立から軍人政権期の陸軍を同時代の研究者として追跡しつづけたのは長田満江である。長田満江「バングラデシュの政治と軍」[佐藤編 1990:139-179]参照。

(5) 宗教上のマイノリティとしては、総人口一億五〇〇〇万の八・五三%を占める(二〇一一年)一二七九万人のヒンドゥー教徒を筆頭に、仏教徒六二万人(一九九一年)、キリスト教徒三五万人(同)が存在する。ヒンドゥー教徒人口比は一九六一年には、一八・五%、七四年には、一三・五%で、しだいに低下している。また、チッタゴン丘陵を中心に一五九万(二〇一一年)のトライブ人口がある。ムスリム社会には、アフマディーヤ派教徒(パキスタンでは非ムスリムと見なされマイノリティとして扱われている)も一〇万人存在する。さらに、ウルドゥー語話者で、一九四七年の印パ分離の前後に東パキスタンに流入したムスリム、いわゆる「ビハーリー」と呼ばれる人びとが約二十数万人いる(中谷哲弥「残留パキスタン人――バングラデシュ独立の一側面」『週河』一五号、二〇〇四年、一八〜二七頁)。これらのマイノリティは、いずれもなんらかのかたちでの抑圧をバングラデシュ国内で受けている。バングラデシュの宗教社会に関しては[高田 2006:外川 2009]を参照。

(6) 学生組織は、各大学の自治会での勢力を争うほか、ダカ大学では、とくに一三ある学生寮(ホール)の役員争奪が重要になる。学生寮は、特定学生組織の根拠地となり、しばしば武器隠匿庫ともなるからである。一九八九年の学生寮役員選挙では、JCDはその約三分の一を単独で制した(Khosbu, Mohammada, *Bamladesera Chatra Andolanera Itihasa*〈バングラデシュの学生運動史〉, Dhaka: Student Ways, 1991, p.114)。

(7) 第一〇回選挙では、一五四議席が対立候補なしの無投票当選となり、投票率も四〇%以下と見られている。

(8) 政教分離主義の定義を復活させた第一二条では、特定の宗教に有利な政治的な地位を付与することを排除している(同条

b)だけに、イスラームの国教化を規定したままでの第一五次憲法改正の自家撞着ぶりは鮮やかである。

(9) 「一九七一年の殺人者および手先の根絶委員会」は一九九二年三月に、アザムに対する「人民法廷」を組織した。この委員会とその代表である文学者ジャハナラ・イマムについては、渡辺一弘「バングラデシュの二人の女性作家——タスリマ・ナスリン問題をめぐって」『遡河』七号、一九九五年、六～一一頁参照。なお政府が組織した「国際犯罪法廷」では、二〇一四年十二月末までにイスラーム党関係者を中心に一九名が起訴され(一名は公判中に死去)、一四名に死刑判決がくだされた。その多くは上告中で、判決が執行されたのは一名のみである。さらに老齢のために長期刑ないし終身刑に付されたアザムら二名はすでに死亡している。なお最高裁は一三年八月の判決で、同党による選挙委員会への登録申請を無効とした。これは「非合法化」措置ではないが、同党の選挙参加への道は閉ざされている。

(10) 憲法第六七条一項(b)は、連続して九〇開会日を欠席した議員の失格を定める。この条項では、かりに八九日間連続して欠席したとしても、そのあと「一日のみ」出席すれば失格をまぬがれる。野党議員の行動は大なり小なりこの種のものになっている。第九次国民議会での野党党首カレダ・ジアの出席日数は合計でわずか一〇日にすぎない(*The Daily Star*, 24 January 2014)。

(11) こうした首都の変容を高田峰夫「ダッカに見るここ数年の変化——バングラデシュ印象記(六)」『遡河』八号、一九九七年、一三～二〇頁が的確な観察力で描いている。

(12) 非農業雇用に関する関心は高く、ほかにも高田峰夫「「農民社会」・「農民」・農業外労働——バングラデシュの職業構造の事例から」『民族学研究』五六巻一号、一九九一年、二〇～四四頁、池田恵子「バングラデシュ農村における就業構造の変容——非農業雇用の質的高度化をめぐる考察」『静岡大学教育学部研究報告　人文・社会科学篇』五七号、二〇〇七年、一～一五頁がある。

(13) 最低必要限の消費支出を基準とした「貧困線」以下人口の比率は、一九九一年から二〇〇五年のあいだに、六〇%から四〇%(農村部四四%、都市部二八%)に低下した[藤田 2011]。

(14) バングラデシュの識字率の特徴について補足しよう。インド(二〇一一年)、パキスタン(二〇～一一年)のすべての州のうち、男子識字率がバングラデシュの五七%(一一年)より低い州は、わずかにパキスタンのバローチスターン州農村部(五四

%)のみである(インドは一一年センサス、パキスタンの場合はサンプル調査である)。一方女子については、バングラデシュ(四九%)以下の州は、インドではラージャスターン州とジャールカンド州の農村部のみだが、パンジャーブ州以外のパキスタンの三州はいずれもバングラデシュより低い(パンジャーブ州でも農村部では四二%にすぎない)。興味深いのは、インドでムスリム人口のみの識字率を〇一年について見ると、北部と東部インドの八州で、女子の識字率は同年のバングラデシュ(約一割の非ムスリムも含むが)よりも低い。八州とは、ジャンムー・カシュミール、ハリヤーナー、ウッタラーンチャル(現ウッタラーカンド)、ウッタル・プラデーシュ、ビハール、メーガーラヤ、アッサム、ナガランドである。つまり、インド東部から北部をへてパキスタンにいたる帯状地域のムスリム社会のなかでは、〇一年において、女子識字率はバングラデシュがもっとも高かった。関連してバングラデシュの女性については［西川 2001］も参照。

(15) Drèze, Jean and Amartya Sen, *An Uncertain Glory, India and its Contradictions*, London: Allen Lane, 2013, pp.58-64〔湊一樹訳『開発なき成長の限界——現代インドの貧困・格差・社会的分断』明石書店 二〇一五年〕、とくにインドとの比較をおこなった三・六表を参照。

(16) 資料からは選出議員三〇〇名中二八九名の職業が得られる。うち複数の職業をあげる議員が八一名いる。表11では、数は少ないが三種類以上を兼業する議員も、分類を広くとることで、二項目以内の分類におさめている。

(17) 外川昌彦『農民暴動のエスノグラフィー——バングラデシュにおける農村電化組合とODA事業後評価の経験から』広島大学平和構築連携融合事業(HiPeC)研究報告シリーズ、一〇号、二〇一三年、三九頁。

(18) バングラデシュ工業のもっとも新しい動向については、［村山・山形編 2014］を参照。

第十三章　グローバル・ヒストリーのなかの南アジア

本章の課題は、近年、グローバル化の傾向とともに盛んになってきたグローバル・ヒストリーの研究、とくに環境と経済の関係を中心とした歴史研究のなかで、南アジアの位置づけを考えることである。

その出発点は、長期にわたる人口扶養力の維持である。図14からも明らかなように、インド亜大陸は数世紀にわたって世界でも有数の人口規模を維持してきた。西洋型および東アジア型とともに、南アジアの経済発展径路が存在したのではないだろうか。また、英領期にも人口の絶対的増加が見られた。その規模と趨勢は、ほかの二つの径路に比較しうるものであるにもかかわらず、これまでの研究の焦点は英領期における経済の相対的停滞と世界GDP（国内総生産）に占めるシェアの低下に向けられてきた。たしかに、飢饉や疫病による死亡率の上昇、工業化の停滞、生活水準の低位など、生存基盤の維持を脅かす現象は少なくなかったが、しかし、人口はおそらく一八〇〇年から八一年までのあいだに、とくに南インド、東インドで増加し[Guha 2001:37-60; Mizushima 2014:13-43]、十九世紀末から二十世紀初頭にかけての（飢饉・疫病による）「マルサスの罠」の出現にもかかわらず、一八二〇年の二億一四〇〇万程度から一九五〇年の四億六〇〇〇万に上昇したものと考えられている。分離独立後も南アジアの人口の増加の趨勢は続き、二〇〇九年には一五億四〇〇〇万に達した（二〇一八年で推計一八億弱）。ちなみに、東南アジアは、この三つのベンチマークの年にそれぞれ三八〇〇万、一億八〇〇〇万、五億九〇〇〇万、サブサハラアフリカは五八〇〇万、一億八〇〇〇万、八億三〇〇〇万であった[Maddison 2009]。熱帯、亜熱帯において、南アジアの人口扶養力は群を抜いているといえよう。

それればかりではない。英領期には西洋における生活水準の急速な上昇に大きな遅れをとったが、少なくとも一八七〇年以降、一人当りGDP推計ではゆるやかな上昇傾向を示し、二十世紀初頭には中国よりもやや高い水準を維持していた。また、独立後は、東アジア、東南アジアの高度成長と生活水準の急速な上昇に大きな遅れをとったが、世界経済に占める南アジアのシェアは一九八〇年代以降、一人当りGDPの上昇をともなって着実に増加し始めた。最近は、成長率でも東アジアを凌駕する年が続いている。

1 南アジア型発展径路

東アジア型経済発展径路論

まず、本章の問題意識を示すために、東アジア型発展径路論といわゆる「二径路説」を簡単に説明しよう[Sugihara 2013 などによる]。一八二〇年に、東アジア(この統計では中国と日本のみ)は推定世界人口の四一%、推定世界GDPの三七%を占めていたのに対し、西洋のそれはそれぞれ一二%、一三%にすぎなかった(図14参照)。中国の経験は、膨大な人口を抱え込む経済の力と、それを支える帝国サイズの領土と制度を維持したまま、十九世紀中葉から現在にかけての大きな経済変動と工業化を経験した点で、早くに主権国家システムに移行し、産業革命を起こした西ヨーロッパのそれとは根本的に異なるものだった。徳川日本も、中国を中心とする東アジアの国際秩序のなかで、「勤勉革命」とも呼ばれる発展を遂げた。長期の発展径路の視点に立てば、十九世紀における「西洋の衝撃」が東アジアの地域システムを崩したというよりは、むしろ地域システムが西洋の技術や制度を在来のシステムにあわせて吸収することによって、世界経済の一部となったととらえられる。

それでは東アジア型経済発展径路とは何か。この地域の先進地帯では、遅くとも十八世紀には土地の稀少性と、それ

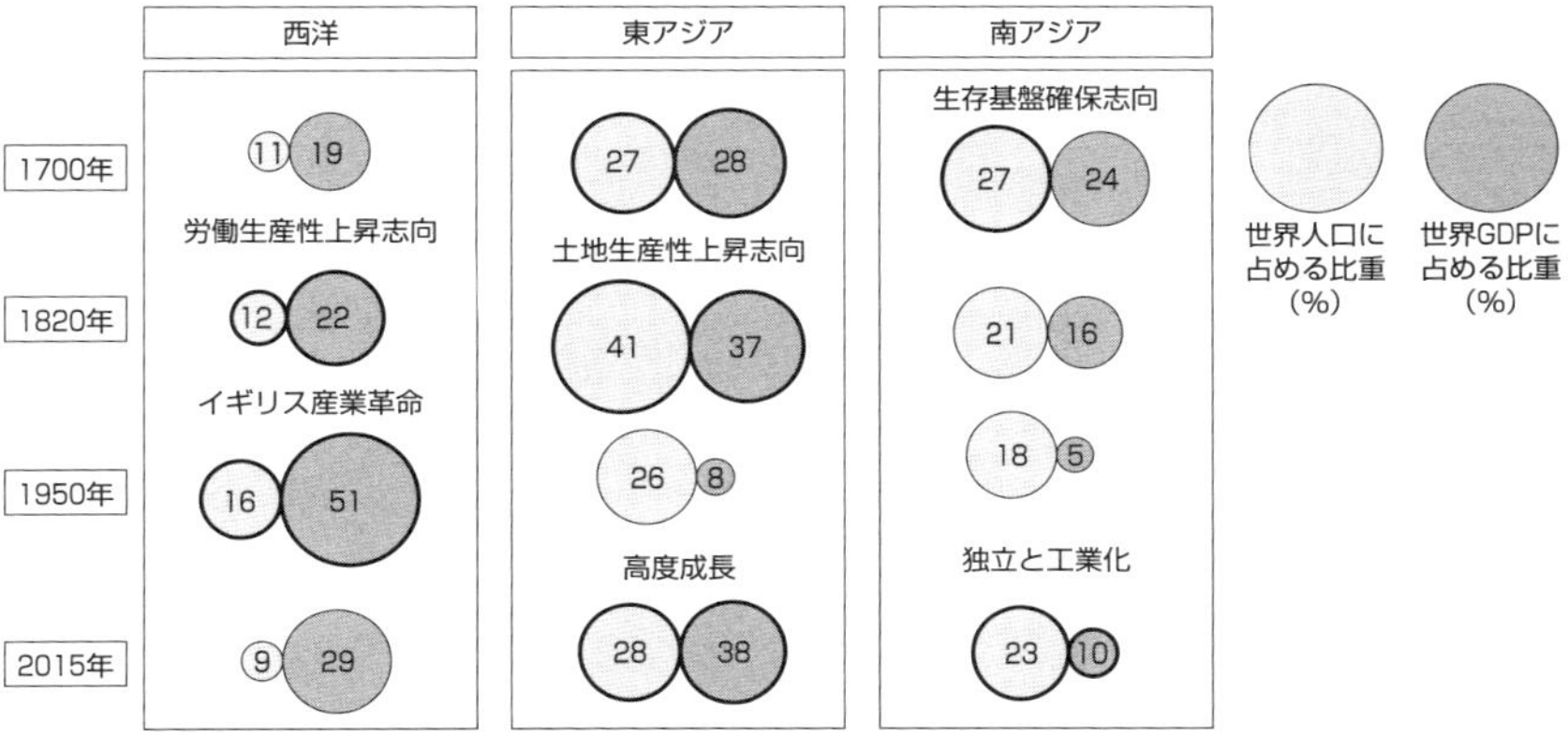

図14　世界経済の発展径路

西洋は西ヨーロッパ12カ国とアメリカ合衆国。東アジアは日本，中国，NIES，ASEAN の計10カ国。南アジアはインド，パキスタン，バングラデシュ，スリランカ。

出典：Maddison, 2009. 2015年は IMF, 2017 から推計。

への対応としての労働集約的技術、労働吸収的制度の発展という特徴が見られた。農業においては、労働生産性(例えば一人当りの米の収量)の上昇ではなく、土地生産性(例えば一ヘクタール当りの米の収量)の上昇が目標とされ、プロト工業(例えば綿糸・綿織物の生産)も、しばしば稲作農耕を中心とした小農家族経済の一環として発達した。その結果、農業労働者は大きな階層としては成立せず、工業化の基幹労働力となったのは、おもに小作農・自作農世帯の出身者であった。小農経済から工業化へというのが基本線だったのである。東アジア型径路は、工業化してからも労働集約型を維持し、技術も資源節約的な方向に向かう傾向をもった。

第二次世界大戦後の「東アジアの奇跡」は、世界GDPにおけるこの地域のシェアを三分の一以上に押し上げたという意味で、グローバル経済史の舞台を大きく変えた。この地域は、近代技術と制度を吸収し、自らの発展径路を再編する力を有していたが、その吸収力、適応力は、人口扶養力を基礎とした、数世紀にわたる長期の発展径路の一環として理解できる、というのがその仮説である。

そこでは、三つの段階を貫くある種の連続性を想定している。まず、近世の「勤勉革命」の時代に、中国、日本はスミス型成長(市場の発展とプロト工業化、農業の商業化)を経験した。つぎに、十九世紀後半から一九三〇年代までの時期に、日本と中国は労働集約型工業化を、生活水準を十分にあげることができないままにではあるが、遂行した。そして、第二次世界大戦後、日本、新興工業経済地域（NIES）、東南アジア諸国連合（ASEAN）、中国と続く、一連の高度成長を経験し、その一部では高い生活水準を実現した。

他方、西洋型径路は、私的所有権の確立と土地なし労働者の集積、都市人口の増加によって成立したイギリス資本主義と、資本集約的・資源集約的な径路を発達させたアメリカ資本主義によって牽引されてきた。西洋型径路と東アジア型径路は、交錯しつつも、長期にわたって並行して発展してきた。グローバル・ヒストリーをこのようにとらえるのが、西洋型発展径路が自余の世界に一方的に普及したとする立場に異議を唱える「二径路説」である。

化石資源世界経済と二径路説

二径路説は、近代世界の形成は、西洋の技術、制度、その背後にある価値観の世界的普及の過程であったとする西洋中心史観とは対立する。また、産業革命を生み出したヨーロッパの奇跡が「生産の奇跡」であり、ヨーロッパの生活水準を飛躍的に向上させたのに対し、第二次世界大戦後の東アジアの奇跡は、その結果不平等化した世界所得分配の悪化の傾向に歯止めをかけたという意味で、「分配の奇跡」であり、成長の果実を非ヨーロッパ世界に伝える役割をはたしたと考える。ただし、これらの二つの「奇跡」も、南アジアを含む熱帯・亜熱帯に住む多くの人びとにその恩恵を十分に届けることはできなかった。

ところで、グローバル・ヒストリーで大きな論争となったのは、ヨーロッパと中国との生活水準の比較である。ケネス・ポメランツは、十八世紀後半の東アジア（日本、中国）の先進地域における生活水準は西ヨーロッパのそれに比肩するものだと論じた。そして、西洋の圧倒的な優位を想定する従来の理解を覆そうとするこの主張に触発されて、比較のための方法や国際チームによる実証研究が続々とあらわれた（いわゆる「大分岐論争」）。現在では、ポメランツの当初の主張は中国の水準を高く評価しすぎていたとする意見が多くなっている〔Pomeranz 2000（ポメランツ 2015）および Allen et al. 2011: 8-38 など参照〕。ただ、こうした修正をへても、一人当りＧＤＰの推計の水準は、論争以前に比べれば、同じか、やや高くなっているようにも見える。それゆえ、論争初期までにまとめられたと考えられるアンガス・マディソンのデータ（図14に示したデータもそうである）を大きく変更する必要はない。

二径路説のもう一つの側面は、いわゆる「化石資源世界経済」の興隆を、近世以降、世界の先進諸地域で起こったゆるやかな経済発展（商業的農業、プロト工業、国内市場の発達を軸とするスミス型成長）の連続線上に見るのではなく、近世のヨーロッパ、東アジア、南アジアなどで同時期に並行的に展開していたこうした径路からの「逸脱 divergence」（「分岐」とも訳す）であったと考える点である。産業革命以降の西洋型径路は資源集約的な技術や制度を発達させ、一部の先進諸国が大量の化石資源と膨大な領土（ポメランツの表現を借りれば「石炭と新大陸」）を、偶然にも恵まれて手に入れ、それらを存分に利用することによって工業化に成功した。戦後のアメリカで発達した資本集約型・資源集約型の技術は、それを利用して、世界のすべての人びとがアメリカ人と同じ生活水準を享受することは不可能なほどの、膨大な資源の利用を前提している。地球環境の持続性に配慮すれば、世界はそのような西洋型径路ではなく、むしろ資源節約的な技術を発展させた東アジア型径路に収斂すべきだ、とするのが二径路説のもう一つの特徴である。

それでは、このような議論を踏まえてインド亜大陸の長期的な発展径路を理解しようとすると、どのようなことが考えられるであろうか。図14に示したように、近世の南アジアの人口と経済の規模は極めて大きく、商工業でも注目に値する国際競争力を有する先進地域の一つであった。本章では、そのことを踏まえ、南アジアには、植民地化と独立という二つの大きな政治的・制度的変化をくぐりぬけて、長期にわたる発展径路が存在したことを示す。

次節では、インドの植民地化による発展径路からの「逸脱 colonial divergence」とその性格を論じる。この「逸脱」は、ポメランツのいう「石炭と新大陸」のインパクトと方向は同じではないが、スミス型の成長径路からの大きな修正を経験したという意味では共通する側面をもっている。しかし、東アジアが西洋型径路に収斂しなかったのと同じように、インドもまた、西洋型径路が想定していた植民地型の発展径路（典型的には、本国に従属する第一次産品供給基地としての発展）に収斂することはなかった。むしろ、植民地化が進んだ十九世紀末以降において、労働集約型工業化や国内市場、地域交易圏の発達が見られた。それは、地域としての南アジアの径路依存性を示すものである。第3節では、生産を基準とする二径路説の視点からだけではとらえきれない南アジアの特質を探るため、生存基盤の確保に注目する。すなわち、水、エネルギー、食糧という生活に必須の要素が英領期にどのようにして確保されてきたかを検討し、独立後の過程にもふれながら、南アジアの社会の関心が経済発展よりも生存基盤の確保に向かわざるをえなかった過程を描く。と同時に、その努力が人口扶養力の源泉ともなってきたことを示す。第4節でグローバル・ヒストリーがめざす複数発展径路説に対して南アジア型径路がもつ含意を論じる。

2　植民地化による「逸脱」とその性格

「工業の衰退」論と労働集約型工業化論

南アジアの長期発展径路を考える際、まず、インドは植民地化されたのだから、東アジアと同じような意味での数世紀にわたる連続性、径路依存性はないのではないかという疑問が生じる。たしかに、十九世紀後半以降のインド経済は、第一次産品輸出経済として遠隔地貿易を通じた欧米との国際分業体制に構造的に組み込まれていった。大量の石炭の利用を前提とした機械製工業の発展と交通・通信革命が、それまでのインド経済に鋭い「断絶」をもたらしたように見える。

他方、ウェスタン・インパクトは、日本、東アジアに対しては地域として植民地化するところまではいかず、むしろ

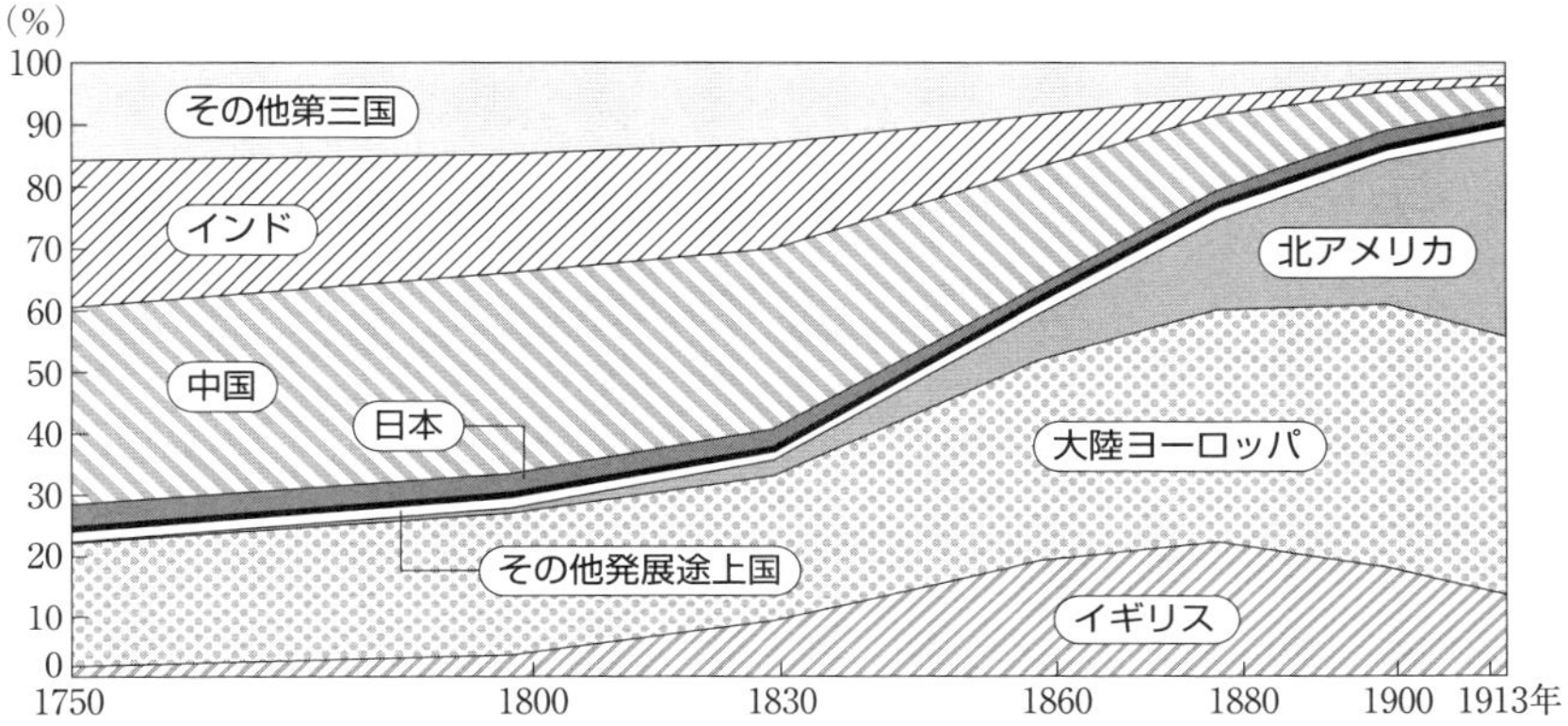

図15　世界工業生産の地域別比率（1750-1913年）
出典：Bairoch, 1982, p.292.

（日本の帝国主義化も含めた帝国主義的秩序のもとで）近代的な技術と制度をこの地域にもたらした。日本は、江戸時代には技術と制度の発展の方向は労働集約型に向かっており、ウェスタン・インパクト抜きに、工業化を遂行したとは思えない。インドもまた、ウェスタン・インパクト抜きに、工業化する条件があったとは考えられない。しかし、かといって、植民地化によるインパクトが、東アジアに似た、労働集約型の発展径路、あるいは独自の径路の発展を抑え切れていたわけでもない。本節では、植民地化による「逸脱」の性格を論じる。

まず、インドの「工業の衰退」(deindustrialization)は、空前の規模の雇用の喪失をともなうグローバルな事件であった。**図15**は、世界の工業生産の地域別比率を示す。アジアの工業の主力は、日本を除けば十九世紀を通じて手工業にとどまり、この差が東西の格差拡大につながった。アジアの生産は一八三〇年まで、一人当り生産は六〇年まで、減少しなかったが、その後イギリスからインドへの綿製品の流入の結果急速に市場を奪われ、衰退した。インドの工業生産の絶対額は一八八〇年まで急減している。一人当り工業生産では一九一三年まで減少したことになっている。ポール・ベイロックのこの分析は、大胆な仮定に基づいているので、細かい実証分析に利用できる性格のものではないが、これがおおまかな趨勢を反映しているとすれば、十九世紀における世界貿易の構造変化の背後には、アジアの手工業の没落と欧米の機械工業の発展という世界の工業生産の大転換があったということになろう。注目したいのは、ベイロックが、インドの(手)工業生産は、中国、ヨーロッパとともに世界の三大産地と呼ぶにふさわしい規模を誇っただけでなく、一八三〇年までは拡大傾向にあったとしていること、そしてそれは六〇年までに急速な縮小傾向に転じたものの、アジア(中国、インド、日本)は、なお三〇年で世界工業生産の五〇%、六〇年になっても三一%という高い比重を占めていたとしたことである。他方、ヨーロッパはその比率を一八三〇年の三四%から六〇年の五三%に増やした。

在来産業衰退論は、アジア社会停滞論、インドのナショナリストの言説などとも呼応して、大きな思想的影響力をもってきた。アミヤー・クマール・バーグチーの論文は、一八〇九～一三年のビハールのデータを示しつつ、インド製造業の絶対的衰退を示唆した[Bagchi 1976]。他方、近年のティルタンカル・ロイやプラサナン・パルタサラティの研究は、英領期のインドにおける手織物業の広汎な存続とある程度の発展を多面的に明らかにしている。パルタサラティは、十八世紀末以降のイギリス製品の流入によるインド綿業の衰退は、女性手紡ぎ工の雇用を奪ったとしつつ、十八世紀中葉の南インドの織物工のうち、熟練工の賃金は極めて高く、イギリスの水準に匹敵するとも論じた[Parthasarathi 1998: Parthasarathi 2009]。ロイは、ランカシャー綿布の浸透にもかかわらず、労働集約的な手織綿織物業が広汎に生き残り、二十世紀初頭以降、量的に発展するとともに、労働生産性の上昇を経験したことを示した[Roy 2002]。金糸、真鍮製品、皮革、ショール、絨毯など、在来の技術や伝統的な消費構造に支えられた多くの労働集約的産業の残存と、その技術革新への適応力、雇用創出力も明らかにされつつある[Roy 1999]。柳澤悠は、精米工場、落花生工場、ビーリー(安価なタバコ)生産、綿繰工場、メリヤス工業などを検討し、小規模工業が、国内の非エリート層の需要を対象として発達したこと、低階層の消費パターンの変化がその発展を支えたことを強調した[柳澤 2004]。

パルタサラティやロイなどの修正説は、決してイギリス綿製品の流入のインパクトを否定しているわけではない。国内市場の約半分が、中級綿布市場を中心に、輸入によって失われた[Roy 2005: Ch.5]。しかし、例えば手織綿織物業がしだいにボンベイ(現ムンバイー)の機械製綿糸を使うようになったというように、近代工業と在来産業との共存という点では、東アジア、とくに中国のパターンに似た径路をたどった。極めて生産性の低い手紡ぎ・手織部門が生き残った点も共通している。言い換えれば、植民地下においても、在来産業と近代的な技術と制度とのゆるやかな融合が起こっていた。広汎な伝統部門における労働生産性のゆるやかな上昇が成長と雇用創出をつなぐ役割をはたすという、アジアの工業化のこうした特徴は、「労働集約型工業化」として概念化されつつある[Sughara 2013]。

港市志向型開発論と国内市場論

十九世紀後半以降のインドでは、カルカッタ(現コルカタ)、ボンベイ、マドラス(現チェンナイ)などの大港市をハブとする、港市志向型の鉄道網や沿岸・河川交易網が発達した。イギリスなどの工業品が浸透するとともに、内陸部から第一次産品が大港市に運ばれるようになった(図16。詳しくは[杉原 2015]を参照)。いわば、イギリスが鉄道に投資をし、遠隔地貿易を促進するための総合的なインフラ整備の試みであった[松井 1969]。また、植民地政府は、関税、為替レート、工場法、イギリス製機械の優先的な輸入など、イギリスよりもインドの工業に不利になるような一連の政策を実行した。

しかし、こうした従来の理解は、植民地期にも国内市場の再編が見られたのではないかという、長期発展径路の視点から見ると、一面的である。図16よりもさらに一一年早い一八七七年の時点で、ボンベイとともに遠隔地貿易の中心だったカルカッタとその近郊における外国貿易、沿岸交易、鉄道交易、河川交易、道路交易の関係を考えてみよう(以下、図17およびその出典を参照)。同年に、外国貿易額が五億ルピーだったのに対し、鉄道で三・三億ルピー、蒸気船で〇・四億ルピー、道路で〇・二億ルピー(ただし、限定された地点での集計)、在来海運で一・九億ルピー相当の商品が輸送さ

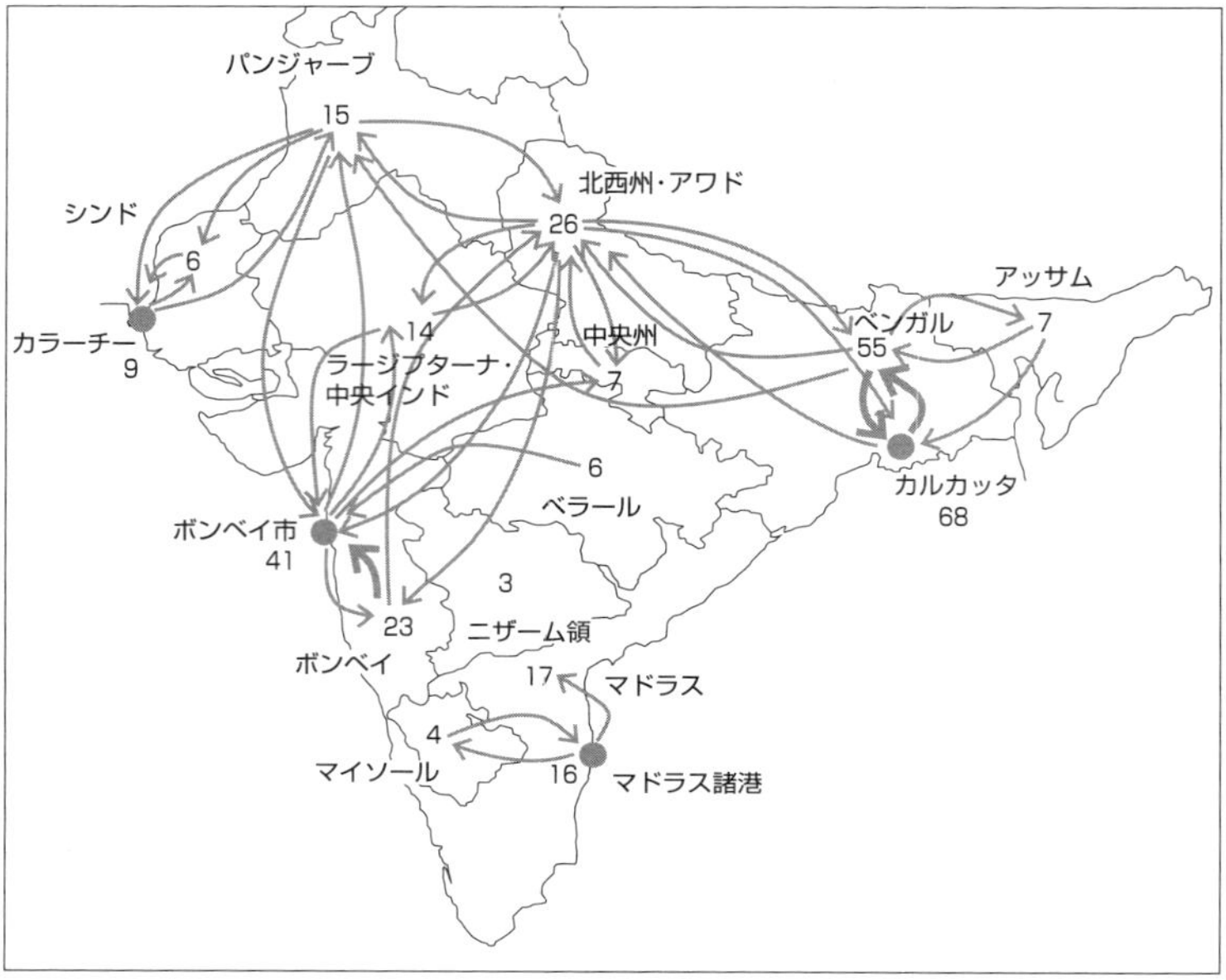

図16　インドの鉄道・河川交易(1888年)　(単位：1000万ルピー)
数字は移出・移入計。矢印は百万ルピー以上，太線の矢印は1000万ルピー以上。12の地域ブロックと4つの大港市(マドラスは近傍の小港を含む)のあいだの交易額。
出典：India Annual Rail and River-borne Trade Returns, 1888-89.

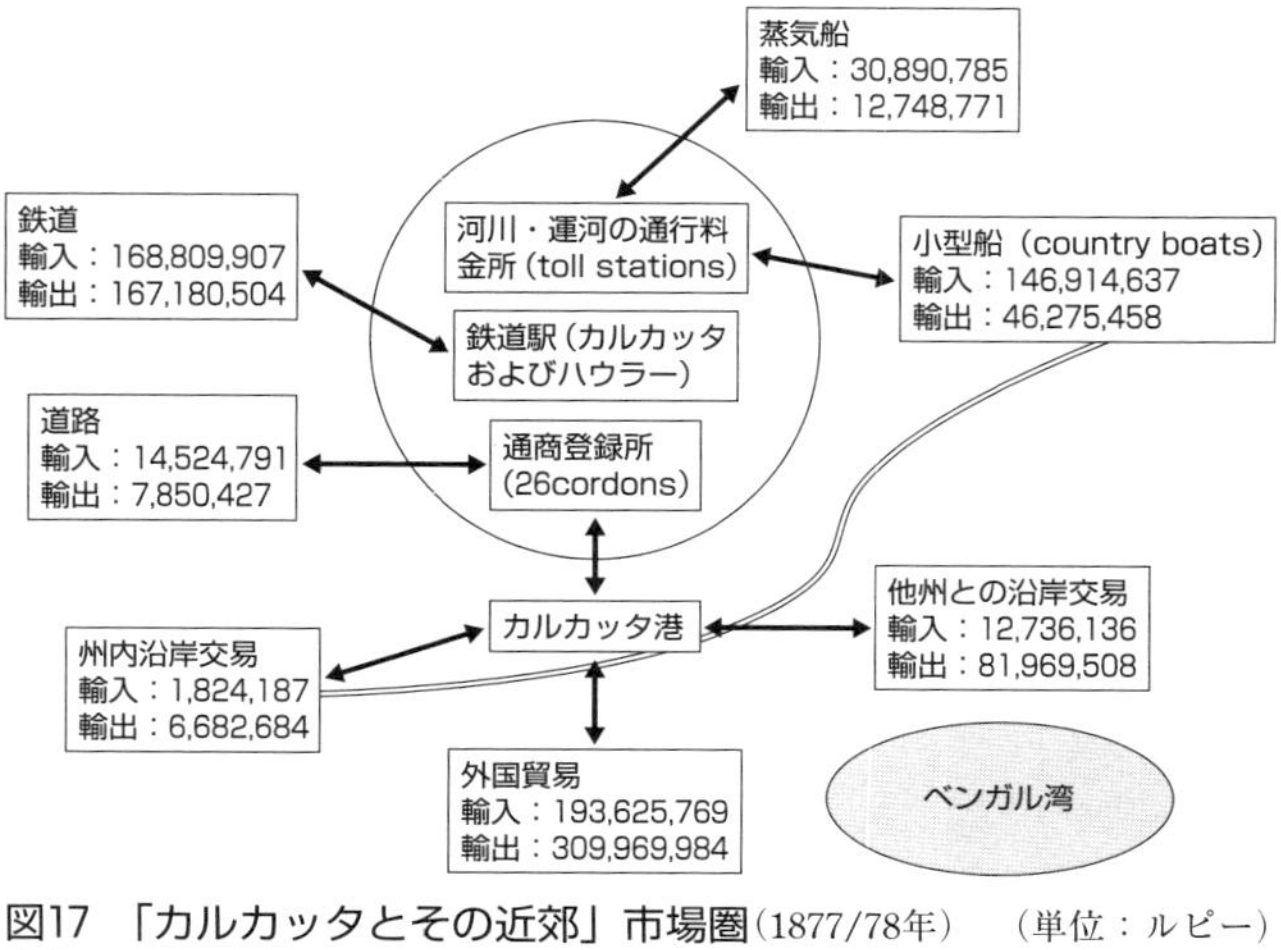

図17　「カルカッタとその近郊」市場圏(1877/78年)　(単位：ルピー)
出典：Report on the Administration of Bengal, 1877/78.

れ、沿岸交易額は一億ルピーであった。従来の理解では、イギリスなどから輸入された工業品をベンガルや北インドに運び、逆に、内陸部から第一次産品を外国に輸出するのが、大港市の役割であった。すなわち、イギリスから輸入された綿製品、酒類、鉄などの外国産品が鉄道で他地域に輸送された一方、ベンガル、北西州、ビハール、パンジャーブなどから集められた、インディゴ(藍)、米、亜麻仁油、小麦、ジュート(黄麻)原料が主として鉄道でカルカッタに輸送され、その一部または大部分が外国に輸出された。アッサムから蒸気船で運ばれた茶も大部分が欧米へ輸出された。

しかし、それと同時に、カルカッタ市街経済圏の中心的な市場を動かしていたのは主としてインド在住の商人であった。彼らの視点から見ると、カルカッタは、鉄道と道路、蒸気船と河川・沿岸交易を伝統的に担ってきたさまざまな性能の小型船(country boats, 詳しくは[Bernstein 1960: 13-19]参照)の四つの手段を自在に活用して繰り広げられる国内商品の交易の場でもあった。カルカッタへの輸(移)出入統計をこの視点から見ると、米、ジュート原料、亜麻仁油、豆類の移入額は鉄道よりも小型船によるもののほうが多く、塩、米の場合は移入・移出とも、伝統的な河川交易とともに、道路交易も重要であった。また、この年にはマドラスの飢饉を背景に大量の米などが沿岸交易によってマドラス諸港に運ばれた。ただし、国内交易品のうち穀物や塩の多くは通常はカルカッタ市街経済圏で消費されたものと考えられる。圏内の消費や道路交易のカバレージの限界を考慮すると、この市場圏で取引される商品の半分程度は、外国貿易とは直接関係のない交易だったように思われる。

そして、第一次世界大戦期以降、インドの鉄道輸送の過半は、遠隔地貿易関連というよりは、国内市場を結ぶものとなった。その一部は、たしかにボンベイの綿工業やベンガルのジュート工業をめぐる原料から製品にいたる商品連鎖の拡大によるものであったが、同時に米、小麦などの主要作物の全国市場が成立し、伝統的な香辛料や生活用品も広く流通した。鉄道・道路関連の資材の輸送も増加した[杉原 2002: 杉原 2015]。重要なことは、鉄道や蒸気船による交通網が伝統的な道路・河川交易に取って代わったのではなく、むしろ前者が後者を活性化したことである。カルカッタ市街経済圏のような中心地において国内市場が機能していただけでなく、地方においても、必ずしも効率的ではなかったが、鉄道の駅に新しい道路が建設され、鉄道網を僻地にもつなげる輸送網が形成された(ボンベイ管区について、[杉原 2015]参照)。こうして、屈折したかたちではあるが、国内市場の発達と労働集約型工業化のためのインフラが形成された。宗主国イギリスの利害の主導で近代的なインフラが成立し、それが時間をかけていわば伝統的市場圏に吸収されたことは、東アジアとは異なる、英領期における南アジア型径路の大きな特徴である。

鉄道網は、英領期にはあまり更新投資がおこなわれておらず、独立後の南アジアは、いわば「お荷物」をかかえた出発となったが、それでもインドでは、重工業主導の工業化のバックボーンの役割をはたしたとされてきた。と同時に、交通インフラは、近代化、標準化された国産の食糧、衣料その他の必需品をインド全域に普及させることによって、長期の発展径路を維持する役割を演じた。その結果、大衆消費文化が、国家の援助というよりは、もっぱら国内の商人ネットワークを介して成立したのである。

遠隔地貿易とインド洋交易圏論

インドの遠隔地貿易は、一七七〇年から一八五〇年にかけて、イギリス東インド会社の領域支配が進むとともに急速に増加したが、しかしこの時点での地域交易と国内交易もまた、他地域と比較すると、おそらく極めて大規模なものであった。遠隔地貿易で先行したベンガルでも、一八一一年に、アジア間貿易、ベンガル管区とその他地域との交易、ベンガル管区内部の交易を合計した「地域交易」額は、イギリスなどとの遠隔地貿易額を上回っていた。ボンベイやマドラスでは地域交易のほうが遠隔地貿易よりもはるかに大きかった[杉原 2009]。

この構図は一八四〇年までに一変する。これら三つの港は、イギリスとの強いリンクを確立した。古いインド洋交易の一部は衰退し、ヨーロッパの製品が国内市場、地域市場に浸透した。とはいえ、ヨーロッパ製品の分配や第一次産品の大港市への搬送はインド在住商人によって仕切られていた。例えば、一八五〇年前後のボンベイ港の交易統計を見ると、外国貿易とともに沿岸交易の大幅な増加が記録されている。輸出用棉花のほとんどは、ボンベイ管区の他港から移入され、ボンベイで積み代えられて、イギリスなどに輸出された〔Bombay Presidency, Report of the Commerce of Bombay; Bombay Trade and Navigation Annual Statements〕。ここからは、遠隔地貿易といえども、決してイギリス本国の直接の管理下にあったのではなく、むしろインド亜大陸内外に広がるインド洋交易圏のネットワークに依存して発達したものだったという構図が浮かび上がってくる。

それでは、地域交易は本当に衰退したのであろうか。たしかに、一八六〇年代前半の棉花飢饉の結果、一時ボンベイからの棉花輸出額が急増し、スエズ運河の開通もあって、遠隔地貿易の額は持続的に上昇していった。他方、一八六〇年頃から、ボンベイ管区内の沿岸交易は通常の貿易統計からは姿を消していく。しかし、それは統計収集上の変更にすぎない。スエズ・ルートの幹線化によって、インド洋交易圏は衰退したのではなく、国内市場の再編と同様、ヨーロッパ主導の遠隔地貿易体制のもとで、東南アジア、東アジア、中東、東アフリカ、南アフリカなどを含む広範な地域で、かたちを変えて生き残ったのである。

第一に、伝統的なインド洋交易圏としてのベンガル湾交易と西インド洋交易は、基本的にはインドの綿製品などの工業品の輸出と周辺地域からの第一次産品の輸入という、「工業化型貿易」とも呼ぶべきものに変貌を遂げた〔杉原 1996：第6章〕。図18は、英領インドの管区・州別統計とイギリス議会文書の統計を利用して、インド洋交易圏の主要な国・地域の域内交易比率を示したものである。この場合の域内交易比率とは、総輸(移)出額に占めるアジア・アフリカ諸国への輸出の比率を指す。東アジア諸国との貿易を含むなどの問題点もあるが、欧米主導の世界経済に組み込まれたインド洋交易圏が、東南アジア、南アジア、東アフリカにまたがるアジア域内貿易の一つの中心として、イギリス支配の絶頂期に存在感を発揮していたことを示す指標とはなるだろう。これらの交易は、インドを拠点とする商人を中心に、主とし

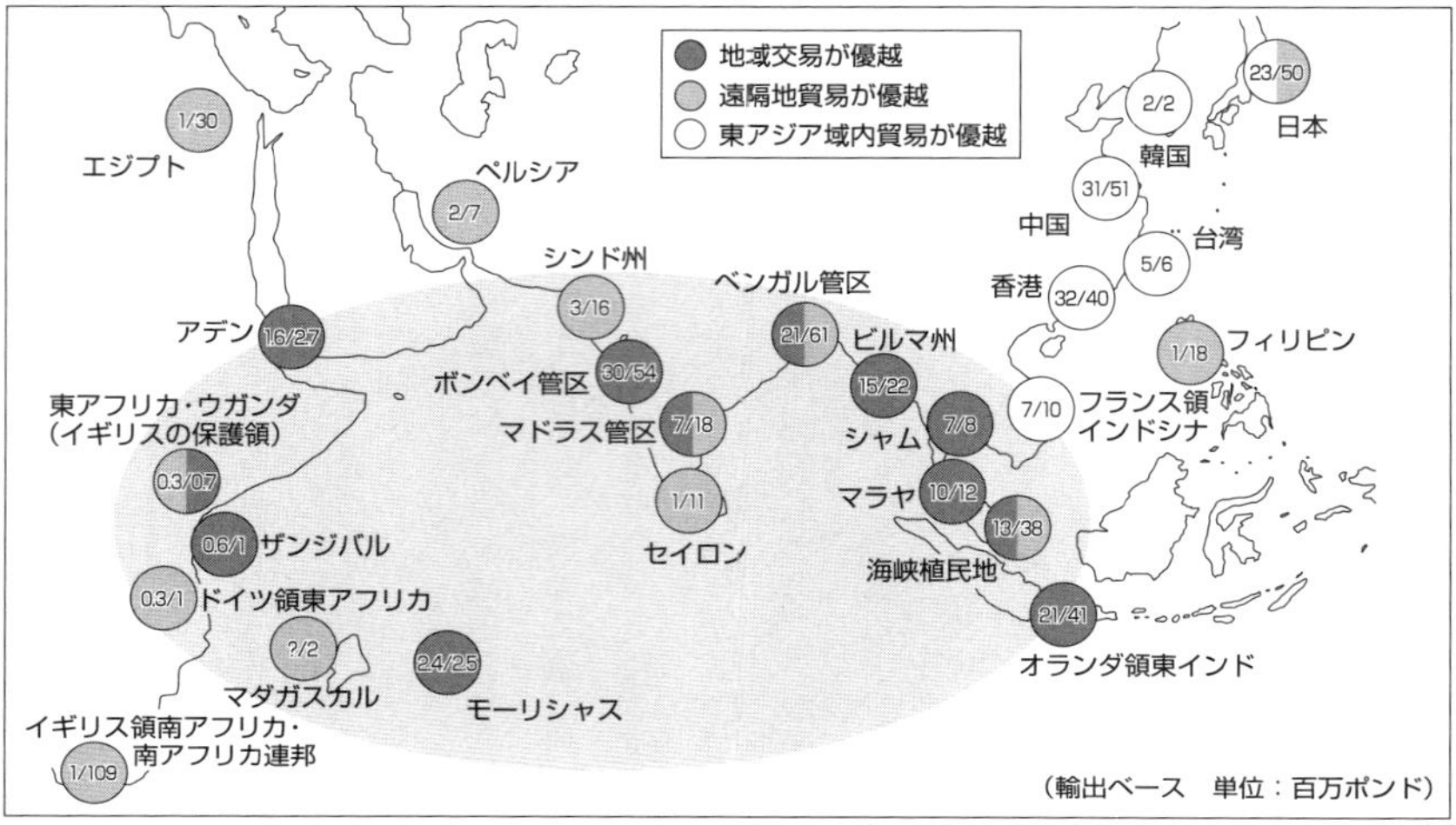

図18　1910年におけるインド洋交易圏

主要関係国・地域を円であらわし，その中にアジア・アフリカ向けの輸出額と輸出総額を示した。インド諸管区・州の数字とアデンは，[杉原1996：186]および[杉原2002：28]に引用した資料から加工。海上交易のみ。英領インドの沿岸交易額を加算してあるので，その分地域交易の比率が上がっている。香港は[杉原1996：107]の1913年の数字を中国貿易額の変化で調整した推計。
出典：杉原，2013.

てアジア・アフリカを拠点とする商人のネットワークを通じておこなわれた。

第二に、一八三〇年代から約一〇〇年のあいだに延べ三〇〇〇万人を超える人たちがセイロン(現スリランカ)、ビルマ(現ミャンマー)、マラヤなどのプランテーションや鉱山、商業的農業に雇用を求めて移民した。また、インドのプランテーションや鉱山にも多くの人たちが長距離移動を繰り返していた。これらの人たちの多くは、数カ月から三年程で故郷に戻り、彼らが持ち帰ったお金や送金が農村を潤した。図18に見える域内交易の多くは、彼らの食糧や若干の生活用品から構成されていた。インド人移民は東アフリカ、南アフリカ、カリブ海などにも向かったが、圧倒的多数はイギリス帝国内部の移動であり、しかも高賃金を得られる白人の入植地への移民は極めて限られていた[杉原 1996:第9章:杉原 1999]。

第三に、インドを拠点とする商人の活動は、東南アジアをへて東アジアにも広がっていった。十九世紀中葉における東アジアの開港とともに、サスーン商会などが中国、日本に進出し、アヘン貿易だけでなく、アジア産品を幅広く扱った。中国への綿糸輸出を考えると、インドは、当初はむしろ工業国として立ちあらわれていたともいえる。ただし、印僑ネットワークは、東アジア、東南アジアでは華僑ネットワークとの競争に直面した。また、日本の工業化とともに、その活動は、しだいに日本からの工業品輸入とインドからの第一次産品輸出という、欧米との関係に似た構造に変化していった。とはいえ、インド洋世界の消費構造は多様であり、綿製品や雑貨を得意とする日本の労働集約型工業は、そうした市場に商品を提供することによって国際競争力をつけていったともいえる。日本製の工業品は地域の消費構造の文脈で解釈され、受容された。さらに、一部でその「輸入代替」も生じた［杉原 1996：第1章，第2章；大石 2015］。

このように、インド洋交易圏は、交易と生産を組織する高い商人的ノウハウを備えていた。商人ネットワークは、必ずしも生産方法の変化をもたらさなかったが、しかし生産のネットワークを組織することはできたし、それを通じて地域の資源制約を緩和することもできた。パールシー（ゾロアスター教徒）系の商人や、サスーンのような中東からきたユダヤ系商人もいれば、シンド商人のように半乾燥地帯の出身のグループもいた［Markovits 2008：187-219］。宗教的・言語的にも多様な出自のグループが活躍していたことは、伝統的な消費構造の新しい環境への柔軟な対応を可能にしたと考えられる。

近世の南アジアではすでにかなり大規模な地域交易圏の活動がおこなわれていた［Chaudhuri 1985］。それは、航海技術と遠隔地貿易の発達に大きく依存した北西ヨーロッパの径路とも、遠隔地貿易を厳しく制限した東アジア型径路とも異なる、遠隔地貿易との共生を可能にする交易圏であり、いわばその両方を包み込む可能性をもつ市場圏であった。イギリス帝国の支配者たちは、こうした伝統を政治的経済的な統合に組み入れたのである。

3　生存基盤の確保

水の確保

西洋中心史観や「二径路説」で南アジアを考える際の、もう一つの重要な問題点は、これらの説が発展径路を「生産」の局面でとらえていることである。生産過程における変革が社会変化を主導している場合にはそれで説得力があるが、発展径路はつねに生産のあり方によって決まるわけではない。資本主義世界経済に組み込まれたのちも、社会にとっては「生存」が「生産」よりもより基本的な課題だと認識されることも多い。実際、南アジアにおいては、温帯に属する西ヨーロッパや東アジアの先進地域に比べると、環境の不安定性は大きな問題でありつづけた。したがって、生存基盤の確保という観点から人間や自然環境の持続・再生産を理解するには、生産要素としての労働や土地その他の資源を論ずるだけでは不十分である。

近年の研究は、人口の増加と交通・通信網の拡大によって、水とバイオマス・エネルギーの需要が増加し、英領期にすでにそれが深刻な問題になっていたこと、すなわち、土地の稀少化、農業生産性の停滞の背後には、人びとの生存基盤をも脅かすより大きな変化があったことを示唆している。

まず、水に焦点をあててこの点を考えてみよう。南アジアは、モンスーン気候による降雨量の季節変動と年単位の変動が大きいうえ、そもそも年間降雨量が五〇〇ミリから一〇〇〇ミリの「半乾燥地域」が耕作面積の半分近くを占めており、降雨量一〇〇〇ミリ以上の穀物栽培地帯でも、降雨の時期は季節的に極めて偏っていた。降雨量の少なさと不安定性は、南アジアの自然環境と土地利用、食糧生産、人口扶養力を規定する大きな要因である。

英領期の灌漑といえば、河川からの用水路灌漑(政府の主導)、井戸灌漑(民間の主導)、溜池灌漑の三つが中心だった(表

表12　南アジアの灌漑面積と灌漑率の趨勢（1800-2000年）　　（単位：百万ヘクタール）

	1800	1850	1885/86	1938/39	1970/71	1999/2000
政府用水路施設	<1	～1	2.8	9.8	24.2	31.2
井戸	2.0	2.6	3.5	5.3	13.9	53.6
その他の水源(1)	4.0	4.4	3.0	6.4	6.8	6.7
合計	6+	7+	9.3	21.5	44.9	91.5
灌漑率(2)	10.0	10.3	12.4	25.0	31.4	53.5

注：ビルマを除く英領インド。独立後はインド，パキスタン，バングラデシュ。
(1)　溜池灌漑（1885/86年で180万ヘクタール，1938/39年で240万ヘクタール）を含む。
(2)　純耕作面積に対する灌漑地の比率。
出典：Shar, 2009, p.31. Roy, 2011, p.111 も参照。

12）。植民地政府の努力は圧倒的に用水路灌漑に向けられ、イギリスの技術が一定の威力を発揮した。用水路灌漑と井戸灌漑はいずれもガンジス川とインダス川の氾濫原（とくにパンジャーブ、連合州西部、シンド）とマドラスのデルタ地帯に集中していた。前者の地域ではモンスーンに頼るだけでなく、ヒマラヤ山脈から流れ出る水を利用することができた。周辺地域に地下水が容易にとれるところがあれば、政府の用水路投資にともなって井戸への民間投資がしやすくなり、季節変動要因の多い用水路灌漑を補完することもできた。他方、マドラス管区では、溜池灌漑と井戸灌漑が増加し、二毛作（二期作）化が進んだ。さらに、肥料の使用増加などの集約化傾向が見られた［柳澤 1991］。その結果、耕作面積に占める灌漑地の比率は、一八八五年の一二・四％から一九三八年の二五・〇％に増加した。

とはいえ、この比率は決して高くない。地下水が豊富で安価に井戸が掘れる地域は限られていたし、井戸への投資を正当化するには所有権が安定していなければならなかった［Roy 2011: 109,111］。さらに、デルタの農民は、浸水、氾濫を想定し、それにあわせた農法を古くから開発してきた。イギリスの持ち込んだ技術や制度は、そうした農法の前提を破壊することが少なくなく、かといってつねに氾濫をコントロールすることもできなかった［D'Souza 2006］。

河川の氾濫や旱魃などによる不安定性は、東アジアの発展地域よりも南アジアのほうが顕著であった。土地の生産性の向上に成功した日本や長江下流では、これに類する規模の不安定性は見られなかった。もっとも、それはどちらかといえば例外であり、南アジアほどではないとしても、同様の氾濫の事例は中国などの大河川にも見られる。

だが、イギリス植民地政府は、土地所有を基礎とするフォーマルな制度を導入し、生産の増加と地税収入の確保に関心を集中した。他方、灌漑水の利用の管理は実際には農民のローカルな知識を生かしたインフォーマルな運営に委ねられることも多かった。例えば、南インドの溜池灌漑地域では、水門の管理・分配や水不足の年の作付けの変更のような重要な決定に不可触民が大きな役割をはたすというように、カースト制度を支える権威や社会ヒエラルキーが制度のなかに組み込まれている事例が見られた［Mosse 2003:79,152-168］。その原理が基本的に今でも続いているところは少なくない。他方、飲み水の分配をめぐるカースト差別は社会制度の重要な一部となり、英領期を通じてそれが大きく変わることはなかった。よく知られているように、ビームラーオ・ラームジー・アンベードカルが、カースト制度撤廃運動のなかで、不可触民も他の人たちと同様に貯水池の水を飲めるようにするべきだとして運動を起こしたのは一九二〇年代後半のことである［Keer 1971:69-108（邦訳 55-72）］。本来切り離せないはずの土地と水がしばしば別々の制度または原理によって管理されていたことも、英領期における南アジア型発展径路の大きな特徴である。

用水路灌漑への集中的投資は、独立後のインドにも引き継がれた。それは灌漑率の上昇に貢献するとともに、地域格差の拡大要因ともなった。用水路灌漑に代わって、一九七〇年代以降急速に普及したのは、電気ポンプを利用した管井戸(tube well)である。いくつかの州で農民の電気代を無料にしていることは、電力公社に負担を押しつけるだけでなく、資源配分を偏ったものにしてきたとも解釈できる［福味 2009］。にもかかわらず、「管井戸資本主義」［Dubash 2002］の普及は、「緑の革命」の主要な伴走者であり、農業の発展径路を水集約的にすることによって、土地集約的・労働集約的な作物を採用することを可能にした［Shar 2009:esp.44-50］。その結果、インドは食糧の自給を達成した。そして、一九九〇年代以降のインドの経済的「離陸」に決定的な役割をはたした。

溜池灌漑が盛んだった南インドは、井戸灌漑の先駆的地域の一つとなり、「水集約的農業の発展径路」とでも呼ぶべき地域となった。ここには、農業技術の発展が水の利用と強く結びついた長期発展径路が観察される［Sato 2016］。その核となる技術的・制度的な関心は、労働をいかに吸収し、労働力の質をどのように向上させるかを先に問うのではなく、水という、地域にとってもっとも重要な非貿易財の不足をどう克服し、それによって土地集約的・労働集約的な発展径路をつくりだすかという点にあった。その結果、南アジア型の発展径路は、東アジア型のような経済成長と生活水準の向上を達成することはできなかったが、しかし東アジア型径路に比肩しうる人口扶養力を獲得したといえよう。

今日では、管井戸の利用は地下水の水位を下げるものとして、インドの多くの地域で問題視されている。と同時に、その深刻さがコストに反映され、農業用水が稀少資源となるやいなや、水をより効率的に使うため、従来よりもやや資本集約的・スキル集約的な点滴・散水灌漑(drip and sprinkler irrigation)がいくつかの地域で普及し始めた。それは、労働と資本の結合の仕方だけではなく、あくまで水の確保に焦点を合わせて発展径路を構想する、旧式の井戸灌漑・溜池灌漑の伝統にそったものである。水の確保は、今後も南アジア型径路のための技術・制度の革新の一つの焦点となりつづけるであろう。

エネルギーの確保

薪や糞などのエネルギー資源の確保は、生産にとってだけでなく、調理、暖房、照明に不可欠であり、水と同様、生産と生存の両方に直接かかわるものである。非耕地が減少するか、耕地・非耕地の質が低下すれば、水や薪を確保するために要する労働(それらは、女性が生産以外の場面で、家の外で携わる主要な労働である)の量は増加し、一単位の労働がもたらす水や薪の量は低下していったであろう。すなわち、土地そのものの制約よりも広い環境上の制約、とくに水の季節的・絶対的制約と、それとも関連したエネルギー資源の制約は、生存のための労働の性格を規定する重要な要因であった。

一八七〇年頃までのインドでは、耕地そのものが稀少だったとはいえないとしても、人口増加や耕地の拡大を背景に、水が豊かでない土地や肥沃でない土地が開墾されたり、森林、非耕地（草地、荒蕪地《こうぶち》）が減少・劣化したりした可能性は高い。森林を生活基盤としていた人たちや牧畜民が生存基盤を奪われ、農民化、定住化することもあった［Roy 2011：149-157］。しかし、江戸時代の日本の植林のような対応は見られなかった［Richards 1985：Richards 2003］。にもかかわらず、水も、森林を含む自然環境から得られる稀少な資源も、植民地化が進むにつれて、ますます大量に需要されるようになった。

鉄道網の発達は、国内の燃料市場に大きな変化をもたらした。都市化や鉄道建設の需要などから森林の伐採が進むとともに、商業エネルギーとしての石炭の利用が進んだ。在来の資源・エネルギーの生産と流通の一部は、その変化に耐えられず、衰退した。鉄道は、木材の需要においても、燃料としての石炭の需要者としても、新しい市場の形成に中心的な役割を演じた。ただし、森林減少の背景としては、耕地の拡大、鉄道の枕木需要とともに、鉄道や工業、都市の生活用の薪（燃料）の需要も重要であった。南インドでは、石炭と砂糖工場の需要［Parthasarathi 2017：147］、ベンガルでは製塩の需要［神田 2017］が指摘されている。

ただ、インドの石炭業は他国のように技術革新に結びつくよりも、労働集約的な産業にとどまり、効率的なエネルギー市場の発達は見られなかった。他方、地域内部での在来資源・エネルギーの競争が、より広汎なエネルギー源の利用や、資源節約的な技術発展を促す傾向も見られた［神田 2015］。パルタサラティは、石炭を使うはずの蒸気機関（機関車や工場）で木材を燃料に使っていた例を引き、多様な複合性をもったこうした状況を「バイオ・鉱物経済」（bio-mineral economy）と呼んでいる［Parthasarathi 2017：156］。

独立後のインド経済は、工業化を推進しようとしたが、バイオマス・エネルギーから石炭、石油などの化石エネルギ

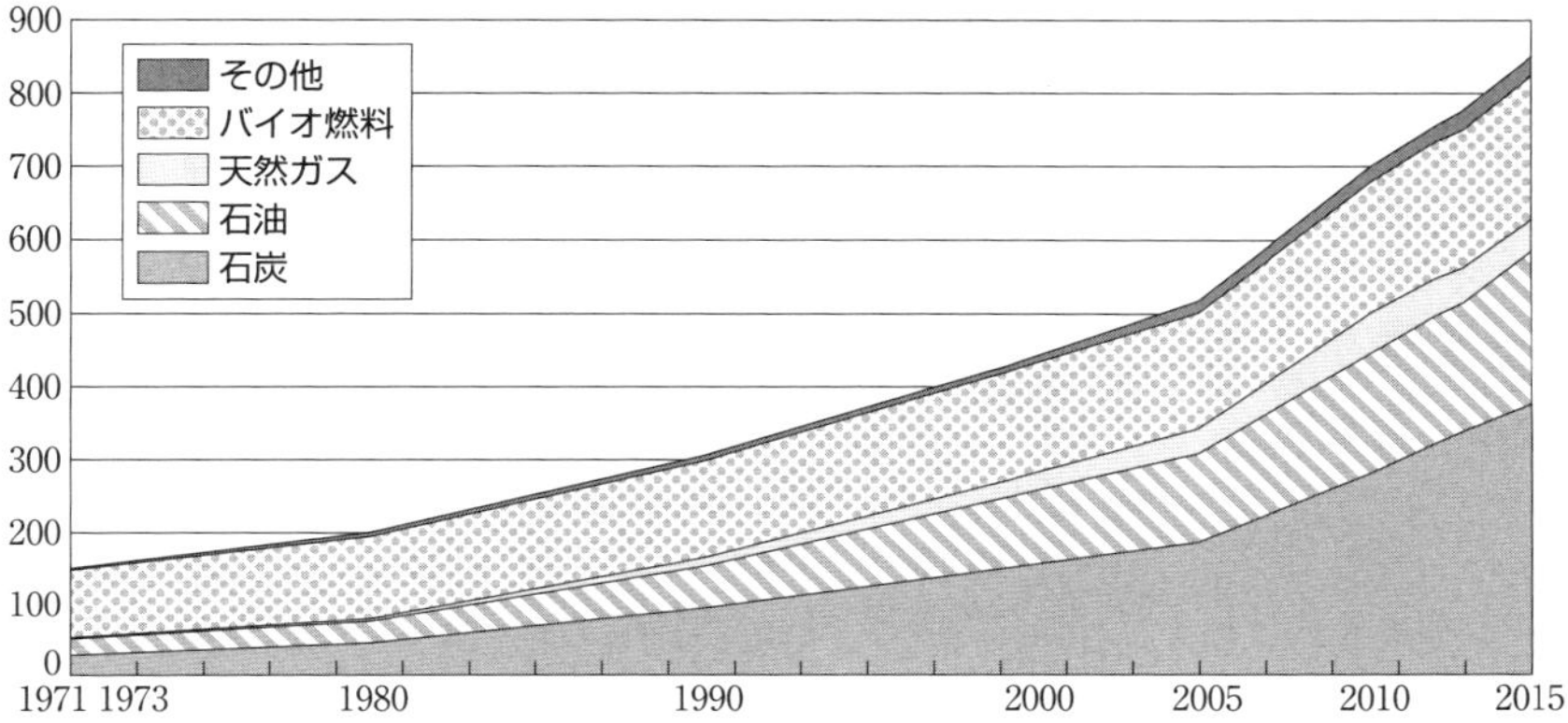

図19　インドの第一次エネルギー供給(1971-2015年)　(単位：100万石油換算トン〈toe〉)
出典：IEA, *Energy Balances of Non-OECD Countries*, 各年，および *World Energy Balances*, 2017.

ーへの「エネルギー転換」がスムーズに進行したわけではない。一九五二年の推計によれば、エネルギー消費に占めるバイオマス・エネルギーの比率は、アメリカが三%、ヨーロッパが七%、日本が二〇%だったのに対し、インドは六九%、パキスタンは八三%だった[杉原 2012:153,170]。一九七一年の段階でもインドの比率は五三%で、転換は緩慢にしか進んでいなかった(図19)。

第二次、第三次五カ年計画では、鉄鋼・石炭開発にともなって、公企業投資が内陸の後進州に集中したが、その後、採油、石油化学への傾きとともに、沿海に公企業投資が拡大し始めた[佐藤 1994:39-44]。そして、石油の輸入が増加し、工業地帯の分布が変化するとともに、インドのエネルギー市場がしだいにグローバルな市場と結びついた。石炭は現在にいたるまで電力供給の主力を担っている。現在では、化石エネルギーの比率は七三%まで増加した。

それでも、バイオマス・エネルギーの比重は二三%の水準にあり、絶対量では増えつづけている。農村におけるエネルギー消費では依然として重要な位置を占めているのである。

一九八一年のカルナータカ州の村落調査(五六〇世帯)によれば、エネルギーの八八%は家庭用だったが(ほかの用途には工業用、農業用、照明用、交通用がある)、その供給源は、八二%が薪、八%が人力(うち、三％が男性、四％が女性、一％が子ども）、三％が動物、二％が灯油、一％が電力という構成であった。人力の多くは農業のような経済的に生産的な活動にではなく、水汲みや薪集めといった、生存基盤の確保のための仕事に費やされた。もちろん、これらの多くは都市域では不要になったが、この村では、森林減少の結果、調理用の薪集めにはより遠距離を歩かなければならなくなっており、それも通常は女性と子どもの仕事となっていた［Batliwala 2012:342-343］。

ほかの研究でも、こうしたケースが決して例外ではなかったことが示されている。インドの農村では、いまなお調理などの家庭用エネルギーをバイオマス・エネルギーに頼っているところが少なくない。石油価格の高騰と、大型ダムの建設をやめさせるとともに、森林減少を食い止めた環境運動は、バイオマス・エネルギーへの依存を維持させ、選択肢を狭める役割を演じた。荒蕪地に早生樹を植えてバイオ燃料で稼働する発電所をつくることが推奨されることもあった［Ravindranath and Hall 1995:140-209］。

さらに、二〇〇五年に刊行されたウッタル・プラデーシュ、ラージャスターン、ヒマーチャル・プラデーシュ、タミル・ナードゥの四つの州の一四八の村における一万五二九三世帯の調査では、調理用の燃料の確保のためにいかに膨大な人的資源が投入されていたかが詳細に記録されている。すなわち、九六％の世帯は、バイオ燃料（主として薪と糞）を利用しており、灯油を使っていたのは一一％、ＬＰＧプロパンガスを使っていたのは五％にすぎなかった。つまり、多くの世帯では複数の燃料を使用していた。彼らは、調理用に年間三億一四〇〇万トンのバイオ燃料を消費した。これらのバイオ燃料は、主として薪集めによって調達された。年間約三五二時間がそのために費やされた。八五〇〇万世帯が、そのために三〇〇億時間を使った計算になる。加えて、農村の住民は、飲料水の確保にも極めて多くの時間を費やしていた［Parikh et al. 2005:85,87］。

表13　耕地面積，灌漑面積，土地生産性(1885-2000年)

農業生産に関する指標(年ごとの増減率〈%〉)					
	生産量	耕作地	灌漑面積		土地生産性（1ヘクタール当りの米の収穫量）
			灌漑地の割合	灌漑地における井戸の割合	
1885-1920年	0.4	0.5	1.7	−1.1	−1.0
1920-40年	0.1	0.0	0.0	−0.3	−0.1
1950-70年	3.2	0.8	1.2	1.3	1.3
1970-2000年	2.9	0.0	1.8	1.7	1.8

収穫量の比較(1ヘクタール当りの収穫量〈kg〉)					
	米			小麦	
	インド	日本	ジャワ	インド	イギリス
1600年頃	—	—	—	1,340	—
1800年頃	1,570	—	1,650	—	—
1880-1900年	1,070	1,930	1,220	750	2,000
1950年	865	2,960	1,170	660	2,500
1980年	1,340	4,460	2,930	1,630	6,500
2000年	2,610	4,460	5,360	2,700	7,000

出典：Roy, 2007.

食糧の確保と人口扶養力

以上、水とエネルギーについて概観したように、南アジアの社会は、土地集約的・労働集約的な作物を栽培するための灌漑や生存のための労働吸収によって、生存基盤の確保のための努力を続けてきた。しかし、その結果としての収量(土地生産性)は、国際的に低位でありつづけたと推定される。**表13**は、作成者のロイ自身が深刻な警告を発しているように、同じ基準でとられたものではないデータをまとめた、極めてラフなものであるが、品種改良や小規模灌漑を含む労働集約的技術を発達させてきた日本の米の収量や、「ハイ・ファーミング」(高度集約農業)をへたイギリスの小麦の収穫量と比較した場合、インドと先進国とのあいだにはおそらく初発から大きな格差が存在し、その後もキャッチアップできていないことは明らかなように思われる。英領期の土地利用は、土壌や家畜の質も良くなかったとされるが、何よりも水の稀少性と農具や肥料の市場の未発達によって大きな制約を受けていた。そして、それが灌漑などへの民間の投資を躊躇させた[Roy 2007]。独立後も、「緑の革命」が普及するまでは、人口の増加に灌漑が追いつかず、収量があがっても実質賃金の上昇は限られていた。言い換えれば、政府が巨額の投資をおこなってもなおギャップを埋められないほど、環境的な制約、とくに水の制約が大きかったということになる[Roy 2006:5398-99]。

それでは、にもかかわらず人口が増加したのはなぜか。

生活水準が上がらなくても、水、エネルギー、食糧が維持できれば、出生率と人口扶養力は維持できる可能性がある。しかし、そのさしあたっての答えは労働吸収であった。労働吸収の方法は、強制をともなうもの、カースト制度を利用したもの、家族労働の吸収などが共存し、東アジアよりも多様だったように思われる。在来の技術と資源に基づくプロト工業、商業的農業、市場の発達の度合において、インドと同時期の中国のあいだに大差がなかったとすると、インドには、土地生産性の上昇に収斂していった東アジアのケースとは異なった、環境の多様な違いに基づく地理的分業や、資源・エネルギーの分配を核にした農村内部での階層化が進み、より広い環境上の制約に対応できるような発展径路が形成されたと考えるのが自然であろう。とくに、交易を通じた地域の資源制約の緩和は、地域経済の選択肢を大きく高めた。国内市場が発達し、貿易財がある程度獲得できるようになると、社会の関心は生存基盤を支える非貿易財(水、バイオマス・エネルギーなど)の確保に移っていった。ただし、すでに見たように、生存のための労働の生産性に大きな限界を付したのもまた、環境と資源の制約であった。

人口扶養力を決めるもう一つの要素は死亡率である。十九世紀末から二十世紀初頭のインドにおいては、飢饉と、それに誘発されたマラリアなどの疫病による死亡率の上昇が生じた。その分布と半乾燥地帯における水不足とのあいだにある程度の関係が見られたようである[Wakimura 2008]。村の人口の二割程を一挙に失うというレヴェルの「社会の崩壊」が広範囲に、繰り返し起これば、その社会の価値観、出生率、教育などにも深刻な影響を与えるであろう。しかも、それは、社会の後進性に起因するというよりは、交通網の整備と第一次産品輸出経済の発展による人とモノの移動に、すなわち生態系の特徴を十分理解しないままにおこなわれた「開発」という現象に密接に関係して生じた問題でもあった［脇村 2002］。

これに対し、北東アジアでは、もちろん水不足の地域は多く、飢饉も頻発したが、疫病はまれであった［Li 2007］。そして、飢饉が疫病を誘発しなかった西ヨーロッパや東アジア（とくに先進地域）では、生産と生存の関係は、人口と食糧の関係として理解された。だが、南アジア社会で生存基盤を確保するためには、疫病対策が食糧の増産より優先されるべき状況はしばしば存在した。社会の目標はまずは生存であって、生産は生存を助けることはできても、それに取って代わることはできない、という状況が存在したのである。

飢饉と疫病の相関がもたらす大きな危機は、一九二〇年代以降、まれになった。スミト・グハは、一九二〇年代以降のインド農業の相対的安定性は、降雨量の変化が少なかったことが影響しているという［Guha 2001:16-17］。しかしそれは環境の制約の一時的な緩和にすぎない。食糧の確保が長期の人口扶養力につながるためには、人口と人間活動の自然への介入が増大するなかで、無理のない労働吸収を可能にし、衛生、健康、再生産を維持できるような、社会的能力が必要であった。ある意味ではそれこそが「独立」の意味の一つだったともいえよう。

4　グローバル化と南アジア

複数発展径路論の提唱

独立後の輸入代替工業化の時期には、重工業の優先的発展戦略が採用され、資本集約型・資源集約型の工業化が推進された。英領期に見られた多様な国際的連関は、先進国との関係においても、インド洋交易圏においても弱まり、むしろ人口の増加が農村の「偽装失業」を誘発した。労働の無限供給を利用した労働集約型工業化も見られたが、外的プレッシャーが緩和されたこともあって、高度成長を遂げた東アジア諸国で見られたような、労働の質、教育水準の向上が市場の力によって促されるという連関はあまり機能しなかったように思われる［杉原 2003］。

結局、インド経済のボトルネックを解消したのは、「緑の革命」とその伴走者としての管井戸灌漑の普及であった。水の制約の緩和が土地生産性を上昇させ、それに基づく工業化・都市化が展望できるようになった。一九九一年の経済改革以降のインドは、固有の発展径路をもつ地域経済として、グローバル化のメリットを自らの手で追求し始めた。タイムラグはあるが、パキスタン、バングラデシュでも成長径路が定着しつつある。

南アジアの長期発展径路をこうした方向で理解するならば、この径路は、欧米との関係では労働集約的・資源節約的な技術や制度に比較優位の根拠を求めつつ、生存基盤の確保のために培った不安定な環境への対応能力を発揮することによって、「二径路説」では想定されていなかった状況を、長い時間をかけて突破したことになる。われわれは、こうした発展径路を、生存基盤の確保を重要な課題とする社会の発展径路という意味で、「生存基盤確保型発展径路」と呼べないだろうか。

最後に、以上の論点を、もう一度グローバル・ヒストリー研究、とくに「二径路説」に立ち戻って敷衍《ふえん》しておこう。西洋型径路と東アジア型径路を資本集約型と労働集約型と特徴づける二径路説では、生産要素を資本、労働、土地の三つに絞って理解してきた。本章ではこれに水とエネルギーを付け加え、五つの要素をいわば「対等に」取り扱おうとした。これによって、熱帯、亜熱帯を含む、世界のさまざまな地域がつくりだしてきた発展径路をより包括的に認識し、二径路がその一部であるような複数発展径路論を具体化しようとしたわけである。

グローバル化と生存基盤の確保

ところで、近現代史における一つの分水嶺は、エネルギー転換によってもたらされた。すなわち、バイオマス・エネルギーが主力だった世界では、エネルギーも、土地や水に似た、非貿易財の様相を呈していた。資本やスキルをもった一部の人びとを除く、大部分の資源は、ローカルに獲得されなければならなかった。産業革命によってこの限界が突破され、工業化の普及とともに、遠くから運ばれた(化石エネルギーを含む)資源が大量に使用されるようになった。それが各地域の環境上の比較優位の根本的な変更を迫ったのである。二十世紀後半には、「産油国」「無資源国」といったカテゴリーが世界経済におけるその地域の位置を示す概念となった。

農業用・工業用の水は、ほとんど土地と同じくらいローカルにしか使用できないという制約をもっているが、化石エネルギーは資本とほぼ同様、グローバルに移動する。労働は、この二つの極端な要素の中間に位置する。というのは、人びとは、中核地域と周辺地域とのあいだを水よりはたやすく移動するが、しかし化石エネルギーほど、文化・職業を無視してグローバルに動けるわけでもない。水とエネルギーを分析の枠組に取り込むことは、貿易財と非貿易財の両方を考慮した資源の確保がいかに重要かを示すことになろう。

グローバル化はまた、貿易と技術移転によって、資源制約を緩和する役割をはたした。しかし、それは同時に、水、エネルギー、食糧の需要を急増させることによって、地域の新しい資源制約を生み出し、人びとの生存基盤を脅かすことになった。一方で、グローバル化は、資本や化石資源のようないくつかの世界商品の価格を均一にする傾向をもっている。労働もまた、国際競争の激化にともない、発展途上国や新興国でも、その競争力を賃金と労働の質(教育)によってある程度普遍的に計測できるようになった。と同時に、資源に恵まれない国の運命は、いまや外貨を獲得して資源を輸入する能力に依存するのではなく、より基本的な能力、つまり生存基盤の確保の力があるかどうかに依存するようになったともいえる。農村では、飲み水とバイオマス・エネルギーの確保が生存基盤を支え、都市では、水や電気などのベーシック・ニーズに加え、国際的に競争力のある教育・健康のための制度や、公害や災害に強い環境が、その生存基盤を支えている。こうして、グローバルな競争のフロンティアは、資本と良質の労働が利用可能かどうかから、地域資源の質と生存基盤の確保いかんにシフトしつつあるように思われる。

このように考えると、南アジア型径路のより普遍的な意義が浮かび上がってくる。南アジアでは、生存基盤の不安定性への高い対応力が、高い人口扶養力と社会制度の持続性・安定性を支えつづけてきた。地球環境の持続性と経済発展を整合性のあるものとするためには、生産の奇跡、分配の奇跡とともに、もう一つ、生存基盤の確保のレヴェルにおける「第三の奇跡」が、グローバルなスケールで起こる必要がある。

杉原　薫

▼補説10▲ インド人移民・商人のネットワーク　環インド洋世界における生存確保と経済成長の牽引

十九世紀中葉から二十世紀前半にかけて、インドから多くの労働者や商人が、環インド洋の周辺地域に移住・滞留した。その数は、出国者数でいうと累計三〇〇〇万人規模ともなる。一八三〇年代から生じるこの大規模なインド人移民・滞留者の多くは、奴隷制度の後継・代替的なかたちで、おもに、イギリスが環インド洋のイギリス領各地（モーリシャス島、南アフリカ・ナタール、セイロン、マレー半島）におけるサトウキビや茶、ゴムなどのプランテーションに投入された労働者と、加えて、そのインド人労働者の流れに誘引されたインド人商人であった。十九世紀の早い段階で植民地支配下に組み込まれたインドは、その後のイギリスの広域的な植民地経済の展開を下支えする従順な奉仕者を期待されたことになる(1)［Tinker 1974］。

しかし、こうしたインド人移民の労働者・商人は、イギリス帝国への奉仕しつづける伴走者にとどまったのではない。歴史的に見ると、環インド洋世界には、十八世紀もしくは十九世紀まで、インド人も含めて多くの商人（とくにアラブ系、ペルシア系も含むムスリム商人が活躍)が行き交い、海域を通じた密接な物産の交換がおこなわれていたし、それはまた、内陸の経済・社会とも接合していた[家島 1993]。十九世紀には、たしかにイギリスを中心とするヨーロッパ勢力の主導下でヒトやモノ、情報、技術などが新たに導入・転移されたりしたが、そのただなかで、インドとインド人が、新しいネットワークを構築し、それ以前にも増して、この環インド洋世界での物資、技術、労働力、情報の広域的な循環や還流の媒介者として機能するようになった。そして彼らは、結果的に、この広域世界の生存を下支えし、かつ、経済の新しい循環・発展を促す牽引力となった。ここでは、こうした事実を、おもにインド人ムスリム商人と環インド洋中西部地域に焦点をあてて照射する。

南アジア近現代史とインド人ムスリム商人

十八世紀末までのインド西部とインド洋海域(とくに西部)で、グジャラートなどインド西部出身のムスリム商人は海洋貿易での主導権を梃子にして港市とその後背地に社会経済的な力を有していたが、それゆえに、ポルトガルやイギリスなどのヨーロッパからの勢力は、十六世紀から十九世紀初頭にかけてインド西部の海域に介入を見せた際、頻繁にムスリムの船商と対峙・拮抗した[ピアソン 1984:Das Gupta 1979:Machado 2014]。こうしたムスリム商人は、十〜十一世紀頃から始まる南アジア内陸地域での半乾燥地域を組み込んだ開発と流通活発化、そして、インド洋を介した海上貿易活発化という二つの中長期的な歴史局面のなかで輩出されたと考えられている。つまりこの時期に、グジャラートやカティヤワール半島、カッチなどを舞台として、そうした二つの事象が接合しながら生じるなかで、その地域の商業カーストのイスラームへの改宗者が、ホージャ、ボーホラー、メーモン(いずれも内婚的コミュニティ)などの登場として顕在化し、さらに、彼らの担う港市連結型の海上貿易と、ジャイナ商人などが担う沿岸部や内陸の交易とが接合して広域的な流通が活発化したとされる[三田 2013:第5節:Misra 1964]。

一八〇〇年にスーラトというグジャラートの中核的港市が最終的にイギリスの行政支配下に落ちたことに象徴されるように、こうしたムスリム商人は、いったん勢力を減退させたと考えられ、その活動は見えにくいものとなった[Das Gupta

1979: Nadri 2009]。そして逆に、植民地期のインドで、イギリス側と協働したり、イギリスの設定した制度に則してまとまった動きを見せたりしたのは、パールシー(ゾロアスター教徒)、ベンガーリー(ヒンドゥー)、そして、のちにマールワーリー(ヒンドゥー)などであった[Kling 1976: Timberg 1978]。それぞれに、植民地経済の花形であった輸出志向の一次産品と関係を深めていたので、それを列挙すると、パールシーのアヘンや原綿(加えて造船)、ベンガーリーのインディゴ(藍)やジュート(黄麻)、マールワーリーのジュートや原棉となる。また、こうした商人たちの一部は、十九世紀後半以降、植民地下で導入された「会社法」に、同族や個別商人出身グループでの資本管理を援用的に接合させながら企業群を運営し、しだいに、製造業(とくに紡績業)の地場も固めていった(ベンガーリーは除く)[小池 1979]。しかし、こうした分野では、ムスリムの企業家はわずかしか形成されなかったのである。本補説でとくに焦点をあてている西部インドでの紡績業関係でいえば、一八九五年データで、紡績工場七〇社のうちで、パールシー三〇社、ヒンドゥー二二社、ムスリム四社、経営代理会社五〇社のうちで、パールシー一五社、ヒンドゥー二七社、ムスリム四社という数字もある[Rungta 1970: Table21]。

つまり、十九世紀から二十世紀中盤の植民地期インドにおける起業家の趨勢において一つの際立った点は、十九世紀初頭までインド西部を中心に目覚しい活動を見せていたムスリム商人、とくに、ボーホラー、ホージャ、メーモンなどが、植民地経済で花形的な意味をもった輸出志向の一次産品経済や新興の組織立った製造業など、ある種の表舞台から事実上身を引いていた点である。彼らが、そうした意味での表舞台に再び登場するのは、パキスタンが成立して、東パキスタン(現バングラデシュ)を含めた新生ムスリム国家の事実上の庇護のなかでジュートなど有力事業を寡占的に取り仕切っていく過程である[Papanek 1972: 山中編 1992: 第6章: 川満 2017]。

この一世紀半の時間軸的空隙における彼らの動向が、環インド洋地域に伸張された新しい交易ネットワークと、それにともなって蘇生された広域的な生存と経済還流という本補説で扱っている事象と密接に結びついている。つまり、そうしたムスリム商人は、同時代の他の商人グループのような輸出志向の一次産品への吸着や紡績業への進出に傾注せず、乾燥・半乾燥地域出身の商人として中世から手がけてきた農産物などの食糧・雑貨の流通を継承し、それを大きくインド洋海域を組み込んださらに広域的なものに展開させていったのである。(2) この展開にきっかけを提供したのが、一八三〇年代に導入された年季契約労働者制度をはじめとする労働者の大規模な遠隔動員だった。制度は、三～五年というようなあらかじめ年期を定めた契約(多くの場合で更新の選択肢あり)に基づきインドから労働者を調達し、インド洋周辺地域のみならず、東はフィジーから西はカリブ海に面したガイアナまで、イギリス領各地で展開されたプランテーションを中心とする労働集約的事業に労働者を提供するものであり、安価で大量の労働力を安定的に確保・再生産する大きな目標のなかで、女性の積極的招来や新規労働者のインドでの勧誘などがおこなわれた[Carter 1995: 脇村 1983]。ここで重要なのは、そうした遠隔地に埋め込まれた大量の労働者のための食糧・雑貨確保という大きな課題が生じており、農園事業のプランターやイギリス当局では手に負えない部分は、別途、貿易によって補完される必要性が生じていたことである。同時代に、環インド洋世界中東部から東南アジアにかけても、プランテーションや鉱山の労働者向けの米などの貿易が拡大して、「アジア間貿易」の重要な構成要素となった[杉原 1996: 第3章]。環インド洋世界の中西部においても同様の貿易が喚起された。モーリシャスやナタールなどに居住したインド人労働者の規模は極めて大規模なものとなったことに加えて、そうした地域では自前の食糧生産による人口扶養力が東南アジア方面よりも確実に小さかった。ムスリムを中心にインド人商人が担ったインドなどからの食糧・雑貨の貿易も必然的に相当規模のものとなった。

この時期のムスリム商人の特性について、さらに概観的にまとめる。インドを越えた遠隔地への接近を海域を介して活発化させ、その際、英領地域のインド人労働者移民の「追尾」だけに終始せず、非英領地域(とくにアフリカ)への進出にも重点をおき、そうした地域の市場経済の活性化を促した。中古汽船なども活用しながら進出を強めたハッジ巡礼者のための船舶運送業の事例もある。また、インドから見た東方世界にも目を向けて、とくに、日本にネットワークを伸張させながらさまざまな軽工業品雑貨(布類、ガラス製品、マッチなど)をインドやアフリカに供給するようになった。新しい広域ネットワークの一つの前提として、ボーホラーなど各グループ内で内婚を通じたコミュニティの集団性や凝集性が維持・再生産されながら効果的にネットワークの拡散が実現された事実がある。つまり、内婚的集団性を前提として、しばしば、ネットワーク到達地の町にジャマアトなどの名称で運営される合議組織が設けられ、社会的な相互扶助に加えて、商取引における内部調整や情報交換がはかられた。しかし他方、こうしたネットワークは、それ自体で自律的もしくは閉鎖的に成立していたわけではなく、外部との接続も戦略的におこなっていた。一つは、到達先の国家制度への接続であり、アフリカ各地での各種の営業ライセンス取得や日本などでの知的所有権関連(とくに特許局での商標)の登録を通じて、先取・占有的にビジネスを展開・維持しようとしたことである。もう一つは、現地での協力・連携者の確保であり、アフリカ各地での実働的協力者(露天商や行商)の確保や日本での製造業者との連携である[大石 2002：Oishi 2003：Oishi 2004：Oishi 2007]。

たしかに、インド人商人のこうした新しいネットワークは、イギリス植民地体制の主導性に追随したものであり、通信、移動、送金などに関しても、しだいに西欧世界が先導したものに依存していった。しかし、すでに指摘したとおり、そこには、近世以前に彼らが歴史的に育んだ食糧交易からの連続的要素もあった。また、先に示唆したように、十九世紀中葉以後にムスリム商人が構築したネットワークは、植民地体制や西欧主導性への順応的な敷衍性をもちつつも、その制度や枠組を援用しながら未開拓な市場や流通をつくりだした。そうした意味で、連続性と断続・更新性、さらに、順応・敷衍性と援用・逸脱性の同居や並立的帯同を確認することが重要であろう[大石 2015]。

拡散——新しいネットワークによる市場形成と経済牽引

環インド洋中西部とアフリカ南東部地域で、インド人商人のネットワークが、移民労働者の生存確保に加えて、新しい市場や経済の牽引力になったことを検証しておく。

モーリシャスはマダガスカル島の東に位置する大阪府と同程度の面積の島で、一八一〇年にフランスからイギリスが継承した。そこでは、一八三四年にイギリス領ではじめて年期契約労働者がインドから投入され、アフリカ系奴隷にかえて、サトウキビのプランテーション労働に投入された。ここで生じたのが、年期契約労働の条件に規定された配給食(米、塩、ダール豆、塩魚・干魚)の質的・量的な不十分さとそれを補う必要性であった。労働者の生存維持にかかわるこの肝要な問題に、すぐに労働者自身とインド人商人が反応した。労働者は、島内に未開墾地が残っていたこと、非白人の土地取得を

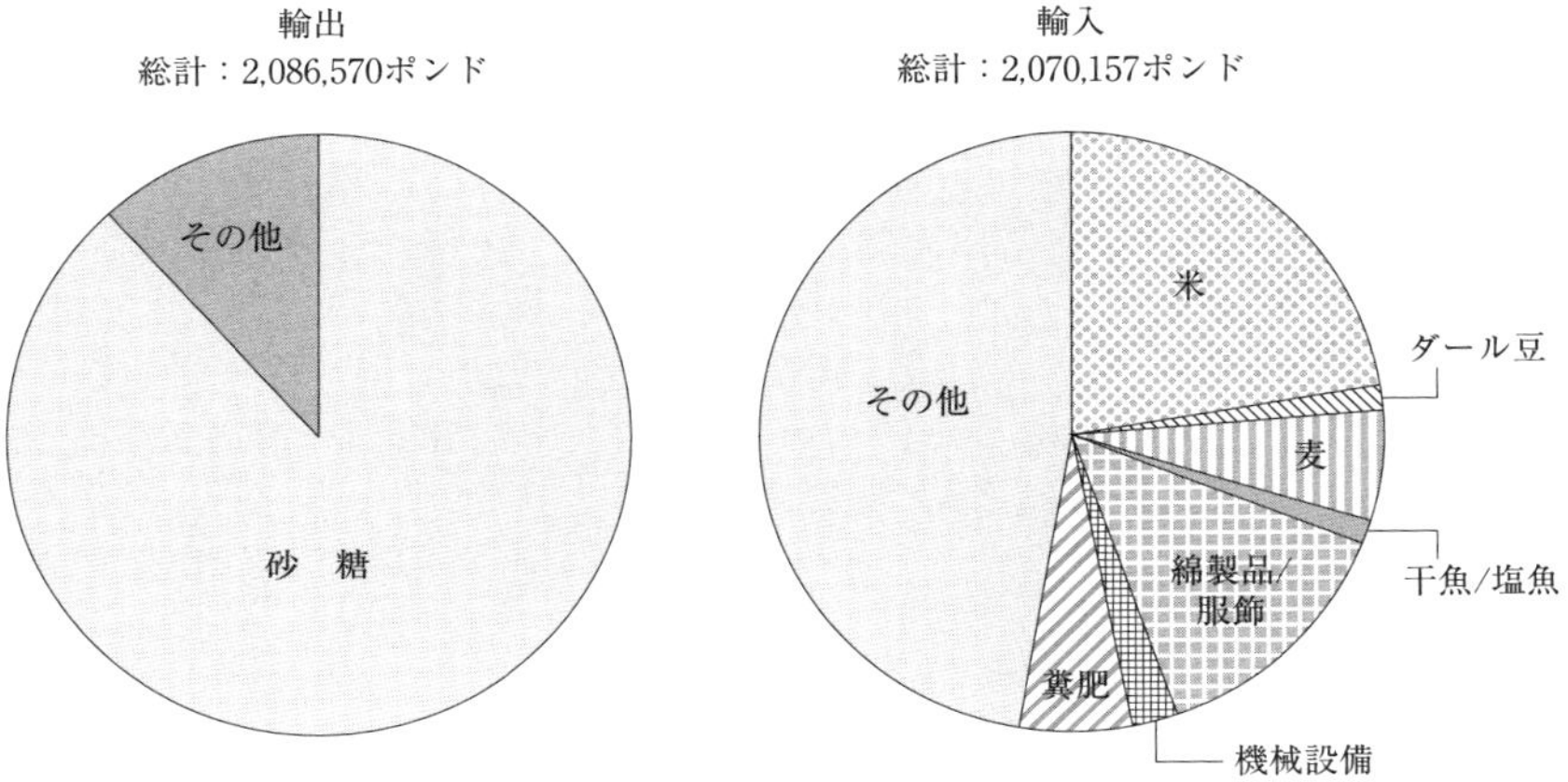

図20　モーリシャスにおける輸出入の品目別金額の内訳(1870年)

出典：[Mauritius 1878]に掲載されたデータより筆者(大石)作成。

表12　南アフリカにおける営業ライセンスのアジア人登録数(1933-34年度)

営業ライセンスの種目	アジア人登録数(地域別)			南アフリカ全体		
	ケープ	ナタール	トランスヴァール	アジア人登録数合計	全人種合計	アジア人登録数比率(%)
行商	88	2474	342	2904	5234	55
譲渡/移転(transfers, removals, etc)	0	22	22	44	143	31
生鮮青物取扱商	476	448	385	1309	4579	29
洗濯	12	11	5	28	99	28
花火販売	133	87	104	324	1186	27
「食堂」(Eating House)運営	34	189	26	249	1050	24
医薬品小売	213	238	1050	1501	6563	23
露天商	319	171	752	1242	5842	21
精製水取扱商	203	342	25	570	2937	19
雑貨小売(general dealer)	1032	1666	2823	5521	34769	16
フェリー・ボート	0	1	0	1	8	13
レストラン／喫茶店	39	237	59	335	3485	10
肉屋	110	157	124	391	4721	8

出典：Oishi, 2007 に掲載の表を簡略化。アジア人登録数の比率の上位のものだけ掲載。

禁じる法がなかったこと、契約終了後の帰国渡航費提供が廃止されたこと、十九世紀後半以降の砂糖不況によりプランター自身が農場の土地を切り売りしたことなどを背景として、多くが島内に残留・定住化して断片的な土地の購入を集積していった。そして彼らは、独自にサトウキビや蔬菜《そさい》の小規模栽培を活発化させた[Allen 1999]。他方、商人は、島内からは到底賄えない食糧・雑貨などの生活必需品を、大量にインドをはじめとする外部から輸入し、プランター側に提供したり、独自に店舗を設けて販売するなどし始めたのである。確実に植民地経済に規定されながらもインド人移民社会の消費需要と結びついて蘇生した市場は、インド人商人によるインドとその周辺地域からの物資調達によって、相当程度、独自の発展と拡大を見せた。ヨーロッパ勢力の領有以前に無人島であったモーリシャスは、間違いなく、サトウキビ栽培と精製砂糖の輸出に特化した発展を既定路線としてたどったが、実際には、こうした付随的経済の意味が、ほぼ対等に大きくなった。一八七〇年時点での品目内訳を整理して図20に示した。

ここに確認できるように、輸出では精製砂糖が順調に拡大してその大要を占めるほどになっているが、じつは、その輸出額に匹敵する額を、さまざまな輸入品がつくりだしている。なかでも、鳥糞肥料や機械設備など、サトウキビ栽培や砂糖精製にかかわる物品を、インド人移民労働者関係の食糧や布などの生活必需品が大きく凌駕していることが重要である。食糧のなかでも圧倒的な意味をもった米は英領インド(ビルマを含む)から、多くがインド人ムスリム商人によってもたらされた。彼らは、インド西部出身でありながら、船商としてオリッサからベンガル、ビルマに広がる稲作地帯から米の供出と輸出を取り仕切った。

南アフリカの英領ナタールに拓かれつつあったサトウキビ・プランテーションにも一八六〇年以降インド人年期契約労働者が移入されたことは、インド人ムスリム商人をインド洋島嶼地域からアフリカ大陸へと本格的に導くきっかけとなった。ここでも、同様に、労働者の不足食糧分が輸入によって補われる必要が生じたからである。また、インド人労働者自身のなかから契約終了後に小規模ながら自作農民に転進して蔬菜や果物を販売する者が派生したことも同様である。ただ、南アフリカでの展開は、少なくとも三つの意味で、新しい要素をはらむことになった。一点は、現地の住民(アフリカ系)

に、ヨーロッパからの新規の入植者がとくに一八八〇年代以降の金鉱発見以降に加わって、インド人に限定されない大きな市場をインド人商人に用意したこと。二点目は、現地の国家や地方自治体が管理する営業ライセンスというツールを活用しながら、総合食糧・雑貨店や飲食店などの開業と運営についての可能な限りの既得権益化や、「白人」同業者やアフリカ系の潜在的起業家との競合における戦略的対応がはかられたこと。三点目は、インド人のムスリム商人が、南アフリカで独立したインド人の露天商や行商人などと一部で結びつきながら販売網をさらに広げたことである。

これらの点に関係して、表12は、南アフリカでの営業ライセンスをインド人(ここでは「アジア人」とほぼ同定可能)の取得者が高い比率の業種からまとめたものである。インド人の人口比率は三%程度であったことを踏まえると際立った高い比率が確認できるし、食糧・雑貨店や飲食店、そして、露天商・行商関係での極めて多数の登録があったこともわかる。表12には採録していないが、医者や法務関係者などでのライセンス登録がインド人をほぼ含まずに「白人」に独占されていたことや、一般の「会社」などで人口比率と同等比率の数にとどまっていることと対比して、インド人が、「社会的地位」では劣るものの、日常の生活や生存に不可欠の食糧や日用品の販売・サーヴィスを、相当程度、インフォーマルなかたちで担っていたことになる。急激に入植や都市部形成が進んだ南アフリカでは、ヨーロッパ系の人びとや彼らに集団雇用されたアフリカ系労働者のなかで、インド人からこうして日常に提供される物品やサーヴィスは不可欠のものとなっていた。また、インド人商人のライセンス比率が際立って多かったのは、ジョハネスバーグ(ヨハネスブルク)など大都市そのものではなく、地方内陸部に成立した新興の町やアフリカ系労働者を「収容」した都市郊外部であり、彼らの商売やサーヴィスは、空間的あるいは人種的な「間隙」を埋めるニッチなビジネスの性格を帯びていたともいえる。南アフリカでは、人種差別主義の台頭と制度化が一九二〇年代以降に徐々に進行する過程で、当初の想定を超えたインド人の経済活動の「逸脱」を否定的にとらえるライセンス制限の問題が政治的に浮上した。しかし、インド人商人の担ったビジネスの性格が、その制限の手をゆるめさせ、結局は事実上の容認をおこなわせることにつながった[Oishi 2007: Bhana and Brain 1990: Padayachee and Morrell 1991]。

表13　モザンビーク後背地のインド人商人小売店鋪における典型的な取扱商品(1909年)

イギリス本国	英領インド	ドイツ	フランス	アメリカ	ベルギー	オランダ	ポルトガル
小麦製品	茶	綿ショール	巻タバコ用紙	灯油	綿布	タバコ	靴
靴	米	靴下	香水	梳具	ナイフ	紙巻きタバコ	石鹸
真鍮製品	小麦	日よけ	石鹸	金物	金物	毛布	缶詰
キャリコ	バター	傘	眼鏡			ビーズ	ワイン
綿糸	椅子・小型家具	パイプ					保存果物
綿布	砂糖	石鹸					ジャム
綴じ糸	香辛料	針					小麦製品
亜鉛メッキ鉄	ムシロ	ハーモニカ					ブラシ
ほうろう製品	綿製品	革ベルト					
南京錠	洗浄布	ナイフ					
ジャム	絹	ランプ					
針・ピン	粗布	ビーズ					
麻布	スズ	亜鉛メッキ鉄					
捺染キャリコ		ボタン					
白色キャリコ		ほうろう製品					
		腕時計					
		椅子					

出典：Oishi, 2007.

アフリカの非英領地域への進出がインド人ムスリム商人によって典型的に進められた地域の一つが、モザンビークである。ここでは、インド人労働者移民の市場を前提とせず、かわりに、ロレンソ・マルケスやイニャンバネ、ケリマネ、モザンビーク島周辺など、インド洋に面した港市を拠点として、そこから内陸後背地のアフリカ系住民への接近がはかられた。隣接の南アフリカも含めて、この通商ルートもしくは形態は、頻繁に「カーフィル・トラック」(不信心者との接触・通商ルート)と呼称されたように、インド人ムスリムを含むムスリムの海洋商人が近世までにも従事していた非ムスリム住民との通商を結果的には伸張・拡大させたものとなった。しかし、十九世紀後半以降二十世紀初頭にかけて、この通商はいくつかの点で新しい展開をみせた。つまり、インドとくにボンベイ(現ムンバイー)からの輸入品が急増してそれらはインド産の物品に加えてヨーロッパ産の物品(綿製品中心)を含んでいたこと、そうしたインド経由の物品のなかでもインド自体に産する物品が綿布、米、穀類、金物、食用油などを中心に一八九〇年代より漸次増加したこと、このインドからの輸入貿易に中心的な役割をはたしたのがインド人ムスリム商人(一部はポルトガル国籍)であり、彼らは後背地の前線的な出張店舗を介して輸入物品の販売と現地農林産物の買入れとの物々交換的な経済を活性化させたこと、などである。表13として、一九〇九年に記録されたモザンビークの内陸後背地に展開するインド人商人の平均的な取扱商品群を掲げる。近代的商品ともいえる軽工業製品群をとくに欧米からの輸入品として確認できるが、他方、食糧品や綿製品でのインドの重要性が確認できる。実際、金額的にも、こうしたインド物品が大きな割合を有していた[Oishi 2007]。

還流と還元——イスラームとボンベイ

インド人ムスリム商人が中核的な役割を担った環インド洋世界中西部の交易は、一九一〇~二〇年代に大きな変動を見た。まず、第一次世界大戦期をきっかけにして、ヨーロッパ製品に代わり日本の軽工業製品が大量に流通し、それらを重点的に扱ったインド人ムスリム商人の広域ネットワークが東アジアからアフリカまでの連結を形成した。しかし、大戦直後から、インドでは、輸入物品のなかで、とくにイギリス以外の第三国からの輸入が大戦中に急増していたものに対しての警戒感が強まり、それらに対する選択的な輸入関税の引上げが始まった。また、輸入代替を念頭におくこうした政府措置は、大戦前から高じつつあったインドのナショナリズムと結果的に共鳴して、国産品の振興をさらに模索させる機運や起業活動を導いた。

こうした急激な展開のなかでムスリム商人のネットワークは大きな影響をこうむった。日本やスウェーデンから大量に輸入されるようになっていたマッチは、こうした展開の一つの代表的事例であったが、ボーホラーなどのインド人ムスリム商人は日本で輸出事業の協力者となっていた日本人製造業者とさらに協働して、インドでの日印合弁事業に乗り出した[大石 2002:Oishi 2004]。大きく見ると、この時期、日本(とくに神戸)で蓄財されたムスリムの資産の一部に、インドや中継地東南アジアへの循環的回帰が見られ、そうした地域での起業資金だけでなく、イスラーム関係施設(礼拝や福祉・慈善関係)への還元も生じた。

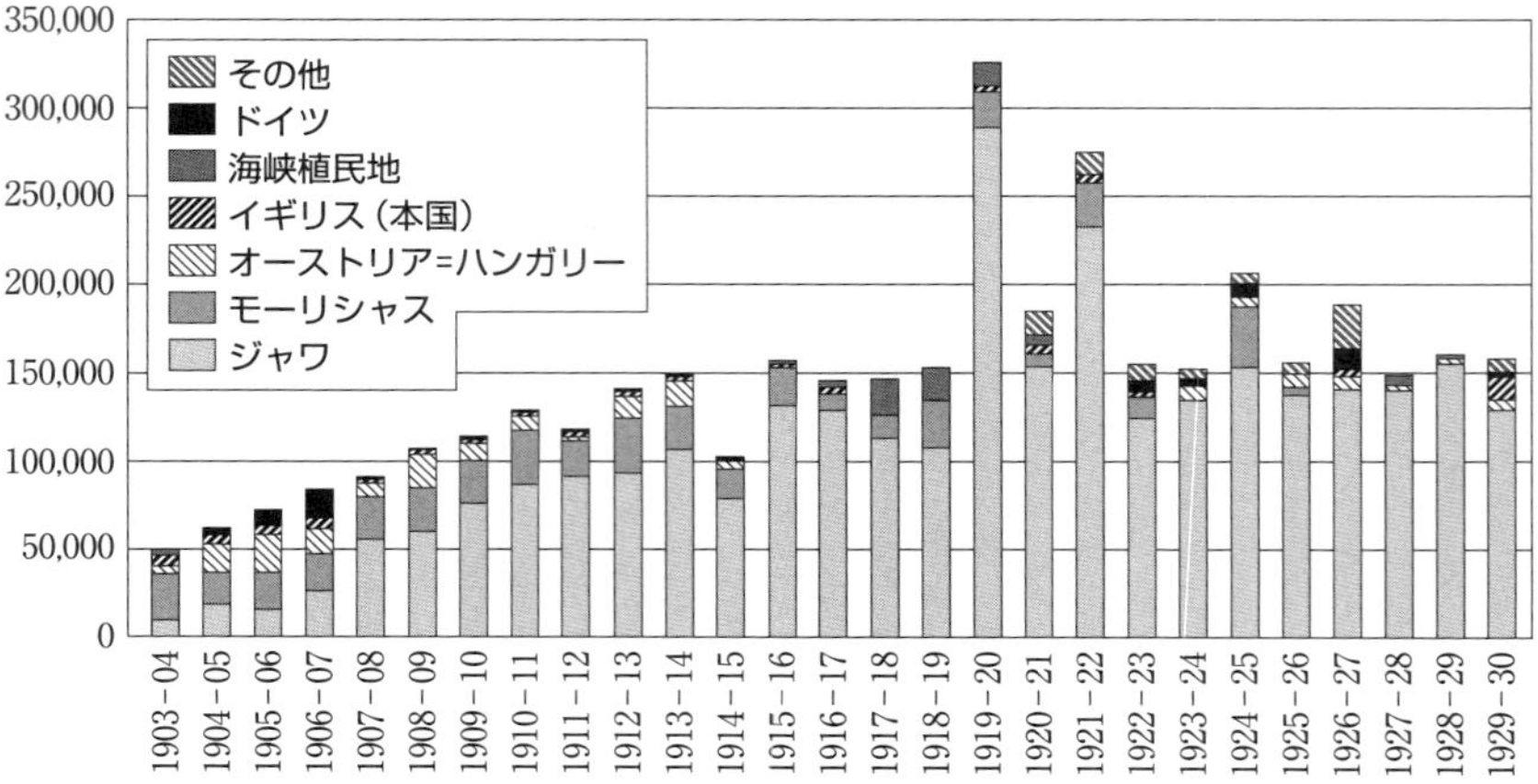

図21　英領インドにおける輸入元別砂糖輸入金額（単位：100ルピー）

出典：［SABI 隔年版］より計算整理。ポンド分はルピーに換算。

環インド洋中西部地域に関していえば、精製砂糖の問題が重要である(3)。モーリシャスのサトウキビ栽培と精製砂糖の製造は拡大して、その輸出はヨーロッパだけでなく英領インドにも相当程度向けられるようになっていた。ところが、図21に見るように、一九〇〇年代よりオランダ領東インドよりの精製砂糖の輸入が急増してインドにおける輸入額の過半を占めるようになった。このこともあって、前述のような輸入関税引上げが一九二〇年代初頭より砂糖に対して段階的に導入された。ジャワ糖は、インドでの旺盛な砂糖需要とインド国内生産の未発達のために、減少しつつも下げ止まったのに比して、モーリシャス糖は競争に負けて一九二〇年代末までに著しい減退や不安定化をこうむったのである(4)［杉原 1996：第6章：India, Indian Sugar Committee 1921：India, Indian Tariff Board 1931］。

こうした精製砂糖輸入の変化にもっとも打撃を受けたのが、モーリシャスへの往路船舶を食糧・雑貨輸出に、インドへの復路を精製砂糖輸入にあてていたインド人ムスリムの船商であった。そして、ここでも、日本の事例と同様に、資産におけるインドへの循環と還元が見られた。例えば、メーモン商人は、一八九五年に完成を見た首都ポートルイスの金曜礼拝モスクの事実上の建設者となるなど、モーリシャスでの宗教・慈善的役割を先頭に立ってはたしていたが［Emrith 1967］、一九二〇〜三〇年代には、こうしたメーモン商人の富豪のなかから、インドへの循環と還元として、ボンベイでの宗教・慈善的活動に寄進などを通じて多大な貢献をはたしていく者があらわれている。

こうした代表的なメーモン商家としてシディーク家をあげることができる。シディーク家は、モーリシャス貿易に従事してとくに精製砂糖輸入貿易で勃興したが、先に述べたような輸入貿易の減退と時期をあわせるようにボンベイでの各種の慈善的事業に乗り出した。これらのなかには、メーモン内での居住施設提供や社会行事補助、さらに当時のハッジ巡礼者のジッダ行き渡航の窓口となっていたボンベイでの待機・滞留施設建設などがあった。そのほか、数十のベッド数を要する複数の助産院の開設を巨額の寄付をおこなって実現させ、狭小な住宅問題とあいまったボンベイ労働者家庭の乳幼児死亡率の低下を大きく前進させたものや、理工系技術学校の設立・運営を通じて紡績や電工関係の中間技術者（ムスリム子弟を優遇するが、その他にも開放）の養成に実績をあげていったものなどもあった(5)。

これらの福祉・慈善・教育事業は、基本的に、シディーク家近親者やメーモンの構成員からなる団体が資金管理や運営などにあたり、たしかにコミュニティやムスリム内への内向的凝集性もあったが、他方で、ボンベイ市など植民地行政当局と密な連携をとっていたこと、受益者をムスリムだけに限定はせず、ボンベイ市民にも開かれた要素を残していることに特徴があった。内向性と開放性を兼備したこの両義的社会性の背景には、同時代のボンベイで表面化しつつあったヒンドゥー・ムスリム間の確執や衝突に加えて、「砂糖」に向けられたナショナリズムへの配慮・対応も働いていたと考えられる。というのも、同時代のスワデーシー（国産品愛用）の機運のなかで、布のほかに、先述のマッチや砂糖などが典型的に取り上げられて、外国製品の輸入による富の流出を防ぐ必要が唱導され、実際に、国内生産の奨励がはかられていたのである。

近代の環インド洋世界では、ボンベイを磁場とする広域的なイスラーム（「ボンベイ・イスラーム」）が、インド大陸やインド洋世界での在来のイスラームを基盤としつつ、同時に、植民地近代から提供された新しい移動性や技術、知見などを吸収して、ハイブリッド（混成的）な産物として現出したといえようし、そこでは「宗教経済」ともいうべき社会学的見地上の複合体の分析が重要になってくるという指摘もおおむね妥当であろう[Green 2011]。本補説では、十九世紀中葉以降に環インド洋中西部でのサトウキビ・プランテーション創出によって出現した食糧・雑貨や精製砂糖の大規模な貿易や、一九二〇年代からインドに導入された選択的輸入代替にともなう資本の循環・還元的現象などの経済的動態を追いつつ、最後に、広域的な「ボンベイ・イスラーム」の展開を見てきた。ただし、ここに垣間見た動態が、イスラームだけに還元されるものではなく、非ムスリムの存在も踏まえた諸事象、例えば、地域経済や広域経済、政治的ナショナリズム、植民地都市の社会的均衡の問題などに多義的につながる複合的事象であることも、末尾に強調しておきたい。

大石高志

▼補説11▲　独立後南アジアの国際関係と戦争

本補説では、なぜインド・パキスタンの対立が分離独立後七〇年をへてなお存続しているかという問いに対して、国際関係史の立場から一つの答え方を示す。まず、両国の対立が埋め込まれた地域秩序が形成・再生産される過程を概観したうえ、後半では第三次印パ戦争の検討からのアプローチを試みる。(6)

冷戦と南アジア研究

南アジア研究において、冷戦は地域に対するネガティヴな制約要因と見られてきた。インド人研究者は、冷戦を大国間政治(パワー・ポリティクス)とほぼ同義にとらえ、インド(そしてある程度までパキスタンも)の政策を一方的に制約する力と見なしてきた[Venkataramani 1982; Datta 1994]。アメリカ合衆国の外交史研究者も、アメリカの南アジア政策が冷戦プリズムに支配されていたことを批判的にとらえている。彼らによれば、この冷戦プリズムこそが、さまざまな現地からの働きかけや他の政策選択の可能性を遮断し、アメリカが南アジアにおける固有の利益を実現する政策を阻害することになった[McMahon 1994; Merrill 1990]。米パ同盟は、地域の平和のためにもアメリカの国益のためにもプラスをもたらさない幻想であったというのがその基本的テーゼである。

しかし一九九〇年代後半以降、帝国史研究の立場から、冷戦を脱植民地化との交錯においてとらえる視点が提起されるようになり、脱植民地化以降の地域秩序をめぐって、インド、パキスタン、イギリス、アメリカのあいだでさまざまな交渉や駆引がおこなわれ、その結果、「南アジアにおける冷戦秩序」が構築されたことが明らかになってきた。それらの研究では、アメリカが、旧宗主国であるイギリスや現地の勢力によって、「招かれた」へゲモニーであることが強調されている〔管 2006：Singh 1993：ロッター 2006〕。

これらの研究の主要な関心は、南アジアにおいてインド独立以降も多大な影響力を誇ったイギリスからアメリカへのヘゲモニーの移譲がいつ、どのように生じたのか、という点にあったが、同時に、インド、パキスタンが新しい地域秩序形成においてどのような役割をはたし、その結果両国が地域秩序およびグローバルな秩序においてどのような位置を占めることになったのか、という点にも関心が向けられることになった。

同盟と非同盟

まず、一連の研究において明らかになってきた一九五〇年代のインドの非同盟政策およびパキスタンの同盟政策の確立過程とその意義を見ておこう。五〇年代に、パキスタンが西側同盟に積極的にコミットしたのに対して、インドが非同盟を主導したことはよく知られている。パキスタンは、五四年九月東南アジア集団防衛条約（のちのＳＥＡＴＯ）に調印したのにつづき、五五年九月にはバクダード条約（のちのＣＥＮＴＯ）に調印している。前者は、イギリス、フランス、アメリカ、オーストラリア、ニュージーランド、フィリピン、タイが参加してインドシナの共産化に備えたものであり、後者は、トルコ、イラク、イラン、イギリス、アメリカ（オブザーバー）が参加して、中東の安定化をめざしたものである。パキスタンは、西側の同盟戦略のなかで、中東と東南アジアの結節点としての役割を自ら担うことになった。一方のインドは、五四年四月、ジャワーハルラール・ネルー首相が周恩来中国首相との首脳会談で「平和五原則」を発表し、五五年四月、バンドンにおけるアジア・アフリカ（ＡＡ）諸国会議で主導的役割をはたす。五〇年代半ば両国の外交・安全保障政策は、同盟と非同盟という両極端に分かれたのである。

インド・パキスタンの政策の分岐は、二つの意味で重要である。第一に、インド・パキスタン間のセキュリティ・ジレンマ状況が、パキスタンの同盟国であるアメリカをも巻き込むかたちで成立したことである。パキスタンの同盟参加の目的は、インドの攻撃を抑止するためであった。実際、同盟に基づく対パキスタン軍事援助がパキスタンの軍事能力強化に利用された。より重要なのは、「対インド抑止は同盟の想定外である」というアメリカの明言にもかかわらず、インドにとって同盟の存在は、インド・パキスタン紛争へのアメリカの介入の可能性を高めるものと認識された。インドは介入に敏感になり、カシュミール問題での国連の仲介も拒否するようになるのである。

第二に、インド・パキスタン両国をなんらかの共同防衛構想に参加させることができなかったのは、イギリスの帝国政策にとって大きな失敗であった。パキスタンのみがアメリカの反共同盟に参加することにはつねに懐疑的であったイギリスが、それを阻止できなかったことは、まさに南アジアにおける帝国秩序から冷戦秩序への移行を示している［伊豆山 2001］。

インドの非同盟政策の評価は、今日までその作業が継続されており［吉田 1988：伊藤 2004］、ここでは深く立ち入らないが、本補説との関係で、非同盟の二つの側面を指摘しておきたい。一つは中立主義の側面であり、もう一つは反植民地主義の側面である。ネルー首相はインドの外交政策を中立主義として規定することを否定するが、米・ソいずれのブロックにも与しないという方針をとおして、独立した外交政策を遂行し、国際社会において影響力を保持する手段たらしめようとしていた。しかし、それが国際政治におけるパワーの配置から利益を引き出す行為として提示されたことはなく、むしろ西欧植民地主義から主体性を取り戻す所為として、アジア諸国の情念に訴えるかたちで提起されてきた。

インドは二つの理由で同盟を批判しているが、ここにもこれらの二つの側面があらわれている。植民地解放の理念に反するというモラルの観点からの批判とともに、地域のパワーバランスを大きく変更するという戦略的観点からの批判をおこなっているのである。こうしたインドの非同盟政策が、一九五〇年代に外交活動のスペースを広く有していたことは、朝鮮戦争の休戦協定（五三年七月）とインドシナ紛争のジュネーヴ合意（五四年七月）の例を見れば明らかである。

朝鮮戦争が勃発すると、インドは一九四七年以来の国連朝鮮暫定委員会のメンバーとして、また戦争勃発時の国連安保理非常任理事国として、積極的に外交役割をはたそうとした。ところがインドは、北朝鮮の侵略は非難しつつも、中国との対話を主張していたため、アメリカからその融和的態度を非難され、アメリカの圧力によって、中立国で構成する休戦監視委員会から除外された。しかし中立国捕虜帰還委員会にはインドも加わり、捕虜を管理し交換を実行する部隊の派遣を一国で担うこととなった[Singh 1993:72-110]。

インドシナ問題に関するジュネーヴ会議では、クリシュナ・メーノーン国連大使が、合意の形成に役割をはたした。インドは停戦合意に付随して、ソ連、イギリス、アメリカ、中国の四カ国による非介入合意が必要であると主張したが、南北ベトナムの分割案に傾いていたイギリスも、中国の不安を緩和するためには非介入地帯を設定する必要があると考えて、インド提案の趣旨に賛同した。その後インドはカナダ、ポーランドとともに国際休戦監視委員会のメンバーに選出された[Singh 1993:157-192:SarDessai 1968:28-57]。

インドが「中立国」としての役割をはたしえた背後には、イギリスの強い後押しと英米間の意見対立が存在した。英米間には、中国認識と武力行使という二つの点で隔たりがあった。アメリカにとって中国は妥協不能な相手であったが、イギリスはインド・パキスタンを含むイギリス連邦諸国と相前後して一九五〇年一月に共産党政権を承認していた。またイギリスは、アジアにおける共産勢力の封じ込めの手段として武力行使の必要性は小さいと考え、アメリカの武力介入を限定化するためにインドと共同した。朝鮮戦争やインドシナ紛争が「アジア対欧米」という構図に転換することを避けるためにインドの役割を期待したのである。

イギリスはイギリス連邦とりわけインドが紛争の拡大防止や地域秩序構想に主導権を発揮することを望ましいと考えていた。イギリスが最後までＳＥＡＴＯへのインドの参加を希望していたのはこのためである。

パキスタンの同盟政策は、インドの非同盟政策の裏返しとして説明することができる。インドを唯一最大の脅威と認識するパキスタンは、イギリスがインドを重視することに不満をいだき、アメリカの庇護を求めた。ことに第一次印パ戦争に際して、パキスタン軍に残留するイギリス人将校に対して、独立直後のパキスタン新政府の命令に従わないよう、イギリス本国から指示が出されたこと、またパキスタンからの兵器供給の要請に応じなかったことがアメリカとの同盟へと向かう契機となった。パキスタンの同盟参加の動機が、明らかに対インド防衛力強化にあったにもかかわらず、アメリカもその点は不問とした。これは、パキスタンとの同盟が、パキスタンの役割を積極的に評価した結果ではなく、米国務長官ダレスやのちの米大統領ニクソンらによるインドに対するネガティヴな評価の反射であるということを意味している［伊豆山 2001］。

冷戦構造の変容と印パ対立

一九五〇年代の南アジア地域が、イギリスからアメリカへのヘゲモニーの移行、それにともなう英米間の競合に規定されていたこと、そしてそのことがパキスタンの同盟政策およびインドの非同盟政策の選択に大きな影響を与えてきたことを見てきた。ところが、六〇年代になると、インド・パキスタンはそれぞれの宣言政策に矛盾する行動をとっている。例えば、インドは中国との領土紛争が決定的になると、アメリカに軍事援助を要請して、対中国防衛力の強化に努めるようになる。一方パキスタンは、アメリカの対インド軍事協力に不安を覚え、中国に接近する。

インドが「中印兄弟関係」や「バンドン精神」を離れて、中国を共通の脅威としてアメリカの援助を受け入れたこと、あるいはパキスタンがアメリカの警告を振り切って中国との友好関係を推進したことは、同盟政策や非同盟政策の大きな変更であるはずだが、こうした政策変更が明言されることはなかった。両国の同盟・非同盟政策の矛盾は、米中和解プロセスと密接に結びついて展開した一九七一年の第三次印パ戦争によって解消された。パキスタンは対中国関係と対米同盟との矛盾を解消し、またインドはソ連とのあいだで新たに「平和友好協力条約」を締結した。七〇年代は、友敵関係が再び明確になり同盟、非同盟はその後付けにすぎなくなったといえる。これに対して六〇年代のアンビヴァレントな関係は、冷戦との関係でどのように評価すればよいのか。

ロバート・マクマホンは、南アジアがアメリカの冷戦政策のなかで一貫して「周辺」であったことを強調する。マクマホンによれば「パキスタンが中東防衛に役割をはたす」という幻想に基づくアメリカの南アジア政策は、ケネディ政権下で修正されつつあり、インドに対する経済援助が検討されていた。しかし一九六五年の第二次印パ戦争は、「南アジアを西側世界につなぎとめておく」ためのアメリカの努力が無益であったことを認識させる分水嶺となり、以後アメリカは南アジアへの関心を決定的に低下させたという［McMahon 1994］。これに対して、六〇年代の南アジアがむしろ冷戦の周辺から中心に移行したという見方もある［木畑 2003］。この見解は、中ソ対立が南アジア地域秩序に与える影響を重視するのである。

中国研究やＡＡ諸国会議に関する研究に依拠すれば、少なくとも中国側は、インドとの対立に中ソ対立を積極的に持ち込んでいるように見える［高橋 1994；定方 1990］。一九六〇年代に中国がインドを非難する際には、「帝国主義アメリカ、修正主義ソ連との結託」に言及することが常套句となっていたのである。インド側も、中国を牽制するためにソ連を利用するようになった。中国とインドネシアが推進した六五年の第二回ＡＡ諸国会議（第二バンドン会議）に、インドがソ連の招待を主張したのはその一例である。

一九五〇年代に米中対立を利用しようとしなかったインドが、中ソ対立を利用したのは、五〇年代には可能と思われていた中国との「平和共存」が不可能と認識されるようになったことの証左であろう。しかしなぜ、中国との共存が不可能と認識されるにいたったのか。二通りの説明がありうる。一つは、領域支配とくにチベットへの影響力という物理的な利益が中印間で両立不可能となったという説明であり、もう一つは、反植民地外交の理念をめぐる不一致という説明である［Garver 2001］。チベット問題が中印関係に占める位置、また平和共存か武力闘争かという中印間の路線をめぐる相違が、アジア諸国との外交で具体的にもった意味は、今日も明らかになっていない。

一方パキスタンは、一九六〇年代後半、アメリカからの強い圧力にもかかわらず中国との関係強化を進めているが、中国のコミットメントは第三次印パ戦争時と比べてどの程度高かったのか。あるいはパキスタンのアメリカ離れは、ズルフィカール・アリー・ブットーの「小国外交」の考え方や、アユーブ・ハーンの「主でなく友を求めて」の考え方の反映だったのか。

一九六〇年代に関する理解、とくに中印対立、中ソ対立が、南アジア地域秩序にどのような影響を与えたのか、に関する研究にはいまだ多くの課題が残されている。

第三次印パ戦争の原因論

ここまで、冷戦構造のもとで、インド・パキスタン両国の対立を組み込んだ地域秩序が形成され、再編されていく過程を見てきた。しかし、それだけではなぜ印パ間の対立が戦争にいたるのかを説明できない。第三次印パ戦争は、なぜ起こったのか、それはどのように説明されてきたのかを見ていこう。

第三次印パ戦争をあらためて検討する意義としては、第一に、第三次印パ戦争が、南アジア地域秩序、そして印パ両国の国家体制に大きな影響を与えたにもかかわらず、研究が不十分なことがあげられる。戦争の和平合意を定めた協定(いわゆるシムラー合意)は、インド亜大陸に、インド優位、かつ域外大国の干渉を排除する体制を成立させた。戦争の結果は、インドにおいてはインディラー・ガーンディーの政権基盤の強化につながったが、パキスタンにおいては二民族論の根拠の消滅、軍の威信低下など国家体制に対する深刻な打撃となり、新しい国家アイデンティティの模索、政軍関係の再構成に向かわせることになる。第二に、戦争の性格づけがいまだ定まっていないことがある。戦争は、大国間戦争の代理戦争だったのか、インドのパキスタンに対する強制外交だったのか、あるいはバングラデシュの解放闘争だったのか。二〇〇〇年代に入って、人道的介入論の立場からインドの介入を是とする論考が見られるようになったことも鑑み[Wheeler 2000]、いま一度戦争の性格を検討する必要がある。第三に、政策的観点、すなわち印・パの危機管理の観点からも過去の経験を検討することが重要となっていることがあげられる。とくに両国が核能力を獲得した一九九八年以降、危機における核使用の可能性を予測するうえで、両国の意思決定の要因を知ることはますます必要となっている。

大国間の戦争はなぜ起こるのかという問いは、国際政治学の中心課題であり、国家が最終的に開戦を決定する論理について、多くの研究が積み重ねられてきた。それらは、国際システムのレヴェルに着目するもの、国家や社会のレヴェルに起源を求めるもの、そして意思決定のメカニズムを重視するもの、の三つに大別される[Levy 1989 : Snyder 1991]。国際システムのレヴェルに着目するものは、国家が自国の安全保障を追求するため勢力均衡政策の失敗（防御的リアリズム論）や、安全確保のための軍事力の追求そのもの（攻撃的リアリズム論）に戦争の原因があるとする。国家や社会のレヴェルに起源を求めるものは、国内の支配勢力が対抗勢力の不満を外に向けるために攻撃的行動にでると考えたり（転嫁論）、軍事組織の硬直性が対外攻撃を誘発する（ミリタリズム論）と考える。意思決定のメカニズムを重視するものは、認知科学に依拠しつつ、能力や意図に関する誤認が戦争を誘発すると考える[Van Evera 1999]。このように、国際システムレヴェル、国家や社会のレヴェル、意思決定理論、いずれの議論においても体系化、類型化が試みられてきている。ところが印パ間の戦争については、過去のいずれの戦争についてもその解明は十分になされておらず、個々の事例研究の知見を突き合わせて開戦の論理を探求する作業も進んでいない。

印パ戦争の包括的研究としてもっとも定評のあるリチャード・シソンとレオ・ローズは、内戦の発生、印パ戦争へのエスカレーションの二つの段階に分けて、「政治ゲームのオプションがしだいに狭められ、武力の使用へと局限されていく過程」を分析している。それによると、内戦の原因はパキスタンにおける民主化移行の交渉《バーゲニング》の失敗にあり、パキスタンは東パキスタン問題の解決よりもインドの敵対的意図を喧伝することに努力をそそいでいた（転嫁論）。印パ戦争へのエスカレーションの分析にあたってシソンらは、個々の政策決定において考慮された要因、相手方に対する認識を時系列的に積み上げながら、全体としては、後述のバーゲニング論に近い見方で、パキスタン側における意思決定の一貫性のなさや硬直性と、インド側による熟慮のすえの開戦決定とを対比させている。またシソンらは中国、ソ連、アメリカの政策についても一章を割いているが、「国際システムの多極化」によりこれら大国の役割は、限定されていたと見る。シソンらは中国、ソ連、アメリカの政策それ自体よりも、印パ両国が三大国の介入の可能性をどう評価していたかという点を重視している[Sisson and Rose 1990]。

このようにシソンとローズの研究は、前に述べた三つの方法論を組み合わせて戦争の発生要因の全体像をつかもうとしている。彼らは実証分析に重きをおき、方法論を明示してはいないが、意思決定論に軸足をおいていることは明らかである。ただ、東西パキスタン間の権力分配の問題に、内戦の外部転嫁の契機が内在していたことを認めている。また、国際システムレヴェルでは、戦争終結(制御)の役割があったことを示唆している。シソンらの研究は、その後の研究の方向性に大きな影響を与え、ラッセル・レンの「危機におけるバーゲニング論」や、スミト・ガングリーの印パ紛争通史に受け継がれている。ガングリーとレンに共通するのは、パキスタン側に意思決定における欠陥が存在するとする点である。レンは、印パ双方の利益・認識・バーゲニング戦略を明示的に分析し、第三次印パ戦争については、インド側がエスカレーションを主導的におこなっていると指摘する[Leng 2000]。ガングリーは、ヴァン・エヴェラの議論を下敷きに、パキスタンの「誤った楽観主義」を強調している[Ganguly 2001]。

国際システムレヴェルをより重視したのはイミダス・ボカリの分析である。ボカリは、米・中・ソ三国関係を戦争の発生・終結の説明変数とし、一九七一年七月十五日のニクソン訪中発表を決定的な転換点と位置づけている。米中和解とそこにおけるパキスタンの役割が公表されることによって、ソ連は、アメリカと協調して危機を限定する政策からインドの勝利に貢献する政策へと転換したという。そして印ソ条約の締結が、インドをより積極的な軍事行動へと駆り立てたとボカリは評価する。またアメリカが危機収束のためのリスクをとらなかったことは、インドに対する誤ったメッセージとなったとする[Bokhari 1997]。

広瀬崇子の研究は、インドの戦争介入決定を、連邦政府と西ベンガル州の関係という国内政治から説明した数少ない研究の一つであり、インド側からの転嫁論といえる[広瀬 1983]。

パキスタン側の国内要因については、ガングリーらの研究でも重要性が指摘されていながら、転嫁あるいはミリタリズムの様相を体系的に研究したものはいまだない。なぜパキスタンが戦争を選んだのか、ずるずると巻き込まれたのか、他の選択肢はなかったのか。そうした疑問が解明されないのは、資料上の制約のみならず、パキスタン、そして分離独立したバングラデシュ両国の国内政治における未解決かつ微妙な問題が関係していると考えられる。第三次印パ戦争の歴史的解釈が困難なことを示す例として、つぎに戦争責任論争を見ていこう。

二つの戦争責任論争

パキスタンとバングラデシュでは、二〇〇〇年代に戦争責任論争が政治問題化した。

パキスタンにおける戦争責任論争は、第三次印パ戦争の調査報告書である通称ハムドゥール・ラーマン委員会報告の公表をめぐって問題化した。この報告書は、一九七一年十二月ブットー大統領から任命されたハムドゥール・ラーマン最高裁判所長官を委員長とする戦争調査委員会の手になるものであり、七二年七月に提出された。報告書は秘密とされてきたが、二〇〇〇年八月、インドの週刊誌『インディア・トゥデー』が報告書の一部をインターネット上に掲載し、大きな波紋を呼んだ。漏洩されたのは、七四年十一月に提出された追加報告書の全文であった[http://www.india-today.com/itoday/20000821/cover.shtml 2008年6月2日アクセス(なお,2017年11月2日時点で本リンクは確認できなかった)]。

非公開文書の漏洩に対する初期の反応として、パキスタンでは「ムシャッラフ軍事政権を困惑させる目的でインドの公的機関が意図的におこなった」という反発が起こった。これに対してインドの識者は「パキスタンのリベラルな勢力がムシャッラフ政権に対抗する目的で」漏洩したのだろうと見る。そして情報漏洩の経緯はどうあれ、当事者たる軍人たちが報告書の正真性を認めるにいたって、パキスタン政府は自ら追加報告書を公開せざるをえなくなった[India Today 25(34): August 21 2000:26-35]。

調査報告書の目的は「東部司令部司令官が降伏し、司令官のもとのパキスタン軍が武器をおき、停戦がインドと西パキスタンに命ぜられた経緯」を調査するという極めて限定的なものである。つまり調査は敗戦の責任を問うことに重点がおかれている。一読すると、責任の判定が特定の人間に対して厳しいものであることがわかる[*Hamoodur Rahman Commission Supplementary Report*]。これに対して、戦争当時東部司令官であったアミール・アブドゥッラー・カーン・ニアジ退役中将は、自身の著書のなかで申し開きをしており、責任のなすり合いともいえる状況になった[Niazi 1998]。

ハムドゥール・ラーマン報告書の公表をめぐる問題は「一九七一年から軍は何を学んだのか」というより大きな問題につながる。ムシャヒド・フセイン元情報相は、過去の戦争も含めて、軍の説明責任、透明性を求める主張を展開している

[Chawk, June 10, 2001]。同様の反省は軍内部からもでている。ハキーム・アルシャド・クレシ退役少将は、第三次印パ戦争の回想録のなかで、パキスタンが過去のいずれの軍事的作戦においても、「過大に野心的な目的」をもちながら、準備不足、資源不足という理由で「途中で放棄」していると述べる。さらにクレシは、「われわれは国民として、パキスタン分断に貢献したことを認めるべきだ。ニアジ、ヤヒヤー、ムジーブ、ブットーや彼らの補佐官だけが分断の原因ではない。腐敗したシステム、不正な社会秩序のために、個人の野心や利己主義的行動をチェックできなかった。われわれの集団的行動が、敵に機会を与えた」とパキスタン社会全体に痛烈な批判を加えている[Qureshi 2004]。こうした退役軍人による広範な反省も、インドとの敵対関係、そして戦争の必要性についていては疑問をいだいていない点には注意を要する。

バングラデシュの戦争責任論争は、戦争犯罪を裁く特別法廷をめぐって生起している。バングラデシュでは、二〇〇八年にアワミ連盟が政権に復帰すると、国内法に基づく「国際戦争犯罪法廷」を設立し、一九七一年の印パ戦争時にパキスタン政府および軍に協力したイスラーム主義政党指導者らの処刑を断行している。戦争犯罪法廷の推進は、バングラデシュにおける与党アワミ連盟と、イスラーム政党との連合を組む野党バングラデシュ国民党との政治的対立の産物という側面もある。しかし、国民のあいだに、七一年の戦争時に経験した虐殺やレイプに対する責任追及への強い要請が存在することも否定できない。バングラデシュ(東パキスタン)の分離独立を主導したアワミ連盟が七五年に政権から退出したのち、捕虜交換を優先させるインドの意向、あるいはパキスタンや中東諸国との関係強化の必要性といった対外的要因によって、戦争被害の補償請求は抑えられてきたからである[D'Costa 2011]。

パキスタンとバングラデシュの戦争責任問題をあわせて見ると、前者では戦争責任論争が敗戦の責任だけを問題としており、当時の東パキスタン国民に対する「不正義」が問われておらず、後者ではその不正義としてパキスタンへの「戦争協力」が集中的に問われている。しかしこの結果、パキスタンとバングラデシュの和解の契機は遠ざかり、バングラデシュ国内に「愛国者」と「裏切者」という分断がもたらされている。

このように、印パ戦争を振り返ろうとすると、インド、パキスタンの二国間関係のみならず、バングラデシュも加えた三カ国関係、そしてパキスタンの政軍関係、バングラデシュの内政にも軋みが生じてくるのが現状であり、第三次印パ戦争を歴史的に研究することには、いまだ多くの困難がともなう。一九七一年の印パ戦争は、現代南アジアの国際関係と国家アイデンティティと深く絡まり合っているからである。

伊豆山真理

注

(1) また、この十九世紀の移民の流れは、現在世界各地に散在するインド人移民の歴史的形成にも大きくかかわっている[古賀・内藤・浜口編 2000；大石編 1999]。

(2) 同じく半乾燥・乾燥地域出身のシンド地方の商人(ヒンドゥー教徒)にも、とくに近代においてグローバルなネットワーク展開を見せるまとまった動きがあった[Markovits 2000]。

(3) "Indian merchant intra-regional networks and Kobe: conjunctions and circulation in trade, assets and religion"『日本南アジア学会第二九回全国大会報告要旨集』三六〜三七頁。

(4) 第一次世界大戦前までに関しては杉原薫の検証がある[杉原 1996：207-210]。部分的に見られるドイツなどヨーロッパからの輸入は、輸出補助金政策を受けたビート糖であった。本補説では、統計資料や同時代の報告書を参照しながら第一次世界大戦の前後の状況の比較をおこなった。

(5) シディーク家について、一九九〇年代までボンベイ在住であった故ファールーク・アフメド・チョーターニ氏に貴重な資料提供や口述説明を受けた。記して深く謝意を呈する。

(6) 本補説は、二〇〇八年七月に提出された原稿に、最小限の修正を加えたものである。南アジアにおける冷戦史研究では、原稿提出後にいくつかの新しい研究(代表的なものとして[McGarr 2013])が出されているが、基本的には本補説第一項で扱った流れの延長上にあると考える。第三次印パ戦争の研究(代表的なものとして[Raghavan 2013])では、その後二つの新たな展開があった。一つは、インドにおける公定戦争史の公開であり、もう一つは東パキスタンの「虐殺」とインドの「人道的介入」をめぐる論争の出現である。今回はいずれも深く掘り下げることはできないが、二つの論争が絡み合っており、インド、パキスタン、バングラデシュにおける戦争史研究が、現代南アジアの国際関係および未完の国家建設と結びついていることを指摘した。

なお、本補説に述べられた見解は筆者個人の見解であり、所属する組織を代表するものではない。

付　　録

索　　引

人名索引

◆ア　行

アーウィン　Baron Irwin（1881-1959, 在任1926-31）……*123, 126, 128*
アーザード　Abul Kalam Azad（1888-1958）……*35, 116*
アザム，ゴラーム　Ghulam Azam（1922-2014）……*387, 394*
アードヴァーニー　Lal Krishna Advani（1927-　）……*236, 255, 306*
アトリー　Clement Attlee（1883-1967）……*143, 144*
アブドゥッラー　Sheikh Abdullah（1905-82）……*212, 240*
アフマド　Tajuddin Ahmed（1925-75, 在任1971-72）……*383*
アユーブ・ハーン　Ayub Khan（1907-74, 在任1958-69）……*220, 222, 326, 333-340, 345, 347, 354, 359, 366, 367, 382, 387, 389, 461*
アンベードカル　Bhimrao Ramji Ambedkar（1891-1956）……*10, 132-135, 148, 182, 184-188, 308, 318, 434*
イクバール　Muhammad Iqbal（1877-1938）……*327, 343, 345, 376*
イスハーク・ハーン　Ishaq Khan（1915-2006, 在任1988-93）……*359, 360*
イムラーン・ハーン　Imran Khan（1952-　, 在任2018-　）……*369, 375, 379*
ヴァージペーイー　Atal Bihari Vajpayee（1924-2018, 在任1996, 1998-2004）……*238-241, 253, 255*
ヴァルマ　Raja Ravi Varma（1848-1906）……*98*
ヴィヴェーカーナンダ（ナレーンドラナート・ダッタ）　Vivekananda（Narendranath Datta）（1863-1902）……*83*
ヴィッディヤーサーガル　Ishvar Chandra Vidyasagar（1820-91）……*87*
ヴィーレーサリンガム　Kandukuri Viresalingam（1848-1919）……*85*
エルシャド　Hussain Mohammad Ershad（1930-　, 在任1983-90）……*385-391, 393, 396*
岡倉天心　（1863-1913）……*99, 378*

◆カ　行

ガウダ　Deve Gowda（1933-　, 在任1996-97）……*239*
カズンズ　Margaret Cousins（1878-1954）……*177, 178*
カーゾン　George Nathaniel Curzon（1859-1925, 在任1899-1905）……*30, 32, 33, 200, 201*
カーマラージ　Kumaraswami Kamaraj（1903-75）……*219*
カルヴェー　Dhondo Keshav Karve（1858-1962）……*80*
ガーンディー，インディラー　Indira Gandhi　（1917-84, 在任1966-77, 1980-84）……*219-228, 230, 231, 235, 253, 259, 264-269, 280, 296, 299, 303, 351, 383, 384, 462*
ガーンディー，サンジャイ　Sanjay Gandhi（1946-80）……*226, 228, 267*
ガーンディー，ソニア　Sonia Gandhi（1946-　）……*239, 241, 245*
ガーンディー，モーハンダース・カラムチャンド（マハートマー）　Mohandas Karamchand Gandhi（Mahatma）（1869-1948）……*9, 10, 21, 26-29, 37, 77, 91, 113-115, 122-127, 134, 135, 138, 139, 142, 144, 147, 148, 168, 177, 178, 181, 187, 193, 199-207, 211, 217, 248, 252, 253, 261, 267, 302*
ガーンディー，ラージーヴ　Rajiv Gandhi（1944-91, 在任1984-89）……*228, 231, 233, 234, 236, 237, 239, 254, 269, 270, 300, 320*

ガーンディー，ラーフル　Rahul Gandhi（1970-　）……245
カンワル　Roop Kanwar（1969-87）……300
ギャネンドラ　Gyanendra Bir Bikram Shah（在位2001-08）……409
ギリ　Varahagiri Venkata Giri（1894-1980, 在任1969-74）……222
グジュラール　Inder Kumar Gujral（1919-2012, 在任1997-98）……239
グハ　Ramachandra Guha（1958-　）……67, 68, 296
クマール　Dharma Kumar（1928-2001）……48
クリップス　Stafford Cripps（1889-1952）……141-143
ケインズ　John Maynard Keynes（1883-1946）……164
ケージュリーワール　Arvind Kejriwal（1968-　）……245
ケースリー　Sitaram Kesri（1919-2000）……239
ゴーカレー　Gopal Krishna Gokhale（1866-1915）……23, 30-32, 36, 163
ゴーシュ　Aurobindo Ghosh（1872-1950）……29
ゴードセー　Nathuram Vinayak Godse（1910-49）……148, 217, 252, 303
ゴールワルカル　Madhav Sadashiv Golwalkar（1906-73）……252, 253

◆サ　行

サイイド　Ghulam Murtaza Shah Syed（1904-95）……353
サイイド・アフマド・ハーン　Sayyid Ahmad Khan（1817-98）……23, 24, 88
サイキーヤー　Hiteswar Saikia（1934-96）……230
サーヴァルカル　Vinayak Damodar Savarkar（1883-1966）……25-27, 136, 251
サッティヤールティー　Kailash Satyarthi（1954-　）……313
サプルー　Tej Bahadur Sapru（1875-1949）……122
サラスヴァティー　Swami Sahajanand Saraswati（1889-1950）……190
ザルダーリー　Asif Ali Zardari（1955-　, 在任2008-13）……350, 360, 361, 367, 368
ジア→ラフマン，ジアウル
ジア，カレダ　Khaleda Zia（1945-　, 在任1991-96, 2001-06）……386, 392, 393
シヴァージー　Shivaji（生没年不詳）……100
シェーカル　Chandra Shekhar（1927-2007, 在任1990-91）……236
シャーストリー　Lal Bahadur Shastri（1904-66, 在任1964-66）……219, 220, 263, 264, 266, 278
ジャヤラリター　Jayaram Jayalalithaa（1948-2016）……240
シャリーフ　Nawaz Sharif（1949-　, 在任1990-93, 1997-99, 2013-17）……351, 360-364, 366-369, 371, 378
シャンカル　Ravi Shankar（1920-2012）……314
周恩来　Zhou Enlai（1898-1976）……218
蔣介石　Chiang Kai-shek（1887-1975）……141, 457
ジョーシー　Anandibai Joshi（1865-87）……81
シン，V・P　Vishwanath Pratap Singh（1931-2008, 在任1989-90）……234-236, 255
シン，チャラン　Charan Singh（1902-1987, 在任1979-80）……227
シン，ハリ　Hari Singh（1895-1961）……211
シン，マンモーハン　Manmohan Singh（1932-　, 在任2004-14）……242, 244
シンデー，ターラーバーイー　Tarabai Shinde（1850-1910）……87
ジンナー　Mohammad Ali Jinnah（1876-1948, 在任1947-48）……36, 117, 123, 143, 144, 195, 327, 329-332, 345, 366, 381
ズィヤー→ハク
スッブラクシュミー　Madurai Shanmukhavadivu Subbulakshmi（1916-2004）……314

スブラマニアン　Chidambaram Subramaniam（1910-2000）……266
セン　Amartya Sen（1933-　）……108, 286-288, 321, 400
セーン　Keshab Chandra Sen（1838-84）……83
ソーラーブジー　Cornelia Sorabji（1866-1954）……81

◆タ　行

タゴール，アバニーンドラナート　Abanindranath Tagore（1871-1951）……99
タゴール，ラビーンドラナート　Rabindranath Tagore（1861-1941）……31, 96, 99, 116, 181, 200, 202, 343, 376
ダース　Chittaranjan Das（1869-1925）……121
ダヤーナンダ・サラスヴァティー　Dayanand Sarasvati（1824-83）……84
ダライ・ラマ（14世）　Dalai Lama（1935-　）……218, 411
ダルマパーラ　Anagarika Dharmapala（1864-1933）……89
チャタジー　Bankimcandra Chatterji（1838-94）……95, 194
チャーチル　Winston Churchill（1874-1965）……128, 139
チョウドリー　Iftikhar Muhammad Chaudhry（1948-　）……367, 368
ティラク　Bal Gangadhar Tilak（1856-1920）……29-32, 34-37, 87, 100
デーサーイー　Morarji Desai（1896-1995, 在任1977-79）……221, 226, 227, 265, 267
トリブバン　Tribhuvan Bir Bikram Shah（1906-55, 在位1911-55）……406, 407

◆ナ　行

ナーイッカル（ペリヤール）　E. V. Ramaswami Naicker（Periyar）（1879-1973）……131, 182, 186, 318
ナーイドゥ　Sarojini Naidu（1879-1949）……125, 178
ナオロージー　Dadabhai Naoroji（1825-1917）……6, 20, 25, 26, 31
ナムゲル　Ngawan Namgyal（1594-1651）……410
ナーラーヤナ・グル　Narayana Guru（1854-1928）……85, 191
ナーラーヤン　Jayaprakash Narayan（1902-79）……225, 226, 253, 267, 299
ナレーンドラナート・ダッタ ──→ヴィヴェーカーナンダ
ネルー，ジャワーハルラール（パンディット）　Jawaharlal Nehru（Pandit）（1889-1964, 在任1947-64）……3, 10, 30, 121-124, 127, 137-139, 142-144, 164, 208, 210, 212, 214, 215, 217-220, 259, 260, 262-264, 275, 276, 278, 280, 303, 457, 458
ネルー，モーティーラール　Motilal Nehru（1861-1931）……122, 123

◆ハ　行

ハク（ズィヤー）　Muhammad Zia ul Haq（1924-88, 在任1978-88）……350, 355, 356, 358-363, 365, 366, 377
ハザーレー　Anna Hazare（1937-　）……245, 313
ハシナ　Sheikh Hasina Wajed（1947-　, 在任1996-2001, 2009-13, 2013-14, 2014-　）……385, 392, 394
パテール，ヴァッラブバーイー（サルダール）　Vallabhbhai Patel（Sardar）（1875-1950）……214, 217, 260
パテール，チーマンバーイー　Chimanbhai Patel（1929-94）……225
バハードゥル・シャー２世　Bahadur Shah II（1775-1862, 在位1837-58）……11
ハリシュチャンドラ　Bharatendu Harishchandra（1850-85）……96
ビレンドラ　Birendra Bir Bikram Shah（1944-2001, 在位1972-2001）……407
ビンドラーンワーレー　Jarnail Singh Bhindranwale（1947-84）……230
ビン・ラーディン　Osama bin Laden/Usama bin Ladin（1957-2011）

……370, 380
ファイズ　Faiz Ahmad Faiz（1911-84）……196, 346, 347
フサイン　Zakir Husain（1897-1969, 在任1967-69）……221
ブットー，ズルフィカール・アリー　Zulfikar Ali Bhutto（大統領在任1971-73, 首相在任1973-77）……223, 337, 350-356, 359, 378, 382, 461, 465, 466
ブットー，ベーナズィール　Benazir Bhutto（1953-2007, 在任1988-90, 1993-96）……350, 351, 359-364, 367
フレー　Jyotirao Phule（1827-90）……85, 183, 318
ベイロック　Paul Bairoch（1930-99）……423, 424
ベサント　Annie Besant（1847-1933）……35, 89, 177
ヘードゲーワール　Keshav Baliram Hedgewar（1889-1940）……136, 217, 252
ペリヤール──→ナーイッカル
ボース，スバース・チャンドラ　Subhas Chandra Bose（1897-1945）……121, 123, 137, 141, 142, 148, 206
ボース，ラース・ビハーリー　Rash Behari Bose（1886-1945）……35

◆マ　行・ヤ　行

マウドゥーディー　Syed Abul A'la Maududi（1903-79）……333, 335
マウントバトン　Louis Mountbatten（1900-79, 在任1947-48）……145
マコーリ　Thomas Babington Macaulay（1800-59）……75, 76
マハラノビス　Prasanta Chandra Mahalanobis（1893-1972）……260, 276
マハント　Prafulla Kumar Mahanta（1952-　）……232
マヘンドラ　Mahendra Bir Bikram Shah（1920-72, 在位1955-72）……407
マーヤーワティー　Mayawati（1956-　）……308
マーラヴィーヤ　Madan Mohan Malaviya（1861-1946）……135
マラバーリー　Behramji Merwanji Malabari（1853-1912）……87
ムカルジー　Syama Prasad Mukherjee（1901-53）……253
ムジーブ──→ラフマン，シェイク・ムジーブル
ムシャッラフ　Pervez Musharraf（1943-　, 在任2001-08）……326, 350, 351, 362, 364-373, 465
ムンシー　Kanaiyalal Maneklal Munshi（1887-1971）……249
メーノーン　V. K. Krishna Menon（1896-1974）……219
メヘター　Pherozeshah Merwanjee Mehta（1845-1915）……20, 31, 36
モーディー　Narendra Modi（1950-　, 在任2014-　）……242, 245, 246, 256
モンタギュー　Edwin Montagu（1879-1924）……117, 118, 132, 178
ヤヒヤー・ハーン　Muhammad Yahya Khan（1917-80, 在任1969-71）……222, 337, 338, 350, 351, 466
ユースフザイ　Malala Yousafzai（1997-　）……313, 376, 379
ユヌス　Muhammad Yunus（1940-　）……374, 404

◆ラ　行

ラーイ　Lala Lajpat Rai（1865-1928）……29
ラーオ，ナラシンハ　P. V. Narasimha Rao（1921-2004, 在任1991-96）……237-239, 270
ラーオ，ラーマ　N. T. Rama Rao（1923-96）……229
ラガーリー　Farooq Leghari（1940-2010, 在任1993-97）……360, 361
ラシュディ　Salman Rushdie（1947-　）……315
ラナ　Jung Bahadur Rana（1817-77, 在任1846-56, 57-77）……406
ラーナデー，マハーデーヴ・ゴーヴィンド　Mahadev Govind Ranade（1842-1901）……80, 85
ラーナデー，ラマーバーイー　Ramabai Ranade（1862-1924）……80
ラフマン，ジアウル（ジア）　Ziaur

Rahman（1936-81, 在任1977-81）……383, 385-389, 393, 394
ラフマン，シェイク・ムジーブル（ムジーブ） Sheikh Mujibur Rahman（1920-75, 首相在任1972-75, 大統領在任1975）……222, 332, 338, 382-385, 394, 466
ラーマクリシュナ Ramakrishna Paramahamsa（1836-86）……83
ラーマチャンドラン Marudur Gopalan Ramachandran（1917-87）……233
ラマーバーイー Pandita Ramabai（1858-1922）……21, 87, 88
ラーム Kanshi Ram（1934-2006）……308
ラール Devi Lal（1914-2001）……235
ラルデンガ Laldenga（1927-90）……232
リヤーカト・アリー・ハーン Liyaqat Ali Khan（1895-1951, 在任1947-51）……330, 331, 345
ルクマーバーイー Rukhmabai（1864-1955）……87
レイ Satyajit Ray（1921-92）……314
レッディ Neelam Sanjiva Reddy（1913-96, 在任1977-82）……222
ロイ Arundhati Roy（1961- ）……315
ローイ Ram Mohan Roy（1774-1833）……83

◆ワ　行

ワンチュク，ウゲン Ugyen Wangchuk（1862-1926, 在位1907-26）……411
ワンチュク，ジクメ Jigme Wangchuk（1905-52, 在位1926-52）……412
ワンチュク，ジクメ・センゲ Jigme Singye Wangchuk（1955- , 在位1972-2006）……412
ワンチュク，ジクメ・ドルジ Jigme Dorji Wangchuk（1929-72, 在位1952-72）……412

事項索引

◆ア　行

ICTサーヴィス産業……284
アイデンティティ……3, 20, 22, 85, 100, 130, 185, 190, 194, 200, 251, 298, 300, 301, 320, 394
IBM……227, 265
アカーリー・ダル Akali Dal……222, 230, 231
アッサム合意 Assam Accord……232
アッサム人民評議会（AGP） Asom Gana Parishad……232, 235, 238
アッサム統一解放戦線（ULFA） United Liberation Front of Assam……232
アーディ・ドラヴィダ Adi Dravida……183, 184, 192
アーディ・ヒンドゥー Adi Hindu……182, 184
アード・ダルム Ad Dharm……182-184
アヒンサー──→非暴力
アフマディー Ahmadiyas……333, 352
アヘン……58, 126
アーリヤ・サマージ Arya Samaj……84, 103, 182, 251
アーリヤ人 Aryans……184-186
アワミ・ムスリム連盟 Awami Muslim League……332
アワミ（人民）連盟 Bangladesh Awami League……222, 338, 382-395, 404, 466
アーンドラ大評議会 Andhra Mahasabha……211
医学……81, 92
イギリス東インド会社……11, 12, 16, 25, 53, 75, 95, 428
衣（服）習慣……167, 168
イスラーム Islam……4, 7, 23, 83, 84, 195, 248, 303, 323, 326, 328, 331-333, 335, 345, 349, 351-353, 356, 359, 366, 375, 379, 381, 386, 387, 393, 445, 452, 453, 456, 466
イスラーム化政策……356, 359, 377
イスラーム法……319
一生族……103
一斉罷業──→ハルタール

一党優位体制……215, 217
一夫一婦制……180, 319
井戸　well……45, 172, 388, 432–435, 442
イーラワル　Ezhava……85, 184, 191
印刷メディア……185, 193, 198
インド援助国会議　Aid-India Consortium……264
インド海軍の反乱……143
「インドから出て行け」運動　Quit India Movement……9, 141, 142
インド関税自主権……118
インド共産党（CPI）　Communisit Party of India……188, 189, 194, 211, 216, 217, 222
インド共産党（マオイスト）　Communist Party of India（Maoist）……244
インド共産党（マルクス主義，CPI-M）　Communisit Party of India（Marxist）……216, 222, 224, 229, 230, 235, 238, 242, 243, 245, 313
インド共産党（マルクス・レーニン主義）　Communisit Party of India（Marxist-Leninist）……224
インド軍……15, 32, 64, 66, 113, 120, 139, 140, 141, 143
インド憲法……135, 148, 307, 318, 319, 331
インド皇帝……12
インド国民会議派──→国民会議（派）
インド国民軍　Indian National Army……36, 141–143
インド省　India Office……12, 13, 64
インド人資本（家）……56, 58, 124
インド人商人……58, 447, 448, 450
インド人民演劇協会　Indian People's Theatre Association……199
インド人民党（BJP）　Bharatiya Janata Party……216, 228, 235–242, 244–246, 253–256, 271
インド総督　Governor-General of India……13, 16, 118, 139
インド・ソ連友好条約　Indo-Soviet Treaty of Peace, Friendship and Cooperation……223
インド大反乱……11, 12, 14, 16, 17, 23, 25, 65, 74, 90, 136, 411
インド帝国……13
インド統治法（1919年）　Government of India Act, 1919……118, 122, 127, 151, 152, 178
インド統治法（1935年）　Government of India Act, 1935……103, 127, 128, 205
『インドの自治（ヒンド・スワラージ）』　*Indian Home Rule*（*Hind Swaraj*）……26–28, 114, 204
インド・バングラデシュ友好平和協力条約　India-Bangladesh Treaty of Friendship, Cooperation and Peace……223
インド文学院　Sahitya Akademi……249, 315
インド平和維持軍　Indian Peace Keeping Force……233
インド民衆党　Bharatiya Lok Dal……226, 227, 235
インド洋交易圏……428–431
インド労働者団体　Bharatiya Mazdoor Sangh……253
印パ戦争（第１次）……211, 329, 459
印パ戦争（第２次）……220, 263, 264, 337
印パ戦争（第３次）……222, 229, 266, 456, 460–462, 464–467
インパール作戦……142
ヴァルナ　varna……84, 101, 182
ウルドゥー（語）　Urdu……94, 96, 198, 199, 247–250, 328, 332, 343–347, 353, 379
噂……193
映画……197, 314, 315, 376
英語……19, 21–24, 75–79, 93, 94, 311, 315, 320, 344, 345
エイズ　AIDS……324
衛生……16, 66, 125, 291
疫病……106, 109, 114, 417, 440, 441
エルニーニョ……104, 105
遠隔地市場……46, 47, 50
演劇……198, 199
塩税法……123–125
エンタイトルメント……287
円卓会議　Round Table Conference……123, 126, 127, 134
王家の惨事……409
黄金寺院　Golden Temple……230
『オーガナイザー』　*Organiser*……253
オタワ協定　Ottawa Agreement……155
オーランギー・パイロット・プロジェク

ト（OPP）　Orangi Pilot Project ……374, 375
音楽……314, 376

◆カ　行

海外移民……47, 67
海外市場……46, 47, 50, 62
海外出稼ぎ……38, 47, 69
会議派⟶国民会議（派）
会議派（I）⟶国民会議派（I）
会議派（R）⟶国民会議派（R）
会議派（O）⟶国民会議派（O）
会議派社会党　Congress Socialist Party……137, 188, 217
外国為替規制法（FERA）　Foreign Exchange Regulation Act……223, 266
「外国人」排斥運動……230, 232
カイティー文字　Kaithi/Kayasthi script……247
核家族……297
核実験……223, 240, 243, 255, 362, 371, 378
拡大家族……297
閣僚使節団　Cabinet Mission……144
カースト　caste……15, 18, 36, 39, 40, 48, 77, 81, 82, 91, 101–104, 120, 131, 167, 168, 182–184, 192, 200, 210, 290, 298, 301, 302, 307, 308, 310, 311, 316–318, 325, 332, 408, 434, 440
カースト協会　caste association……82
カースト差別……182, 184
化石資源世界経済……420, 421
家族……297
家族法……180, 319
金貸し……49–52, 91, 175
寡婦……21, 81, 85–88, 191, 317
カーマラージ・プラン　Kamaraj Plan……219
カーリーガート絵画　Kalighat painting……98
カーリスターン　Khalistan……231
カルカッタ大学審議会　Calcutta University Commission……201
灌漑……32, 41, 44, 45, 48, 69, 72, 109, 119, 172, 263, 330, 336, 364, 432–435, 439
環境……67
環境運動……72, 296, 313
環境問題……317
完全独立（プールナ・スワラージ）　Purna Swaraj……123, 124, 128, 134
ガーンディー・アーウィン協定　Gandhi-Irwin Pact……126
旱魃……104, 108, 110, 205, 219, 220, 223, 229, 268, 433
官僚（制）……14, 17, 20, 77, 389, 401, 403
戯曲……96
飢饉……32, 91, 105–111, 114, 119, 417, 440, 441
9・11同時多発テロ事件……241, 365, 367, 369, 371, 380
教育……10, 16, 21, 23, 48, 66, 74–82, 93, 95, 98, 118, 119, 121, 125, 200–202, 204–207, 290, 293, 294, 305, 307, 308, 316, 356, 372–374, 376, 400, 440, 442, 455
教育政策決議……201
共産主義（者）……188, 191
共産党⟶インド共産党
共通最小綱領……239, 242
キリスト教……30, 80, 83–85, 87, 91–95, 102, 103, 115, 136, 182, 251, 303, 308, 309, 393, 394
銀行国有化……221, 265
禁酒……181
クィア政治　queer politics……301
グジャラーティー語　Gujarati……96, 247
グジャラート・ヴィッディヤーピート　Gujarat Vidyapith……203
グラミン銀行　Grameen Bank……374, 401, 404
グローバル・ヒストリー……417, 420, 422, 442
軍（隊）……14–17, 48, 60
軍事適応種族論　martial race theory……103
軍事費……66, 124
ゲイ……323, 324
経営代理会社　managing agency company……58, 61
経営代理制　managing agency system……265
計画委員会　Planning Committee……214
計画経済……150
経済構造改革……237
経済のイスラーム化　Islamisation of economy……356

経済封鎖……234
警察行動……211
ケイパビリティ　capability……287
結社……81, 82
言語……9, 15, 36, 81, 92-94, 212, 248-251, 317, 327, 328, 349
健康……16, 291, 307
原子力供給グループ　Nuclear Suppliers Group……244
憲法制定議会（制憲議会）……409
憲法第370条……212
強かん（レイプ）　rape……188, 299, 313, 317, 321-323, 466
公共圏……4, 149, 196, 290, 312
工業の衰退（論）　deindustrialisation……53-56, 422-424
港市志向型商業……45, 47, 49-51, 66
後進カースト　backward castes……148, 175
後進諸階級──→その他の後進諸階級
紅茶……196, 197
高等文官　Indian Civil Service……13, 14, 19
公用語委員会　Official Languages Commission……249
公用語法　Official Languages Act……249
公用語問題……220
コカ・コーラ……227, 266
国語問題（国語化運動）……326, 327, 332, 338, 345
国際原子力機関（IAEA）　International Atomic Energy Agency……243
国際収支危機……263, 268
国際通貨基金（IMF）　International Monetary Fund……228, 237, 263, 266, 268, 270, 363, 364
国産品愛用（スワデーシー）　Swadeshi……30, 116, 152, 158, 200, 201, 455
国民会議（派）　Indian National Congress……3, 14, 19-27, 29-32, 36, 37, 114, 116, 117, 121-123, 126-135, 137, 139-144, 147, 148, 164, 179, 182, 183, 185, 187, 188, 192, 194, 199, 201, 202, 205-208, 210, 212-217, 219, 221, 226-231, 234-245, 253, 254, 256, 260, 265, 268-271, 320
国民会議派（I）　Indian National Congress（I）……227
国民会議派（R）　Indian National Congress（R）……222, 265
国民会議派（O）　Indian National Congress（O）……222, 224, 226, 227, 265
国民教育運動……23, 202-205
国民教育協会……201
国民戦線　National Front……235, 236
国民総幸福（GNH）　Gross National Happiness……412
国民党（JP）　Jatiya Party……385, 387, 388
国民投票（ネパール）……408
国民民主連合（NDA）　National Democratic Alliance……241, 242, 244, 246, 255
国連人間環境会議　United Nations Conference on the Human Environment……295
固守派　No-changers……121
国会襲撃事件……241
国家開発評議会　National Development Council……214
国家計画委員会　National Planning Commission……138, 164
コーヒー……47, 168, 196, 197
コミュナリズム　communalism……6, 178, 302
コミュナル裁定　communal award……135
ゴム……47, 444
小麦……44-47, 108, 111, 259, 266, 274, 427
米……44, 46, 47, 108, 172, 266, 274, 427, 448, 452
ゴルカ王国　Gorkha……406
コレラ……106, 109
コロニアル建築……76
コーンカニー語　Konkani……250

◆サ　行

財政自主権……151
再生族……103
サイモン委員会　Simon Commission……122

サーヴィス産業……284
サウスボロー委員会　Southborough Committee……134
酒……126
サティー　sati……83, 300, 301, 320
サティーヤグラハ　satyagraha……9, 26–28, 114, 115, 125, 139, 185, 202
砂糖……151, 161, 436, 449, 453–456
サードゥ……303
サトウキビ……45, 172, 174, 261, 444, 448, 450, 453, 455
砂糖取引疑惑……238
サバルタン　subaltern……6, 290, 291
サバルタン・スタディーズ　Subaltern Studies……6, 188
サーバルマティー・アーシュラム　Sabarmati Ashram……204, 205
ザミンダーリー制度　zamindari system……41, 42, 261, 329, 330
左翼戦線　Left Front……229
サリー……167, 168, 181, 189
サンガタン　sangathan……251, 252
産業(開発および規制)法　Industries (Development and Regulation) Act……214
産業政策決議……214, 260
産児制限……180
サンスクリット語　Sanskrit……75, 93, 94, 96, 101, 203, 246, 345
サンターリー語　Santali……250
詩……96, 97, 327, 345, 347
シヴ・セーナー……300
自営女性協会（SEWA）　Self-Employed Women's Association……298
J・P・ムーブメント　JP movement……267
ジェンダー……74, 178, 181, 290, 297, 298, 302, 316–320, 322, 324
ジェントゥー　Gentoo……102
ジェントルマン資本主義　gentlemanly capitalism……153, 427
塩……66, 124–126, 181, 448
塩の行進　Salt March……123, 125
識字率……66, 76, 97, 185, 198, 208, 293, 294, 304, 372, 400
シク教徒　Sikh……89, 134, 146, 210, 213, 217, 230, 231, 269, 302–304, 322
自尊運動　Self-Respect Movement……131, 182, 183, 186, 192
自治領の地位　Dominion status……123, 127
自治連盟　Home Rule League……35, 36
指定カースト（SC）　Scheduled Castes……70, 71, 135, 175, 235, 236, 293, 303, 305, 307–310
　──→ダリト，ハリジャン，不可触民
指定部族（ST）　Scheduled Tribes……71, 235, 236, 293, 305, 307–310
支配カースト　dominant castes……215, 229
市民的不服従運動　Civil Disobedience Movement……123, 125, 134, 138
ジャイナ教　Jainism……28, 29, 115, 304
社会運動……311
社会改革……78, 83, 85, 121, 122, 179, 343
社会・宗教改革……81, 83, 84, 86, 90
社会主義……9, 137, 138, 178, 188, 198, 356, 358, 386
社会主義型社会……214, 220, 228, 237
社会主義党　Samajwadi Party……238, 244
社会党　Socialist Party……226
シャーカー活動……252
ジャーティ　jati……82, 101
ジャート　Jat……104, 235
ジャナター・ダル（JD）　Janata Dal……216, 235, 236, 238, 309
ジャナター党　Janata Party……216, 226–230, 235, 239, 253, 255, 267, 268
シャハ家　Shah Dynasty……406
シャー・バーノー訴訟　Shah Bano case……300, 319
ジャマーアテ・イスラーミー（イスラーム党）　Jamaat-e-Islami……333, 338, 352, 387, 389–392, 394
シャールダー法　Sharda Act……179
ジャンムー・カシュミール解放戦線　Jammu and Kashmir Liberation Front……240
ジャンムー・カシュミール州議会襲撃事件……241
就学率……294
宗教改革……83–85

宗教(的)マイノリティ……251, 256, 304, 316
州再編成委員会　State Reorganisation Commission……212
自由貿易（体制）……65, 118
シュッディー運動　shuddhi……251, 252
出版（物）……20, 74, 77, 79, 81, 82, 93, 95–98, 312
ジュート（黄麻）……44, 46, 47, 58, 108, 113, 160, 171, 172, 259, 330, 336, 340, 381, 388, 397, 427, 446
ジュート工業（産業）……57, 58, 61, 62, 66, 114, 159, 160, 163, 171, 190, 191, 427
小説……95, 96, 198, 327, 329, 343, 344, 347
消費……168, 169, 192, 196, 324
食糧暴動……221
女子教育……79–81, 86, 178, 179
女性……4, 21, 71, 76, 79–81, 86, 87, 97, 110, 177–181, 191, 292, 294, 295, 298–302, 315–325, 365, 372, 376, 379, 394, 400, 401, 438, 447
女性インド協会　Women's Indian Association……177, 178, 197
女性開発研究センター　Centre for Women's Development Studies……300
女性参政権……177–179
女性の相続権……180
女性労働者……191
ジョトダール　jotedar……41, 42
庶民党（AAP）　Aam Aadmi Party……245
飼料……70
新経済政策（NEP）　New Economic Policy……270, 280, 281, 284
人口……36, 44, 48, 54, 55, 76, 91, 106–109, 167, 168, 171, 285, 286, 291, 293, 304, 305, 308, 309, 321, 327–329, 412, 417, 421, 432, 436, 440, 441, 451
人口扶養力……417, 419, 422, 432, 435, 439, 440, 444
神智学協会　Theosophical Society……89, 177
シンチュラ条約　Treaty of Sinchula……411
シンディケート……219–222
シンディー語　Sindhi……250
シンハラ語　Sinhalese……250, 251
シンハラ人優先主義……233
新聞……20, 311, 312, 327
進歩主義作家協会　Progressive Writers' Association……199
進歩主義文学……198, 199
人民党──→パキスタン人民党
森林……67, 68, 71–73, 90, 295, 436
森林保全法　Forest Conservation Act……72
スワデーシー──→国産品愛用
スワラージ　Swaraj……24, 185, 187, 193
スワラージ党　Swaraj Party……121, 130
正義党　Justice Party……130, 131
政教分離（主義）　secularism……138, 290, 303, 305, 332, 367, 384, 393
製紙業……114, 161, 162
聖戦士団　Mujahideen……241
生存環境……296
生存基盤……291, 296, 417, 422, 432, 436, 438–443
性的少数者……301
製糖業……161, 163, 170, 172
性比……292
西部インドマッチ会社（WIMCO）　Western India Match Company……162
世界恐慌……137, 150, 154, 155, 160, 161, 171, 188
世界銀行　World Bank……4, 221, 237, 262, 264, 270, 296, 336, 339, 363, 364
世界ヒンドゥー協会（VHP）　Vishva Hindu Parishad……236, 253–256, 303, 304
石炭……61, 260, 421, 422, 436, 437
石油危機……225, 228, 266, 268, 355
セクシュアリティ……317, 323
セピダール　sepidar……41, 52, 174
セメント……113, 151, 161, 162
全アッサム人民闘争会議　All Assam Gana Sangram Parishad……230
全インド・アンナ・ドラヴィダ進歩連盟（AIADMK）　All India Anna Dravida Munnetra Kazhagam……233, 240
全インド教育協会　Hindustani Talimi Sangh……207

全インド草の根会議派　All India Trinamool Congress……245
全インド女性会議　All India Women's Conference……178, 180
全インド・ムスリム連盟　All-India Muslim League……31, 35–37, 78, 117, 122, 129, 140, 143, 144, 148
宣教師……80, 83, 85, 91–94, 102, 103, 182, 303
選挙管理政府……391–395, 404
全国ダリト女性連盟　National Federation of Dalit Women……301
全国農村雇用事業　National Rural Employment Programme……228
全国農村雇用保証事業　National Rural Employment Guarantee Scheme……243
センサス……76, 79, 105, 106, 146, 198, 291, 292, 297, 304, 307, 310, 320, 329
戦争責任論争……464, 465
善隣外交……227
総合農村開発事業（IRDP）　Integrated Rural Development Programme……228
相続権……319, 322
その他の後進諸階級（OBC）　Other Backward Classes……10, 235, 236, 255, 305, 309, 317
ゾロアスター教徒──→パールシー
ゾン　dzong……410
損益分担方式（PLS）……356
村落共同利用地……67, 69–71, 172

◆タ　行

大アーンドラ運動　Vishalandhra Movement……212
第一次世界大戦……12, 32, 34–36, 38, 62, 67, 108, 113, 120, 139, 140, 142, 150–154, 159, 160, 162, 169–172, 177, 185, 188, 190, 201, 427
大衆社会党　Bahujan Samaj Party……242
大衆連盟（ジャン・サング）　Jan Sangh……216, 217, 226–228, 253
大西洋憲章　Atlantic Charter……139
大統領統治……225, 227, 228, 230, 232
第二次世界大戦……4, 9, 15, 35, 58, 113, 128, 139, 140, 142, 143, 145, 148, 150, 164, 207, 262, 419, 420
第八付則……249
ダウリー　dowry……86, 267, 292, 299, 317, 321, 322, 324, 325
タシケント宣言　Tashkent Declaration……220
ターター鉄鋼会社（TISCO）　Tata Iron and Steel Company……113, 158, 159
タバコ……170, 174
タブリーギー・ジャマーアト　Tablighi Jamaat……252
タミル・イーラム解放の虎（LTTE）　Liberation Tigers of Tamil Eelam……233, 237, 270
タミル語　Tamil……94, 131, 182, 198, 251, 315
溜め池……172, 435
ダリト　dalit……4, 113, 177, 182–184, 187, 254, 308, 312, 313, 315, 318
──→指定カースト, ハリジャン, 不可触民
ダリト・パンサー……308
ダリト・フェミニズム（運動）……301, 318
ターリバーン　Taliban……363, 365, 369–371, 376
炭坑……57, 61, 62, 66
断食……115, 146, 147, 303
地税……32, 40, 42, 43, 64, 66, 119, 124, 129, 152, 153, 354
チプコー運動　Chipko Movement……295
チベット反乱……218
茶……46–48, 108, 340, 427, 444
チャマール　Chamar……41, 52, 174, 182, 189
チャルカー　charkha……121, 206
中間層（中産階級, ミドル・クラス）　middle class……19, 75, 77–79, 81, 82, 91, 94, 97, 225, 297, 307, 313, 314, 318, 325, 381
中国市場……156, 165
中産階級──→中間層
朝鮮戦争……218, 330, 458
低カースト……22, 85, 177, 182, 183, 185, 186, 191, 316

デーヴァナーガリー文字　Devanagari ……94, 246-249, 251, 328, 345
デーオバンド学派　Deoband……24
手織業……54, 156, 165, 168, 169, 424
手織工……54, 156, 165, 166, 169
手織布（カーディー）　khadi/khaddar ……116, 121, 168, 181, 182, 189
出稼ぎ……48, 49, 168, 371, 397
出稼ぎ労働者……381, 389, 397
鉄鋼業……152, 154, 158-160
鉄道……11, 18, 20, 32, 45-48, 53, 57, 60-65, 66, 68, 82, 108, 109, 142, 152, 158, 159, 174, 260, 271, 273, 383, 425, 427, 428, 436
手紡ぎ……54-57, 116, 121, 169, 204, 206, 424, 425
テバガ(三分の一)運動　Tebhaga Movement……211, 217
テランガーナ運動　Telangana Movement……211, 217
テルグ・デーサム党（TDP）　Telugu Desam Party……229, 235, 238
テレビ……306, 312, 327, 376
天然痘……106
電話網入札疑惑……238
統一進歩連合（UPA）　United Progressive Alliance……242-245
統一戦線　United Front……238, 239
統一民法典　uniform civil code……319
同性愛……323, 324
動乱文学……327, 344
ドゥールダルシャン……312
独占および制限的取引慣行法（MRTP法）　Monopolies and Restrictive Trade Practices Act……222, 265
ドーグリー語　Dogri……250
独立労働党　Independent Labour Party……135
土地改革……214, 215, 261, 359
富の流出　drain of wealth……64
ドメスティック・ヴァイオレンス(DV) ……299, 321, 322
ドラヴィダ　Dravida……94, 131, 183, 184, 186, 248
ドラヴィダ進歩連盟（DMK） Dravida Munnetra Kazhagam ……222, 235, 238-240, 245
ドラヴィダ連盟　Dravidar Kazhagam ……131

◆ナ　行

ナガ系諸民族　Naga……212, 213
ナーガリー語　Nagari……248
ナクサライト　Naxalite……223, 225, 244, 313
ナショナリスト・ムスリム Nationalist Muslim……248
ナルマダー・ダム反対運動　Narmada Bachao Andolan……296
20項目プログラム……226
日本軍……141, 142
二民族論　Two-Nation Theory/Two Nations Theory……248
乳幼児死亡率……292
人間開発……372
ネイヴェリー亜炭公社　Neyveli Lignite Corporation……243
ネパール会議派　Nepali Congress ……406-409
ネパール系住民問題……413
ネパール語　Nepali……250
ネルー報告　Nehru Report……122, 123
燃料……70, 72, 73, 295, 436, 438
農業生産……46, 171
農業労働者……39-43, 47-53, 69, 71, 108-110, 129, 150, 168, 173-176, 223, 224, 287, 328, 419
農民……41, 42, 45, 50, 52, 69, 90, 91, 120, 124, 137, 164, 173, 177, 190, 193, 203, 204, 287, 313, 433, 434, 436
農民運動……123, 142, 188-190, 199
農民組合　kisan sabha……190
農民大衆党（大衆党）　Krishak Praja Party……129, 130

◆ハ　行

バイオマス・エネルギー……432, 436-438, 440, 442, 443
『バカヴァッド・ギーター』 *Bhagavad Gita*……190
パキスタン決議……130, 139, 140, 148
パキスタン産業開発公社（PIDC） Pakistan Industrial Development Corporation……330, 335, 336
パキスタン人民党　Pakistan Peoples Party……337, 338, 350-352,

354–356, 359–362, 366–368, 378, 382
パキスタン・ターリバーン運動 Tehrik-i-Taliban Pakistan……370, 371, 375, 378, 379
パシュトゥーン Pashtun……211
バジラング・ダル Bajrang Dal……236, 242, 254, 255, 303, 304
バトラー委員会 Butler Committee……128
パトロン－クライアント……48, 117
派閥……117
バーラト重電機……243
バラモン Brahman/Brahmin……30, 39, 41, 48, 78, 85, 94, 101, 130, 136, 167, 168, 175, 183, 186, 188, 189, 193, 196–198
ハーリー hali……41
ハリジャン Harijan……187
──→指定カースト, ダリト, 不可触民
パールシー（ゾロアスター教徒） Parsi……20, 25, 59, 78, 87, 89, 96, 97, 304, 446
パールシー・シアター Parsi theatre……96
パルダー purdah（parda）……21, 180
ハルタール（一斉罷業） hartal……27, 115, 116, 390, 396
パワールーム……169
藩王国 princely states……17, 18, 23, 33, 76, 98, 118, 127, 128, 132, 146, 211, 212, 214, 249, 309
バングラデシー Bangladeshi……386, 394
バングラデシュ学生連盟（BCL） Bangladesh Chhatra League……389, 390
バングラデシュ民族主義党（BNP） Bangladesh Nationalist Party……385–395
パンジャーブ合意 Punjab Accord……231
パンチャーヤト panchayat……407, 408
バンデー・マータラム Vande Mataram……194
バンドン会議（第1回アジア・アフリカ会議） Bandung Conference……218, 457, 461
反ヒンディー語運動……220
反レイプ運動……313
東アジア型発展径路……418–421, 431, 435, 442
非協力運動 Non-Cooperation Movement……115, 116, 121, 202, 204, 252
非居住インド人（NRI） Non-Resident Indian……325
被差別カースト……40–42, 167, 168
美術……97–99
ヒジュラー hijra……323, 324
非常事態宣言 Emergency……226, 227, 253, 267, 268, 368, 392, 409
ビッグ・プッシュ……259, 260
非同盟……10, 138, 218
非バラモン……113, 130
非暴力（アヒンサー） ahimsa……8–10, 26–29, 37, 115, 118, 123, 135, 138, 148, 181, 202, 204, 207
ヒラーファト運動 Khilafat Movement……35, 37, 116, 117, 135, 194, 252
ビーリー……168, 170, 424
貧困……7
貧困追放……265
ヒンディー語 Hindi……19, 94, 204, 220, 248, 249, 311, 312, 315, 328, 343
ヒンディー語帝国主義……248
ヒンドゥー（教徒）……7, 10, 22–24, 35, 36, 78, 79, 86–88, 93–95, 100, 103, 115–117, 134–138, 146, 148, 180, 181, 183–186, 190, 193–195, 210, 211, 217, 236–238, 245, 252–256, 301–305, 308, 319–322, 324, 326, 329–333, 381, 383, 394, 413, 446
ヒンドゥー教 Hinduism……84, 87, 133–135, 184, 192, 254, 306, 308, 393
ヒンドゥー寺院立入り運動……134
ヒンドゥー至上主義──→ヒンドゥー・ナショナリズム
ヒンドゥスターニー語 Hindustani……204, 247, 248
ヒンドゥー成長率 Hindu growth rate……278
ヒンドゥー・ナショナリズム（至上主義, 民族主義） Hindu nationalism……3, 6, 9, 27, 113, 135, 136, 147, 148, 217, 239–241, 245, 251, 256, 319, 320, 325

ヒンドゥー・マハーサバー　Hindu Mahasabha……135, 136, 147, 252, 303
ヒンドゥー民族主義──→ヒンドゥー・ナショナリズム
ファシズム……138
フェミニズム……298, 300, 301, 313, 317-321
不可触民（制）　untouchable……4, 6, 10, 40, 85, 103, 113, 125, 127, 131-135, 148, 187, 188, 307, 308, 434 ──→指定カースト，ダリト，ハリジャン
副王　Viceroy……13
不殺生　ahimsa……115
部族民　tribe/tribal……90, 91, 193
ブータン・イギリス戦争　Anglo-Bhutanese War……410
仏教（徒）　Buddhism（Buddhist）……29, 89, 115, 134, 184-186, 192, 304, 308, 393
プーナ協定　Poona Pact……135, 187
ブラフマ・サマージ　Brahma Samaj……83-85, 89
ブラフマチャルヤ・アーシュラム　Brahmacharya Ashram……200
プラールタナー・サマージ　Prarthana Samaj……85
プランテーション……47, 49, 61, 114, 168, 229, 261, 430, 444, 447, 448, 456
分益小作人　sharecropper/metayer……41, 52, 173, 211, 261, 287
文学……81, 95-97, 314
分割統治　divide and rule……15, 120
分離主義過激派……230
分離選挙（制）……31, 33, 103, 119, 129, 134
分離独立（印パ）　Partition……9, 111, 113, 145, 195, 196, 208, 210, 222, 248, 250, 252, 259, 290, 302, 304, 326, 327, 329, 336, 344, 411, 417, 456
平和五原則　Pancha Shila……218, 457
平和友好条約（インド・ブータン）　India-Bhutan Friendship Treaty……411
ベーシック・（ナショナル・）エデュケーション……207, 208
ペスト……106, 109
ベトナム戦争……221, 264, 384
ペルシア・アラビア文字　Perso-Arabic script……94, 247, 250, 328, 345
ペルシア語　Persian……75, 93, 96, 246, 328, 343, 345
ベンガル語　Bengali……19, 247, 250, 327, 328, 331, 332, 343-346, 386
ベンガル分割……27, 29-33, 96, 194, 201
貿易通過条約　Treaty of Trade and Transit……227
包括合意書……409
包括的核実験禁止条約（CTBT）　Comprehensive Nuclear Test Ban Treaty……239
縫製産業……397, 403
保健衛生……119, 374
保護関税……16, 62, 124, 151, 152, 154, 157-159, 161, 163, 172
ボド語　Bodo/Boro……250
ボーパール事件……296
ボフォールズ社　Bofors……234, 235
本国費　home charges……16, 63, 64

◆マ　行

マイティリー語　Maithili……250
マクマホン・ライン　McMahon Line……218, 219
マッチ……151, 161-163, 170, 447, 453, 455
マッラ朝　Malla……406
マニプリー語　Manipuri……250
『マヌ法典』……133, 185
『マハーバーラタ』　*Mahabharata*……192, 306
マハーボーディ協会　Maha Bodhi Society……89
マハール　Mahar……133, 182, 186-188
マーピラ　Mappila……90
マラーター（王国）　Maratha……100, 104
マラーティー語　Marathi……247
マラリア……106, 109, 440
マルクス主義……6, 137, 138, 190
マルティ革命……268
マールワーリー　Marwari……117, 320, 446
マンダル（委員会）　Mandal Commission……235, 255, 309, 317
水……133, 432, 434, 435, 440, 443
ミゾ民族戦線　Mizo National Front

……………………………………………232, 233
ミゾラム合意　Mizoram Accord…… 232
緑の革命　Green Revolution
……………… 4, 72, 73, 111, 224, 230, 266, 278, 280, 334, 336, 340, 434, 440, 442
ミドル・クラス──→中間層
南アジア型発展径路…………………418, 422, 428, 434, 435, 444
南アジア地域協力連合（SAARC）　South Asian Association for Regional Cooperation ……………………234, 238
民衆党　Lok Dal………………………… 235
民主主義………………… 4, 8–10, 16, 116, 133, 148, 149, 210, 225, 267, 280, 290, 295, 310, 384, 386, 392
民生用原子力協定　Civil Nuclear Agreement …………………………243, 246
民族協議会　National Conference
…………………………………………… 212
民族主義学生党（JCD）　Jatiyabadi Chhatra Dal…………………………389, 390
民族奉仕団（RSS）　Rashtriya Swayamsevak Sangh…………136, 148, 187, 217, 227, 236, 238, 242, 252, 253, 255, 256, 303
ムガル帝国（朝）　Mughal Empire
……………………… 5, 11, 13, 17, 18, 93, 99, 100, 236, 254, 304, 353, 356
ムスリム……………… 4, 10, 17, 22–24, 30, 31, 33–36, 78, 84, 88–90, 94, 96, 100, 113, 116–118, 120, 127, 129–131, 135–138, 140, 142–148, 178, 180, 186, 190, 194–197, 210, 211, 217, 236–238, 242, 251, 252, 254, 256, 300, 302–306, 313, 319–321, 326–329, 331–333, 343, 351, 352, 359, 370, 379, 381, 387, 393, 446, 447, 452, 454, 455
ムスリム商人………………… 445–448, 450–453
ムスリム女性……………………180, 300, 319, 320, 351, 352, 379
ムスリム女性（離婚時の権利保護）法　Muslim Women（Protection of Rights on Divorce）Act………300, 320
ムスリム連盟──→全インド・ムスリム連盟
ムスリム連盟（パキスタン）　Muslim League…………330, 332, 334, 338, 351, 359–362, 366–369, 378, 383, 386, 387
ムハージル　Muhajir…………329, 353, 361, 362, 373
ムンダ　Munda ………………………………90
牝牛…………………………………………… 193
メディア…………………306, 311, 320, 322, 376
メーモン　Memon ………………118, 445, 446, 454, 455
メリヤス…………………………………170, 373
綿織物（綿布）　cotton fabric…… 53, 56, 151, 166, 167, 419, 424, 452
棉花………………………… 44, 46, 47, 108, 157, 172, 174, 259, 274, 330, 340, 364, 428
綿工業（インド）……………57–60, 62, 152, 155–157, 160, 163, 165, 427
綿工業（英）……53, 57, 63, 152, 156, 157, 165
綿紡績…………………………………330, 335
毛沢東主義ネパール共産党（毛派）　Communist Party of Nepal（Maoist Centre）……………………………408, 409
モーディー文字　Modi script……… 247
モーリー・ミントー改革………… 31–33, 201
モンタギュー宣言………………………34, 118
モン・ファド改革…………………… 118–120, 130, 131, 134, 178

◆ヤ　行

『ヤング・インディア』　*Young India*
…………………………………………… 116
輸出加工区……………………………… 397
輸出悲観主義…………………………… 262
輸入代替工業化（国産化，輸入代替〈化〉）
……………………………150, 157, 158, 161–163, 214, 262, 441, 453
幼児婚…………………………21, 84, 86, 87, 179
幼児婚抑制法　Child Marriage Restraint Act……………………………………179, 319

◆ラ　行・ワ　行

ライス・ミル（精米所）……170, 399, 401
ライセンス・ラージ（許認可体制）　Licence Raj…………………………164, 223
ライーヤトワーリー制度　raiyatwari system ………………………………43, 328
ラクナウー協定　Lucknow Pact
………………………………………… 34, 36
ラジオ…………………………………… 312
ラージプート　Rajput………104, 300, 320

◆略　号

AAP──→庶民党
AGP──→アッサム人民評議会
AIADMK──→全インド・アンナ・ドラヴィダ進歩連盟
BCL──→バングラデシュ学生連盟
BJP──→インド人民党
BNP──→バングラデシュ民族主義党
CPI──→インド共産党
CPI-M──→インド共産党(マルクス主義)
CTBT──→包括的核実験禁止条約
DMK──→ドラヴィダ進歩連盟
FERA──→外国為替規制法
GNH──→国民総幸福
IAEA──→国際原子力機関
IMF──→国際通貨基金
IRDP──→総合農村開発事業
JCD──→民族主義学生党
JD──→ジャナター・ダル
JP──→国民党
LTTE──→タミル・イーラム解放の虎
MRTP法──→独占および制限的取引慣行法
NDA──→国民民主連合
NEP──→新経済政策
NRI──→非居住インド人
OBC──→その他の後進諸階級
OPP──→オーランギー・パイロット・プロジェクト
PIDC──→パキスタン産業開発公社
PLS──→損益分担方式
RSS──→民族奉仕団
SAARC──→南アジア地域協力連合
SC──→指定カースト
SEWA──→自営女性協会
ST──→指定部族
TDP──→テルグ・デーサム党
TISCO──→ターター鉄鋼会社
ULFA──→アッサム統一解放戦線
UPA──→統一進歩連合
VHP──→世界ヒンドゥー協会
WIMCO──→西部インドマッチ会社

地名索引

◆ア　行

アクサイ・チン　Aksai Chin…………218
アッサム　Assam…………33, 47, 48, 213, 229, 230, 232, 233, 309
アフガニスタン　Afghanistan…………13, 240, 241, 352, 358, 361, 363, 365, 366, 369, 370, 377, 378, 381
アフマダーバード　Ahmadabad…………56, 59, 60, 114, 125, 203, 225, 298
アムリトサル　Amritsar…………202, 230
アメリカ（合衆国）　The United States of America…………46, 81, 132, 140, 154, 156, 219, 221, 223, 234, 241, 243, 244, 262, 264, 266, 296, 335, 358, 365, 369–371, 379, 384, 420, 421, 437
アヨーディヤー　Ayodhya…………236–238, 254–256, 304
アラーハーバード　Allahabad…………226
アリーガル　Aligarh…………23, 88
アルナーチャル・プラデーシュ　Arunachal Pradesh…………219, 309
アーンドラ　Andhra…………85, 175, 183, 212
アーンドラ・プラデーシュ　Andhra Pradesh…………229, 238
インダス川　Indus…………330, 336, 364, 433
ウッタル・プラデーシュ　Uttar Pradesh…………182, 236–238, 242, 255, 286, 293, 308, 438

◆カ　行

カシュミール　Kashmir…………17, 147, 211, 212, 220, 223, 240, 241, 329, 337, 362, 370, 372, 458
カルカッタ（現コルカタ）　Calcutta/Kolkata…………11, 13, 19, 32, 33, 46, 57, 58, 61, 76, 89, 97, 98, 111, 132, 143, 144, 170, 200, 201, 273, 315, 320, 425, 427
カールギル　Kargil…………240, 241, 255, 363
カルナータカ　Karnataka…………71, 229, 238, 399, 437
カーンプル　Kanpur…………217
グジャラート　Gujarat…………26, 41, 51, 84, 115, 117, 132, 212, 225, 238, 241, 245, 255, 256, 267, 298, 303, 304, 373, 445
ケーララ　Kerala…………184, 189, 191, 217, 292, 313, 318, 381, 399
ゴードラー　Godhra…………242

◆サ　行

サウジアラビア　Saudi Arabia…………397
シッキム　Sikkim…………223
シムラー　Shimla/Simla…………218, 223
ジャフナ　Jaffna…………233
ジャリヤーンワーラー・バーグ　Jallianwala Bagh…………115
ジャンムー・カシュミール　Jammu and Kashmir…………212, 241
シンガポール　Singapore…………36, 141, 269
スウェーデン　Sweden…………234, 453
スリランカ　Sri Lanka…………233, 250, 397, 430
ソ連　Soviet Union…………3, 142, 164, 218–220, 223, 240, 260, 335, 358, 365, 384

◆タ　行

ダカ　Dhaka…………42, 382, 384, 397, 398
タミル　Tamil…………39, 45, 49, 51, 94, 183, 192, 196–198
タミル・ナードゥ　Tamil Nadu…………39, 70, 130, 175, 224, 233, 296, 438
チッタゴン　Chittagong…………383, 386, 397
チベット　Tibet…………218, 410–412
チャウリー・チャウラー　Chauri Chaura…………118, 138
中央州　Central Provinces…………44, 173
中国　China…………59, 60, 104, 140, 150, 218, 223, 234, 262, 292, 371, 384, 405, 406, 410–412, 418–420, 424, 425, 430, 433, 440
デーオバンド　Deoband…………24, 88
テランガーナ　Telangana…………211
デリー　Delhi…………33, 143, 195, 226, 230, 241, 245, 273, 299, 313, 321, 322, 373
ドイツ　Germany…………152
東南アジア　Southeast Asia…………417, 418, 429–431, 453
トリプラ　Tripura…………229, 309

◆ナ　行

ナガランド　Nagaland……213, 309
ナクサルバーリー　Naxalbari……224
西パキスタン　West Pakistan……223, 327–332, 335–340, 344,347, 350, 359, 376, 377, 382, 385, 388, 465
西ベンガル　West Bengal……132, 217, 221, 224, 229, 245, 313
日本　Japan……59, 111, 142, 150, 152, 154, 156, 157, 159, 269, 296, 378, 418–420, 422–424, 431, 433, 436, 437, 439
ネパール　Nepal……227, 233, 234, 251, 405–407, 410, 413

◆ハ　行

ハイダラーバード　Hyderabad……17, 211, 299, 328
ハイバル・パフトゥンフワ　Khyber Pakhtunkhwa……368
パトナー　Patna……225
ハリヤーナー　Haryana……111, 213, 256, 292
パンジャーブ　Punjab……15, 41, 44, 45, 48, 51, 52, 69, 84, 89, 111, 115, 116, 129, 130, 140, 144–146, 173, 174, 176, 182, 210, 213, 217, 224, 230, 231, 233, 250, 259, 326, 329, 333, 338, 359–362, 427, 433
東アフリカ　East Africa……429, 430
東パキスタン　East Pakistan……45, 222, 250, 326–332, 336–340, 344, 347, 349, 350, 352, 354, 374, 376–379, 382, 383, 385, 446, 466
ビハール　Bihar……36, 42, 48, 114, 129, 132, 144, 189, 190, 193, 204, 221, 225, 248, 293, 309, 400, 424, 427
ヒマーチャル・プラデーシュ　Himachal Pradesh……71, 438
ビルマ──→ミャンマー
ブータン　Bhutan……410–413
プーナ（現プネー）　Pune/Poona……32, 134, 178
ベラール　Berar……173
ベンガル　Bengal……23, 33, 41, 42, 44, 48, 49, 51, 52, 58, 61, 83, 90, 95, 96, 99, 110, 111, 129, 142, 144, 146, 150, 170, 172, 173, 180, 190, 191, 194, 201, 210, 211, 229, 230, 259, 286, 287, 326, 328, 427, 428, 436, 450
ベンガル湾　Bay of Bengal……223, 429
ボンベイ（現ムンバイー）　Bombay/Mumbai……11, 13, 19, 32, 33, 46, 56, 58–60, 76, 97, 98, 117, 129, 132, 133, 142, 156, 165, 173, 174, 176, 178, 190, 191, 195, 197, 212, 250, 273, 315, 370, 425, 427–429
ボンベイ管区　Bombay Presidency……17, 22, 43, 78, 114, 428, 429

◆マ　行

マイソール　Mysore……17, 192, 197
マドラス（現チェンナイ）　Madras/Chennai……11, 13, 33, 46, 70, 76, 97, 122, 129–132, 172–174, 177, 197, 212, 220, 229, 273, 315, 425, 427, 428, 433
マドラス管区　Madras Presidency……22, 43, 44, 78, 107, 175, 178, 183, 184, 198
マハーラーシュトラ　Maharashtra……70, 85, 90, 132, 133, 212, 252, 256, 296, 298, 308, 315, 322
マラヤ　Malaya……47, 141, 430
ミゾラム　Mizoram……232
南アフリカ　South Africa……26, 27, 104, 114, 204, 429, 430
南インド　South India……39, 41, 43, 45, 48–51, 69, 107, 130, 131, 165, 169, 170, 172, 182, 195–197, 226, 248, 249, 254, 328, 417, 434, 444, 450–452
ミャンマー（ビルマ）　Myanmar/Burma……11, 13, 19, 47, 141, 142, 203, 381, 430

◆ラ　行・ワ　行

ラサ　Lhasa……218
ラージャスターン　Rajasthan……300, 320, 438
ランカシャー　Lancashire……46, 53, 59, 62, 63, 65, 153, 154, 157
連合州　United Provinces……109, 129, 132, 182, 433
ロンドン　London……14, 63, 65, 66, 127
ワルダー　Wardha……205

年　表(19世紀〜現在)

年代	政　治・経　済
1854	―― ネパールで近代法規集の「国法」(ムルキー・アイン)が完成。
1855	***6-30*** 東部インドのサンタール人，イギリスとインド人高利貸に対して武装蜂起(〜***12***-)。
1856	***2-11*** イギリス，北インドのアワド藩王国を併合。***2-28*** イギリス，中部インドのナーグプル藩王国を併合。***2-29*** キャニング，インド総督に就任(〜62.***3-21***)。
1857	***1-26*** イギリス，アフガニスタンのドースト・ムハンマドとペシャワール条約。***5-10*** メーラトでインド兵が蜂起し，インド大反乱始まる(〜59.***10***)。***5-11*** 反乱軍インド兵，デリーを占拠し，ムガル帝国皇帝バハードゥル・シャー２世を擁立。***9-21*** バハードゥル・シャー２世，降伏。
1858	***6-18*** インド，ジャーンシー藩王国の王妃ラクシュミー・バーイー(35.***10-21***〜)戦死。***8-2*** インド統治改善法によりイギリス東インド会社の全権限を国王に委譲。イギリス政府によるインド直接支配導入(ムガル朝が名実ともに滅亡)。***11-1*** ヴィクトリア女王の宣言により，イギリスのインド直接支配開始。キャニング，初代副王兼総督となる(〜62)。
1859	***4-18*** インド大反乱の指導者の一人ターンティヤー・トーペー処刑。――ベンガル藍一揆(〜60)。ベンガル地代法制定。
1860	***10-6*** インド刑法・刑事訴訟法制定。
1861	***3-28*** イギリス，シッキムと新条約締結。***4-12*** アメリカ南北戦争勃発，インドに棉花ブームをもたらす。***8-1*** インド参事会法制定され，マドラス・ボンベイ両管区の立法権回復。***8-6*** インド高等裁判所法制定。
1862	***3-12*** エルギン，インド総督に就任(〜63.***11-20***)。
1864	***1-12*** ローレンス，インド総督に就任(〜69.***1-12***)。***11-12*** イギリス，ブータンに宣戦。

社　会・文　化	世界・日本
1851　3-5　インド地理局開設。	1851　5-1　ロンドンで第1回万国博覧会開催。
1852　7-1　カラーチーでアジア最初の一般対象の郵便制度導入。	1852　4-　第2次アングロ・ビルマ戦争(〜53.1-20)。
1853　4-16　ボンベイ-ターネー間33キロにインド最初の鉄道開通(大インド半島鉄道)。5-1　インド高等文官職(ICS)公開試験選抜制度導入。11-　カルカッタ-アーグラー間の電話線敷設。	1853　7-8　ペリー，浦賀に来航。10-23　クリミア戦争(〜56.3-30)。
	1854　3-31　日米和親条約調印(日本開国)。
1855　2-1　東インド鉄道のハウラー駅開業。3-24　カルカッタ-アーグラー間にインド最初の長距離電信線開通。	
1856　7-25　インド，ヒンドゥー寡婦再婚法制定。	
1857　1-24　カルカッタ大学開設，引き続きボンベイ大学(7-18)，マドラス大学(9-)開設。	
	1858　7-29　日米修好通商条約調印。
1861　5-18　『タイムズ・オブ・インディア』紙，ボンベイで創刊。12-27　カルカッタで最初の茶の競売。	1861　3-17　イタリア王国成立。
1862　7-1　カルカッタ高等裁判所開設。	
1863　――　サティエンドラナート・タゴール，インド人として初めてインド高等文官職試験に合格。	1863　1-1　アメリカ，奴隷解放宣言。
	1864　9-28　ロンドンで第1インターナショナル成立

年代	政　治・経　済
1865	***11***-*11*　イギリス，ブータンとシンチュラ条約を締結しドゥアール地方を獲得。
1866	***5***-*6*　英領インド協会，カルカッタで創立。
1868	***10***-　パンジャーブ・アワドの小作法，制定される。
1869	***1***-*12*　メイヨー，インド総督に就任(～72.***2***-*8*)。
1871	***1***-　財政調査委員会任命。
1872	***2***-*8*　インド総督メイヨー，アンダマンで暗殺される。***5***-*3*　ノースブルック，インド総督に就任(～76.***4***-*12*)。
1874	***6***-*1*　イギリス東インド会社，正式に解散(1600～)。――　ジャムシェートジー・N・ターター，ナーグプールでヴィクトリア・ミルズ(綿紡績工場)の操業開始。
1876	***4***-*12*　リットン，インド総督に就任(～80.***6***-*8*)。***5***-*1*　イギリス議会は国王称号法を制定，イギリス国王，インド皇帝を兼ねる。

社　会・文　化	世界・日本
	(～76)。
1865 ***3-2*** カルカッタ-ロンドン間に電信開通。 ―― インド各地で飢饉続発(～75)。	
1866 ***8-*** オリッサとベンガルで大飢饉。	
1867 ***3-31*** マハーデーヴ・ゴーヴィンド・ラーナデーら，ボンベイに社会改革組織のプラールタナー・サマージ設立。***5-30*** ムハンマド・カーシム・ナノウタヴィー，デーオバンドにイスラーム学院(ダールルウルーム・デーオバンド)設立。	1867 ***7-1*** カナダ自治領成立。***9-11*** マルクス『資本論』第1巻刊行。***11-9*** 日本，大政奉還。
1868 ***2-20*** 『アムリト・バザール・パトリカー』紙，カルカッタで創刊。	1868 ***1-3*** 明治維新。
1869 ***2-15*** ペルシア語・ウルドゥー語詩人ガーリブ(1797.***12-27***～)没。 ―― ラージプーターナー飢饉。	1869 ***5-10*** アメリカ，初の大陸横断鉄道開通。***11-17*** スエズ運河開通。
1870 ***12-30*** カルカッタ-ボンベイ間に鉄道開通。	1870 ***7-19*** 普仏戦争勃発(～71)。***9-4*** フランス第三共和政(～1940.***7-10***)。
1871 ***4-2*** 西部インドのプーナ(現プネー)で社会・政治改革をめざすプーナ大衆協会設立。	1871 ***1-18*** ドイツ帝国成立。***3～5*** パリ・コミューン。
1872 ―― 英領インドで最初のセンサス。	
1873 ***9-24*** ジョーティラーオ・G・フレー，プーナで真理探究協会設立。***10-11*** シク教の改革・復興をめざすシン・サバーの最初の集会，アムリトサルで開催。	
1874 ―― マックス・ミュラー編『リグ・ヴェーダ・サンヒター』完結(49～)。	
1875 ***2-*** ボンベイ工場主協会設立。***4-10*** ダヤーナンダ・サラスヴァティー，ボンベイでアーリヤ・サマージ設立。***5-24*** サイヤド・アフマド・ハーン，アリーガルにムハマダン・アングロ・オリエンタル・カレッジ設立(1920. アリーガル・ムスリム大学に昇格)。***5*** 高利貸に対するデカン農民反乱が起こる(～***9-***)。***11-17*** ブラヴァツキー夫人とオルコット大佐，神智学協会をニューヨークで設立。	1875 ***9-20*** 江華島事件。
1876 ***7-26*** スレーンドラナート・バナルジー，カルカッタでインド人協会を設立。***9-29*** インド科学会議，カルカッ	1876 ***2-26*** 日朝修好条規調印(朝鮮開国)。

年代	政　治・経　済
1877	***1***-*1*　ヴィクトリア女王，インド皇帝即位の式典(デリー・ダルバール)，インド帝国成立。「北西州とアワド」成立。ターターのヴィクトリア・ミルズ，エンプレス(女帝)・ミルズと改名。
1878	***3***-*13*　インドで現地諸語出版規制法・武器取締法制定。***11***-*21*　第２次アングロ・アフガン戦争(～80.***8***-*10*)。
1879	***2***-*23*　西部インドでV・B・ファドケーの反英武装蜂起(***7***-*20*　逮捕される)。
1880	***6***-*8*　リポン，インド総督に就任(84.***12***-*13*)。***8***-*10*　イギリス，アブドゥル・ラフマーンを王位に就け，カーブルを撤退(第２次アングロ・アフガン戦争終結)。アフガニスタンを実質的に「被保護国化」する。
1881	***3***-*25*　マイソール藩王チャーマラージェーンドラ即位，藩王国内政権を回復。***3***-　インドで最初の労働法関係の法律として工場法制定。
1883	***3***-　イルバート法案を提出。***12***-*28*～*30*　インド国民協議会，カルカッタで開催(86.　インド国民会議に統合)。
1884	***1***-*25*　イルバート法案，修正可決。***12***-*13*　ダファリン，インド総督に就任(88.***12***-*10*)。
1885	***3***-*11*　ベンガル小作法制定。***12***-*28*　第１回インド国民会議，ボンベイで開催(～-*30*。議長W・C・バナルジー)。

社　会・文　化	世界・日本
タで創設・開催。	
1876-78 —— インド大飢僅。	
	1877 ***2-15*** 西南戦争勃発(～***9-24***)。***4-24*** 露土戦争(～78.***3-3***)。
1878 ***4-27*** カルカッタ大学，入学試験受験資格を女子に与えることを決定。***9-20*** マドラスで『ザ・ヒンドゥー』紙創刊。	1878 ***7-13*** ベルリン条約。
	1879 ***4-4*** 日本，琉球藩を廃止し沖縄県とする。***12-16*** 第1次アングロ・ボーア戦争(～81.***3-23***)。
1880 ***1-1*** プーナで，バール・ガンガーダル・ティラクらが中心となり新英語学校を開設。***1-3*** タイムズ・オブ・インディア社『絵入りインド週刊誌』創刊。	
1881 ***1-4*** ティラクら，『獅子(ケーサリー)』紙をプーナで創刊。—— 英領インドで第2回センサス(以降，10年ごとに実施)。	
1882 ***12-12*** バンキムチャンドラ，長編小説『アノンドの僧院』発刊。***12-*** 神智学協会，マドラス近郊アディヤールに本部を移転。—— インド教育調査委員会(ハンター)報告書提出。	1882 ***5-20*** 独墺伊三国同盟成立。***7-23*** 壬午の軍乱。
	1883 ***8-25*** 第1次フエ条約調印。ベトナム，フランスの保護国となる。
1884 ***1-6*** ヒンディー文芸家バーラテンドゥ・ハリシュチャンドラ(50.***9-9***～)没。***1-8*** 宗教・社会改革者ケーシャブ・チャンドラ・セーン(38.***11-19***～)没。***10-*** ティラクらを中心に，プーナにデカン教育協会設立。	1884 ***8-26*** 清仏戦争勃発。***11-15*** アフリカ分割に関するベルリン会議(～85)。
	1885 ***3-16*** 福沢諭吉『脱亜論』を発表。***6-9*** 清・仏，天津条約締結。***11-28*** 第3次アングロ・ビルマ戦争。英軍，マンダレーを占領，コンバウン朝滅亡。
1886 ***8-16*** 宗教家ラーマクリシュナ(36.***2-18***～)没。	1886 ***7-24*** 清・英，ビルマ条約調印。

年代	政　治・経　済
1887	***12***-*16*　イギリス，モルディヴを保護国とする。
1888	***12***-*10*　ランズダウン，インド総督に就任(～94.***10***-*11*)。
1889	***7***-*27*　在英インド人政治家ダーダーバーイー・ナオロージーらにより，インド国民会議のイギリス支部「英領インド委員会」設立。
1890	***3***-*17*　シッキムに関する英・清朝間の条約により，シッキムがイギリスの保護下に入る。
1891	***3***-*19*　インドで第2次工場法成立。***5***-　モーハンダース・カラムチャンド・ガーンディー，南アフリカのダーバンに到着。
1892	***6***-*20*　インド参事会法，制定される。***7***-*6*　インド人政治家ナオロージー，インド人として初のイギリス下院議員に選出。
1893	***11***-*23*　英領インドとアフガニスタンの国境協定(デュアランド・ライン)締結。
1894	***8***-*22*　ガーンディーを中心に，南アフリカのインド人政治組織，ナタール・インド人会議派結成。***10***-*11*　エルギン，インド総督に就任(～99.***1***-*6*)。***11***-*25*　ボンベイに日本領事館開設。
1896	***2***-*3*　インドで棉花関税修正法可決。

社　会・文　化	世界・日本
	1887 ***3-26*** 清，ポルトガルにマカオを割譲。
1888 ***8-12*** サイヤド・アフマド・ハーン，インド愛国者協会(のち連合愛国者協会)を設立。***12-*** 第1回インド社会改革会議，プーナで開催。	
	1889 ***2-11*** 大日本帝国憲法公布。***7-14*** パリで第2インターナショナル結成(～1914)。
1890 —— ボンベイで工場労働者連盟結成され，労働時間短縮などを要求。	
1891 ***3-19*** 同意年齢法(刑法改定)成立，女性の性交同意年齢を10歳から12歳に引き上げた。社会改革家ヴィディヤーサーガル(20.***9-26***～)没。——セイロンのアナガーリカ・ダルマパーラ，マハーボーディ協会(大菩提会)を設立し，仏教復興運動開始。	1891 ***5-*** ロシア，シベリア鉄道起工。
1892 ***6-2*** イギリス下院，インド高等文官職試験のインドでの同時実施を決議。	
1893 ***6～7*** ヴィヴェーカーナンダ来日。***8-13*** 牛屠殺問題をめぐって北インド各地でヒンドゥー・ムスリム間の衝突起こる。***9-14*** ティラク，ガネーシャ祭を開始。***11-16*** 神智学協会活動家アニー・ベサント，インドに到着。	
1894 ***4-8*** 小説家・思想家バンキムチャンドラ(38.***6-27***～)没。***12-24*** カルカッタで第1回インド医療会議開催(～***-29***)。	1894 ***7-25*** 豊島沖の海戦。日清戦争勃発(～95.***4-17***)。***8-1*** 日本，清朝に宣戦布告。***9-16*** 日本軍，平壌を占領。***9-17*** 黄海の海戦。***11-21*** 日本軍，旅順占領。***11-24*** 孫文，ハワイのホノルルで興中会を設立。
1895 ***4-15*** ティラク，シヴァージー祭を開始。	1895 ***2-2*** 日本軍，威海衛占領。***4-17*** 日清講和条約調印。***6-17*** 台湾総督府，始政式を挙行。
1896 —— 北インドに飢饉発生(～97)。	
1897 ***5-1*** ヴィヴェーカーナンダ，ラーマクリシュナ・ミッションを設立。	
1898 ***3-27*** 社会改革家サイヤド・アフマド・ハーン(17.***10-17***～)没。	1898 ***3-*** ロシア社会民主労働党成立。***4-21*** 米西

年代	政　治・経　済
1899	***1**-23*　カーゾン，インド総督に就任(～1905.***11**-18*)。***7**-25*　インドの金本位制移行発表。
1901	***6**-8*　インドでパンジャーブ土地譲渡(規制)法施行。***10**-*　パンジャーブ州から分かれて，北西辺境州成立。「北西州とアワド」を連合州と改称。
1902	***11**-28*　キッチナー，インド総司令官に任命される。
1904	***9**-7*　イギリスとチベットの間にラサ条約。
1905	***10**-16*　インド総督カーゾン，ベンガル分割令施行。分割反対運動(スワデーシー運動)激化。***11**-18*　ミントー，インド総督に就任(～10.***11**-23*)。
1906	***9**-11*　ガーンディー，南アフリカで非暴力抵抗運動を初めて組織。***10**-1*　アーガー・ハーン3世を代表とするムスリム代表派遣団，ミントー

	社　会・文　化		世界・日本
			戦争(〜*8-12*)。*7-7* アメリカ，ハワイを併合。*9-19* 英・仏，ファショダ事件。*12-10* パリ条約でキューバ独立，アメリカはフィリピン群島，グアム島，プエルトリコを領有。
1899	—— 西部インド，デカンに大飢饉発生(〜1900)	1899	*9-6* アメリカの国務長官ジョン・ヘイ，対中国門戸開放政策を宣言。*10-12* 第2次アングロ・ボーア戦争(〜1902.*5-31*)。
1900	*9-1* インド学者マックス・ミュラー(1823.*12-3*〜)没。	1900	*6-20* 義和団事件(〜01.*9-7*)。*8-14* 8カ国連合軍，北京占領。
1901	*1-16* 社会改革者・判事マハーデーヴ・ゴーヴィンド・ラーナデー(1842.*1-18*〜)没。*5-8* インド飢饉委員会報告書発表。—— ナオロージー『インドにおける貧困と非イギリス的支配』発刊。	1901	*1-1* オーストラリア連邦成立。*1-22* ヴィクトリア女王没，エドワード7世即位。
1902	*7-4* ヴィヴェーカーナンダ(1863.*1-12*〜)没。—— R・C・ダット『インド経済史』発刊。	1902	*1-30* 日英同盟調印。
1903	—— インド・ケーララ地方で宗教・社会改革組織シュリー・ナーラーヤナ・ダルマ堅持協会設立。		
1904	*3-21* インド大学法成立。*5-19* ターター財閥創立者ジャムシェートジー・N・ターター(1839.*3-3*〜)没。*8-14* ナオロージー，第2インターナショナルのアムステルダム大会に出席。	1904	*2-8* 日露戦争(〜05.*9-5*)。*4-8* 英仏協商成立。
1905	*7-29* セイロン社会改革協会結成。	1905	*1-22* ペテルブルグで「血の日曜日事件」発生。*3-10* 日本軍，奉天を占領。*3-31* 第1次モロッコ事件(タンジール事件。〜06.*4-7*)。*9-5* 日露ポーツマス講和条約締結。*10-8* シベリア鉄道完成。
		1906	*9-26* イギリス，トランスヴァール・オレンジ

年代	政　治・経　済
	総督と会見。***12-26*** インド国民会議第22回カルカッタ大会開催(～-*29*)，ボイコット・スワデーシー(国産品愛用)・スワラージ(自治)・民族教育の四大決議採択。***12-30*** 全インド・ムスリム連盟，ダカで創立大会，イギリスへの忠誠・ムスリム権益擁護などの目標を採択。
1907	***3-16*** カルカッタに日本総領事館開設。***8-26*** インドのジャムシェードプルでターター鉄鋼会社設立。***12-17*** ブータンにワンチュク朝成立。***12-26*** インド国民会議第23回スーラト大会開催(～-*27*)，穏健派と過激派に分裂。***12-29*** ムスリム連盟第１回大会，カラーチーで開催(～-*30*)。
1908	***3-18*** ムスリム連盟第１回継続大会，アリーガルで開催(～-*19*)。***6-24*** ティラク，扇動罪容疑で逮捕(ビルマのマンダレーに流刑)。不当逮捕への抗議運動高まる。
1909	***5-25*** インド参事会法改正(モーリー・ミントー改革)，分離選挙に基づくインド人議員の選出を承認。
1910	***1-8*** イギリス，ブータンとプナカ条約を結び，ブータンの独立を認めるとともに外交権を掌握。***11-23*** ハーディング，インド総督に就任(～16.***4***-*4*)。
1911	***12-12*** イギリス国王ジョージ５世，デリー・ダルバール(謁見式)でベンガル分割令撤回とデリー遷都を宣言。
1912	***4-1*** 英領インド，東西ベンガルは再統合され，ビハール・オリッサ州，アッサム州は分離。カルカッタからデリーに遷都。
1913	***3-22*** ムスリム連盟第６回大会，ラクナウーで開催(～-*23*)，「インドに適した自治」の達成を目標として決議。***10-13*** シムラー会議始まる。***11-1*** 北米在住インド人によるインドの民族独立運動(ガダル運動)始まる。
1914	***6-17*** ティラク，マンダレー刑務所から釈放。***6-26*** 南アフリカ連邦でインド人救済法成立。南アフリカでのガーンディーの闘争終わる。***7-3*** シムラー会議でインド・チベット間国境線(マクマホン・ライン)画定。中国は署名拒否。
1915	***1-9*** ガーンディー，南アフリカからボンベイに到着。***2-15*** インド兵，シンガポールで反乱事件。***3-18*** インド防衛法公布，政治運動が規制される。***4-*** ヒンドゥー大協会設立。***5-28*** セイロンでシンハラ・ムスリム暴動。
1916	***4-4*** チェムズファド，インド総督に就任(～21.***4***-*2*)。***4-23*** ティラク，インド自治連盟結成。***11-20*** 非バラモン運動組織として，南インド自

社　会・文　化	世界・日本
	両植民地に自治政府樹立を決定。***11-26*** 日本，南満洲鉄道株式会社設立。―― イランで立憲革命。
	1907 ***8-31*** 英露協商成立。***9-26*** ニュージーランド，自治領に。
	1908 ***7-23*** 青年トルコ革命。
1909 ***11-30*** インドで経済学者R・C・ダット(1848.***8-13***～)没。―― ガーンディー『ヒンド・スワラージ(インドの自治)』執筆。オーロビンド・ゴーシュ，ポンディシェリーに移り，宗教活動に従事。	
1910 ***2-9*** インド出版法成立し，言論抑圧強化。―― 全インドにヒンディー語教育を普及・推進させるためヒンディー文学会議創設。ラビーンドラナート・タゴールの詩集『ギーターンジャリ』発刊。マックス・ミュラー編『東洋聖典』シリーズ(51巻)完成。	1910 ***5-6*** エドワード7世没，ジョージ5世即位。***5-31*** 南アフリカ連邦成立。***8-22*** 日本，韓国を併合。***11-20*** メキシコ革命(～17)。
	1911 ***4-*** 第2次モロッコ事件(アガディール事件。～***11-4***)。***10-10*** 辛亥革命。
	1912 ***1-1*** 南京で中華民国成立。***2-12*** 宣統帝(溥儀)退位，清朝滅亡。
1913 ***5-3*** 最初の本格的インド映画『ハリシュチャンドラ王』公開。***11-13*** R・タゴール，詩集『ギーターンジャリ』でノーベル文学賞受賞の発表。	1913 ***10-6*** 英・独・露など13カ国，中華民国を承認。
1914 ***2-9*** 政治家ゴーパール・K・ゴーカレー(1866.***5-9***～)没。***5-23*** バンクーバー沖に到着したシク教徒，上陸を拒否される(駒形丸事件)。	1914 ***6-28*** サライェヴォ事件。***7-28*** 第一次世界大戦勃発(～18)。***8-15*** パナマ運河開通(1904～)。
1915 ***6-3*** タゴール，イギリス政府からナイト爵位を受ける。	1915 ***10-24*** フセイン・マクマホン協定。
1916 ***2-3*** ベナレス・ヒンドゥー大学開設。***5-29*** タゴール訪日(1回目，～***9-2***)。	

年代	政　治・経　済
	由連合(通称正義党)設立。***12-20*** 「非バラモン宣言」,『ザ・ヒンドゥー』紙ほかに発表。***12-26*** インド国民会議第31回大会とムスリム連盟第9回大会，ラクナウーで開催(〜*-31*)。ムハンマド・アリー・ジンナー，ムスリム連盟議長に就任。自治をめざして協調する「ラクナウー協定」成立。
1917	***4-15*** ガーンディー，ビハール・チャンパーランの藍小作争議開始(〜18.***3***-)。***8-20*** モンタギュー宣言。***12-26*** イギリスの社会・宗教改革者のアニー・ベサントを議長に，インド国民会議第32回大会，カルカッタで開催。***12***- インド政庁，ローラット委員会を任命。
1918	***2-22*** ガーンディー指導によるアフマダーバード繊維工場労働者のストライキ始まる(〜***3***-*18*)。***3-22*** ガーンディー指導下で，グジャラートのケーダーで地税不払い運動開始(〜***6***-*3*)。***3***- インド国民会議の穏健派グループ，インド国民自由連合を結成。***7-8*** モンタギュー・チェムズファド改革案発表。***7-19*** ローラット委員会報告書発表。
1919	***3-18*** ローラット法成立。***4-6*** ガーンディー指導下で第1次サティヤーグラハ運動(非暴力抵抗運動)開始。***4-13*** アムリトサルでダイヤー准将，パンジャーブ人の集会に軍隊による無差別発砲(ジャリアンワーラー虐殺事件)。***5-3*** アフガニスタンのアマーヌッラー国王，イギリスに宣戦布告(第3次アングロ・アフガン戦争)，***8-8*** ラーワルピンディー条約調印，アフガニスタン独立。***10-17*** 全インドでヒラーファト・デー開催。***11-23*** ガーンディー議長のもとに全インド・ヒラーファト会議開催(〜*-24*)。***11***- ウラマーの全国組織ジャミーアットゥル・ウラマー・エ・ヒンド，アムリトサルで結成。***12-11*** セイロン国民会議，設立される。***12-23*** インド統治法(モンタギュー・チェムズファド改革)実施。州政治に部分的自治導入。***12-27*** インド国民会議第34回大会，パンジャーブのアムリトサルで開催(〜*-30*)，虐殺事件抗議の決議。
1920	***9-4*** インド国民会議カルカッタ特別大会開催(〜*-8*)，非協力運動方針を採択。***10-17*** インド共産党の創立大会，タシケントで開催(インド国内では25.***12***-*28* カーンプルで結成)。***12-26*** インド国民会議第35回ナーグプル大会開催(〜*-31*)，地方組織を言語別に再編。―― シク教徒の政治組織アカーリー・ダル結成。
1921	***1-1*** 1919年インド統治法発効。***1-27*** インド帝国銀行，業務開始。***4-2*** レディング，インド総督に就任(〜26.***4***-*3*)。***7-31*** ガーンディー出席のボンベイでの集会で外国製衣類を焼却。***8-20*** ケーララのマラバール地方でムスリム農民マーピラの武装反乱(〜***12***-*6*)。***11-17*** 英皇太

社　　会・文　　化	世界・日本
1917　***2-3***　タゴール訪日(2回目，〜*-9*)。***6-30***　政治家ナオロージー(1825.***9***-*4*〜)没。	1917　***3-12***　ロシア二月革命。***4-6***　アメリカ，第一次世界大戦に参戦。***11-2***　石井・ランシング協定締結。***11-7***　ロシア十月革命。
1918　***4-27***　ワーディアー指導下で，インド最初の労働組合であるマドラス繊維労働組合結成。	1918　***1-8***　ウィルソンの十四カ条。***1-***　ソ連，中露不平等条約を廃棄。全ロシア・ソヴィエト大会で勤労搾取人民の権利宣言。***8-2***　日本，シベリア出兵宣言。***11-11***　第一次世界大戦終結。
1919　***3-15***　ハイダラーバードにオスマニア大学開設。ウルドゥー語による最初の大学教育。***7-6***　プーナにインド学仏教学研究所バーンダールカル東洋学研究所創立。——　ヴィンセント・A・スミス『オクスフォード・インド史』発刊。	1919　***1-18***　パリ講和会議開会。***3-1***　三・一独立運動起こる。***3-2***　第3インターナショナル(コミンテルン)創立大会，モスクワで開催。***6-28***　ヴェルサイユ講和条約調印。***7-25***　第1次カラハン宣言。
1920　***2-25***　アフマダーバードでガーンディーの指導する紡績労働者組合結成。***8-1***　政治家ティラク(1856.***7***-*23*〜)没。***10-29***　アリーガルにジャーミア・ミッリーヤ・イスラーミーヤ(大学)設立。***10-31***　ボンベイで全インド労働組合会議の創立大会開催(議長ラージパト・ラーイ)。***11-15***　シク教寺院の統括機関である中央管理委員会創設。	1920　***1-10***　ヴェルサイユ条約発効，国際連盟発足。***9-27***　第2次カラハン宣言。
1921　***9-11***　タミルの愛国詩人スブラマニヤ・バーラティ(1882.***12***-*11*〜)早逝。	

年代	政　治・経　済
	子(のちのエドワード８世)，ボンベイ到着。インド各地でハルタール(一斉罷業)。
1922	***1-25*** インド工場法改正。週60時間労働，週休を規定。***2-4*** 北インドのチャウリー・チャウラーで民衆が警察署を襲撃。***2-12*** ガーンディー，チャウリー・チャウラー事件を受けて第１次サティヤーグラハ運動停止を決定。***3-18*** ガーンディー，裁判で６年の禁固刑を受ける。***12-*** パンジャーブ州でファズリ・フサインら，連合党を結成。
1923	***1-1*** モーティーラール・ネルーら，議会活動のため国民会議派内部にスワラージ党結成。***12-21*** ネパール・イギリス間の友好条約締結，ネパール王国の独立性を承認。
1924	***12-16*** ベルガウムでのインド国民会議派第39回大会でM・K・ガーンディー，会議議長を務める(～*-17*)。
1925	***2-*** ベンガル地方で大衆会議結成(のちに農民大衆党となる)。***10-17*** ケーシャヴ・バリラーム・ヘードゲーワール，ナーグプルで民族奉仕(RSS)団結成。***12-26*** インド国民会議派第40回大会でサロージニー・ナーイドゥ，インド人女性として最初の議長となる。―― ラーマスワーミ・ナーイッカル，国民会議派を離党し，自尊運動を開始。
1926	***2-8*** インド初の労働組合法成立。***2-15*** インド農業調査委員会任命。***4-3*** アーウィン，インド総督に就任(～31.***4***-*18*)。
1927	***2-1*** ボンベイにインド商工会議所連合設立。***2-10*** ジャワーハルラール・ネルー，ブリュッセルの非抑圧諸民族会議に出席。同時に国民会議派は反帝国主義同盟に加盟。***11-8*** 英首相ボールドウィン，サイモン委員会任命。***12-11*** アラーハーバードで開催のインド全政党会議，サイモン委員会ボイコットを決議。***12-30*** ムスリム連盟第19回分裂大会。ジンナー派カルカッタ大会ではサイモン委員会ボイコットを決議，シャフィー派ラーホール大会では協力を決議。***12-*** 全インド藩王国人民会議創設。
1928	***2-3*** サイモン委員会，ボンベイに到着。全国的に抗議行動展開される。***8-28*** 全政党協議会，ラクナウーで開催(～*-31*)，憲法起草委員会，設置される。***12-22*** 全政党協議会，カルカッタで開催(～*-24*)，ジンナー提案を拒否。立法議会のコミュニティ別代表に関するM・ネルー委員会報告発表。***12-27*** カルカッタで全インド労農党の結成大会開催(～*-29*)。
1929	***3-20*** インド全国で労働運動指導者の大量逮捕(メーラト共同謀議事件)。***4-12*** インドで労働争議法・公安法施行。***9-28*** J・ネルー，国民会

社会・文化	世界・日本
1922 ***4-16*** タゴール，シャーンティニケータンに大学創立(51．ヴィシュヴァ・バーラティ大学)。***8-5*** S・A・ダーンゲー，週刊誌『社会主義者』創刊。	1922 ***2-6*** ワシントン会議閉会。***2-28*** エジプト，完全独立。***11-1*** トルコ，スルターン制廃止(オスマン帝国滅亡)。***12-30*** ソヴィエト社会主義共和国連邦樹立宣言。
1923 ***1-15*** ネパール，北インドで大地震。―― モエンジョ・ダーロ遺跡の発掘開始。	1923 ***9-1*** 日本で関東大震災，朝鮮人虐殺事件起こる。***10-29*** トルコ共和国成立。
1924 ***1-31*** ボンベイの綿紡績労働者16万人がゼネスト(～***3-25***)。***3-30*** ケーララで不可触カーストへの寺院解放を求めるワイッカム・サティヤーグラハ運動開始(～25.***3***)。***5-31*** タゴール訪日(3回目，～***6***末)。***9-15*** 『ヒンドゥスターン・タイムズ』紙デリーで創刊。***11-28*** ネパール，奴隷の完全廃止。	1924 ***1-21*** レーニン死去。***3-3*** トルコ，カリフ制廃止(オスマン帝国完全消滅)。***5-26*** アメリカ，移民法成立。***11-26*** モンゴル人民共和国成立。
1925 ***2-3*** インド最初の電気機関車，ボンベイ－クルラーカン間に導入。	
	1926 ***4-12*** イラン，パフレヴィー朝成立(～79)。***7-9*** 中国で北伐開始。
1927 ***1-5*** 全インド女性会議の第1回大会，プーナで開催。―― ガーンディー『真理の実験――自伝』第1巻発刊。	1927 ***3-15*** 日本，金融恐慌始まる。
1928 ***4-26*** ボンベイ紡績労働者のスト，約半年間続行される。***11-17*** 政治家ラージパト・ラーイ(1865.***1-28***～)没。―― C・V・ラーマン，「ラーマン効果」を発見(30．ノーベル物理学賞受賞)。	
1929 ***3-22*** タゴール訪日(4回目，～***-28***)。***5-10*** タゴール訪日(5回目，～***6-8***)。	1929 ***10-24*** ニューヨーク株式市場の株価大暴落(「暗

年代	政　治・経　済
	議全国委員会で次期大会議長に選出。***12-29***　インド国民会議派第44回ラーホール大会開催(〜*-31*)，完全独立決議を採択。
1930	***1-26***　インド国民会議派，「独立の誓約」を採択，第２次サティヤーグラハ運動開始。***3-12***　ガーンディー，「塩の行進」を開始。***6-13***　サイモン委員会報告発表。***8-8***　ビームラーオ・ラームジー・アンベードカル議長のもとで被抑圧民(不可触カースト)会議開催。***11-12***　ロンドンで第１回円卓会議開催(〜31.***1***-*19*，国民会議派は欠席)。***12-29***　ムスリム連盟第21回大会，アラーハーバードで開催(〜*-30*)。大会議長イクバール，ムスリム国家を提唱。
1931	***3-5***　ガーンディー・アーウィン協定成立，第２次サティヤーグラハ運動一時停止。***3-29***　インド国民会議派第45回カラーチー大会開催(〜*-31*)，基本的諸権利と計画経済大綱に関する方針を採択。***4-18***　ウィリンダン，インド総督に就任(〜36.***4***-*18*)。***4-25***　セイロンのジャフナ青年会議派，完全独立を掲げてドノモア憲法に反対し，選挙ボイコットを宣言。***9-7***　ロンドンで第２回円卓会議開催(〜***12***-*1*)。***9-14***　ガーンディー，国民会議派代表として参加。
1932	***1-4***　ガーンディー，逮捕，インド国民会議派運営委員会が非合法化されて，第２次サティヤーグラハ運動再開。***8-16***　英首相マクドナルド，インドの宗教コミュニティ別議席配分に関する裁定(コミュナル裁定)。***9-20***　ガーンディー，コミュナル裁定に抗議し，獄中で断食を開始(33.***5***-*8*　釈放)。***9-25***　コミュナル裁定に修正が加えられ，プーナ協定成立。***10-8***　インド空軍創設。***11-17***　ロンドンで第３回円卓会議開催(〜***12***-*24*)。***12-22***　モルディヴで初の憲法制定，立憲君主制へ。
1933	***10-8***　モーディー・リーズ協定，ボンベイで調印。
1934	***3-4***　ムスリム連盟両派合同評議会，ジンナーを常任議長に選出。***4-7***　第２次サティヤーグラハ運動停止。***5-17***　第１回全インド社会主義者会議，パトナーで開かれ，会議派社会党結成。***7-23***　インド共産党，非合法化。***8-14***　インド工場法成立。***9-8***　王立インド海兵隊，王立インド海軍に再編。***9-17***　ガーンディー，インド国民会議派からの引退を表明(***10-30***　引退)。
1935	***4-1***　インド準備銀行設立。***8-2***　新インド統治法成立。
1936	***4-11***　ムスリム連盟第24回大会，ボンベイで開催(〜*-12*)，インド統治法への反対決議を採択，ラクナウーで全インド農民組合結成大会開催(議長サハジャーナンド・サラスヴァティー)。***4-18***　リンリスゴー，インド総督に就任(〜43.***10***-*1*)。***12-10***　インド国民会議派運営委員会，

	社　会・文　化		世界・日本
	9-28 幼児婚抑制法成立，婚姻可能年齢を男18歳，女14歳とする。***9-*** ガファル・ハーン，北西辺境州でクダーイー・キドマドガール(神の下僕)運動を開始。		黒の木曜日」)。
		1930	***1-21*** ロンドン海軍軍縮会議開始。***10-*** インドシナ共産党成立。
1931	—— 政治家M・ネルー(1861.***5-6***～)没。***3-14*** インド最初のトーキー映画『アラーム・アーラー』ボンベイで上映。	1931	***9-18*** 柳条湖事件。満洲事変始まる。***10-24*** 国際連盟理事会，満洲からの日本撤兵勧告決議。***12-10*** 国際連盟，満洲調査団派遣を決定(団長リットン)。
1932	***9-30*** 全インド反不可触制連盟結成。	1932	***3-1*** 満洲国建国宣言。***4-26*** リットン調査団，満洲の調査を開始。***8-20*** オタワ協定締結。***9-15*** 日満議定書調印(日本，満洲国承認)。
1933	***2-11*** ガーンディー，『ハリジャン(神の子)』紙創刊。***9-20*** イギリス出身の宗教・社会改革者アニー・ベサント(1847.***10-1***～)没。	1933	***1-30*** ドイツ，ナチス政権成立。***3-4*** フランクリン・ローズヴェルト大統領就任(～45)，ニューディール政策開始。***3-27*** 日本，国際連盟から脱退。
1934	***1-15*** ビハールを中心に北インド一帯およびネパールに大地震。—— ネルー『世界史概覧(父が子に語る世界史)』発刊。		
1935	—— インド，クェッタで地震。***6-*** インド歴史学会議第1回大会，プーナで開催。	1935	***12-20*** 日本の満鉄，華北開発のため興中公司設立。
1936	***1-19*** 全インドラジオが初放送。***4-12*** 進歩主義作家協会創立大会，ラクナウーで開催。***10-8*** ヒンディー作家プレーム・チャンド(1880.***7-***	1936	***1-20*** ジョージ5世没，エドワード8世即位。***11-25*** 日独防共協定調印。***12-10*** エドワード

年代	政　　治・経　　済
	統治法拒否を決定。
1937	***1-*** 英領インドで州議会選挙，国民会議派が大勝し，ムスリム連盟は敗北。***4-1*** 1935年インド統治法施行。ベンガル，パンジャーブなどで州政府発足。英領ビルマ統治法によりビルマはインドから分離。***9-26*** 国民会議派により全インドで中国連帯デー開催。
1938	***11-15*** ムスリム連盟，国民会議派州政府下でのムスリムの迫害を糾弾する「ピールプル報告」を発表。
1939	***4-9*** 全インド農民組合第４回大会，ガヤーで開催(〜*-10*)。国民会議派との対立が表面化。***8-21*** ネルー，中国を初訪問。***9-14*** 国民会議派，イギリスに対する戦争協力拒否方針を決定。***10-23*** 国民会議派議会局，各会議派州政府に10月中の総辞職を指令。
1940	***3-22*** ムスリム連盟第27回ラーホール大会開催(〜*-24*)，パキスタン決議を採択(*-23*)。***7-28*** 国民会議派全国委員会，完全独立と早期の民族政府樹立を求める決議を採択(プーナ提案)。***8-8*** 総督リンリスゴー，制憲議会開設などを提案(８月提案)。
1941	***3-2*** スバース・チャンドラ・ボース，ドイツに亡命。ベルリンに到着(*-28*)。***9-9*** 英首相チャーチル，インドは大西洋憲章の適用範囲内にないと演説。***12-30*** 国民会議派，インド独立承認を前提に戦争協力の用意ありとのバールドーリー決議を採択し，参戦宣言。***12-31*** 捕虜となった英印軍大尉モーハン・シンのもとでインド国民軍(INA)創設。
1942	***2-18*** 印中協定成立。***3-22*** クリップス使節団，インドを訪問。戦後の自治領地位を提案(***4-2*** 国民会議派は拒否)。***3-24*** 日本軍，アンダマン諸島を占領。***4-6*** 日本軍，最初のインド空爆(ヴィサーカパトナム)。***7-14*** 戦争協力方針の共産党合法化。***8-8*** 国民会議派，「インドから出て行け(クイット・インディア)」決議採択。***8-20*** ムスリム連盟実行委員会，国民会議派の八・八決議を非難。***9-19*** インド共産党，多民族統一と連邦制の達成を決議。
1943	***5-23*** インド共産党第１回大会開催(議長P・C・ジョーシー)。***7-4*** シンガポールで開催のインド独立連盟総会で，S・C・ボース，インド独立連盟総裁およびインド国民軍総司令官に就任。***10-1*** ウェイヴェル，インド総督に就任(〜47.***2***-*21*)。***10-21*** シンガポールで自由インド仮政府樹立，S・C・ボース，主席就任。***10-23*** 自由インド，英・米に宣戦。***12-24*** ムスリム連盟第31回大会(〜*-26*)，「分割して出て行け」のスローガン採択。
1944	***1-7*** インパール作戦発令，日本軍とともにインド国民軍参加(***2***-〜***7***-*3*)。***8-27*** ドラヴィダ連盟結成。***9-9*** ボンベイでガーンディー・ジンナー会談開催(〜*-27*)。
1945	***6-15*** ネルーやマウラーナー・アーザードら釈放。***6-25*** 英内閣使節団とインド側諸政党とのシムラー会議始まる(〜***7***-*14*)。***9-19*** インド総督ウェイヴェル，中央・州議会両選挙の実施と制憲議会の早期開設を発表。***10-25*** インドで東南アジア連帯デー開催。***10-30*** インド，

社　会・文　化			世界・日本		
		31～）没。――　ネルー『自叙伝』発刊。			8世退位，ジョージ6世即位。
1937	――	「ネパール銀行」（ネパール最初の銀行）設立。インドのマドラス州でヒンディー語の導入に反対する運動（～40）。マラヤ・インド人中央協会結成。	1937	***7****-7*	盧溝橋事件。日中戦争始まる。
1938	***4****-21*	文学者・思想家M・イクバール（1877.***1****-31*～）没。	1938	***7****-27*	ビルマで反インド人暴動，ラングーンから各地へ拡大。
			1939	***5****-11*	ノモンハン事件勃発。***9****-1*　ドイツ軍，ポーランドに侵攻。第二次世界大戦勃発（～45）。
1940	――	パーム・ダット『現代インド』，ロンドンで発刊。	1940	***9****-23*	日本軍，北部仏印（仏領インドシナ）進駐開始。***9****-27*　日独伊三国同盟調印。
1941	***8****-7*	文学者・思想家タゴール（1861.***5****-7*～）没。***10****-26*　ムスリム連盟系の日刊『ドーン』紙創刊。	1941	***4****-13*	日ソ中立条約調印。***6****-22*　ドイツ軍，ソ連に侵攻（独ソ戦の開始）。***7****-28*　日本軍，南部仏印進駐開始。***12****-8*　真珠湾攻撃。日米間の太平洋戦争始まる。
1942	――	「マヒラー・アートマラクシャー・サミティ（女性自己防衛協会）」をベンガルで結成。	1942	***2****-15*	日本軍，シンガポールを占領。***6****-5*　ミッドウェー海戦で日本軍敗北。***8****-22*　スターリングラードの戦い始まる。
1943	***3****-17*	「マヒラー・アートマラクシャー・サミティ」，食糧値上がりに抗議してデモ。***5****-25*　インド人民演劇協会発足。――　ベンガル飢饉発生（～44）。	1943	***12****-1*	中・英・米，カイロ宣言発表。
1945	***1****-21*	ラース・ビハーリー・ボース没。***8****-18*　S・C・ボース，台北で飛行機事故死。	1945	***2****-*	ヤルタ会議。***3****-22*　アラブ諸国連盟結成。***5****-8*　ベルリン陥落，ドイツ降伏。***8****-6*　広島に

年代	政　治・経　済
	国際連合の加盟国となる。***11-5***　インド国民軍将校裁判，デリーで開始。民衆の抗議広がる。
1946	***1-25***　ネパール国民会議派，カルカッタで創設。***2-18***　ボンベイを中心にインド海軍のストライキ(〜*-23*)。***4-9***　ムスリム連盟，単一のムスリム国家樹立を決議。***5-5***　第2回シムラー会議始まる。***5-15***　セイロン，ソールズベリー憲法発布。***5-16***　英閣僚使節団，インド独立・連邦創出に関する提案を発表。***7-4***　ハイダラーバード藩王国のテランガーナ地方で農民闘争始まる。***7-***　インド制憲議会選挙。***8-16***　ムスリム連盟，「直接行動」を展開，カルカッタで大暴動発生。***9-2***　ネルー首班中間政府発足，ムスリム連盟は入閣拒否。***10-26***　ムスリム連盟の5代表，中間政府に入閣。***11-15***　ベンガルでテバガ農民運動(〜47.***4***-)。***12-3***　円卓会議開催(〜*-6*)，イギリスによる国民会議派・ムスリム連盟の妥協工作失敗。***12-9***　第1回制憲議会開催，ムスリム連盟は不参加。
1947	***2-12***　マウントバトン，インド総督に就任(〜48.***6***-*21*)。***2-20***　英首相アトリー，48年6月末以前までのインド人への主権移譲とマウントバトン新総督の任命を発表。***3-23***　デリーでアジア諸問題会議始まる。***6-3***　インド・パキスタンの分割を内容とするマウントバトン案が発表され，国民会議派・ムスリム連盟ともにこれを受諾。***7-18***　インド独立法成立。***8-10***　パキスタン制憲議会発足。***8-14***　イギリス連邦自治領パキスタン成立。M・A・ジンナー，初代総督就任(*-15*)。***8-15***　イギリス連邦自治領インド連邦成立。***8-17***　国境線画定委員会(C・ラドクリフ委員長)，印パ両国の最終的な国境線について裁定。***8-23***　セイロン初の総選挙(〜***9***-*20*)で統一国民党勝利，D・S・セーナーナーヤカが初代首相に就任。***8-29***　インド憲法起草委員会，制憲議会により任命。***10-22***　パシュトゥーン人の民兵，パキスタンからカシュミールへ侵入を開始。カシュミールをめぐる印パ武力衝突始まる(第1次印パ戦争，〜49.***1***-*1*)。***10-26***　カシュミールの藩王，インドへの併合文書に署名。***12-10***　セイロン独立法成立。
1948	***1-1***　インド政府，カシュミールへのパキスタン民兵の武力侵入問題を国連安保理事会に提訴。***1-25***　インド政府，五カ年計画委員会を任命。***1-30***　ガーンディー，ニューデリーで暗殺。***2-4***　イギリス連邦自治領セイロン成立。***2-28***　インド共産党第2回大会，カルカッタで開催(〜***3***-*6*)，武力革命路線を採択。***4-6***　インド政府，第1次産業政策声

社　会・文　化	世界・日本
	原爆投下。***8-8*** ソ連対日参戦。***8-9*** 長崎に原爆投下。***8-14*** 日本，ポツダム宣言受諾を決定。***8-15*** 日本，ポツダム宣言受諾を発表，戦闘行為終結。***9-2*** 日本，対連合国降伏文書に調印，第二次世界大戦終結。***10-24*** サンフランシスコ会議で国際連合憲章採択，国際連合成立。***12-15*** トルーマン，国民政府支持の対華政策発表。
1946 —— ネルー，『インドの発見』発刊。	1946 ***1-1*** 日本，天皇の人間宣言。***11-3*** 日本国憲法制定公布。***12-19*** インドシナ戦争(～54.***7***-)。
1947 ***5-3*** インドのニューデリーでインド国民労働組合会議創立大会開催。——印・パの分離独立前後にヒンドゥー・シク・ムスリムの間で大暴動。国境をまたいだ大規模な人口移動。	1947 ***10-5*** ヨーロッパ共産党・労働党情報局(コミンフォルム)を結成(～56)。***10-30*** 国際貿易会議(ジュネーヴ)で関税と貿易に関する一般協定(GATT)調印。
1948 ***9-11*** ジンナー(1876.***12-15***～)没。***12-29*** インドの西ベンガル州ハウラーでインド労働者連盟結成。	1948 ***1-4*** ビルマ独立。***5-14*** イスラエル国成立。***5-15*** 第1次中東戦争勃発。***8-15*** 大韓民国(韓国)成立。***9-9*** 朝鮮

年代	政　　治・経　　済
	明を発表。***8-4***　ネパール民主会議派，カルカッタで創設。***8-13***　国連インド・パキスタン委員会，カシュミール停戦と停戦ラインからの両軍撤退，カシュミール住民の自決権を決議。***9-17***　インド，ハイダラーバード(ニザーム)藩王国を軍事制圧。***11-4***　インド憲法草案，制憲議会に提出。
1949	***1-1***　カシュミールで停戦成立。インド準備銀行，中央銀行として新発足。***1-5***　国連インド・パキスタン委員会，カシュミール住民投票を決議。***5-17***　インド制憲議会，イギリス連邦の一員として残留を決定。***8-8***　インド・ブータン間で平和友好条約締結。***9-1***　マドラスでドラヴィダ進歩連盟，C・N・アンナードゥライを指導者として発足。***10-15***　トリプラなど3藩王国のインドへの併合とともに藩王国統合はすべて終了。***10-24***　全インド平和協議会第1回大会，カルカッタで開催(〜*-27*)。***11-25***　インド憲法採択。***12-25***　ネパール，デリー協定締結(ラナ家専制体制の崩壊，王政復古を定める)。***12-27***　インド政府，インドネシアを承認。
1950	***1-4***　インド・アフガニスタン友好条約締結。***1-18***　インド初代大統領にラージェーンドラ・プラサード選出。***1-26***　インド憲法施行，共和国として完全独立。R・プラサード，大統領に就任(〜62.***5***-*14*)。***1-27***　コミンフォルム，インド共産党を批判。***2-25***　インドで予防拘禁法，1日で上程・審議・可決。***4-1***　インド，中華人民共和国と国交樹立。***4-9***　ネパール国民会議派とネパール民主会議派の合併によりネパール会議派創設。***7-13***　インド，米・ソに朝鮮戦争局地化の覚書を提出。***7-31***　インド・ネパール間で平和友好条約と通商貿易条約を締結。***9-21***　印パ間で貿易協定に調印。***11-6***　ネパール会議派，反ラナ政権の武力行動を開始。***11-11***　ネパール会議派，人民政府を樹立。トリブバン国王，インド脱出。***10-3***　太平洋問題調査会第10回国際会議，ラクナウーで開催。テーマ「アジアの民族主義」，日本代表参加。***12-5***　インド，シッキムと平和友好条約。シッキム，インドの保護領となる。***12-16***　ポイント・フォア計画に基づき印米経済援助協定締結。
1951	***1-1***　印中間で食用米とジュートのバーター協定発表。***1-16***　ウッタル・プラデーシュ州政府，土地改革法制定。以後各州で土地改革法，相次いで制定。***2-18***　ネパール王(ゴルカ朝)トリブバン，王政復古。ラナ家の専制支配に終止符。***3-3***　インド・インドネシア友好条約調印。***3-20***　ネパール暫定統治法2007年(西暦1951年)制定(ネパールで最初に発布された憲法)。***4-1***　インド，第1次五カ年計画開始。***5-22***　中国，対印食糧援助協定に調印。***5-26***　中国，対印食用米援助協定に調印。***7-3***　インド，パキスタンをカシュミール停戦協定違反で国連安保理事会に提訴。***7-26***　パキスタンとトルコの間で友好協定調印。***8-25***　インド，サンフランシスコ講和会議に不参加を決定。***9-4***　サンフランシスコ講和会議にセイロンとパキスタン参加。***10-16***　パキスタンのリヤーカト・アリー・ハーン首相，暗殺される。***10-21***　大衆連盟の創立大会，デリーで開催。S・P・ムカルジー，総裁に就任。***10-25***　インド第1回総選挙実施(〜52.***2***-*21*)，インド国民会議派大勝。***11-16***　ネパールでM・P・コイララ内閣成立(会議派の首相誕生)。
1952	***1-5***　印米間で技術協力協定に調印。***3-17***　デリーで52年総選挙に基づき議

社　会・文　化	世界・日本
	民主主義人民共和国(北朝鮮)成立。***12-10***　国連総会，世界人権宣言を採択。
1949　***2-1***　インド総合通信社，ロイター通信社から分離。	1949　***4-4***　北大西洋条約機構(NATO)成立。***5-***　ドイツ連邦共和国(西ドイツ)成立。***8-5***　アメリカ，『中国白書』を発表。***10-1***　中華人民共和国成立。***10-4***　アメリカ，中華人民共和国不承認を声明。***10-7***　ドイツ民主共和国(東ドイツ)成立。
1950　***3-1***　インド政府，総人口(3億4734万)を初めて発表。***4-15***　インドで社会活動家ヴィノーバー・バーヴェーによりアーンドラ地方でブーダーン(土地寄進運動)開始。***6-26***　インドで，農民運動家S・サラスヴァティー(1899.***2***-～)没。***8-14***　ボンベイの綿業労働者によるストライキ闘争続行(～***10***-)。***12-13***　ネパール民主ラジオ(のちのラジオ・ネパール)の初放送。***12-15***　政治家ヴァッラブバーイー・パテール(1875.***10-31***～)没。	1950　***6-25***　朝鮮戦争勃発(～53.***7-27***　休戦協定)。***6-27***　トルーマン米大統領「台湾海峡の中立化」を宣言。***10-1***　日本に日中友好協会設立。
1951　***2-9***　独立インドで初のセンサス始まる。***4-2***　ラジオ・ネパール設立。	1951　***9-4***　対日講和会議，サンフランシスコで開催(～-***8***)。***9-8***　対日講和条約，日米安保条約調印。
1952　***1-24***　第1回国際映画祭，インド映画の	1952　***10-2***　北京でアジア太

年代	政　治・経　済
	会と内閣発足。***4-18*** 日本とパキスタンの国交樹立。***4-26*** インドの対中国文化使節団，中国を訪問。***5-10*** 日本とセイロンの国交樹立。***5-12*** 第1回総選挙に基づく連邦議会，ニューデリーで発足。翌日ネルー新内閣成立。***5-24*** セイロンの総選挙で統一国民党勝利，ダッドリー・セーナーナーヤカが首相に就任。***5-26*** 印中間に食糧(米)援助協定締結，中国はインドに10万トンを援助。***6-9*** 日印平和条約締結。***6-28*** ネルー首相，国連軍による北朝鮮の爆撃を非難。***10-*** ブータン第3代国王にジクメ・ドルジ・ワンチュク即位，近代化を進める。***12-18*** セイロンと中国の間で貿易協定成立。
1953	***1-1*** モルディヴ，スルターン制廃止，共和制に移行。アミン・ディディ，初代大統領に就任(～***8-21***)。***2-16*** ネルー，連邦議会で「第三世界」結集を提唱。***2-21*** ネルー首相，ポカロ水力発電所の開所式を主催。***3-6*** パキスタン，ラーホールに戒厳令を施行(～***5-14***)。***3-14*** パキスタンと中国の間で通商協定調印。***7-13*** イギリス・インド・ネパールの3政府の間でイギリス軍のためにグルカ兵の徴募協定成立。***10-1*** インドでテルグ語州であるアーンドラ州発足。***11-12*** パキスタンのグラーム・ムハンマド総督訪米，アイゼンハワー米大統領と軍事援助などで会談。***12-2*** インド，ソ連と五カ年通商協定に調印。***12-13*** インドで労働争議調停法制定。***12-28*** パ米間で経済援助協定締結。
1954	***3-7*** モルディヴ，王政復古。ムハンマド・ファリド・ディディ，第94代スルターンに就任。***4-29*** ネルー・周恩来会議で印・中の通商交通協定に調印。平和五原則(領土主権の尊重・相互不可侵・内政不干渉・平等と互恵・平和共存)を表明。***6-28*** 印中両国で先の平和五原則は国際関係全般を規定すると発表。***8-2*** インド，東南アジア条約機構(SEATO)会議への招待を拒否。***9-8*** パキスタン，東南アジア条約機構に加盟(71. 脱退)。***9-25*** ネルー・スカルノ会談，アジア・アフリカ会議の開催を討議。***10-17*** ネルーとホー・チ・ミン，ハノイで会談。***10-19*** ネルーと毛沢東，北京で会談。***11-1*** インド，仏領ポンディシェリーとマーヘーを併合。
1955	***1-21*** 国民会議派第60回アヴァディ大会開催(～***-23***)，社会主義型社会建設を決議。***2-2*** インド，ソ連との間にビライ製鉄所の建設援助協定を締結。***2-16*** ネルーとナーセル，カイロで会談。***3-18*** インドとカンボジア，平和五原則共同声明を発表。***6-4*** ネルー首相，ソ連・東欧親善訪問のため出発。***9-23*** パキスタン，バグダード条約(のち中央条約機構)に調印。***12-23*** インド，モンゴル人民共和国と外交関係樹立。
1956	***4-1*** インドの第2次五カ年計画開始。***3-23*** パキスタン・イスラーム共和国憲法(議院内閣制)公布。***4-3*** インド・エジプト友好条約締結。***4-10*** セイロン総選挙で自由党を中心とする人民連合戦線勝利，S・W・R・D・バンダーラナーヤカ政権誕生。***6-27*** パキスタンとソ連の間で貿易協定に調印。***8-29*** 印米間で余剰農産物援助協定調印。***9-20*** ネパール・中国間の友好通商交通協定調印。***11-1*** インドで言語別州再編成法施行。インド連邦は14州と首都を含む6連邦直轄地とから構成。***12-18*** セイロン，イギリスとの防衛協定を撤廃。

社　会・文　化			世界・日本		
		制作地ボンベイで開催。			平洋地域平和会議開幕。
1953	——	K・M・パニッカル『アジアと西欧支配』発刊。	1953	***3-5***	スターリン死去。***7-27***　朝鮮戦争，休戦協定調印。
1954	***1-18***	サアーダット・ハサン・マントー(12.***5-11***～)没。***1-25***　M・N・ローイ(1893.***3-21***～)没。***2-3***　インドのアラーハーバードでのクンブ・メーラー祭で，ヒンドゥー巡礼者多数溺死。***3-13***　インド文学院創設。——　全国インド女性連盟結成。	1954	***7-21***	ジュネーヴでインドシナ戦争停戦協定調印。***9-8***　東南アジア条約機構成立。
1955	***5-5***	インド下院でヒンドゥー婚姻法可決。***6-1***　インドで不可触民差別禁止法制定。***8-8***　インドのH・J・バーバー博士，原子力の平和利用国際会議議長に選出。***11-30***　インド下院でヒンドゥー相続法可決。——　サタジット・レイ監督『大地のうた』，カンヌ映画祭で大賞。	1955	***4-18***	バンドンで開催のアジア・アフリカ会議で平和十原則表明。***5-14***　ワルシャワ条約機構成立。
1956	***5-8***	インド下院でヒンドゥー相続法修正。***8-4***　インドで初のトロンベイ(ボンベイ郊外)原子炉，運転を開始。***10-14***　アンベードカルと指定カースト集団，仏教に改宗。***12-6***　アンベードカル(1891.***4-14***～)没。***12-23***　ニューデリーでアジア作家会議開催。——　D・D・コーサンビー『インド史研究序説』発刊。	1956	***2-***	ソ連でスターリン批判。***7-26***　エジプト，スエズ運河国有化宣言。***10-19***　日ソ共同宣言。***10-29***　第2次中東戦争。***12-18***　日本，国連加盟。

年代	政　治・経　済
1957	***2-24*** インド第2回総選挙実施(〜***3-15***)。連邦・州ともに会議派が勝利するが，ケーララ州では共産党が大勝し，政権誕生。***5-10*** インド大反乱の100年記念祭，首都デリーをはじめインド各地で挙行。***5-20*** 日本の岸信介首相，インド，パキスタン，セイロンを含むアジア6カ国を歴訪(〜***6-3***)。***5-23*** 日印文化協定締結。***5-27*** 日本・パキスタン文化協定締結。***10-3*** ネルー首相，訪日。核非武装化問題で日本政府と共同声明(*-13*)。
1958	***1-5*** ベトナム民主共和国大統領ホー・チ・ミン，訪印。***1-7*** インドネシア大統領スカルノ，訪印。***2-4*** 日印通商協定締結。***3-14*** インド政府，インド原子力委員会の設置を発表。***8-28*** 対印債権国会議第1回会議(米・英・加・西独・日本・世銀)，ワシントンで開催。***10-7*** パキスタンでクーデタによりアユーブ・ハーン陸軍参謀長の軍事政権成立(*-27*)。
1959	***2-12*** ネパール王国憲法公布(国王に全権を集める欽定憲法)。***2-18*** ネパールで最初の総選挙(〜***4-3***)，会議派圧勝。***3-31*** チベットのダライ・ラマ，インドに亡命。***4-13*** インド，チベット問題で中国武力干渉非難。***5-27*** ネパールで会議派のビスウェスワル・プラサード・コイララ内閣発足(初の議会制民主主義政府誕生)。***6-*** ネパールで反会議派政府運動展開。***7-31*** インド，ケーララ州に大統領統治を導入。***8-1*** インドでスワタントラ党，ボンベイで創立大会。***8-6*** ネルー首相，インド下院でチベット問題に関して同情的な発言。***8-7*** 印中両国軍，インド北東部国境で衝突。***8-25*** 再衝突。***9-25*** セイロン首相バンダーラナーヤカ暗殺。***10-20*** 印中両国軍，インド西部国境で再び衝突。***11-8*** 中国，インド首相宛の書簡で印中国境に非武装地帯を創出することを提案。***12-9*** 米大統領アイゼンハワー訪印。
1960	***1-5*** 日印間で二重課税防止条約締結。***2-12*** ネルー・フルシチョフ会談，ニューデリーで開催，経済援助・文化協定締結。***3-19*** セイロンで総選挙，多数派形成できず。***3-29*** ネパール・パキスタン間で国交樹立。***4-19*** 中国首相周恩来訪印。***4-28*** ネパール・中国間で平和友好条約締結。***5-1*** ボンベイ州，言語別にマハーラーシュトラとグジャラートの両州に分割。***6-6*** 印中国境問題の討議のためにインド代表団訪中。***7-1*** セイロンの総選挙で自由党勝利，シュリマヴォ・バンダーラナーヤカ，首相に就任。***9-11*** ネパール・インド間で貿易通過条約締結。***9-19*** インド・パキスタン間でインダス川水利条約締結。***11-1*** インド・ネパール間で通商貿易条約締結。***12-15*** ネパールのマヘンドラ国王，非常事態を宣言し，全権を掌握(国王クーデタ)。内閣，国会を解散。***12-18*** 日本・パキスタン友好通商条約締結。
1961	***1-1*** セイロンで英語に代わりシンハラ語が公用語となる。タミル人抗議し，自治を要求。***2-16*** アメリカの対インド投資センター，ニューデリーで開所。***3-24*** ニューデリーで世界平和評議会の大会開催(〜*-28*)。***4-1*** インドで第3次五カ年計画開始。***7-23*** 全インド・パンジャービー会議，ニューデリーで開催。パンジャーブ州の設置を要求。***8-15*** シク政治家ターラー・シン，パンジャーブ州の早期実現を要求して断食を開始。***8-30*** ネルー首相，ベオグラードの非同盟諸国首脳会議に出席のため出発。***10-5*** ネパール・中国間の国境条約締結。***12-17***

社　会・文　化	世界・日本
1957 ***4-1*** インドで十進法の通貨制度導入。 ―― インド・サードゥ協会設立。	
1958 ***2-22*** インドの初代教育相・政治家M・アーザード(1888.***11-1***～)没。***6-15*** インドで全国的な規模での港湾労働者のストライキ開始(～*-25*)。***8-20*** インドの労働組合運動創始者B・P・ワーディアー(1882～)没。	
1959 ***3-10*** ネルー首相，ボンベイのインド工科大学の定礎式に出席。***9-*** インドで月刊総合誌『セミナー』創刊。	
	1960 ***1-19*** 日米相互協力および安全保障条約調印。
1961 ***1-14*** インドの第2原子反応炉，トロンベイで操業開始。***5-20*** インドで「ダウリー(持参財)禁止法」制定(***7-1*** 施行)。***12-9*** アジア史会議第1回大会，ニューデリーで開催。	1961 ***8-13*** 東ドイツ，ベルリンの壁構築。***9-1***～*-6* 非同盟諸国首脳会議(第1回)開催(ベオグラード，26カ国参加)。

年代	政　治・経　済
	インド政府軍，ポルトガル領ゴアに進撃を開始，制圧(*-19*)，ゴア，ダマン，ディーウを併合(*-20*)。
1962	***2-9*** インドで第3回総選挙(〜*-27*)。***3-1*** パキスタン共和国憲法(大統領制)公布。***3-2*** インド，ヨーロッパ共同体(EEC)と外交関係を樹立。***5-11*** インドで哲学者サルヴァパッリ・ラーダークリシュナン，大統領に就任。***10-19*** ネパール・パキスタン間で通商条約締結(翌年に通過条約)。***10-20*** 印中国境紛争勃発(〜***11-21***)。***10-26*** インド政府，印中国境紛争に関連して非常事態を宣言。***11-21*** 中国政府，印中国境の全域で停戦を発表(*-22* 停戦実施)。***12-16*** ネパール憲法2019年(西暦1962年)を発布，独自の間接民主制であるパンチャーヤト体制成立。
1963	***1-5*** パキスタンと中国，貿易協定に調印。***1-20*** ネパールと中国，国境議定書に調印。***3-2*** パキスタンと中国，暫定国境協定，北京で調印。***6-8*** インド政府，部分核実験停止条約に調印。***10-21*** インド，国連総会のアパルトヘイト特別委員会で南アフリカに対する厳格な行動を要求。***12-1*** インドでナガランド州発足。
1964	***4-20*** 経済力の集中に関するマハラノビス委員会の報告書発表。***6-9*** インドでラール・バハードゥル・シャーストリー内閣発足。***9-11*** インド・ソ連間で軍事協定調印。***10-2*** インドのシャーストリー首相，非同盟諸国会議に出席のため出発。***10-30*** セイロンとインド，シュリマヴォ・シャーストリー協定締結。
1965	***3-10*** インド政府，中国側に対して印パ国境問題の処理に抗議する覚書を手交。***3-22*** セイロンの総選挙で統一国民党勝利，ダッドリー・セーナーナーヤカが首相に就任。***7-26*** モルディヴ，イギリスから独立。***9-6*** 第2次印パ戦争勃発。***9-22*** 印パ両国，国連安全保障理事会の停戦提案を受諾。***10-30*** インドで独占調査委員会(委員長ハザーリー)，報告書を政府に提出。
1966	***1-10*** 印パ間でタシケント宣言。***1-11*** シャーストリー首相，タシケントで客死。***1-24*** インドでインディラー・ガーンディー首班内閣発足。***5-2*** ネパール・中国間で通商交通協定に調印。***6-5*** インドでルピー通貨，36.5%切下げ。***11-1*** インドでパンジャーブ州を分割し，パンジャーブ州とハリヤーナー州を創設。
1967	***1-17*** ゴア，住民投票によりインド連邦直轄地として確定。***2-15*** インド第4回総選挙施行，国民会議派が勝利。各州議会選挙では非国民会議派政党の勝利。***3-2*** インド・西ベンガル州のナクサルバーリーで

社　会・文　化	世界・日本
1962 ***6-14*** ニューデリーで核兵器使用の反対会議開催。	1962 ***7-3*** アルジェリア独立。
1963 ***10-7*** ネルー首相，インド科学会議(第50回大会)の開会式に参加。―― イルファーン・ハビーブ『ムガル期インドの土地制度』発刊。	1963 ***11-22*** アメリカ，ケネディ大統領暗殺。
1964 ***1-4*** 国際東洋学者会議(第26回)がニューデリーで開催。***5-27*** ネルー没。***6-3*** インド対外文化協会，平和と国際理解の促進のためのネルー賞(ネルー平和賞)創設。***8-19*** ボンベイで世界ヒンドゥー協会(VHP)結成。***11-14*** ニューデリーでネルー記念博物館・図書館，旧首相官邸を使用して発足。	1964 ***7-2*** アメリカ，公民権法成立。***8-2*** トンキン湾事件。***10-10*** 東京オリンピック(〜*-24*)。
1965 ***1-26*** インドで公用語法施行。ヒンディー語，単一の連邦公用語とされる。***1-27*** 南インドのマドラスを中心に各地で反ヒンディー語暴動起こる。	1965 ***9-30*** インドネシア，九・三〇事件。
1966 ***2-26*** ヴィナーヤク・ダーモーダル・サーヴァルカル(1883.***5***-*28*〜)没。***6-3*** 歴史家・数学者コーサンビー(07.***7***-*31*〜)没。***7-1*** 東部インドのアッサム地方で大洪水。***8-30*** インドのビハール州で大洪水。***9-27*** ネルー平和賞，ウ・タント国連事務総長に授与。―― M・N・シュリーニヴァース『現代インドの社会変動』発刊。『エコノミック・アンド・ポリティカル・ウィークリー』，ボンベイで創刊。	
1967 ***1-30*** アジア救ライ協会のインド・センター，アーグラーに開設。	1967 ***6-5*** 第3次中東戦争勃発。***7-1*** ヨーロッパ共同体(EC)発足。

年代		政　治・経　済
		農民蜂起発生(ナクサライトの武装闘争開始)。ビハールやアーンドラ・プラデーシュなどの諸州に拡大。インドの西ベンガル州で共産党(M)を中心とする統一戦線政府発足。***3-6*** インドのケーララ州で共産党(M)を中心とする統一戦線政府発足。マドラス州にドラヴィダ進歩連盟政権誕生。***3-13*** インドでインディラー・ガーンディー内閣成立。***4-10*** インド，第21次憲法改正でシンディー語を新たに公用語と確定。***5-13*** インドでムスリム政治家ザーキル・フサイン，大統領に就任。***12-*** ネパールで「村に帰れ」全国運動。
1968	***8-15***	インドのインディラー・ガーンディー首相，パキスタンに対して不戦協定の締結を呼びかける(***9-1*** パキスタン拒否)。***11-11*** モルディヴ，国民投票に基づき，スルターン制から共和制に移行。元首相イブラヒム・ナシール，大統領に就任。
1969	***1-14***	インドのマドラス州，タミル・ナードゥ州に名称を正式変更。***3-20*** パキスタンでヤヒヤー・ハーン陸軍参謀長による軍事クーデタ発生。アユーブ大統領辞任，ヤヒヤー，大統領に就任。***4-1*** インドで第4次五カ年計画開始。***7-19*** インド，主要14銀行国有化。***7-31*** ニクソン米大統領訪印。***8-24*** インドでヴァラハギリ・ヴェンカタ・ギリ，大統領に就任。***11-12*** インディラー・ガーンディー首相，会議派運営委員会により党を追放され，国民会議派はインディラー派とシンディケート派に分裂。
1970	***1-14***	インドのギリ大統領，大統領令で銀行国有化を実施。***5-27*** セイロンの総選挙で統一戦線勝利，シュリマヴォ・バンダーラナーヤカが首相に就任。***5-31*** 共産党(M)指導下，インド労働組合センター発足。***9-19*** インドで各州の土地改革を促進する中央土地改革委員会任命。***12-7*** パキスタンで初の総選挙実施，東パキスタンでアワミ連盟が圧勝，西パキスタンでパキスタン人民党勝利。
1971	***1-25***	ヒマーチャル・プラデーシュ州設置。***3-1*** インド第5回総選挙(〜*-13*)。***3-27*** バングラデシュ独立宣言，本格的な内戦開始。***4-17*** バングラデシュ臨時政府発足。***8-9*** インド・ソ連平和友好条約締結。***8-13*** インドとネパール，貿易通過条約締結。***8-25*** インドで国内治安維持法制定。***9-21*** ブータン，国際連合に加盟。***9-27*** インドのインディラー・ガーンディー首相，ソ連を訪問，相互協力の共同声明を発表。***11-5*** インドの第24次憲法改正で，憲法のいかなる条項も連邦議会が修正する権利をもつ。***12-3*** 第3次印パ戦争勃発(〜*-17*)。***12-6*** インド，バングラデシュを承認。***12-20*** パキスタン人民党党首のズルフィカール・アリー・ブットー，パキスタン大統領に就任。***12-28*** インドの第26次憲法改正で，旧藩王の内帑金と諸特権が廃止。
1972	***1-7***	インド，北ベトナムとの外交関係を大使級レヴェルに昇格。***1-12*** バ

社　　会・文　　化	世界・日本
1968 ***2-29*** カルカッタの港湾ストライキ開始(〜***4-2***)。***5-27*** ネルー平和賞，M・L・キング師に授与。***12-11*** 英領インド生れの生理・薬学者H・コラーナー，ノーベル生理学・医学賞受賞(受賞時はアメリカ国籍)の発表。***12-25*** インドのタミル・ナードゥ州で多数のダリト，殺害される。	1968 ***5-*** フランス，五月革命。***8-20*** ソ連・東欧軍，チェコスロヴァキア侵入。
1969 ***9-18*** インドのグジャラート州で大規模な宗教暴動(〜*-26*，***10-18***〜*28*)。***10-2*** M・K・ガーンディー誕生100年祭インド各地で開催。***11-14*** インドのニューデリーでジャワーハルラール・ネルー大学創立。***11-15*** ネルー平和賞，在パキスタンのパシュトゥーン政治家カーン・アブドゥル・ガファール・ハーン(バーチャー・ハーン)に授与。	1969 ***9-2*** ホー・チ・ミン大統領死去，周恩来ら中国代表団，ハノイ訪問。
1970 ***10-29*** インド社会科学研究審議会発足。***11-21*** インドの物理学者でノーベル賞受賞者C・V・ラーマン(1888.***11***-*7*〜)没。	
	1971 ***8-15*** ニクソン・ショック。
1972 ***3-26*** 国際サンスクリット会議第1回大	1972 ***5-15*** 沖縄，日本復帰。

年代	政　治・経　済
	ングラデシュでムジーブル・ラフマンが首相に，アブ・ショエド・チョウドゥリが大統領に就任。***1-30*** パキスタン，バングラデシュ承認に抗議してイギリス連邦から脱退。***1-31*** ネパールでビレンドラ国王即位，反政府・反パンチャーヤト運動は激化。***2-10*** 日本，バングラデシュを承認。***3-19*** インド・バングラデシュ友好平和協力条約締結。***4-18*** バングラデシュ，公式にイギリス連邦に承認される。***5-22*** セイロンで新憲法発布。イギリスの自治領から共和国となり完全独立。国名をセイロンからスリランカ共和国に改称。***6-28*** 印パ首脳，シムラーで会談，シムラー協定に調印(***7-3***)。***10-16*** 全インド・アンナ・ドラヴィダ進歩連盟が発足。***12-16*** バングラデシュ人民共和国憲法公布，主権在民を規定。
1973	***2-2*** インディラー・ガーンディー首相，新経済政策を発表。***3-7*** バングラデシュで国民議会の第１回総選挙，アワミ連盟圧勝。***4-20*** ラージャスターン州のラワットバーター原子力発電所で運転開始。***8-10*** パキスタン・イスラーム共和国憲法(議院内閣制)公布，Z・A・ブットー大統領，首相に就任。***10-17*** シク集団によりアーナンドプル・サーヒブ決議採択，自治要求を提起。***11-1*** インドのマイソール州とラッカディヴ連邦直轄地，それぞれカルナータカとラクシャドウィープに改称。***12-10*** インド，韓国および北朝鮮と大使級レヴェルの外交関係樹立を発表。
1974	***1-1*** インドとニュージーランドの両首相，インド洋を「平和地域」とする共同声明をニューデリーで発表。***2-22*** パキスタン，バングラデシュを承認。***3-14*** インドとモルディヴの両国，インド洋を「平和地域」とする共同声明をニューデリーで発表。***4-9*** インド・パキスタン・バングラデシュ，戦犯釈放などの三国協定に調印。***4-26*** インドとビルマは共同コミュニケでインド洋を「平和地域」として維持すると表明。***5-18*** インド，ラージャスターン州で初の地下核実験に成功。***6-5*** インドのビハール州でジャヤプラカーシュ・ナーラーヤン率いる大衆デモ。***8-24*** インドでファフルッディーン・アリー・アフマド，大統領に就任。***11-15*** ニューデリーでインド洋問題国際会議開催。インド洋地域からの外国軍事基地の撤廃，とくに米軍の即時撤退を求める決議を採択。
1975	***2-24*** ネパールでビレンドラ国王，即位式。***4-14*** シッキム王国で国民投票，インドへの併合を決定。***5-16*** シッキム王国，インドに吸収・併合され，シッキム州成立。***6-12*** インドのアラーハーバード高等裁判所，インディラー・ガーンディー首相に選挙違反の有罪判決。***6-26*** インドで非常事態宣言。***7-16*** インド大統領令で国内治安維持法修正。***8-15*** バングラデシュでクーデタ発生，ムジーブル・ラフマン暗殺。
1976	***1-4*** インドで反国民会議派のジャナター(人民)戦線結成。***1-18*** インディラーの次男サンジャイ・ガーンディー，家族計画など５項目提案。***1-24*** インド，石油会社国有化。***5-14*** スリランカにタミル統一解放戦線(「タミル・イーラム解放の虎」の母体)成立。***11-19*** バングラデシュでジアウル・ラフマン，戒厳令司令官に就任。***12-18*** インドの第42次憲法改正で，基本的人権などが制限される一方で環境保護が規定。

社　　会・文　　化			世界・日本		
		会，ニューデリーで開催，25カ国から参加。インドのマハーラーシュトラ州の警察署でアーディヴァーシー女性，警察官2名に強かんされる(マトゥラー事件)。***5-29*** ダリト・パンサー結成。***6-28*** 統計・経済学者マハラノビス没。—— インドのグジャラート州アフマダーバードで「自営女性協会」結成。マハーラーシュトラ州で「シャハーダー運動」起こる。			***7-7*** 田中角栄首相，内閣発足にあたって日中正常化を急ぐ旨表明。
1973	***4-24***	インドのウッタラーカンド地方で森林伐採反対運動始まる(チプコー運動へと展開)。***10-12*** ネルー平和賞，フランス作家アンドレ・マルローに授与。***12-20*** インドのグジャラート州で「新創生(ナヴ・ニルマーン)運動」始まる(～74.***3-16***)。	1973	***1-27***	パリでベトナム和平協定調印。***10-6*** 第4次中東戦争勃発。
1974	***3-23***	水質(汚濁防止規制)法制定。			
			1975	***4-30***	北ベトナムによるサイゴン解放，ベトナム戦争終結。
1976	***7-26***	インドの総合誌『セミナー』，事前検閲を拒否し，自主停刊(77年1月号まで)。	1976	***7-2***	ベトナム統一。ベトナム社会主義共和国成立。***7-27*** ロッキード事件で田中前首相逮捕。

年代	政　治・経　済
1977	***1-18*** インド首相インディラー・ガーンディー，総選挙実施を発表。***1-23*** 反国民会議派のジャナター党，モーラールジー・デーサーイーを委員長として発足。***3-7*** パキスタンで第2回総選挙実施，与党のパキスタン人民党圧勝するも，不正の訴えから政治的混乱。***3-16*** インド第6回総選挙実施でジャナター党圧勝，デーサーイー首班内閣発足(*-25*)。***4-3*** インドで非常事態期における強制的断種の被害者に5000ルピーが政府により支給。***4-21*** バングラデシュでサエム大統領辞任，後任にジアウル・ラフマン。***5-19*** インド政府，非常事態期の「行過ぎ行為」調査のためのシャー委員会を任命。***6-21*** インドの西ベンガル州議会議員選挙の結果，共産党(M)を中心とする左翼戦線勝利，J・バスを首班とする州内閣発足。***7-5*** パキスタンでズィヤーウル・ハク陸軍参謀長によるクーデタ。***7-21*** スリランカ総選挙で統一国民党勝利，ジャヤワルダナ新内閣発足(*-23*)。***7-25*** インドでニーラム・サンジーヴァ・レッディ，大統領に就任。***10-3*** インディラー・ガーンディー，職権濫用容疑で逮捕・投獄され翌日釈放。
1978	***1-2*** 国民会議派分裂，ガーンディー，新党(インディラー会議派)を結成。***2-6*** インド連邦議会議員団，大韓民国を訪問。***3-25*** インド・ネパール間で貿易通過条約締結。***4-2*** インド共産党(M)第10回大会で，書記長にE・M・S・ナンブーディリパード就任。***6-3*** バングラデシュで大統領選挙，ラフマン大統領圧勝。***6-4*** インド，西ベンガル左翼戦線州政府下で同州初の三層地方自治体(村・郡・県)選挙，同戦線が各6割以上の議席を確保。***8-26*** インドのシャー委員会，非常事態期の人権弾圧などに関する報告書を政府に提出。***9-7*** スリランカで新憲法施行，国名をスリランカ民主社会主義共和国に変更。***9-16*** パキスタンでズィヤーウル・ハク陸軍参謀長，大統領に就任。***11-8*** インディラー・ガーンディー，カルナータカ州選出インド下院議員補欠選に当選。***11-11*** モルディヴ，マウムーン・アブドゥル・ガユーム，第2代大統領に就任。***12-19*** インド下院，インディラー・ガーンディーの投獄・議席剝奪を求める動議を可決。ガーンディー逮捕される。***12-20*** インド政府，後進諸階級委員会を任命。
1979	***2-18*** バングラデシュで第2回総選挙，バングラデシュ国民党勝利。***3-20*** インドで数十万の農民が急進的土地改革・公正な賃金支払い・雇用の確保を求めて連邦議会へ平和行進。***4-4*** パキスタン，Z・A・ブットー処刑。***7-15*** インドのデーサーイー首相，辞任。***7-19*** スリランカ政府，テロリズム防止法を発効，タミル人弾圧が大幅に展開。***7-27*** インドでジャナター党(長老派)と国民会議派連合の推すチョードリー・チャラン・シン，首相に就任(〜***8-20***)。***8-22*** インド大統領レッディ，下院を解散し，次回総選挙を年末に予定と発表。
1980	***1-3*** インド第7回総選挙実施(〜*-6*)，インディラー・ガーンディー首班内閣発足(*-14*)。***4-3*** インドの西ベンガル州で土地改革法成立，農民の小作権強化。***4-6*** インド人民党，ジャナター党から分離して，アタル・ビハーリー・ヴァージペーイーを総裁に新発足。***4-29*** インドのインディラー・ガーンディー首相，オーストラリアで開催のイギリス

社　会・文　化	世界・日本
1977　***9-26***　古典舞踊家ウダイ・シャンカル(1900～)没。***12-7***　水質(汚濁防止規制)税法制定。	
1978　***3-13***　インド，幼児婚抑制法改定で婚姻可能年齢を男21歳，女18歳とする。***9-15***　インド最高裁，1972年のマトゥラー事件について被告を逆転無罪判決，再審を求めて抗議広がる。	1978　***9-17***　キャンプ・デーヴィッド会議(-5～)で中東和平合意。
1979　***6-1***　「女性の闘い(ストリー・サンガルシュ)」，デリーで起こったダウリー殺人に対するデモ。***10-8***　社会活動家J・P・ナーラーヤン(1902.***10-11***～)没。***10-15***　パキスタンの物理学者アブドゥッサラーム，ノーベル物理学賞受賞の発表。***10-17***　マザー・テレサ(マケドニア生れ)，社会福祉活動によりノーベル平和賞受賞の発表。	1979　***1-7***　ベトナム軍，プノンペンを攻略。親ベトナムのヘン・サムリン政権樹立(-8)。***2-11***　イラン革命。***3-26***　エジプト・イスラエル平和条約調印。***12-27***　ソ連，アフガニスタンに軍事介入(～89)。
1980　***3-8***　国際女性デーに合わせて各地でマトゥラー事件再審を求めるデモ(1983年の刑法改正に結実)。***10-18***　インドのウッタル・プラデーシュ州で不可触民カーストの虐殺事件発生。	1980　***8-27***　韓国，全斗煥大統領を選出(～88)。***9-9***　イラン・イラク戦争勃発(～88)。

年代	政　治・経　済
	連邦首脳会議に出席のため出発。***7-7*** インド，カンボジアのヘン・サムリン政府を承認。***10-23*** インドのニューデリーで物価値上げと反労働者的な立法に抗議して大規模なデモ。***12-10*** インドのボンベイ・ハイ海底油田開発のために世界銀行，4億ドルの借款を承認。***12-27*** インドで国家治安法制定。***12-31*** インドで後進諸階級委員会(マンダル委員長)の報告書，政府に提出。
1981	***3-13*** インドの西ベンガル州政府，同州の小作権登録運動(オペレーション・バルガ)が大成果を収めたと発表。***5-30*** バングラデシュでジアウル・ラフマン大統領暗殺。***7-27*** インド政府，大統領令で鉄道・銀行などの重要部門でストライキを禁止する措置を決定。***10-12*** 全インド農業労働者組合の創立大会，アーンドラ・プラデーシュ州で全インド農民組合と共産党(M)との主催で開催。
1982	***1-14*** インド政府，新しく20項目経済計画を発表。「労働こそ勝利」の新スローガンを採択。***2-10*** 日本・バングラデシュ文化協定を締結。***3-24*** バングラデシュでクーデタにより，軍人ホセイン・モハンマド・エルシャド，戒厳令司令官に就任。***5-18*** インドで州議会選挙，西ベンガル州では共産党(M)を中心とする左翼戦線が勝利し，第2次J・バス州内閣発足(*-26*)。***7-25*** インドでシク教徒のギャーニー・ザイル・シン，大統領に就任。***10-2*** インド国営自動車会社マルティ・ウドヨグ社，鈴木自動車と小型乗用車製造協定を締結。***10-20*** スリランカで大統領選挙，統一国民党のジャヤワルダナ圧勝。
1983	***2-2*** インド，アッサム州で民族暴動発生。***2-15*** バングラデシュのエルシャド軍事政権，アワミ連盟総裁ら政党政治家多数を逮捕。***3-7*** 非同盟諸国首脳会議(第7回)，ニューデリーで開催(〜*-12*)。***7-23*** スリランカ政府軍によるタミル・ゲリラ狩りを背景に，タミル・ゲリラ，スリランカ政府軍兵士13名を爆殺，シンハラ・タミル紛争全土に拡大。***8-8*** 国民民主同盟，インド人民党とローク・ダルとの間で結成。***9-4*** インドで，ジャナター党，会議派(S)，民主社会党，国民会議が新たに統一戦線を結成。***11-23*** イギリス連邦首脳会議，ニューデリーで開催(〜*-29*)。***12-11*** バングラデシュのエルシャド戒厳令司令官，大統領に就任し全権を掌握。
1984	***4-3*** インド政府，パンジャーブ州を危険騒乱地域として指定。インド政府，新年度の輸出入政策を発表し，経済の自由化を促進する旨を明示。***4-14*** インドでカーンシー・ラームにより大衆社会党創設。***6-5*** インド政府軍，アムリトサルのシク教黄金寺院を制圧。北インドのアヨーディヤーを対象とするラーマ生誕地解放誓願同盟，世界ヒンドゥー協会により発足。***10-31*** インディラー・ガーンディー首相，公邸でシク教徒の警護兵により射殺。同日その長男ラージーヴ，首相に任命。***12-24*** インド第8回総選挙(〜*-28*)，国民会議派大勝。

社　会・文　化	世界・日本
11-1 インドで環境局設置。―― インドのデリーで女性開発研究センター開設。	
1981 ***3-10*** 全インド民主主義女性連合創立大会，マドラスで開催(～*-12*)。***3-29*** 大気(汚濁防止規制)法制定。***4-6*** 全インド炭鉱労働者連合第1回大会，西ベンガル州で開催。―― サルマン・ラシュディ『真夜中の子どもたち』，ブッカー賞を受賞。	
1982 ***3-8*** インドのマス・メディアの権利擁護を目的とするインド報道審議会，再発足。***9-9*** カシュミールの政治家シェイク・アブドゥッラー(05.***12***-*5*～)没。***11-15*** インドの社会活動家ヴィノーバー・バーヴェー(1895.***9***-*11*～)没。***11-19*** アジア競技大会(第9回)，ニューデリーで開催(～***12***-*4*)。―― 歴史論集『サバルタン・スタディーズ』刊行開始。	1982 ***5-31*** 趙紫陽首相訪日(～***6***-*5*)，鈴木善幸首相と会談。***7-20*** 『人民日報』，日本の教科書検定批判。
1983 ***12-25*** 強かん事件において被害者が性交に同意しなかったと証言した場合には、同意の不在を「反証しうる推定」とするインド刑法改正法制定。***12-26*** 夫や姻族からの女性に対する虐待を罰するインド刑法改正法制定。	1983 ***11-23*** 胡耀邦中国共産党中央総書記，訪日，「日中友好21世紀委員会」。
1984 ***5-18*** インド西部のマハーラーシュトラ州で宗教間暴動が発生。***10-19*** 英領インド生れの天体物理学者S・チャンドラセカール，ノーベル物理学賞受賞(受賞時はアメリカ国籍)の発表。***11-1*** インドでニューデリーを中心にヒンドゥーによる反シク暴動発生。***12-3*** インド，ボーパールのユニオン・カーバイド社の化学工場で毒ガス流出事故発生，死傷者多数。―― 隔週刊誌『フロントライン』，マドラスで創刊。	

年代	政　治・経　済
1985	***2-25*** パキスタンで総選挙，政党の参加を認めず，被選挙人個人への投票。パキスタン人民党を中心とする民主回復同盟，選挙をボイコット。***3-24*** パキスタン，ムスリム連盟のムハンマド・ハーン・ジュネージョー，首相に就任。***4-26*** インド政府，デリー暴動の調査委員会を任命。***5-24*** インドでテロリスト破壊活動(防止)法成立。***11-11*** パキスタン，第8次憲法修正により下院・州議会・内閣の解散権を大統領に付与。***12-8*** ダカで開催された南アジア7カ国首脳会議で，南アジア地域協力連合(SAARC)発足。
1986	***3-28*** 日本，ブータンと国交樹立。***4-10*** 非合法野党のパキスタン人民党総裁代行のベーナズィール・ブットー，党首に就任。***11-16*** インドのバンガロールで第2回SAARC首脳会議開催。***11-25*** ソ連のゴルバチョフ首相夫妻，訪印。
1987	***1-16*** ネパールの首都カトマンズにSAARCの常設事務局設置。***2-20*** インドでミゾラムとアルナーチャル・プラデーシュの両州誕生。***2-25*** インドの西ベンガルとケーララの両州での州議会選挙で，左翼戦線など勝利。***4-13*** インドのラージーヴ・ガーンディー首相，ナルマダー渓谷開発計画を承認。***4-16*** インドへの武器売却に関して，スウェーデンのボフォールズ社の贈賄を報道。ラージーヴ・ガーンディー首相を巻き込む疑獄事件へ。***5-30*** インド連邦直轄地ゴア，州に昇格。第3次バス西ベンガル州内閣発足。***7-25*** インドでラーマスワーミー・ヴェンカタラーマン，大統領に就任。***7-29*** インド・スリランカ和平合意協定締結，インド平和維持軍のスリランカ派遣決定。***10-27*** インドのサルカリア委員会，中央・州関係に関する報告書を発表。***11-2*** ネパールのカトマンズで第3回SAARC首脳会議開催。
1988	***2-25*** インド，短距離地対地戦術ミサイル「プリトヴィー」発射実験成功。***5-29*** パキスタンのズィヤーウル・ハク大統領，国民議会を解散し全閣僚を解任。***8-6*** インドで国民戦線が結成され，V・P・シンが代表に就任。***8-17*** パキスタン大統領ズィヤーウル・ハク，飛行機墜落事故で急死。グラーム・イスハーク・ハーン，大統領に就任。***8-22*** インドの西ベンガル州内に少数民族特別区としてダージリン・グルカー丘陵評議会の設置に合意。***10-11*** インドでジャナター・ダル，V・P・シンを党首にバンガロールで発足。***11-3*** モルディヴ共和国の要請でインド政府派兵，内乱を鎮圧。***11-16*** パキスタン総選挙実施。パキスタン人民党，第一党に。***12-4*** パキスタンでB・ブットー首班内閣発足。イスラーム世界で初の女性首相実現。***12-19*** スリランカ大統領選挙でラナシンハ・プレマダーサ選出。
1989	***2-15*** スリランカの総選挙で統一国民党が勝利，ウィジェートゥンガが首相に就任。***3-23*** ネパール・インド間の貿易通過条約失効とともに，インド，国境地点15のうち13を封鎖(〜90.***4***末)。ネパール，物資不足に見舞われ，民主化運動一段と激化。***3-28*** インドの第61次憲法改正で有権者年齢を従来の21歳から18歳に引下げ。***5-22*** インド，中距離地対地弾道ミサイル「アグニ」発射実験成功。***10-13*** ラージーヴ・ガーンディー政権の汚職事件をめぐる新事実が明らかにされ，政界動揺。***11-22*** インド第9回総選挙(〜*-26*)，V・P・シン首班国民戦線内閣発足(***12-6***)，インド人民党と共産党(M)は閣外から協力。

社　会・文　化	世界・日本
1985 ***1-4*** インドで環境森林省設置。***4-23*** インド最高裁，シャー・バーノー訴訟に判決。***7-17*** インドのアーンドラ・プラデーシュ州でダリト虐殺。***10-2*** インドで改正ダウリー禁止法施行。	1985 ***3-11*** ソ連，ゴルバチョフ書記長選出，改革開始。
1986 ***5-6*** インドで「ムスリム女性(離婚時の権利保護)法」制定。***10-7*** インド歴史学会議第49回大会，シュリーナガルで開催。	
1987 ***1-25*** インド国営放送でテレビドラマ「ラーマーヤナ」の放映開始(〜88.***1-31***)，大人気を博す。***9-4*** インドのラージャスターン州でループ・カンワルのサティー事件。	
1988 ***1-30*** インド政府のナルマダー渓谷開発計画に反対する住民集会，現地で開催。***10-2*** インド国営放送でテレビドラマ「マハーバーラタ」の放映開始(〜90.***6-24***)，大人気を博す。	
1989 ***2-4*** インド政府，ユニオン・カーバイド社との間でボーパール事件の補償金問題に決着したと発表。***2-13*** サルマン・ラシュディ『悪魔の詩』に抗議するストライキ，カシュミールで暴動化しボンベイにも飛び火。***9-11*** インドで「指定カーストと指定部族(虐待防止)法」制定(95.***3-31*** 施行)。***11-9*** インド首相ラージー	1989 ***1-7*** 昭和天皇没，明仁親王即位。***1-20*** 米大統領にG・H・W・ブッシュ就任(〜93)。***11-9*** 東ドイツ，ベルリンの壁開放。東欧諸国で一党支配・社会主義体制崩壊。

年代	政　　治・経　　済
	12-29 パキスタンのイスラマーバードで第4回SAARC首脳会議開催。
1990	***2-15*** V・P・シン政府，アヨーディヤー問題解決のための委員会を設置。***2-18***〜 ネパールで非暴力民衆運動が展開(会議派と連合左翼戦線の共闘)，民主化を要求。***3-10*** インドのビハール州で，ジャナター・ダルのラール・プラサード・ヤーダヴ首班内閣発足。***4-1*** インドで第8次五カ年計画開始。***4-6*** カトマンズで民主化を要求するデモ隊と警察が衝突。***4-8*** ネパール国王，パンチャーヤト制廃止と複数政党制の実施のための憲法公布を宣言。暫定内閣発足。***4***末 インドはネパールへの経済封鎖を解除。***5-31*** インド政府，新産業政策を発表し，経済自由化を一層促進。***8-6*** パキスタンでB・ブットー，G・I・ハーン大統領により解任。***10-23*** アードヴァーニー逮捕。インド人民党，V・P・シン政権への不支持を表明し，政局は危機状況に。***10-24*** パキスタン総選挙実施，ナワーズ・シャリーフ党首のイスラーム民主同盟勝利。***11-6*** パキスタン，ナワーズ・シャリーフ首班内閣発足。***11-7*** インド下院，シン首相が提出した信任動議を否決し，同内閣辞任。***11-9*** インドでチャンドラ・シェーカル，ジャナター・ダルを割って出て、会議派の閣外協力のもとに首相就任。***11-9*** ネパール王国憲法2047年(西暦1990年)公布。主権在民，複数政党制議会政治，基本的人権，立憲君主制の民主憲法。パンチャーヤト体制終焉。***11-21*** モルディヴのマレで第5回SAARC首脳会議開催。***12-6*** バングラデシュで反政府運動が激化。大統領エルシャド辞任。―― インドの経済危機が深刻化。
1991	***2-27*** バングラデシュで総選挙。バングラデシュ民族主義党(BNP)勝利。カレダ・ジア，同国初の女性首相になる。***3-6*** インドでチャンドラ・シェーカル内閣辞任。***5-12*** ネパールで32年ぶりに政党参加の総選挙。勝利したネパール会議派のギリジャ・プラサード・コイララ首班内閣発足(*-29*)。***5-21*** インド元首相ラージーヴ・ガーンディー，選挙活動中に暗殺。***6-21*** インド第10回総選挙(***5-20***〜***6-15***)の結果，インド国民会議派ナラシンハ・ラーオ首班内閣発足。南インド出身政治家として初めての首相。***6-25*** インド・西ベンガル州で第4次バス内閣発足。***7-1*** インド，ルピーの連続切下げ(〜*-3*)。バングラデシュ，大統領制から議員内閣制への移行を発表。***7-24*** インド，新産業政策で大幅な経済自由化を発表。***8-6*** バングラデシュ，議員内閣制に復帰。***12-6*** ネパール・インド間の貿易通過条約締結，不正貿易防止協定調印。***12-21*** スリランカのコロンボで第6回SAARC首脳会議開催。
1992	***5-14*** インド政府，「タミル・イーラム解放の虎」を非合法化。***7-25*** インドでシャンカル・ダヤール・シャルマー，大統領に就任。***9-23*** インド，巡航ミサイル技術の開発に成功。***11-16*** インド最高裁，後進諸階級の留保枠拡大を支持。***12-6*** 北インド・アヨーディヤーのバーブリー・マスジド破壊，ボンベイなど各地でヒンドゥー・ムスリム間暴動起こる。
1993	***1-6*** インド側カシュミールで治安部隊，カシュミール独立派を襲撃。ボンベイで大規模な宗教暴動(〜*-20*)。***1-27*** ロシアのエリツィン大統領

社　会・文　化	世界・日本
ヴ・ガーンディー，アヨーディヤーのラーマ寺院建立定礎式の容認を表明。	
1990 ***8-7*** インド首相V・P・シン，マンダル委員会報告中の勧告に従って後進諸階級への公務員職の留保枠を設けることを発表。以後，学生による自殺を含む抗議運動高まる。***9-25*** インド人民党指導者ラール・クリシュナ・アードヴァーニー，グジャラート州からラーマ・ラタ・ヤートラ(自動車によるラーマ山車行進)を開始，宗教間暴動惹起。***10-30*** アヨーディヤーでラーマ寺院建立定礎式，強行される。	1990 ***8-2*** イラクのクウェート侵攻。***10-3*** ドイツ統一。
	1991 ***1-*** 湾岸戦争(～**2**-)，クウェート解放。***6-17*** 南アフリカ共和国，人種隔離政策廃止。***7-1*** ワルシャワ条約機構解散。***8-*** ソ連，共産党解散。***9-17*** 韓国・北朝鮮，国連加盟。***10-23*** カンボジア和平協定調印。***12-25*** ソ連消滅，独立国家共同体結成。ロシア共和国大統領にエリツィン(～99)。
1992 ***4-23*** インドの映画監督サタジット・レイ(21.***5-21***～)没。	1992 ***6-15*** 日本，PKO協力法成立。
	1993 ***9-9*** パレスティナ暫定自治合意。

年代	政　治・経　済
	訪印。***3-2*** インドで二重為替レートが廃止され，ルピー貨が完全変動相場制に移行。***3-12*** ボンベイ市内数カ所で爆破事件。***3-16*** カルカッタで爆破事件。***3-29*** インド，アヨーディヤー土地取得法可決。***4-10*** バングラデシュのダカで第７回SAARC首脳会議開催。南アジア特恵貿易協定(SAPTA)調印(*-11*)。***5-1*** スリランカでプレマダーサ大統領，タミル人によって暗殺。***7-18*** パキスタンで司法および軍隊の介入によりシャリーフ首相とG・I・ハーン大統領が同時に辞任。***9-6*** インドのラーオ首相訪中(〜*-9*)。印中間で実効支配線での平和維持協定に調印。***10-6*** パキスタンで総選挙実施，パキスタン人民党勝利。B・ブットー首相就任(*-19*)。***12-4*** インドのウッタル・プラデーシュ州に社会党・大衆社会党連立政権誕生。***12-18*** インドで人権擁護法を採択。国家人権委員会設置。
1994	***5-19*** インドより訪米中のラーオ首相，米大統領と会談。翌日，印米共同宣言。***7-15*** スリランカで総選挙実施のため非常事態令(89.***6***〜)解除。***8-16*** スリランカの総選挙で人民連合が勝利，チャンドリカ・クマーラトゥンガが首相に就任。***8-23*** パキスタンのシャリーフ前首相，パキスタンは原爆を所有すると言明。政府はこれを否定。***11-12*** スリランカでC・クマーラトゥンガ大統領就任。***11-15*** ネパール総選挙でネパール共産党(統一マルクス・レーニン主義派)第一党に，共産党単独政権のアディカリ内閣発足(*-30*)。
1995	***1-26*** 日本から経団連の投資環境調査使節団訪印。***3-14*** インドのグジャラート州でインド人民党，初めて政権を掌握。マハーラーシュトラ州でインド人民党とシヴ・セーナーの連立政権成立 ***5-2*** インドのニューデリーで第８回SAARC首脳会議開催。***5-11*** インドのカシュミールでイスラーム聖者廟炎上。ムスリムの武装隊と治安軍の衝突(*-19* パキスタン全土で抗議行動)。***6-3*** インドのウッタル・プラデーシュ州で，ダリトを地盤とする大衆社会党，初めて政権を樹立。マーヤーワティー，初のダリト女性州首相に就任(〜***10-18***)。***9-12*** ネパール，アディカリ内閣倒壊，シェル・バハドゥル・デウバを首相とする３党連立内閣発足(*-18*)。***12-7*** 南アジア特恵貿易協定が発効。***12-14*** バンコクで東南アジア諸国連合(ASEAN)首脳会議開催(〜*-15*)。インド，ASEANの全面的対話相手国となる。
1996	***2-13*** ネパール共産党(毛沢東主義派)の武力闘争(「人民戦争」)開始。***3-30*** バングラデシュ民族主義党のカレダ・ジア政権解任。***4-27*** インド第11回総選挙。インド人民党，第一党に。***5-16*** インド人民党アタル・ビハーリー・ヴァージペーイー首班内閣発足。***6-1*** インドでジャナター・ダルのH・D・デーヴェー・ガウダを首班とする統一戦線内閣発足。***6-19*** インド，包括的核実験禁止条約(CTBT)拒否。***6-23*** バングラデシュでシェイク・ハシナ・ワゼドを首相とするアワミ連盟政権成立。***7-23*** インド，アジア地域フォーラム会議に参加。***10-9*** インドのジャンムー・カシュミール州議会選挙で，ファールーク・アブドゥッラーの民族評議会政権成立。***11-5*** パキスタンのファールーク・ラガーリー大統領，下院を解散し，B・ブットー首相を解任。***11-28*** 訪印中(〜***12-12***)の江沢民中国国家主席，ガウダ首相と会談し「軍事的信頼に関する協定」など締結。***12-13*** バングラデシュとインドとの間で30年来のガンジス川水配分協定調印。

社　会・文　化	世界・日本
1994 ***4-15*** インドのアラーハーバード高裁，「タラーク」を3回唱えて離婚成立というムスリムの慣習は違憲と判決。	
1995 ***3-31*** インドで「指定カーストと指定部族(虐待防止)法」施行。***5-23*** インド中央政府，タージ・マハル廟を空気汚染による被害から守る10項目計画を発表。***8-11*** インドのデリーで全国ダリト女性連盟結成。	1995 ***1-1*** 世界貿易機構(WTO)発足。***1-17*** 阪神淡路大震災。***3-20*** オウム地下鉄サリン事件発生。
1996 ***7-11*** インドのビハール州で私兵組織ランヴィール・セーナー，多数のダリトを殺害。	1996 ***9-10*** 国連，包括的核実験禁止条約を採択。

年代	政　治・経　済
1997	***2-3*** パキスタンで総選挙実施，ムスリム連盟ナワーズ・シャリーフ派圧勝。ナワーズ・シャリーフ，首相に就任(*-17*)。***3-5*** モーリシャスで14カ国からなる環インド洋地域協力連合発足。***3-6*** ネパールでデウバ政権辞職。***3-12*** ネパールでロケンドラ・バハドゥル・チャンド首相の連立政権発足。***4-21*** インドでI・K・グジュラールを首相とする連立政権発足。***5-12*** モルディヴのマーレで第9回SAARC首脳会議開催。***7-25*** インドでK・R・ナーラーヤナン，大統領に就任。初のダリト出身大統領。***10-7*** ネパールでスルヤ・バハドゥル・タパ政権発足。***11-28*** 国民会議派，支持を撤回し，グジュラール連立政権崩壊。
1998	***2-16*** インド第12回総選挙(〜*-28*)。インド人民党，第一党に。***3-14*** 国民会議派，ソニア・ガーンディーを党総裁に選出。***3-19*** インド人民党ヴァージペーイー首班内閣発足。***5-11*** インド，地下核実験成功。***5-13*** インド再び核実験。アメリカ，経済制裁。***5-14*** 国際連合安全保障理事会，インドの核実験非難決議を採択。***5-28*** パキスタン，初の地下核実験実施(*-30* 再び核実験)，米・独などが経済制裁を発表。***7-29*** スリランカのコロンボで第10回SAARC首脳会議開催。
1999	***2-21*** 印パ首相，ラーホール宣言に署名。***4-11*** インド，核弾頭搭載可能中距離弾道ミサイルの発射実験に成功と発表(*-14* パキスタンも発射実験成功)。***4-17*** インドのヴァージペーイー政権，不信任され辞職。***5-9*** カシュミール地方で，印パ間の大規模局地戦勃発(カールギル紛争)。***5-15*** インド人民党中心に国民民主連合発足。***9-5*** インド第13回総選挙(〜***10-3***)。インド人民党，第一党に。***10-10*** インド人民党ヴァージペーイー首班国民民主連合内閣発足。***10-12*** パキスタンで軍によるクーデタ。シャリーフ首相の身柄拘束。***10-14*** パルヴェーズ・ムシャッラフ陸軍参謀長が非常事態を宣言し，行政長官に就任。暫定憲法令，発布・施行。***11-22*** スリランカ大統領選で，クマーラトゥンガ再選。
2000	***1-5*** チベット仏教の活仏カルマパ17世，インドに亡命。***3-19*** 米大統領クリントン，インド・パキスタン・バングラデシュを歴訪(〜*-25*)。***8-26*** インド人民党総裁にダリト出身のバンガールー・ラクシュマン就任。***10-2*** ロ大統領プーチン訪印。***10-10*** スリランカの総選挙で人民連合が辛勝。***10-31*** インドでチャッティースガル州誕生。続けて***11-8***にウッタラーンチャル州，***11-14***にジャールカンド州誕生。***11-6*** インド西ベンガル州左翼戦線政府新首相にブッドデーウ・バッターチャリヤ就任。***12-22*** パキスタンのイスラーム主義組織ラシュカレ・タイバ，レッドフォートを襲撃。
2001	***6-1*** ネパール王宮銃乱射事件により，ビレンドラ国王はじめ王族多数死亡。***6-4*** ネパールでギャネンドラ国王即位。毛沢東主義派の武力闘争，一段と激化。***6-20*** パキスタンでムシャッラフ大統領就任。***7-14*** パキスタンのムシャッラフ大統領訪印。ヴァージペーイー首相と印パ首脳会談(〜*-16*)。***9-22*** 米政府，1998年の核実験以来の対印・パの経済制裁を解除。***10-1*** インドのジャンムー・カシュミール州議会に武装グループ侵入。州議会議事堂焼失。バングラデシュの総選挙でバングラデシュ民族主義党を中核とする野党連合が地滑り的勝利。***10-7*** インドのグジャラート州首相にナレーンドラ・モーディー就任。***10-10*** バングラデシュ民族主義党のカレダ・ジア政権発足。***10-15*** カ

社　　会・文　　化	世界・日本
1997 ***7-11*** インドのムンバイーでアンベードカル像への不敬行為に抗議していたダリト集団に警察が発砲。***9-5*** 社会奉仕家のマザー・テレサ(10.***4-27***〜)没。—— アルンダティ・ロイ『小さきものたちの神』，ブッカー賞受賞。	1997 ***7-*** アジア金融危機。***12-22*** 韓国大統領選で金大中当選。
1998 ***3-19*** インド共産党(M)指導者，E・M・S・ナンブーディリパード(09.***6-13***〜)没。***10-14*** インドのアマルティア・セン，ノーベル経済学賞受賞の発表。***12-1*** インドのビハール州で私兵組織ランヴィール・セーナー，多数のダリトを殺害。	1998 ***5-*** インドネシア，ジャカルタで大暴動。スハルト大統領辞任。
1999 ***1-25*** インドのビハール州で私兵組織ランヴィール・セーナー，多数のダリトを殺害。***6-2*** ブータンで初のテレビ放送が始まる。***10-29*** インドのオディシャー州に大型サイクローン襲来。***11-30*** 社会学者M・N・シュリーニヴァース(16.***11-16***〜)没。	1999 ***1-1*** EUで統合通貨ユーロ誕生(2002.***1-1*** 流通開始)。***3-24*** NATO，ユーゴ空爆開始。
2000 ***5-11*** インド，総人口10億を突破と発表。***7-25*** 女盗賊から政治家に転身したプーラン・デーヴィー，暗殺される。	2000 ***5-9*** ロシア大統領にプーチン就任。***6-13*** 韓国・北朝鮮首脳会談。
2001 ***1-26*** インドのグジャラート州で大地震発生。***10-11*** インド系のV・S・ナイポール(トリニダード島生れ)，ノーベル文学賞受賞の発表。	2001 ***9-11*** アメリカで同時多発テロ事件発生。

年代	政　治・経　済
	シュミールの実効支配線で印パ両軍が交戦。***11-26***　ネパール，国家非常事態宣言発令。***12-9***　スリランカ総選挙(***12-5***)で勝利した統一国民党のラニル・ウィクラマシンハ，首相就任。***12-10***　日印共同宣言(日印グローバル・パートナーシップの構築に合意)。***12-13***　パキスタンのイスラーム過激派グループ，インド国会議事堂を襲撃。
2002	***1-4***　ネパールのカトマンズで第11回SAARC首脳会議開催。***2-22***　スリランカ政府と「タミル・イーラム解放の虎」の間で無期限停戦合意成立。***7-25***　インドでアブドゥル・カラーム，大統領に就任。***9-15***　タイでスリランカ政府と「タミル・イーラム解放の虎」の第1回和平交渉(〜*-18*)。***10-10***　パキスタンで総選挙実施。大統領派のムスリム連盟カーイデ・アーザム派，第一党に。ザファルッラー・ハーン・ジャマーリー，首相就任(***11-21***)。***12-3***　ロ大統領プーチン訪印(〜*-5*)。
2003	***1-29***　ネパール政府と毛沢東主義派の間で停戦合意(***8-27***　停戦終了)。***6-22***　インドのヴァージペーイー首相訪中。チベットおよびシッキムの帰属について相互承認。***8-25***　インドのムンバイーで連続爆発事件。***11-4***　スリランカのクマーラトゥンガ大統領，議会を停止(*-19*　再開)，非常事態宣言発令(*-5*)。
2004	***1-4***　パキスタンのイスラマーバードで第12回SAARC首脳会議開催。南アジア自由貿易圏(SAFTA)の構築合意。***4-2***　スリランカで総選挙実施。統一人民自由連合の勝利。マヒンダ・ラージャパクサ，首相就任(*-6*)。***5-13***　インド第14回総選挙，国民会議派を中心とする統一進歩連合が勝利，会議派のマンモーハン・シンが首相就任(*-22*)。
2005	***2-1***　ネパールのギャネンドラ国王が首相を解任して全権掌握，非常事態宣言(〜***4-29***)。***4-14***　インドでダリト・インド商工会議所設立。***5-12***　インドで情報公開法制定(***10-12***　施行)。***5-27***　パキスタン，イスラマーバードの聖廟に爆弾テロ。***8-17***　バングラデシュ，全国各地で爆弾テロ。***9-29***　パキスタンのワズィーリスターンで政府軍とアル・カーイダ武装勢力との戦闘開始。***10-29***　インドのデリーで同時多発爆破テロ。***11-12***　バングラデシュのダカで第13回SAARC首脳会議開催。アフガニスタン加盟および日・中のオブザーバー資格を承認。
2006	***1-1***　SAFTAの成立。***3-1***　米ブッシュ大統領訪印。核協力合意など共同声明。***4-6***　ネパールで主要7政党ゼネスト(第2次民主化要求運動)。***4-24***　ネパールで下院再開，G・P・コイララ首相就任。***11-21***　ネパール政府と毛沢東主義派の間での包括的和平合意，内戦終結。***12-15***　「日印戦略的グローバル・パートナーシップ」に向けた共同声明。
2007	***1-15***　ネパールで暫定憲法が公布。***2-8***　ブータン，1949年の対インド友好条約を改訂。対外関係でインド助言の規定を削除。***2-18***　インド，デリー－ラーホール間のサムジャウター急行で爆破テロ，多数死亡。

社　　会・文　　化	世界・日本
2002　***2-27***　インドのグジャラート州ゴードラー駅で列車焼討ち事件発生，各地で大規模な殺戮・暴動。***3-17***　パキスタンのイスラマーバードで国際プロテスタント教会への襲撃。***12-24***　インドの首都デリーで地下鉄の開通式。	2002　***9-20***　スイスと東ティモール，国連加盟。
	2003　***3-20***　イラク戦争勃発。***12-14***　米軍，サダム・フセイン元イラク大統領を発見・拘束。
2004　***12-26***　スマトラ沖大地震。M9.1～9.3の地震と津波で南アジア・東南アジアのインド洋沿岸各地で大被害。	
2005　***9-7***　全国村落雇用保障法公布。***9-13***「ドメスティック・バイオレンスから女性を保護する法律」制定(06.***10-26***　施行)。	
2006　***4-5***　インド政府，「その他の後進諸階級」に対して連邦教育機関における27%の留保枠を設けることを提案，激しい反留保運動展開(***4-26***～***6-***)。***7-11***　インドのムンバイーで同時列車爆破事件。***10-9***　大衆社会党創立者のダリト政治家カンシー・ラーム(1934.***3-15***～)没。***10-13***　バングラデシュのグラミン銀行総裁モハマド・ユヌス，ノーベル平和賞受賞の発表。***12-29***　インドで森林権利法制定。――　キラン・デーサーイー『喪失の響き』，ブッカー賞を受賞。	2006　***12-30***　イラクのサダム・フセイン元大統領，死刑執行。
2007　***1-4***　インド，「その他の後進諸階級」に対して連邦教育機関における27%の留保枠を設ける「連邦教育機関(入	

年代	政　治・経　済
	3-15 インドのチャッティースガル州でナクサライト(毛沢東主義者)，警察署を襲撃し多数殺害。***4-3*** インドのニューデリーで第14回SAARC首脳会議開催，アフガニスタン正式加盟。日・中・韓・米・EU，オブザーバー参加。***7-1*** パキスタンと中国の自由貿易協定発効。***7-25*** インドで初の女性大統領にプラティバー・パーティル就任。***11-3*** パキスタンのムシャッラフ大統領，非常事態宣言。憲法を一時的停止。***12-27*** パキスタンでB・ブットー暗殺。***12-31*** ブータンで初の国家評議会(上院)選挙。
2008	***1-2*** スリランカ政府,「タミル・イーラム解放の虎」と停戦合意破棄を決定。***2-18*** パキスタンで総選挙実施。第一党になったパキスタン人民党のユースフ・ラザー・ギーラーニー，首相就任(***3-25***)。***3-24*** ブータンで初の国民議会(下院)選挙，ブータン調和党圧勝。ジクメ・ヨーセル・ティンレイ，初の民選首相に任命(***4-9***)。***4-8*** インド最高裁，中央政府高等教育機関における後進諸階級の留保枠に関する中央政府決定を支持。***4-10*** ネパールで制憲議会選挙実施。共産党(毛沢東主義派)，勝利し王制廃止・連邦民主共和国宣言(***5-28***)。プスパ・カマル・ダハル(プラチャンダ)，首相就任(***8-18***)。***7-18*** ブータン初の憲法施行，国王を元首とする立憲君主制国家に。***7-19*** ネパールで初の大統領選挙(～*-21*)，ネパール会議派のマデシ政治家ラム・バラン・ヤダヴ，勝利しネパール初代大統領に就任(*-23*)。***8-1*** スリランカのコロンボで第15回SAARC首脳会議開催。モーリシャス，初めてオブザーバー参加。オーストラリアおよびミャンマーのオブザーバー参加承認。***8-7*** モルディヴで新憲法成立。***8-18*** パキスタンでムシャッラフ大統領辞任。***9-6*** パキスタン大統領選挙，人民党共同総裁アースィフ・アリー・ザルダーリー勝利，大統領に就任(*-9*)。***10-8*** 印米原子力協定発効。***10-22*** 日本とインドの間の安全保障協力に関する共同宣言。***10-28*** モルディヴ，新憲法下で初の大統領選挙を実施，民主党モハメド・ナシード当選。マウムーン・アブドゥル・ガユーム独裁終わる。***11-11*** モルディヴでナシード，第3代大統領に就任。***11-26*** インドのムンバイーでイスラーム主義組織ラシュカレ・タイバによる無差別銃撃テロ発生(～*-29*)。実行グループが人質をとりホテルに籠城。***12-29*** バングラデシュで総選挙実施，アワミ連盟勝利。
2009	***1-6*** バングラデシュでアワミ連盟のシェイク・ハシナ・ワゼド，首相就任。***3-15*** パキスタンで最高裁長官の復職などを求めるロングマーチ。***4-16*** インド第15回総選挙，与党の会議派主導統一進歩連合勝利，マンモーハン・シン首相再任(***5-22***)。***5-9*** モルディヴ，新憲法下で初の議会選挙。***5-19*** スリランカ政府軍,「タミル・イーラム解放の虎」を軍事的に掃討。ラージャパクサ大統領，内戦終了宣言。***6-16*** 第1回主要新興4カ国(BRICs)首脳会議。***11-24*** シン首相が訪米し、オバマ大統領と会見。***11-29*** インドでテランガーナ地域会議党首K・チャンドラシェーカル・ラーオ，新州創設を求めてハンスト。
2010	***1-26*** スリランカ大統領選挙で，現職のラージャパクサ再選。***2-15*** ナクサライト，インド・西ベンガル州のインド軍基地を襲撃。***3-25*** バングラデシュのダカで国際戦争犯罪法廷設置，バングラデシュ独立戦争(1971～75)の対パ協力者などを対象。***4-6*** ナクサライト，インドのチャッティースガル州ダンテーワーダー県内で治安部隊を襲撃。

社　会・文　化	世界・日本
学における留保)法」公布。	
2008 ***4-10*** インド最高裁,「連邦教育機関(入学における留保)法」を支持，ただし「その他の後進諸階級」の最上層については適用を除くことを政府に指示。***8-23*** インドのオリッサ州で，世界ヒンドゥー協会に属するラクシュマーナーナンダほか数名が殺害される。毛沢東主義者派，犯行声明。ヒンドゥー至上主義者たちは報復にキリスト教徒を襲撃(*-25〜28*)，多数死亡。多くの住居と教会が破壊される。***10-22*** インド，月探査機チャンドラヤーン１号打上げ。	2008 ***9-15*** アメリカの投資銀行リーマン・ブラザーズ破綻，世界同時不況へ。
2009 ***8-26*** インド，６〜14歳の子どもに無償の義務教育を定めた教育権利法制定(10.***4-1*** 施行)。***10-7*** インド生れの構造生物学者ヴェンカトラマン・ラマクリシュナン，ノーベル化学賞を受賞(受賞時は英・米国籍)の発表。	2009 ***1-20*** 米大統領にオバマ就任。
2010 ***3-9*** インドの連邦議会(下院)および州議会において33%の留保議席を女性のために設けようとする女性議席留保法案，上院通過(下院では審議未了)。***4-1*** インドで第15回目のセンサス	2010 ***12-18*** チュニジアで暴動が発生し反政府運動へ発展(アラブの春の端緒)。

年代	政　治・経　済
	4-8 パキスタンで大統領権限を縮小する第4次憲法改正法成立。***4-8*** スリランカ総選挙(〜*-20*)で与党の統一人民自由連合勝利。***4-28*** ブータンのティンプーで第16回SAARC首脳会議開催。「緑豊かで幸せな南アジアに向けて」と題する首脳宣言および「気候変動に関するティンプー宣言」採択。***5-15*** スリランカのラージャパクサ大統領,「過去の教訓・和解委員会」任命。***7-29*** パキスタンのインダス川流域で大洪水発生。
2011	***2-17*** インドでテランガーナ州創設を求める非協力運動。***3-2*** グラミン銀行総裁ユヌス解任。***3-10*** テランガーナ州創設を求めるミリオンマーチ。***4-13*** 第3回BRICS首脳会議,南アフリカを加えた5カ国で開催。***5-2*** ウサーマ・ビン・ラーディン,潜伏していたパキスタンのアボッターバードでアメリカ特殊部隊により殺害。***7-13*** インドのムンバイーで連続爆破事件発生。***11-10*** モルディヴのアッドゥ・シティで第17回SAARC首脳会議開催。***11-15*** ブータン国王夫妻が来日(〜*-20*)。
2012	***2-7*** モルディヴ,クーデタによりナシード大統領辞任。副大統領のモハメド・ワヒード・ハサン,大統領に昇格。***3-22*** バングラデシュのダカで「国際戦争犯罪法廷-2」設置,バングラデシュ独立戦争(1971〜75)の対パ協力者などを対象。***4-26*** パキスタン,ギーラーニー首相辞任。***6-12*** ミャンマーのラカイン州で仏教徒とロヒンギャ・ムスリムの間に暴動発生。非常事態宣言下でロヒンギャのバングラデシュへの難民始まる。***6-22*** パキスタン,ラージャ・パルヴェーズ・アシュラフ首相就任。***7-25*** インドでプラナブ・ムカルジー,大統領に就任。
2013	***2-5*** バングラデシュ,対パキスタン独立戦争の戦犯裁判でアブドゥル・カデル・モッラに終身刑判決。極刑求める運動が広がる。***2-28*** バングラデシュ,対パキスタン独立戦争の戦犯裁判でイスラーム協会副総裁デラワル・ホサイン・サイディに死刑判決。これに反発する同政党支持者ら,ダカなどで暴動。***4-3*** インドで前年の集団強かん事件を背景に,性犯罪を厳罰化するインド刑法改正法を施行。***4-24*** バングラデシュの縫製工場倒壊事故。***5-11*** パキスタンで連邦議会下院と州議会の選挙実施。下院でムスリム連盟ナワーズ派勝利。***5-31*** ブータンで国民議会(下院)選挙(〜***7-13***),国民民主党勝利し,ツェリン・トブゲイ首相就任(***7-27***)。***6-5*** パキスタンでナワーズ・シャリーフが首相に就任。***7-30*** パキスタンで大統領選挙,マムヌーン・フサイン勝利,大統領に就任(***9-9***)。***11-16*** モルディヴで大統領選挙,アブドゥッラ・ヤミーン当選。***11-19*** ネパールで第2回国会選挙。ネパール会議派,第一党に。スシル・コイララ,首相就任(14.***2-25***)。***12-4*** インドのデリー議会選挙,インド人民党に次いで庶民党,第二党に。会議派の支持を得て庶民党のアルヴィンド・ケージュリーワール,デリー首相に就任(*-28*)。
2014	***1-5*** バングラデシュで総選挙,与党アワミ連盟圧勝。野党はボイコット。ハシナ・ワゼド内閣発足(*-12*)。***4-7*** インド第16回総選挙(〜***5-12***),インド人民党が単独過半数。ナレーンドラ・モーディー,首相就任(***5-26***)。***6-2*** インドでアーンドラ・プラデーシュ州からテランガーナ州,分離・新設。***11-26*** ネパールのカトマンズで第18回SAARC首

社　会・文　化	世界・日本
実施(〜11.***2***-*28*)，1931年以来初めてカーストについての情報も収集。***5***-*17*　東・北インドにサイクローン襲来，多数死亡。***10***-*3*　インドのデリーでコモンウェルス競技大会開催(〜-*14*)。	
2011　***4***-*5*　インドでアンナー・ハザーレー，反汚職法強化を求めてハンスト開始(〜-*9*)，以後，全国的な汚職追放運動高揚。	2011　***1***-*14*　チュニジアで23年間続いたベンアリ政権崩壊(ジャスミン革命)。***2***-*11*　エジプトで30年間続いたムバラク政権崩壊。***3***-*11*　東日本大震災。***8***-*23*　リビアで40年間続いたカダフィ政権，事実上崩壊，カダフィ死去。
2012　***10***-*9*　パキスタンで反ターリバーンを訴えていた少女マラーラ・ユースフザイが銃撃され，パキスタン・ターリバーン運動が犯行声明。***12***-*16*　インドのデリーでバス内で集団強かん(-*29*　被害者はシンガポールで死去)。翌日から全国で性暴力に対する抗議運動。	
2013　***9***-*12*　インドで全国食糧保障法制定。***11***-*5*　インド，初の火星探査機「マンガルヤーン」打上げ。***12***-*9*　インドで「職場の女性へのセクシュアル・ハラスメント(防止・禁止・救済)法」施行。	
2014　***3***-*4*　インドで「指定カーストと指定部族(残虐行為防止)修正法令」施行。***10***-*10*　社会活動家であるカイラーシュ・サッティヤールティー(インド)とマラーラ・ユースフザイ(パキ	

年代	政　治・経　済
	脳会議開催。***12-16***　パキスタンのペシャワールでターリバーンが軍管轄パブリックスクールを襲撃，多数死亡。
2015	***1-1***　インド政府，1951年創設の計画委員会を廃止し，政策シンクタンクの計画審議会「インド変革のための全国組織」を創設。***1-6***　バングラデシュで再選挙求めて野党指導のゼネスト。アワミ連盟政権は応じず。***1-8***　スリランカで大統領選挙。野党統一候補のマイトリパーラ・シリセーナ勝利。***2-10***　インドのデリー議会選挙で庶民党圧勝。ケージュリーワール，デリー首相に就任(*-14*)。***8-17***　スリランカの総選挙で与党(統一国民戦線)勝利。第二党(統一人民自由同盟)との大連立内閣発足。***9-12***　ネパールで統一共産党議長のK・P・シャルマ・オリ，首相に就任。***9-20***　ネパールで新憲法公布。***9-24***　ネパール・インド間の国境封鎖(～16.***2***-)。***10-28***　ネパール制憲議会による第2代大統領選挙実施，ビディヤ・デビ・バンダリ，女性初の大統領に就任(*-29*)。***12-25***　インドのモーディー首相，ラーホールを電撃訪問。シャリーフ首相と会談。
2016	***1-1***　在モルディヴ日本大使館開設。***1-2***　インド北部パンジャーブ州パターンコートで空軍基地襲撃テロ事件。***3-22***　ネパール・中国間で貿易通過条約締結。***7-1***　バングラデシュのダカでレストラン襲撃人質テロ事件発生，日本人を含む多数死亡。***10-9***　ミャンマーのラカイン州で武装集団の警察官襲撃，州政府はロヒンギャ攻撃。難民問題高まる。***10-13***　モルディヴ，イギリス連邦脱退を宣言。***11-11***　日印原子力協定署名(17.***7-20***　発効)。
2017	***4-24***　インドでナクサライト，チャッティースガル州の中央警察予備隊を襲撃。***6～8***　印・中・ブータンの3国の境界が交差するブータンのドクラム高地で，印・中の軍隊が対峙し緊張高まる。***6-9***　上海協力機構にインドとパキスタンが正式加盟。***7-1***　インド，物品・サーヴィス税を導入，州ごとに異なる間接税を一体化，独立後最大の税制改革。***7-25***　インドでラーム・ナート・コーヴィンド，大統領に就任，二人目のダリト出身の大統領。***7-28***　パキスタンのシャリーフ首相辞任，内閣総辞職。パナマ文書疑惑係争で最高裁が首相不適格の判断。***7-29***　スリランカのハンバントタ港の99年間の運営権を約11億米ドルで中国企業に譲渡する契約締結。***8-1***　パキスタン議会下院，シャーヒド・ハーカーン・アッバッスィーを首相に選出。***8-21***　トランプ米大統領，アフガニスタン新戦略発表。パキスタンに対するより厳しい姿勢(18.***1-4***　アメリカ，パキスタンへの軍事支援停止を公式発表)。***8-***　ミャンマーのロヒンギャ問題深刻化，ロヒンギャ難民がバングラデシュに多数流入。***11-26***　ネパールで総選挙(～***12-7***)。ネパール共産党，第一党に。K・P・シャルマ・オリ，首相就任(18.***2-15***)。***12-7***　モルディヴ，中国と自由貿易協定調印。

＊辛島昇編　『新版世界各国史7　南アジア史』山川出版社，2004，辛島昇ほか『新版 南アジアを知る事典』平凡社，2012，歴史学研究会編『世界史年表(第3版)』岩波書店，2017，青山吉信ほか『世界史大年表〔増補版〕』山川出版社，2018などを参照した。

社　　会・文　　化	世界・日本
スタン)，ノーベル平和賞を共同受賞の発表。	
2015 ***1-19*** インドの政治学者ラジニー・コーターリー(1928.***8-16***〜)没。***4-25*** ネパール大地震。***6-21*** 第1回「国際ヨーガの日」(14.***9-27*** 国連総会でモーディー首相提案，***12-11*** 国連総会で全会一致で宣言)。	2015 ***7-20*** アメリカとキューバが国交を回復。***11-8*** ミャンマー総選挙でアウンサンスーチー率いる国民民主連盟大勝し，政権交代。***11-13*** パリ同時多発テロ。
	2016 ***5-26*** 伊勢志摩サミット(〜*-27*)。***5-27*** オバマ米大統領，広島訪問。***12-23*** 国連総会，核兵器禁止条約の交渉開始決議を採択。
	2017 ***1-20*** 米大統領にトランプ就任。***7-7*** 国連交渉会議，核兵器禁止条約を採択。

(田辺明生・太田信宏)

参考文献

以下の文献リストには，本書を読んでさらに深く南アジア史を学びたい人びとのために，入門として役立つような内外の参考文献をあげてある。邦語文献(訳書を含む)を優先させたが，邦語に適当なものがない，あるいは外国語文献がより基本的と目される場合は，外国語文献によってそれを補った。外国での研究状況を示すために加えたものもある。いずれも，一般性をもつものを主にしたが，参照の便を考えて，各章で執筆者が依拠した文献をも必要に応じて含めるようにした。

文献は最初に全4巻に共通する通史や概説や事典などをまとめ(2006年作成)，ついで各巻で序章を含め全般にわたって共通するもの，そのあとに各章の参考文献，という順序で配列するようにした。全4巻に共通する文献は研究分野ごとにまとめて解説を施し，本巻全般と章別の文献は，検索の便宜を先行させて適宜解説を付した。

共通文献の選択は，編者らがおこない，章別の文献は，各執筆者選択のものを主体にしたが，後者についても，最終的には編者の責任で選択をおこなった。

近年では南アジア関係の邦語文献の数も膨大なものとなり，歴史学以外の分野で意味のある文献，あるいは歴史学を含む広域の分野で，大きな貢献をなしながら年月のたったものなど，このリストにあげるべくして省かざるをえなかったものも多い。それらについては，後掲(「事典」の項)の『南アジアを知る事典』の「文献案内」，および『インド書誌』などを参照して補っていただきたい。

I　南アジア史全般にかかわる文献

通史・歴史概説

(1)　辛島昇『南アジア』(地域からの世界史5)朝日新聞社　1992
(2)　辛島昇『南アジアの歴史と文化』放送大学教育振興会　1996
(3)　辛島昇編『南アジア史』(新版世界各国史7)山川出版社　2004
(4)　近藤治『インドの歴史』(講談社現代新書)講談社　1977
(5)　佐藤正哲・中里成章・水島司『ムガル帝国から英領インドへ』(世界の歴史14)中央公論社　1999
(6)　パーシヴァル・スピア(大内稔・李素玲・笠原立晃訳)『インド史』3　みすず書房　1973[Percival Spear, *A History of India*, Vol. II, Penguin Books, 1966.]
(7)　田中於莵彌・荒松雄・中村平治・小谷汪之『変貌のインド亜大陸』(世界の歴史24)講談社　1978
(8)　ロミラ・ターパル(辛島昇・小西正捷・山崎元一訳)『インド史』1・2　みすず書房　1970・72[Romila Thapar, *A History of India*, Vol. I, Penguin Books, 1966.]
(9)　内藤雅雄・中村平治編『南アジアの歴史――複合的社会の歴史と文化』有斐閣　2006
(10)　中村元『ガンジスの文明』(世界の歴史5)講談社　1977(講談社学術文庫『古代インド』2005)

(11) 中村平治『インド史への招待』吉川弘文館　1997
(12) 狭間直樹・長崎暢子『自立に向かうアジア』(世界の歴史27)中央公論社　1999
(13) バーバラ・D・メトカーフ／トーマス・R・メトカーフ(河野肇訳)『インドの歴史』(ケンブリッジ版世界各国史)創土社　2006[Barbara D. Metcalf and Thomas R. Metcalf, *A Concise History of India*, Cambridge, 2002.]
(14) 山崎元一『古代インドの文明と社会』(世界の歴史３)中央公論社　1997
(15) 山崎利男『ビジュアル版世界の歴史４　悠久のインド』講談社　1985
(16) 山本達郎編『インド史』(世界各国史10)山川出版社　1960
(17) Johnson, Gordon (general editor), *The New Cambridge History of India Series*, Cambridge: Cambridge University Press, 1989-.
(18) Kulke, H. and D. Rothermund, *A History of India*, London: Croom Helm, 1986.
(19) Majumdar, R. C. (general editor), *The History and Culture of the Indian People*, 11 vols., Bombay: Bharatiya Vidya Bhavan, 1951-69.
(20) Robb, Peter, *A History of India*, Hampshire/New York: Palgrave, 2002.
(21) Smith, Vincent A., *The Oxford History of India*, 3rd ed. by Percival Spear, Oxford: Clarendon Press, 1958.
(22) Stein, Burton, *A History of India*, Oxford: Blackwell Publishers, 1998.

(1)(2)(3)(4)(9)(11)(15)(16)はすべて南アジア(インド)の歴史を概説する。ただし，(4)は扱う年代が近代に偏る。なかでは(3)が４名の著者によって，もっとも新しい研究状況を示している。(16)の近代史部分は史観はやや古いが，優れた概説としてなお意味をもつ。外国人の手になる簡便な概説としては，多少古くなったが，(6)(8)，とくに(8)が優れている。新しい歴史観によってインド史を理解しようとする試みは(13)(18)(20)(22)によって示されるが，一長一短がある。その点，歴史観に新しさはないが，基本的文献として(21)がなお有用である。大がかりな概説出版としては，(19)と(17)があり，(19)はインド独立直後に，イギリス人の手になるかつての *Cambridge History of India* ６巻本(第２巻は未刊に終わった)に代わる総合的概説としてインド人研究者の手で刊行されたが，なお有効である。(17)は新しい Cambridge History としてテーマごとに単行本にまとめるスタイルでなお刊行中。(5)(7)(10)(12)(14)は二つの世界史シリーズ中の南アジア史部分であるが，(7)(10)には(5)(12)(14)によって補うべきところも見られる。

歴史・文化・社会についての全般的概説

(1) 石井溥編『もっと知りたいネパール』弘文堂　1986
(2) 石井溥編『ネパール』(暮らしがわかるアジア読本)河出書房新社　1997
(3) 臼田雅之・押川文子・小谷汪之編『もっと知りたいインド』２　弘文堂　1988
(4) 臼田雅之・佐藤宏・谷口晋吉編『もっと知りたいバングラデシュ』弘文堂　1993
(5) 大橋正明・村山真弓編『バングラデシュを知るための60章』明石書店　2003
(6) 辛島昇・奈良康明『インドの顔』(生活の世界歴史５)河出書房新社　1976(河出文庫版　1990)
(7) 辛島昇編『インド入門』東京大学出版会　1977

(8) 辛島昇編『インド世界の歴史像』(民族の世界史７)山川出版社　1985
(9) 辛島昇監修『インド』(読んで旅する世界の歴史と文化)新潮社　1992
(10) 辛島昇・坂田貞二編『北インド』(世界歴史の旅)山川出版社　1999
(11) 辛島昇『南アジアの文化を学ぶ』放送大学教育振興会　2000
(12) 小西正捷『多様のインド世界』(人間の世界歴史８)三省堂　1981
(13) 小西正捷『インド民衆の文化誌』法政大学出版局　1986
(14) 小西正捷編『もっと知りたいパキスタン』弘文堂　1987
(15) 小西正捷編『インド』(暮らしがわかるアジア読本)河出書房新社　1997
(16) 近藤治編『インド世界——その歴史と文化』世界思想社　1984
(17) 近藤治『南アジア』(アジアの歴史と文化10)同朋社　1997
(18) 重松伸司・三田昌彦編『インドを知るための50章』明石書店　2003
(19) ゴードン・ジョンソン(小谷汪之ほか訳)『図説世界文化地理大百科　インド』朝倉書店　2001[Gordon Johnson, *Cultural Atlas of India: India, Pakistan, Nepal, Bhutan, Bangladesh and Sri Lanka*, Amsterdam: Time-Life Books, 1995.]
(20) 杉本良男編『もっと知りたいスリランカ』弘文堂　1987
(21) 杉本良男編『スリランカ』(暮らしがわかるアジア読本)河出書房新社　1998
(22) 長野泰彦・井狩弥介編『インド複合文化の構造』法蔵館　1993
(23) 日本ネパール協会編『ネパールを知るための60章』明石書店　2003
(24) J・ネルー(飯塚浩二・辻直四郎・蠟山芳郎訳)『インドの発見』上・下　岩波書店　1953・55[Jawaharlal Nehru, *The Discovery of India*, 1946.]
(25) 広瀬崇子・山根聡・小田尚也編『パキスタンを知るための60章』明石書店　2003
(26) 山崎利男『神秘と現実　ヒンドゥー教』淡交社　1969
(27) Basham, A. L. (ed.), *A Cultural History of India*, Oxford: Clarendon Press, 1975.
(28) Robinson, Francis (ed.), *The Cambridge Encyclopedia of India, Pakistan, Bangladesh, Sri Lanka, Nepal, Bhutan and the Maldives*, Cambridge: Cambridge University Press, 1989.

国家なり，地域なりを総合的に紹介するシリーズとして出版されたのが，「もっと知りたい○○」((1)(3)(4)(14)(20))，「暮らしがわかるアジア読本」((2)(15)(21))，「○○を知るための60(50)章」((5)(18)(23)(25))で，大勢の執筆者によって歴史・文化・社会が解説されている。(9)(10)(16)(19)もその類であるが，個人執筆のものを含む(6)(7)(8)(11)(12)(13)(17)(22)(26)はより深くテーマを設定して，高度な紹介を試みている。(7)はこの類の出版のはしりとなった古典的著作。英文のものとしては(27)(28)がおおいに有効。(24)はネルーが獄中で執筆した名著。

歴史・文化・社会にかかわるいろいろの個別分野

[歴史・政治・経済を中心とした個別テーマおよび論集]

(1) 秋田茂・水島司編『世界システムとネットワーク』(現代南アジア６)東京大学出版会　2003
(2)『岩波講座世界歴史 第６巻　南アジア世界・東南アジア世界の形成と展開』岩波書店　1999

(3) 絵所秀紀『開発経済学とインド――独立後インドの経済思想』日本評論社　2002
(4) 絵所秀紀編『経済自由化のゆくえ』(現代南アジア２)東京大学出版会　2002
(5) 辛島昇編『インド史における村落共同体の研究』東京大学出版会　1976
(6) スピヴァック・グハほか(竹中千春訳)『サバルタンの歴史――インド史の脱構築』岩波書店　1998[Ranajit Guha and Gayatri C. Spivak (eds.), *Subaltern Studies*, I-III, New Delhi: Oxford University Press, 1982-84 からの抄訳]
(7) P・L・グプタ(山崎元一ほか訳)『インド貨幣史――古代から現代まで』刀水書房　2001[P. L. Gupta, *Coins*, New Delhi, 4th ed. 1996]
(8) 小谷汪之編『社会・文化・ジェンダー』(現代南アジア５)東京大学出版会　2003
(9) 長崎暢子編『地域研究への招待』(現代南アジア１)東京大学出版会　2002
(10) P・バルダン(近藤則夫訳)『インドの政治経済学――発展と停滞のダイナミクス』勁草書房　2000[Pranab Bardhan, *The Political Economy of Development in India*, New Delhi: Oxford University Press, 1984.]
(11) 堀本武功・広瀬崇子編『民主主義へのとりくみ』(現代南アジア３)東京大学出版会　2002
(12) 松井透・山崎利男編『インド史における土地制度と権力構造』東京大学出版会　1969
(13) 松井透編『インド土地制度史研究』東京大学出版会　1971
(14) 柳澤悠編『開発と環境』(現代南アジア４)東京大学出版会　2002
(15) 山崎利男・高橋満編『日本とインド　交流の歴史』三省堂　1993
(16) Karashima, Noboru (ed.), *Kingship in Indian History*, New Delhi: Manohar, 1999.
(17) Kimura, Masaaki and Akio Tanabe (eds.), *The State in India: Past and Present*, New Delhi: Oxford University Press, 2006.

(5)(12)(13)は，1960年代に「インド史研究会」を拠点に活動した研究者たちによるはじめての研究成果を収録する。(1)(4)(8)(9)(11)(14)は1990年代に文部科学省科学研究費による「南アジア世界の構造変動とネットワーク」研究プロジェクトに加わった近現代史研究者による業績を網羅する。それぞれその後の研究に指針を与えるものであった。(2)は山崎元一・石澤良昭編により，南アジア・東南アジア古代および中世史の諸問題についての論考を収める。(6)はインドにおいて1980年代に始まった新しい歴史研究としての「サバルタン研究」の代表例を紹介する。(7)は貨幣史の研究。(10)は代表的インド人学者による独立後経済の概説であり，(3)は現代インドの経済発展の理由を探る。(15)は日本とインドの歴史的関係をたどる。(16)(17)は王権と国家について英文でまとめたもの。(17)は京都でのシンポジウムに基づく。

[宗教・思想・教育]

(1) 荒松雄『ヒンドゥー教とイスラム教』(岩波新書)岩波書店　1977
(2) 『岩波講座東洋思想 第５巻　インド思想１』岩波書店　1988
(3) 『岩波講座東洋思想 第６巻　インド思想２』岩波書店　1988
(4) 『岩波講座東洋思想 第７巻　インド思想３』岩波書店　1989

(5)　マックス・ウェーバー(深沢宏訳)『ヒンドゥー教と仏教』(世界諸宗教の経済倫理Ⅱ)東洋経済新報社　2002[Max Weber, *Gesammelte Aufsätze zur Religionssoziologie II, Hinduismus und Buddhismus*, Tübingen, 1921.]
(6)　立川武蔵(著)・大村次郷(写真)『シヴァと女神たち』(historia)山川出版社　2002
(7)　中村元『ヒンドゥー教史』(世界宗教史叢書 6)山川出版社　1979
(8)　早島鏡正・高崎直道・原実・前田専学『インド思想史』東京大学出版会　1982
(9)　弘中和彦『万物帰一の教育』明治図書出版　1990
(10)　森本達雄『ヒンドゥー教――インドの聖と俗』(中公新書)中央公論新社　2003
(11)　Einoo, Shingo and Jun Takashima (eds.), *From Material to Deity: Indian Rituals of Consecration*, New Delhi: Manohar, 2005.
(12)　Mayeda, Sengaku (ed.), *The Way to Liberation*, Vol. I, New Delhi: Manohar, 2000.

(2)(3)(4)(8)はインドの宗教・哲学思想に概観を与える。ヒンドゥー教については(6)(7)(10)がさらに深い知識を提供する。(1)(5)はヒンドゥー教をイスラーム教，仏教と対比し，そのはたした歴史的役割を理解しようとする試み。(9)はガーンディー，タゴールの教育論を中心に，インドでの教育思想を考える。(11)(12)は，日本におけるインド思想の研究を世界に発信しようとする英文論文集。

[文化人類学・社会学]

(1)　押川文子『フィールドからの現状報告』(叢書カースト制度と被差別民 5)明石書店　1995
(2)　辛島昇・辛島貴子『カレー学入門』(河出文庫)河出書房新社　1998
(3)　小磯千尋・小磯学『世界の食文化 8　インド』農山漁村文化協会　2006
(4)　小谷汪之編『西欧近代との出会い』(叢書カースト制度と被差別民 2)明石書店　1994
(5)　小谷汪之『不可触民とカースト制度の歴史』明石書店　1996
(6)　小谷汪之編『インドの不可触民　その歴史と現実』明石書店　1997
(7)　小谷汪之『罪の文化――インド史の底流』(東洋叢書12)東京大学出版会　2005
(8)　小西正捷・宮本久義編『インド・道の文化誌』春秋社　1995
(9)　関根康正『宗教紛争と差別の人類学――現代インドで〈周辺〉を〈境界〉に読み替える』世界思想社　2006
(10)　田中雅一『供犠世界の変貌――南アジアの歴史人類学』法蔵館　2002
(11)　ルイ・デュモン(田中雅一・渡辺公三訳)『ホモ・ヒエラルキクス――カースト体系とその意味』みすず書房　2001[Louis Dumont, *Homo Hierarchicus: Le Systeme des castes et ses implications*, Paris, 1979.]
(12)　内藤雅雄編『解放の思想と運動』(叢書カースト制度と被差別民 3)明石書店　1994
(13)　藤井毅『歴史の中のカースト――近代インドの〈自画像〉』(世界歴史選書)岩波書店　2003
(14)　布野修司『曼荼羅都市――ヒンドゥー都市の空間理念とその変容』京都大学学術出版会　2006

⒂　柳沢悠編『暮らしと経済』(叢書カースト制度と被差別民４)明石書店　1994
⒃　山崎元一・佐藤正哲編『歴史・思想・構造』(叢書カースト制度と被差別民１)明石書店　1995
⒄　Kotani, Hiroyuki (ed.), *Caste System, Untouchability and the Depressed*, New Delhi: Manohar, 1997.

(1)(4)⑿⒂⒃は，カースト制度と不可触民の問題に焦点をあてて，その歴史と現状を検討したシリーズで，(5)(6)はシリーズの企画者自身の手になる問題の概観。⒄は，シリーズの１の一部を英文で刊行したもの。(7)はその著者が，インド社会にあってはデュモンのいう「浄・不浄」の観念とは別個に，「罪」の観念が重要であったことを論じる。(9)はグローバルな近代化とともに起こりつつある宗教紛争と差別問題解決の糸口を，南アジアのフィールドからボトムアップに見る視点の構築により，「異文化理解」ではなく，「他者了解」の次元に求めようとする試み。⑽はスリランカのタミル漁村の調査から出発した著者が，供犠をとおして，南アジア全体の現代を考える。カースト制度については，⑾が賛否両論を巻き起こした重要な著作で，⒀はカースト制度の歴史研究に新しい視点を提供する。(8)⒁はインド社会における空間と宗教的観念の関わりを検討し，(2)(3)はインド社会における「食」を取り上げて，その文化的背景を探る。

［文学・美術・芸術］

(1)　神谷武夫『インドの建築』東方出版　1996
(2)　鈴木義里『あふれる言語，あふれる文字――インドの言語政策』右文書院　2001
(3)　田中於莵弥・坂田貞二『インドの文学』ピタカ　1978
(4)　ヴィディヤ・デヘージア(宮治昭・平岡美保子訳)『インド美術』(岩波世界の美術)岩波書店　2002［Vidya Dehejia, *Indian Art*, London, 1997.］
(5)　町田和彦編『華麗なるインド系文字』白水社　2001
(6)　V・ラーガヴァン編(井上貴子・田中多佳子訳)『楽聖たちの肖像――インド音楽史を彩る11人』(アジア文化叢書13)穂高書店　2001［V. Raghavan 〈general editor〉, *Composers*, New Delhi, Govt. of India, 1979.］
(7)　サタジット・レイ(森本素世子訳)『わが映画インドに始まる――世界シネマへの旅』第三文明社　1993［Satyajit Ray, *Our Films, their Films*, Bombay, 1976.］
(8)　National Film Development Corporation, *Indian Cinema: A Visual Voyage*, New Delhi, Govt. of India, 1998.
(9)　Pinney, Cristopher, *Photos of the Gods: The Printed Image and Political Struggle in India*, New Delhi: Oxford University Press, 2004.

(3)はいささか古いが，インド文学を全体的に見通した唯一の著作として貴重。(2)(5)は膨大な数にのぼるインド亜大陸の言語と文字の状況を検討する。(1)は建築を概観し，(4)は美術全般を対象とした概説。(6)はインド音楽，(7)(8)はインド映画の解説を提供する。サタジット・レイはインドの黒沢といわれる巨匠監督。(9)はインドにおけるヴィジュアル・アートの歴史を，政治・文化の文脈のなかにおいて跡づける。

事典・地図・工具類

⑴ 神谷武夫『インド建築案内』TOTO出版　1996
⑵ 辛島昇・前田専学ほか監修『南アジアを知る事典』(新訂増補第3刷)平凡社　2005
⑶ 日本パキスタン協会『パキスタン入門――文献案内』日本パキスタン協会　1993
⑷ 橋本泰元・山下博司・宮本久義『ヒンドゥー教の事典』東京堂出版　2005
⑸ A・L・バシャム(日野紹運・金沢篤・水野善文・石上和敬訳)『バシャムのインド百科』山喜房仏書林　2004［A. L. Basham, *The Wonder that was India*, Fontana, 1971; 1st ed. London, 1954.］
⑹ 松本脩作編『インド書誌――明治初期～2000年刊行邦文単行書』(東京外国語大学大学院21世紀COEプログラム「史資料ハブ地域文化研究拠点」研究叢書)同拠点本部　2006
⑺ 歴史学研究会編『世界史年表』(第2版)岩波書店　2001
⑻ Bhattacharya, S., *A Dictionary of Indian History*, Calcutta: University of Calcutta, 1967 (New Delhi: Cosmo Publications, 2 vols., 1994).
⑼ Mansingh, Surjit, *Historical Dictionary of India*, New Delhi: Vision Books, 1998.
⑽ Philips, C. H. (ed.), *Handbook of Oriental History*, London: Royal Historical Society, 1963.
⑾ Schwartzberg, J. E. (ed.), *A Historical Atlas of South Asia*, Chicago: University of Chicago Press, 1978.
⑿ *The Imperial Gazetteer of India*, 26 vols., rev. ed., Oxford: Clarendon Press, 1931.
⒀ Yule, Henry and A. C. Burnell, *Hobson-Jobson: A Glossary of Anglo-Indian Colloquial Words and Phrases* (new edition by William Crooke), London: Routledge & Kegan Paul, 1968.

南アジアを知るための事典としては⑵がもっとも詳しく，新しい状況にも対応している。ヒンドゥー教とインド文化については⑷⑸が扱い，歴史については⑺⑻⑼が役に立つ。文献については，⑹が網羅的で，パキスタンについては⑶を参照。建築については⑴がよく役に立つ。地図は⑾が歴史を遡って詳細な情報を提供し，⑿は英領期に編纂された地誌の典型で，今日では，各国・各州・各県単位で地誌が発刊されているが，それでもなお役に立つ。⑽はロンドン大学東洋アフリカ研究学院スタッフが著したハンドブックで，南アジアにおける人名の付け方，暦法の解説なども含まれる。⒀は英語に入り込んだインド系の単語を対象に，その意味，入り込んだ経緯，出典などを丹念に示す興味深い辞書。

なお，⑵⑺についてはそれぞれ2012年，2017年に新版が刊行された。このほか，本参考文献作成(2006年)以降に，インド文化事典編集委員会編『インド文化事典』(丸善出版　2018)，山下博司・岡光信子『新版　インドを知る事典』(東京堂出版　2016)なども刊行された。

Ⅱ　第４巻全体および序章に関する文献

⑴　荒松雄『インドと非インド——インド史における民族・宗教と政治』未來社　2007
⑵　粟屋利江『イギリス支配とインド社会』(世界史リブレット38)山川出版社　1998
⑶　石上悦朗・佐藤隆広編『現代インド・南アジア経済論』(現代の世界経済６)ミネルヴァ書房　2011
⑷　小田尚也編『インド経済——成長の条件』アジア経済研究所　2009
⑸　ラーマチャンドラ・グハ(佐藤宏訳)『インド現代史　1947-2007』上・下　明石書店　2012
⑹　黒崎卓ほか『現代パキスタン分析　民族・国民・国家』岩波書店　2004
⑺　『激動のインド』全５巻　日本経済評論社　2013-15
⑻　『現代インド』全６巻　東京大学出版会　2015
⑼　小谷汪之『大地の子——インドの近代における抵抗と背理』東京大学出版会　1986
⑽　近藤則夫『現代インド政治——多様性の中の民主主義』名古屋大学出版会　2015
⑾　スミット・サルカール(長崎暢子・臼田雅之・中里成章・粟屋利江訳)『新しいインド近代史——下からの歴史の試み』Ⅰ・Ⅱ　研文出版　1993
⑿　アマルティア・セン／ジャン・ドレーズ(湊一樹訳)『開発なき成長の限界——現代インドの貧困・格差・社会的分断』明石書店　2015
⒀　田中雅一・田辺明生編『南アジア社会を学ぶ人のために』世界思想社　2010
⒁　田辺明生・杉原薫・脇村孝平編『現代インド１　多様性社会の挑戦』東京大学出版会　2015
⒂　ビパン・チャンドラ(粟屋利江訳)『近代インドの歴史』山川出版社　2001
⒃　友澤和夫編『インド』(世界地誌シリーズ)朝倉書店　2013
⒄　長崎暢子『ガンディー——反近代の実験』岩波書店　1996
⒅　長崎暢子・堀本武功・近藤則夫編『現代インド３　深化するデモクラシー』東京大学出版会　2015
⒆　中里成章『インドのヒンドゥーとムスリム』(世界史リブレット71)山川出版社　2008
⒇　広瀬崇子・井上恭子・南埜猛・近藤正規著『現代インドを知るための60章』明石書店　2007
㉑　藤井毅『インド社会とカースト』(世界史リブレット86)山川出版社　2007
㉒　堀本武功『インド　第三の大国へ——〈戦略的自律〉外交の追求』岩波書店　2015
㉓　堀本武功・三輪博樹『現代南アジアの政治』(放送大学教材)　放送大学　2012
㉔　南真木人・石井溥編『現代ネパールの政治と社会——民主化とマオイストの影響の拡大』明石書店　2015
㉕　柳澤悠『現代インド経済——発展の淵源・軌跡・展望』名古屋大学出版会　2014
㉖　山崎利男・高橋満編『日本とインド　交流の歴史』三省堂　1993
㉗　山下博司『ヒンドゥー教とインド社会』(世界史リブレット５)山川出版社　1997
㉘　山根聡『４億の少数派——南アジアのイスラーム』(イスラームを知る８)山川出版社　2011

(29) Bates, C., *Subalterns and Raj: South Asia Since 1600*, London: Routledge, 2007.
(30) Bose, S. and A. Jalal, *Modern South Asia: History, Culture, Political-economy*, 3rd ed., London: Routledge, 2011.
(31) Brown, J. M., *Modern India: The Origins of an Asian Democracy*, 2nd ed., New York: Oxford University Press, 1994.
(32) Chandra, Bipin, *History of Modern India*, Hyderabad: Orient Blackswan, 2009.
(33) Corbridge, S., J. Harriss and C. Jeffrey, *India Today: Economy, Politics and Society*, Cambridge: Polity, 2013.
(34) Guha, S., *Environment and Ethnicity in India, 1200–1991*, New York: Cambridge University Press, 1999.
(35) Karashima, N. (ed.), *A Concise History of South India: Issues and Interpretations*, New Delhi: Oxford University Press, 2014.
(36) Kaviraj Sudivta, "The Imaginary Institution of India", in P. Chatterjee and G. Pandey (eds.), *Subaltern Studies, Writings on South Asian History and Society*, Vol.7, New Delhi: Oxford University Press, 1992. Reprinted in Kaviraj, *The Imaginary Institution of India: Politics and Ideas*, New York: Columbia University Press, 2010.
(37) Kumar, D. and M. Desai (eds.), *The Cambridge Economic History of India*, Vol. 2: *c.1751–c.1970*, Cambridge: Cambridge University Press, 1983.
(38) Kumar, R., *The History of Doing: An Illustrated Account of Movements for Women's Rights and Feminism in India, 1800–1990*, London: Verso, 1993.
(39) Mann, M., *South Asia's Modern History: Thematic Perspectives*, London: Routledge, 2015.
(40) Roy, T., *The Economic History of India, 1857–1947*, 3rd ed., New Delhi: Oxford University Press, 2011.
(41) Sarkar, S. and T. Sarkar (eds.), *Women and Social Reform in Modern India*, 2 vols., Ranikhet: Permanent Black, 2007.
(42) *Subaltern Studies*, I–XII, New Delhi: Oxford University Press/Permanent Black, 1982–2005.
(43) Talbot, Ian, *India and Pakistan: Inventing the Nation*, London: Arnold, 2000.

(5)は，独立後インドの通史をバランスよく読みやすく描いている。(29)(30)(39)は，近世から現代までの南アジアの通史である。(29)は，庶民(サバルタン)の暮しなどの社会史に目配りしながら，植民地権力やインド人エリートによる支配のあり方を鋭く描く。(30)は，南アジアの社会・宗教・政治・経済，またインド・パキスタンの成立過程やグローバル化について広い視野と鋭い分析をもって論じる。(39)は，18世紀初頭から現在までの南アジアの歴史を，国家形成・農業・森林・移民・都市化・ナショナリズム・科学などのテーマごとに論じており，地域とグローバルの双方の動きに目配りがなされている。(11)(15)(32)は，近代インドの通史である。(11)は，近代インドをつくってきた「下からの歴史」を描くために植民地期から分離独立までの政治運動・社会運動に着目する。(15)(32)は，植民地支配の社会的影響そしてインド・ナショナリズムの歴史について描いたもので，イン

ドで定番の歴史書。(31)は,「世界最大の民主国家」インドが成立した歴史を,西洋とインドの複雑な絡み合いのなかから描く。(43)は,インドとパキスタンの二つのネーションがつくられた経緯を植民地支配における地域の動態に着目して描く。(37)は,インド経済史について諸権威を集めてまとめられた2巻本で,第2巻が本書に該当する。(40)は,インド経済史について一人の著者が一貫した視点から網羅的に手際よくまとめている。(35)は,先史時代から現在までの南インドの歴史をバランスよく描く。(2)は,植民地下で進行したインド固有の「近代化」の過程について論じ,現在の宗教対立やカーストの問題がつくられてきた歴史的経緯を明らかにする。(9)は,インドのナショナリズムが大衆化するにつれてコミュナリズムや不可触民差別が台頭するという「近代の背理」の歴史を論じる。(17)は,M・K・ガーンディーの思想と運動を「反近代の実験」として位置づけ,その軸を中心にインド・ナショナリズムの性格と動きを的確に描く。(38)(41)は,植民地時代から現代にいたるインドでの女性運動・フェミニズム運動・改革運動の歴史をまとめた本。(21)は植民地期におけるカーストの変容を描写し,歴史のなかからカーストを考えることを通じて,カーストとは何かを解説する。(34)は,インドのカーストや部族といわれる諸社会集団のアイデンティティが歴史のなかの相互交渉でいかに変容してきたかを精緻に描く。(1)は,インドにおけるムスリム支配とヒンドゥー社会,イスラームのインドへの影響,宗教と政治権力の関係をめぐる諸論考を収める。(19)は,インドのヒンドゥーとムスリムの多面的で複雑な関係について,前植民地期の共生と習合から植民地期の改革と対立までの歴史を描く。(27)は,ヒンドゥー教とインド社会との関わりを歴史的に解き明かす。(28)は,4億の人口を擁しながら少数派とされる南アジアのイスラームについて主立った歴史的展開とともに紹介する。(26)は,日印関係の歴史について古代から現代までを概観する。(7)は,大きく変動するインドについて論じるシリーズで,『変動のゆくえ』『環境と開発』『経済成長のダイナミズム』『農業と農村』『暮らしの変化と社会変動』の5巻からなる。(8)は,成長し台頭するインドの現在を論じるシリーズで,『多様性社会の挑戦』『溶融する都市・農村』『深化するデモクラシー』『台頭する新経済空間』『周縁からの声』『環流する文化と宗教』の6巻からなる。(14)は,「現代インド」の第1巻で,生態・文化的な多様性に基づく南アジア型発展径路の論理と歴史を明らかにし,それがいかに現在の政治・経済・社会の動態とかかわるかを論じる。(18)は,「現代インド」の第3巻で,1990年代以降の政治体制の大きな変動を,多様な集団と個人の参加の進展という意味での「デモクラシーの深化」という枠組から分析し,その過程が含む矛盾と軋轢にも着目しながら政治変化の内実を明らかにする。(42)は,インドにおけるエリート中心的な歴史叙述を批判し,「下からの歴史」を推進したサバルタン・シリーズ。(36)は,このシリーズに収められた論文で,「インド」なるものがいかにナショナリスト的想像の産物としてつくられたかを論じる。(10)は,インド社会における多様性の存在が現代インドの民主主義を維持するメカニズムを論じる。(23)は,現代南アジアの政治について網羅的に解説した教科書。(22)は,独立以来のインド外交の特質を「戦略的自律性の追求」と位置づけ,その現在と近未来を描き出す。(3)(4)は,現代インド(南アジア)の経済の諸側面について一般読者にもわかりやすく専門家が論じたもの。(12)は,現代インドが経済成長を遂げても貧困や格差の問題が解決されていない状況を分析する。(25)は,現代インド経済の歴史的な発展について,下層・インフォーマル部門からの成長プロセ

スの全貌をとらえようとする。(33)は，現代インドの政治・経済・社会の諸相について社会科学的な視点から論じる。(13)は，南アジア社会についておもに人類学・社会学の視点から解説した教科書。(16)は，インドの地誌について専門家が解説した情報豊かな一冊。(20)は，現代インドについて60のトピックからわかりやすく説明した諸専門家による一冊。(6)は，現代パキスタンについて政治・経済・社会・文化の総合的な視点から分析する。(24)は，ネパールにおいてマオイストが力を得た経過・理由とその思想について，政治過程・国家論・内戦の影響・地域社会の変化などから詳細に考察する。

Ⅲ　各章に関する文献

各章の文献については，関連する第１章／第４章，第２章／第５章，第10章／第11章はそれぞれ一括して扱った。補説については，必要に応じて適宜文献をあげた。なお，第２章／第５章については筆者逝去のため文献のみ掲載した。

第１章　英領インドの成立と政治の変動／第４章　独立インドへの道

(1)　粟屋利江「1930年代インドにおける「国民国家」の模索――国民・宗教・女性」『岩波講座 東アジア近現代通史５　新秩序の模索　1930年代』岩波書店　2011

(2)　粟屋利江・井坂理穂・井上貴子編『現代インド５　周縁からの声』東京大学出版会　2015

(3)　稲正樹『インド憲法の研究――アジア比較憲法論序説』信山社　1993

(4)　上田知亮『植民地インドのナショナリズムとイギリス帝国観――ガーンディー以前の自治構想』ミネルヴァ書房　2014

(5)　臼田雅之『近代ベンガルにおけるナショナリズムと聖性』東海大学出版会　2013

(6)　金子勝「「安価な政府」と植民地財政――英印財政関係を中心にして」『商学論集』(福島大学)48巻３号　1980

(7)　孝忠延夫『インド憲法とマイノリティ』法律文化社　2005

(8)　近藤則夫「インドにおける現代のヒンドゥー・ナショナリズムと民主主義――研究レビュー」近藤則夫編『インド民主主義体制のゆくえ――多党化と経済成長の時代における安定性と限界』アジア経済研究所　2008

(9)　近藤則夫「インドにおけるヒンドゥー・ナショナリズムの展開――州政治とコミュナル暴動」近藤則夫編『インド民主主義体制のゆくえ――挑戦と変容』アジア経済研究所　2009

(10)　近藤則夫『現代インド政治――多様性の中の民主主義』名古屋大学出版会　2015

(11)　志賀美和子「マドラス州における非バラモン運動の展開」『東洋文化研究所紀要』151冊　2007

(12)　志賀美和子「非バラモン運動における平等言説と「不可触民」」『専修大学人文科学研究所月報』267号　2013

(13)　杉原薫「植民地期における国内市場の形成」田辺明生・杉原薫・脇村孝平編『現代インド１　多様性社会の挑戦』東京大学出版会　2015

(14)　杉本浄『オリヤ・ナショナリズムの形成と変容――英領インド・オリッサ州の創設にいたるアイデンティティと境界のポリティクス』東海大学出版会　2007

⒂　田辺明生『カーストと平等性――インド社会の歴史人類学』東京大学出版会　2010
⒃　外川昌彦「一本の樹の無数の枝葉――1920年代の宗派暴動とマハトマ・ガンディーの宗教観の変遷」『現代インド研究』２号　2011
⒄　内藤雅雄「マハーラーシュトラにおける不可触民解放の思想と運動」内藤雅雄編『解放の思想と運動』明石書店　1994
⒅　内藤雅雄「インドの民族運動とガーンディーの登場」『東アジア近現代通史３　世界戦争と改造　1910年代』岩波書店　2010
⒆　内藤雅雄『ガンディー　現代インド社会との対話』明石書店　2017
⒇　長崎暢子『インド大反乱　一八五七年』中央公論社　1981
(21)　長崎暢子『インド独立――逆光の中のチャンドラ・ボース』朝日新聞社　1989
(22)　長崎暢子「戦争の世紀と非暴力」『岩波講座 世界歴史25　戦争と平和』岩波書店　1997
(23)　長崎暢子『インド――国境を越えるナショナリズム』岩波書店　2004a
(24)　長崎暢子「英領インドの成立とインド民族運動の始まり」「ガンディー時代」辛島昇編『南アジア史』(新版世界各国史７)山川出版社　2004b
(25)　長崎暢子「方法としての非暴力――ガーンディーにおける創造的紛争解決」長崎暢子・清水耕介編『紛争解決　暴力と非暴力』(アフラシア叢書１)ミネルヴァ書房　2010
(26)　長崎暢子「差別解消の方法とヴィジョン――ガーンディーとアンベードカル」田辺明生・杉原薫・脇村孝平編『現代インド１　多様性社会の挑戦』東京大学出版会　2015a
(27)　長崎暢子「近代政治思想の形成と展開」長崎暢子・堀本武功・近藤則夫編『現代インド３　深化するデモクラシー』東京大学出版会　2015b
(28)　中島岳志『中村屋のボース――インド独立運動と近代日本のアジア主義』白水社　2005
(29)　中村平治「饒平名智太郎――沖縄とインドとの間」『専修大学人文科学研究所月報』248号　2011
(30)　R・B・ボース／中谷武世『革命亜細亜の展望』萬里閣書房　1930
(31)　R・B・ボース『革命の印度』木星社書院　1932
(32)　ラスビハリ・ボース『印度人の印度』盛運堂　1943
(33)　山崎元一『インド社会と新仏教――アンベードカルの人と思想』刀水書房　1979(６刷〈2011年〉に「追加」の文章がある)
(34)　饒平名智太郎・鹿子木員信『ガンヂと真理の把持』改造社　1922
(35)　Ambedkar, (Dr.) B. R., “Annihilation of Caste with a Reply to Mahatma Gandhi”, in *Dr. Babasaheb Ambedkar Writings and Speeches*, Vol. 1, Education Department, Government of Maharashtra, 1989/1936.〔B・R・アンベードカル(山崎元一・吉村玲子訳)『カーストの絶滅』明石書店　1994〕
(36)　Bates, Crispin, *Subalterns and Raj: South Asia since 1600*, London: Routledge, 2007.
(37)　Bondurant, Joan V., *Conquest of Violence: The Gandhian Philosophy of Conflict*, new rev. ed., Princeton: Princeton University Press, 1988.

(38) Bose, Sugata and Ayesha Jalal, *Modern South Asia: History, Culture, Political Economy*, London: Routledge, 1998.

(39) Brown, Judith, *Gandhi's Rise to Power: Indian Politics 1915-1922*, Cambridge: Cambridge University Press, 1972.

(40) Brown, Judith M., *Gandhi and Civil Disobedience: The Mahatma in Indian Politics, 1928-1934*, Cambridge: Cambridge University Press, 1977.

(41) Brown, Judith M., *Modern India: The Origins of an Asian Democracy*, 2nd ed., Oxford: Oxford University Press, 1994.

(42) Brown, Judith M., *Nehru*, Edinburgh Gate, Harlow: Pearson Education, 1999.

(43) Cain, P. J. and A. G. Hopkins, *British Imperialism, 1688-2000*, 2nd ed., London: Longman, 2001.〔初版(1993年)の訳として，P・J・ケイン／A・G・ホプキンズ(竹内幸雄・秋田茂訳)『ジェントルマン資本主義の帝国Ⅰ――創生と膨張1688-1914』，P・J・ケイン／A・G・ホプキンズ(木畑洋一・旦祐介訳)『ジェントルマン資本主義の帝国Ⅱ――危機と解体1914-1990』ともに名古屋大学出版会　1997〕

(44) Dalton, D., *Mahatma Gandhi: Nonviolent Power in Action*, New York: Columbia University Press, 1993.

(45) Gallagher, John and Ronald Robinson, "The Imperialism of Free Trade", *The Economic History Review*, 6(1), 1953.

(46) Gandhi, M. K., "Hind Swaraj", in *Collected Works of Mahatma Gandhi*, Vol. X, Ahmedabad: Navjivan Trust, 1963/1909.〔M・K・ガーンディー(田中敏雄訳)『真の独立への道(ヒンド・スワラージ)』(岩波文庫)岩波書店　2004〕

(47) Gandhi, M. K., "On Ahimsa: A Reply to Lala Lajpat Rai (October 1916)", in *Collected Works of Mahatma Gandhi*, Vol. XIII, Ahmedabad: Navjivan Trust, 1964/1916.

(48) Gandhi, M. K., *An Autobiography or The Story of My Experiments with Truth*, Ahmedabad: Navjivan Trust, 1927.〔M・K・ガーンディー(田中敏雄訳注)『ガーンディー自叙伝』1・2(東洋文庫)平凡社　2000〕

(49) Gandhi, M. K., "In Calcutta", *Harijan*, 14 September 1947.

(50) Guha, Ramachandra, *India after Gandhi: The History of the World's Largest Democracy*, New York: HarperCollins, 2007.〔ラーマチャンドラ・グハ(佐藤宏訳)『インド現代史1947-2007』上・下　明石書店　2012〕

(51) Guha, Ranajit, *Dominance without Hegemony: History and Power in Colonial India*, Cambridge, Mass.: Harvard University Press, 1997.

(52) Hurd, John, "The Economic Consequences of Indirect Rule in India", *Indian Economic and Social History Review*, 12(2), 1975a.

(53) Hurd, John, "The Influence of British Policy on Industrial Development in the Princely States of India, 1890-1933", *Indian Economic and Social History Review*, 12(4), 1975b.

(54) Iyer Raghavan, N., *The Moral and Political Thought of Mahatma Gandhi*, Delhi: Oxford University Press, 1973.

(55) Jaffrelot, Christophe, *Dr. Ambedkar and Untouchability: Analysing and Fighting Caste*,

London: Hurst & Company, 2005.
(56) Jalal, Ayesha, *The Sole Spokesman: Jinnah, the Muslim League and the Demand for Pakistan*, Cambridge: Cambridge University Press, 1985.〔アーイシャ・ジャラール（井上あえか訳）『パキスタン独立』勁草書房　1999〕
(57) Keer, D., *Dr. Ambedkar: Life and Mission*, 3rd ed., Bombay: Popular Prakashan, 1971.〔ダナンジャイ・キール（山際素男訳）『アンベードカルの生涯』（光文社新書）光文社　2005〕
(58) Low, D. A., *Britain and Indian Nationalism: The Imprint of Ambiguity 1929–1942*, Cambridge: Cambridge University Press, 1997.
(59) Metcalf, Barbara D. and Thomas R. Metcalf, *A Concise History of India*, Cambridge: Cambridge University Press, 2002.〔バーバラ・D・メトカーフ／トーマス・R・メトカーフ（河野肇訳）『インドの歴史』創土社　2006〕
(60) Misra, Maria, "Gentlemanly Capitalism and the Raj: The Policy in India between the Wars", in Raymond E. Dumett (ed.), *Gentlemanly Capitalism and British Imperialism: The New Debate on Empire*, London: Longman, 1999.
(61) Nanda, B. R., *Mahatma Gandhi: A Biography*, Delhi: Oxford University Press, 1981/1958.
(62) Nehru, Jawaharlal, *An Autobiography*, New Delhi/Oxford: Oxford University Press, 1980/1936.〔蠟山芳郎訳『世界の名著63　ガンジー　ネルー』中央公論社　1967に所収〕
(63) Omvedt, Gail, *Dalits and the Democratic Revolution: Dr. Ambedkar and the Dalit Movement in Colonial India*, New Delhi: Sage Publications, 1994.
(64) Parekh, Bhikhu, *Gandhi's Political Philosophy: A Critical Examination*, Notre Dame, Indiana: University of Notre Dame Press, 1989.
(65) Parekh, Bhikhu, *Gandhi: A Very Short Introduction*, Oxford: Oxford University Press, 1997.
(66) Parel, Anthony J. (ed.), *Gandhi: Hind Swaraj and Other Writings*, Cambridge: Cambridge University Press, 1997.
(67) Ralph, Omar, *Naoroji, the First Asian MP: A Biography of Dadabhai Naoroji, India's Patriot and Britain's MP*, St John's, Antigua: Hansib Caribbean, 1997.
(68) Robb, Peter, *A History of India*, Hampshire: Palgrave, 2002.
(69) Tomlinson, B. R., *The Political Economy of the Raj 1914–1947: The Economics of Decolonization in India*, London: Macmillan, 1979.

19世紀後半から独立までのインド政治史に関しては，シリーズや巻全体にかかわる文献のなかにも関連文献が含まれているため，ここではより具体的なテーマに関する文献を中心に紹介する。まず日本語文献についてだが，ガーンディーの運動や政治思想を論じた文献は多数出版されており，(16)(18)(19)(21)(22)(23)(24)(25)(26)(27)(29)(34)はその一部である。これらのなかには，彼と同時代の人物に焦点をあてながらガーンディーを再考したものや，ガーンディーを論じつつも，この時代のより広範な政治変化を追ったものも含まれる。(20)

は1857年インド大反乱を，(4)(5)は，ガーンディー以前のインドにおけるナショナリズムを論じている。(28)(30)(31)(32)は，日本と関わりの深いラース・ビハーリー・ボース関連の文献である。植民地期における不可触民問題をはじめとするカーストにかかわる政治・社会状況に関しては(11)(12)(17)(33)などがあり，(15)は，長期的視点からカーストの構造と変容を論じている。(14)は，言語，州再編に関する事例研究であり，(1)は，ムスリムや女性に焦点をあて，インド・ナショナリズムとの相克を検討している。政治史を語るうえで重要な植民地インドの財政については(6)を，国内市場の形成過程については(13)を参照されたい。またここでは，独立後との連続性という観点から，インド憲法を論じた(3)(7)，公共圏のあり方を考察した(2)，および現代インド政治を分析した(8)(9)(10)などの著作も紹介している。

(36)(38)(41)(59)(68)は，それぞれ名の知られた研究者たちによるインド通史である。大半が，イギリス支配期の叙述に多くのページを割いている。(56)は，ジンナーおよびムスリム連盟を中核にすえ分離独立の過程を論じている点で独自性を見せている。(50)は，環境史研究を開拓した研究者によるインド現代史の通史である。(35)は，ダリト(不可触民)運動の指導者B・R・アンベードカルが，徹底したカースト差別批判をおこなった著作である。ヒンドゥー教から他宗教への改宗を公に宣言した直後に用意された演説原稿が元になっている。(39)(40)(42)は，長らくケンブリッジ大学で教鞭をとった近代インド史の代表的研究者によるガーンディーの運動研究とネルーの評伝。ネルー自身が獄中で書いた自伝は(62)である。(37)(44)(54)(64)(65)は，ガーンディーの非暴力思想，政治思想を論じた著作，(61)は，ガーンディー評伝である。(46)〜(49)は，ガーンディーの著作である。(46)は，ガーンディーが理想とする独立の真の意義をまとまったかたちで論じた代表作であり，西洋近代の諸側面への鋭い批判が特徴である。(66)も，この著作とそれに関連する書簡や論考などを選集したもの。(47)(49)は，そのときどきに応じて書かれた論説。(48)は，自らの人生を真実を追求する実験として描いた自伝である。(62)とともに，インド人による自伝としてはもっとも有名な著作といえよう。(67)は，会議派穏健派の指導者の一人ダーダーバーイー・ナオロージーの評伝である。不可触民の解放の道をめぐってガーンディーと対立したアンベードカルの代表的な評伝が(57)であり，(55)(63)は，アンベードカルの反カーストの思想と運動を歴史的に位置づけている。(51)は，「サバルタン・スタディーズ」グループを主導したラナジット・グハが1988～92年に発表した三つの論考に修正を加えたものを収めている。(52)(53)(60)(69)は，いずれもイギリスとインドの関係，イギリス支配の意味を経済的影響の視点から論じたものである。(43)はイギリス帝国の支配における金融利害の優越を論じ，論争を引き起こした著作。(58)は，インド民族運動とイギリス支配をそれぞれの性格が相互に規定しあったと論じる。(45)は，19世紀イギリス帝国史を，自由貿易の時代と帝国主義の時代とに二分する従来の研究を批判し，一貫してイギリスの利害拡張が追及され，その目的にそう限りで公式・非公式支配の選択がなされたと論じ，論争を生んだ論考である。

第２章　植民地インドの経済／第５章　インド工業の発展

(1)　P・J・ケイン／A・J・ホプキンズ(竹内幸雄・秋田茂訳)『ジェントルマン資本主義の帝国』１・２　名古屋大学出版会　1997

(2) 柳沢悠「インド在来織物業の再編成とその諸形態（Ⅰ）（Ⅱ）」『アジア経済』12巻12号 1971・13巻2号 1972

(3) 柳澤悠『南インド社会経済史研究』東京大学出版会 1991

(4) 柳澤悠「植民地期南インド手織業の変容と消費構造」『東洋文化研究所紀要』118冊 1992

(5) 柳澤悠「英印経済関係とインド工業化の一側面」秋田茂・籠谷直人編『1930年代のアジア国際秩序』渓水社 2001

(6) Bagchi, Amiya Kumar, *Private Investment in India 1900–1939*, Cambridge: Cambridge University Press, 1972.

(7) Bagchi, A. K., "Deindustrialisation in Gangetic Bihar, 1809–1901", in B. De (ed.), *Essays in Honour of Prof. S. C. Sarkar*, New Delhi: People's Publishing House, 1976a.

(8) Bagchi, A. K., "De-industrialization in India in the Nineteenth Century: Some Theoretical Implications", *Journal of Developing Studies*, 12(2), 1976b.

(9) Bhattacharya, Sabyasachi et al. (eds.), *The South Indian Economy: Agrarian Change, Industrial Structure and State Policy, c. 1914–1947*, Delhi: Oxford University Press, 1991.

(10) Blyn, George, *Agricultural Trends in India, 1891–1947: Output, Availability, and Productivity*, Philadelphia: University of Pennsylvania Press, 1966.

(11) Bose, Sugata, *Agrarian Bengal: Economy, Social Structure and Politics, 1919–1947*, Cambridge: Cambridge University Press, 1986.

(12) Breman, Jan, *Patronage and Exploitation: Changing Agrarian Relations in South Gujarat, India*, Berkeley: University of California Press, 1974.

(13) Charlesworth, Neil, *Peasant and Imperial Rule: Agriculture and Agrarian Society in the Bombay Presidency, 1850–1935*, Cambridge: Cambridge University Press, 1985.

(14) Chatterji, Basudev, *Trade, Tariffs and Empire: Lancashire and British Policy in India, 1919–1939*, Delhi: Oxford University Press, 1992.

(15) Chattopadhyay, Raghabendra, "An Early British Government Initiative in the Genesis of Indian Planning", *Economic and Political Weekly*, 22(5), 1987.

(16) Datta, Rajat, *Society, Economy and the Market: Commercialization in Rural Bengal, c. 1760–1800*, New Delhi: Manohar, 2000.

(17) Dewey, Clive, "The End of the Imperialism of Free Trade: The Eclipse of the Lancashire Lobby and the Concession of Fiscal Autonomy to India", in Clive Dewey and A. G. Hopkins (eds.), *The Imperial Impact: Studies in Economic History of Africa and India*, London: Athlone Press, 1978.

(18) Dewey, Clive, "The Government of India's 'New Industrial Policy', 1900–1925: Formation and Failure", in K. N. Chaudhuri and C. J. Dewey (eds.), *Economy and Society: Essays in Indian Economic and Social History*, Oxford: Oxford University Press, 1979.

(19) Ghose, Kamal Kumar, *Agricultural Labourers in India: A Study in the History of Their Growth and Economic Condition*, Calcutta: Indian Publications, 1969.

(20) Harnetty, Peter, "'Deindustrialization' Revisited: The Handloom Weavers of the Central Provinces of India, c. 1800–1947", *Modern Asian Studies*, 25(3), 1991.

(21) Hasan, Mushirul and Nariaki Nakazato (eds.), *The Unfinished Agenda: Nation-Building in South Asia*, New Delhi: Manohar, 2001.

(22) India, Department of Commercial Intelligence and Statistics, *Large Industrial Establishments in India*, for 1923 and 1937.

(23) Kessinger, Tom G., *Vilyatpur 1848–1968: Social and Economic Change in a North Indian Village*, New Delhi: Young Asia Publications, 1979.

(24) Krishnamurty, J., "Changes in Composition of the Working Force in Manufacturing, 1901–51", *Indian Economic and Social History Review*, 4(1), 1967.

(25) Kumar, Dharma (ed.), *Cambridge Economic History of India*, Vol. 2, Cambridge: Cambridge University Press, 1983.

(26) Morris, David Morris, "Towards a Re-interpretation of Nineteenth Century Indian Economic History", *Journal of Economic History*, 4, 1963.

(27) Mukherjee, Mridula, *Colonizing Agriculture: The Myth of Punjab Exceptionalism*, New Delhi: Sage, 2005.

(28) Nakazato, Nariaki, *Agrarian System in Eastern Bengal, c. 1870–1910*, Calcutta: K.P. Bagchi, 1994.

(29) Pandit, Dhairryabala, "The Myths Around Subdivision and Fragmentation of Holdings: A Few Case Histories", *Indian Economic and Social History Review*, 6(2), 1969.

(30) Patel, J. Surendra, *Agricultural Labourers on Modern India and Pakistan*, Bombay: Current Book House, 1952.

(31) Raj, K. N. et al. (eds.), *Essays on the Commercialization of Indian Agriculture*, Delhi: Oxford University Press, 1985.

(32) Rajasekhar, D., "Commercialization of Agriculture and Changes in Distribution of Land Ownership in Kurnool District of Andhra (c. 1900–50)", in Sabyasachi Bhattacharya et al. (eds.), *The South Indian Economy: Agrarian Change, Industrial Structure and State Policy, c. 1914–1947*, Delhi: Oxford University Press, 1991.

(33) Ray, Rajat and Ratna Ray, "The Dynamics of Continuity in Rural Bengal under the British Imperium: A Study of Quasi-Stable Equilibrium in Underdeveloped Societies in a Changing World", *Indian Economic and Social History Review*, 10(2), 1973, in Ratnakekha Ray, 1979.

(34) Ray, Ratna and Rajat Ray, "European Monopoly Corporations and Indian Entrepreneurship, 1913–1922", *Economic and Political Weekly*, 9(21), 1974.

(35) Ray, Ratnakekha, *Change in Bengal Agrarian Society*, Delhi: Manohar, 1979.

(36) Reddy, M. Atchi, *Lands and Tenants in South India: A Study of Nellore District 1850–1990*, New Delhi: Oxford University Press, 1996.

(37) Richards, J. F., James R. Hagen and Edward S. Haynes, "Changing Land Use in Bihar, Punjab and Haryana, 1850–1970", *Modern Asian Studies*, 19(3), 1985.

(38) Roy, Tirthankar (ed.), *Cloth and Commerce: Textiles in Colonial India*, New Delhi: Sage, 1996.
(39) Roy, Tirthankar, *Traditional Industry in the Economy of Colonial India*, Cambridge: Cambridge University Press, 1999.
(40) Roy, Tirthankar, "Acceptance of Innovations in Early Twentieth-Century Indian Weaving", *Economic History Review*, 55(3), 2002.
(41) Siddiqi, Asiya, *Agrarian Change in a Northern Indian State: Uttar Pradesh 1819–1833*, Oxford: Oxford University Press, 1973.
(42) Sivasubramonian, S., *The National Income of India in the Twentieth Century*, Delhi: Oxford University Press, 2000.
(43) Stein, Burton and Sanjay Subrahmanyam (eds.), *Institutions and Economic Change in South Asia*, Delhi: Oxford University Press, 1996.
(44) Tarlo, Emma, *Clothing Matters: Dress and Identity in India*, London: Hurst & Company, 1996.
(45) Thorner, Daniel, "Deindustrialization in India, 1881–1931", in D. and A. Thorner (eds.), *Land and Labour in India*, Bombay: Asia Publishing House, 1962.
(46) Tomlinson, B. R., *The Political Economy of the Raj 1914–1947: The Economics of Decolonization in India*, London: Macmillan, 1979.
(47) Twomey, Michael J., "Employment in Nineteenth Century Indian Textiles", *Explorations in Economic History*, 20, 1983.
(48) Wagle, Dileep M. "Imperial Preference and the Indian Steel Industry, 1924–39", *Economic History Review*, 34(1), 1981.
(49) Yanagisawa, Haruka, *A Century of Change: Caste and Irrigated Lands in Tamilnadu, 1860s–1970s*, Delhi: Manohar, 1996.

補説１　生態・環境の変化

(1) Arnold, David and Ramachandra Guha (eds.), *Nature, Culture, Imperialism: Essays on the Environmental History of South Asia*, Delhi: Oxford University Press, 1995.
(2) Bardhan, Pranab "Irrigation and Cooperation: An Empirical Analysis of 48 Irrigation Communities in South India", *Economic Development and Cultural Change*, 48(4), 2000.
(3) Bayly, C. A., *Indian Society and the Making of the British Empire, The Cambridge History of India*, II-1, Cambridge: Cambridge University Press, 1988.
(4) Bokil, Milind S., "Privatisation of Commons for the Poor: Emergence of New Agrarian Issues", *Economic and Political Weekly*, 31(33), 1996.
(5) Chakravarty-Kaul, Minoti, *Common Lands and Customary Law: Institutional Change in North India over Past Two Centuries*, Delhi: Oxford University Press, 1996.
(6) CSE (Centre for Science and Environment), *State of India's Environment 5: The Fifth Citizens' Report*, Part 1, New Delhi, 1999.
(7) Guha, Ramachandra, *The Unquiet Woods: Ecological Change and Peasant Resistance in the Himalaya*, Oxford: Oxford University Press, 1989.

(8) Guha, Sumit, *Environment and Ethnicity in India, 1200–1991*, Cambridge: Cambridge University Press, 1999.
(9) Institute for Social and Economic Change (Ecological Economics Unit), Bangalore, "Environment in Karnataka: A Status Report", *Economic and Political Weekly*, 4(38), 1999.
(10) Jodha, N. S., "Common Property Resources and the Rural Poor", *Economic and Political Weekly*, 21(27), 1986.
(11) Rao, C. H. Hanumantha, *Agricultural Growth, Rural Poverty and Environmental Degradation in India*, Delhi: Oxford University Press, 1994.
(12) Ravindranath, N. H. and D. O. Hall, *Biomass, Energy, and Environment: A Developing Country Perspective from India*, Oxford: Oxford University Press, 1995.
(13) Richards, J. F., James R. Hagen and Edward S. Haynes, "Changing Land Use in Bihar, Punjab and Haryana, 1850–1970", *Modern Asian Studies*, 19(3), 1985.

第３章　植民地インドの社会と文化

(1) 粟屋利江「南アジア世界とジェンダー――歴史的視点から」小谷汪之編『現代南アジア５　社会・文化・ジェンダー』東京大学出版会　2003
(2) 粟屋利江「近代から現代へ」奈良康明・下田正弘編『仏教の形成と展開』(新アジア仏教史02　インドⅡ)佼成出版社　2010
(3) 井坂理穂「ボンベイ――エリート層から見た「世界」」羽田正編『地域史と世界史』(MINERVA世界史叢書１)ミネルヴァ書房　2016
(4) 井上貴子『近代インドにおける音楽学と芸能の変容』青弓社　2006
(5) 臼田雅之『近代ベンガルにおけるナショナリズムと聖性』東海大学出版会　2013
(6) 小谷汪之『大地の子――インド近代における抵抗と背理』東京大学出版会　1986
(7) 小谷汪之『ラーム神話と牝牛――ヒンドゥー復古主義とイスラム』(これからの世界史５)平凡社　1993
(8) 小谷汪之編『西欧近代との出会い』(叢書カースト制度と被差別民２)明石書店　1994
(9) 小谷汪之編『現代南アジア５　社会・文化・ジェンダー』東京大学出版会　2003
(10) 竹内啓二『近代インド思想の源流――ラムモホン・ライの宗教・社会改革』新評論　1991
(11) 内藤雅雄編『解放の思想と運動』(叢書カースト制度と被差別民３)明石書店　1994
(12) 丹羽京子『タゴール』清水書院　2011
(13) バーバー・パドマンジー／パンディター・ラマーバーイー(小谷汪之・押川文子訳)『ヒンドゥー社会と女性解放――ヤムナーの旅・高位カーストのヒンドゥー婦人』(インド　解放の思想と文学２)明石書店　1996
(14) 弘中和彦「インド教育史」梅根悟監修・世界教育史研究会編『東南アジア教育史』(世界教育史大系６)講談社　1976
(15) 藤井毅「近現代インドの言語社会史」小谷汪之編『現代南アジア５　社会・文化・ジェンダー』東京大学出版会　2003a

(16) 藤井毅『歴史のなかのカースト――近代インドの〈自画像〉』岩波書店　2003b
(17) 藤井毅『インド社会とカースト』(世界史リブレット86)山川出版社　2007
(18) 三尾稔・福内千絵編『インド　ポピュラー・アートの世界――近代西欧との出会いと展開』千里文化財団　2011
(19) Arnold, David, *Science, Technology and Medicine in Colonial India* (The New Cambridge History of India, III-5), Cambridge: Cambridge University Press, 2000.
(20) Bandyopadhyay, Sekhar, *From Plassey to Partition: A History of Modern India*, New Delhi: Orient Longman, 2004.
(21) Bayly, C. A. (ed.), *The Raj: India and the British, 1600–1947*, London: National Portrait Gallery Publications, 1990.
(22) Bayly, C. A., *Empire and Information: Intelligence Gathering and Social Communication in India, 1780–1870*, Cambridge: Cambridge University Press, 1996.
(23) Bayly, Susan, *Caste, Society and Politics in India from the Eighteenth Century to the Modern Age* (The New Cambridge History of India, IV-3), Cambridge: Cambridge University Press, 1999.
(24) Chandavarkar, Rajnarayan, *The Origins of Industrial Capitalism in India: Business Strategies and the Working Classes in Bombay, 1900–1940*, Cambridge: Cambridge University Press, 1994.
(25) Chandra, Sudhir, *Enslaved Daughters: Colonialism, Law and Women's Rights*, New Delhi: Oxford University Press, 1998.
(26) Chatterjee, Partha, *The Nation and Its Fragments: Colonial and Postcolonial Histories*, Princeton: Princeton University Press, 1993.
(27) Chatterji, Bankimcandra, *Ānandmaṭh, or The Sacred Brotherhood*, tr. by Julius J. Lipner, New York: Oxford University Press, 2005.
(28) Collingham, Lizzie, *Curry: A Biography*, London: Chatto & Windus, 2005.〔リジー・コリンガム(東郷えりか訳)『インド　カレー伝』河出書房新社　2006〕
(29) Dalmia, Vasudha, *The Nationalization of Hindu Traditions: Bhāratendu Hariśchandra and Nineteenth-century Banaras*, New Delhi: Oxford University Press, 1996.
(30) Das, Sisir Kumar, *A History of Indian Literature, Volume VIII, 1800–1910, Western Impact: Indian Response*, New Delhi: Sahitya Akademi, 1991.
(31) Dasi, Bindodini, *My Story and My Life as an Actress*, ed. and tr. by Rimli Bhattacharya, New Delhi: Kali for Women, 1998.
(32) Dobbin, Christine, *Urban Leadership in Western India: Politics and Communities in Bombay City 1840–1885*, London: Oxford University Press, 1972.
(33) Forbes, Geraldine, *Women in Modern India* (The New Cambridge History of India, IV-2), Cambridge: Cambridge University Press, 1996.
(34) Ghosh, Anindita, *Power in Print: Popular Publishing and the Politics of Language and Culture in a Colonial Society*, New Delhi: Oxford University Press, 2006.
(35) Guha, Ranajit, *Elementary Aspects of Peasant Insurgency in Colonial India*, New Delhi: Oxford University Press, 1983.

(36) Guha-Thakurta, Tapati, *The Making of a New 'Indian' Art: Artists, Aesthetics and Nationalism in Bengal, c.1850–1920*, Cambridge: Cambridge University Press, 1992.
(37) Gupt, Somnath, *The Parsi Theatre: Its Origins and Development*, tr. and ed. by Kathryn Hansen, Calcutta: Seagull Books, 2005.
(38) Jones, Kenneth W., *Socio-religious Reform Movements in British India* (The New Cambridge History of India, III-1), Cambridge: Cambridge University Press, 1989.
(39) Joshi, Chitra, *Lost Worlds: Indian Labour and Its Forgotten Histories*, Delhi: Permanent Black, 2003.
(40) Karlekar, Malavika, *Re-visioning the Past: Early Photography in Bengal 1875–1915*, New Delhi: Oxford University Press, 2005.
(41) Kaviraj, Sudipta, *The Imaginary Institution of India: Politics and Ideas*, New York: Columbia University Press, 2010.
(42) King, Christopher R., *One Language, Two Scripts: The Hindi Movement in Nineteenth Century North India*, Bombay: Oxford University Press, 1994.
(43) Kumar, Krishna, *Politics of Education in Colonial India*, New Delhi: Routledge, 2015.
(44) Lal, Brij V. (ed.), *The Encyclopedia of the Indian Diaspora*, Honolulu: University of Hawai'i Press, 2006.
(45) Leach, Edmund and S. N. Mukherjee (eds.), *Elites in South Asia*, London: Cambridge University Press, 1970.
(46) Leyveld, David, *Aligarh's First Generation: Muslim Solidarity in British India*, New Delhi: Oxford University Press, 1996.
(47) Metcalf, Thomas R., *Ideologies of the Raj* (The New Cambridge History of India, III-4), Cambridge: Cambridge University Press, 1994.
(48) Mitter, Partha, *Art and Nationalism in Colonial India, 1850–1922: Occidental Orientations*, Cambridge: Cambridge University Press, 1994.
(49) Nurullah, Syed and J. P. Naik, *A History of Education in India (During the British Period)*, Bombay: Macmillan, 1951.
(50) Oberoi, Harjot, *The Construction of Religious Boundaries: Culture, Identity and Diversity in the Sikh Tradition*, New Delhi: Oxford University Press, 1997.
(51) O'Hanlon, Rosalind, *Caste, Conflict, and Ideology: Mahatma Jotirao Phule and Low Caste Protest in Nineteenth-century Western India*, Cambridge: Cambridge University Press, 1985.
(52) O'Hanlon, Rosalind, *A Comparison between Women and Men: Tarabai Shinde and the Critique of Gender Relations in Colonial India*, Madras: Oxford University Press, 1994.
(53) Palsetia, Jesse S., *The Parsis of India: Preservation of Identity in Bombay City*, Leiden: Brill, 2001.
(54) Pandita Ramabai, *Pandita Ramabai through Her Own Words: Selected Works*, tr. and ed. by Meera Kosambi, New Delhi: Oxford University Press, 2000.
(55) Ranade, Ramabai, *Ranade: His Wife's Reminiscences*, tr. by Kusumavati Deshpande, New Delhi: Government of India, 1963.

(56) Ray, Utsa, *Culinary Culture in Colonial India: A Cosmopolitan Platter and the Middle-Class*, Delhi: Cambridge University Press, 2015.
(57) Sarkar, Sumit, *Modern India 1885-1947*, Delhi: Macmillan, 1983.〔スミット・サルカール(長崎暢子・臼田雅之・中里成章・粟屋利江訳)『新しいインド近代史——下からの歴史の試み』Ⅰ・Ⅱ　研文出版　1993〕
(58) Sarkar, Sumit, *Writing Social History*, New Delhi: Oxford University Press, 1997.
(59) Sarkar, Tanika, *Words to Win: The Making of Amar Jiban, A Modern Autobiography*, New Delhi: Zubaan, 1999.
(60) Seal, Anil, *The Emergence of Indian Nationalism: Competition and Collaboration in the Later Nineteenth Century*, London: Cambridge University Press, 1968.
(61) Sengupta, Jayanta, "Nation on a Platter: the Culture and Politics of Food and Cuisine in Colonial Bengal", *Modern Asian Studies*, 44(1), 2010.
(62) Tarlo, Emma, *Clothing Matters: Dress and Identity in India*, London: Hurst, 1996.
(63) Tharu, Susie and K. Lalita (eds.), *Women Writing in India: 600 B.C. to the Present, Volume I: 600 B.C. to the Early Twentieth Century*, New Delhi: Oxford University Press, 1993.

(20)(57)は，南アジア近代史の概説書で，中間層ばかりではなく多様な社会階層・集団に焦点をあてている(概説書については「南アジア史全般にかかわる文献」「第4巻全体および序章に関する文献」も参照)。(58)は，(57)と同じ著者が，当時の研究動向を批判しながら，植民地期の中間層にかかわるテーマを論じている。(9)は，「現代南アジア」シリーズの一部であり，植民地期の社会・文化に関して本章と関連の深い論文が複数含まれている。(21)は，イギリスで開かれた展覧会にあわせて出版され，多数の画像や詳細な解説を通じて植民地支配とインド社会の変化を追うことができる。

植民地期の教育制度の変遷については(49)が詳しく，(43)は，それらの変遷の意味を多方面から考察する。(14)は，植民地期から独立後にいたるまでのインド教育史をまとめた日本語文献。この時代の中間層の特徴を理解するためには，(45)(60)などでインド各地の状況を網羅的につかむかたちもあれば，特定の都市・地域に関する事例研究から入ることもできる(例えばボンベイに焦点をあてた(3)(32)など)。中間層の衣食住における変化については，(28)(56)(61)(62)などが参考になる。

社会・宗教改革運動に関しては，(38)が網羅的に記述している。具体例については数多くの文献があるが，例えば，(5)(10)ではベンガルの事例が，(6)(51)ではマハーラーシュトラの事例が論じられている。カーストをめぐる議論やカーストを基盤とした組織・運動については，(16)(17)(23)が詳しい。「カースト制度と被差別民」叢書の一部である(11)にも，インド各地のカーストを基盤とした社会運動(とりわけ「不可触民」による運動)に関する諸論文が収められている。(46)はイスラーム，(50)はシク教，(2)は仏教，(53)はゾロアスター教にかかわる社会・宗教改革運動や宗教復興の動きを理解するのに役立つ。(7)は，現代インドにおけるコミュナリズムの問題を歴史的観点から検証するなかで，植民地期における牝牛をめぐる対立を取り上げている。女性のあり方や女子教育，結婚に関する慣習をめぐる議論については，(1)(8)(25)(33)などを参照されたい。インド系移民に関するテーマ

を網羅的に扱った(44)には，移民先の地域における人びとの社会・文化活動に関する情報も含まれている。(35)は，各地の農民反乱に共通して見られる形態や観念を論じている。労働者の生活や活動・意識については，(24)(39)などがある。

言語に関しては，(15)が近現代インドの言語と社会について，北インドを中心に歴史的に考察している。(41)には，近代インドの政治思想を分析した論文が収められているが，本章との関係では，言語に基づくコミュニティやアイデンティティの変化を論じた部分がとりわけ示唆に富む。この時代のヒンディー語・ウルドゥー語に関する議論や両者間の関係については，(29)(42)が詳しい。(30)は，19世紀から20世紀初頭にかけてのインド文学史をジャンル・地域ごとに概観している。(12)は，ベンガルの著名な文学者ラビーンドラナート・タゴールの生涯と作品を追う。(27)は，バンキムチャンドラ・チャタジーの著名なベンガル語小説の英語訳で，詳細な解説がついている。ヒンディー語文学者のバーラテーンドゥ・ハリシュチャンドラについては(29)，ボンベイのパールシー・シアターについては(37)などがある。女性の書き物の事例としては，(13)(31)(52)(54)(55)(59)(63)を参照されたい。この時代の多様な創作・出版活動については，ベンガルに焦点をあてた(34)をはじめ，異なる地域・言語について実証的研究が出されている。(22)は，イギリス支配下のインド社会における情報・知識の伝達のあり方を，出版物の事例も含め，前近代との連続性の観点から分析している。

この時代のインド美術に関しては(48)に詳細な情報があり，ベンガルに焦点をあてた研究としては(36)がある。(18)は，展覧会にあわせて出版されたもので，印刷された神々や神話の絵の事例を見ることができる。(40)は，写真を通じてベンガルの都市中間層の生活や，彼らと写真との関わりを検討する。(4)は，植民地期以降のインドにおける音楽学と芸能の変遷を論じる。

(19)は，植民地インドにおける科学，技術，医学の発展の複雑な過程を追う。(47)は，イギリスがいかなる思想をもって植民地統治の正当化を試みたのかを考察する。ここで論じられているようなインドの社会・歴史に対する支配者側の見方は，インド知識人たちにさまざまな反応を呼び起こしていく。インド知識人の歴史観については，ネーションに関するエリートの言説を論じた(26)が取り上げているほか，各地の社会運動や言語・文学に焦点をあてた諸文献のなかでも検討されている。

補説３　近現代インドの飢饉

(1)　田家康『世界史を変えた異常気象――エルニーニョから歴史を読み解く』日本経済新聞出版社　2011

(2)　脇村孝平『飢饉・疫病・植民地統治――開発の中の英領インド』名古屋大学出版会　2002

(3)　脇村孝平「人口と長期的発展経路――自然環境と「開墾・定住」過程」田辺明生・杉原薫・脇村孝平編『現代インド１　多様性社会の挑戦』東京大学出版会　2015

(4)　脇村孝平「インド19世紀後半の飢饉の歴史像――アイルランド大飢饉との関連で」勝田俊輔・高神信一編『アイルランド大飢饉――ジャガイモ「ジェノサイド」・ジョンブル』刀水書房　2016

(5)　Alamgir, M., *Famine in South Asia: Political Economy of Mass Starvation*, Cambridge,

Mass. : Oelgeschlager, Gunn & Hain, 1980.
(6) Ambirajan, S., “Malthusian Population Theory and Indian Famine Policy in the Nineteenth Century”, *Population Studies*, 30(1), 1976.
(7) Anstey, V., *The Economic Development of India*, London: Longmans, Green, 1929.
(8) Bayly, C. A., *Indian Society and the Making of British Empire*, Cambridge: Cambridge University Press, 1988.
(9) Davis, M., *Late Victorian Holocausts: El Nino Famines and the Making of the Third World*, New York: Verso, 2001.
(10) Dutt, R. C., *Open Letters to Lord Curzon on Famine and Land Assesments in India*, London: Kegan Paul, Trench, Trübner, 1900.
(11) Guha, S., *Health and Population in South Asia: From Earliest Times to the Present*, London: Hurst, 2001.
(12) Lidman R. and Domrese, R. I., “India”, in W. A. Lewis (ed.), *Tropical Development 1880-1913: Studies in Economic Progress*, London: Allen & Unwin, 1970.
(13) Maharatna, A., *The Demography of Famines: An Indian Historical Perspectives*, New Delhi: Oxford University Press, 1996.
(14) McAlpin, *Subject to Famine: Food Crieses and Economic Change in Western India, 1860-1920*, Princeton, N. J.,: Princeton University Press, 1983.
(15) Mizushima, T., “Did India Experience Rapid Population Growth in the Pre-Census Period?: A Village-level Study from South India”, *International Journal of South Asian Studies*, 6, 2013.
(16) Naoroji, D., *Povery and Un-British Rule in India*, London: Swan Sonnenschein, 1901.
(17) Roy, T., *The Economic History of India 1857-1947,* 3rd ed., New Delhi: Oxford University Press, 2011.
(18) Sen, A., *Poverty and Famines: An Essay on Entitlement and Deprivation*, Oxford; Oxford University Press, 1981.
(19) Sen, S. R., *Growth and Instability in Indian Agriculture*, Calcutta: Firma K. L. Mukhopadhyay, 1971.

第６章　第一次世界大戦後から独立までの社会・文化

(1) 粟屋利江「ケーララにおけるティーヤルの「カースト運動」の諸相――英領マラバールを中心に」小谷汪之編『インドの不可触民――その歴史と現在』明石書店　1997
(2) 粟屋利江「「白人女性の責務(The White Woman's Burden)」――インド支配とイギリス人女性をめぐる研究動向」『歴史評論』612号　2001
(3) スワーミー・サハジャーナンド・サラスワティー(桑島昭訳)『農民組合の思い出――インド農民との出会い』嵯峨野書院　2002
(4) スミット・サルカール(長崎暢子・臼田雅之・中里成章・粟屋利江訳)『新しいインド近代史――下からの歴史の試み』Ⅰ・Ⅱ　研文出版　1993
(5) ファイズ・アハマド・ファイズ(片岡弘次訳編)『ファイズ詩集』花神社　1999
(6) Abbas, Khwaja Ahmad, *I am not an Island: An Experiment in Autobiography*, New

Delhi: Vikas Publishing House, 1977.
(7) Ahmad, Muzaffar, *Myself and the Communist Party of India 1920–1929*, translated from Bengali by Prabhas Kumar Sinha, Calcutta: National Book Agency, 1970.
(8) Amin, Shahid, "Gandhi as Mahatma: Gorakhpur District, Eastern UP, 1921–2", in Ranajit Guha (ed.), *Subaltern Studies*, Vol. 3, New Delhi: Oxford University Press, 1984.
(9) Ashraf, K. M., *An Overview of Indian Muslim Politics (1920–1947)*, translated from Urdu and edited with Introduction by Jaweed Ashraf, New Delhi: Manak Publications, 2001.
(10) Basu, Aparna and Bharati Ray, *Women's Struggle: A History of the All India Women's Conference, 1927–2002*, 2nd ed., New Delhi: Manohar, 2003.
(11) Basu, Swaraj (ed.), *An Unforgettable Dalit Voice: Life, Writings and Speeches of M. C. Rajah*, New Delhi: Manohar, 2012.
(12) Bhattacharya, Sabyasachi, *Vande Mataram: The Biography of a Song*, New Delhi: Penguin Books, 2003.
(13) Chakrabarty, Dipesh, *Rethinking Working-Class History: Bengal 1890–1940*, Princeton: Princeton University Press, 1989.
(14) Chandavarkar, R., *The Origins of Industrial Capitalism in India: Business Strategies and the Working Classes in Bombay, 1900–1940*, Cambridge: Cambridge University Press, 1994.
(15) Chatterji, Bankimchandra, *Ānandamaṭh, or The Sacred Brotherhood*, translated by Julius J. Lipner, New York: Oxford University Press, 2005.
(16) Coppola, Carlo, "The All-India Progressive Writers' Association: The Early Phase", in Carlo Coppola (ed.), *Marxist Influences and South Asian Literature*, Delhi: Chanakya Publications, 1988.
(17) Cousins, Margaret E., *Indian Womanhood Today*, rev. ed., Allahabad: Kitabistan, 1947.
(18) Dharmatheertha, Swami, *No Freedom with Caste: The Menace of Hindu Imperialism*, edited by G. Aloysius, Delhi: Media House, 2004/1941.
(19) Edib, Halidé, *Inside India*, New Delhi: Oxford University Press, 2002.
(20) Gokhale, Jayashree, *From Concessions to Confrontation: The Politics of an Indian Untouchable Community*, Bombay: Popular Prakashan, 1993.
(21) Gooptu, Nandini, *The Politics of the Urban Poor in Early Twentieth-Century India*, Cambridge: Cambridge University Press, 2001.
(22) Gopalan, A. K., *In the Cause of the People: Autobiographical Reminiscences*, Madras: Sangam Books, 1976.
(23) Govindan, K. C., *Memoires of an Early Trade Unionist*, Trivandrum: Centre for Development Studies, 1986.
(24) Guha, Ranajit, *Elementary Aspects of Peasant Insurgency in Colonial India*, New Delhi: Oxford University Press, 1983.
(25) Hauser, Walter (ed.), *Sahajanand on Agricultural Labour and the Rural Poor*, New Delhi: Manohar, 1994.

(26) Ikramullah, Shaista Suhrawardy, *From Purdah to Parliament*, Karachi: Oxford University Press, 1998.

(27) Irschick, Eugene F., *Politics and Social Conflict in South India: The Non-Brahman Movement and Tamil Separatism, 1916–1929*, Bombay: Oxford University Press, 1969.

(28) Jigyasu, Chandrika Prasad, *Shree 108 Swami Achhutanandji 'Harihar'*, Lucknow: Bahujan Kalyan Prakashan, 1968, in *Multiple Marginalities: An Anthology of Identified Dalit Writings*, edited, compiled and translated by Badri Narayan and A. R. Misra, New Delhi: Manohar, 2004.

(29) Juergensmeyer, Mark, *Religion as Social Vision: The Movement against Untouchability in 20th-Century Punjab*, Berkeley: University of California Press, 1982.

(30) Kazim, Lubna (ed.), *A Woman of Substance: The Memoirs of Begum Khurshid Mirza (1918–1989)*, New Delhi: Zubaan, 2005.

(31) Khote, Durga, *I, Durga Khote: An Autobiography*, translated from Marathi by Shanta Gokhale, New Delhi: Oxford University Press, 2006.

(32) Kumar, Arun, *Rewriting the Language of Politics: Kisans in Colonial Bihar*, New Delhi: Manohar, 2001.

(33) Kumar, Radha, "Family and Factory: Women in the Bombay Cotton Textile Industry, 1919–1939", in J. Krishnamurty (ed.), *Women in Colonial India: Essays on Survival, Work and the State*, New Delhi: Oxford University Press, 1989.

(34) Kumar, Sukrita Paul and Sadique (eds.), *Ismat: Her Life, Her Times*, New Delhi: Katha, 2000.

(35) Lindberg, Anna, *Experience and Identity: A Historical Account of Class, Caste, and Gender among the Cashew Workers of Kerala, 1930–2000*, Lund: Lund University, 2001.

(36) Masud, Iqbal, *Dream Merchants, Politicians and Partition: Memoirs of an Indian Muslim*, New Delhi: HarperCollins Publishers India, 1997.

(37) Moon, Vasant, *Growing up Untouchable in India: A Dalit Autobiography*, translated from the Marathi by Gail Omvedt, Lanham: Rowman & Littlefield Publishers, 2001.

(38) Nair, Janaki, *Miners and Millhands: Work, Culture and Politics in Princely Mysore*, New Delhi: Sage, 1998.

(39) Narayan, Badri and A. R. Misra (eds.), *Multiple Marginalities: An Anthology of Identified Dalit Writings*, New Delhi: Manohar, 2004.

(40) Narayana Rao, Velcheru, "The Politics of Telugu Ramayanas: Colonialism, Print Culture, and Literary Movements", in Paula Richman (ed.), *Questioning Ramayanas: A South Asian Tradition*, Berkeley: University of California Press, 2001.

(41) Rajah, M. C., *The Oppressed Hindus*, Madras: Huxley Press, 1925.

(42) Ranga, N. G., *Fight for Freedom*, Delhi: S. Chand, 1968.

(43) Rao, Anupama, *The Caste Question: Dalits and the Politics of Modern India*, Ranikhet: Permanent Black, 2010.

(44) *Report of the Indian Cinematograph Committee, 1927–1928*, Madras: The Government of India Central Publication Branch, 1928.

(45) Richman, Paula, "E. V. Ramasami's Reading of the Rāmāyaṇa", in Paula Richman (ed.), *Many Rāmāyaṇas: The Diversity of a Narrative Tradition in South Asia*, Berkeley: University of California Press, 1991.
(46) Sarkar, Sumit, "The Conditions and Nature of Subaltern Militancy: Bengal from Swadeshi to Non-Co-operation, c. 1905–22", in Ranajit Guha (ed.), *Subaltern Studies*, Vol. 3, New Delhi: Oxford University Press, 1984.
(47) Sattanathan, A. N., *Plain Speaking: A Sudra's Story*, edited by Uttara Natarajan, Delhi: Permanent Black, 2007.
(48) Sen, Samita, *Women and Labour in Late Colonial India: The Bengal Jute Industry*, Cambridge: Cambridge University Press, 1999.
(49) Shahnawaz, Jahan Ara, *Father and Daughter: A Political Autobiography*, Karachi: Oxford Univeristy Press, 2002.
(50) Singer, Wendy, *Creating Histories: Oral Narratives and the Politics of History-Making*, New Delhi: Oxford University Press, 1997.
(51) Sinha, Mrinalini, *Specters of Mother India: The Global Restructuring of an Empire*, Durham/London: Duke University Press, 2006.
(52) Sivaraman, Mythilly, *Fragments of a Life: A Family Archive*, New Delhi: Zubaan, 2006.
(53) Venkatachalapathy, A. R., "Domesticating the Novel: Society and Culture in Inter-War Tamil Nadu", *The Indian Economic and Social History Review*, 34(1), 1997.
(54) Venkatachalapathy, A. R., *In Those Days There Was No Coffee: Writings in Cultural History*, New Delhi: Yoda Press, 2006.
(55) Zaheer, Sajjad, *The Light: A History of the Movement for Progressive Literature in the Indo-Pakistan Subcontinent*, translated from Urdu by Amina Azfar, Karachi: Oxford University Press, 2006.

(2)(10)(17)(26)(30)(31)(33)(34)(35)(48)(49)(52)は，いずれもこの時期の白人女性を含む女性の動向に関する研究書および自伝である。(2)は，イギリス帝国支配と白人女性とのさまざまな関係のあり方をサーヴェイしたものであり，(17)は，インドの女性運動と深くかかわったアイルランド人神智学協会員マーガレット・カズンズによるインド女性運動の概観である。(10)は，全国的なインド女性組織としてはもっとも重要であった全インド女性会議の歴史を扱っている。(33)(35)(48)は，それぞれボンベイの繊維産業，ケーララのカシュー産業，ベンガルのジュート産業における女性労働者に関する研究である。(26)(49)は，上層イスラームの家に生まれ，公の舞台に進出した女性政治家の自伝であり，インド民族運動をイスラーム，女性の視点から再考するのに適する。(52)は，自身が活動家である筆者が，閉ざされたバラモン世帯に生きた祖母の人生をわずかな手がかりから再構築しようと試みた作品である。(30)(31)は，初期のインド映画界で活躍した，それぞれイスラームとヒンドゥーの女優による回顧である。(30)は，1932年に刊行され物議をかもし，翌年，発禁処分となったウルドゥー作品集に唯一女性として作品を提供した社会主義者ラシード・ジャハーンの妹によるものであり，彼女に関しても重要な情報を伝える。なお，初期のインド映画界をめぐる諸事情については，(44)が役に立つ。(34)は，もっとも有名なウルドゥー女性

作家の一人イスマト・チュグターイーのエッセーや，彼女に関する回顧を集めたものであり，彼女の波瀾に満ちた人生と人間性を多角的に知ることを可能にする。彼女の作品は多くが英訳されており，同時に読まれるべきである。(51)は，アメリカ人女性ジャーナリストの著作『マザー・インディア』(1927年)が惹起した論争の影響や意義を多角的に分析した大著で，インドのジェンダー史研究の成熟を印象づける。

(5)(6)(7)(9)(36)(55)は，ムスリムにかかわる文献である。(5)は，進歩主義作家運動の代表的な作家の詩集であり，(55)は，同運動で指導的な立場にあった人物による同運動の歴史を内部から描いた貴重な文献である。進歩主義文学については，多くの研究書があるが，(16)は，代表的な研究者による論考である。(6)の著者も，進歩主義作家運動に深く関与した人物であり，また，インド映画界でも活躍した。(7)は，初期共産主義運動の活動家による自伝である。(9)は，マルクス主義歴史家によるインド独立前のムスリム政治を描いた作品である。これらの文献はいずれも，インド民族運動のなかで台頭してくる宗教的な対立がムスリム知識人にもたらしたジレンマや苦悩を伝える。(19)は，1930年代にインドを訪れたトルコ人女性作家・政治家による記録であるが，外部から当時のインドにおける宗教と政治について書き記した貴重な資料である。ナショナリスト感情を高揚させつつ，同時に一部のムスリムからの反発を呼んだスローガン「バンデー・マータラム」については，(12)(15)が参考になる。

(1)(11)(18)(20)(21)(28)(29)(37)(39)(40)(41)(43)(45)(47)は，下位カースト，とくにダリト(不可触民)の運動に関係する研究書，および自伝である。(1)は，ケーララにおけるティーヤル／イーラワル集団のカースト運動，マハールの運動は，(20)(43)，パンジャーブ地域のアード・ダルム運動は，(29)が扱う。(22)は，ウッタル・プラデーシュ州の都市部の貧困層の諸運動を広く視野に入れた研究であるが，アーディ・ヒンドゥー運動についても１章をあてている。(28)は，アーディ・ヒンドゥー運動の指導者の評伝である。これが収められた(39)は，ダリトによる歴史叙述を集めており，極めて興味深い。(18)の筆者は下位カースト出身ではないが，下位カーストの視点に立ったインド歴史の読み替えの例の一つである。『ラーマーヤナ』は，地域や階層，ジェンダーなどによってさまざまなヴァージョンが存在することが指摘され，研究対象となってきたが，反カースト制度の視点から読み替えられた事例が，(40)(45)で取り上げられている。下位カースト・ダリトによる自伝や書き物・スピーチの刊行や英語翻訳が進んでいるが，タミル・ナードゥのダリト指導者の一人の書き物が(11)(41)であり，(47)は，タミル・ナードゥの後進諸階級委員会の委員長を務めた人物の回想録と，ドラヴィダ運動に関する講演記録を，彼の死後，甥がまとめ刊行したものである。(37)は，アンベードカル運動に関与した人物による自伝であり，同運動に関する研究に必読の書の一つである。タミル地域の反バラモン運動・ドラヴィダ運動を扱った多くの研究書のなかで，初期の成果が(27)である。

(3)(13)(14)(22)(23)(25)(32)(38)(42)(50)は，農民運動・労働運動に関する研究書，および自伝である。(3)(25)は，ビハールを中心とする農民運動の指導者による回想記の邦訳・英訳である。同運動を農民たち自身の価値観や宗教観などから描こうとしたのが，(32)である。(50)も，同様に北ビハールに焦点をあて，オーラル・ヒストリーの手法を使って農民世界を描く。とくに女性の意識や活動に光をあてている点で重要である。マイソール藩王国領の二つの地域における労働者，すなわちバンガロールの繊維労働者とコーラール金鉱労働者の

運動を扱った(38)も，労働者たちの価値観や生活世界に迫る。(13)は，サバルタン・スタディーズ・グループの中核的メンバーが，ベンガルのジュート産業労働者の意識や活動を，(14)は，同グループに批判的な立場から，ボンベイの繊維労働者についてその形成の特徴を論じたものである。昨今，再度注目されつつある労働史研究のなかでいずれも重要な位置を占める研究である。(22)(23)は，ケーララにおける共産主義運動，労働・農民運動の指導者による自伝・回想であり，一方，(42)は，アーンドラ地域における農民運動指導者による自伝である。こうした自伝や回想は，実際の農民・労働運動の「雰囲気」を感得するのに役立つ。

(8)(24)はともに，「下からの歴史」をめざした初期サバルタン・スタディーズ・グループによる代表的な成果である。(8)は，ガーンディーの主張が実際に一般民衆のあいだでどのように再解釈されたかを検討しており，(24)は，農民反乱の諸相について包括的かつ構造的に分析している。どちらもしばしば言及され，影響力ある研究である。(46)も，従属的な階層(サバルタン)が見せる戦闘性を，ベンガルを事例に再考している。(4)は，1885年から独立までを扱った優れた概説書である。

タミル語出版史について造詣のある研究者による(53)は，小説の社会的受容について論じ，(54)は，文学のみならず，コーヒーやタバコなど，消費文化の諸相について新たな知見をもたらす論考を複数収めている。

補説４　第一次世界大戦からインド独立までのインドの教育

(1)　弘中和彦『発展途上国における留学の問題』アジア経済研究所　1970
(2)　弘中和彦「インド教育史」『東南アジア教育史』(世界教育史大系６)講談社　1976
(3)　弘中和彦『万物帰一の教育――ガンディー　タゴール』明治図書　1990

第７章　独立後のインドの政治

(1)　カカ・D・イラル(木村真希子・南風島渉訳)『血と涙のナガランド――語ることを許されなかった民族の物語』コモンズ　2011
(2)　岡本幸治・木村雅昭編『南アジア』(紛争地域現代史３)同文舘　1993
(3)　孝忠延夫・浅野宜之『インドの憲法――21世紀「国民国家」の将来像』関西大学出版部　2006
(4)　古賀正則・内藤雅雄・中村平治編『現代インドの展望』岩波書店　1998
(5)　近藤則夫編『インド民主主義体制のゆくえ――挑戦と変容』(研究双書580)　日本貿易振興機構アジア経済研究所　2009
(6)　近藤則夫『現代インド政治――多様性の中の民主主義』名古屋大学出版会　2015
(7)　佐藤宏編『南アジア現代史と国民統合』(研究双書366)アジア経済研究所　1988
(8)　中溝和弥『インド：暴力と民主主義――一党優位支配の崩壊とアイデンティティの政治』東京大学出版会　2012
(9)　中村平治『南アジア現代史Ⅰ　インド』(世界現代史９)山川出版社　1977
(10)　廣瀬和司『カシミール／キルド・イン・ヴァレイ――インド・パキスタンの狭間で』現代企画室　2011
(11)　広瀬崇子・北川将之・三輪博樹編『インド民主主義の発展と現実』勁草書房　2011

(12) 堀本武功『インド　第三の大国へ――〈戦略的自律〉外交の追求』岩波書店　2015
(13) Brass, Paul R., *The Production of Hindu-Muslim Violence in Contemporary India*, New Delhi: Oxford University Press, 2003.
(14) Chandra, Kanchan, *Why Ethnic Parties Succeed: Patronage and Ethnic Head Counts in India*, Cambridge: Cambridge University Press, 2004.
(15) Frankel, Francine R., *India's Political Economy, 1947–1977: The Gradual Revolution*, Princeton: Princeton University Press, 1978.
(16) Galanter, Marc, *Competing Equalities: Law and the Backward Classes in India*, Berkely: University of California Press, 1984.
(17) Hasan, Zoya, *Quest For Power: Oppositional Movements and Post Congress Politics in Uttar Pradesh*, Delhi: Oxford University Press, 1998.
(18) Jaffrelot, Christophe, *The Hindu Nationalist Movement and Indian Politics 1925 to the 1990s*, New Delhi: Penguin Books, 1996.
(19) Jannuzi, F. Tomasson, *India's Persistent Dilemma: The Political Economy of Agrarian Reform*, Boulder: Westview Press, 1994.
(20) Kochanek, Stanley A., *Business and Politics in India*, Berkeley: University of California Press, 1974.
(21) Kohli, Atul, *Democracy and Discontent: India's Growing Crisis of Governability*, Cambridge: Cambridge University Press, 1990.
(22) McMahon, Robert J., *The Cold War on the Periphery: The United States, India, and Pakistan*, New York: Columbia University Press, 1994.
(23) Nayar, Baldev Raj, *India's Mixed Economy: The Role of Ideology and Interest in its Development*, Bombay: Popular Prakashan, 1989.
(24) Pai, Sudha, *Dalit Assertion and the Unfinished Democratic Revolution: The Bahujan Samaj Party in Uttar Pradesh*, New Delhi: Sage, 2002.
(25) Såez, Lawrence, *Federalism Without A Centre: The Impact of Political and Economic Reform on India's Federal System*, New Delhi: Sage, 2002.
(26) Stepan, Alfred, Juan J. Linz and Yogendra Yadav, *Crafting State-Nations: India and Other Multinational Democracies*, Baltimore: The Johns Hopkins University Press, 2011.
(27) Weiner, Myron, *Party Building in A New Nation: The Indian National Congress*, Chicago: University of Chicago Press, 1967.
(28) Wilkinson, Steven I., *Votes and Violence: Electoral Competition and Communal Riots in India*, Cambridge: Cambridge University Press, 2004.

現代インドの政治を理解するためには前提としてインド憲法を知ることが重要であるが，(3)は憲法の丁寧な翻訳である。独立後のインド現代政治の通史としては(9)が，1970年代までの展開をまとめている。現代政治の多様な側面を理解するため，幅広いトピックについて集めた論文集としては，(4)(5)がある。民主主義・制度・社会変動と政治・地方自治などさまざまなトピックが論じられている。また，独立後長期にわたり政党政治の中心にあった国民会議派の構造変化をたどることも重要である。その組織を分析して

インド政治を描き出したのが，(21)(27)である。(21)は，(27)の研究をベースにおこなわれた研究で，両者を比較すると1960年代から80年代の会議派の変質が明らかとなる。(11)は，2009年の連邦下院選挙を切断面とした選挙政治のまとめである。

独立後のインド政治展開を理解するための一つの重要な視点はポリティカル・エコノミーである。(15)は，1977年の国内非常事態宣言の終りまでを経済政策，とくに農村開発政策を媒介に政党政治と経済を説明した，もはや古典といえる著作である。農村の政治の重要なポイントは土地改革および農業の資本主義的発展であるが，これに関しては(19)が要領よく説明をおこなっている。工業開発政策については，国民会議派のいわゆる「社会主義型社会」イデオロギーおよび政策の形成と失敗の経緯を理解することが重要であるが，この点に関しては(23)が明確な説明を与えている。関連して(20)は，会議派政治とビジネス界の関係を詳細に分析した好著である。

独立後の長期的な社会経済変動により，従来下層に押し込められてきた階層が台頭する。この構造変動に関して「後進階級」の運動が重要であるが，(16)は，後進階級の上昇運動が民主主義制度のなかでどのように展開していったか詳細に分析した好著である。(14)(24)は，現在「ダリト」ともいわれる歴史的に最底辺に押し込められた階層の政治的覚醒・上昇をめぐる政治を扱っている。従来の支配階層・後進階級・ダリトなどさまざまな階層の運動が政党政治のなかで相互に関係し合って実際の政治は展開するが，その実像をインド最大のウッタル・プラデーシュ州について分析したのが(17)である。

一方，宗教の違いに起因する紛争は独立インドでも解消されたとはいえない。とくにヒンドゥー民族主義の拡大はさまざまな問題，とくにムスリムとの対立を惹起している。これに関して多くの研究がおこなわれてきた。(18)は，ヒンドゥー民族主義がムスリムなどを敵対的な他者と位置づけることによって反対に多数派「ヒンドゥー」のアイデンティティをつくりあげていったことを論じたもので，(13)は宗教暴動がいかに政治的に組織されたものであるかということを説得的に論証した著作である。また(28)は，ヒンドゥー教徒対ムスリムの暴力が選挙政治といかにかかわりあっているか実証している。(8)は，ビハール州のヒンドゥー教徒対ムスリムの暴動に焦点をあて，民主主義における宗教暴力の意味を考えているところに特徴がある。

インド民主主義体制の限界を考えるうえでは，どのような紛争が起きているか知ることが重要である。インドのような多様な民族・階級・カーストなどが混在する社会では国民統合の諸問題が民主主義に深刻な問題を投げかけるが，(7)は，インドを中心に南アジアの国民統合の問題を分析した論文集である。強引な国民統合はさまざまな紛争を引き起こすが，(2)は，1990年までのインドを中心として南アジアの主要な紛争をまとめている。一方，紛争を評価する際に重要なのはインド国家が紛争に実際どのように対処してきたか，民衆の目から確認することである。(1)は，北東部ナガランドでインドへ併合されることを拒否した民族の苦難，そして(10)は，インドの国民統合に根本的問題を突きつけているカシュミールで住民の抑圧されている実態に迫った報告である。多民族国家インドを考えるうえで連邦制の問題は避けてとおれないが，(25)(26)は，それぞれ政治・経済改革，国家統合の観点から連邦制を論じている。

(6)は，独立から2010年代までを選挙を中心とする政党政治，ポリティカル・エコノミー，国民統合の観点から総合的にまとめたものである。

最後に国際政治は国内政治に関しても一定の影響を与える。⑵2は，冷戦構造におけるインドの位置づけを分析した定評のある研究書であり，⑿は，大国をめざす現在のインドの立ち位置を分析した著作である。

第８章　独立後インドの経済政策とマクロ経済パフォーマンス

⑴　石上悦郎・佐藤隆広編『現代インド・南アジア経済論』ミネルヴァ書房　2011

⑵　伊藤正二編『インドの工業化――岐路に立つハイコスト経済』アジア経済研究所　1988

⑶　絵所秀紀『現代インド経済研究――金融革命と経済自由化をめぐる諸問題』法政大学出版局　1987

⑷　絵所秀紀『開発経済学――形成と展開』法政大学出版局　1991

⑸　絵所秀紀『開発経済学とインド――独立後インドの経済思想』日本評論社　2002

⑹　絵所秀紀編『現代南アジア２　経済自由化のゆくえ』東京大学出版会　2002

⑺　絵所秀紀『離陸したインド経済――開発の軌跡と展望』ミネルヴァ書房　2008

⑻　絵所秀紀・佐藤隆広編『激動のインド３　経済成長のダイナミズム』日本経済評論社　2014

⑼　木曽順子『インド　開発のなかの労働者――都市労働市場の構造と変容』日本評論社　2003

⑽　木曽順子『インドの経済発展と人・労働』日本評論社　2012

⑾　ラーマチャンドラ・グハ(佐藤宏訳)『インド現代史　1947-2007』上・下　明石書店　2012［Ramachandra Guha, *India After Gandhi*, London: Macmillan, 2007.］

⑿　佐藤隆広『経済開発論――インドの構造調整計画とグローバリゼーション』世界思想社　2002

⒀　佐藤宏『インド経済の地域分析』古今書院　1994

⒁　グルチャラン・ダース(友田浩訳)『インド　解き放たれた賢い象』集広舎　2009［Grucharan Das, *India Unbound*, New Delhi: Penguin, latest edition 2015.］

⒂　スカモイ・チャクラヴァルティ(黒沢一晃・脇村孝平訳)『開発計画とインド』世界思想社　1989［Sukhamoy Chakravarty, *Development Planning: The Indian Experience*, Oxford: Clarendon Press, 1989.］

⒃　中村平治編『インド現代史の展望』青木書店　1972

⒄　V・N・バラスブラマニヤム(古賀正則監訳)『インド経済概論――途上国開発戦略の再検討』東京大学出版会　1988［V. N. Balasubramanyam, *The Economy of India*, London: George Weidenfeld & Nicoldon, 1984.］

⒅　プラナブ・バルダン(近藤則夫訳)『インドの政治経済学』勁草書房　2000［Pranab Bardhan, *The Political Economy of Development in India*, New Delhi: Oxford University Press, 1984.］

⒆　柳澤悠『現代インド経済――発展の淵源・軌跡・展望』名古屋大学出版会　2014

⒇　柳澤悠・水島司編『激動のインド４　農業と農村』日本経済評論社　2014

㉑　Ahluwalia, Isher Judge. *Industrial Growth in India: Stagnation since the Mid-Sixties*, Delhi: Oxford University Press, 1985.

(22) Ahluwalia, Montek. "Balance-of-Payment Adjustment in India, 1970–71 to 1983–84", *World Development*, 14(8), 1986.
(23) Bhagwati, Jagdish and Arvind Panagariya, *Why Growth Matters*, New York: Public Affairs, 2013.
(24) Chakravarty, Sukhamoy, "On the Question of Home Market and Prospects for Indian Growth", *Economic and Political Weekly*, 14(30–32), Special Number, 1979.
(25) Chandra, Bipan, Mridula Mukherjee and Aditya Mukherjee, *India after Independence 1947–2000*, New Delhi: Penguin Books, 1999.
(26) Drèze, Jean P. and Amartya K. Sen, *India: Development and Participation*, Oxford: Oxford University Press, 2002.
(27) Drèze, Jean P. and Amartya K. Sen, *An Uncertain Glory: India and Its Contradictions*, Princeton/Oxford: Princeton University Press, 2013.
(28) Frankel, Francine R., *India's Political Economy 1947–2004*, 2nd ed., New Delhi: Oxford University Press, 2005.
(29) GOI (Government of India), *Economic Survey 1975–76*, New Delhi, 1976.
(30) GOI (Government of India), *Economic Survey 2005–06*, New Delhi, 2006.
(31) GOI (Government of India), *Economic Survey 2010–11*, New Delhi, 2011.
(32) GOI (Government of India), *Economic Survey 2012–13*, New Delhi, 2013.
(33) GOI (Government of India), *Economic Survey 2013–14*, New Delhi, 2014.
(34) GOI (Government of India), *Economic Survey 2014–15*, New Delhi, 2015.
(35) Joshi, Vijay and I. M. D. Little, *India: Macroeconomics and Political Economy 1964–1991*, Delhi: Oxford University Press, 1994.
(36) Krishna, Vijay, "Raj Krishna", in Kaushik Basu (ed.), *Oxford Companion to Economics in India*, New Delhi: Oxford University Press, 2007.
(37) Lipton, Michael and John Toye, *Does Aid Work in India? A Country Study of the Official Development Assistance*, London/New York: Routledge, 1990.
(38) Nayarit, Deepak, "Economic Growth in Independent India: Lumbering Elephant or Running Tiger", *Economic and Political Weekly*, April 15, 2006.
(39) Nayyar, Deepak (ed.), *Industrial Growth and Stagnation: The Debate in India*, Delhi: Oxford University Press, 1994.
(40) Panagariya, Arvind, *India: The Emerging Giant*, New Delhi: Oxford University Press, 2008.
(41) RBI (Reserve Bank of India), *Handbook of Statistics on Indian Economy 2007–08*, Mumbai, 2008.
(42) RBI (Reserve Bank of India), *Handbook of Statistics on Indian Economy 2011–12*, Mumbai, 2012.
(43) Rudra, Ashok. *Prasanta Chandra Maharanobis: A Biography*, Delhi: Oxford University Press, 1996.
(44) Sivasubramonian, S., *The National Income of India in the Twentieth Century*, New Delhi: Oxford University Press, 2000.

(45) Tomlinson, B. R., *The Economy of Modern India 1860–1970*, New Delhi: Cambridge University Press, 1998.
(46) Visaria, Leela and Pravin Visaria, “Long-Term Population Projections for Major States, 1991–2101”, *Economic and Political Weekly*, November 8, 2003.

(1)(2)(7)(8)は，インド工業の成長，工業政策，工業化の主体，主要産業の特質などを概説した入門書。(3)は，1969年の商業銀行国有化以降のインド銀行業の評価と80年代の経済自由化を分析・評価した研究書。(4)は，開発経済学の流れをインド・モデルから韓国モデルへの転換としてとらえたもの。第２章では，インドで展開された経済停滞と経済自由化をめぐる論争が紹介されている。(5)は，ネルー時代の経済思想に焦点をあてて，インドを代表する９人のエコノミストの議論を経済パフォーマンスとの関連において評価した研究書。(6)は，経済自由化が本格化した1991年以降の経済パフォーマンスをマクロ経済・金融・農業・工業・労働・技術移転などの各面から分析した研究書。共同研究の成果。(9)(10)は，インドの労働市場に焦点をあてて分析した研究書。とくに非組織部門労働市場の分析とアフマダーバードでおこなったフィールドスタディの成果が盛られている。(13)は，インド経済を空間的・地域的な観点から分析した研究書。工業，農業，都市化と人口移動，州財政が取り上げられている。(16)は，マルクス主義史観に立って，独立後インドの経済・政治・農民運動・労働運動などを論じたパイオニア的な共同研究の成果。(22)は，1970・71年から83・84年にかけての国際収支調整の経験を丁寧に描き出した論文。(24)は，1970年代のインド経済成長を阻んでいる主要因を国内需要の低迷に求めた論文。(29)〜(34)は，インド政府が毎年発表している「経済白書」(年次経済報告)。(36)は，経済辞典項目の一つで，経済学者ラージ・クリシュナが提唱した「ヒンドゥー成長率」を説明した項目。(37)は，援助の有効性を評価した，いわゆる「カッセン報告」(Robert Cassen & Associates, *Does Aid Works?* 1985)を構成する国別報告のうちインドを対象とした研究。(38)は，長期のトレンドから見た場合，独立後インドの経済成長率の転換点が1950年と1980年にあることを指摘した論文。(39)は，『エコノミック・アンド・ポリティカル・ウィークリー(*Economic and Political Weekly*)』誌上でおこなわれたインドの経済停滞の性格と原因に関する主要論文集。(41)(42)は，インド準備銀行(中央銀行)が毎年刊行している基本経済データ集。(43)は，ネルーの右腕として活躍し，第２次五カ年計画を策定したマハラノビスの評伝。(45)は，植民地時代の1860年から1970年までの政治と経済の歴史を論じた基本的文献。入門書としても最適。(11)(14)(19)(25)(28)は，それぞれ歴史，経済史に重点をおいた基本文献。(15)(17)(18)(21)(23)(26)(27)(35)(40)(44)は，経済学・政治経済学的アプローチによる代表的なインド経済論。(46)は，インド主要州別ごとの人口予測をおこなったもの。

補説７　アマルティア・センと経済学のフロンティア

(1) 絵所秀紀・山崎幸治編『アマルティア・センの世界——経済学と開発研究の架橋』晃洋書房　2004
(2) 鈴村興太郎・後藤玲子『アマルティア・セン——経済学と倫理学』実教出版　2001
(3) アマルティア・セン(鈴村興太郎訳)『福祉の経済学』岩波書店　1988［Amartya Sen, *Commodities and Capabilities*, Oxford University Press, 1999.］

(4)　アマルティア・セン（池本幸生・野上裕生・佐藤仁訳）『不平等の再検討』岩波書店　1999［Amartya Sen, *Inequality Reexamined*, Harvard University Press, 1995.］
(5)　アマルティア・セン（黒崎卓・山崎幸治訳）『貧困と飢饉』岩波書店　2000［Amartya Sen, *Poverty and Famine: An Essay on Entitlement and Deprivation*, Clarendon Press, 1982.］
(6)　アマルティア・セン（石塚雅彦訳）『自由と経済開発』日本経済新聞社　2000［Amartya Sen, *Development as Freedom*, Oxford University Press, 1999.］
(7)　アマルティア・セン（徳永澄憲・松本保美・青山治城訳）『経済学の再生』麗澤大学出版会　2002［Amartya Sen, *On Ethics and Economics*, Oxford University Press, 1993.］
(8)　アマルティア・セン（佐藤宏・粟屋利江訳）『議論好きなインド人』明石書房　2008
(9)　アマルティア・セン（山形浩生訳）『インドから考える』NTT出版　2016
(10)　アマルティア・セン/ジャン・ドレーズ（湊一樹訳）『開発なき成長の限界』明石書房　2015

第９章　独立後インドの社会と文化

(1)　粟屋利江「フェミニズムとカーストとの不幸な関係？――ダリト・フェミニズムからの提起」粟屋利江・井坂理穂・井上貴子編『現代インド５　周縁からの声』東京大学出版会　2015
(2)　粟屋利江・井上貴子編『インド ジェンダー研究ハンドブック』東京外国語大学出版会　2018
(3)　井坂理穂「多言語文化における出版文化と社会運動」粟屋利江・井坂理穂・井上貴子編『現代インド５　周縁からの声』東京大学出版会　2015
(4)　石坂晋哉『現代インドの環境思想と環境運動――ガーンディー主義と〈つながりの政治〉』昭和堂　2011
(5)　宇佐美好文「働く――就業構造の変化と労働力移動」押川文子・宇佐美好文編『激動のインド５　暮らしの変化と社会変動』日本経済評論社　2015
(6)　江原等子「クィア政治」粟屋利江・井坂理穂・井上貴子編『現代インド５　周縁からの声』東京大学出版会　2015
(7)　小原優貴『インドの無認可学校研究――公教育を支える「影の制度」』東信堂　2014
(8)　喜多村百合『インドの発展とジェンダー――女性NGOによる開発のパラダイム転換』新曜社　2004
(9)　ラーマチャンドラ・グハ（佐藤宏訳）『インド現代史　1947-2007』上・下　明石書店　2012
(10)　佐々木宏『インドにおける教育の不平等』明石書店　2011
(11)　田中雅一「女神と共同体の祝福に抗して――現代インドのサティー（寡婦殉死）論争」田中雅一編『暴力の文化人類学』京都大学学術出版会　1998
(12)　ルイ・デュモン（田中雅一・渡辺公三訳）『ホモ・ヒエラルキクス――カースト体系とその意味』みすず書房　2001
(13)　常田夕美子「空間の再編と社会関係の変容――農村，都市，海外をつなぐ親密ネッ

トワーク」三尾稔・杉本良男編『現代インド6　環流する文化と宗教』東京大学出版会　2015
(14) 長崎暢子・堀本武功・近藤則夫編『現代インド3　深化するデモクラシー』東京大学出版会　2015
(15) 長峯涼子「独立以後の森林政策」柳澤悠編『現代南アジア4　開発と環境』東京大学出版会　2002
(16) 日野正輝・宇野義己「都市化と都市システムの再編」岡橋秀典・友澤和夫編『現代インド4　台頭する新経済空間』東京大学出版会　2015
(17) 舟橋健太『現代インドに生きる「改宗仏教徒」――新たなアイデンティティを求める「不可触民」』昭和堂　2014
(18) 松岡環監修／夏目深雪・佐野亨編『インド映画完全ガイド――マサラムービーから新感覚インド映画へ』世界文化社　2015
(19) 三尾稔「現代インドにおける宗教の変容」小谷汪之編『現代南アジア5　社会・文化・ジェンダー』東京大学出版会　2003
(20) 柳澤悠編『現代南アジア4　開発と環境』東京大学出版会　2002
(21) 和田一哉「乳幼児死亡率で見たジェンダーバイアスと女性の教育，労働参加――インド・人口センサスデータの実証分析」『アジア経済』48巻8号　2007
(22) 和田一哉「生きる――人口動態をめぐる変化」押川文子・宇佐美好文編『激動のインド5　暮らしの変と社会変動』日本経済評論社　2015
(23) Assayag, J., "The Caste Factories: Society, State, Democracy", in C. Jaffrelot (ed.), *India since 1950: Society, Politics, Economy and Culture*, New Delhi: Yatra Books, 2012.
(24) Béteille, A., "The Family and the Reproduction of Inequality", in P. Uberoi (ed.), *Family, Kinship and Marriage in India*, New Delhi: Oxford University Press, 1994.
(25) Butalia, U., *The Other Side of Silence: Voices from the Partition of India*, New Delhi: Penguin Books, 2000.
(26) Das, V., "Language and Body: Transactions in the Construction of Pain", *Daedalus*, 125(1), 1996.
(27) Das, V., *Life and Words: Violence and the Descent into the Ordinary*, Berkeley: University of California Press, 2006.
(28) Dave, N. N., *Queer Activism in India: A Story in the Anthropology of Ethics Durham*, Duke University Press, 2012.
(29) Desai, I. P., "The Joint Family in India: An Analysis", in T. Patel (ed.), *The Family in India: Structure and Practice*, New Delhi: Sage, 2005, original ed., *Sociological Bulletin*, 5(2), 1956.
(30) Economic Survey of India 2010-2011 (http://indiabudget.nic.in, accessed on 9 March 2012).
(31) Farges, J., "Indian Cinema: Rasa Cinematographica", in C. Jaffrelot (ed.), *India since 1950: Society, Politics, Economy and Culture*, New Delhi: Yatra Books, 2012.
(32) Gaborieau, M., "The Muslims of India: A Minority of 170 Million", in C. Jaffrelot (ed.), *India since 1950: Society, Politics, Economy and Culture*, New Delhi: Yatra Books, 2012.

(33) Gandhi, I., *Peoples and Problems*, London: Hodder and Stoughton, 1982.
(34) Gandhi, N. and N. Shah, *The Issues at Stake: Theory and Practice in the Contemporary Women's Movement in India*, New Delhi: Kali for Women, 1992.
(35) Gayer, L. and C. Jaffrelot, *Muslims in Indian Cities: Trajectories of Marginalisation*, New York: Columbia University Press, 2012.
(36) Gilmartin, D., "Partition, Pakistan, and South Asian History: In Search of a Narrative", *The Journal of Asian Studies*, 57(4), 1998.
(37) Goli, S., D. Singh and T. V. Sekher, "Exploring the Myth of Mixed Marriages in India: Evidence from a Nation-wide Survey", *Journal of Comparative Family Studies*, 44(2), 2013.
(38) Guha, R., *Environmentalism: A Global History*, New Delhi: Oxford University Press, 2000.
(39) Indiastat.com (https://www.indiastat.com/, accessed on 3 March 2014), 2000.
(40) Jaffrelot, C. (ed.), *India since 1950: Society, Politics, Economy and Culture*, New Delhi: Yatra Books, 2012.
(41) Kaur, G. and D. Kaur, "Literacy of Major Religious Groups in India: A geographical perspective", *Sikh Studies*, 544, 2012.
(42) Kumar, R., *The History of Doing: An Illustrated Account of Movements for Women's Rights and Feminism in India, 1800–1990*, London: Verso, 1993.
(43) Kumar, R., "From Chipko to Sati: The Contemporary Indian Women's Movement", in N. Menon (ed.), *Gender and Politics in India*, New Delhi: Oxford University Press, 1999.
(44) Madan, T. N., "The Hindu Family and Development", in P. Uberoi (ed.), *Family, Kinship and Marriage in India*, New Delhi: Oxford University Press, 1994.
(45) Menon, N., "Introduction", in N. Menon (ed.), *Gender and Politics in India*, New Delhi: Oxford University Press, 1999.
(46) Montaut, A. E. A., "Indian Literature: A Literature in Several Languages", in C. Jaffrelot (ed.), *India since 1950: Society, Politics, Economy and Culture*, New Delhi: Yatra Books, 2012.
(47) Office of the Registrar General of India, *Provisional Population Totals, Paper 1 of 2011*, New Delhi, 2011: Office of the Registrar General and Census Commissioner of India, available at www.censusindia.gov.in/, accessed on 3 August 2018.
(48) Pandey, G., *Remembering Partition: Violence, Nationalism, and History in India*, Cambridge: Cambridge University Press, 2001.
(49) Sachar, Rajindar, *Social Economic and Educational Status of the Muslim Community of India: A Report* (Sachar Committee Report), New Delhi: Prime Minister's High Level Committee, Cabinet Secretariat, Government of India, 2006.
(50) Singh, J. P., "The Contemporary Indian Family", in A. B. N. and J. Trost (eds.), *Handbook of World Families*, Thousand Oaks, Cal.: Sage, 2005.
(51) Tian, H., K. Banger, T. Bo and V. K. Dadhwal, "History of land use in India during 1880–2010: Large-scale land transformations reconstructed from satellite data and

historical archives", *Global and Planetary Change*, 121, 2014.
(52) United Nations Population Division, *United Nations, World Population Prospects: The 2010 Revision*, New York: United Nations, 2011.
(53) United Nations Population Division, *United Nations, World Population Prospects: The 2015 Revision*, New York: United Nations, 2015.
(54) Visaria, Pravin and Leela Visaria, "Demographic Transition: Accelerating Fertility Decline in 1980s", *Economic and Political Weekly*, 29, 1994.

(9)は独立後のインドの歴史を社会文化の側面も含めてバランスよく描いている。(23)(31)(32)(46)を収める(40)の論集は，カースト，宗教，映画，文学などの独立後のインドの多様な側面をそれぞれの専門家がトピックごとに記している。(1)(3)(6)(13)(14)(16)は「現代インド」シリーズの一部である。当シリーズの第3巻はインドのデモクラシーがいかに，またどの程度，より多様な人びとの参加を可能にしているかを分析する。第4巻は経済発展とともに再編される経済空間について論じる。第5巻は「周縁」に位置する多様な人びとによる社会運動の諸相，そしてジェンダーから見る社会変容を描く。第6巻は「環流」という観点からさまざまな移動のなかで文化と宗教が変容していくさまを描写する。(5)(22)は「激動のインド」シリーズの一部であり，その第5巻は現代インドの社会経済変化のなかで，衣や食，労働，結婚，出産など人びとの生活がどのように変わったのかを分析する。(15)(19)(20)は「現代南アジア」シリーズの一部であり，その第4巻はインドを中心とする南アジアでの開発と環境をめぐる問題についてほぼ網羅的に論じている。第5巻は社会・文化・ジェンダーの諸トピックに関する論考を収めている。(38)は環境史の泰斗による環境運動のグローバル史。(4)はガーンディー主義者バフグナーが主導したテーリー・ダム反対運動についてのモノグラフ。(24)(44)の収められた論集は，(29)の収められた論集また(50)とともに，インドの家族・親族・婚姻について基礎的な知識を得るために有用である。(2)はインドのジェンダー研究の成果や論点を多様な分野ごとに紹介している画期的な入門書。(34)(42)はインドにおける女性運動の歴史を詳しく知るのに役立つ。(43)(45)の収められた論集からはインドにおけるジェンダーの政治をめぐる論点を知ることができる。(8)は自営女性協会(SEWA)についてのモノグラフで，女性のエンパワーメントとその葛藤を考察。(11)は現代インドのサティーをめぐる論争を文化人類学的観点から分析している。(25)は印パ分離独立の際の暴力について女性の視点に着目しながら論じている。(26)(27)は印パ分離独立時および1984年の対シク暴動を取り上げて，暴力を受けた女性がどのように日常生活を再構築していくかを分析する。(36)(48)は印パ分離独立時の暴力をめぐる記憶と歴史叙述の問題について論じる。(28)はインドにおけるクイア政治について描く。(12)はカースト制に関する古典的名著だが，オリエンタリスト的なインド観を助長するという批判も強い。(17)は仏教に改宗した「不可触民」の姿をフィールドワークを通じて明らかにしたモノグラフ。(35)はインドの都市におけるムスリムの周縁化について論じる。(7)は教育熱が高まるインドで無認可学校がはたしている実態的な機能を明らかにしている。(10)はインドにおける教育の現実をその不平等の側面に着目して分析する。(18)はインド映画の全体像を知るのに役立つ一冊。(30)はインドの経済白書。毎年ウェブ上で公開される。

第10章　東西パキスタンの政治・経済・社会／第11章　現代パキスタンの政治・経済・社会

(1)　五十嵐理奈「フェアトレード商品のかくれた物語――バングラデシュのノクシ・カンタ刺繍」子島進・五十嵐理奈・小早川裕子編『館林発フェアトレード――地域から発信する国際協力』上毛新聞社　2010
(2)　井上あえか・子島進「パキスタン統合の原理としてのイスラーム」黒崎卓・子島進・山根聡編『現代パキスタン分析』岩波書店　2004
(3)　臼田雅之「このベンガルの草は胸にとどまるだろう――バングラデシュの現代詩の広がり」『コッラニ』17号　2002
(4)　大橋正明・村山真弓編『バングラデシュを知るための60章』明石書店　2003
(5)　加賀谷寛「パキスタンの政治と宗教――「イスラム国家」(Islamic State)理念について」佐藤宏編『南アジア』アジア経済研究所　1991
(6)　加賀谷寛・浜口恒夫『南アジア現代史Ⅱ　パキスタン・バングラデシュ』(世界現代史10)山川出版社　1977
(7)　川上貴之「自然から生まれた文化大国」大橋正明・村山真弓編『バングラデシュを知るための60章』明石書店　2003
(8)　川満直樹『パキスタン財閥のファミリービジネス――後発国における工業化の発展動力』ミネルヴァ書房　2017
(9)　工藤正子『越境の人類学――在日パキスタン人ムスリム移民の妻たち』東京大学出版会　2008
(10)　黒崎卓「パキスタン農業の長期動向と農業開発政策の変遷」『アジア経済』43巻6号　2002
(11)　黒崎卓「インド，パキスタン，バングラデシュにおける長期農業成長」『経済研究』61巻2号　2010
(12)　黒崎卓「パキスタンの教育制度の特徴と課題」押川文子・南出和代編『「学校化」に向かう南アジア――教育と社会変容』昭和堂　2015
(13)　黒崎卓・子島進・山根聡編『現代パキスタン分析――民族・国民・国家』岩波書店　2004
(14)　桑島昭「ミヤーン・イフティカールッディーン(1907〜1962)――「民族の自決」とパキスタン現代史」『大阪外国語大学学報』55号　1982
(15)　ニルモンレンドゥ・グン(大西正幸訳)「悲しみにひしがれた，わが愛するベンガル文学よ」(林良久・大西正幸訳)「バングラデシュ現代詩選」『コッラニ』9号　1984
(16)　小牧幸代「パンジャービー民族の自文化表象とイスラーム――聖遺物の展示をめぐって」黒崎卓・子島進・山根聡編『現代パキスタン分析』岩波書店　2004
(17)　佐藤拓『パキスタン・ビジネス最前線――駐在員が見た実力と将来』ジェトロ　2000
(18)　佐藤宏「西パキスタンの統合(1955年)とベンガル――東パキスタン自治権運動の再検討」佐藤宏編『南アジア現代史と国民統合』アジア経済研究所　1988
(19)　佐藤宏編『南アジア現代史と国民統合』アジア経済研究所　1988
(20)　佐藤宏「バングラデシュの権力構造――従属的軍・官僚国家における権力と権益」

佐藤宏編『バングラデシュ』アジア経済研究所　1990
(21) 佐藤宏編『バングラデシュ――低開発の政治構造』アジア経済研究所　1990
(22) 佐藤宏編『南アジア――政治・社会』アジア経済研究所　1991
(23) 佐藤宏「インド――ボランタリズムと国家規制のせめぎあい」重冨真一編『アジアの国家とNGO』明石書店　2001
(24) B・L・C・ジョンソン(山中一郎・松本絹代・佐藤宏・押川文子訳)『南アジアの国土と経済3　パキスタン』二宮書店　1987[B. L. C. Johnson, *Pakistan*, London: Heinemann Educational Books, 1979.]
(25) 重冨真一編『アジアの国家とNGO――15カ国の比較研究』明石書店　2001
(26) 白井桂「バングラデシュ・ナショナリズムの源流――ベンガル国語化運動を中心として」佐藤宏編『バングラデシュ』アジア経済研究所　1990
(27) 須永恵美子『現代パキスタンの形成と変容――イスラーム復興とウルドゥー語文化』ナカニシヤ出版　2014
(28) タゴール(奈良毅訳)「言語運動とバングラデシュ文学」臼田雅之・佐藤宏・谷口晋吉編『もっと知りたいバングラデシュ』弘文堂　1993
(29) 中西嘉宏・小田尚也「パキスタン政治の混迷と司法」佐藤創編『パキスタン政治の混迷と司法――軍事政権の終焉と民政復活における司法部のプレゼンスをめぐって』アジア経済研究所　2010
(30) 中野勝一『パキスタン政治史――民主国家への苦難の道』明石書店　2014
(31) 丹羽京子『バングラデシュ詩集』大同生命国際文化基金　2008
(32) 子島進『イスラームと開発――カラーコラムにおけるイスマーイール派の変容』ナカニシヤ出版　2002
(33) 子島進「社会開発から探る民族の可能性」黒崎卓・子島進・山根聡編『現代パキスタン分析』岩波書店　2004
(34) 子島進『ムスリムNGO――信仰と社会奉仕活動』(イスラームを知る21)山川出版社　2014
(35) 子島進・佐藤規子「パキスタン――分断社会における規制と可能性」重冨真一編『アジアの国家とNGO』明石書店　2001
(36) 延末謙一「バングラデシュ――広大なるサードセクターと巨大NGO」重冨真一編『アジアの国家とNGO』明石書店　2001
(37) 萩田博『アジア理解講座　ウルドゥー文学を味わう』国際交流基金　1996
(38) 樋口直人・稲葉奈々子・丹野清人・福田友子・岡井宏文『国境を越える――滞日ムスリムの社会学』青弓社　2007
(39) 広瀬崇子・小田尚也・山根聡編『パキスタンを知るための60章』明石書店　2003
(40) ファイズ・アハマド・ファイズ(片岡弘次訳編)『ファイズ詩集』花神社　1994
(41) 前田耕作・山根聡『アフガニスタン史』河出書房新社　2003
(42) 松井健『西南アジアの砂漠文化』人文書院　2011
(43) マームド(林良久訳)「黄金の契約」(林良久・大西正幸訳)「バングラデシュ現代詩選」『コッラニ』9号　1984
(44) 萬宮健策「地域語のエネルギーに見る国民統合と地域・民族運動」黒崎卓・子島

進・山根聡編『現代パキスタン分析』岩波書店　2004
(45) 村山和之「バローチ民族の自由をかけた闘いとパキスタン支配」黒崎卓・子島進・山根聡編『現代パキスタン分析』岩波書店　2004
(46) 山中一郎編『現代パキスタンの研究——1947〜1971』アジア経済研究所　1973
(47) 山中一郎編『パキスタンにおける政治と権力——統治エリートについての考察』アジア経済研究所　1992
(48) 山中一郎・深町宏樹編『パキスタン——その国土と市場』(海外市場調査シリーズ18)科学新聞社　1985
(49) 山根聡「南アジア・イスラームの地平——イクバールとマウドゥーディー」小松久男・小杉泰編『現代イスラーム思想と政治運動』東京大学出版会　2003
(50) 山根聡「対テロ戦争によるパキスタンにおける社会変容」『現代インド研究』2号　2012
(51) 山根聡「対テロ戦争期パキスタンの政治・社会における内的変化」『アジア研究』61巻3号　2015
(52) マララ・ユスフザイ／クリスティーナ・ラム(金原瑞人・西田佳子訳)『わたしはマララ——教育のために立ち上がり，タリバンに撃たれた少女』学習研究社　2013［M. Yousafzai and C. Lamb, *I am Malala: The Girl Who Stood Up for Education and was Shot by the Taliban*, London: Weidenfeld & Nicolson, 2013.］
(53) Ahmed, S. A., *Pakistan Society: Islam, Ethnicity and Leadership in South Asia*, Karachi: Oxford University Press, 1986.
(54) Ahmed, F., *Ethnicity and Politics in Pakistan*, Karachi: Oxford University Press, 1999.
(55) Ahmed, S. A. (ed.), *Pakistan: The Social Sciences' Perspective*, Karachi: Oxford University Press, 1990.
(56) Ahmed, S. A., *The Thistle and the Drone: How America's War on Terror Became a Global War on Tribal Islam*, Washington D.C.: Brookings Institution Press, 2013.
(57) Cohen, S. P., *The Idea of Pakistan*, Washington D.C.: Brookings Institution Press, 2004.
(58) Durrani, T., *Abdul Sattar Edhi: An Autobiography*, Islamabad: National Bureau of Publications, 1996.
(59) Haqqani, H., *Pakistan: Between Mosque and Military*, Washington D.C.: Carnegie Endowment for International Peace, 2005.
(60) Hasan, A., *Understanding Karachi: Planning and Reform for the Future*, Karachi: City Press, 1999.
(61) Hasan, A., *Participatory Development: The Story of the Orangi Pilot Project-Research and Training Institute, and the Urban Resource Center, Karachi, Pakistan*, Karachi: Oxford University Press, 2010.
(62) Khan, H., *Constitutional and Political History of Pakistan*, Karachi: Oxford University Press, 2009.
(63) Kurosaki, T., *Comparative Economic Development in India, Pakistan, and Bangladesh: Agriculture in the 20th Century*, Tokyo: Maruzen Publishing, 2017.

(64) Musharraf, P., *In the Line of Fire: A Memoir*, New York: Free Press. 2006.
(65) Niaz, U. (ed.), *Pakistan Earthquake 2005: The Day Mountains Moved*, Karachi: Sama Books, 2007.
(66) Panhwar, N. A., *The Indus Flood 2010: Perspectives, Issues and Strategies*, Karachi: Center for Environment & Development, n.d.
(67) Weiss, A. M. and S. Z. Gilani (eds.), *Power and Civil Society in Pakistan*, Karachi: Oxford University Press, 2001.

まず，政治に関する基本的な文献をあげる。(6)は，東西両翼からなるパキスタンが誕生し，バングラデシュ独立によって現在のパキスタンとバングラデシュに分かれるまでの歴史を概説する基本文献である。この時代に関しては(46)も参照されたい。1970年代以降に関しては(30)が詳しい。建国以来の大部の通史としては(62)がある。パキスタンの政治は，軍・民族・宗教勢力などとの複雑な関係のなかで展開してきた。(47)は，大地主・官僚・軍・宗教指導者などの政治エリートを考察している。(19)(21)(22)などの論文集は，パキスタン（独立前のバングラデシュを含む）の玫治と社会に関する基礎文献を多く含んでいる（個別論文として(18)(20)(26)などが重要である）。司法制度の面から政治に切り込んだ分析として(29)がある。主として民族やイスラームの視点から，政治や民族・社会問題を論じたものとして，(13)(14)(42)(53)(54)(55)(56)がある。論文集(13)のなかではとりわけ，(2)(16)(44)(45)の論文がこのテーマを詳しく扱っている。「パキスタン」というイデオロギーの歴史的な展開を，軍や宗教勢力との関連で論じたものとして(5)(57)(59)がある。(41)はアフガニスタン概説史であるが，パキスタンに関する示唆に富む。直近の軍政の当事者であったムシャッラフの自伝が(64)である。

次に経済である。(24)がパキスタンの経済地理概論として，現在も有益な情報を含む包括的な基本書である。パキスタンの経済発展と工業化については，(48)が1980年代半ばまでについて手際よくまとめてある。その後のビジネス環境の変化については，(17)を参照されたい。同国の工業化で重要な役割をはたしてきた財閥のファミリービジネスとしての特徴を明らかにした重要な研究書に(8)がある。パキスタン経済のもう一つの柱は農業だが，20世紀初めから約100年にわたるパキスタン農業（インド，バングラデシュとの比較を含む）の変遷を扱っているのが(10)(11)(63)である。(63)においては農業だけでなく，国民所得も同じ期間について試算されている。

文化と社会について論じた文献に移る。パキスタンとバングラデシュでは政治社会情勢を主題とした文学作品が数多く見られる。(40)はパキスタンのウルドゥー語詩人ファイズの詩集である。バングラデシュでのベンガル語による詩作(3)(15)(31)(43)などを参照されたい。ベンガル文学を世界に知らしめたのはタゴールの作品(28)である。簡明なウルドゥー文学史で，パキスタンの文学を概説したものに(37)がある。他方，パキスタン社会全般に関しては，概説書に(39)がある。同国におけるイスラーム復興の源流を論じたものが(49)であり，(27)はウルドゥー語メディアをとおしてイスラーム復興を論じている。隣国アフガニスタンでの対ソ連戦争や対テロ戦争の影響によるパキスタン社会の変容を論じたものに(50)(51)がある。バングラデシュ社会全般の概説書が(4)で，日本との美術交流史に関する論考(7)が所収されている。

パキスタンの市民社会やNGOの動向については，(32)(33)(34)(58)(61)(67)などの研究がある。アジアのNGOを国家との関係から論じた論文集に(25)があり，パキスタンなど南アジアの事例を扱った(23)(35)(36)が含まれる。(1)は手工芸の観点から，バングラデシュのNGOによる女性のエンパワーメントについて論じている。(60)は，分離独立後にパキスタン最大の都市に成長したカラーチーの発展をとおして，スラムや都市問題に言及する。近年発生した大災害である2005年のカシュミール地震，ならびに2010年のインダス川洪水の記録としては，(65)(66)がある。女子教育の問題を考えるうえでの示唆に富むのが，マララ・ユースフザイの自伝(52)である。パキスタンの教育については，分離独立後の統計を整理し，同国がかかえる教育面での課題をまとめた論考に(12)がある。

最後に，1980年代以降，日本へ出稼ぎに来るようになったパキスタン人やバングラデシュ人に関する研究として，(9)と(38)をあげておきたい。

第12章　バングラデシュ

(1)　『アジア動向年報』アジア経済研究所　各年版

(2)　臼田雅之・佐藤宏・谷口晋吉編『もっと知りたいバングラデシュ』弘文堂　1993

(3)　大橋正明・村山真弓編『バングラデシュを知るための60章』(第2版)明石書店　2009

(4)　大橋正明・村山真弓・日下部尚徳・安達淳哉編『バングラデシュを知るための66章』(第3版)明石書店　2017

(5)　木曽順子「バングラデシュ——変化の鼓動」渡辺利夫編『アジア経済読本』(第3版)東洋経済新報社　2003

(6)　日下部達哉『バングラデシュ農村の初等教育受容』東信堂　2007.

(7)　佐藤宏編『バングラデシュ——低開発の政治構造』アジア経済研究所　1990

(8)　B・L・C・ジョンソン(山中一郎・松本絹代・佐藤宏・押川文子訳)『南アジアの国土と経済2　バングラデシュ』二宮書店　1986[B. L. C. Johnson, *Bangladesh*, London: Heinemann Educational Books, 1982.]

(9)　高田峰夫「バングラデシュ——民主化は定着するのか」佐藤宏・岩崎育夫編『アジア政治読本』東洋経済新報社　1998

(10)　高田峰夫『バングラデシュ民衆社会のムスリム意識の変動』明石書店　2006

(11)　外川昌彦『宗教に抗する聖者——ヒンドゥー教とイスラームをめぐる「宗教」概念の再構築』世界思想社　2009

(12)　外川昌彦責任編集『ダッカのテロ事件とバングラデシュの若者たち——その背景とこれからを考える』東京外国語大学アジア・アフリカ言語文化研究所　2017

(13)　長田華子『バングラデシュの工業化とジェンダー——日系縫製企業の国際移転』御茶の水書房　2014

(14)　西川麦子『バングラデシュ——生存と関係のフィールドワーク』平凡社　2001

(15)　長谷安朗・三宅博之『バングラデシュの海外出稼ぎ労働者』明石書店　1993

(16)　藤田幸一『バングラデシュ　農村開発の中の階層変動——貧困削減のための基礎研究』京都大学学術出版会　2005

(17)　藤田幸一「バングラデシュ経済」石上悦朗・佐藤隆広編『現代インド・南アジア経

済論』ミネルヴァ書房　2011
⒅　堀口松城『バングラデシュの歴史――二千年の歩みと明日への模索』明石書店　2009
⒆　南出和余『「子ども域」の人類学――バングラデシュ農村社会の子どもたち』昭和堂　2014
⒇　向井史郎『バングラデシュ　発展と地域開発――地域研究者の提言』明石書店　2003
(21)　村山真弓「女性の就労と社会関係――バングラデシュ縫製労働者の実態調査から」押川文子編『南アジアの社会変容と女性』アジア経済研究所　1997
(22)　村山真弓「インドにとっての近隣外交――対バングラデシュ関係を事例として」近藤則夫編『現代インドの国際関係――メジャー・パワーへの模索』アジア経済研究所　2012
(23)　村山真弓・山形辰史編『知られざる工業国バングラデシュ』アジア経済研究所　2014
(24)　吉野馨子『屋敷地林と在地の知――バングラデシュ農村の暮らしと女性』京都大学学術出版会　2013

⑴⑵⑶⑷⑺⑻は，概説的な文献類である。⑻は自然地理から経済地理にわたる幅広い研究で，とくに農業の基礎条件を知るには便利である。⑺は政治を中心とした総合的な研究論集であり，⑵は1990年代初頭までのバングラデシュを文化，歴史を含め全体的に紹介する。⑶⑷は，最近の事情を含むコンパクトで網羅的な参考書。⑴では，政治，経済，国際関係にわたり，各年度の動向を追う作業が着実に積み重ねられている。⑼⒅(22)は，内政と国際関係についての文献である。⒅ではその第二部が独立後の政治・外交の動きを概観している。⑽⑾⑿はバングラデシュ宗教社会の複雑な様相に光をあてている。

⑸⒂⒃⒄⒇(23)は，バングラデシュの経済構造や農業生産の変化を追う。最近の経済動向全体については⑸⒄が詳しい。⒇は，農村における非農業雇用の大きな比重を指摘している。⒃は，経済理論とフィールド調査を結合した綿密な分析である。灌漑を中心とする最近のバングラデシュ農業の変化，グラミン銀行活動の批判的検討，西ベンガル州との対比などの論点が扱われる。

農業，農村以外の経済問題では，バングラデシュからの国際出稼ぎに関する⒂がある。1980年代の日本への出稼ぎ問題についてもふれている。(23)には工業発展の最新の情報が盛り込まれている。また⒀(21)は，1980年代から輸出に大きな比重を占めるようになった縫製産業の女性労働者問題を分析する。⑹⒁⒆(24)では，バングラデシュ女性の家族・社会関係や初等教育の急速な普及状況がフィールド調査に基づいて活写されている。

補説９　ネパール・ブータンの政治経済

ネパール

⑴　石井溥編『流動するネパール――地域社会の変容』東京大学出版会　2005
⑵　小倉清子『王国を揺るがした60日――1050人の証言・ネパール民主化闘争』亜紀書房　1999

⑶　小倉清子『ネパール王制解体――国王と民衆の確執が生んだマオイスト』NHK出版　2007
⑷　佐伯和彦『ネパール全史』(世界歴史叢書)明石書店　2003
⑸　名和克郎編『体制転換期ネパールにおける「包摂」の諸相(言説政治・社会実践・生活世界)』三元社　2017
⑹　西澤憲一郎『ネパールの歴史――対インド関係を中心に』勁草書房　2005
⑺　南真木人・石井溥編『現代ネパールの政治と社会――民主化とマオイストの影響の拡大』明石書店　2015
⑻　森本泉『ネパールにおけるツーリズム空間の創出』古今書房　2012
⑼　Baral, Lok Raj, *Nepal: Nation-State in the Wilderness*, Delhi: Sage Publications, 2012.
⑽　Jha, Prashanta, *Battles of the New Republic: A Contemporary History of Nepal*, London: Hurst, 1987.
⑾　Rose, Leo E., *Nepal: Strategy for Survival*, University of California Press, 1971.
⑿　Sheddon, David, *Nepal: A State of Poverty*, Ahmedabad: Vikas Publishing House, 1987.
⒀　Whelpton, John, *A History of Nepal*, Cambridge University Press, 2005.

ブータン

⑴　今枝由朗『ブータン――変貌するヒマラヤの王国』大東出版社　1994
⑵　上田晶子『ブータンにみる開発の概念――若者たちにとっての近代化と伝統文化』明石書店　2006
⑶　宮本万里『自然保護をめぐる文化の政治――ブータン牧畜民の生活・信仰・環境政策』風響社　2009
⑷　宮本万里「ブータンの変遷――依存を通じた自立の戦略」『東洋文化』89号　2009
⑸　宮本万里「「仏教王国ブータン」のゆくえ――民主化の中の選挙と仏教僧」鈴木正崇編『南アジアの文化と社会を読み解く』慶應義塾大学東アジア研究所　2011
⑹　宮本万里「現代ブータンのデモクラシーにみる宗教と王権――一元的なアイデンティティへの排他的な帰属へ向けて」名和克郎編『体制転換期ネパールにおける「包摂」の諸相(言説政治・社会実践・生活世界)』三元社　2017
⑺　山本けいこ『ブータン――雲竜王国への扉』明石書店 2001
⑻　Dorji Wangmo Wangchuk, *Of Rainbows and Clouds: The Life of Yub Ugyen Dorji as Told to His Daughter*, Chicago: Serindia Publications, 1999.
⑼　Hasrat, B.J., *History of Bhutan: Land of Peaceful Dragon*, Education Department, Royal Government of Bhutan, 1980.
⑽　Karan, P.P., *Bhutan: Environment, Culture and Development Strategy*, Delhi: IPH, 1990.
⑾　Parmanand, *The Politics of Bhutan: Retrospect and Prospect*, Delhi: Pragati Publications, 1998.
⑿　Rose, Leo E., *The Politics of Bhutan,* Cornel University Press, 2001.
⒀　Sonam Kinga, *Changes in Bhutanese Social Structure: Impacts of Fifty Years of Reforms (1952-2002),* Chiba: Institute of Developing Economies, 2002.

第13章　グローバル・ヒストリーのなかの南アジア

⑴　大石高志「環インド洋世界とインド人商人・起業家のネットワーク――英領期における複合性・多様性」田辺明生・杉原薫・脇村孝平編『現代インド１　多様性社会の挑戦』東京大学出版会　2015

⑵　神田さやこ「近現代インドのエネルギー――市場の形成と利用の地域性」田辺明生・杉原薫・脇村孝平編『現代インド１　多様性社会の挑戦』東京大学出版会　2015

⑶　神田さやこ『塩とインド――市場・商人・イギリス東インド会社』名古屋大学出版会　2017

⑷　佐藤宏『インド経済の地域分析』古今書院　1994

⑸　杉原薫『アジア間貿易の形成と構造』ミネルヴァ書房　1996

⑹　杉原薫「近代世界システムと人間の移動」『岩波講座世界歴史19　移動と移民――地域を結ぶダイナミズム』岩波書店　1999

⑺　杉原薫「インド近代史における遠隔地貿易と地域交易　1868～1938年」『東洋文化』82号　2002

⑻　杉原薫「アジア太平洋経済圏の興隆とインド」秋田茂・水島司編『現代南アジア６　世界システムとネットワーク』東京大学出版会　2003

⑼　杉原薫「19世紀前半のアジア交易圏――統計的考察」脇村孝平・籠谷直人編『帝国とアジア・ネットワーク――長期の19世紀』世界思想社　2009

⑽　杉原薫「「化石資源世界経済」の興隆とバイオマス社会の再編」杉原薫・脇村孝平・藤田幸一・田辺明生編『講座生存基盤論１　歴史のなかの熱帯生存圏――温帯パラダイムを超えて』京都大学学術出版会　2012

⑾　杉原薫「世界貿易史における「長期の19世紀」」『社会経済史学』79巻３号　2013

⑿　杉原薫「植民地期における国内市場の形成」田辺明生・杉原薫・脇村孝平編『現代インド１　多様性社会の挑戦』東京大学出版会　2015

⒀　福味敦「インドにおける電力補助金の決定要因――州パネルデータによる実証分析」『國民經濟雜誌』199巻１号　2009

⒁　松井透「イギリス帝国主義とインド社会――鉄道建設を中心にして」『岩波講座世界歴史22 近代９』岩波書店　1969

⒂　柳澤悠『南インド社会経済史研究――下層民の自立化と農村社会の変容』東京大学東洋文化研究所　1991

⒃　柳澤悠「小規模工業・企業の展開と消費構造の変化――1920年～1950年のインド」『千葉大学経済研究』19巻３号　2004

⒄　脇村孝平『飢饉・疫病・植民地統治――開発の中の英領インド』名古屋大学出版会　2002

⒅　Allen, Robert C., Jean-Pascal Bassino, Debin Ma, Christine Moll-Murata and Jan Luiten Van Zanden, “Wages, Prices, and Living Standards in China, 1738-1925; in Comparison with Europe, Japan, and India”, *Economic History Review*, 64(S1), 2011.

⒆　Bagchi, Amiya Kumar, “Deindustrialization in India in the Nineteenth Century: Some Theoretical Implications”, *Journal of Development Studies*, 12(2), 1976.

⒇　Batliwala, Srilatha, “Rural Energy Scarcity and Nutrition”, in Padmini Swaminathan

(ed.), *Women and Work*, New Delhi: Orient Blackswan (originally appeared in *Economic and Political Weekly*, 17(9), 1982), 2012.

(21) Bairoch, Paul, "International Industrialization Levels from 1750 to 1980", *Journal of European Economic History*, 11(2), 1982.

(22) Bengal Presidency, Report on the Administration of Bengal, 1877/78, British Library IOR/V/10/49.

(23) Bernstein, Henry T., *Steamboats on the Ganges: An Exploration in the History of India's Modernization through Science and Technology*, Calcutta: Orient Longman, 1960.

(24) Bombay Presidency, Report of the Commerce of Bombay, 1848/49-1857/58, British Library IOR/P/419/89 ～IOR/P/419/106.

(25) Bombay Presidency, Bombay Trade and Navigation Annual Statements, 1848/49-1874/75, British Library IOR/V/17/275-V/17/301.

(26) Chaudhuri, Kirti N., *Trade and Civilisation in the Indian Ocean: An Economic History from the Rise of Islam to 1750*, Cambridge: Cambridge University Press, 1985.

(27) D'Souza, Rohan, *Drowned and Dammed: Colonial Capitalism and Flood Control in Eastern India (1803-1946)*, New Delhi: Oxford University Press, 2006.

(28) Dubash, Navroz K., *Tubewell Capitalism: Groundwater Development and Agrarian Change in Gujarat*, New Delhi: Oxford University Press, 2002.

(29) Guha, Sumit, *Health and Population in South Asia: From Earliest Times to the Present*, London: Hurst and Company, 2001.

(30) India Annual Rail and River-borne Trade Returns, 1888-89.

(31) International Energy Agency (IEA) various years, *Energy Balances of Non-OECD Countries*, Washington D. C.

(32) International Energy Agency (IEA), *World Energy Balances*, Washington D. C., 2017.

(33) International Monetary Fund (IMF), *International Financial Statistics*, Washington D. C., 2017.

(34) Keer, Dhananjay, *Dr. Ambedkar: Life and Mission*, 3rd ed., Popular Prakashan, Bombay, 1971.〔ダナンジャイ・キール(山際素男訳)『不可蝕民の父　アンベードカルの生涯』三一書房　1983〕

(35) Li, Lillian M., *Fighting Famine in North China: State, Market, and Environmental Decline, 1690s-1990s*, Stanford: Stanford University Press, 2007.

(36) Maddison, Angus, "Statistics on World Population, GDP and Per Capita GDP, 1-2008 AD", 2009. http://www.ggdc.net/maddison/

(37) Markovits, Claude, Merchants, Traders, *Entrepreneurs: Indian Business in the Colonial Era*, Basingstoke: Palgrave Macmillan, 2008.

(38) Mizushima, Tsukasa, "Did India Experience Rapid Population Growth in the Pre-Census Period?: A Village-level Study from South India", *International Journal of South Asian Studies*, 6, 2014.

(39) Mosse, David (with assistance from M. Sivan), *The Rule of Water: Statecraft, Ecology and Collective Action in South India*, New Delhi: Oxford University Press, 2003.

(40) Parikh, Jyoti, Kirit Parikh and Vijay Laxmi, “Lack of Energy, Water and Sanitation and its Impact on Rural India”, in Kirit S. Parikh and R. Radhakrishna (eds.), *India Development Report, 2004–05*, New Delhi: Oxford University Press, 2005.

(41) Parthasarathi, Prasannan, “Rethinking Wages and Competitiveness on the Eighteenth Century: Britain and South India”, *Past and Present*, 158(1), 1998.

(42) Parthasarathi, Prasannan, “Historical Issues of Deindustrialization in Nineteenth Century South India”, in Giorgio Riello and Tirthankar Roy (eds.), *How India Clothed the World: The World of South Asian Textiles, 1500–1850*, Leiden: Brill, 2009.

(43) Parthasarathi, Prasannan, “Forests and a New Energy Economy in Nineteenth Century South India”, in Gareth Austin (ed.), *Economic Development and Environmental History in the Anthropocene: Perspectives on Asia and Africa*, London: Bloomsbury Academic, 2017.

(44) Pomeranz, Kenneth, *The Great Divergence: China, Europe, and the Making of the Modern World Economy*, Princeton University Press, Princeton, 2000.〔ケネス・ポメランツ(川北稔監訳)『大分岐――中国，ヨーロッパ，そして近代世界経済の形成』名古屋大学出版会　2015〕

(45) Ravindranath, Nijavalli H. and David O. Hall, *Biomass, Energy, and Environment: A Developing Country Perspective from India*, Oxford: Oxford University Press, 1995.

(46) Richards, John F., James R. Hagen and Edward S. Haynes, “Changing Land Use in Bihar, Punjab and Haryana, 1850–1970”, *Modern Asian Studies*, 19(3), 1985.

(47) Richards, John, *The Unending Frontier: An Environmental History of the Early Modern World*, University of California Press, Berkeley, 2003.

(48) Roy, Tirthankar, *Traditional Industry in the Economy of Colonial India*, Cambridge: Cambridge University Press, 1999.

(49) Roy, Tirthankar, “Acceptance of Innovations in Early Twentieth Century Indian Weaving”, *Economic History Review*, 55(3), 2002.

(50) Roy, Tirthankar, *Rethinking Economic Change in India: Labour and Livelihood*, London: Routledge, 2005.

(51) Roy, Tirthankar, “Roots of Agrarian Crisis in Interwar India: Retrieving a Narrative”, *Economic and Political Weekly*, December 30, 2006.

(52) Roy, Tirthankar, “A Delayed Revolution: Environment and Agrarian Change in India”, *Oxford Review of Economic Policy*, 23(2), 2007.

(53) Roy, Tirthankar, *The Economic History of India, 1857–1947*, 3rd ed., Delhi: Oxford University Press, 2011.

(54) Sato, Takahiro, “Evolution of water-intensive agriculture from 1909/10 to 2009/10 in Tamil Nadu, India: The case of Madura District”, presented at TNAU-INDAS International Conference ‘Toward Sustainable Development of India and South Asia: Population, Resources and Environment’, 1 March 2016, Tamil Nadu Agricultural University, Coimbatore, 2016.

(55) Shar, Tushaar, *Taming the Anarchy: Groundwater Governance in South Asia*,

Washington DC: Resource for the Future Press, 2009.
(56) Sugihara, Kaoru, "Labour-intensive Industrialization in Global History: An Interpretation of East Asian Experiences", in Gareth Austin and Kaoru Sugihara (eds.), *Labour-intensive Industrialization in Global History*, London: Routledge, 2013.
(57) Wakimura, Kohei, "Health Hazards in 19th Century India: Malaria and Cholera in Semi-Arid Tropics", *Kyoto Working Papers on Area Studies*, No.7, In Search of Sustainable Humanosphere in Asia and Africa No.9, 2008.

参考文献には多くの統計の出所をあげているが，ここでは研究史的に重要と思われる文献を中心に解説する。グローバル・ヒストリーと二径路説については，(44)と(56)を参照。(44)は，近年のグローバル・ヒストリー研究のなかでもっとも注目を集めた論争の一つである「大分岐」論争を巻き起こした書物。批判には(18)などがある。(56)は，労働集約型工業化論，二径路説を提起している。この論文集では，中国の章をポメランツが，インドの章をロイが，執筆している。インドの労働集約型工業化については(16)(48)(49)(50)も参照。

これらの論争に植民地化をめぐる論争や「工業の衰退」論をへてきたインド史研究がどのようにかかわってきたかについては，(42)が，「工業の衰退」論争および「大分岐」論争の現段階について，一つの明確な立場を示す。(53)は，インド経済史の概説書として広く読まれている。ロイは，パルタサラティほど植民地期以前の実質賃金，生活水準を高く評価していない。なお，同書には，農業やコモンズの章に，生存基盤に関するバランスのとれた叙述もある。「工業の衰退」論争については(19)(50)，「大分岐」論争については(41)も参照。また，グローバル・ヒストリー以前のインド経済史研究で，ロイの概説書と合わせて読まれるべきものとして(14)(15)を，土地利用，森林伐採について長期の視野を与えるものとして(46)(47)をあげておく。

インドの交易およびインド洋交易圏については，(5)が，まず，1880～1938年におけるアジア域内の貿易の成長率が遠隔地貿易よりも高かったとし，そのアジア経済史，インド経済史にとっての意義を論じた。その後，(1)(3)(7)(9)(11)(12)が，植民地期のインド交易・交易圏の諸側面を，(8)が，独立後の展開を論じた。

水，エネルギーなどの生存基盤の確保については，健康と人口の関係についての論文集(29)が，19世紀の地域別人口の趨勢を論じる。南インドの人口については(38)が，疫病については(17)(57)が詳しい。(55)は，歴史研究ではないが，井戸灌漑を中心として，広い視野から水の重要性を論じたわかりやすい書。水については(27)(28)(39)(54)，灌漑については(51)(52)も参照。(10)は，熱帯アジア，アフリカにおけるバイオマス・エネルギーから化石エネルギーへの「エネルギー転換」，およびその過程におけるバイオマス・エネルギーの重要性を検討している。インドにおけるバイオマス・エネルギーについては(20)(40)(45)，化石エネルギーも含めた展開については(2)(4)(43)，電力については(13)を参照。

補説10　インド人移民・商人のネットワーク

(1) 大石高志編『南アジア系移民――年表および時期区分』文部省科学研究費・特定領域研究(A)「南アジアの構造変動とネットワーク」Discussion Paper, No. 4　1999
(2) 大石高志「日印合弁・提携マッチ工場の成立と展開――1910-20年代：ベンガル湾

地域の市場とムスリム商人ネットワーク」『東洋文化』東京大学東洋文化研究所　第82号　2002
(3) 大石高志「南アフリカのインド系移民――商人・移民のネットワークと植民地体制との交差と相補」秋田茂・水島司編『世界システムとネットワーク』(現代南アジア6)東京大学出版会　2003
(4) 大石高志「ムスリム資本家とパキスタン――ネットワークの歴史的編成過程と地域・領域への対処」黒崎卓・子島進・山根聡編『現代パキスタン分析――民族・国民・国家』岩波書店　2004
(5) 大石高志「環インド洋世界とインド人商人・起業家のネットワーク――植民地期における複合性・多様性」田辺明生・杉原薫・脇村孝平編『多様性社会の挑戦』(現代インド1)東京大学出版会　2015
(6) 大石高志「近代インドの社会動態と日本製輸出雑貨との連関――摸倣・模造・差別化の中の装身品」『社会経済史学』82巻3号　2016
(7) 川満直樹『パキスタン財閥のファミリービジネス――後発国における工業化の発展動力』ミネルヴァ書房　2017
(8) 小池賢治『経営代理制度論』アジア経済研究所　1979
(9) 古賀正則・内藤雅雄・浜口恒夫編『移民から市民へ――世界のインド系コミュニティ』東京大学出版会　2000
(10) 杉原薫『アジア間貿易の形成と構造』ミネルヴァ書房　1996
(11) M・N・ピアソン(生田滋訳)『ポルトガルとインド――中世グジャラートの商人と支配者』岩波書店　1984
(12) 三田昌彦「中世ユーラシア世界の中の南アジア――地政学的構造から見た帝国と交易ネットワーク」『現代インド研究』3号　2013
(13) 家島彦一『海が創る文明――インド洋海域世界の歴史』朝日新聞社　1993
(14) 山中一郎編『パキスタンにおける政治と権力――統治エリートについての考察』アジア経済研究所　1992
(15) 脇村孝平「インド人移民と砂糖プランテーション――モーリシャスを中心として」杉原薫・玉井金五編『世界資本主義と非白人労働』大阪市立大学出版会　1983
(16) Allen, Richard B., *Slaves, Freedmen, and Indentured Laborers in Colonial Mauritius*, Cambridge University Press, 1999.
(17) Bhana, Surendra and Joy B. Brain, *Setting Down Roots: Indian Migrants in South Africa, 1860-1911*, Witwatersrand University Press, 1990.
(18) Carter, Marina, *Servants, Sirdars, and Settlers: Indians in Mauritius, 1834-1874*, Oxford University Press, 1995.
(19) Das Gupta, Ashin, *Indian Merchants and the Decline of Surat: c. 1700-1750*, Wiesbaden: Universität Heidelberg, 1979.
(20) Emrith, Moomtaz, *The Muslims in Mauritius*, Port-Louis:, 1967.
(21) Green, Nile, *Bombay Islam: The Religious Economy of the West Indian Ocean, 1840–1915*, Cambridge University Press, 2011.
(22) India, Indian Sugar Committee, *Report of the Indian Sugar Committee: 1920*,

Superintendent, Government Central Press, 1921.
(23) India, Indian Tariff Board, *Report of the Indian Tariff Board on the Sugar Industry*, Manager of Publications, 1931.
(24) Kling, Blair B., *Partner in Empire: Dwarkanath Tagore and the Age of Enterprise in Eastern India*, University of California Press, 1976.
(25) Machado, Pedro, *Ocean of Trade: South Asian Merchants, Africa and the Indian Ocean, c. 1750-1850*, Cambridge University Press, 2014.
(26) Markovits, Claude, *The Global World of Indian Merchants, 1750-1947: Traders of Sind from Bukhara to Panama*, Cambridge University Press, 2000.
(27) Mauritius, *Mauritius Almanac and Colonial Register* (annual), Port Louis, 1878.
(28) Misra, Satish Chandra, *Muslim Communities in Gujarat: Preliminary Studies in their History and Social Organization*, Delhi: Asia Pub. House, 1964.
(29) Nadri, Ghulam A., *Eighteenth-Century Gujarat: The Dynamics of its Political Economy, 1750-1800*, Leiden: Brill, 2009.
(30) Oishi, Takashi, "Friction and Rivalry over pious Mobility: British Colonial Management of the Hajj and Reaction to it by Indian Muslims, 1870-1920", in Kuroki Hidemitsu (ed.), *The Influence of Human Mobility in Muslim Societies*, London: Kegan Paul, 2003.
(31) Oishi, Takashi, "Indo-Japan Cooperative Ventures in Match Manufacturing in India: Muslim Merchant Networks in and beyond the Bengal Bay Region 1900-1930", *International Journal of Asian Studies*, 1(1), 2004.
(32) Oishi, Takashi, "Indian Muslim Merchants in Mozambique and South Africa: Intra-regional Networks in Strategic Association with State Institutions, 1870s-1930s", *Journal of the Economic and Social History of the Orient*, 50(2)(3), 2007.
(33) Padayachee, Vishnu and Robert Morrell, "Indian Merchants and Dukawallahs in the Natal Economy, c1875-1914", *Journal of Southern African Studies*, 17(1), 1991.
(34) Papanek, Hana, "Pakistan's Big Businessmen: Muslim Separatism, Entrepreneurship, and Partial Modernization", *Economic Development and Cultural Change*, 21(1), 1972.
(35) Rungta. Shyam. *The Rise of Business Corporations in India, 1851-1900*, Cambridge University Press, 1970.
(36) SABI, Government of India, *Statistical Abstract for British India*, 各年版.
(37) Timberg, Thomas A., *The Marwaris, from Traders to Industrialists*, Delhi: Vikas, 1978.
(38) Tinker, Hugh Russell, *A New System of Slavery: The Export of Indian Labour Overseas, 1830-1920*, London: Oxford University Press, 1974.

補説11　独立後南アジアの国際関係と戦争

(1) 伊豆山真理「パキスタンの同盟政策の起源――植民地型依存から冷戦型依存へ」『国際政治』127号　2001
(2) 伊藤融「インド外交のリアリズム」『国際政治』136号　2004
(3) 菅英輝「アメリカのヘゲモニーとアジアの秩序形成　1945〜1965年」渡辺昭一編

『帝国の終焉とアメリカ』山川出版社　2006
(4)　木畑洋一「英印外交・軍事関係の変貌」秋田茂・水島司編『現代南アジア６　世界システムとネットワーク』東京大学出版会　2003
(5)　定方衛「アジア・アフリカ連帯運動と中ソ論争」『国際政治』95号　1990
(6)　高橋伸夫「中国と社会主義陣営」『国際政治』107号　1994
(7)　広瀬崇子「第三次印パ戦争におけるインドの政策決定」『東洋研究』67号　大東文化大学東洋研究所　1983
(8)　吉田修「「非同盟」と「アジア」——ネルー外交とその遺産」『名古屋大学法政論集』121号　1988
(9)　A・J・ロッター（山口育人訳）「交渉されたヘゲモニー——アメリカと東南アジア世界　1945〜1960年」渡辺昭一編『帝国の終焉とアメリカ』山川出版社　2006
(10)　Bokhari, Imitaz H., *Management of Third World Crises in Adverse Partnership: Theory and Practice*, Karachi: Oxford University Press, 1997.
(11)　Datta, Rekha, *Why Alliances Endure: The United States-Pakistan Alliance, 1954–1971*, New Delhi: South Asian Publishers, 1994.
(12)　D'Costa, Bina, *Nationbuilding, Gender and War Crimes in South Asia*, Abingdon: Routledge, 2011.
(13)　Ganguly, Sumit, *Conflict Unending: India-Pakistan Tensions since 1947*, New York: Columbia University Press, 2001.
(14)　Garver, John W., *Protracted Contest: Sino-Indian Rivalry in the Twentieth Century*, Seattle/London: University of Washington Press, 2001.
(15)　Inder Singh, Anita, *The Limits of British Influence: South Asia and the Anglo-American Relationship, 1947–56*, New York: Pinter Publishers, 1993.
(16)　Leng, Russell J., *Bargaining and Learning in Recurring Crises: The Soviet-American, Egyptian-Israeli and Indo-Pakistani Rivalries*, Ann Arbor: The University of Michigan Press, 2000.
(17)　McGarr, Paul M., *The Cold War in South Asia: Britain, the United States and the Indian Subcontinent, 1945–1965*, Cambridge: Cambridge University Press, 2013.
(18)　McMahon, Robert J., *Cold War on the Periphery: The United States, India and Pakistan*, New York: Columbia Uiversity Press, 1994.
(19)　Merrill, Dennis, *Bread and the Ballot: The United States and India's Economic Development, 1947–1963*, Chapel Hill: The University of North Carolina Press, 1990.
(20)　Niazi, A. A. K., *The Betrayal of East Pakistan*, New Delhi: Manohar, 1998.
(21)　Pakistan, Government of, *Hamoodur Rahman Commission of Inquiry into the 1971 India-Pakistan War, Supplementary Report*, Rockville, Md.: Arc Manor, 2007 (Released in 1974).
(22)　Qureshi, Hakeem Arshad, *The 1971 Indo-Pak War: A Soldier's Narrative*, Karachi: Oxford University Press, 2004.
(23)　Raghavan, Srinath, *1971: A Global History of the Creation of Bangladesh*, Cambridge: Harvard University Press, 2013.

(24) SarDesai, D. R., *Indian Foreign Policy in Cambodia, Laos, and Vietnam 1947–1964*, Berkeley: University of California Press, 1968.
(25) Sisson, Richard and Leo Rose, *War and Secession: Pakistan, and the Creation of Bangladesh*, Berkeley: The University of California Press, 1990.
(26) Snyder, Jack, *Myths of Empire: Domestic Politics and International Ambition*, Ithaca: Cornell University Press, 1991.
(27) Van Evera, Stephen, *Causes of War: Power and the Roots of Conflict*, Ithaca: Cornell University Press, 1999.
(28) Venkataramani, M. S., *The American Role in Pakistan, 1947–58*, New Delhi: Radiant Publishers, 1982.
(29) Wheeler, Nicholas J., *Saving Strangers: Humanitarian Intervention in International Society*, Oxford: Oxford University Press, 2000.

歴代総督・元首・首相一覧

インド総督（1858年以降）

＊副王を兼任（ただし独立インドの総督であるラージャゴーパーラーチャーリを除く）

1858-62　キャニング　Charles John Canning, Earl Canning
1862-63　エルギン　James Bruce, Earl of Elgin
1863　ネイピア　Robert Napier, Baron Napier　臨時
1863　デニスン　William Thomas Denison　臨時
1864-69　ローレンス　John Laird Mair Lawrence, Baron Lawrence
1869-72　メイヨー　Richard Southwell Bourke, Earl of Mayo
1872　ストレイチ　John Strachey　臨時
1872　ネイピア　Francis Napier, Lord Napier　臨時
1872-76　ノースブルック　Thomas George Baring, Earl of Northbrook
1876-80　リットン　Robert Bulwer-Lytton, Earl of Lytton
1880-84　リポン　George Frederick Samuel Robinson, Marquess of Ripon
1884-88　ダファリン　Frederick Temple Hamilton-Temple-Blackwood, Marquess of Dufferin and Ava
1888-94　ランズダウン　Henry Charles Keith Petty-Fitzmaurice, Marquess of Lansdowne
1894-99　エルギン　Victor Alexander Bruce, Earl of Elgin
1899-1905　カーゾン　George Nathaniel Curzon, Marquess Curzon
1905-10　ミントー　Gilbert Elliot-Murray-Kynynmound, Earl of Minto
1910-16　ハーディング　Charles Hardinge, Baron Hardinge
1916-21　チェムズファド　Frederic John Napier Thesiger, Viscount Chelmsford
1921-26　レディング　Rufus Daniel Isaacs, Marquess of Reading
1926-31　アーウィン　Edward Frederick Lindley Wood, Baron Irwin
1931-36　ウィリンダン　Freeman Freeman-Thomas, Marquess of Willingdon
1936-43　リンリスゴー　Victor Alexander John Hope, Marquess of Linlithgow
1943-47　ウェイヴェル　Archibald Percival Wavell, Earl Wavell
1947-48　マウントバトン　Louis Mountbatten, Earl Mountbatten
1948-50　ラージャゴーパーラーチャーリ　Chakravarti Rajagopalachari

インド

大統領

1950-62　ラージェーンドラ・プラサード　Rajendra Prasad　インド国民会議派
1962-67　サルヴァパッリ・ラーダークリシュナン　Sarvepalli Radhakrishnan　インド国民会議派
1967-69　ザーキル・フサイン　Zakir Husain　インド国民会議派
1969-74　ヴァラハギリ・ヴェンカタ・ギリ　Varahagiri Venkata Giri　インド国民会議

派
1974–77　ファフルッディーン・アリー・アフマド　Fakhruddin Ali Ahmed　インド国民会議派
1977–82　ニーラム・サンジーヴァ・レッディ　Neelam Sanjiva Reddy　インド国民会議派
1982–87　ギャーニー・ザイル・シン　Giani Zail Singh　インド国民会議派
1987–92　R. ヴェンカタラーマン　R. Venkataraman　インド国民会議派
1992–97　シャンカル・ダヤール・シャルマー　Shanker Dayal Sharma　インド国民会議派
1997–2002　K. R. ナーラーヤナン　K. R. Narayanan　インド国民会議派
2002–07　A. P. J. アブドゥル・カラーム　A. P. J. Abdul Kalam　与党連合
2007–12　プラティバー・デーヴィーシン・パーティル　Pratibha Devisingh Patil　インド国民会議派
2012–17　プラナブ・ムカルジー　Pranab Mukherjee　インド国民会議派
2017–　ラーム・ナート・コーヴィンド　Ram Nath Kovind　インド人民党

首相（1950年インド憲法施行まではインド連邦首相）
1947–64　ジャワーハルラール・ネルー　Jawaharlal Nehru　インド国民会議派
1964　グルザーリーラール・ナンダ　Gulzari Lal Nanda　インド国民会議派
1964–66　ラール・バハードゥル・シャーストリー　Lal Bahadur Shastri　インド国民会議派
1966　グルザーリーラール・ナンダ　Gulzari Lal Nanda　インド国民会議派
1966–77　インディラー・ガーンディー　Indira Gandhi　インド国民会議派
1977–79　モーラールジー・デーサーイー　Morarji Desai　人民党（ジャナター・パーティ）
1979–80　チョードリー・チャラン・シン　Chaudhry Charan Singh　人民党（ジャナター・パーティ）
1980–84　インディラー・ガーンディー　Indira Gandhi　インド国民会議派
1984–89　ラージーヴ・ガーンディー　Rajiv Gandhi　インド国民会議派
1989–90　V. P. シン　V. P. Singh　ジャナター・ダル
1990–91　チャンドラ・シェーカル　Chandra Shekhar　ジャナター・ダル
1991–96　P. V. ナラシンハ・ラーオ　P. V. Narasimha Rao　インド国民会議派
1996　アタル・ビハーリー・ヴァージペーイー　Atal Bihari Vajpayee　インド人民党
1996–97　H. D. デーヴェー・ガウダ　H. D. Deve Gauda　統一戦線
1997–98　I. K. グジュラール　I. K. Gujral　ジャナター・ダル
1998–2004　アタル・ビハーリー・ヴァージペーイー　Atal Bihari Vajpayee　インド人民党
2004–14　マンモーハン・シン　Manmohan Singh　インド国民会議派
2014–　ナレーンドラ・モーディー　Narendra Modi　インド人民党

パキスタン

総督

1947-48　ムハンマド・アリー・ジンナー　Muhammad Ali Jinnah　ムスリム連盟
1948-51　ハージャ・ナジムッディーン　Khwaja Nazimuddin　ムスリム連盟
1951-55　グラーム・ムハンマド　Ghulam Muhammad　ムスリム連盟
1955-56　イスカンダル・ミルザー　Iskandar Mirza　陸軍少将

大統領

1956-58　イスカンダル・ミルザー　Iskandar Mirza　陸軍少将
1958-69　アユーブ・ハーン　Ayub Khan　陸軍参謀長
1969-71　ムハンマド・ヤヒヤー・ハーン　Muhammad Yahya Khan　陸軍参謀長
1971-73　ズルフィカール・アリー・ブットー　Zulfikar Ali Bhutto　パキスタン人民党
1973-78　ファズルル・イラーヒー・チョードリー　Fazrul Illahi Chaudhry　パキスタン人民党
1978-85　(戒厳令司令官)ムハンマド・ズィヤーウル・ハク　Muhammad Zia ul Haq　陸軍参謀長
1985-88　ムハンマド・ズィヤーウル・ハク　Muhammad Zia ul Haq　陸軍参謀長
1988　(暫定大統領)グラーム・イスハーク・ハーン　Ghulam Ishaq Khan　イスラーム民主連合
1988-93　グラーム・イスハーク・ハーン　Ghulam Ishaq Khan　イスラーム民主連合
1993　(暫定大統領)グラーム・イスハーク・ハーン　Ghulam Ishaq Khan　イスラーム民主連合
1993-97　ファールーク・ラガーリー　Farooq Leghari　パキスタン人民党
1998-2001　ムハンマド・ラフィーク・タータル　Muhammad Rafiq Tarar　パキスタン・ムスリム連盟(ナワーズ派)
2001-08　パルヴェーズ・ムシャッラフ　Parvez Musharraf　陸軍参謀長
2008-13　アースィフ・アリー・ザルダーリー　Asif Ali Zardari　パキスタン人民党
2013-18　マムヌーン・フサイン　Mamnoon Hussain　パキスタン・ムスリム連盟(ナワーズ派)
2018-　アーリフ・アルヴィー　Arif Alvi　パキスタン公正運動党

首相

1947-51　リヤーカト・アリー・ハーン　Liyaqat Ali Khan　ムスリム連盟
1951-53　ハージャ・ナジムッディーン　Khwaja Nazimuddin　ムスリム連盟
1953-55　ムハンマド・アリー・ボーグラー　Muhammad Ali Bogra　ムスリム連盟
1955-56　チョードリー・ムハンマド・アリー　Chaudhry Muhammad Ali　ムスリム連盟
1956-57　フサイン・シャヒード・スフラワルディー　Husain Shahid Suhrawardi　人民連盟
1957　イブラーヒーム・イスマーイール・チュンドリーガル　Ibrahim Ismail

Chundrigar　ムスリム連盟
1957-58　マリク・フィーローズ・ハーン・ヌーン　Malik Firoz Khan Noon　共和党
1971　ヌールル・アミーン　Nurul Amin　パキスタン民主党
1973-77　ズルフィカール・アリー・ブットー　Zurfikar Ali Bhutto　パキスタン人民党
1985-88　ムハンマド・ハーン・ジュネージョー　Muhammad Khan Junejo　パキスタン・ムスリム連盟
1988-90　ベーナズィール・ブットー　Benazir Bhutto　パキスタン人民党
1990　グラーム・ムスタファー・ジャトーイー　Ghulam Mustafa Jatoi　イスラーム民主連合
1990-93　ムハンマド・ナワーズ・シャリーフ　Muhammad Nawaz Sharif　パキスタン・ムスリム連盟
1993　ミール・バラフ・シェール・ハーン・マザーリー　Mir Balakh Sher Khan Mazari　パキスタン人民党
1993　ムハンマド・ナワーズ・シャリーフ　Muhammad Nawaz Sharif　パキスタン・ムスリム連盟
1993　モイーン・クレーシー　Moin Qureshi　非政党人
1993-96　ベーナズィール・ブットー　Benazir Bhutto　パキスタン人民党
1996-97　マリク・メーラージ・ハーリド　Malik Meraj Khalid　パキスタン・ムスリム連盟(ナワーズ派)
1997-99　ムハンマド・ナワーズ・シャリーフ　Muhammad Nawaz Sharif　パキスタン・ムスリム連盟(ナワーズ派)
1999-2002　パルヴェーズ・ムシャッラフ　Parvez Musharraf　陸軍参謀長
2002-04　ザファルッラー・ハーン・ジャマーリー　Zafarullah Khan Jamali　パキスタン・ムスリム連盟(カーイデ・アーザム派)
2004　チョードリー・シュジャーアト・フサイン　Chaudhry Shujaat Hussain　パキスタン・ムスリム連盟(カーイデ・アーザム派)
2004-07　ショウカト・アズィーズ　Shaukat Aziz　パキスタン・ムスリム連盟(カーイデ・アーザム派)
2008-12　ユースフ・ラザー・ギーラーニー　Yusuf Raza Gillani　パキスタン人民党
2012-13　ラージャ・パルヴェーズ・アシュラフ　Raja Parvez Ashraf　パキスタン人民党
2013-17　ムハンマド・ナワーズ・シャリーフ　Muhammad Nawaz Sharif　パキスタン・ムスリム連盟(ナワーズ派)
2017-18　シャーヒド・ハーカーン・アッバースィー　Shahid Khaqan Abbasi　パキスタン・ムスリム連盟(ナワーズ派)
2018-　イムラーン・ハーン　Imran Khan　パキスタン公正運動党

バングラデシュ

大統領

1971　(臨時政府大統領)シェイク・ムジーブル・ラフマン(ムジーブ)　Sheikh

Mujibur Rahman（Mujib）　バングラデシュ・アワミ連盟
1971-72　（大統領代行〈副大統領〉）ショエド・ノズルル・イスラム　Syed Nazrul Islam　バングラデシュ・アワミ連盟
1972-73　アブ・ショエド・チョウドゥリ　Abu Syed Chowdhury　非政党人
1973-74　（大統領代行）モハマドゥッラ　Md Mohamadullah　バングラデシュ・アワミ連盟
1974-75　モハマドゥッラ　Md Mohamadullah　バングラデシュ・アワミ連盟
1975　シェイク・ムジーブル・ラフマン（ムジーブ）　Sheikh Mujibur Rahman（Mujib）　バングラデシュ農民労働者アワミ連盟
1975　コンドカル・ムスタック・アフマド　Khandakar Mushtaq Ahmed　バングラデシュ・アワミ連盟
1975-77　A. S. Md. サエム　Abu Sadat Mohammad Sayem　非政党人（最高裁長官）
1977-81　ジアウル・ラフマン　Ziaur Rahman　陸軍参謀長→バングラデシュ民族主義党（78-）
1981　（大統領代行）アブドゥス・サッタル　Abdus Sattar　バングラデシュ民族主義党
1981-82　アブドゥス・サッタル　Abdus Sattar　バングラデシュ民族主義党

1982年３月24日，エルシャド陸軍参謀長の無血クーデタが成功，大統領・副大統領は即日解任され，内閣も解散させられた。

1982-83　A. F. M. アフサヌッディン・チョウドゥリ　Abu Fazal Md. Ahsanuddin Chowdhury　非政党人（元最高裁長官）
1983-90　ホセイン・モハンマド・エルシャド　Hussain Mohammad Ershad　陸軍→国民党（86-）
1990-91　（大統領代行）シャハブッディーン・アフマド　Shahabuddin Ahmed　非政党人
1991-96　アブドゥル・ラフマン・ビッシャス　Abdur Rahman Biswas　バングラデシュ民族主義党
1996-2001　シャハブッディーン・アフマド　Shahabuddin Ahmed　非政党人
2001-02　A. Q. M. ボドゥルドッザ・チョウドゥリ　A. Q. M. Badruddoza Chowdhury　バングラデシュ民族主義党
2002　（大統領代行）ジャミルッディーン・シルカル　Jamiruddin Sircar　バングラデシュ民族主義党
2002-09　イアジュッディーン・アフマド　Iajuddin Ahmed　非政党人
2009-13　ジルル・ラフマン　Zillur Rahman　バングラデシュ・アワミ連盟
2013-　アブドゥル・ハミド　Md Abdul Hamid　バングラデシュ・アワミ連盟

首相（特記以外）
1971-72　（臨時政府首相）タジュッディーン・アフマド　Tajuddin Ahmed　バングラデシュ・アワミ連盟
1972-75　シェイク・ムジブル・ラフマン（ムジーブ）　Sheikh Mujibur Rahman（Mujib）

バングラデシュ・アワミ連盟
1975年1月，憲法第4次改正で首相内閣制を撤廃。
1975　　　モンスル・アリ　Md Mansoor Ali　バングラデシュ・アワミ連盟
1975.8-75.11　ジアウル・ラフマン陸軍参謀長が事実上の元首
1975　　　（戒厳令司令官）カリド・ムシャラフ　Khalid Musharaf　陸軍
1975　　　（戒厳令司令官）ジアウル・ラフマン　Ziaur Rahman　陸軍参謀長
1975-76　（戒厳令司令官）A. S. Md. サエム　Abu Sadat Mohammad Sayem　非政党人（最高裁長官）
1976-79　（戒厳令司令官）ジアウル・ラフマン　Ziaur Rahman　陸軍参謀長→バングラデシュ民族主義党（78-）
1979-82　アジズル・ラフマン　Shah Md Azizur Rahman　バングラデシュ民族主義党（大統領が任命）
1982-84　（戒厳令司令官，1982-86）ホセイン・モハンマド・エルシャド　Hussain Mohammad Ershad　陸軍参謀長
1984-86　アタウル・ラフマン・カン　Ataur Rahman Khan　国民党
1986-88　ミザヌル・ラフマン・チョウドゥリ　Mizanur Rahman Chowdhury　国民党
1988-89　モウドゥド・アフマド　Moudud Ahmed　国民党
1989-90　カジ・ザファル・アフマド　Kazi Zafar Ahmed　国民党
1991-96　カレダ・ジア　Khaleda Zia　バングラデシュ民族主義党
1996　　　（選挙管理内閣）ハビブル・ラフマン　Md Habibur Rahman　非政党人
1996-2001　シェイク・ハシナ・ワゼド　Sheikh Hasina Wajed　バングラデシュ・アワミ連盟
2001　　　（選挙管理内閣）ラティフル・ラフマン　Latifur Rahman　非政党人（元最高裁長官）
2001-06　カレダ・ジア　Khaleda Zia　バングラデシュ民族主義党
2006-07　（選挙管理内閣）イアジュッディーン・アフマド　Iajuddin Ahmed　大統領が選挙管理暫定政府主席顧問を兼任
2007-08　（選挙管理内閣）ファクルッディーン・アフマド　Fakhruddin Ahmed　非政党人（元中央銀行総裁）
2009-13　シェイク・ハシナ・ワゼド　Sheikh Hasina Wajed　バングラデシュ・アワミ連盟
2013-14　（選挙管理内閣）シェイク・ハシナ・ワゼド　Sheikh Hasina Wajed　バングラデシュ・アワミ連盟
2014-　　シェイク・ハシナ・ワゼド　Sheikh Hasina Wajed　バングラデシュ・アワミ連盟

ネパール（1951年の王政回復以降）

元首

1951-55　トリブバン国王　Tribhuvan Bir Bikram Shah Deva[1]（即位は1911年）
1955-72　マヘンドラ国王　Mahendra Bir Bikram Shah Deva

1972-2001　ビレンドラ国王 Birendra Bir Bikram Shah Deva

2001　ディペンドラ国王　Dipendra Bir Bikram Shah Deva[2]

2001-08　ギャネンドラ国王　Gyanendra Bir Bikram Shah Deva[2]

（2007-08　ギリジャ・プラサード・コイララ首相が元首代行）

1　1950年11月から51年１月にかけてトリブバン国王はインドに亡命，その間は，トリブバン国王の孫で当時３歳のギャネンドラ王子が国王に擁立された。ただし，インドは新王を承認せず，亡命中のトリブバン国王の正統性を支持した。トリブバン国王は1951年１月に帰国し王位に復帰した。

2　ディペンドラ皇太子は脳死のまま新国王に即位，この間ギャネンドラが摂政を務めた。

2008-15　ラム・バラン・ヤダブ大統領　Ram Baran Yadav　ネパール会議派

2015-　ビディヤ・デビ・バンダリ大統領　Bidhya Devi Bhandari　ネパール共産党（統一マルクス＝レーニン派）

首相

1951　（暫定政権）モハン・シャムシェル・ジャンガ・バハドゥル・ラナ　Mohan Shumsher Jung Bahadur Rana　ラナ家政治家

1951　（暫定政権）マトリカ・プラサード・コイララ　Matrika Prasad Koirala　ネパール会議派

1952-53　トリブバン国王親政。首相をおかず，諮問会議の長にケサル・シャムシェル・ジャンガ・バハドゥル・ラナ　Kaiser Shumsher Jung Bahadur Rana（非政党人）を任命

1953-55　（暫定政権）マトリカ・プラサード・コイララ　Matrika Prasad Koirala　ネパール会議派

1955-56　マヘンドラ国王親政。首相をおかず

1956-57　（暫定政権）タンカ・プラサード・アーチャールヤ　Tanka Prasad Acharya　ネパール人民会議

1957　（暫定政権）K. I. シン　Kunwar Indrajit Singh　統一民主党

1957-58　マヘンドラ国王親政。首相をおかず

1958-59　（選挙管理内閣）スバルナ・シャムシェル・ジャンガ・バハドゥル・ラナ　Subarna Shumsher Jung Bahadur Rana　ネパール会議派

1959-60　ビスウェスワル・プラサード・コイララ　Bisweshwar Prasad Koirala　ネパール会議派

1960-63　マヘンドラ国王親政。議会解散，憲法停止，政党活動禁止。マヘンドラ国王が内閣議長を務め，首席大臣にトゥルシ・ギリ　Tulsi Giri（非政党人）を任命

1963　トゥルシ・ギリ　Tulsi Giri　非政党人

1963-64　スルヤ・バハドゥル・タパ　Surya Bahadur Thapa　非政党人

1964-65　トゥルシ・ギリ　Tulsi Giri　非政党人

1965-69　スルヤ・バハドゥル・タパ　Surya Bahadur Thapa　非政党人

1969-70　キルティニディ・ビスタ　Kirti Nidhi Bista　非政党人

1970-71　マヘンドラ国王親政。暫定政権の主席大臣にゲヘンドラ・バハドゥル・ラ

ジバンダリ　Gehendra Bahadur Rajbhandari(非政党人)を任命
1971-73　キルティニディ・ビスタ　Kirti Nidhi Bista　非政党人
1973-75　ナゲンドラ・プラサード・リザール　Nagendra Prasad Rijal　非政党人
1975-77　トゥルシ・ギリ　Tulsi Giri　非政党人
1977-79　キルティニディ・ビスタ　Kirti Nidhi Bista　非政党人
1979-83　スルヤ・バハドゥル・タパ　Surya Bahadur Thapa　非政党人
1983-86　ロケンドラ・バハドゥル・チャンド　Lokendra Bahadur Chand　非政党人
1986　ナゲンドラ・プラサード・リザール　Nagendra Prasad Rijal　非政党人
1986-90　マリチマン・シン・シュレスタ　Marich Man Singh Shrestha　非政党人
1990　ロケンドラ・バハドゥル・チャンド　Lokendra Bahadur Chand　国民民主党
1990-91　(選挙管理内閣)クリシュナ・プラサード・バッタライ　Krishna Prasad Bhattarai　ネパール会議派
1991-94　ギリジャ・プラサード・コイララ　Girija Prasad Koirala　ネパール会議派
1994-95　マン・モハン・アディカリ　Man Mohan Adhikari　ネパール共産党(統一マルクス＝レーニン派)
1995-97　シェル・バハドゥル・デウバ　Sher Bahadur Deuba　ネパール会議派
1997　ロケンドラ・バハドゥル・チャンド　Lokendra Bahadur Chand　国民民主党
1997-98　スルヤ・バハドゥル・タパ　Surya Bahadur Thapa　国民民主党
1998-99　ギリジャ・プラサード・コイララ　Girija Prasad Koirala　ネパール会議派
1999-2000　クリシュナ・プラサード・バッタライ　Krishna Prasad Bhattarai　ネパール会議派
2000-01　ギリジャ・プラサード・コイララ　Girija Prasad Koirala　ネパール会議派
2001-02　シェル・バハドゥル・デウバ　Sher Bahadur Deuba　ネパール会議派
2002　ギャネンドラ国王親政。議会停止・憲法停止
2002-03　ロケンドラ・バハドゥル・チャンド　Lokendra Bahadur Chand　国民民主党
2003-04　スルヤ・バハドゥル・タパ　Surya Bahadur Thapa　国民民主党
2004-05　シェル・バハドゥル・デウバ　Sher Bahadur Deuba　ネパール会議派
2005-06　ギャネンドラ国王親政
2006-08　ギリジャ・プラサード・コイララ　Girija Prasad Koirala　ネパール会議派
2008-09　プスパ・カマル・ダハル(プラチャンダ)　Pushpa Kamal Dahal(Prachanda)　ネパール共産党(マオイスト)
2009-11　マダブ・クマール・ネパール　Madhav Kumar Nepal　ネパール共産党(統一マルクス＝レーニン派)
2011-13　バブラム・バッタライ　Baburam Bhattarai　ネパール共産党(マオイスト)
2013-14　(選挙管理内閣)キル・ラージ・レグミ　Kil Raj Regmi　最高裁長官
2014-15　スシル・コイララ　Sushil Koirala　ネパール会議派
2015-16　K. P. シャルマ・オリ　Khadga Prasad Sharma Oli　ネパール共産党(統一マルクス＝レーニン派)
2016-17　プスパ・カマル・ダハル(プラチャンダ)　Pushpa Kamal Dahal(Prachanda)　ネパール共産党(統一マオイスト)

2017-18　シェル・バハドゥル・デウバ　Sher Bahadur Deuba　ネパール会議派
2018-　K. P. シャルマ・オリ　Khadga Prasad Sharma Oli　ネパール共産党(統一マルクス＝レーニン派)→ネパール共産党(NCP)

ブータン(1907年のワンチュク王政開始以降)

元首

1907-26　ウゲン・ワンチュク国王　Ugyen Wangchuck
1926-52　ジクメ・ワンチュク国王　Jigme Wangchuck
1952-72　ジクメ・ドルジ・ワンチュク国王　Jigme Dorji Wangchuck
1972-2006　ジクメ・センゲ・ワンチュク国王　Jigme Singye Wangchuck
2006-　ジクメ・ケサル・ナムギャル・ワンチュク国王　Jigme Khesar Namgyel Wangchuck

首相

2008-13　ジクメ・ヨーセル・ティンレイ　Jigme Yoser Thinley
2013-　ツェリン・トブゲイ　Tshering Tobgay

スリランカ

元首

1936-52　ジョージ6世　George VI[1]
1952-72　エリザベス2世　Queen Elizabeth II
1972-78　ウィリアム・ゴーパッラワ大統領[2]　Wiliam Gopallawa
1978-89　J. R. ジャヤワルダナ大統領[3]　Junius Richard Jayewardene　統一国民党
1989-93　ラナシンハ・プレマダーサ大統領　Ranasinghe Premadasa　統一国民党
1993-94　D. B. ウィジェートゥンガ大統領　Dingiri Banda Wijetunga　統一国民党
1994-2005　チャンドリカ・バンダーラナーヤカ・クマーラトゥンガ大統領　Chandrika Bandaranaike Kumaratunga　スリランカ自由党(人民連合，2004年より統一人民自由連合)
2005-15　マヒンダ・ラージャパクサ大統領　Mahinda Rajapaksa　スリランカ自由党(統一人民自由連合)
2015-　マイトリパーラ・シリセーナ大統領　Maithripala Sirisena　スリランカ自由党(統一人民自由連合)

1　1948年，イギリス連邦の自治領として独立。コロンボには以下の総督(Governor-General)が駐在。
1948-49　ヘンリー・モンク＝メイソン＝ムーア総督　Henry Monck-Mason Moore
1949-54　初代ソールベリー子爵ヘーワルド・ランボタム総督　Herwald Ramsbotham, 1 st Viscount Soulbury
1954-62　オリバー・E. グナティラカ総督　Oliver Ernest Goonertilleke
1962-72　ウィリアム・ゴーパッラワ総督　Wiliam Gopallawa
2　大統領(Constitutional President)：国会が指名。
3　大統領(Executive President)：行政権をもち，国民が直接選挙で選出。ただし，J. R. ジャヤワルダナ大統領(第1期目)は国会が選出。また，D. B. ウィジェートゥンガ大統領はプレマダーサ

大統領の暗殺にともない大統領代行(兼首相)に就任したのち，国会で大統領に選出された。

首相

1947-52 D. S. セーナーナーヤカ Don Stephen Senanayake 統一国民党
1952-53 ダッドリー・S. セーナーナーヤカ Dudley Shelton Senanayake 統一国民党
1953-56 ジョン・コタラーワラ John Kotelawala 統一国民党
1956-59 S. W. R. D. バンダーラナーヤカ Solomon West Ridgeway Dias Bandaranaike スリランカ自由党
1959-60 W. ダハナーヤカ Wijayananda Dahanayake スリランカ自由党
1960 ダッドリー・S. セーナーナーヤカ Dudley Shelton Senanayake 統一国民党
1960-65 シュリマヴォ・R. D. バンダーラナーヤカ Sirimavo Ratwatte Dias Bandaranaike スリランカ自由党
1965-70 ダッドリー・S. セーナーナーヤカ Dudley Shelton Senanayake 統一国民党
1970-77 シュリマヴォ・R. D. バンダーラナーヤカ Sirimavo Ratwatte Dias Bandaranaike スリランカ自由党(統一戦線内閣)
1977-78 J. R. ジャヤワルダナ Junius Richard Jayewardene 統一国民党
1978-89 R. プレマダーサ Ranasinghe Premadasa 統一国民党
1989-93 D. B. ウィジェートゥンガ Dingiri Banda Wijetunga 統一国民党
1993-94 ラニル・ウィクラマシンハ Ranil Wickremasinghe 統一国民党
1994 チャンドリカ・バンダーラナーヤカ・クマーラトゥンガ Chandrika Bandaranaike Kumaratunga スリランカ自由党(人民連合)
1994-2000 シュリマヴォ・R. D. バンダーラナーヤカ Sirimavo Ratwatte Dias Bandaranaike スリランカ自由党(人民連合)
2000-01 ラトナシリ・ウィクラマナーヤカ Ratnasiri Wickremanayake スリランカ自由党(人民連合)
2001-04 ラニル・ウィクラマシンハ Ranil Wickremasinghe 統一国民党(統一国民戦線)
2004-05 マヒンダ・ラージャパクサ Mahinda Rajapaksa スリランカ自由党(統一人民自由連合)
2005-10 ラトナシリ・ウィクラマナーヤカ Ratnasiri Wickremanayake スリランカ自由党(統一人民自由連合)
2010-15 D. M. ジャヤラトナ D. M. Jayaratne スリランカ自由党(統一人民自由連合)
2015-18 ラニル・ウィクラマシンハ Ranil Wickremasinghe 統一国民党(統一国民戦線，2005年7月より，良い統治のための統一国民戦線)
2018 マヒンダ・ラージャパクサ Mahinda Rajapaksa スリランカ自由党(のちスリランカ人民戦線)(統一人民自由連合)
2018- ラニル・ウィクラマシンハ Ranil Wickremasinghe 統一国民党(良い統治のための統一国民戦線)

(石坂貴美，小槻文洋，名和克郎，中村沙絵，藤音晃明，宮本隆史，宮本万里，村上武則，山根聡)

南アジア各国の行政区分

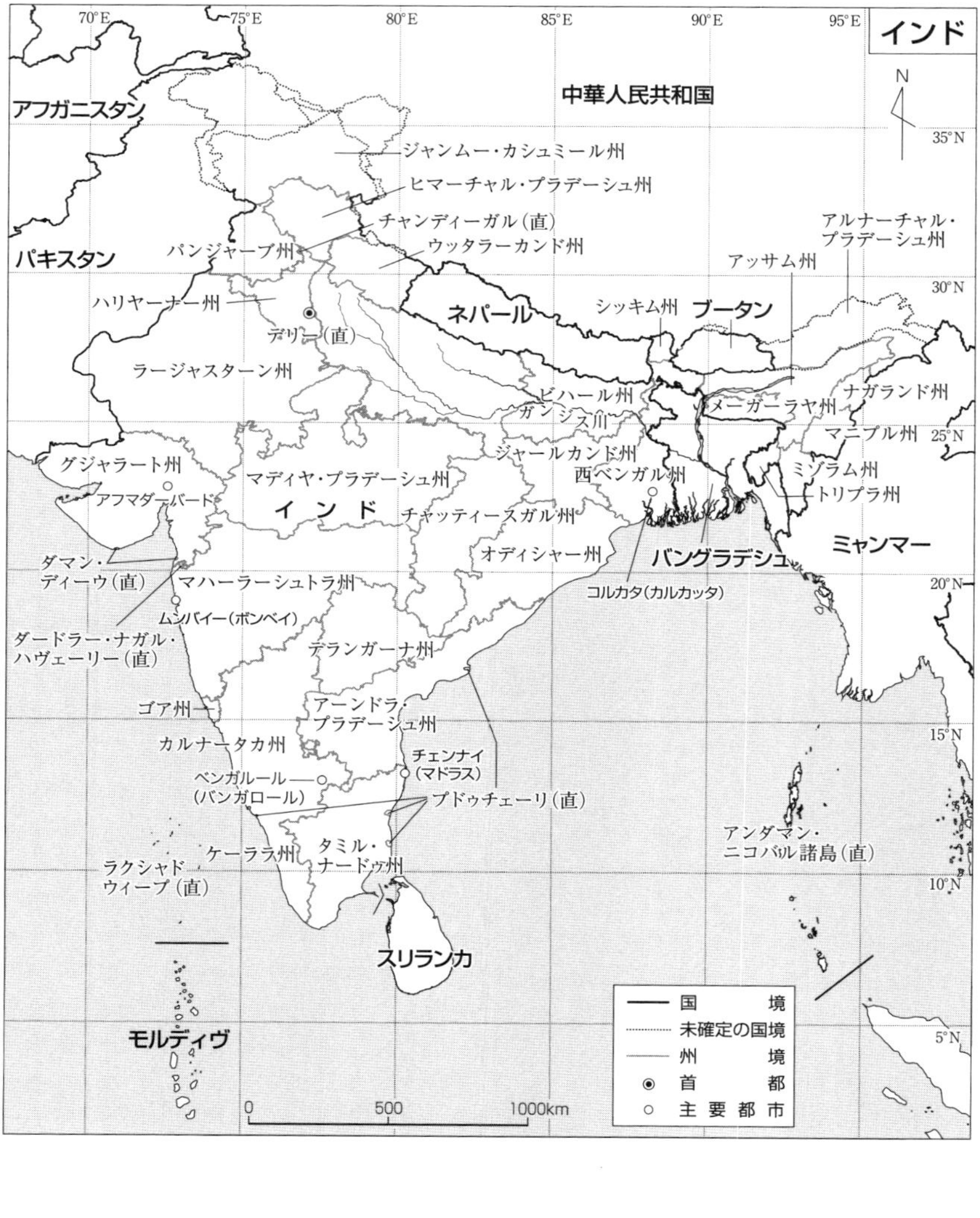

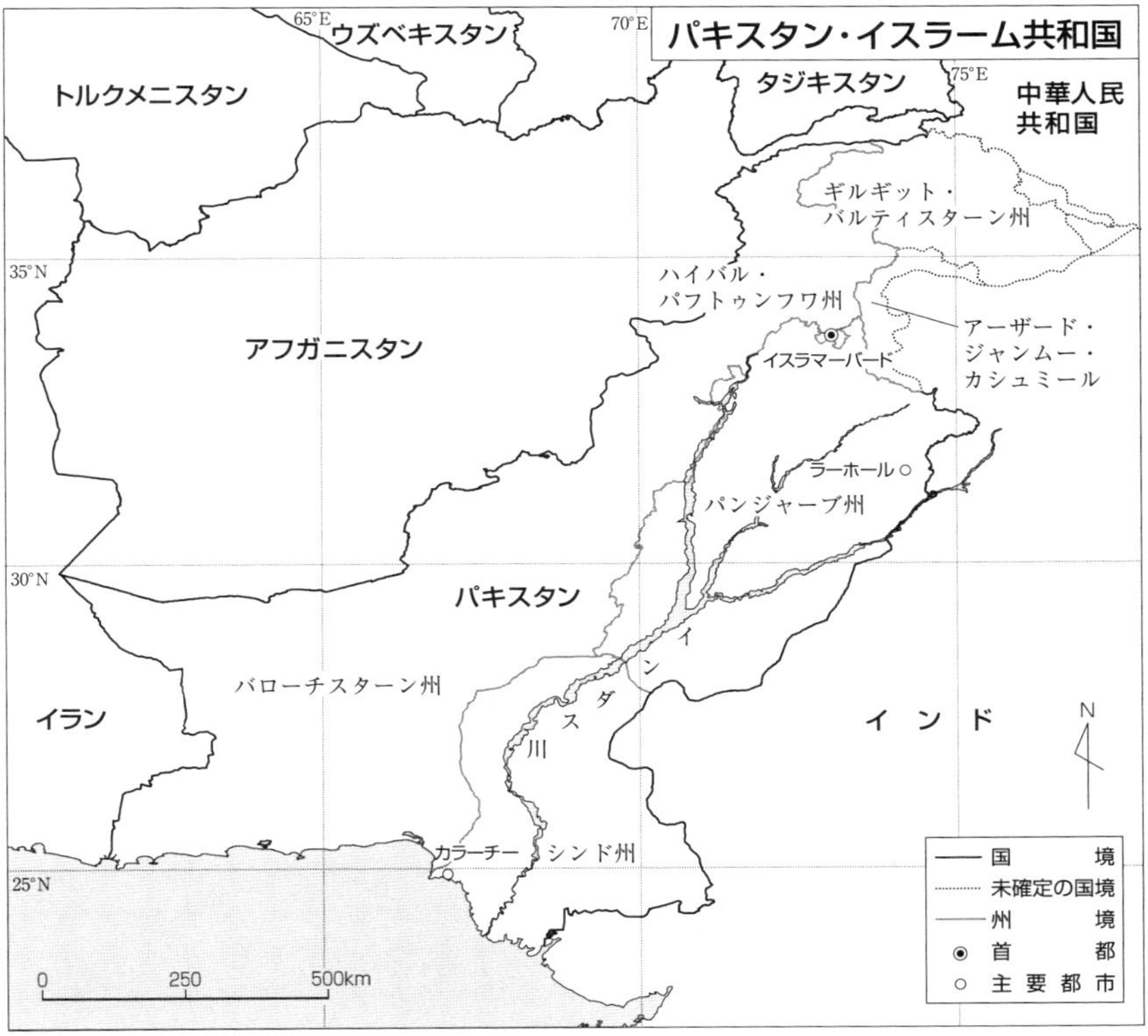
パキスタン・イスラーム共和国
65°E
70°E
75°E
35°N
30°N
25°N
ウズベキスタン
トルクメニスタン
タジキスタン
中華人民
共和国
ギルギット・
バルティスターン州
ハイバル・
パフトゥンフワ州
アーザード・
ジャンムー・
カシュミール
イスラマーバード
アフガニスタン
ラーホール
パンジャーブ州
パキスタン
イ
ン
ダ
ス
川
バローチスターン州
イラン
インド
N
カラーチー
シンド州
0
250
500km
国境
未確定の国境
州境
首都
主要都市

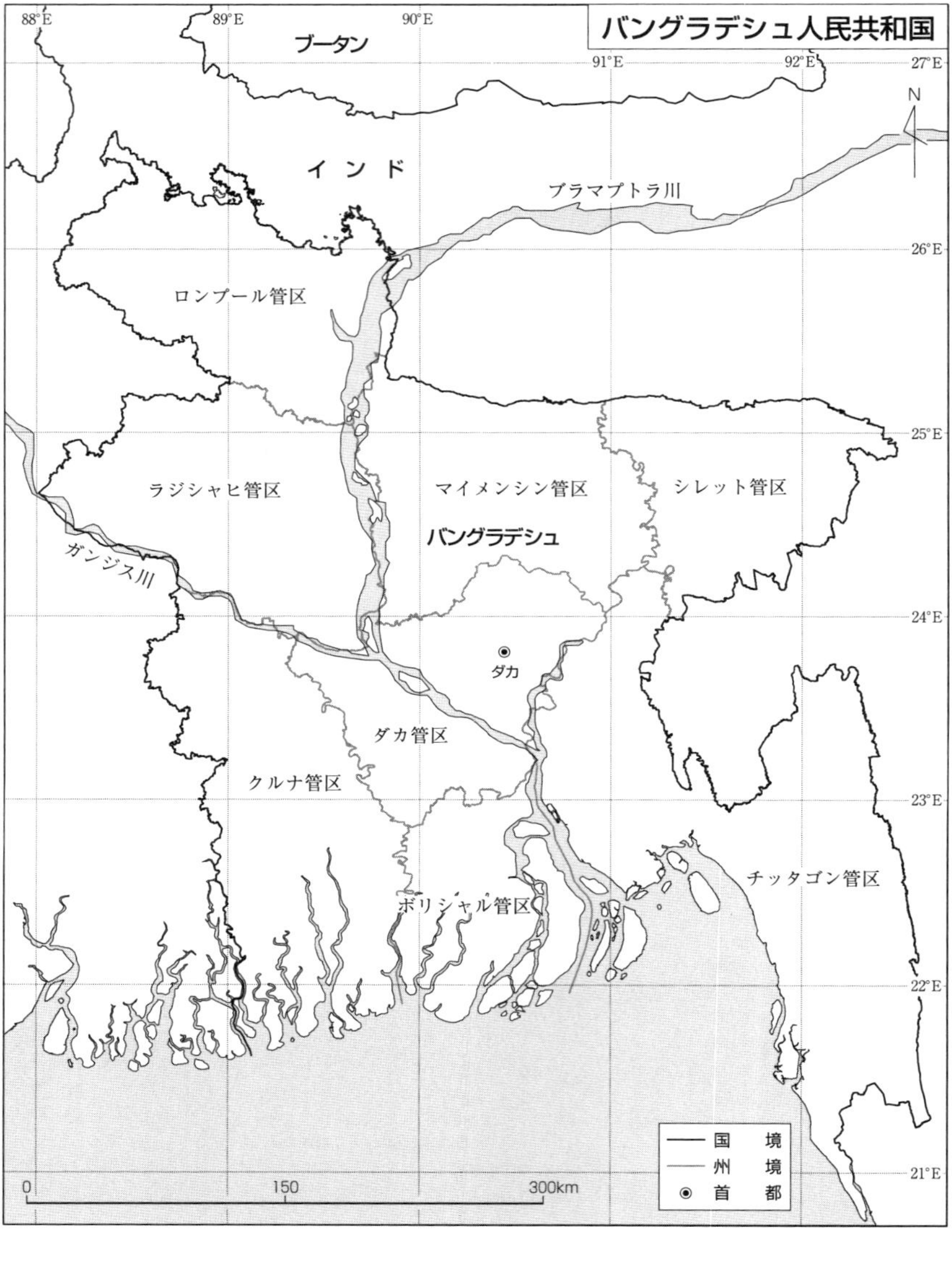
バングラデシュ人民共和国
88°E
89°E
90°E
91°E
92°E
27°E
26°E
25°E
24°E
23°E
22°E
21°E
N
ブータン
インド
ブラマプトラ川
ロンプール管区
ラジシャヒ管区
マイメンシン管区
シレット管区
バングラデシュ
ガンジス川
ダカ
ダカ管区
クルナ管区
ボリシャル管区
チッタゴン管区
国境
州境
首都
0
150
300km

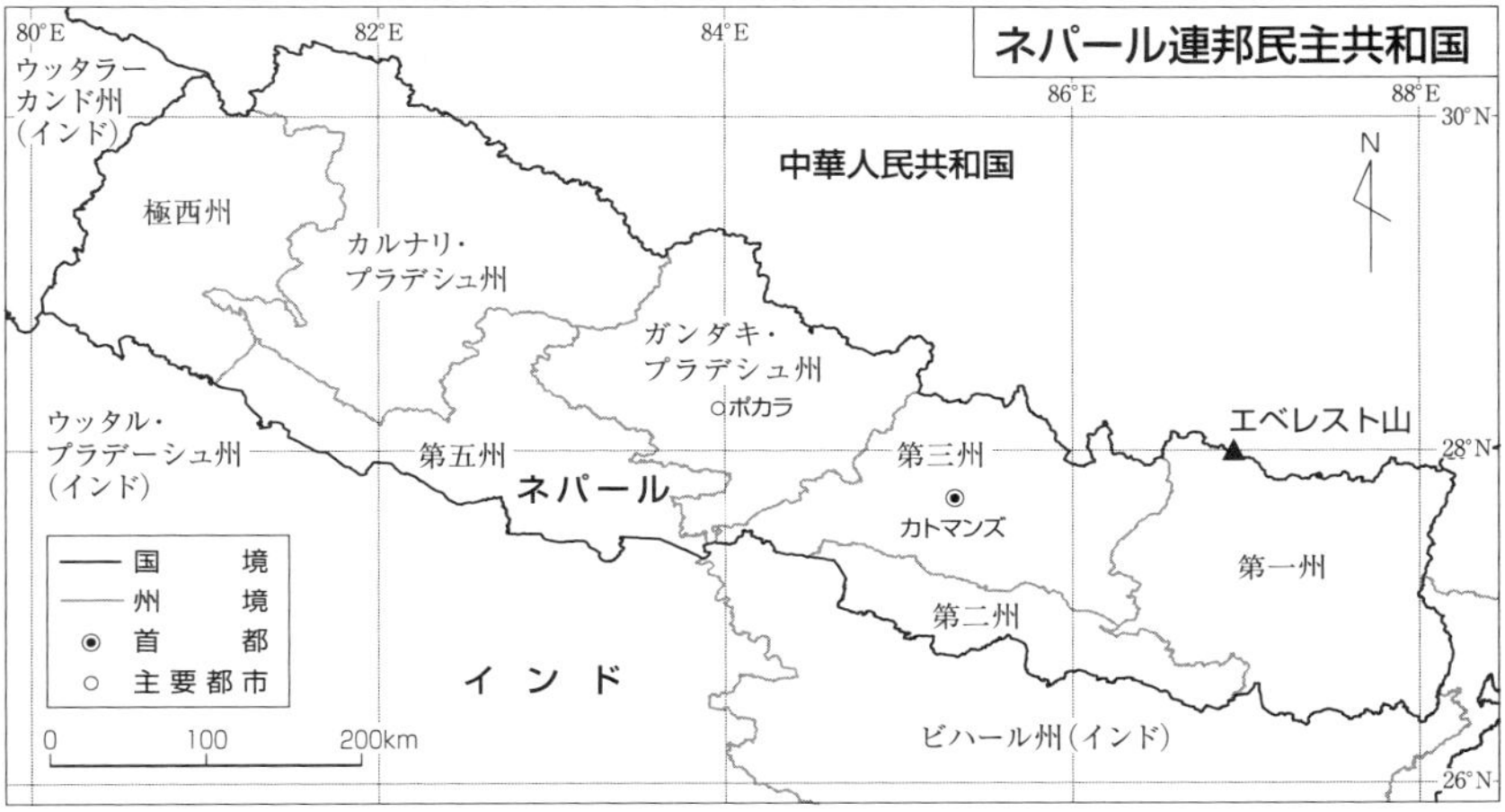

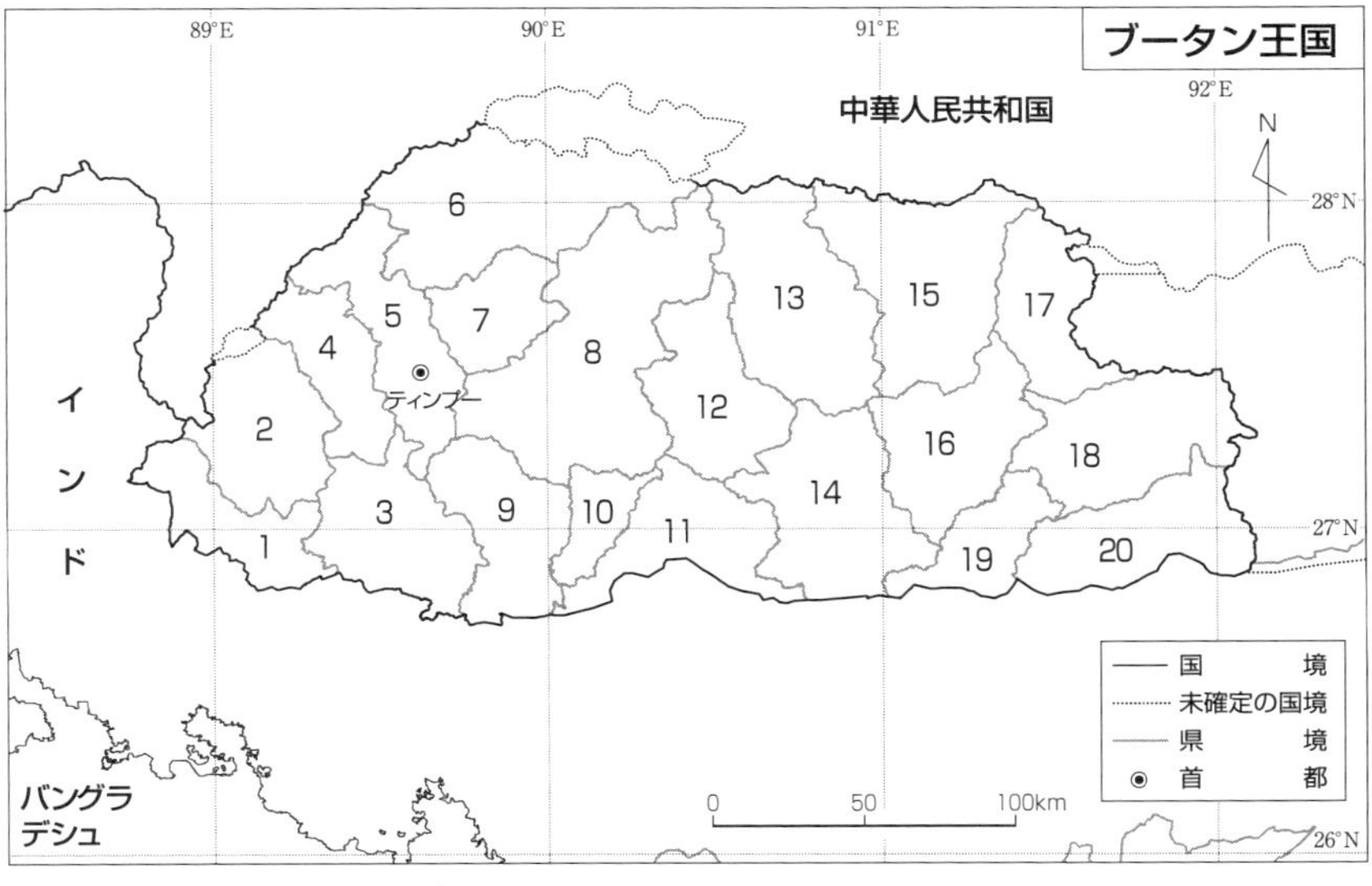

1 サムツィ
2 ハ
3 チュカ
4 パロ
5 ティンプー
6 ガサ
7 プナカ
8 ウォディポダン
9 ダガナ
10 ツィラン
11 サルパン
12 トンサ
13 ブムタン
14 シェムガン
15 ルンツィ
16 モンガル
17 タシヤンツェ
18 タシガン
19 ペマガツェル
20 サムドゥプ・ジョンカル

スリランカ民主社会主義共和国

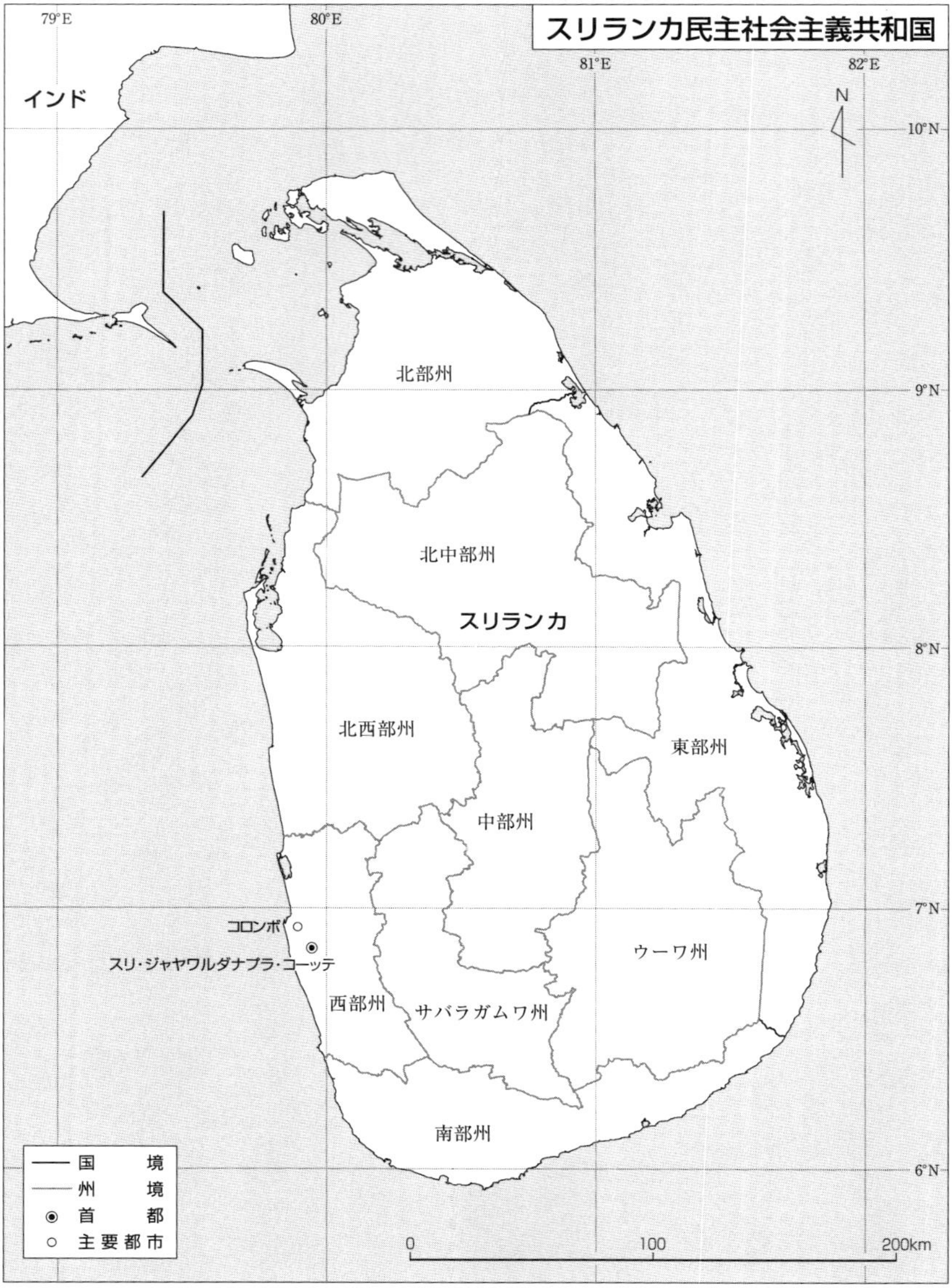

的保護政策の問題」(近藤則夫編『インド民主主義体制のゆくえ――挑戦と変容』アジア経済研究所，2009)，「新しい時代を迎えたネパールの障害者・障害者団体と障害者政策」(森壮也編『南アジアの障害当事者と障害者政策――障害と開発の視点から』アジア経済研究所，2011)
執筆分担：補説9

杉原《すぎはら》　薫《かおる》

1948年生まれ。総合地球環境学研究所特任教授
主要著書：『アジア間貿易の形成と構造』(ミネルヴァ書房，1996)，『アジア太平洋経済圏の興隆』(大阪大学出版会，2003)，『現代インド1　多様性社会の挑戦』(共編，東京大学出版会，2015)
執筆分担：第13章

大石《おおいし》　高志《たかし》

1966年生まれ。神戸市外国語大学准教授
主要論文：「インドと環インド洋地域――1990年代以後の経済優先主義的展開とその歴史的前提」(『国際政治』127〈南アジアの国家と国際関係〉，2001)，"Indo-Japan Cooperative Ventures in Match Manufacturing in India: Muslim Merchant Networks in and beyond the Bengal Bay Region 1900–1930" (*International Journal of Asian Studies*, 1-1, Cambridge University Press, 2004)，「近代インドの社会動態と日本製輸出雑貨との連関――模倣・模造・差別化の中の装身品」(『社会経済史学』82-3，2016)
執筆分担：補説10

伊豆山真理《いずやままり》

防衛省防衛研究所主任研究官
主要論文：「政軍関係――シビリアン・コントロールと軍事力構築」(長崎暢子ほか編『現代インド3　深化するデモクラシー』東京大学出版会，2015)，「戦略的パートナーシップの形成と拡大」(堀本武功編『現代日印関係入門』東京大学出版会，2017)，「南アジアにおける中国・インドの競争――ボーダー，連結性，勢力圏」(『国際問題』669，2018)
執筆分担：補説11

田辺《たなべ》　明生《あきお》　1964年生まれ。東京大学大学院総合文化研究科教授
主要著書：『カーストと平等性――インド社会の歴史人類学』(東京大学出版会，2010)，『講座生存基盤論１　歴史のなかの熱帯生存圏――温帯パラダイムを超えて』(共編，京都大学学術出版会，2012)，『現代インド１　多様性社会の挑戦』(共編，東京大学出版会，2015)
執筆分担：第９章

子島《ねじま》　進《すすむ》　1964年生まれ。東洋大学国際地域学部教授
主要著書：『イスラームと開発――カラーコラムにおけるイスマーイール派の変容』(ナカニシヤ，2002)，『ムスリムNGO――信仰と社会奉仕活動』(山川出版社，2014)，『現代パキスタン分析――民族・国民・国家』(共編，岩波書店，2004)
執筆分担：第10章，第11章

山根《やまね》　聡《そう》　1964年生まれ。大阪大学大学院言語文化研究科教授
主要著書：『４億の少数派――南アジアのイスラーム』(山川出版社，2011)，『パキスタンを知るための60章』(共編，明石書店，2003)，『現代パキスタン分析――民族・国民・国家』(共編，岩波書店，2004)
執筆分担：第10章，第11章

黒崎《くろさき》　卓《たかし》　1964年生まれ。一橋大学経済研究所教授
主要著書：『開発のミクロ経済学――理論と応用』(岩波書店，2001)，『開発経済学――貧困削減へのアプローチ』(共著，日本評論社，2003)，『現代パキスタン分析――民族・国民・国家』(共編，岩波書店，2004)
執筆分担：第10章，第11章

佐藤《さとう》　宏《ひろし》　1943年生まれ。南アジア研究者
主要著書：『インド経済の地域分析』(古今書院，1994)，『タイのインド人社会』(アジア経済研究所，1995)，*Globalization, Employment and Mobility: The South Asian Experience*(共編，Basingstoke: Palgrave Macmillan, 2008)
執筆分担：第12章

井上《いのうえ》　恭子《きょうこ》　1944年生まれ。前大東文化大学国際関係学部教授
主要論文：「インド北東地方の紛争――多言語・多民族・辺境地域の苦悩」(武内進一編『国家・暴力・政治――アジア・アフリカの紛争をめぐって』アジア経済研究所，2003)，「憲法第６付則を通してみるインド北東地方――多民族地域における差別

粟屋《あわや》　利江《としえ》　1957年生まれ。東京外国語大学大学院総合国際学研究院教授
主要著書：『イギリス支配とインド社会』(山川出版社，1998)，『ジェンダー史叢書 7　人の移動と文化の交差』(共編，明石書店，2011)，『現代インド 5　周縁からの声』(共編，東京大学出版会，2015)，『インド　ジェンダー研究ハンドブック』(共編，東京外国語大学出版会，2018)
執筆分担：第 6 章，補説 8

弘中《ひろなか》　和彦《かずひこ》　1930年生まれ。九州大学名誉教授
主要著書：『発展途上国における留学の問題』(アジア経済研究所，1970)，『万物帰一の教育——ガンディー　タゴール』(明治図書，1990)，『アジアの文化と教育』(共著，九州大学出版会，1987)
執筆分担：補説 4

中島《なかじま》　岳志《たけし》　1975年生まれ。東京工業大学リベラルアーツ研究教育院教授
主要著書：『中村屋のボース——インド独立運動と近代日本のアジア主義』(白水社，2005)，『パール判事——東京裁判批判と絶対平和主義　1886 ～ 1967』(白水社，2007)，『ナショナリズムと宗教』(文藝春秋，2014)，『保守と大東亜戦争』(集英社，2018)
執筆分担：補説 6

近藤《こんどう》　則夫《のりお》　1958年生まれ。日本貿易振興機構アジア経済研究所地域研究センター南アジア研究グループ研究員
主要著書：*Indian Parliamentary Elections after Independence: Social Changes and Electoral Participation* (Chiba: Institute of Developing Economies, 2003)，『現代インド政治——多様性の中の民主主義』(名古屋大学出版会，2015)，『現代インドの国際関係——メジャー・パワーへの模索』(編，日本貿易振興機構アジア経済研究所，2012)
執筆分担：第 7 章

絵所《えしょ》　秀紀《ひでき》　1947年生まれ。法政大学名誉教授
主要著書：『現代インド経済研究——金融革命と経済自由化をめぐる諸問題』(法政大学出版局，1987)，『開発経済学——形成と展開』(法政大学出版局，1991)，『開発経済学とインド——独立後インドの経済思想』(日本評論社，2002)，『離陸したインド経済——開発の軌跡と展望』(ミネルヴァ書房，2008)
執筆分担：第 8 章，補説 7

執筆者紹介（執筆順）

長崎《ながさき》 暢子《のぶこ》
（編者）

1937年生まれ。龍谷大学人間・科学・宗教総合研究センター研究フェロー，東京大学名誉教授，龍谷大学名誉教授
主要著書：『インド大反乱一八五七年』（中公新書，1981），『インド独立――逆光の中のチャンドラ・ボース』（朝日新聞社，1989），『ガンディー――反近代の実験』（岩波書店，1996），『現代南アジア１　地域研究への招待』（編，東京大学出版会，2002）
執筆分担：序章，第１章，第４章

柳澤《やなぎさわ》 悠《はるか》

1944 ～ 2015年。元東京大学東洋文化研究所教授
主要著書：『南インド社会経済史研究』（東京大学出版会，1991），*A Century of Change: Caste and Irrigated Lands in Tamilnadu, 1860s-1970s* (Delhi: Manohar, 1996)，『現代インド経済――発展の淵源・軌跡・展望』（名古屋大学出版会，2014）
執筆分担：第２章，第５章・補説１

井坂《いさか》 理穂《りほ》

東京大学大学院総合文化研究科准教授
主要著書・論文：『現代インド５　周縁からの声』（共編，東京大学出版会，2015），“Language and Dominance: The Debates over the Gujarati Language in the Late Nineteenth Century” (*South Asia*, 25-1, 2002)，「ボンベイ――エリート層から見た「世界」」（羽田正編『地域史と世界史』ミネルヴァ書房，2016）
執筆分担：第３章

藤井《ふじい》 毅《たけし》

1955年生まれ。東京外国語大学大学院総合国際学研究院教授
主要著書・論文：『歴史のなかのカースト――近代インドの「自画像」』（岩波書店，2003），『インド社会とカースト』（山川出版社，2007），「インド近現代における文字論争――多言語・多文字・限定識字社会の歴史経験」（砂野幸稔編『多言語主義再考』（三元社，2012）
執筆分担：補説２，補説５

脇村《わきむら》 孝平《こうへい》

1954年生まれ。大阪市立大学大学院経済学研究科教授
主要著書：『飢饉・疫病・植民地統治――開発の中の英領インド』（名古屋大学出版会，2002），『講座生存基盤論１　歴史のなかの熱帯生存圏――温帯パラダイムを超えて』（共編，京都大学学術出版会，2012），『現代インド１　多様性社会の挑戦』（共編，東京大学出版会，2015）
執筆分担：補説３

世《せ》界《かい》歴《れき》史《し》大《たい》系《けい》　南《みなみ》アジア史 4 —近代《きんだい》・現代《げんだい》—

2019年 3 月20日　1 版第 1 刷印刷
2019年 3 月30日　1 版第 1 刷発行

編　　者　長《なが》崎《さき》暢《のぶ》子《こ》
発 行 者　野 澤 伸 平
発 行 所　株式会社 山川出版社
〒101-0047 東京都千代田区内神田1-13-13
電話 東京 03(3293)8131(営業) 8134(編集)
https://www.yamakawa.co.jp/
振替 00120-9-43993
印刷・製本　図書印刷株式会社
装　　幀　菊 地 信 義

 ISBN978-4-634-46211-3

第３巻　南インド ――――――――――――――――――――― 辛島 昇　編

序　章　南インド史の展開と南アジア
第１章　先史時代と国家の成立
第２章　古代国家の発展
第３章　動乱の時代
第４章　中世国家の統一と社会変動
第５章　植民地化への政治過程
第６章　植民地支配下の社会
第７章　近代への対応
第８章　スリランカ史の展開
補説　ドラヴィダ語学と南アジア史／タミル古典文学の世界／バクティ信仰の展開／祖廟寺院から国家寺院へ／シャイヴァ・シッダーンタの成立／イブン・バットゥータの『大旅行記』から／セント・トマス伝説／カルナータカ音楽理論の完成／ミッショナリーと印刷出版／カッタボンマンの戦い／都市の成長と右手・左手の抗争／南インドにおけるムスリム・コミュニティ／藩王国の支配／ラージャ・ラヴィ・ヴァルマと近代インド絵画の創生／詩人スブラマニヤ・バーラティ／デイユーの信仰

第４巻　近代・現代 ――――――――――――――――――――― 長崎暢子　編

序　章　南アジア近現代史の課題
第１章　英領インドの成立と政治の変動
第２章　植民地インドの経済
第３章　植民地インドの社会と文化
第４章　独立インドへの道
第５章　インド工業の発展
第６章　第一次世界大戦後から独立までの社会・文化
第７章　独立後のインドの政治
第８章　独立後インドの経済政策とマクロ経済パフォーマンス
第９章　独立後インドの社会と文化
第10章　東西パキスタンの政治・経済・社会
第11章　現代パキスタンの政治・経済・社会
第12章　バングラデシュ
第13章　グローバル・ヒストリーのなかの南アジア
補説　生態・環境の変化／カースト／近現代インドの飢饉／第一次世界大戦からインド独立までのインドの教育／言語問題／ヒンドゥー・ナショナリズム／アマルティア・センと経済学のフロンティア／ジェンダー／ネパール・ブータンの政治経済／インド人移民・商人のネットワーク／独立後南アジアの国際関係と戦争

全巻共通付録
索引（人名索引　事項索引　地名索引）／年表／参考文献／系図

世界歴史大系　**南アジア史**　全4巻

第1巻　先史・古代 ――――――――― 山崎元一／小西正捷　編

序　章　インド古代史と文化の諸相
第１章　考古学の成果
第２章　ヴェーダ時代の宗教・政治・社会
第３章　十六大国からマウリヤ帝国へ
第４章　外来民族王朝の興亡
第５章　グプタ朝の政治と社会
第６章　カナウジの帝国
第７章　宗教・思想史の展開
第８章　インド古代美術史論
第９章　文学史の流れ
第10章　インドの科学の歴史
補説　インダス文字の解読／インド考古学を担った人びと／ダルマ文献の成立／仏滅年代論／アショーカ王碑文とその文字／タクシラとマトゥラー／陸路による東西交渉／『マヌ法典』の成立とその後／サーマンタ／「ラージプート」の出現と起源伝承／古代から中世前期への展開をめぐる歴史観／法顕・玄奘・義浄／ジャイナ教史／『バガヴァッド・ギーター』とバクティ／仏像の起源／インドの暦

第2巻　中世・近世 ――――――――――――― 小谷汪之　編

序　章　中世的世界から近世・近代へ
第１章　南アジアにおける中世的世界の形成
第２章　ムスリム諸勢力の南アジア進出
第３章　デリー・スルタン朝の時代
第４章　ムガル帝国の形成と発展
第５章　マラーターの興隆とムガル帝国の衰退
第６章　近世西インドにおける在地社会と国家
第７章　イギリス東インド会社によるインド植民地化
第８章　イギリス東インド会社のインド支配
更９章　ネパールの歴史
補説　ヒンドゥー寺院建築／中央アジアから南アジアへの人の動き／第二次タラーインの戦いとプリトヴィーラージャ軍／インドにおける仏教の衰亡／スーフィーの聖者たち／バクティ信仰の潮流／ペルシア語文化圏とムガル帝国／ラージプート国家論／ムガル細密画・庭園・建築／ポルトガルと東インド会社のインド洋進出／ムガル帝国最大の港、スーラト／マラーターの人びとの自己認識と他者認識／ナーディル・シャーとアフマド・シャー・ドゥッラーニー／中世・近世国家における王権イデオロギー／サティーをめぐる一つの事件／ナンド・クマール事件／サティー禁止問題　ほか